KB180938

미디어 이론 2

: 미디어 사상, 연구방법, 콘텍스트 이론

Reding Media Theory 2

미디어 이론 2:
미디어 사상, 연구방법, 콘텍스트 이론

1판 1쇄 인쇄_2016년 02월 10일
1판 1쇄 발행_2016년 02월 20일

지은이_브렛 밀스(Brett Mills)·데이비드 M. 발로우(David M. Barlow)
옮긴이_권상희
펴낸이_홍정표
펴낸곳_글로벌콘텐츠
등록_제25100-2008-24호
이메일_edit@gcbook.co.kr

공급처_(주)글로벌콘텐츠출판그룹
대표_홍정표 이사_양정섭
편집_송은주 디자인_김미미 기획·마케팅_노경민 경영지원_안선영
주소_서울특별시 강동구 천중로 196 정일빌딩 401호
전화_02) 488-3280 팩스_02) 488-3281
홈페이지_http://www.gcbook.co.kr

값 28,000원
ISBN 979-11-5852-085-4 94300
979-11-85650-68-5 94300(set)

※ 이 도서의 국립중앙도서관 출판예정도서목록(CIP)은 서지정보유통지원시스템 홈페이지(http://seoji.nl.go.kr)와 국가자료공동목록시스템(http://www.nl.go.kr/kolisnet)에서 이용하실 수 있습니다. (CIP제어번호: CIP2016002221)

2

미디어 사상, 연구방법, 콘텍스트 이론

미디어 이론

Reading Media Theory 2

브렛 밀스·데이비드 M. 발로우 지음 | 권상희 편역

옮긴이 서문

스마트와 디지털 미디어 시대를 살고 있다. 신문과 라디오를 거쳐 TV와 소셜미디어로 진화하고 있다. 미래에는 이전에 존재하지 않았던 미디어가 등장할 것이다. 새로운 미디어가 등장할 때 사회와 수용자에게 미치는 관계를 사상적으로, 이론적으로 그리고 생산, 텍스트, 수용과정에서의 이론적인 제시를 학자들은 어떻게 접근했는가에 대한 질문으로 시작하고 있다.

이 책은 미디어 진화과정에 나타난 미디어 관련 사상과 대상 미디어에 대한 접근과 연구방법, 그리고 콘텍스트에 따른 미디어 사상과 접근법, 그리고 이론으로 구성되어 있다.

이 책의 구성은 1편에서는 '이론이란 무엇인가?', '읽기(reading)란 무엇인가?'라는 소개로 시작하고 있다.

2편에서는 주로 미디어 관련 사상가 중심으로 구성되어 있다. 주요 사상가들은 다음과 같다. 자유주의 언론 이론, 시카고학파, 월터 리프만, 리비스, 마르크시즘, 프랑크푸르트학파, 해롤드 라스웰, 콜롬비아학파, 찰스 라이트 밀스, 토론토학파, 현대문화연구소 등이다.

3편에서는 미디어 이론 접근방법을 다루고 있다. 여기에는 주로 정치경제학, 공론장, 미디어효과론, 구조주의, 페미니스트 미디어 이론, 문화주의 이론, 포스트모더니즘, 정보사회론, 그리고 뉴미디어론으로 구성되어 있다.

4편에서는 콘텍스트에 따른 미디어 이론들이다. 여기에는 미디어 생산 관련 이론, 텍스트 관련 이론, 수용자 이론, 그리고 프로듀서로서 수용자 관련 이론을 다루고 있다.

미디어는 시대를 구분하는 기준이 되고 있고, 이를 기술하고 설명하는 것이 미디어 이론이다. '끊임없이 등장하고 변형되면서 진화하는 동안 미디어 학문의 사상과 이론 또한 충돌하고 출현 소멸해 오고 있다.' 인쇄사상의 구텐베르크 은하계, 라디오 이론과 사상, TV가 가져온 지구촌과 현대 문화주의 이론, 소셜미디어의 뉴미디어 사상, 그리고 창비자 이론 등 미디어의 등장과 진화는 다양한 사상과 이론, 그리고 콘텍스트 이론을 발전시켰다. 이를 이해하고, 기술하고, 설명하고 예측하는 것이 커뮤니케이션 학자와 연구자들의 역할이고 이를 바탕으로 오늘을 이해하는 것이 새로운 이론을 정립하고 발전시키는 정도로 보인다.

오늘의 시대를 커뮤니케이션시대로 규정하는 데 이의를 제기할 사람은 없다. 신문, 라디오, TV 온라인, 소셜미디어, 스마트폰으로 이어지는 다양한 커뮤니케이션 양식은 다양한 변화를 겪고 있고 커뮤니케이션 양식과 방식이 바뀌면서 사회, 경제, 문화의 변화를 만들어 내고 있다. 하버마스는 『의사소통 행위 이론』 저서에서 시대의 진화에 따라 이상적인 커뮤니케이션 시스템의 변화를 이야기하고 시대마다 다른 '의사소통'을 의미하고 이는 그 시대의 대표적인 문화양식이 된다고 한다. 이 문화양식을 기술하고 예측하는 것이 사상과 이론이 된다.

미디어 이론은 커뮤니케이션 학문의 영역을 넓히고, 새로운 지평을 여는 표지석이 될 것이다. 미디어는 21세기의 우리를 둘러싼 제2의 자연환경이 되었다. 이 책을 번역하면서 미디어 이론과 사상을 이해하는 하나의 준거 틀(framework)로서 출발점이 되었으면 한다.

이 책의 내용을 구체적으로 살펴보면 다음과 같다.

우선 서론에서 전체적인 책 소개와 구성을 소개하고 있다. 이어서 제1편에서 이론이 왜 필요하고 어떻게 접근해야 하는지를 학문적이고 실제적으로 소개하고 있다. 그리고 장 구성이 '이론이란 무엇인가?'와 '읽기(reading)란 무엇인가?'로 세부적으로 편저자가 소개하고 있다. 제2편에서는 역사적으로 미디어 발달에 따른 '미디어 주요 사상가와 학파'를 소개하고 있다. 주요 언론, 커뮤니케이션, 미디어 사상가들로는 4장에서 밀(Mill)의 자유주의 언론 사상으로 언론의 자유에 대한 철학적, 역사적으로 기초를 제공하고 있다. 5장에서는 신문 산업의 자연사에 관한 '시카고학파', 6장은 뉴스와 여론 그리고 진실에 대하여 월터 리프만의 사상을 소개하고 있다. 7장은 '대량문명과 소수문화'에 관하여 문학적인 차원에서 미디어 문화를 비평하는 리비스의 미디어 사상을 소개하고 있다. 다음으로 8장에서는 자본주의 사회의 국가 구조로서 서구의 권력관계를 분석하는 마르크시즘 사상을, 9장은 계몽의 변증법에서 문화산업기술을 통한 대중 분화를 분석한 프랑크푸르트학파, 10장은 커뮤니케이션의 구조와 기능을 사회 시스템에서 작동하는 원리를 기술한 해롤드 라스웰, 11장은 콜롬비아학파로서 매스커뮤니케이션, 대중의 기호와 조직화된 사회적 행동을 새롭게 등장하는 커뮤니케이션 개념으로 소개하고 있다. 12장 밀스의 대중사회 이론은 대중사회와 대중문화의 사회학 차원에서 정리하고 있다. 13장 토론토학파는 커뮤니케이션 편향으로 미디어와 역사, 문화의 상관관계를 사상적으로 소개하고 있다. 이어서 14장 현대문화연구소에서는 호가트, 윌리엄스, 홀과 버밍엄대학의 현대문화연구소(CCCS: Center for Contemporary Cultural Studies)의 코드화/독해(encoding/decoding) 모형으로 요약되는 이 이론은 미디어 문화주의 사상을 소개하고 있다.

책으로 제2권에 분류되는 것으로 시작은 제3편이다. 이 섹션은 넓은 의미에서 '미디어 이론과 사상에 관한 접근방법'을 소개하고 있다. 우선 15장 정치경제학에서는 미국의 미디어 작동과정을 설명한 정치경제학에시 미국 비디어를 설명하고 있다. 16장 공론장, 위르겐 하버마스(Jürgen Habermas)가 소개하는 하버마스는 『공론장의 구조변동』 사회 내에서 '공적 영역'과 '사적 영역'이 분리과정을 미디어 사상적으로 기술하고 있다. 17장 미디어효과론은 실증주의에서 생산하는 '미디어효과' 모델의 10가지 오류를 지적하고 있다. 18장 구조주의에서는 담화의 장르의 분석과 미디어 텍스트의 학문적 접근 방식을 소개하고 있다. 19장 페미니스트 미디어 이론은 성(性)에 대한 미디어 텍스트, 페미니즘 역사 개관, 개념과 모델의 미디어분석에 적용하는 방법을 소개하고 있다. 20장 문화주의 이론에서는 윌리엄스(Williams)의 저서 『장구한 혁명』에서는 버밍엄대학 현대문화연구소의 문화형식, 실천, 제도, 사회와 사회가 갖는 관계에 방법을 소개하고 있다. 21장 포스트모더니즘에서는 보드리야르(Jean Baudrillard)의 내파의 의미를 소개를 통해 〈시뮬라크르(Simulacre)와 시뮬라시옹(simulation)〉을 기술하고 있다. 22장 정보사회론, 프랭크 웹스터의 〈정보사회 이론〉에서 정보의 기술, 경제, 직업, 공간, 문화 차원의 정의를 기술하고 있다. 23장 뉴미디어론에서는 『컨버전스 컬쳐』의 저자인 헨리 젠킨스(Henry Jenkins) 교수가 소비자와 생산자의 경계가 허물어지는 모습, 그리고 컨버전스의 시대에 돌입하면서 나타나는 미디어와 문화의 다양한 현상들에 대하여 미디어와 다른 문화 생산의 장에도 영향을 미치는 사례와 제작자와 소비자의 관계를 어떻게 재정의하는 방안을 소개한다.

2권 마지막에 해당하는 제4편은 콘텍스트상의 미디어 이론으로 총 네 개의 장으로 구성되어 있다. 크게 세 가지의 콘텍스트로 제작, 텍스트(내용), 수용자 관련 미디어 이론을 맥락 차원의 이론으로 기술하고 있다. 우선 24장 미디어 생산 관련 이론은 문화산업의 작동원리를 기술하고 있다. 25장 텍스트 관련 이론은 롤랑 바르트의 「저자의 죽음」에서 텍스트의 무의미와 텍스트의 복수성과 의미현상의 열림을 기술하고 있다. 26장 수용자 이론은 이엔 앙(Ien Ang)이 구분하는 『수용자의 이해(*Desperately Seeking the Audience*)』(1991)에서 대중미디어 수용자(시청자)의 광범위한 구성을 논하면서, 기본적으로 시청자 구성을 두 가지 형태로 구분한다. 시장형 수용자(audience-as-market)와 공적 수용자(audience-as-public)로 나누는 것으로 상업서비스 형태와 공공서비스 형태의 진화를 설명하고 있다. 마지막으로 27장 프로듀서로서 수용자 관련 이론에서는 '창비자(Audience as producer)'의 개념은 클레이 서키(Clay Shirky)의 『끌리고 쏠리고 들끓다』를 통해 새로운 디지털 사회와 새로운 대중의 탄생을 수용자 콘텍스트로 정리하고 있다. 이 장은 인터넷과 스마트 모바일의 출현이 대중의 의사소통 방식, 행동, 사고의 변화가 미디어 텍스트 생산방식의 변화에 수반되는 일련의 과정을 살피고 있다.

번역은 제2의 창작이라고 한다. 그러나 언제나 완벽을 기하기는 어렵고 지난한 작업에서 역자의 능력에 한계를 발견했다. 이론과 사상을 정확하게 이해하고 전달하는 것은 저자의 시대상황과 역사적 사회적 상상력이 필요하고, 정확성이 요구된다. 그러나 쉽지 않다. 글 쓰는 방식과 구성, 그리고 시대에 따른 문장구성 독이성이 차이가 난다. 이에 대한 이해가 필요해 보인다. 가능한 선에서 개별 저자들의 의도를 전달하려고 노력했다.

이 책을 정리하면서 많은 이의 도움을 받았다. 연구실의 대학원 연구원 학생들과 출판사의 기획과 편집을 꼼꼼히 해 준 (주)글로벌콘텐츠출판그룹과 편집위원들에게 감사를 전한다.

2016년 1월

권상희

Timeline

Year/s	Event	Person born (date of death in brackets)	Publication
1600s	1662–95 Licensing of the Press Act (UK)		1644 William Walwyn, *The Compassionate Samaritane* 1644 John Milton, *Areopagitica* 1689 John Locke, Epistola de Tolerantia ad Clarissimum Virum
1700s	1775–83 American Revolutionary War/War of Independence 1785 *The Times* (then called *The daily Universal Register*) first published 1789 French Revolution)	1770 Georg Hegel(1831)	1704 Mathew Tindal, *Reasons against Restraining the Press* 1712 John Asgill, *An Essay for the Press* 1791–92 Tom Paine, *Rights of Man* 1792 Mary Wollstonecraft, *Vindication of the Rights of Woman* 1798 William Goodwin, *Enquiry Concerning Political Justice* 1798 William Wordsworth and Samuel Taylor Coleridge, *Lyrical Ballads*
1800–50		1805 Alexis de Tocqueville (1859) 1806 John Stuart Mill(1873)	
		1818 Karl Marx(1883)	1811 James Mill, *Liberty of the Press*
		1820 Friedrich Engels(1895) 1822 Matthew Arnold (1888)	1820–21 Jeremy Bentham, *On the Liberty of the Press and Public Discussion*
			1835–40 Alexis de Tocqueville, *Democracy in America* 1845 Friedrich Engels, The *Condition of the Working Class in 1844* 1848 John Stuart Mill, *The Principles of Political Economy* 1848 Karl Marx and Friedrich Engels, *The Communist Manifesto*
1850–99		1855 Ferdinand Tönnies (1936) 1856 Sigmund Freud(1939) 1857 Ferdinand de Saussure (1913) 1858 Émile Durkheim (1917)	1859 John Stuart Mill, On Liberty 1859 Karl Marx, A Contribution to *the Critique of Political Economy*
		1864 Max Weber(1920) 1864 Robert E. Park(1944)	1863 John Stuart Mill, Utilitarianism 1867 Karl Marx, Das Kapital 1869 Matthew Arnold, Culture and Anarchy
	1888 First Kodak camera goes on sale	1885 György Lukács(1971) 1887 Marcel Duchamp (1968)	

Year/s	Event	Person born (date of death in brackets)	Publication
		1888 John Crowe Ransom (1974) 1889 Walter Lippmann (1974)	
	1890 University of Chicago founded		
	1891 Edison's kinetoscope built	1891 Antonio Gramsci (1937)	
	1894 First kinetoscope screenings	1894 Harlod Innis(1952)	
	1895 Lumière brothers' first film screenings	1895 Vladimir Propp (1970) Max Horkheimer (1973) F.R. Leavis(1978)	
	1896	1896 André Breton(1966)	
	1897 Guglielmo Marconi sends first wireless communication over water		
	1898	1898 Bertolt Brecht(1956) Herbert Marcuse (1979)	
	1899		Sigmund Freud, *The Interpretation of Dreams*
1900–19	1901 Guglielmo Marconi sends first transatlantic wireless signal	1901 Pual Lazarsfeld(1976) Jacques Lacan(1981)	
		1902 Harold Lasswel (1978)	
		1903 Theodor Adorno (1969)	
		1905 Robert Penn Warren (1989)	
		1906 Cleanth Brooks(1994)	
		1908 Claude Lévi-Strauss	
		1910 Robert Merton(2003)	
		1911 Marshall McLuhan (1980)	
	1912 British Board of Film Censors founded		
	1913		Water Lippman, *A Preface to Politics*

Year/s	Event	Person born (date of death in brackets)	Publication
First World War	1914		Walter Lippman and Herbert Croly(founders), The New Republic
		1915 Roland Barthes(1980)	
	1916	C. Wright Mills(1962)	Ferdinand de Saussure, Course in General Linguistics
	1917 Russian Revolution Marcel Duchamp's 'Fountain'		
	1918	Louis Althusser(1990) Richard Hoggart	W.I. Thomas, *The Polish Peasant in Europe and America*
		1919 Daniel Bell	
1920–45	1921	Raymind Williams(1988) Betty Friedan(2006)	Robert E. Park and E.W. Burgess, *Introduction to the Science of Sociology*
	1922 British Broadcasting Company(BBC) founded	Erving Goffman(1982)	C.S. Johnson, *The Nergo in chicago* Robert E. Park, *The Immigrant Press and its Control* Water Lippmann, *Public Opinion*
	1923 *Radio Times* launched		N. Anderson, *The Hobo*
	1924	Ralph Miliband(1994) Jean-Francois Lyotard (1998)	André Breton, *The Surrealist Manifesto*
	1925	Albert Bandura Zygmunt Bauman	Robert E. Park, E.W. Burgess and R.D. McKenzie(eds.)(1925), *The City*
	1926 John Logie Baird demonstrates first transmission of moving images	Michel Foucault(1984)	
	1927 British Broadcasting Company becomes British Broadcasting Corporation (BBC)		Harold Lasswell, *Propaganda Techniques in the World War* E.R. Mowrer, *Family Disorganization*
	1928	Noam Chomsky Edward S. Herman Alvin Toffler	Vladimir Propp, *The Morphology of the Folktale* L. Wirth, *The Ghetto*
	1929 First Oscar ceremony	Jean Baudrillard(2007) Jürgen Habermas	H.W. Zorbaugh, *The Gold Coast and the Slum*
	1930 Hays code inaugurated	Pierre Bourdieu(2002)	Sigmund Freud, *Civilization and its Discounts* Harold Lasswell, *Psychopathology and Politics* F.R. Leavis, *Mass Civilization and Minority Culture*
	1931	Rupert Murdoch	

Year/s	Year	Event	Person born (date of death in brackets)	Publication
	1932		Umberto Eco Stuart Hall	F.R. Leavis, *New Bearings in English Poetry*
	1933	Adolf Hitler becomes Chancellor of Germany		
	1934		Fredric Jameson	
Second World War	1939	Columbia Broadcasting System(CBS) begins broadcasting television	Germaine Greer Tzvetan Todorov	
Second World War	1940	Lazarsfeld-Stanton Program Analyzer first used at CBS		
Second World War	1941		Laura Mulvey	
Second World War	1942		Manuel Castells	
Second World War	1944			Max Horkheimer and Theodor Adorno, *Dialectic of Enlightenment*
Second World War	1945		John Howkins	
1946-69	1946			Harold Lasswell, *The Structure and Function of Communication in Society*
	1947			Walter Lippmann, *The Cold War*
	1948			Lyman Bryson, *The Communication of Ideas* F.R. Leavis, *The Great Tradition*
	1949			Wilbur Schramm(eds.), *Mass Communication*
	1950	European Broadcasting Union created	Frank Webster	Harold Innis, *Empire and Communications*
	1951			C. Wright Mills, White Collar Harold Innis, *The Bias of Communication*
	1952		Doug Henwood	
	1953			Jacques Lacan, *Écrits*
	1954			Frederic Wertham, *Seduction of the Innocent*
	1955	ITV begins broadcasting		Alain Robbe-Grillet, *The Voyeurs*
	1956	First transatlantic television cable	Judith Butler	C. Wright Mills, *The Power Elite*
	1957	Sputnik 1 launched		Roland Barthes, *Mythologies*
	1958			Hannah Arendt, *The Human Condition* Richard Hoggart, *The Uses of Literacy* Claude Lévi-Strauss, *Structural Anthropology* Raymond Williams, *Culture and Society*

Year/s	Event	Person born (date of death in brackets)	Publication
	1959		Erving Goffman, *The Presentation of Self in Everyday Life* C. Wright Mills, *The Sociological Imagination*
	1960		Joseph Klapper, *The Effects of Mass Communication* Raymond Williams, *Border Country*
	1961 Albert Bandura's bobo doll experiments		Raymond Williams, *The Long Revolution*
	1962		Jürgen Habermas, *The Structural Transformation of the Public Sphere* Marshall McLuhan, *The Gutenberg Galaxy*
	1963		Betty Friedan, *The Feminine Mystique*
	1964 *The Sun* first published Centre for Contemporary Cultural Studies(CCCS) founded at Birmingham University		Claude Lévi-Straus, *The Raw and the Cooked* Marhsall McLuhan, *Understanding Media* Ralph Miliband and John Saville(founders), *Socialist Register*
	1966		Michel Foucault, *The Order of Things*
	1967 BBC2 begins broadcasting Radio Leicester is first BBC local radio station		Roland Barthes, *The Death of the Author* Marshall McLuhan, *The Medium is the Message*
	1968 Student riots and general strike in Paris		
	1969 First moon landing seen by 500 million television viewers worldwide First page three girl in The Sun The Open University is established PBS founded in America		
1970-99	1970		Germaine Greer, *The Female Eunch*
	1971 Ray Tomlinson sends first inter-computer email		Tzvetan Todorov, *The Poetics of Prose*
	1972		English translation of Max Horkheimer and Theodor Adorno's *Dialectic of Enlightenment published*
	1973 Martin Cooper makes the first non-vehicle mobile phone call Modern fibre optics invented Independent local radio launched in UK		Daniel Bell, *The Coming of the Post-Industrial Society* Umberto Eco, *Travels in Hyperreality* Ralph Miliband, *The State in Capitalist Society*
	1975		Umberto Eco, *A Theory of Semiotics*

Year/s	Event	Person born (date of death in brackets)	Publication
			Michel Foucault, *Discipline and Punish* F.R. Leavis, *The Living Principle* Laura Mulvey, *Visual Pleasure and Narrative Cinema*
	1976 VHS launched		Raymond Williams, *Keywords*
	1977		Roland Barthes, *Image Music Text* Paul Willis, *Learning to Labour*
	1978		Angela McRobbie, *Jackie* Charlotte Brunsdon and David Morley, *Everyday Television* Tzvetan Todorov, *Genres of Discourse*
	1979		Umberto Eco, *The Role of the Reader* Dick Hebdige, *Subculture* Jean-Francois Lyotard, *The Postmodern Condition*
	1980		Stuart Hall, *Encoding/Decoding* Alvin Toffler, *The Third Wave*
	1981 MTV begins in the United States		Jean Baudrillard, *Simulacra and Simulation* Edaward S. Herman, *Corporate Control, Corporate Power*
	1982 Channel 4 and S4C begin broadcasting First CD released		Dorothy Hobson, *Crossroads*
	1984		Pierre Bourdieu, *Distinction* Stuart Hall, *The Idea of the Modern State*
	1985 Live Aid concert for famine relief in Ethiopia seen by 1.5 billion television viewers worldwide		len Ang, *Watching Dallas* Joshua Meyrowitz, *No Sense of Place* Neil Postman, *Amusing Ourselves to Death*
	1986		David Harvey, *The Condition of Postmodernity*
	1988 First digital camera goes on sale		Edward S. Herman and Noam Chomsky, *Manufacturing Consent*
	1989 Sky television starts broadcasting in the UK		English translation of Jürgen Harbermas' *The Structural Transformation of the Public Sphere* published
	Gulf War 1990 BSB starts broadcasting Merger of BSB and Sky crates BSkyB		Judith Butler, *Gender Trouble* Anthony Giddens, *The Consequences of Modernity*
	Gulf War 1991		len Ang, *Desperately Seeking the Audience* Jean Baudrillard, *The Gulf War Did Not Take Place* Noam Chomsky, *Deterring Democracy*

Year/s	Event	Person born (date of death in brackets)	Publication
			Fredric Jameson, *Postmodernism, or the Cultural Logic of Late Capitalism*
	1992 First commercial SMS/text message sent		
	1993 Jamie Bulger is murdered European Union established		
	1994		David Lyon, *The Electronic Eye* Liesbet van Zoonen, *Feminist Media Studies*
	1995		Edward S. Herman, *Triumph of the Market* Frank Webster, *Theories of the Information Society* (first edition)
	1996 Google launched		len Ang, *Living Room Wars* Manuel Castells, *The Rise of the Network Society*
	1997 *Titanic* becomes first film to gross $1,000,000		Stuart Hall(ed.), *Representation*
	1999 Columbia High School shootings		
2000+	2001 Wikipedia launched		David Lyon, *Surveillance Society*
	2002 Centre for Contemporary Cultural Studies(CCCS) closed		Noam Chomsky, *On Nature and Language* David Hesmondhalgh, *The Cultural Industries* (first edition)
	2003 Operation Iraqi Freedom		
	2005 YouTube launched		David Gauntlett, *Ten Things Wrong with the Effects Model*
	2007		Anthony Giddens, *Europe in the Global Age*

목차

제2편 주요 사상가와 학파

제3편 이론 접근방법

제4편 콘텍스트 미디어 이론

제3편

이론 접근방법

15장

정치경제학

Herman, E.(1995), "Media in the US political economy(미국 정치경제학에서 미디어)", Downing, J., Mohammatdi, A. and Sreberny-Mohammadi, A.(eds.), *Questioning the Media, A critical introduction*(미디어에 대한 질문과 비평), 2nd edition, London: Sage.

정치경제학(Political Economy) 입문

정치경제학의 분석을 구성하는 것이 무엇인지, 미디어, 문화, 그리고 커뮤니케이션의 연구를 제공하는 접근은 무엇인지 바로 눈에 들어오지 않는다. 하지만 2007년 초 정치경제학은 미디어에 관련된 많은 논쟁거리에 반영되며, 그 가치와 의의가 명백해졌다. 유독 두 가지 사건이 주류 미디어의 관심을 받았는데, 이후에 이러한 관심은 가상공간에서 많은 변화를 불러왔다.

〈셀러브리티 빅브라더(Celebrity Big Brother)〉(Channel 4, 2007)는 인종차별 논란을 일으켰고, 시청자들과 오프콤(Ofcom)으로부터 수많은 항의가 있었다(the UK communications Regulator). 또한 프로그램 스폰서가 철회됐으며(The Carphone Warehouse), '고품질' 전화선을 이용한 고비용 투표라는 걱정거리를 낳았다. 게다가 정치가, 정책연구자 그리고 산업활동자들까지 공영방송(Channel 4)이 이러한 프로그램 제작에 관여해야 하는지 의문을 가졌다. 그러나 한편으로는 프로그램을 만든 Endemol UK은 국제적인 매스컴의 관심을 얻었고 인도와 같은 해외시장에 진출하는 등 많은 긍정적인 면도 있었다.

이 와중에 미디어 내에서는 유사하지만 덜 격정적이고 더 지역적인 논쟁이 있었다. 그것은 ITV의 지나친 후반기 투자에 관한 버진 미디어(Virgin Media, Incorporating NTL, the cable company)와 BSkyB 사이에서의 여론의 의견충돌이었다. 버진(Virgin)사의 리차드 브렌슨(Richard Branson) 회장은 이것을 '민주주의에 대한 위협'으로 인식했고, 뉴스 코오퍼레이션(News Corporation, BskyB의 모회사)은 이미 영국의 신문시장에 막강한 지배력을 갖고 있었다.

만일 우리가 이러한 사건들이 발생한 이유, 사건을 해결하기 위한 방법, 사람들이 미디어의 관심에 흥미를 느끼는 이유 등에 대해 이해하고 설명하려면, 정치경제학자들은 우리에게 소비자 혹은 시민의 역할에 한정돼 버린 대중, 학문적 연구의 고립과, 그러한 연구 자료들의 생산을 넘어설 필요가 있다고 주장할 것이다. 다시 말해, 우리의 연구가 조금 더 광범위한 정치·경제적 문맥을 생각해야 한다는 의미다. 마치 위의 사건들이 다음의 네 가지 중요한 세계적인 경향을 반영하듯이 말이다(Hamelink, cited in Boyd-Barrett, 1995c: 191). 첫 번째는, 두 가지 사건 모두 거대한 미디어 회사의 다각적 합병을 야기하는 미디어 회사의 조직인수와 합병을 연상시킨다. 두 번째는 몇 몇 조직들(예를 들면 News Corporation)이 전 세계로 그들의 소규모 기업을 확장하고, 이런 이유로 초국가적 다각화 합병이 가능함을 떠올리게 한다. 세 번째는 두 사건 모두 사회의 점진적인 변화를 나타낸다. 그것은 공공서비스라기보다 하나의 시장으로서 상품과 서비스(문화적인 상품의 배열이 증가하는 것도 포함)를 전달하는 방법으로 선호하는 경향이다. 바꿔 말하면 규제철폐, 탈규제 등 정부의 규제를 줄이는 것을 말한다. 네 번째는 이러한 사건들 모두, 디지털과의 상호 작용이 언제, 어떻게, 어디서, 왜 우리가 문화적 상품을 소비해야 하는지 생생하게 묘사한다. 이러한 변화, 기술적 융합에 한걸음 더 나아가게 하는 것들은, 영국의 오프콤처럼 단일 의사소통 규제자들에게 합리적인 근거를 제공한다.

이와 같은 분석은 미디어, 문화, 그리고 의사소통을 연구하는 데 있어서 정치경제학의 네 가지 주요한 특징을 이끌어낸다(Golding and Murdock, 2000). 첫 번째는 미디어가 전방위적으로 연구된다는 사실이다. 즉, 경제는 다른 구별된 영역이 아니라 사회와 정치, 문화와 상호 관련이 되어 있는 뜻이다(p. 73). 두 번째는 시기별 변화를 알아채는 역사적인 인식이다. 예를 들자면 미디어의 성장, 미디어 회사의 팽창, 사회와 문화 결합의 증가, '정보사회'의 참여에 따른 하드웨어와 소프트웨어의 지속적인 비용, 그리고 정부의 역할의 변화가 그것들이다('22장 정보사회론' 참조). 세 번째는 '사적, 공적 개입 사이에서의 균형' 대한 우려이다. 이전의 공공성의 민영화와 공공서비스의 조작, 그리고 더 나아가 BBC 같은 공영방송의 성장을 제한하는 압박으로 표현할 수 있다. 네 번째는 도덕적 철학에 대한 이행이다. 이것은 '정의, 평등 그리고 공공선'에 대한 걱정을 불러일으킨다.

여기서 네 번째 특징은 윤리와 가치에 대한 것이다. 정치경제학이 주류 경제학과 다른 점이기도 하다(Hesmondhalgh, 2002: 30~31). 그리고 이는 비판적인 정치경제학과 고전적인 정치경제학을 구분하는 기준이기도 하다(Golding and Murdock, 2000: 72, 76; Williams, 2003: 94). 비판적인 정치경제학은 주로 권력을 다루며, 그것이 어떻게 구성되고 이행되는지에 관한 것이다. 반면 고전적인 정치경제학은 교환, 소비자의 선택과 자유에 초점을 맞춘다. 이러한 생각은 시장에 바탕을 둔 상업주의로부터 나왔다. 또한 비판적인 정치경제학은 평범한 사람들의 일상을 규정짓는 제약을 조명하며, 자원에 대한 불평등한 접근이 있었는지를 알아낸다. 그것은 '자유'시장의 제한을 인식하고 정부를 비롯한 공공성의 침해로부터 파생된 결손을 '수정'하려는 주장이다.

비판적인 정치경제학은 1960년대와 1970년대 사이 미디어산업의 성장과 팽창에 따라 등장했고, 그 조사비용은 다양한 범위의 프로젝트에 투자됐다. 범위는 라디오와 TV의 수용자들을 어떻게 생산하는 것부터, 대중매체 수용자들에게 상품을 어떻게 팔 것인가까지다(Mosco, 1996: 12). 연구결과는 정치경제학에서 마르크스주의의 뼈대를 세웠다(Williams, 2003: 75~78). 또한 정치경제학이 1950년대 지배적이었던 두 가지 조사결과에 대한 거부이기도 했다. 그 중 하나는 미디어 효과 연구가 개인 중심적이었던 것이고(Boyd-Barrett, 1995c: 189), 다른 하나는 연구결과 위주인 '문화주의자 전통'이었다(Garnham, 1979: 119의 관련 장은 텍스트를 중심으로 하고 있다. 이 책의 '14장 현대문화연구소', '20장 문화주의 이론'을 참조).

그러나 비판적인 정치경제학의 접근을 수용하려는 관심은 다양했다. 영국에서는 비판적인 정치경제학이 '자유화, 상업화, 그리고 의사소통 산업의 민영화'의 중심에 위치하려는 경향이 강했고, 주류 미디어 사람들과 정책 골격 사이의 밀접한 관계를 구축했다(Murdock and Golding, 1973; Mosco, 1996: 19). 개발도상국 혹은 제3세계에서 비판적인 정치경제학은 '현대화 이론'에 일찍부터 부딪치게 됐다. 그것은 개발도상국에 미디어와 의사소통 기술이 유입되면 진보적인 경제, 사회와 문화의 현대화를 가져올 수 있다는 이론이었다(Hamelink, 1995; Mosco, 1996: 19; Thussu, 2006: 46을 참조).

북미 지역에서는 비판적인 정치경제학이 초국가적인 통합의 성장을 검증했다. 그리고 그 연구자들은 무역 조합과 시민단체와 함께 지배적인 미디어를 대신할 수 있는 방안을 소개하는 것을 목표로 적극적으로 임했다(Mosco, 1996: 19). 『미디어 독점(*The Media Monopoly*)』에 따르면, 바디키안(Badikian)은 제한된 숫자의 회사가 미국의 미디어를 지배한다고 밝혀냈고, 그들이 권력으로 아젠다를 제시하고, 이를 통해 미국인들이 그것에 관해 생각하게 된다고 주장했다(Badikian, 1992: xxxi).

이러한 후반부의 전통은 이 장에서는 빠져 있다. 그러나 이미 알고 있듯이, 무엇이 비판적인 정치경제학적 접근을 제한하는지 알아야 한다. 즉, 그것은 소비 과정의 지출에서 생산을 지나치게 강조하고, 시청자와 독자 그리고 청취자를 수동적으로 속는 사람으로 간주된 잘못된 이미지를 제공하는 것을 비판하는 것이다.

읽기 자료 소개

선택된 텍스트는 1995년에 출판된 편집본에서 가져온 것이다. 세 명의 에디터 John Downing, Annabelle Sreberry-Mohammadi and Ali Mohammadi는 존경받는 학자들이다. 공동으로 편집에 책임지는 것과 동시에, 각자는 그들의 고유한 학문적 배경과 연구 분야를 반영하는 장을 맡고 있다.

단행본은 미디어 연구에 관한 다양한 비판적 관점에 관한 기고들의 모음이다. 이 책의 제목은 『미디어에 의문을 제기: 비판적 소개(*Questioning the Media: A critical introduction*)』이다. 기고문들은 챕터(Chapter) 속의 선정된 읽을거리들은 'Media, Power and Control'이라는 제목을 달고 다섯 개의 소제목 아래 정리되어 있다. 이것은 정치경제학적인 분석에 초점을 두는 두 가지의 중요 이슈 '권력'과 '통제'를 강조한다('17장 미디어 효과론' 참조).

「미국의 정치경제학(Media in the U.S. Political Economy)」은 그것의 지정학적 초점과 이론적 관점에 대한 분명한 지적을 한다. 저자 에드워드 허만(Edward Herman)은 미국의 학자이다. 아낸버그(Annenberg)대학교의 명예 교수이자 펜실베니아 워톤스쿨(Wharton School of Finance, Pennsylvania)대학교의 교수이다. 또한 수많은 기사와 『기업의 통제, 기업 권력(*Corporate Control, Corporate Power*)』(1981), 『진짜 테러 네트워크(*The Real Terror Network: Terrorism in face and propaganda*)』(1982), 『시장의 승리(*Triumph of the Market: Essays on politics, economics and the media*)』(1995b) 등과 같은 책들의 저자이다. 그러나 허만은 텍스트의 주제인 '선전활동 모델'에 대한 연구로 가장 유명하다.

이 텍스트의 기원은 알아둘 필요가 있다. 이것은 이 장을 들어가기 전에 핵심을 간략히 요약한 파트다—상징적이라고도 말할 수 있다—. 1988년에 첫 번째 출판됐고, 핵심 문단이 대중매체가 사상 주동자라는 내용을 담고 있어 수많은 논쟁거리를 제공하는 책이다. 『여론조작: 매스 미디어의 정치경제학(*Manufacturing Consent: The Political Economy of the Mass Media*)』이라는 제목의 책은 에드워드 허만과 노암 촘스키(Noam Chomsky)에 의해 쓰였다. 노암 촘스키 또한 존경받는 학자이고 『신냉전을 향하여(*Towards a New Cold War*)』(1982), 『촘스키 독자(*The Chomsky Reader*)』(1987), 『억제 민주주의(*Deterring Democracy*)』(1991), 『자연과 언어(*On Nature and Language*)』(2002)와 같은 저작들을 남겼다. MIT(Massachusetts Institute of Technology)의 철학과 언어학부 교수이기도 하다.

이 텍스트는 논리적 구조가 확실하다. 세 개의 주요 부분이 있고 간략한 마지막 섹션은 결론을 포함한다. 첫 번째 섹션 '세 개의 대안적 관점'은 미국에서 대중매체의 기능을 설명하는 세 가지 다른 방법을 구분한다. 작가는 여기서 두 가지 관점의 한계를 보여준다. 그리고 세 번째 관점, '선전활동 모델'이 대중매체의 힘과 영향을 묘사하기에 더 나은 방법이라 말한다. 두 번째 섹션인 '대중매체 메시지의 정치-경제학적 여과 과정'는 다섯 가지의 여과 과정을 제시한다. 여기에 '선전활동 모델'도 포함됐다. 텍스트가 미국의 뉴스 미디어에 집중하는 만큼, 데이터와 예시들은 모두 미국과 관련한 논쟁을 묘사하가 뒷받침하기 위해 이용됐다. 마지막 섹션 '선전활동 캠페인과 대중매체'는 미국과 관련한 수많은 선전활동 캠페인에서 정치경제학적 여과 과정의 역할을 그리는데 사용된다. 그리고 결론은 명료하고 초반의 분석과 잘 어울린다.

허만과 촘스키가 선전활동 모델을 발전시킨 것으로 인식한 반면, 그들은 월터 리프만('6장 월터리프만' 참조) 같은 사람이 했던 초기의 작업을 인식한다. 사회학자들은 '모델'을 다양하게 사용하는데 가끔은 이론의 유의어로 사용하기도 한다. 그러나 개념화와 설명을 돕는 대부분의 예시들에서 연구되는 현상을 단순화하기 위해 사용된다.

저자의 전작들의 제목과 촘스키의 저서를 기록하면서, 당신은 이 텍스트가 설득적으로 제시되어 있고 의미와 의도 면에서 명확할 것이라고 기대할 것이다. 그러나 당신은 여기서 만들어진 논쟁과 이를 뒷받침하는 데 쓰인 증거들을 비판적으로 바라볼 필요가 있다. 동시에 텍스트가 미국의 대중매체에 집중하는 만큼, 이 글에 제시된 선전활동 모델이 다른 정황에도 영향을 끼치는지에 대해서도 고려할 필요가 있다.

Reading 1

에드워드 허만(Edward Herman)

미국 정치경제학에서의 미디어

세 가지 대안적인 시각들

대중매체가 미국의 정치경제에서 엔터테인먼트, 뉴스, 그리고 정치적 의견을 조정하는 중요한 역할을 한다는 것은 미디어 분석가들 대부분은 동의하는 부분이다. 하지만 미디어 영향의 특징과 생태계에 대해 날카롭게 대립하는 부분이 있으며, 그것들이 독립적인 힘을 미치는지, 거의 반영되지 못하는지, 그리고 국가의 중요한 힘의 이해관계에 대한 관점을 전달하는 정도에 대에 합의점은 찾지 못했다. 예를 들면, 신보수주의적인 학교가 '동쪽 해안의 체제'에 있는 미디어의 중심을 가리키며 신문과 TV 네트워크, 그리고 높은 지위의 스타 언론인과, 방송인들이 높은 연봉, 권력, 자유로운 환경 등의 편견을 말하는 것이 그것이다. 이러한 관점에서 미디어 스타의 매우 높은 지위와 대중에게 명령을 내리는 그들의 능력은 대중매체 속에서 자유로운 문화와 행동의 자유를 제공한다고 본다. 이것을 대표하는 자들은 기업과 정부의 외국인 정책 그리고 미국의 중산층과 근로계층의 태도에 적대적인 관점을 행사할 수 있도록 만든다(Lichter, Rothman, & Lichter, 1986).

Note

[문체]

어떻게 에드워드 허만이 그가 주장하는 것에 대부분의 동의가 있었고, 그것의 다른 면에는 '첨예한 대립'이 있다는 발언을 던지게 된 것인지가 주목할 부분이다. 이것은 허만이 계속 진행할 수 있도록 했던 깔끔한 방법이다—마치 그가 했듯이—. 왜 동의하지 않는지, 누가 동의하지 않았는지, 어떠한 편견이 있었는지를 풀기 위해서 말이다.

사람들은 그가 어떠한 참조도 언급하지 않았던 것을 알아차렸을지도 모른다. 참조란 우리에게, 즉 독자에게, 누군가에 대해서 알도록 하는 것인데, 예를 들자면, 이러한 '미디어 분석가들' 같은 방식이다. 또한, '전방적으로 동의하는' 같은 열려 있는 문장의 사용을 어떻게 했는지는 상세한 설명이 없이도 부동의의 가능성에 대해 시사한다.

[문맥]

만일 우리가 영국, 아일랜드, 남아프리카를 미국의 지역과 관련해서 말했다면, 처음 두 문장이 여전히 이해되었겠는가?

이 글의 첫 번째 문단의 두 번째 부분은 우리에게 사회적이고 문화적인 문맥의 읽기를 상기시킨다. 그리고 독특한 단어와 문구의 사용으로 특정한 문제에 대한 허만의 위치를 짐작할 수 있는 강력한 힌트를 제공한다.

'신보수주의자', '자유주의적 배경', 그리고 '편견들' 같은 용어를 당신은 어떻게 이해했는가? 영국에서 우리가 경험하는 것들 가운데 어떠한 방법들이 이러한 논쟁과 용어의 사용을 비슷하고 다르게 하는가?

Reading 2

자유주의자들 및 '게이트 키퍼'[1]의 분석들은 스타가 그들이 좋아하는 것을 할 수 있고, 대중매체가 현재의 상황에 대항해 어떠한 편견이라고 가질 수 있는 것에 대하여 부인한다. 그들은 신보수주의자들의 관점에 대항해 세 가지 종류의 증거를 제시한다. 수표가 미디어가 운영되는 방법을 만들었고, 기업 통치 체제에 속에 있는 학술기관이 구조적 편견을 보여 주는 것이 얼마나 실체와 다른지, 실제로 미디어 결과의 증거가 그것들이다. 국가적 권력 구조 속에서 신보수주의자들이 한쪽 의견만 이야기한다거나, 엘리트 자유주의자들을 공격하는 것은 둘 다 마치 미국의 삶의 방식에 위험한 적이었다.

어떻게 미디어가 자유로운 뉴스룸으로부터 나왔고, 게이트 키퍼 연구에 대한 미국의 대부분의 지배적인 분석들은 레온 시갈(Leon Sigal, 1973), 에드워드 웹스테인(Edward J. Epstein, 1973), 게이 터크맨(Gaye Tuchman, 1978), 허버트 간스(Herbert Gans, 1979), 그리고 토드 기틀린(Todd Gitlin, 1983)의 연구에서 예시로 사용됐다. 비록 그것들은 서로 차이가 있으나, 모두 주요한 광고주, 거대정부에 관한 시스템보다 언론인과 미디어 조직에 초점을 맞추었다. 광고주와 거대정부는 단지 하나의 자원, 압박하는 조직, 규제자, 상업적인 고객으로 묘사됐다. '게이트 키퍼' 연구자들은 미디어 구성원을 인터뷰했고 그들이 어떻게 결과물을 결정하는지, 실제 결과와 그들이 추론한 결과를 어떻게 검증하고 비교하는지에 대해 지켜 봤다. 그들은 얼마나 실용적인 조직적인 수요가 뉴스 미디어의 선택에 직접 혹은 간접적으로 형성하는지를 강조했다. 이러한 관점을 깊이 있게 다뤄보자.

Note

[내용]

대중매체의 신보수주의적 관점을 확인하는 것, 에드워드 허만은 지금 이러한 인식의 과정을 반박을 시작했다. 그는 세 가지 논쟁을 제시함으로써 신보수주의자의 위치를 비판하는 자들을 찾아냈다. 왜 그는 '자유주의적 게이트 키퍼'라는 대안적인 인식을 묘사했을까? 비록 허만은 이러한 인식에 대해 상세하게 논의하지만, 당신은 일단 '게이트 키퍼'가 의미하는 바를 생각할지도 모른다.

---

1) (역주) **게이트 키퍼**: 사회적 사건이 대중매체를 통하여 대중에게 전달되기 전에 미디어 기업 내부의 각 부문에서 취사선택하고 검열하는 직책 또는 그런 기능. 각 부문을 거치는 동안 사건의 문안에 대하여 가필, 정정, 보류 따위의 조작이 이루어진다.

[문체]

허만이 신보수주의자의 위치를 약화시키는 경우를 증명하는 방법으로 '증거'를 어떻게 사용했는지가 눈에 띈다. 이것은 무엇이 증거를 구성했는지 그리고 어떻게 그것이 제출됐는지에 대한 질문을 재빨리 만든다. 마지막 문장에서 허만이 어떻게 우리와 독자와 함께했는지도 주목할 부분이다. 그런데 과연 이것이 적절하고 유용한 기술일까?

[문맥]

두 번째 문단은 허만은 많은 참조들을 열거하고 있다. 대부분은 1983년도에 만들어졌고, '자유주의적 뉴스룸과 게이트 키퍼 연구들'로 묘사된다. 그가 이러한 연구들 사이에서 차이점이 있다는 것을 알아차릴 수 있으나, 상세한 정보는 제공되지 않는다. 허만 그의 관점에서 이러한 연구들이 어떻게 그리고 왜 수행되고, 그것이 가지는 한계에 대해서 시사한다. 이것을 통해 그는 세 번째 탐구에 대한 증거·인식·선전 모델을 제공하고 있다.

후반의 논쟁들을 예상하기 위한 방법으로서 허만의 후반기 논쟁과 이러한 두 번째 인식에서 주요한 한계점이 무엇이라고 생각하는가?

Reading 3

뉴스 조직은 정기적으로 권위 있고 신선한 뉴스 정보원을 찾는다. 이러한 요구들은 서로 연관되어 있다. 만약 높은 위치에 있는 사람이 발언을 한다면, 이것은 그 자체로 뉴스가치가 있다. 더욱 권위 있고 놀라운 뉴스거리는, 특별한 확인 없이 받아들여지기 쉽고, 뉴스를 만드는 데 비용이 적게 든다. 이러한 이유로 역설적이게도 사실이 아니더라도 그러한 발언은 아무런 코멘트 없이 '객관적인' 뉴스로 보도된다.

가장 고평가를 받는 뉴스정보원은 물론 '정부'이다. 뉴욕타임스와 워싱턴포스트의 2,850개의 이야기를 확인한 레온 시갈(Leon Sigal)의 연구에 따르면, 자주 언급되는 46%의 뉴스는 국내외를 가리지 않고 일반적으로 미국 연방 정부 기관으로부터 나온다. 정부다음으로 가치 있는 뉴스정보원은 기업이다. 이것 또한 다양한 산업회사, 무역협회, 그리고 공공기관으로부터 다양한 방법의 언론보도로 수없이 나타나는 뉴스이다.

내부적인 미디어 규칙과 전문적인 코드는 힘 있는 이사진 혹은 미디어 주주들이 편집자의 결정에 매번 참여하지 못하도록 도와준다. 대부분의 경우, 언론인은 자기검열의 과정을 통해 권력자들의 기본적인 선택을 재생산한다('11장 콜롬비아학파' 참조). 뉴스의 사다리에서 최하층에 있는 계급들은 수용 가능한 정보를 생산하기 위해서 꼭대기에 있는 뉴스가치에 주의할 필요가 있다.

뉴스 룸 게이트 키퍼 연구는 미디어 과정의 이해에 많은 영향을 끼친다. 그럼에도 불구하고, 그들은 조직적인 선택의 자격에 지나치게 집중하고, 종종 사적 미디어가 제안하는 미디어 내의 갈등도 묘사한다. 그들은 실제 미디어의 결과의 방법과 이론의 부족에 고통을 받는다. 그 결과로 그들은 반대와 '부재'에 대해 잠재적 미디어의 전문성을 과장하고, 어떻게 보통의 뉴스 선택이 현재 상황으로 강화하는지에 대해 부정하는 경향이 있다.

Note

[내용]

여기에서 에드워드 허만은 그의 자유주의적 비판과 '게이트 키퍼'의 인식을 심사숙고했다. 1970년대에 정보는 정부와 기업경영에 있어 모두 주요한 화제였고, 새로운 이야기의 원천이었다. 그러나 중요한 점은 권위적이고 놀라운 이야기를 향한 뉴스미디어의 그칠 줄 모르는 욕심이 잘못되거나 진실성이 없는 보도를 이끌었다.

다음에 논의될 문제는 미디어 경영에 있어서 주주들이 개입하는 흔히들 말하는 관점이다. 필수적으로 만들어지는 논쟁은 개입이 불필요하다는 것이다. 왜냐하면 언론인이 자기 검증을 하기 때문이다. 그 이유는 그들이 상사가 주로 선호하는 '뉴스 가치'를 알고 있고, 이에 따라 행동한다는 것이다.

첫 번째로, 정부와 기업이 미디어에게 지원금을 준다던가, 속이려고 행동하는 것 같은 관점에 대해 당신은 어떻게 반응하는가. 두 번째로, 자기 검열이 얼마나 유용하고 '보통의 뉴스거리가 여론을 강화하는' 관점에 대해서 어떻게 이해하는가?

[문맥]

정부의 의사소통에 대한 최근의 논의를 알고 싶다면 밥 프렌킨(Bob Frankin)의 『패케이지 정치(*Packaging Politics*)』(2004)를 참고하면 된다. 그리고 뉴스 가치들에 대한 논의는 스튜어트 앨런(Stuart Allan)의 『뉴스의 문화(*News Culture*)』(1999)를 참고하면 된다.

[구조]

대중매체의 이해에 대한 세 번째 인식을 소개하기 전에 먼저 허만이 자유주의적 뉴스룸이나 '게이트 키퍼' 연구들을 어떻게 효율적으로 요약하는지를 알아야 한다.

Reading 4

대중매체의 작업을 바라보는 세 번째 방법은 국가적인 권력 구조의 한 부분으로서의 그들의 역할을 강조한다는 것이다. 이러한 접근은, 이것은 아래에서 검증될 것이고, 게이트 키퍼의 분석들의 수많은 특징들을 공유한다. 하지만 이것은 또한 통합된 전체로 모두를 하나로 이어지게 하고 미디어와 그들의 정보 사이에 많은 관심을 주며, 뉴스 선택의 가치와 선동 문구 그리고 그러한 주장에까지 영향을 끼친다. 나는 그것을 '선전 모델'이라고 부른다.

Note

[내용]

에드워드 허만은 마지막 문단에서 신보수주의자의 한계와 자유주의 및 '게이트 키퍼' 분석을 구분하고 보여줌으로써, 하나의 선전 모델을 제안하는데 이것은 대중매체의 힘과 역할을 이해하고 분석하는 더욱 완전한 방법이다. 당신이 인식하는 '선동'과 나타난 문맥을 고려할 때, 누가 그러한 선동을 사용해야 하고 왜 그런 것인가?

허만의 분석이 첫 번째 두 가지 인식들을 바꾸게 했는가? 만약 그렇다면 어떠한 과정을 거쳐서 그렇게 되었는가? 만약 그렇지 않다면, 그것이 조금 더 설득력을 얻으려면 무엇이 추가되어야 하는가?

Reading 5

대중미디어 메시지들의 정치경제학적 여과 과정들

이 장의 기본적인 주장은 다음과 같다. 부와 권력에 집중된 체계에서는 자원의 명령의 불평등이 개인의 미디어에 접근하고, 수행하는 데 영향을 미친다. 부와 권력은 직접적인 조종 혹은 간접적인 영향에 의해 미디어에 침투할 것이고, 특정한 생각은 우리가 생각할 만한 것에 맞추어 여과할 것이다. 우리는 이러한 여과 과정이 어떻게 진행되는지 알아내야 한다.

다음은 허만이 제시한 다섯 가지 여과 과정이다.

규모, 집중된 소유권, 부의 소유자, 그리고 주류 언론사들의 정책 방향
대중매체의 주요 수입원인 광고
정부, 체계로부터 제공되는 정보에 의존, 이러한 기본적 정보에 의해 축적되고 승인되는 '전문가들'
언론을 징계하는 의미인 '비난'
국가의 세속적인 종교 그리고 이념적 조작 장치로서 '반공산주의'

이러한 요소들은 서로 상호작용하면서 다른 것들을 강화시킨다. 이것들은 뉴스로서 가치가 있는지를 결정하는 정의를 규정하고, 선전활동의 원인과 작용을 설명해 준다.

Note

[구조]

소제목과 함께 정리된 장에서 이번 내용이 어떻게 연결되는지를 살펴보도록 하자. 아마 당신은 이러한 접근의 강점과 약점을 고려하고 싶을지도 모른다. 또한, 내용상의 '기본적인 주장'을 요약하면서 이번 장을 시작하는 것이 도움이 되었는가?

[문맥]

예를 들어 뉴스가 하나임을 상징할 때 '미디어 메시지' 무엇인지 알아야 할 것이다. 또한 엔터테인먼트 프로그램 혹은 정보 프로그램 종류를 다 포함하지는 못할 것이다.

[내용]

각각의 '여과 과정'에 대한 설명이 아래에 있을지라도, 당신은 여기에서 간단히 소개된 그러한 의미에 대해 도움이 되는지를 찾아볼 것이다. 만약 단어나 내용을 확신하지 못하겠다면, 사전 또는 Google에서 검색해 보아라. 예를 들자면 '포격'이라는 의미가 문맥에서 어떻게 사용됐는지를 이해한다면 조금 더 도움이 될 것이다.

Reading 6

대중매체의 규모와 소유권: 첫 번째 여과 과정

첫 번째 여과 과정인 주류 신문이나 다른 매스미디어를 소유하기 위해 필요한 매우 거대한 투자는 벌써 한 세기 전에 있었고 그 이래로 꾸준히 증가하여 영향력을 미쳐왔다. 1987년에 약 1,500개의 일간지, 11,000개의 잡지, 10,000개의 라디오, 1,500개의 TV방송국, 2,400개의 출판사, 그리고 7개의 영화 스튜디오가 미국에 있었다. 총 25,000개에 이른다. 그러나 미디어 소유는 소수의 기업에 의해서 운영되고 있다. 그 예로 1983년에 벤 백디키안(Ben Bagdikian)은 그의 저서 『미디어 독점』에서 1980년대 초까지 대부분의 미국미디어(신문, 잡지, 라디오, 텔레비전, 책, 영화)가 50개 기업체에 의해 운영된다고 밝혔다. 4년 후, 1987년 개정판에서 백디키안은 이전에 상위 50개의 거대한 기업의 운영을 현재 29개 기업이 맡고 있음을 파악했다. 이 거대기업들은 보험, 금융, 광고, 냉동식품, 담배, 무기산업, 원자력 발전 등을 포함하는 다른 영역으로 다양화되었다.

지배적인 미디어 회사는 크고 이윤추구를 하며 매우 부유한 위원회 및 개인들에 의해 소유되고 운영된다. 다수가 돈벌이 수단으로 완벽하게 작용되고 있으며 상부에 있는 대주주, 운영진들로부터 나머지가 강력한 압력을 받는 것도 당연하다. 이러한 압력은 미디어 주식이 주식시장의 우량주가 되고, 실제적이며 유력한 미디어 자산 소유자들이 증가된 투자규모, 광고수입으로부터 엄청난 부를 얻을 수 있게 되면서부터 심화되었다. 예를 들면, 루퍼트 머독(Rupert Murdoch), 타임 워너(Time Wanner) 등 및 많은 미디어 재벌 기업들을 보면 알 수 있다.

Note

[내용]

다섯 가지 여과 과정의 첫 번째 과정으로, 에드워드 허만은 그의 정치경제학적 자격 조건에 대해 설명한다. 그는 역사적인 인식을 통해 동시대적으로 초국가적인 미디어 결합이 왜, 어떻게 이루어졌는지 이해를 돕는다. 다양한 형태의 예시와 특징 속에서 '증거들'은 주장을 강화한다. 비록 백디키안(Bagdikian, 1983)이란 하나의 참조만 사용됐지만 말이다. 허만이 만약 모든 자료들을 열거하면서 특징의 사례들을 제시한다면 더 도움이 되었겠는가?
당신은 아마 현재의 초국가적인 미디어 결합의 크기와 접근에 대해 스스로 조사해 보고 싶을 것이다(예를 들자면, Thussu, 2006).

이 장의 네 번째 문단에서 허만은 그의 관심을 또 다른 정치적 경제학자로 돌린다. 그리고 주요 미디어 회사의 수익과 권력이 규제와 규칙을 느슨하게 하는 것에 대해 반박한다. 이러한 것들은 미디어 전문가들이 같은 사업과 사회적 관계를 분석함으로써 가능하게 됐다. 작가는 미국에서 오프콤(Ofcom)과 동급인 FCC(Federal Communication Commission), 영국 의 사소통 규제의 참조를 들었다.

[문맥]

여기서 제시된 관점에서 정당성을 입증하기 위해서 당신은 아마 인터넷을 통해 이름, 전문가들의 전문적인 배경, 규제구조의 일원들에 대해 확인하려 할 것이고, 그들의 합의를 위한 근거와 어떻게 누구에 의해서 합의됐는지에 대해 알려고 할 것이다. 이러한 규제력을 지닌 그들의 합의체가 사라진 후 무엇이 그들을 움직이게 했는지에 대해 알아보는 것도 흥미로운 일이다.

당신은 또한 한 국가에서 규제가 얼마 정도 변하게 했는지에 대해 알고 싶어 하고, 이것들이 다른 사람에 의해 어떻게 표현되는지도 확인하고 싶을 것이다. 예를 들자면, 2003년 오프콤(Ofcom)의 등장 전에 영국은 라디오, TV, 텔레커뮤니케이션의 각각의 규제수단을 가졌었다. 미국의 FCC 또한 오프콤과 같은 모델인가?

Reading 7

미디어 독점과 한 국가의 일정 지역에서 미디어 외에 여러 분야를 소유하는 것(수많은 TV, 라디오 방송국 네트워크를 소유하는 것) 그리고 비(非)미디어 기업인 ABC, NBC, CBS에 의한 미디어 통제를 제한하는 규범이 약화되었을 때, 이러한 경향은 가속화되었다. FCC는 또한 순수한 이익창출의 문을 열어주어 공중파의 사용을 허용하였으며, 방송광고, TV폭력, 공정주의와 관련된 제한을 단념했다.

Note

[문맥]

이번 두 문단에서는 이따금 '수평적 결합'으로 상징되는 최근 경향에 대해 집중 조명한다. 이러한 용어는 인수·합병자에 의해 미디어가 산업 분야로 이동하면서 만들어졌다. 그 결과로, 미디어의 재정적인 이익과 거대 기업들은 시청자, 독자, 그리고 청취자에게 확실하지 않았다. 예를 들자면, 긴 시간 동안 마이스페이스(MySpace) 사용자들은 뉴스 코오퍼레이션(News Corporations)의 새로운 주인이 분명히 아니었던 것처럼 말이다.

뉴스 코오퍼레이션이 주인이 된 이후에 마이스페이스가 변화했는가? 그렇다면, 어떤 부분이 변했고, 왜 그런 건가? 소셜 네트워크 사이트를 소유하는 루퍼트 머독의 동기는 무엇이었는가?

Reading 8

또 이들은 이사회의 멤버가 됨으로써 기업 공동체와 가까운 관계를 형성하고 광고 및 투자 금융업자들과 사업적 관계를 형성한다. 투자자들은 미디어 회사를 시장전략으로 통합시키는 것을 돕는 한편 민주적 절차에 대한 책임감을 떨어뜨리는 것을 돕는 힘을 조직한다. 거대한 미디어 기업은 미디어 분야의 범위를 넘어서 다양화되고, 비(非)미디어 회사는 매스미디어 분야에서 강한 존재로 확립되었다. 아울러 1980년대 정부는 사업 세금의 제도적 감소, 노동조합의 약화, 독점 금지법 시행의 완화가 일반 사업체의 관련자들뿐 아니라 미디어 주식회사들에게도 이득을 가져다주었다. 그리고 미국의 상업적이고 문화적인 메시지를 외국문화에 침투시키기 위한 외교적 노력을 지지했다. 미디어 거물, 광고업자, 거대 다국적 기업들은 제3세계에서의 유리한 투자조건에 가까운 관심을 보이고 있으며 이런 정책들에 있어서 정부와 그들과의 관계는 친밀하게 유지된다.

Note

[내용]

마지막 두 문단은 정치경제학에서 흥미로운 다른 중요한 요소, 즉 거대 미디어 기업과 정부 사이의 구조적 관계들을 조명한다. 에드워드 허만이 분명히 한 것처럼, 미디어 기업들은 그들의 성공을 위해 성장을 위한 기업적 환경을 조성하는 정부에 의존한다. 그리고 그들은 또한 '외국 문화에 침투하는' 정부의 행위에도 동조한다.

영국에서는 영국문화부장관(Britich Prime Ministes)과 루퍼트 머독과 그의 상사 사이에 정규적으로 보도회의가 있다. 왜 이러한 회의를 여는 것일까? 어떠한 이슈들이 논의되는 것일까?

[문맥]

미국정부와 국가의사소통산업의 관계에 대한 자세한 설명을 알고 싶고 명확히 하고 싶다면, 허버트 실러(Herber Schiller, 1998)를 참조해 보아라.

Reading 9

비즈니스를 위한 광고 라이센스: 두 번째 여과 과정

신문은 약 75% 가량의 수익을 광고에서 얻고, 일반적인 발행 잡지는 약 50%, 방송은 거의 100%의 수익을 광고에서 얻는다. 미디어 광고가 활성화되기 전에 신문 판매금이 사업비용을 커버해야만 했다. 광고의 성장으로 광고를 끌어들인 신문은 신문을 파는 데 있어 그 생산비용에도 훨씬 못 미치는 저렴한 비용으로 판매할 수 있었다. 광고를 도입하지 않는 신문은 가격을 올리거나, 아니면 신문이 잘 팔리도록 하는 기획·특집 기사, 참신한 포맷, 판촉 활동 등에 투자에 대한 이익창출을 거의 포기하거나 하는 심각한 딜레마에 직면했다. 광고기반 미디어시스템은 미디어 자체의 존재 기반을 포기하게 한다. 그리고 단지 판매가격에만 의존하는, 이익이 얼마 안 남는 미디어 회사들을 구석으로 몰아가는 경향을 보일 것이다. 이에 따라 광고주들의 선택이 미디어의 번영과 생존에 중요한 영향을 미치게 되었다(Barnouw, 1978).

Note

[문체]

이것은 우리가 왜 제목과 부제목을 주의 깊게 봐야 하는지에 대한 설명이다. 작가들은 종종 많은 시간을 처음을 구성하는데 소비한다. 그래서 이 장에서의 내용을 점검하기 전에, 당신은 이러한 부제 그리고 특별히 어떻게 '정해졌는지'에 대해 고려하길 원할 것이다.

[내용]

이번 첫 번째 문단에서 중요한 점은 광고주와 광고가 미디어의 생존과 번영 그리고 미디어의 형태까지 영향을 미친 점이다. 다시 말하지만, 에드워드 허만은 간단한 역사적 고찰을 통해 광고 소개가 어떻게 신문에 영향을 끼쳤는지에 대해 서술한다. 미디어의 성공에 영향을 미치는 생각, 다시 말해 광고주가 신문과 잡지에 대해 특별히 생각하는 만큼 소비자도 그만큼 혹은 더 많이 여기는지에 대한 당신의 생각은 어떠한가?

Reading 10

언론광고의 도입 이후, 노동자 계층 및 급진적 성향의 신문들은 항상 피해를 받아왔다. 많은 기업들이 그들의 수익에 피해를 줄 것이라 예상하는 미디어에 후원하기를 멀리하기 때문이다.

광고주들은 문화적으로, 정치적으로 보수적인 자신들의 판단 기준에 근거하여 특정한 방송국 가운데 선택을 한다. 또 생태계 파괴, 군산복합체, 제3세계 착취에 대한 기업 차원의 지원과 이윤추구와 같은 민감한 이들의 기업행위에 대해 심각하게 비판하는 프로그램을 광고주들은 대체로 후원하지 않을 것이다. 광고 단가가 올라갈 때, 광고주가 프로그램에 광고를 넣지 않는다면 방송인들은 프로그램에 제작에 사용할 수 있는 보다 많은 비용을 놓치게 된다.

예를 들어 ABC TV의 미국 핵전쟁을 강조한 'Once-in-a-blue-moon' 특집, 〈The Day After〉(1983)는 프로그램 도중이나 프로그램 전후의 거의 모든 광고주들이 그들의 광고를 취소하게 만들었다.

그래서 방송인들은 이윤추구자로서 행동하라는 보다 많은 압력을 받게 되는 한편, 공공서비스를 운영하는 FCC로부터 압력을 거의 받지 않았기 때문에 방송인들은 중요한 공적 문제를 다루는 프로그램 제작을 배제하는 경향이 강해졌다.

Note

[내용]

이어지는 문단에서 제시된 논쟁에서, 에드워드 허만은 근로계층과 진보적 미디어, 주요 신문들이 광고가 도입된 이래로 상당한 불이익을 받는다고 단호하게 주장한다. 유사한 논쟁은 TV에서도 만들어진다. 허만의 미국의 사례를 드는 동안, 당신은 영국에서 상업 TV와 언론에 대한 아마 그와 유사한 사례가 있는지에 대해 궁금할 것이다.

그렇게 함으로써 이것은 광고의 영향이 공영방송에도 미치는지 그리고 BBC 같은 조직이 상업방송의 '하찮은 목소리'도 담는지에 대한 질문을 바로 제시한다. 당신은 오늘날 노동계층과 진보미디어가 영국을 움직이는지에 대해 확인할 수 있는가. 정확히 무엇인가? 무엇이 진보적으로 만드는가?

[문맥]

이 글은 1995년에 출판됐지만, 마지막 문단의 논점은 오늘날 영국에서도 아직 적용할 수 있다. 예를 들자면, '멍청하게 만들다'는 용어는 캠페인 그룹이 공공서비스 프로그램이 줄어들 때 사용한다. 또한, 미국의 FCC처럼, 오프콤(Ofcom)은 영국에서 신개발의 명목으로 고발당한다. 그 신개발은 언론 캠페인, 방송 자유, 그리고 공론 트랙(Public Voice track) 같은 것들이다.

BBC와 같은 공영방송이 상업화되고 다채널화되는 것은 피할 수 없다. 당신은 아마 공공서비스들이 이러한 두 번째 여과 과정에서 어떻게 대응하는지에 대해 궁금할지도 모른다.

Reading 11

매스미디어 뉴스 정보원: 세 번째 여과 과정

대중매체는 비용적인 요소와 상호 이해 때문에 국가적이고 지역적인 힘의 구조와 친밀한 관계가 만들어진다. 비용을 절약하는 것은, 중요한 뉴스가 종종 발생하고 중요한 루머와 비밀이 많이 누설되며 일반적인 언론회의가 열리는 그들의 리포터에 집중하는 것을 의미한다. 워싱턴에 있는 백악관, 미국국방부, 미국 국무부 건물과, 지역의 기초인 시청과 경찰서는 기자들에게 정기적으로 뉴스를 얻을 수 있는 대상이다. 사업 회사와 무역 집단들 또한 뉴스화할 만한 가치가 있는 곳으로 여겨지는 정기적인 이야기 공급주체이다. 이러한 기관들은 믿을 수 있고 계획된 투입으로 뉴스 기관의 수요를 충족시킬 수 있는 거대한 양의 자료들로 변한다.

정부와 기업 공급체들은 또한 그들의 국가와 연관된 신뢰성을 가지고 있다. 객관성을 부분적으로 유지하지만 또한 그들 자신을 편견의 비판과 증가하고 있는 자유 요구의 심각한 위협으로부터 보호하기 위해서, 매체는 정확한 것처럼 나타날 수 있는 뉴스를 필요로 한다. 신뢰할 수 없는 것으로 느껴지는 정보원으로 인한 자료나 비평, 위협을 끌어낼 수 있는 정보는 주의나 비용이 드는 검토를 요구하는 반면에 신뢰할 만한 것으로 추정할 수 있는 정보원으로부터의 정보는 또한 조사비용을 감소시킨다.

그러므로 레이건(Reagan) 대통령이 1986년 5월에 니카라과 정부가 마약 밀매와 매우 밀접하게 관련이 있다고 주장했을 때, 이것은 검토 없이 즉시 보도되었다(하지만 이것은 잘못된 진술이었다). 반면에 투옥된 마약 거래자들과 심지어 미국 지식인들과 마약 강화 부 패널들이 미국을 등에 업은 니카라과 반정부세력들이 공식적인 묵인을 얻고 미국으로 마약을 밀거래하고 있다는 꾸준한 주장은 더욱 조심스럽게 여겨졌고, 엄중한 검토가 요구되었으며 매체 보도가 (이 경우에는 그 주장이 진실이었음에도 불구하고) 거의 받아들여지지 않았다.

Note

[문체]

이 세 번째 필드를 지지하기 위해 쓰인 주장들을 생각하기 전에, 어떻게 에드워드 허만이 주요—그리고 적절하게 제안한—단어, '정보원'을 부제를 위해 골랐는지를 알아보자.

[내용]

허만은 정보원은 세 가지 요소의 결과로 발생하거나 발생할 수 있다고 주장한다.

일찍 힌트를 주자면 그 첫 번째는 '비용이 드는 요소들과 상호적인 이익' 때문이다. 다른 말로, 비용을 줄이기 위해서는 원천들이 사람들과 특정과 이야기들이 가장 많이 일어날 법한 장소들에 맞춰져 있어야 한다는 것이다. 즉, 정부의 멤버 또는 대변인, 국무부와 사업 회사들을 말할 수 있다.

여기에서 두 번째 측면은, 허만이 이유로 지정한 만큼 이야기들은 신뢰성이 필요하고 이러한 자료들은 요구된 양질의 정보를 제공하도록 요구되기 때문에, 비용을 절약하는 것은 검토가 불필요하게 여길 때 일어난다.

허만은 그리고 이러한 가정에서 결함들이 드러나는 예시들을 제공했다. 더 많은 최근의 예들을 생각해 볼 수 있겠는가?

미디어가 어떻게 '권력구조와 밀접한 관계를 맺게 되었다'는 주장이 설득적일까? (이 책의 '8장 마르크시즘'을 보아라.)

Reading 12

뉴스의 주요 정보원을 구성하고 있는 힘 있는 정부나 회사 관료들의 정보 작전은 방대하고 기술적이다. 그들은 매체에 대해서 특별하며 동등하지 않은 접근성을 지니고 있다. 그들이 뉴스를 제공하고, 경쟁에 있는 기자와 지속적으로 접촉하고, 기자들이 협력적으로 나오지 않는다면 그들을 뉴스 밖으로 몰아낼 수 있기 때문에 그 권력은 개인적인 관계, 협박, 그리고 미디어 패널에 영향을 미치고 강제할 수 있는 보상을 사용할 수 있다.

아마 더 중요한 것은, 강력한 정보원은 그들이 권력 구조에 있는 한 가지 벡터나 또 다른 것의 계획으로 따라오도록 조작하기 위해서, 기사가 미디어를 다루기 위해 필요한 원고와 기자의 일상이라는 장점을 정기적으로 이용할 수 있다는 것이다. 이 관리의 부분은 사건들을 해석하면서 특정 틀을 강화하는 내용을 가진 미디어가 보여주는 것을 구성하는 것에 접근한다고 할 수 있다.

Note

[내용]

이 세 번째 여과 과정을 지지하는 두 번째 주장은 '정보 전문'의 방대한 분석에 놓여 있다. 이것들은 대중의 개인적인 관계나 정부와 거대 기업의 손아귀에 있는 언론 담당자로 알려져 있다(예를 들어, Bakir and Barlow, 2007; Franklin, 2004를 보아라). 결과적으로 기자들의 이야기에 대한 접근하는 승인하거나 거절하는 권력은 관리나 조종의 의미로 보인다, 이것은 특정한 안건을 '지지하거나' '밀거나' 특정한 사건이 보고되는 방법에 영향을 미치도록—언론의 공개, 브리핑과 '공개하지 않는 조건의' 인터뷰를 통해—사용될 수 있는 정보력 있는 권력에 의해 더욱 도움을 받는다. 이 논쟁에 대응하기 위해서 어떠한 요점이 만들어질 수 있겠는가?

Reading 13

권력과 정보원의 관계는 전문가의 공급을 막기 위해 지속적으로 뉴스를 제공하는 것을 뛰어넘는다. 공식적인 정보원은 분명한 지식을 가지고 반체제 의견을 드러내는 매우 존경할 만한 대체 정보원에 의해서 위협받을 수 있다. 활동적인 시도들은 전문가를 선임함으로써 이러한 문제들을 줄이도록 만들어진다. (즉, 긍정적인 입장을 가진 전문가들을 찾고, 그들에게 상담가의 직책을 부여하고, 그들의 연구에 자금을 제공하고, 그들을 고용하고 그들의 발견물을 보도하는 데 도움을 줄 사상 보관소를 구성하는 것이다.)

1970년대와 1980년대 초기 동안, 일련의 기관들이 만들어졌고, 오래된 기관들은 협력적인 관점을 선동하기 위해서 재개되었다. 이러한 기관들 중 가장 중요했던 것들은 헤리테이지 재단(Heritage Foundation), 미국산업연구소(The America Enterprise Institution), 국제전략연구 조지타운센터(The Georgetown Center for Strategic and International Studies)였다. 수만 명의 지식인들이 이러한 기관들로 불려갔고, 그들의 작업은 자금을 지원받고, 선동 노력으로 합리적으로 정의될 수 있는 섬세한 프로그램에 있는 미디어에 전파되었다.

Note

[내용]

세 번째이자 정보원 여과 과정의 마지막 차원은 두 가지 의미로 나뉠 수 있는데, 둘 다 정보의 중요 정보원이 '만들어진'—또는 구어체로, 매수한—'권력 구조'에 속할 수 있다. 이것이 발생하는 첫 번째 방식은 연구나 상담전문가 결과가 그러한 작업을 의뢰한 관점을 가지고 발생할 기대 속에서 '전문가들'에게 자금을 대줌으로써 일어난다. 이 '만들어짐'이 발생하는 두 번째 방식은 산업적인 부문이나 정치적으로 일련화된 조직이 연구기관, 산업 본체 또는 정부정책에 영향을 미치는 데 목적을 두고 있는 정책 '생각 기관'을 설립하거나 후원한다.

[문맥]

순응적인 '전문가들'을 선임하는 것은 오직 예를 들어 도박과 같은 특정 산업에서의 유리한 기사가 재정적으로—이익을 얻을 가능성이 있거나 또는—이익을 얻은 연구자나 또는 그 산업에 의해서 생산되어 왔을 때 발생하는 그러한 드문 상황에서 일반적인 대중들에게 증거가 되어 왔다.

[문체]

전문가들을 선임하는 것에 관해서, 허만은 어떠한 구체적인 예시도 제공하지 않았다. 그는 협력적인 관점을 지지하도록 세워진 미국에 있는 기관의 약간의 세부사항만을 제공했다. 그러나 우리와 독자들에게 제공되는 예시들을 따라오라는 어떠한 언급도 제공되지 않았다. 이러한 기관들이 정부 정책에 어떻게—영향을 주려고 시도하거나—영향을 끼치는지에 대한 정확한 설명 또한 없었다. 더 많은 정보와 예시들에 대한 제공은 유용할 것이다. 전반적으로 이 세 번째 필드에 대해 만들어진 경우들이 어떻게 설득적이었나?

Reading 14

혹평, 또는 비평과 강요자들: 네 번째 여과 과정

여기서의 혹평, 또는 비평은 미디어 내용이나 프로그램에 대한 부정적인 반응을 가리킨다. 이것은 미디어, 전보, 전화 호출, 탄원서, 소송, 연설, 그리고 법안의 형태이거나 불평, 위협 그리고 처벌 행위의 다른 방식일 것이다. 이것은 중심적이거나 지방적으로 조직되거나, 또는 완전히 독립적인 개인의 행태로 구성될 수 있다. 예를 들어, 개인들은 신성을 모독하거나 체제 전복적으로 여겨지는 영화가 방영되는 것에 대해서 저항하는 전화를 하거나 글을 쓸 수 있다. 또는 총포 규제 단체는 개인적인 총기 소유의 위협을 지적하는 프로그램에 대해서 불평하기 위해 그들의 구성원들을 동원할 수 있다.

만약 혹평이 큰 규모로 나타난다면, 이것은 매체에 불편을 끼치고 비용을 유발할 수 있다. 입장은 그 조직 안이나 밖에서 방어되어야 하며 때때로 그것은 입법부나 심지어는 법정일 수 있다. 광고주들은 지원을 철회할 것이다. TV광고는 상품 구매를 거부하기 쉽도록 조직된 상품들의 주요 고객이다. 1950년대 초 매카시(McCarthy) 시대에('17장 미디어효과론' 참조), 많은 광고주들과 방송사업자들은 소비자 구매 금지 운동을 조직하기 위해 붉은 여우사냥 극장주협회(Red hunters' threats)를 구성하고 결정함으로써 암묵적으로 직원들의 블랙리스트를 강요했다.

광고주들은 여전히 혹평을 늘어놓을 가능성 있는 성가신 선거구에 대해서 집중하고 있으며, 적합한 프로그램의 수요에 관한 부분은 지속적으로 미디어 환경의 특징이 될 수 있다.

혹평을 하는 능력은, 특히 비용이 들거나 위협을 하는 혹평은, 권력과 관계가 있다. 1967 CBS '국방성을 팔다'는 무기가 사용되는 사업과 대중들이 항상 더 많은 무기가 필요하다는 것을 믿어 두렵게 하기 위한 군대의 계약자 선동에 초점이 맞춰진 다큐멘터리였다. 이는 상당한 흥밋거리의 분노로 떠올랐고, 그 부정적인 반응은 심지어 의회의 청문회까지 열리게 할 정도로 대단했다.

심각한 혹평은 기업이 그들의 활동에 대한 미디어 비평에 대한 증가한 분노와 1970년대와 1980년대의 회사 모욕과 유사하게 증가한다. 그 해에 이것의 다른 정치적 조사에 따르면, 그 기업 단체는 The American Legal Foundation, Capital Legal Foundation,

Accuracy in Media(AIM), The Center for Media and Public Affairs, 그리고 The Media Institution과 같은 기관의 성장에 자금을 대주었다. 이러한 것은 혹평을 만들어내기 위한 특별한 목적으로 구성된 기관들로 여겨진다. 예를 들어 AIM의 설립은 미디어를 괴롭히고 그들에게 기업의 안건과 강경한 우익적인 외교정책을 따르도록 압력을 넣기 위함이다. 이것은 미디어가 보수적인 기준을 비난할 경우 문제나 비용 증가가 일어날 것이라는 것을 기대하도록 만든다.

Note

[문체]

그러나 우리에게 '근본적인' 단어들(그리고 구절)의 의미가 완전히 다른 문맥에서 어떻게 사용을 위해서 선임될 수 있는지 상기시키는 또 다른 극적인 부제가 있다. 예를 들어 당신이 읽기 전에 '혹평'과 '집행자'의 공식적인 의미에 대해 알고 있었다고 해 보자. 에드워드 허만이 처음에 '혹평'에 대해서 어떻게 정의했는지를 알아보고 이것이 미디어 기관에 미친 영향을 설명해 봐라. 그리고 나서 마지막으로 권력의 관계에 대해서 고려해봐라('2장 이론이란 무엇인가?' 참조).

[내용]

이 문맥에서 혹평은 프로그램·기사·영화·광고 또는 진술의 대중적인 토론을 따라가는 미디어 기관이나 또는 특정한 고용인들을 가리키는 비판적인 동사로 보인다. 에드워드 허만이 미국에 대해 쓴 것처럼 이 예시들은 그 국가로부터 왔다. 하지만, 당신은 영국에서 혹평 운동에 대한 최근의 예시를 생각해 낼 수 있을 것이다. 그는 미디어 기관, 그것의 고용인들 그리고 심지어 그 프로그램의 원칙에 대한—금전적이고 대중 관계 비용에서의—잠정적인 비용에 대한 개요를 서술한다.

허만의 마지막 요점은 조직되고 정해진 비난 활동을 불러일으키는 능력이 권력과 관계되어 있다는 것이다. 즉, 이것은 그러한 자료를 조직하고 준비하고 보도하기 위해서 다른 정보와 비용이 필요하다. 이것을 염두에 두고, 그는 특별히 비난을 만들어 내고, 현재 상황(또는 보수적인 기준에서)의 침해가 비난을 끌어들일 것이라는 미디어 기관들에 대해서 경고를 하기 위한 목적으로 설립된 미국에 있는 많은 단체를 열거했다.

저자는 비난 운동이 중심적으로나 지역적으로 조직될 수 있으며 또한 개인들의 행등으로부터 발생할 수 있다는 것에 초점을 잡는다. 채널4에서 2007년 동안 **연예인 빅 브라더** 호가 비난이 겨냥되었었다는 것을 당신은 어떻게 설명할 수 있는가? 그 비난을 불러일으킨 원동력을 무엇이었나? 이러한 지난 공격의 결과물은 무엇인가?

Reading 15

구조를 조정하기 위한 반공산주의: 다섯 번째 여과 과정

마지막 여과 과정은 반공산주의의 이념이다. 사업 주인의식보다 사회의 위협은 그들의 계급적 위치와 우월한 지위의 매우 뿌리 깊은 곳부터 위협해 오면서 항상 재산을 가진 사람들을 불안하게 하는 유령 같은 존재였다. 1917년의 소비에트 연방, 1949년의 중국, 그리고 1959년의 쿠바 혁명은 미국 엘리트 계층에게 있어 항상 트라우마였다. 진행되고 있는 갈등과 공산주의 나라에 대한 공표된 학대는 미국의 이데올로기와 정책의 가장 첫 번째 원칙으로 수년 동안 공산주의에 대한 반대를 제거하는 데 기여하였다.

이러한 이데올로기는 '공산주의'라는 개념이 사실상 불명확하고, 이것은 재산의 이익을 위협하거나 공산주의 국가에 대한 타협적 지지나 또는 어떠한 종류의 급진주의를 옹호하는 누구에게라도 저항하는데 사용될 수 있기 때문에, 이것은 적에 대항하는 대중들을 동원하도록 도왔다. 공산주의자의 딱지가 붙는 것은 거의 매번 미국 좌파와 노동운동의 권위를 빼앗았고, 급진적인 반대 운동을 늦추는 데 기여했다.

종종 공산주의 옹호자가 되거나 반공산주의자가 되지 않는 자들에게 죄를 묻는 자유주의자들은 지속적으로 국가의 방어를 유지하며 반공산주의가 지배적으로 종교의 통합자 역할을 하도록 하는데, 이것은 일반적으로 자유주의자들이 매우 보수주의자들처럼 행동하도록 만든다. 미국 과테말라 침략(1947~54)과 니카라과에 대한 군사적인 공격(1981~87), 그리고 공산주의자 유대 주장과 공산주의 위협은 많은 자유주의자들이 CIA의 개입을 지지하도록 했다. 다른 이들은 침묵을 고수했고 국가적인 종교에 대한 불충의 죄가 있는 것으로 여겨지는 것에 대한 공포로 굳어 버렸다. 1950년대와 1960년대에 FBI소속인 에드거 후버(J. Edgar Hoover)는 아프리카계 미국인의 시민권을 '공산주의자'로 칭하는 데 대한 지지를 보냈고, 거의 모두가 심각하게 받아들이라고 요구한다고 느꼈음에도 이것은 그 운동을 멈추게 하지 않았다.

그 반공산주의 통제 방법은 대중매체에 심각한 영향을 끼치는 시스템을 관통했다. '적색 공포'의 시대와 같은 일반적인 시대에, 이슈는 한쪽 측면에 할당된 이익과 손실이나 완전히 합법적인 뉴스 관습으로 생각되는 '우리 편'을 찾아내며, 공산주의와 반공산주의의 힘으로 양분된 세계로 굳어지는 경향이 있다.

어떻게 권력 있는 반공산주의가 소비에트 공산주의의 충돌과 1989년의 소비에트 연방 붕괴, 그리고 어느 곳에나 있는 공산주의를 물러서도록 하는 결과를 낼 것인가에 대해서는 논의할 여지가 있다. 그러나 러시아 혁명에 앞선 공산주의에 대한 두려움과 공산당(무정부주의자나 공산주의자) 끌어올리기의 주장이 확장되고 '바깥의 선동자 위협'이 19세기 후반 노동 분배에 대한 일반적인 사업, 정부, 그리고 매체 반응의 특징이었던 것에 주의해야 한다. 라틴아메리카와 몇몇 미국의 재계들에게 공산주의는 아래에서부터의 도전과 요구들을 확인해 왔었다. 서양의 기관들은 경제적 침체와 부담 아래서 새로운 세계의 질서에 대한 도전의 대상이고 이는 전통적인 응답이 따르는 것이 가능하다.

그러나 강력하고 핵으로 무장된 '사악한 제국'(소련에 대한 레이건의 말)이 기다리지 않고서는 외적에게 노동 논쟁을 묶는 것은 더더욱 어려워질 것이며 반노동 선전은 작업 정지로부터 지역사회로의 피해와 폭력의 주장에 더욱 의존해야 할 수도 있다. 외국의 정책을 고려하자면, 미국의 1989년의 파나마 침략과 1991년 이라크의 공격은 마약 공급자들과 대중매체의 완전한 협력을 등에 업고서, 비공산주의자들의 적과, 석유 공급과 국제적인 법률에 대해 혐의가 주장된 위협에 대한 악마화는 미국 지도자에 대해서 매우 만족스러운 반공산주의의 대체물이다(Mowlana, Gerbner & Schiller, 1992; Shalom, 1993).

Note

[구조]

에드워드 허만은 네 단계 동안 다섯 가지의 여과 과정에 관해 다룬다. 그 첫 번째는 이 사상에 대한 역사적인 문맥을 제공한다. 두 번째는 이 사상이 어떻게 내부적으로나 외부적으로 '적들'로 인식된 것에 대항하는 대중들을 동원하기 위해 사용될 수 있었는지를 보여 준다. 그 세 번째는 이 사상이 뉴스보도에 있어서 어떻게 사용되었는지를 알려주는 반면에 네 번째는 소비에트 연방 방식 공산주의의 붕괴를 따르는 '새로운 세계의 요구'에 있어서 이 사상의 흐름에 대해 보여 준다.

[내용]

이 마지막 여과 과정은 아마도 이전의 것들보다 더 이해하기 어려울 것이다. 부제가 가리키는 것처럼, 반공산주의 사상은 대중매체에 있어서 통제 방식으로서 작용한다. 그러므로 뉴스와 정보가 대중의 영역으로 들어가는 것을 보장하는 것은 이 사상에 따르는 것이다. 허만은 이전에 미국 자산 주인들이나 엘리트 계층들이 공산주의에 대해서 왜 걱정을 하고 있었는지에 대한 이유로서 다른 공산주의자들의 진술에 의해 공산주의 혁명과 미디어 보고의 '남용'에 대해 인용했다('12장 밀스의 대중사회 이론' 참조).

게다가 그가 주장하기를 공산주의의 개념은 정확히 정의되거나 이해되지 않았기 때문에, 이것은 딱지를 붙일 수 있고, **현재** 상황에 반하여 활동한다고 생각되는 개인과 집단, 기관의 위치를 약화시킬 수 있다. 작가에 따르면, 그렇게 딱지가 붙는 것에 대한 위험은 자유주의자들과 미국의 좌파들을 겁먹게 만들고, 그들이 방어 자세를 취하게 하며, 어떤 상황에서는 대중이 인식하기에 신뢰성 있는 연설가로 믿게끔 보이는 그들의 능력을 약화시킨다.

그들이 방어 자세를 취하게 하며, 어떤 상황에서는 대중이 인식하기에 신뢰성 있는 연설가로 믿게끔 하는 그들의 능력을 약화시킨다.

뉴스 매체를 고려하면서, 허만은 그들이 공산주의자나 반공산주의자가 그들이 어느 편에 있는지 확실하게 하는 것에 망설임이 없는 세계를 묘사하는 경향이 있다고 주장한다. 이것은 이라크의 전쟁과 관련해서 "당신은 우리 편이 아니면 우리의 적이다"라고 말한 조지 부시의 분명하게 표현된 자세와는 다르다. 그러나 적어도 우리는 반공산주의 사상의 사용은 오직 상대적으로 최근의 현상이라고 생각하며, 허만은 이것이 19세기 후반에 노동 분쟁을 약화시키기 위해서 사업, 국가 그리고 미디어에 의해서 사용된다는 것을 상기시킨다.

마지막 단락은 우리에게 현대 시대에 이 다섯 번째 여과 과정의 타당성에 대해 고려해 보라고 말한다. 그 증거로, 미국의 외국 정책의 방향에 대한 마음을 얻기 위한 반공산주의에 대한 대체물은 쉽게 찾을 수 있으며, 이것은 완전한 대중매체의 협력을 가지고 있다고 주장된다.

이 관점의 타당성에 대해 고려해 보면서, 두 번째 이라크 전쟁의 초기 단계 이전이나 그 동안 '테러와의 전쟁'이 영국 뉴스 매체에서의 한 여과 과정으로 활용되고 있다는 관점에 대해서 접근해 봐라.

Reading 16

선전 캠페인과 대중매체

이 글에서는 다섯 가지 여과 과정들은 게이트를 통과하는 좁은 범위의 뉴스를 넘어서 더 빅뉴스가 되는 날카로운 제한에 대해서 논의한다. 즉, 가끔씩 반체제적인 뉴스('작은 뉴스')가 아닌 지속되는 뉴스 캠페인. 정의에 따르면, 확립된 정보원이 이끄는 것으로부터의 뉴스는 한 가지 중요한 필요 요구사항을 충족시키고, 이미 대중매체에 의해서 사용되고 있다.

반체제 목소리, 가난하게 자금을 받는 개인과 그룹으로부터 나오는 미국 정부에 대한 반대, 국내와 외국, 이러한 것들은 신뢰할 수 있는 정보원으로서 여겨지지 않는다. 그들은 과정을 거르는 데 영향을 미치는 게이트 키퍼와 다른 권력 있는 사람들에 의해서 현실이 인식된다는 방식의 측면을 심각한 것으로 보는 것 같지는 않다. 그러므로 대중매체와 정부는 이것을 그들의 지속적인 관심에 줌으로써 뉴스화할 수 있는 사건을 거의 만들 수 있다. 반복하자면, 그들은 다수의 대중들을 위해서 일어나지 않은 또 다른 완벽한 뉴스거리 사건을 만들 수 있다. 정부와 대중매체는 또한 주요 선동운동의 욕구를 충족시켜 주는 하나의 이야기 또한 만들 수 있다.

보통 선동운동은 지속적이지 않다. 그들은 이데올로기적 동원 추구를 제공하기 위해서 중요한 국내 권련 집단에 의해서 기간을 잘 설정해 놓는 경향이 있다. 1919년에서부터 1920년에 일어난 적색공포(赤色恐怖) 또는 레드 스케어(Red Scare)는 노동기관이 전국적으로 매우 활동적이고 큰 사업이 공장에 있는 이것의 힘에 도전하고 있을 때 발생했다. 수천 명의 모든 관점의 급진주의자들이 체포되었고 폭력적으로 그들의 집으로부터 쫓겨났다. 많은 이들이 투옥되었고 많은 이들은 강제 추방당했다(Kennedy, 1980: 278~279, 288~292). 그들이 정부를 타도하려는 음모를 꾸몄다는 주장이 제기되었다.

선동운동의 두 번째 예는 1940년대 후반과 1950년대 초반에 상원의원인 조셉 매카시(Joseph McCarthy)와 적색공포 또는 레드 스케어가 그의 이름(매카시즘)에 연루되었던 것이다(Caute, 1978). 일단, 국가는 공산주의 파괴로부터의 충돌의 심각한 위협 아래에 있다고 또 한 번 말했다. 이러한 활동은 1933년부터 1945년까지의 루즈벨트 대통령 시기에 있던 뉴딜정책 연합을 무력화시켰고, 이것을 냉전·군사 인종·친산업·노동통제

정책 지지로 대체시켰다.

세 번째 예는 교황 존 폴(Pope John Paul) 2세의 1981년 총격사건에 불가리아인과 국가 보안 위원회가 관련되었다는 주장이다. 실제로 이 조잡한 주장은 후에 국제적인 선전운동(Herman & Brohead, 1986)으로 변모하게 된다. 이것은 미국과 소련 사이의, 그리고 이탈리아를 포함한 동맹들 간의 서유럽의 선진 핵미사일의 장소를 놓고 고조된 갈등이 있던 기간이었다. 핵에너지 사용에 반대하는 운동들은 서유럽과 미국에서 동시에 매우 활발히 이루어졌으며, 전 세계 기독교인들의 가장 중요한 지도자를 암살하겠다는 사악하고 냉담하기까지 한 뉴스는 공산주의자의 공포를 환기시키기에 강력했다.

Note

[구조]

이 책은 신보수주의적이고 자유적인 '수문장'의 관점에 대한 비평으로 시작한다.

에드워드 허만이 선전 모델이었던 세 번째 관점의 경우를 만들기 위해서 대중매체 메시지의 다섯 가지 정치 경제적 여과 과정을 사용한 것이 요점이라고 할 수 있다.

[내용]

허만은 '작은' 뉴스보다 '큰' 뉴스에 대한 대중매체의 요구와 명백하게 신뢰할 수 있는 정보원으로부터의 이야기의 준비된 공급에 대한 필요가 '뉴스거리가 되는' 시간으로 정해질 수 있고—이것이 정당하건 그렇지 않건—그리고 아마도 더 '뉴스거리가 되는' 사건인 다른 것들을 무시하거나 묵살시켜 버릴 수 있다. 결과적으로, 정부와 대중매체는 그들의 필요에 맞는다면, 그들의 권력 속에서 한 이야기를 대중 선동 운동으로 변형시킨다. 세 가지 예시들은 미국 매체에서 선동활동을 제공한다. 다음 장으로 넘어가기 전에, 다음아래에 있는 질문들을 생각해 보자.

허만에 의해 제공되는 세 가지 예시들에 비추어 볼 때, 각각의 다섯 가지 여과 과정들은 이러한 선동활동을 만들고 유지시키는 것을 돕기 위해서 어떤 역할을 하는가? 어떤 증거가 (a) 그 여과 과정들의 역할을 설명하고, (b) 이것들이 선동활동을 한다고 보는 관점을 정당화시킬 수 있다고 사용될 수 있는가? 그 증거를 당신은 어디서 찾았는가?

Reading 17

뼈대에 맞는 뉴스 이야기들은 매우 정치적으로 이슈가 되는 배경을 두고 선택된다. 1984년에는 Polish Solidarity와 Father Popieluszko의 존경받고 있는 동시에 공격적인 지지자가 바르샤바에서 납치당하고 폭행을 당한 뒤 폴란드의 비밀경찰의 감방에서 살해 당하였다. 이 추한 일은 미국 언론에 의해 관심을 받기 시작했다. ≪뉴욕 타임지(*The New York Times*)≫는 78개의 기사와 3개의 신문 사설을 게시하였고 ≪타임(*Time*)≫지와 ≪뉴스위크(*Newsweek*)≫지는 합쳐서 16개의 기사를, 그리고 CBS뉴스에서는 46개의 뉴스를 방송하였다. 아직 100명의 성직자들, 수녀들, 그리고 다른 종교적으로 일하는 사람들에게 미국의 대리인에 의한 살인은, 때때로 더 흉측함에도 불구하고 라틴 아메리카에서 1964년부터 1980년까지 언론이 더 적은 언론의 보도를 하고 있다. 오직 ≪뉴욕 타임지≫의 57개의 기사(신문사설은 없음), 10개의 ≪타임≫지와 ≪뉴스위크≫지의 기사 그리고 CBS 뉴스의 37개의 방송분들이 그들의 운명에 할당이 되어졌다. 이는 언론의 관심에 의해서 우방 국가에서의 가치 없는 희생자들이 공산주의 국가의 가치 있는 희생자들의 100분의 1도 안 되게 측정된다.

이렇게 분열된 기준들은 매우 큰 이념적인 중요성을 갖는다. 적들이 진짜 혹은 주장되어지는 악행들에 대한 지속적인 강조는 어떠한 일이라도 벌일 것만 같은 적들과 그로 인해 그들의 연구와 개발이 몇 년 동안 이미 이루어져왔음에도 불구하고, 필요한 새로운 무기의 필요성들이 사람들에게 진심으로 위협을 받게끔 확신시켜 준다. 인도네시아, 자이르, 과테말라와 같이 우방 국가들의 폄하와 그들이 저지른 탄압에 대한 자기합리화는 우리로 하여금 미국에서 도움이 되고 인간적인 정부의 시민이라는 자아인식을 가지고 있도록 하지만 적국은 정부가 지도자를 죽이고 민주 운동을 탄압하는 적국의 이미지를 갖도록 만든다.

Note

[구조]

에드워드 허만은 다음의 두 단락을 대중매체에 의해서 날카롭게 선택된 기사에서 반공산주의 사상의 권력을 설명하고 '우리 편 찾기'가 '완전히 합법적인 뉴스 관습'으로 여겨지는 이전의 요점을 강화하는 데 사용하였다.

[내용]

네 가지 미국 뉴스의 결과에 대한 분석 내용에도 불구하고, 허만은 다른 두 나라의 폭력적인 사건의 기사를 비교한다. 그는 공산주의 국가에서의 '가치 있는 희생자'는 미합중국의 우방국에서의 '덜 가치 있는 희생자'보다 매체에서 더 많은 보도를 받게 될 것이라고 주장한다. 허만은 무기 발전, 국가의 자아상, 그리고 그 이미지의 세계적인 증진의 측면에서 그러한 기사의 사상적 중요성에 대해 주장한다.

이러한 문맥적 분석의 한계점과 강점은 무엇일까? 또한, 허만이 의도한 '가치 있는'과 '덜 가치 있는' 희생자의 의미는 무엇일까?

허만이 말한 예시들은 어떤 의미에서는 변함이 없다. 예를 들어, '테러와의 전쟁'에 대한 논쟁의 과정에서, 미합중국과 영국의 대중들은 안전에 대한 추가적인 조사에 대한 필요, 무기에 있어서 지도 유지에 대한 필요, 그리고 싸울 가치가 있는 우리의 자유와 민주주의의 가치에 대해서 끊임없이 생각할 것이다.

[문체]

허만이 '우리'를 언급했을 때, 그의 국적에 대해 미묘한 힌트를 준 것을 찾아보자.

Reading 18

그러나 엘리트 계층과 대중매체는 모든 이슈에서 동일한 입장을 갖지 않는다. 권력자들이 서로 동의하지 않는 관계에 있을 때에, 권력의 대리인은 그들이 전반적으로 나눈 목표를 얻는 방법에 대해 어떤 전략적인 판단의 다양성을 반영할 것이다. 그들은 여전히 그들의 목표에 도전하는 관점과 사실들을 배제시킬 것이다.

심지어 내부에 엘리트 반대의견이 없을 때에도, 여전히 대중매체에서는 일부의 불이행이 있을 것이고, 정부의 입장을 약화시키는 경향이 있는 정보들이 거의 첫 번째 페이지에서 발견될 것이다. 이것은 미국 시스템의 강화 중 하나이다. 1963년부터 1975년까지 있었던 베트남 전쟁 중에도 그랬던 것처럼, 비판적인 선거구의 성장에 대한 응답으로 불편한 사실의 크기는 확장될 수 있다. 그러나 심지어 예외적인 상황에서도, 이것이 정립된 신조(자비로운 미국 목표에 상정하는 것, 공산주의의 공격이나 테러에 미국이 응답하는 것)의 구조 속에 들어가 있지 않는 한, 뉴스나 내용에서 대중매체로 들어가는 그것의 방식을 찾기는 매우 어렵다.

여전히 '공산주의 잔혹행위', 미디어에 대한 주기적인 '비관론'에 대해 토론에 초점이 맞춰있던 시기에 동남아시아에서 미국 정책에 대한 옹호자들은 전쟁에서 이길 수 있는 것을 넘는 분석을 내 놓았고 미디어가 '적대적'이고 심지어 전쟁에서 '졌음'을 보여주는 작전에 대해 토론했다. 부족하게 허락된 불편한 진실들과 가정의 공식적인 틀 안에서, '큰 뉴스'로부터 모두가 배제되는 근본적인 반대의견을 가지고, 그리고 괴롭힘을 당하지만 모두를 닦아 내 버리는 작은 크기의 대체 미디어를 가지고, 미디어 과정에 대해 '합리적인' 것처럼 보이는 것은 공식적인 검열보다는 애국적인 주제를 놓으면서 더 신뢰성 있고 효과적인 선동시스템을 만든다.

Note

[내용]

이 요점에 대해서 당신이 다섯 가지 여과 과정의 타당성이나 대중매체가 선동운동에 참여하고 있다는 생각에 대해서 확실히 납득하지 못하고 있다면, 이 마지막 세 단락이 아마 설득해 줄 것이다.

에드워드 허만은 권력 있는 엘리트들이 음악회에서 활동하는 하나의 동일한 집단이 아니라는 것을 인정하지만 작전들이 다 다를지라도 그들의 전반적인 목표—구체적이진 않아도—는 공유된 채로 남아 있다고 말한다. 대중매체에서 현재 상황에 대해 비판적인 이야기가 나오는 반면에, 중요성이 주어질 확률은 거의 없다는 의미의 '불이행'이 존재한다는 것은 이러한 전략과 작전들을 넘어선 다른 점들의 결과이다. 그러나 베트남 전쟁의 경우와 같이 그들이 그렇게 하거나, 또는 그렇게 한다면, 허만은 그러한 이야기들이 '확립된 신조'에 의해서 분석되지 않을 확률이 높다고 주장한다. 우리가 아래 오는 질문들을 고르는 것이 중요한 포인트이다.

마지막 단락은 이 책의 핵심을 제공한다. 즉, 다섯 가지 정치·경제적 여과 과정에 의해서 효과적이고 '보이지 않는' 선동구조를 확실히 하는 것이 가능하기 때문에, 미합중국은 애국적 안건을 확실히 하기 위해서 공식적인 미디어 검열에 의존할 필요가 없다는 것이다.

당신이 '확립된 신조'에 대해 이해하고 있다는 점을 분명히 하고, 이라크 전쟁에 대한 영국이나 미국의 뉴스 보도가 이러한 방식으로 구조화되어 있는지 고려해 봐라.

Reading 19

결론

미국 대중매체의 정치경제는 정부와 사업에 가까운 유대관계를 가지고 큰 이익을 만드는 기관만큼 미디어에 전문적이지 않은 커뮤니케이션 게이트 키퍼들에 의해 지배받는다. 이 권력 있는 네트워크는 엘리트들의 수요를 만족시키고 성가신 자료들을 피하기 위해서 여과된 뉴스와 엔터테인먼트 프로그램을 제공한다. 그러나 그 여과 과정은 완벽하지 않다. 그들이 기본적인 전제에 동의하였을지라도, 그 엘리트 들은 종종 전략에 동의하지 않는다. 그리고 이것을 뛰어넘는, 일반적인 뉴스 만드는 과정들은 모든 불편한 진실들과 이야기들을 방영하지 않는다. 그러나 그러한 거슬리는 요소들이 일반적으로 원칙을 받아들이는 질문을 하거나 '빅뉴스'의 일부가 되는 구조로 작용하기 위해 통과되는 것은 극히 드물다. 이러한 공식적인 구조 안에서의 오직 삽화적인 반대 이론의 제시와 국가 검열이 없는 자유 시장의 힘에 의한 시행은 이데올로기와 원칙의 지배에 대한 신뢰성을 강화한다.

Note

[문체]

에드워드 허만의 주요 주장을 요약하는 것은 짧고 분명한 결론이다. 그가 이 책의 첫 번째 부문에서 논의된 두 가지 관점에 대해서 명쾌하게 돌아오지 않았다는 것을 알아둬라. 그러나 그는 선전 모델의 강점을 반복하면서 그들의 한계에 대해 강조했다. 허만이 주장한 첫 번째 문장에서 커뮤니케이션의 메인 수문장은 유일한 매체 전문가가 아니라 "정부와 기업과 긴밀한 관계를 맺고 거대한 이익을 만드는 기관들"이라는 것이 명백하다. 또한 그가 어떻게 "엘리트들의 수요에 충족시키기 위해 걸러진 뉴스와 엔터테인먼트 프로그램들"의 관습을 인용했는지 알아봐라. 엔터테인먼트 프로그램은 이 책에서 처음으로 언급되었다.

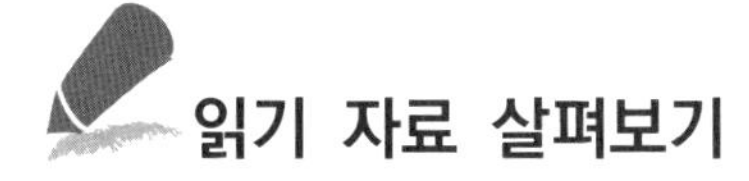

읽기 자료 살펴보기

당신이 읽었다시피, 이 책은 에드워드 허만에 의해서 선전 모델의 제한, 사실상 이것이 어떻게 구조화되는지에 대한 아무런 이해와 이것이 어떻게 받아들여지는가에 대한 암시도 없이 가까스로 모든 설명을 포함하고 있다. 그 이유는 작가에 의한 개요 때문이라기보다는 이 책이 출판되는 크기에 대한 편집적인 요구 때문이라 할 수 있다.

그러나 허만은 그 후 선전 모델에 대해 설명을 한 저서를 출간하면서 음모와 단순주의자들의 비편에 대해 반박했다. 이 책이 발간된 후 7년 뒤 『여론 조작: 대중매체의 정치경제학』(1988), 그리고 14년 뒤에 출판된 한 예에서 허만은 그 모델이 '미디어 행동과 성과' 중 하나이며 '미디어 효과'는 아니라고 지적한다. 그러나 허만은 그 모델이 시민들과 소비자의해서 활용된 방식과 이유에 대해서 강조한다. 허만은 "그 선전 모델은 운동가들이 이슈에 대한 미디어의 주요 보도 흐름에 영향을 미치기 위해서 그들의 노력을 가장 효율적으로 사용할 수 있는 곳을 이해하도록 돕는다"고 말한다(Herman, 2002: 63).

그 모델의 가치와 현대에 있는 여과 과정들의 타당성에 있어서, 허만은 뜻을 분명히 한다. 처음 두 번째 여과 과정인 '주인의식'과 '광고'가 점차적으로 중요해지고 있고, 기사들의 전문적인 권위가 감소되고 있으며, '시장 원리에 맡겨'둔 다면 인터넷은 민주적인 의사소통을 제공하지 못할 것이라는 게 그의 견해이다(Herman, 2002: 65). '공급받'고 '비난'하는 것에 있어서, 작가는 대중의 전문적인 관계에 있어서의 자람을 인용하며, 더해서 뉴스 공급으로 대중 관계 보도에 지나치게 의존한다. 이러한 두 여과 과정이 '엘리트들의 영향의 구조로서 강화됨'을 가지고 있다는 것이 그 증거이다(Herman, 2002: 65). '반공산주의 사상'인 다섯 가지 여과 과정이 소비에트 연합의 붕귀 이래로 그것의 흐름을 많이 잃었다는 것을 인정하면서, 자본주의의 팽창은 '시장의 기적'이라는 구로 대체될 수 있다(Herman, 2002: 65). 그러나 현 시대에 '테러와의 전쟁'이 다섯 번째 여과 과정으로 사용되고 있을 것이다.

우리가 이 장의 도입부에서 언급했던 것처럼, 비판적인 정치경제학의 접근이 특정한 가정들과 가치들을 공유하는 반면에, 이것이 이용되는 방식은 유럽과 북아메리카가 다양성을 가지고 있는 발전하고 있는 세계로의 연결 작업에서라고 할 수 있다. 그러므로 해석과 강조에 있어서 다른 점이 있다는 것은 놀라운 점이 아니다. 예를 들어, 골딩과 머독(Golding and Murdog, 2000: 73)이 선전 모델의 진실성에 대해 인정한 반면에,

그들은 또한 "주인들, 광고주와 주요 정치적인 간부들은 항상 그들의 바람대로 할 수 없다"는 점을 지적하며 그것의 결함을 제시했다. 왜냐하면, 그들은 '기회를 제공할 뿐만 아니라 한계를 부과하면서, 용이하게 할 뿐만 아니라 강요하는 구조 안에서' 작동해야만 하기 때문이다(Golding and Murdog, 2000: 74). 이러한 진술을 하면서, 그들은 그 시스템 안의 모순을 강조하고 이러한 한계의 면밀한 분석이 비판적 정치경제학의 주요 과제가 될 것이라고 말했다.

이 책의 비판적인 설명을 하는 과정에서 당신은 당신 자신이 이것이 구성되고, 나타나고, 논쟁되고 대안적인 지위와 관점들이 절적하게 고려되는가에 대한 방식을 가늠할 수 있을 것이라는 것에 대해서는 의심의 여지가 없을 것이다. 예를 들어, 모델과 다섯 가지 여과 과정들에 대한 개요에서 작가가 골딩과 머독에 의해 나타난 모순에 대해 분명히 하고 설명하지 않았는가? 마지막으로, 당신은 또한 그 연관성이나 도는 현대 시대에서 선전 모델에 대해 고려해 보길 원할 것이다.

주요 용어

반체제의(anti-establishment); 옹호자(apologists); 저항하는 의견(dissident voices); 지배적인 사상(dominant ideology); 게이트 키퍼(gatekeeper(s)); 자기 검열(self-censorship); 이념적 동원(ideological mobilisation); 메카시즘(McCartyism); 신보수주의적인(neo-conservative); 선동(propaganda); 적색 공포(Red Scares); 구조적 관계(structural relationships); '가치' 있고 '가치 없는' 희생('worthy' and 'unworthy' victims)

주요 학자

Ben Bagdikian; Herbert Gans; Todd Gitlin; Herb Schiller; Leon Sigal, Gaye Tuchman

권장도서

Boyd-Barrett, O.(1995), "The Political Economy Approach", in Boyd-Barrett, O., and Newbold, C.(eds.), *Approaches to Media*, London: Arnold.

정치경제학의 전통과 허버트 쉴러, 머독, 골딩, 간함 그리고 달라스 스미스 학자들의 요약된 연구를 담고 있다.

Golding, P. and Murdock, G.(2000), "Culture, Communications and Political Economy", in Curran, J., and Gurevitch, M.(eds.), *Mass Media and Society*, 3rd edition, London: Arnold

문화와 커뮤니케이션에 관한 비파적 정치커뮤니케이션 접근에 대한 주요 사항들을 모아 놓은 책이다.

Herman, E. and Chomsky, N.(1994/1988), *Manufacturing Consent: The political economy of the mass media*, London: Vintage.

매스미디어의 '프로파간다 모델'에 관하여 다섯 가지 뉴스 '필터(filters)'의 작동에 관하여 다양한 예를 통하여 설명하는 고전적 텍스트에 속한다.

16장

공론장

Habermas, J.(1974/1964), "The public sphere: an encyclopedia article(공론장: 백과사전 글)", *New German Critique*(신독일어 평론) 3(1), pp. 49~55.

공론장(The Public Sphere) 입문

아래의 질문은 공론장에 대한 도전적인 질문이다. '17세기부터 유래한 개념, 20세기 독일철학자의 업적과 보노, 톰요크, 다이나마이트, 조지클루니와 같은 21세기 유명인 사이의 연관성을 설명하라.' 이런 식의 도입에서 이들의 연관성은 명확해진다. 그리고 이 장을 정독하면 '공론장(public sphere)'에 대해 이해가 가능하게 될 것이다.

위르겐 하버마스는 공론장의 개념으로 잘 알려진 독일의 철학자다. 그는 프랑크푸르트학파를 구성하는 비판 이론가 중 한 명이었다('9장 프랑크푸르트학파' 참조). 하버마스가 미디어 이론에 대한 교과서에 자주 언급되지만 그는 미디어에 대한 오직 한 가지 대표작만을 남겼다. 이것은 공론장에 대한 하버마스의 대표작을 확인하기에 앞서, 왜, 어디서, 어떻게 우리가 이 용어에 대해 접근할 수 있을지 파악하는 데 도움이 되었다.

우리 중 일부는 21세기의 주요 뉴스 의제가 이라크 전쟁, 환경, 아프리카의 가난, 그리고 비만의 주제로 점철된다는 관점에 대해서 논쟁을 했다. 공론장에 대한 개념이 언급된다는 것은 (그것이 반드시 저널리스트나, 아나운서나, 블로거에 의해서가 아닐지라도) 이러한 이슈들에 대한 논쟁, 토론, 비평과 관련이 있다. 특히, 이것이 발생하는 세 가지 방식이 있으며 이들은 밀접하게 연관되어 있다.

그 첫 번째는 이러한 논쟁에 참여하기 위해서, 합의된 발언의 범위를 포함한다. 전통적으로 시사와 뉴스를 좌지우지하는 것은 정치인이나, 정책입안자, 저명한 저널리스트 그리고 학자들이었고 이들과 같은 그룹의 멤버들(언급하기를 좋아하는)은 재빨리 움직여 인터넷을 이용했다. 흥미로운 것을 언급하는 것을 좋아하는, 이러한 사람들은 빨리 인터넷을 이용한다. 그러나 전통적인 해설자들은 지역적이고 세계적인 수준에서 정치에 영향을 주고 정부정책을 바꾸려는 의도를 가지고 현재의 이슈에 대해서 논쟁하기 위해서 그들의 발언을 유명인이 대신하게 하는 방식으로 새로운 미디어에 가입해 왔다.

이러한 관점에서 우리는 어떠한 유명인들이 공론장에 참여해 왔다는 것을 보고 읽고 들을 수 있다. 그 명백한 사례가 환경 분야에서는 라이오헤드의 톰요크이고 개발도상국 부채 분야에 대해서는 U2의 보노이고, 총기범죄에 관해서는 다이너마이트이고, 아프리카 번곤문제 가난에 대해선 밥 겔도프가 있고 조지 클루니와 더불어 딕시 칙과 같은 뛰어난 미국 음악인들은 이라크 전쟁에 대한 공론장에 참여해 왔다.

공론장이 언급되는 두 번째 방식은 공론에 의해 우리가 이해하는 것과 관련이 있다. 우리는 얼마나 자주 공중이 여러 가지에 대해서 생각하는 것에 대하여 읽거나 듣는가? 이러한 공적인 관점은 어디로부터 오는가? 다시 말해 누가 공론으로서 언급되는 토론에 참여를 하는가? 이것은 단지 전통적 매체의 발언이거나 발언력이 큰 유명인들일까 아니면 공론형성에 책임 있는 언론일까? 혹은 '보통'사람들의 넓은 규모의 논쟁을 통해 형성되는 것일까? 전자매체나 전통매체가 여론에 주는 영향에 의해 여론조사와 그것의 표제변화의 범위는 어느 정도일까? 공론장에 대한 하버마스의 저작물은 이에 대해 생각하는 방법과 그러한 질문에 대해 대답하는 방법에 대한 설명을 제공한다.

마지막으로, 공론장의 개념을 상기시키는 세 번째 방법은 현대의 미디어를 묘사하는 방법으로, '지나친 단순화(dumbing-down)'이란 용어를 사용하는 경향이 증가하고 있다. 여기서 뉴스와 시사방송의 다양성과 양과 질이 줄어들고 있다는 것이 내포하는 바는 무엇일까? 그리고 그들이 '리얼리티'와 '메이크 오버(make-over)' 프로그램에 의해서 대체되고 있다는 것은 무엇을 의미할까? 방송미디어의 사례에서 덤빙다운의 이유로 제기되는 증가된 수치는 항상 존재해 왔던 조사결과이다. 특히, 타블로이드 신문에서 유명인사 스토리를 실는 경향 경쟁적인 시장에서 판매를 유지하기 위한 압박에 기인한 것으로 볼 수 있다.

덤빙다운 논쟁에 대한 더 중요한 요인은 미디어가(텔레비전은 이 논의에서 가장 큰 범죄자로 불린다.) 지난 수년간 독자들, 청자들, 시청자들을 타깃으로 시민이 아닌 소비자, 구매자로 만들어 왔다는 것이다. 그러면 덤빙다운은 덜 활기 넘치게 만들고, 덜 지적이게 하며 시민의식의 과정과 행동을 점차 손상시키는 특정 공공영역만을 남겨놓았다. 물론 덤빙다운의 과정을 옹호하는 공론장이 자본주의시스템을 분열시킨다는 주장도 있다.

하버마스의 공론장에 대한 개념의 매력적인 이 개념이 17세기에 영국, 프랑스. 독일의 분석으로부터 발생했지만, 그 개념이 21세기에 들어서도 설명적이고 시각적인 가능성을 가졌다는 것이다. 이는 그것이 미디어와 국가와 기업과 보통사람들을 어떻게 하면 더 민주적인 사회에 이득이 되도록 그 관계도를 다시 그릴 수 있을까 상상하고 관찰할 수 있게 관점을 제시하기 때문이다.

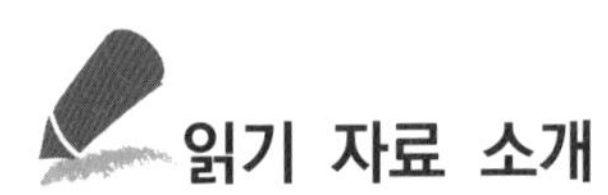

읽기 자료 소개

하버마스의 미디어에 대한 『공론장의 구조변동: 부르주아 사회의 범주에 관한 연구(STPS)』이다. 이는 1962년에 독일에서 처음 출판되었으나 이것은 1989년이 되어 영어로 번역되어 출간되었다. 일찍 번역되지 않고 하필 1989년이었을까?

한 가지 이유는 하버마스의 저작물이 동유럽에서 공산주의가 무너지고 로널드 레건과 마가렛대처에 의한 신자유주의 정책으로 인해 자본주의가 영국과 미국에서 번영하던 시기에 미디어에 대한 새로운 방향을 제시한다고 생각되었기 때문이다(Boyd-Barrett, 1995a: 231).

우리는 당신이 하버마스의 STPS를 정독해 보길 권하지만, 이 장을 읽는 것으로도 그의 이론에 대한 간략한 내용 정도는 얻을 수 있을 것이다. 그러므로 이 글의 제목이 '공론장: 백과사전 글'이다. STPS처럼 이 글 역시 독일어에서 영어로 번역되었다. 이것은 1964년에 출판되어 1974년까지는 영국에 나타나지 않았다. 출판과 학술적 저널의 자원은 목표청중에 대하여 명확하게 지시한다. 결과적으로 이것은 읽기가 쉽지 않다. 또한, 수많은 번역본들처럼 기존언어에서 몇몇 단어는 새로운 언어로서 깔끔하게 표현이 안 될 수도 있다.

그러므로 우리는 키워드와 생각에 대한 해석을 위해 사라, 프랭크와 피터를 비롯한 사람들과 번역작업을 했다. 추가적인 자료는 각주에 나와 있고 몇몇 유용하고 문맥적이고 사실적인 정보를 제공한다.

네 파트로 나누면서 글은 제목의 뒷부분인 '백과사전'으로서 명확하고 논리적인 구조를 가지게 되었음을 나타내었다. 본질적으로, 공론장의 의미를 정의한 후, 하버마스는 19세기 중반에 시작한 공공영역의 감소를 통하여 그것이 등장했던 17세기까지 추적했다. 그러나 당신은 아마도 그것이 실현된 적이 있는가보다는 무엇이 공론장을 형성하는가에 대한 고민을 더하도록 조언을 얻을 수 있을 것이다.

마지막으로 하버마스가 공론장에 대해서 간햄(Garnham 1986: 29)의 이론을 언급하고, 헤자르바드(Hjarvard 1993: 89)가 이상으로서, 보이드 배럿(Boyd-Barrett, 1995a: 230)이 담화로서 언급한 것과는 달리, 개념으로 공론장을 서술한 것은 주목할 만하다. 그러므로 용어적 정의가 왜 다른 것인지, 그것이 어떻게 상관 있는지 알아봐야 한다.

단어의 선택은 서술자의 사전적 배경지식을 반영한다. 그리고 이것은 이용과 가치에 대한 판단을 내포한다.

여기서 우리는 다른 서술자의 해석과 보고서에만 의존하는 것 대신에 우리만의 판단을 하고 특별한 이론을 발전시킬 만한 사람 혹은 그 사람이 하는 일로 되돌아가는데 따른 이익에 대하여 다시 한 번 생각해 보아야 한다.

Reading 1

위르겐 하버마스(Jürgen Habermas)

공론장: 백과사전 글(1964)[1)]

1. 개념

우리는 무엇보다도 공론장이란 공론과 같은 것이 형성되는 사회적 삶의 영역으로 규정한다. 이에 대한 접근은 모든 시민에게 보장된다. 공론장의 일부는 각 개인이 모여서 공공단체[2)]를 형성하도록 하는 모든 대화에서도 발생한다. 그들은 사적 업무를 거래하는 전문직이나 사업자처럼 행동하지 않으며, 국가 관료의 법적 강제에 따라 헌법 질서를 따르는 것처럼 행동하지도 않는다. 시민들은 일반적으로 흥미가 있는 문제에 관해 집회결사의 자유와 언론출판의 자유가 보장될 때 공공단체처럼 행동을 한다. 큰 공공단체에서는 이러한 의사소통의 종류를 정보를 전달하고 정보를 수용하는 사람에 영향을 미치는 특별한 수단을 요구한다. 오늘날 신문과 잡지, 라디오, 텔레비전들은 공공영역의 미디어다.

Note

[문체]

이 글의 도입부는 부드럽지 않다. 하버마스는 단순히 공론의 구성에 관해 직접적으로 공론장을 연결시킴으로써 시작했다. 중요 용어에 대한 정의는 단지 점진적이고 전체적이고 오로지 부분적으로 나타난다.

[내용]

하버마스는 공론장의 비율과 요소는 공통된 관심사에 대한 문제에 대해 논의하기 위해서 시민으로서 사람들이 모일 때 (단지 몇 명일지라도) 발생한다고 단언했다. 하버마스는 이에 두 가지 조건을 추가시킴으로써 이 서술을 명확히 구분했다. 첫째로, 이러한 방법으로 모이는

1) Fischer Lexicon, *Staat und Politik*, new edition(Frankfurt am Main, 1964), pp. 220~226에 나오는 내용을 보기 바란다.

2) 공론장에 대한 하버마스의 개념은 개인의 모임을 뜻하는 공중과 같지 않다. 그의 개념은 사람들의 참여에 의한 구체적인 제도의 형성이 가능하다는 가정이 전제될 때, 제도에 대한 직접적인 대체개념이다. 그러나 단순히 군중으로서 개념화지어질 수는 없다.

사람들은 만일 그들이 그러한 논의에 속해 있을 때 비즈니스를 하는 사람들이나 전문적 일을 하는 사람들로서 그들의 사적인 역할을 벗어던진다면 오로지 공공단체로서 간주되어야 한다. 둘째로, 하버마스가 공중과 공공단체에 대하여 언급할 때, 그는 단순히 사람들의 모임뿐 아니라 개인적인 시민권이나 책임을 제시하는 제도도 포함한다.

보노, 톰요크, 다이나마이트, 조지클루니가 정부정책에 다양한 방식으로 연결되려는 문제에 대해 비평함으로써 공론장을 개척하였을 때, 그들은 어느 정도 그들의 사적인 역할과 사적인 관심을 벗었고, 이러한 두 가지 입장이 분리될 수 있을까? 또한, 우리는 시민권과 책임에 대하여 읽거나 듣게 될 때, 그것은 실제로 무엇을 의미하는 것일까?

[문맥]

여기서 우리는 현대사회와 미디어, 공론장의 개념 사이의 첫 번째 연관성을 알아본다. 본질적으로. 하버마스는 우리가 공통된 관심사에 대한 논의에 같은 시간 같은 장소에 참여할 수 없다고 보는 것에 대해 논한다. 그러므로 우리는 공론장의 주요 미디어로서 라디오와 텔레비전과 언론에 의존한다. 명백한 것은, 하버마스는 인터넷의 진보 전에 글을 쓰고 있었다는 것이다.

Reading 2

예를 들어, 우리는 공공토론이 국가활동과 관계된 대상에 대해 다룰 때는 문학적으로 공론장의 의미를 사용할 때와는 대조적으로 정치적 공론장에 대하여 말한다. 비록 국가권력은 정치적 공론장의 집행자 격이지만 국가권력은 공론장의 일부가 아니다.[3] 확실하게 국가권력은 보통 '공'권력으로 간주된다. 그러나 이것은 우선적으로 모든 시민들이 잘 살게 하기 위해 발생한다. 오직 효과적으로 정보접근성을 지니는 공중의 민주적 요구가 정치적 통제보다 우선시 될 때만이 정치적 공론장은 법적 기구를 통해 정부에 제도적 영향을 미친다고 할 수 있다.

공론이란 표현은 시민들의 공공단체가 비공식적으로(정기적 선거, 혹은 공식적인 것도 마찬가지로) 통제와 비평을 통해 국가에서 조직된 통치구조와 마주할 수 있도록 한다. 규제는 어떠한 절차가 공개되기를 요구한다(Publizitätsvor-schriften). 예를 들어 공개법정심리에 참여하는 사람들은 공론적 기능과 연관되어 있다. 공론장은 기존의 권위에 대항하여 공개성의 원리를 사용하기 때문에 공중이 스스로를 무기명 혹은 공론으로 조직되는 사회와 국가 사이를 중개하는 영역으로서의 공론장은 작용하게 된다.[4]

Note

[내용]

이 부분에서 하버마스는 정치적 공론장과 문학적 공론장 사이의 구분을 지적한다. 국가와 관련된 이슈에 대한 토론은 오로지 이전의 사례에 기초한다. 이러한 판단을 실체화할 수 있는 증거는 존재하지 않는다. 하지만 만들어진 구분은 다른 것에 대해 한 영역의 가치화함을 내포한다.

유사한 판단들은 다른 장르들은 엔터테인먼트를 지향하기 때문에 비정치적으로 간주되는 반면, 오직 정치적 문제를 다루는 뉴스와 시사만 논하는 텔레비전 프로그램에 의해서 만들어져 왔다. 물론 그러한 시각은 정부정책과 관련된 공통관심사의 문제를 리얼리티 TV나, 드라마, 시트콤에서도 다룰 수 있기 때문에 완전하지는 않다.

당신은 공적 관심사의 문제와 관련된 드라마에서 다루는 이슈를 사례로 제시할 수 있는가?

---

3) 국가와 공론장은 하나로 겹치지 않는다. 오히려 그들은 적으로서 직면한다. 하버마스는 공공으로서의 영역을 옛날 사람들이 비공개로 이해했던 것이라고 규정했다. (비정부적 의견 만들기)

4) 공론장의 원리는 사회적 역사에서 증명할 만한 제도로부터 여전히 구별될 수 있다. 하버마스는 그래서 공론의 기능이 처음엔 보장될 수 있다는 수단에 의해서 행동방식과 규범모델을 의미하려 한다. a) 일반적 접근, b) 특권의 소멸, c) 일반적 규범과 이성적 합법화.

하버마스는 특정단어의 의미를 반영해야 할 필요에 대하여 다시 한 번 우리에게 상기시키며 공론의 역할과 힘을 계속해서 명확히 하고 있다.

예를 들어, 국가와 지역권력은 공적권력으로 묘사되기도 하지만 공론장은 국가로부터 분리되어서 보여진다. 여기서 우리는 피터 호헨달(Peter Hohendahl)에 의한 첫 번째 개입을 알 수 있고, 그의 각주 해석은 다소 영리하고 실제로 공론장과 국가는 서로가 적으로서 만난다고 제시했다. 하버마스는 후반부에서 다시 이 부분으로 돌아간다.

[문맥]

또 다른 저자는 여기서 만들어진 구별에 설명을 해 준다. 프레이저(Fraser, 1992: 110)는 공론장을 국가로부터 개념적으로 구별, 즉 원칙적으로 국가에 중요할 수 있는 담화의 순환과 생산의 영역이란 것이다.

하버마스가 국가의 비공식적 통제로서 언급하는 공중의 활동이 그러한 담화—공론을 생산하는—이다. 이뿐만 아니라 선거 시기에 투표를 함으로써 정기적으로 더욱 공식화된 통제력을 발휘한다.

공론이 비공식적 형태로서 발휘한 최근의 사례를 제시할 수 있는가?

Reading 3

'의견'이라는 말이 판단능력을 갖춘 공중의 논의와 관련하여 18세기에 처음으로 사용된 말인 공론으로 일직선적으로 발전하는 것은 아니다. 비록 단순한 의견(문화적 가정, 규범적 태도, 집단차별과 가치)은 역사적 잔해의 한 종류로서 그들의 자연스러운 형태 속에 변하지 않고 지속되는 듯하지만, 공론은 이성적 공중이 전제될 때 비로소 존재할 수 있다. 중요하며 제도적으로 보장받는, 정치적 작용에 대한 공론은 항상 존재해 오지는 않았다. 그들은 부르주아 공론장에서 자랐고 오로지 관심사의 순위적 배열을 통해 부르주아 법치질서 안으로 들어갈 수 있다.

Note

[내용]

여기서 우리는 중요한 개념과 그들의 기원으로 되돌아간다. 구별은 단순의견과 공론 사이에서 만들어졌고 이성적 공중의 결과로서 나타났다. 하버마스는 공론장과 같은 개념과 그것의 추론적 공론은 오직 18세기에 특정한 발전에서 나타난다. 즉, 그들은 이 당시에는 존재하지 않았으며, 부르주아사회의 경쟁적 시장 자본주의의 등장을 통해 특정한 측면에서 의미를 가진다(Garnham, 1986: 29).

단순 의견과 공론 사이의 구분이 후자의 의미를 구체화하는 데 유용한가? 하버마스가 합리적 공중에 의해서 의미하는 것은 무엇인가? 언제 공중은 이성적이지 않은가?

[문맥]

하버마스가 언급하는 과도기는 맥가이건에 의한 다음의 요약에 담겨 있다. 부르주아 공론장은 중간계급이 절대적인 통치자와 봉건귀족으로부터 왜곡된 힘을 통한 매체이다(1996: 25).

Reading 4

2. 역사

사적 영역으로부터 분리된 독자적 영역으로서의 공론장이 중세 전성기의 봉건사회에 존재했다는 것은 사회학적으로, 다시 말해 제도적 기준으로 보면 입증될 수 없다. 그렇지만 통치권의 속성, 가령 군주의 인장이 '공공적'이라 불린 것은 우연이 아니었다. 다시 말해 통치권의 공적 과시가 존재했던 것이다. 장원영주의 지위는 그것이 어떤 단계이든 '공적'인 것과 '사적'인 것의 기준에 대해 그 자체로 볼 때 중립적이다. 그러나 이 지위의 소유자는 이 지위를 공적으로 과시한다. 그는 언제나 자신을 '보다 높은'권력의 체화로 나타낸다. 이러한 대표개념은 최근의 헌법론에 이르기까지 유지되었다. 오래된 기반이 약화됨에도 불구하고 정치적 권력은 오늘날에도 국가에서 높은 수준의 과시성을 요구한다. 그러나 그러한 요소들은 전 부르주아적 사회구조로부터 발생했다. 예를 들어, 특별한 명령이나 국가의 과시성과 같은 것들은 부르주아적 공론장[5]에서 중세의 과시적 공론장과 관련이 없다. 공론장은 영주라는 구체적 실전에 관련이 있으며 왕자와 지위가 여전히 그대로라면, 이것에 대한 대리로서 거의 기능하지 않는 대신에, 그들은 '재현'일 수도 있다. 그들은 자신들의 통치권을 민중을 위해서가 아니라 민중 '앞에' 과시하는 것이다.

Note

[문맥]

공론장을 정의하면서 하버마스는 그는 역사로 시선을 돌렸다. 그러나 우리는 하버마스의 역사적 분석이 필연적으로 다른 저자들의 공론장과 일치하지 않다는 사실에 주목해야 한다 (Dahlgren, 1991: 5).

[내용]

여기서 중요한 이슈는 그가 과시적 공공성으로서 서술한 정치과시적 권력과 부르주아적 공론장 사이의 구분이다.

하버마스가 봉건시대에 공적인 것과 사적인 것 사이에 구분이 없다고 논하였으나 독재권력이

5) "나타내다"라는 표현은 다음 부분에서 매우 다양한 의미로 사용이 된다. 이해하는 가장 중요한 것은 만일 이러한 명칭이 그럴 듯하다면 중세적 공론장은 개인과 관련되어 있다는 것이다. 봉건적 영주와 땅은 바로 지금의 수단으로서 공론장을 만든다.

나, 다른 특권층이 다양한 방법으로 앞에서 공적으로 그들의 힘을 과시했다. 이것은 상징이나 의식을 통해서 여전히 발생하고 있다.

하버마스에게 과시적 공공성은 사람들을 위하기보다는 사람들 '앞'에서 특권을 내보임으로써 논란을 불식시키기에 공론장과 반대일 수도 있다(Peters, 1993: 545).

[문체]

과시적 공공성의 의미를 전달하려는 방법으로 하버마스는 우리가 정기적으로 사용하고 알고 있었지만 그는 하이픈을 넣어서 '재현(re-present)'이라는 표현을 사용했다. 이러한 표현이 당신이 이것의 단어와 의미를 다른 방법으로 보는 데 도움을 주는가?

Reading 5

18세기 말까지 과시적 공공성의 주체였던 봉건권력, 교회, 제후국, 귀족신분은 양극화 과정에서 해체된다. 이들은 마침내 한편으로는 사적 구성성분으로, 다른 한편으로는 공적 구성성분으로 붕괴된다. 교회의 지위는 종교개혁과 연관하여 변화한다. 교회가 대표하는 신적 권위에의 속박, 즉 종교는 사적인 일이 된다. 이른바 종교의 자유는 역사적으로 최초의 사적인 자율성의 영역을 보장한다. 교회자체는 다른 공법적 단체들 중 하나로 존속한다. 이에 상응하는 영주권력의 양극화는 공공예산이 우선 군주의 사적 소유로부터 분리되는 것에서 나타난다. 행정과 상비군, 그리고 부분적으로는 재판권과 더불어 공권력의 제도들은 점차 사적으로 되어 가는 궁정영역에 반해 객관화된다. 마지막으로 지배신분의 성분들이 신분으로부터 공권력의 기관, 의회로, 그리고 다른 일부는 재판권으로 발전한다. 도시의 동업조합과 농촌신분의 일정한 분화에서 이미 조성되던 직업신분의 성분들은 진정 사적 자율성의 영역으로 국가에 대립하는 부르주아 사회의 영역으로 발전한다.

Note

[내용]

여기서 주제는 부르주아 공론장과 함께 과시적 공공성의 변화와 봉건사회의 붕괴다. 이것은 교회와 왕족 그리고 귀족들과 같은 주요 세력들의 행위에 의해서 그들의 지위를 바꾸고 힘을 잃게 할 수도 있다. 하버마스는 봉건사회를 규정짓지도 않았고, 문맥화하지도 않았다.

다시 한 번 공공과 사적이라는 단어는 변화하는 환경을 반영하고 신호를 주기 때문에 중요하다. 교회가 공적역할과 입지를 갖는 동안, 종교는 사적인 문제가 되었다. 이와 유사하게, 왕정의 사적 지출은 공적예산으로부터 분리되었다.

이처럼 군사정치와 관료정치와 같은 제도는 그들이 왕정의 사적 통제영역에서 분리됨으로써 엄청난 독립성을 가지게 되었다. 봉건영지들은 의회나 법적기구에서 귀족들이 새로운 역할을 할 수 있도록 하기 위해 귀족들에게 분배되었으며, 부르주아사회는 상품거래와 전문직에 종시하는 사람들을 포함하게 되었다.

[문맥]

간햄(Garnham, 1986: 29~30)에 따르면 부르주아 계층은 새로운 정치적 힘과 공론이 존재할 수 있도록 하는 도서관과 대학, 박물관을 비롯한 시민사회에 필요한 제도적 네트워크를 형성할 수 있는 시간과 물리적 자원을 가지고 있는 새로운 정치적 세력이었다.

Reading 6

과시적 공공성은 국가 및 영토와 함께 출현한 새로운 '공권력'의 영역에 굴복했다. 지속적인 국가활동은 유가증권의 교류와 언론은 상품과 정보의 교류가 항구적 관계성을 지닌다. 공권력에 단지 종속될 뿐이고, 그것에서 처음에는 하나의 구체적 대립물이 된다. 어떠한 관직도 가지지 못하기 때문에 공권력에 대한 참여로부터 배제된 사람들이 바로 사적 개인들이기 때문이다. 좁은 의미에서의 '공공적'이라는 말은 '국가적'이라는 말과 동의어가 된다. 이 수식어는 권위를 부여받은 개인의 과시적 '궁정'과 더 이상 관계하는 것이 아니라, 오히려 정당한 권력행사의 독점권을 부여받고 권능에 따라 행사되는 국가기구의 운영과 관계한다. 사적 개인은 공권력의 수신인으로서 공중을 형성한다.

사적 영역의 사회는 명확히 국가의 반대편에 있다. 반면에 사회는 시장경제의 물결에서 삶의 재생산은 사적 권력의 기반으로 성장해 왔다는 점에서 공공이익에 대한 우려가 지속되어 왔다. 부르주아 공론장은 공식적으로 공권력 자체에 대항하여 이용할 목적으로 규정된 '지적신문'에 거의 즉각적으로 청구하는 사적 개인들이 공중을 형성하는 것으로 이해되어야 한다. 이러한 신문과 도덕적이고 중요한 저널들은 상품교환과 사회적 노동의 영역과 관련된 사회적 교류의 일반적인 규칙에서의 공권력을 논한다.

Note

[내용]

하버마스는 공권력이라는 다른 용어를 소개한다. 이는 민족국가와 국가영토가 우리가 오늘날 볼 수 있는 항구적 제도들의 범위에서 나타남으로써 과시적 공공성을 대체하여 나타난 공권력이다. 이는 전처럼 왕정에서가 아니라 공권력에 속한 사적 개인에 대한 지위의 변화를 가져온다.

하버마스가 언급한 항구적 제도의 유형이란 어떤 것일까?

하버마스는 지금 역사를 완성하기 위해서 이동하고 있다. 위에서 윤곽이 잡힌 변화는 사회가 공권력으로부터 분리된 사적영역이 되는 상황을 이끌고 있다.

그러나 사적 권력이 급성장한 시장 자본주의의 초기 형태의 지속적인 발전을 보장하기 위한 필요성과 함께, 사적 개인은 결정에 대한 영향을 미치려는 목적과 책임을 확인하려는 목표를 가지고 공권력에 대항함으로써 넓은 공적관심에 공공단체로서 행동하기 시작했다.

그들은 공론을 이끌 토론을 통해서 이러한 행위를 한다. 하버마스는 이러한 것이 행동으로서의 부르주아 공론장이고 그는 미디어나 언론에 의해서 역할을 잡음으로써 문단을 끝맺는다.

당신은 시장 자본주의가 사적 권력을 급성장시켰다는 언급에 대해 이해하는 바가 무엇인가?

[문맥]

하버마스의 부르주아 공론장에 대한 설명은 많은 저자에 의해서 중요한 정밀조사의 대상이었다. 예를 들어 헤자르바드(Hjarvard, 1993: 88~89)는 “하버마스가 확인하고자 했던 고전적 공론장이 초기 부르주아의 번성에 대한 이상인가, 역사적 현실인가”라는 물음을 던진다.

Reading 7

3. 자유주의 모델

이 논쟁—공적토의—의 수단은 유일하고 역사적 전례가 없었다. 여태까지 사람들은 경우에 따라 힘을 얻고자 하는 그들의 요구를 해결할 때 군주의 동의를 얻어야 했다. 의회가 왕권을 제한하는 영국에서는 군주가 계급들을 종속시키는 유럽대륙과는 다른 길을 걸었다. 평민계층은 더 이상 통치그룹으로 자리매김할 수 없었기 때문에 권력 배열 형식을 거부했다. 자본가 재산에 대한 사유권이 정치와 관련이 없는 거래경제에서 귀족층의 권리에 대한 설정에 의한 권력의 분할은 더는 불가능했다. 엄밀히 말해서, 그들은 '통치'하지 않는다. 공권력에 대한 힘을 갖고자 하는 그들의 요구는 '공유'되어져야 하는 권력이 집중되어지는 방향으로 흘러가지는 않았다. 대신, 그들의 생각들은 기존 세력에 기반을 둔 바로 그 이론에 스며들었다. 기존 세력의 이론을 위해, 부르주아계급은 일련의 행위들이 공개되어야 한다고 주장하는 감시 이론을 반대했다. 감시 이론은 합법화의 기초일 뿐 아니라 권력의 본질을 탈바꿈시키는 수단이다.

Note

[문맥]

본문의 세 번째 섹션에서는 하버마스는 공론장을 묘사하기 위해 '진보적'이라는 표현을 사용한다. 하버마스는 프랑크프루트학파의 동료들보다 미디어에 대해 더 낙관적인 성향을 주장하고 있다. 본문의 이번 장에서 명백해진 것은 하버마스는 공론장의 출현뿐 아니라 차후 감소에 대해서도 걱정하고 있다는 것이다.

[내용]

하버마스는 '공권력(Public Authority)'을 설명할 수 있는 공적 토의 형태에서의 논쟁에 대한 생각은 새로운 현상이라고 주장한다. 이전에 그는 다른 국가들 간에 방식이 다양함에도 불구하고 권력과 자산에 대한 논쟁은 은밀히 처리된 것이라고 주장한다. 하지만 부르주아의 등장으로 궁극적으로는 변형된 권력에 대해 생각하는 방식이 달라졌다.

비록 자연스럽게 주된 변화와 결부 짓는다는 말은 아니지만, 부르주아들이 권력을 주장하는 **감시**의 이론이 있다. 그들의 주장은 공권력의 부분으로—공공성, 또는 홍보(PR)—과 같은 개방의 정도가 컸다. 이는 어떤 단어들이나 그들의 의미의 중요성에 대한 또 다른 암시다. 피터스(Peters, 1993: 542~543)가 언급한 것처럼, 한동안 '공공성(publicity)'은 정권에의 일반적인 접근뿐 아니라 논쟁과 상업의 개방성을 의미했었지만, 현대에서는 '홍보(PR)'란 뜻으로 쓰인다.

하버마스는 이 문맥에서 '진보적'이 무슨 의미일까? 하버마스는 여기서 영국을 언급하고 있는데, 그가 '유럽대륙'이라고 언급하고 있는 나라는 어떤 다른 나라들일까?

Reading 8

초기에 현대 헌법에서 근본적인 권리는 공적 영역에서의 자유 모델의 완벽한 이미지였다. 그들은 개인적 자율성의 영역으로서의 사회와 몇몇 기능으로 공적 권위를 제한하는 걸 보장했다. 이 두 개의 영역 사이에서, 헌법은 더 나아가 이 공론장 안에서 정치적 권력을 합리적인 권위로 변화시키기 위해, 사적인 개인들이 모인, 시민들이 중산 계급 사회의 필요를 국가에 전송하는 공공 단체 영역의 존재를 보장했다. 이러한 이성의 기준이 된 보편적인 이해관계는, 시장에서 사적인 개인들의 활동이 공적 영역에서 사회적인 강요와 정치적인 압박에서 자유로워질 때, 자유로운 재화 교환의 사회 가정에 따라 보장되었다.

Note

[내용]

여기서 하버마스는 앞의 핵심 부분들을 거의 반복했다. 그는 현대 사회가 그들이 구성한 자유로운 공론장에서의 특성—한 쪽은 개인의 자치권 영역이고, 또 다른 한 쪽은 몇몇 기능으로 인해 제한되는 공공 권위의 영역이다—을 복제했다고 주장했다. 이 사적인 개인이 모여 공공 단체 안의 시민이 되어서 공통의 관심에 대한 문제를 토론하고, 그들의 사회적 문제를 국가에 전달하게 하는 공론장 양쪽을 분리한다.

그는 공론장에서 정치적 권위는 토론을 통해 이성적 권위로 바뀐다고 주장했다. 이 맥락에서, '합리적인'이란 말은 보편적인(또는 공공의) 이해관계를 보존하는 데 관계가 있다. 즉, 연합과 표현의 자유, 그리고 시장에서 사적인 개인으로서 그의 사업을 시작할 자유를 뜻한다.

정치적 권위와 이성적 권위를 어떻게 구분할 것인가? 또한, 왜 하버마스는 '이성적인'이라는 단어를 따옴표를 사용해 감소했는가?

[문맥]

프레이저(Fraser, 1992: 110~111)는 공론장을 '시민들이 그들의 공통 문제에 대해 생각하는 공간', '산만한 상호 작용의 제도화된 공간', '개념상으로 국가와 분리된 공간', 그리고 '이론적으로 국가에 비판적일 수 있는 담론의 생산과 순환의 장소'라고 비유했다.

논의하고 시각화시켜라—그려서라도—. 하버마스의 공론장 개념을 묘사한 도표와, 그것의 국가와의 관계와 가정과 직장의 사적 영역을 묘사해라.

Reading 9

동시에, 정치 일간지는 중요한 역할을 맡았다. 18세기 후반부에 문학적 저널리즘은 단지 단평의 모음집에 불과한 초창기의 뉴스로 심각한 경쟁을 야기했다. 칼 뷔허(Karl Bucher)는 이 위대한 발전을 다음과 같이 정의했다. "신문은 한낱 제도에 불과했던 뉴스 발행 수단을 공공 의견의 전달자와 리더로 바꿨다—정당 정치의 무기로. 이것은 신문 사업으로 변형되었다. 하나의 새로운 요소는 수집과 뉴스 발행 사이에서 나타났다. 그것은 편집자이다. 신문 발행자만 없었더라면, 그가 최근 뉴스를 공급하는 업체를 공공 의견의 조율자로 변화시켰을 것이다."

출판자들은 신문을 상업적인 기반으로 생각했지만, 그것은 엄밀히 말해 상업화는 아니었다. 언론사는 출판 그 자체의 제도를 효과적인 중재인의 방식과 공공 논의의 강조점으로 남겨두었다. 그것은 더 이상 단지 뉴스 전파를 위한 기구가 아니었지만, 아직 소비자 문화의 매개도 아직은 아니었다.

Note

[내용]

이 문단 부분에서 있는 몇몇 사건들에서 하버마스는 명확하게 미디어에 대해 언급했다. 여기서, 그는 18세기 중산 계급의 공론장과 출판사 사이의 연결고리에 주목했고, 문학적 저널리즘의 등장과 '뉴스 시트'의 존재로 야기되는 도전으로 이목을 끌고자 했다.

중요한 점은 중산 계급의 공론장의 신문과 잡지들은 공공 의견을 반영하고 전파한 데 반면, 출판 그 자체의 본질은 편집인들의 소개로 나타난 노동 분할을 통해 변화되기 시작했다는 점이다.

하버마스의 이 문단의 지난 몇 줄은 그가 본 공론장과 관련하여 미디어의 이상적인 역할을 강조한다. 즉, 미디어—그 당시에 신문과 잡지—는 단순하게 상황에 대한 뉴스를 모으고 전파하는 것을 넘어 공공 의견을 강화시키고 중재하는 측면에서 사람들의 조직을 관리하는 데까지 움직였다. 그의 다음 언급은 특히 중요하다. 미디어가 상업적으로 성공한 반면, 그들은 '소비자 문화의 매개'가 되지는 못했다. 여기서, 하버마스는 우리가 나중에 공론장의 축소를 해석할 수 있는 암시를 준다.

'소비자 문화의 매개'로서의 미디어라는 그의 언급에서 볼 수 있는 하버마스가 예상하고 있는 변화는 무엇일까?

[문맥]

공론장의 일상적인 일은 다음과 같이 기록한 풀(Poole, 1989: 14)의 삶에서 알 수 있다. 이 두서없는 공간을 가능하게 만든 제도는 커피 하우스(18세기 런던에 3,000개가 있던), 상점, 클럽, 관객(The Spectator)이나 ≪태틀러(*The Tatler*)≫지와 같은 영어 잡지, 사회의 읽을거리와 도서관 대여 사업이었다. 많은 해설자들에 따르면, 공론장의 전형적인 예가 된 것은 런던의 커피 하우스였다.

[문체]

당신은 하버마스가 다른 작가의 글을 인용한 것이 처음이라는 것을 아는가? 불행하게도, 언급 대상의 자세한 부분은 제공되지 않았다.

Reading 10

저널리즘의 이 형태는 소규모의 정치 단체나 기관의 신문이 갑작스럽게 나타나는 혁명 기간(예를 들면, 1789년 파리에서 있었던)에서 볼 수 있다. 1848년 파리에서 그럭저럭 저명한 정치인이 그의 클럽을 조직했고, 하나 걸러 나오는 저널도 만들었다. 2월과 5월 사이에 450개의 클럽과 200개가 넘는 저널이 생겨났다. 정치적으로 기능하는 공론장을 영구적으로 법률화하기까지, 정치신문의 등장은 자유와 여론을 위한, 이론적으로는 공론장을 위한 투쟁에 참여함을 의미했었다. 설득의 압력이 완화된 지적 언론은 자본주의에 입각한 입헌국의 기득권층만이 함께하고 있었다. 그때부터 격론을 벌이는 자리를 폐지할 수 있었고 상업적인 일의 수익성을 기회로 이용할 수 있게 됐다. 1830년대에는 영국, 프랑스, 미국에서 거의 동시에 설득의 저널리즘에서 상업의 하나로 변형되기 시작했다. 개인의 문학적 저널리즘에서 매스미디어의 공공서비스로의 전이에서 공론장은 매스미디어에서 각별히 중요해져버린 개인회사들의 유입으로 인해 바뀌었다.

Note

[내용]

마지막 단락에서 주제를 이어가면, 하버마스는 18세기 후반과 19세기 초의 프랑스혁명 전후의 여론을 중재하던 언론의 전형을 제시한다. 그는 구체적으로 나라를 밝히기보다, 정치적인 신문의 등장은 더 나아가 공공 의견과 자유를 위한 투쟁의 증거라는 보편적인 관찰을 보여주는 방향으로 논의를 전개했다. 이것은 비록 공론장이 역사적으로 입증될 수 없더라도, 혹은 실제로 존재하지 않았다고 해도, 그것은 가치 있는 이론이라는 암시를 주었다.

그 문단의 마지막 몇 줄은 공론장의 차후 축소와 언론 본질의 변화를 기록하는 데 집중했다. 하버마스에 따르면, 하나의 입헌 국가가 생겨나면, 언론은 '신념의 저널리즘'을 포기하고 '상업의 한 부분', 대량 부수 발행을 통한 상업적 가능성을 가지게 된다. 결과적으로, 미디어는 공공의 관심과 의견이 사적인 관심으로 지배된 매스미디어가 되는 것이 아닌지 사전에 가장 중요하게 걱정해야 한다.

상업 저널리즘은 설득의 저널리즘으로 대체된다는 하버마스의 주장을, 어떤 증거가 강화시키고 약화시킬 수 있을까? 이런 생각들은 오늘날 어떠한 관계가 있는가?

[문맥]

많은 작가들은 공론장의 실존에 의문을 가졌다. 예를 들면 에어스트라튼(Verstraeten, 1996: 349)은 "공론장이 기껏해야 초창기에 존재했고, 인식된 적은 없다"고 주장했다. 다소 다른 방향을 가지고, 피터 호헨달(Peter Hohendahl, 16장 Reding 2의 각주 3 참조)은 여론의 기능을 보장하기 위해 요구되는 행동의 표준과 방식을 정리한 공론장 이론의 중요성을 강조한다.

공론장의 변화를 차트로 만들면, 풀(Poole, 1989: 15~16)은 주된 자본주의 미디어의 우려는 수익극대화뿐만 아니라 제외에 대한 우려 또는 부차적인 반대의 목소리가 되었다고 주장한다. 유사하게, 큐란(Curran, 1996: 82)은 공론장으로부터 경제이익으로 대중을 끌어내고 국가는 서로 협상한다고 주장했다.

실제로 공론장이 존재하지 않을 수도 있지만 이상적인 공론장의 원리를 이끌어내는 것에는 어떤 가치가 존재할까?

Reading 11

4. 대중 민주주의적 사회 복지국가에서의 공론장

공론장의 자유민주주의적 역할이 대중이 정보에 접근하기 쉬워야 한다는[6] 규범적인 주장을 반영하는 데 있어 여전히 오늘날에 유익하다고 하더라도, 사회 복지 국가 형태 안에서 산업적으로 진보된 대중 민주주의의 실제적 상황에 적용하는 것은 불가능하다. 민주주의적 모델은 이데올로기적 요소를 항상 포함한다. 뿐만 아니라 사회적 선제조건들이 근본적으로 변형되게 된다는 사실은 부분적으로 진실이다. 공론장 그 자체가 드러난, 자유 민주주의적 모델의 증거를 호소하는, 바로 그 형태는 영국의 차티스트 운동과 프랑스의 2월 혁명을 통해 변화하기 시작했다. 언론과 선전의 확산으로 인해, 공공단체는 부르주아의 경계를 넘어서게 되었다. 공공단체는 사회적 배타성을 상실했을 뿐만 아니라, 추가적으로 부르주아의 사회적 제도와 비교적 높은 교육 수준에 의해 창조된 일관성을 잃어버리게 되었다. 지금까지 사적 영역으로 제한된 갈등이 공론장으로 침투하고 있다.

자율 시장으로부터 만족을 기대하지 못하는 단체의 요구들은 이제 국가에 의한 규제로 기울어지고 있다.

Note

[내용]

네 번째와 마지막 섹션에서 하버마스는 공론장의 축소는 '구조적 변동'의 결과로 추적·관찰하고 있다. 근본적으로 하버마스는 부르주아의 공론장은 대중 민주주의적 사회적 복지국가의 발생 결과인 일련의 주요한 사회적 변화에 의해 변형되었다고 주장하였다.

'대중 민주주의적 사회적 복지국가(Social Welfare State Mass Democracy)'라는 용어에 대해 어떻게 생각하는가? 하버마스는 이것에 통해 무엇을 의미하고 있는가?

수세기에 걸쳐 발생한 사회적 변화들은 몇몇의 단락에서 다루고 있다. 구체적인 2개의 사례들—프랑스혁명과 영국의 차티스트 운동에서의 사회적 변화에 대한—이 언급되었다. 이것은 공공단체—이전의 부르주아의 독점을 넘어선—의 확대와 공론장의 변화를 야기하는, 산업혁명 그리고 자본의 성장과 같은 주요한 경제적·사회적 변화를 야기시켰다.

---

6) 하버마스는 부르주아 공론장을 역사적 형태로 간주하는 것이 아니라 없어서는 안 되는 것으로 간주했음을 알 수 있다.

[문맥]

이러한 변화에 대하여 추가적인 관점은 다른 저자들에 의해 제공되고 있다. 예를 들어 달그렌(Dahlgren, 1999: 4)은 산업화와 도시화, 그리고 식자율의 상승과 언론의 대중화, 특히 행정적이며 간섭주의적인 국가의 발흥은 공론장의 감소를 지속화시켰다고 주장한다.

그러나 간햄(Garnham, 1986: 30)은 공론장의 감소에 대한 아이러니한 관점을 소개하는데, 공론장은 "현존의 상태를 가져온 다양한 힘에 의해 역사적으로 소멸되었다"고 주장한다. 다른 말로 하면, 선진화된 형식의 자본주의는 독점적 자본주의로 알려져 있다. 이것은 '고르지 않는 부의 분배', '공론장의 진입을 위한 비용 상승'으로 이어지고 '불평등한 접근과 공론장에 대한 통제'라는 결과를 가져왔다.

Reading 12

이러한 주장들의 타협점을 찾아야 하는 공론장은 격한 갈등의 모습을 보이는 경쟁들, 이해관계의 경쟁을 위한 장이 됐다. '거리의 압박'의 영향을 받아 발생된 규칙은 공적토의에 종사하는 사적인 개인들의 만장일치로부터 발생된 것이라고 여겨지진 않는다. 사적이익으로 일어나는 충돌들을 타협하기 위해 대략 노골적인 태도로 일관한다. 국가의 일을 처리하는 사회 조직들은 정당을 통하거나 행정부에 직접 접촉하여 정치 공론장에서 활동한다. 공적 영역과 사적영역을 뒤섞음으로써, 상품거래나 사회노동 영역에서 특정 기능들은 정치권력의 모습을 취할 뿐 아니라 반대로 정치적 기능들은 사회적 힘으로 볼 수 있다. 이는 공론장의 '재봉건화'를 초래한다. 대조직들은 가능할 때마다 공론장을 배제하고 국가와, 서로서로 간의 정치적 절충을 위해 노력한다. 동시에 대조직들은 분명한 개방의 표시를 통해 최소한 대중들로부터 국민투표의 지지를 확인해야만 한다 (과시적 공공성).[7]

Note

[내용]

하머마스는 정부 규제의 도입부분에 서로 관련 있는 두 가지 근거를 들고 있다. 첫 번째는 광범위한 사람들의 요구를 충족시켜 줄 자율시장의 실패 때문이다. 두 번째로는 이전에 가정과 회사의 영역으로 국한시켰던 '사적' 문제들이 지금은 공론장으로 나왔다. 이러한 변화들의 결과를 충분히 강조하기 위해, 하버마스는 입법의 예로 사용했다.

여기서, 그는 사익을 고려하지 않는 개인들 간의 이성적인 논쟁과 이전 시민들을 공공재를 위하기보다 자신의 목적을 위해 공론장을 운영하기 시작한 이익단체들을 비교했다. 하버마스는 공적 영역과 사적 영역을 뒤섞는 현상을 설명했다.

하버마스는 그가 언급한 이익 단체에 대해 상세히 말하지 않았다. 누구이며 어떤 것인가? '공적 영역과 사적 영역을 엮는 것'은 오늘날 어느 정도의 규모를 말하는 것일까?

이번 섹션에서 마지막 두 가지 키포인트는 매우 중요하다. 하버마스는 공론장의 '재봉건화'의 개념을 소개했다. 두 번째 포인트는 자원을 얻기 위해 그리고 국가로 인해 그들 뜻대로 합의를 보기 위한 대조직들 간의 투쟁은 속이거나 조작하는 행동을 초래했다는 것이다. 독일어에서 영어로 번역할 때, 이러한 행동은 '분명한 개방의 표시'로 서술됐다.

---

7) 하버마스의 "절차를 공공한 것으로 만드는 것(Publizität)"의 개념과 "공론장(Oeffentlichkeit)"의 개념을 구분해야 한다. Publizität 단어는 공적행동으로 생기는 공공효과의 정도를 말하는 것이다. 이와 같은 상황은 공론장의 핵심이 예전부터 약화되고 있을지라도 여론이 만들어지는 형식이 유지될 때 일어날 수 있다.

하버마스는 '재봉건화'를 정의하기 위해 어떤 근거를 제시했는가? 당신은 어떻게 논쟁에 대응하겠는가?

[문맥]

달그렌(Dahlgren, 1991)은 하버마스가 말한 공적 영역과 사적 영역의 성질의 변화를 반영했고 그에 따른 결과를 정리했다.

그 결과는 "정치·경제적 문제에서 공적 부분과 사적 부분의 모호해짐, 사적인 친숙한 영역(가족생활)의 합리화와 위축, 정치·문화 변론가들의 (비록 제한적인) 공론에서 소비자들의 군중 공론으로의 점차적인 변화"를 말한다(Dahlgren, 1991: 4).

Reading 13

사회복지국가에서의 정치적 공론장은 중대한 기능적 약점이 있다. 절차를 공공한 것으로 만드는 과정은 정치 결정을 여론 재판 전에 항소여부에 따르도록 하거나 사람들이랑 영역이 공적인 이유로 종속시키려 했다. 하지만 공론화하는 과정은 매우 빈번하게 특정 이익의 난해한 정책들을 뒷받침했다. 사람들이나 사건들은 '광고(선전)'의 형태로 공적 위신을 얻었고, 이렇게 하여 그들을 사적인 견해 안에서 갈채 받을 만한 가치 있는 것으로 만들었다. '홍보 업무(Oeffentlichkeitsarbeit, 대민홍보활동)'라는 말은 공론장이 개별적으로 힘들게 구성되어야 한다는 사실과 공론장이 일찍이 사회구조에서 발전하여 커졌다는 사실을 져버렸다. 대중들, 정당, 의회의 중요한 관계마저도 기능적으로 이러한 변화에 영향을 받아왔다.

Note

[내용]

하버마스는 사회복지국가에서 공론장의 분명한 실패와 특히 결정적으로 행동을 취하는 능력을 강조했다. 한 예로 그는 개인의 의견과 정책 목적이, 동시에 받아들여지거나 제정되기 전에 '여론 재판'이라고 묘사되는 공론장에서의 공개조사와 논쟁의 대상이 어떻게 되었는지 주목하고 있다. 하버마스가 두 가지 키포인트를 잡아놓은 동시대 상황과 대조적이다.

그의 첫 번째 포인트는 광고(선전)의 실재는 사람이나 사건의 공적 위신을 얻기에 적합하다는 것을 기반으로 하여 일반대중의 관심의 문제가 단순히 공적 영역에 놓여 있다는 점이다. 하버마스는 광고 생산—공적관계를 통한—자원배분의 문제와 정책방향에 대한 대중의 지지를 얻고자할 때 허위 공론장의 구성을 필요로 한다('8장 마르크시즘', '15장 정치경제학' 참조). 허위 공론장의 개념은 얼마나 유용한가? 실제로 발생한 최근의 예들을 생각해 볼 수 있는가?

Reading 14

그렇지만 사회복지국가의 근본적인 권리의 확장은 공론장의 약점에 관해 추세에 반대하고 있다. 일반인이 접근할 수 있는 정보의 요구는 국가 기관에서 국가와 관련된 모든 조직들로 확장되어졌다. 실현 정도에 따라, 조직화된 사적 개인들의 공공 단체는 이제는 없어진 서로 개인적으로 관계있는 사적 개인들의 공공단체를 대신하게 된다. 이렇게 조직화된 개인들은 홍보활동의 과정에서 효과적으로 참여할 수 있다. 그들은 정당과 협회와 같은 곳에 존재하는 공론장의 채널과 국가와 함께 조직의 거래를 용이하게 하고자 확립되어진 절차를 공적화하는(Publizität) 선전/홍보 과정을 이용할 수 있다. 정치적 절충안은 홍보활동의 과정을 통해 정당화되어져야 한다. 사회복지국가의 대중민주주의 안에서 지켜지는 공론장의 개념, 사적 개인들 사이에서 공적토의의 수단을 통해 권력의 합리화를 요구하는 개념은 공론장 자체의 구조적 변형을 와해하려고 한다. 경쟁 조직의 상호견제 하에 사회 정치적 권력의 합리적 재조직화는 국가와 각각 사이의 관계 속뿐 아니라 내부구조 안에서도 공론장에 전념했기 때문에 변화된 기반에 근거해야, 오늘날 현실화될 수 있다.

사라 레녹스(Sara Lennox)와 프랭크 레녹스(Frank Lennox)에 의해 번역되었다.

Note

[내용]

하버마스는 공론장의 구조적 변화로 인해 그가 말하고자하는 바를 자세하게 설명하면서 결론으로 향하고 있다. 그는 동시적으로 과정이 발생했음을 제시한다. 즉, 사회복지국가의 사람들의 정보를 알 권리가 강해짐에 따라 공론장은 약해진다는 것이다.

정보 권리가 국가를 다루는 모든 조직에 확장됨에 따라, 홍보 활동은 부르주아적 공론장 시대에 서로 알았던 '그냥 사적 개인의 공공단체' 대신에 '조직화된 사적 개인의 공공단체'에 의해 통제되기 때문에 하버마스는 구조적 변화라고 했다.

이러한 것이 하버마스에 따르면, 즉 '사적 개인들 간의 공적토의 수단을 통한 권력의 합리화' 인 '공론장의 개념'을 약화시켰다는 결론이다.

'그냥 사적 개인의 공공단체'와 '조직화된 사적 개인의 공공단체' 간에 정확한 차이는 뭘까?

하버마스는 오늘날의 공론장의 재창조는 중요한 재조직과 구조변경이 요구되며, 개인이 아닌, 조직의 역할과 작동에 집중해야 한다는 것을 인지하며 다소 비관적으로 본문을 끝냈다.

마지막 포인트는 하버마스가 인터넷의 출현으로 공론장의 쇠퇴에 대한 다른 견해가 있는지

없는지의 여부이다.

[문맥]

하버마스가 상상하는 공론장의 유형을 재창조하는 것은 몇몇 교수진들에 의해 이루어졌다. 예를 들면, 큐란(Curran, 2000: 142~148)과 킨(Keane, 1995: 263~268) 둘 다 하버마스의 이상적인 공론장에 근접해지고자 미디어의 구조적인 변화에 대해 논쟁해 왔다.

게다가 하버마스는 공론장에 그의 초창기 업적을 반영했다. 큐란(Curran)의 관찰에 따르면, 하버마스의 나중 업적은 "권력집중을 상쇄시키기 위한 시민사회의 능력에 큰 자신감과, 미디어가 의미 있는 논쟁을 가능하게 하는 큰 희망과 매체수용자의 독립성에 대한 큰 믿음을 시사하고 있다"(2000: 136).

읽기 자료 살펴보기

선택된 본문은 도전적이며 하버마스가 사용한 단어, 문장, 주장과 논쟁이 진지하게 반영되었다. 본문은 17세기부터 시작된 주요 정치, 경제, 문화적 변화에 대한 최소한의 이해를 요구한다. 이 시기는 하버마스가 부르주아적 공론장의 등장과 퇴조를 언급했던 시기이다. 하지만 광범위한 본문을 통해 알겠지만, 하버마스의 공론장에 대한 개념은 다른 저자들의 비판적 관심을 끈다. 다양한 정도의 따라 이런 비판은 그의 방법론, 논점, 결론에 초점이 맞춰졌다(Stevenson, 2002; Thompson, 1994). 그럼에도 불구하고, 비방하는 사람들과 옹호자들은 모두 공론장은 현대 사회에서도 유지된다는 점은 동의한다.

대부분의 통찰은 민주주의 사회에서의 미디어 역할에 대한 모델 또는 비전이 될 가능성이 있는 공론장과 관련되어 있다(Curran, 1996: 82; Dahlgren, 1991: 5; Garnham, 1986: 31).

이와 같이 골딩과 머독(Golding and Murdock, 2000: 77)은 제시된 시정조치와 현존하고 있는 홍보활동시스템에 대한 정의에 반하여 공론장을 '척도'로 제안하고 있다. 이는 인터넷이 세계적 공론장이 될 것이라 생각한 스파크스(Sparks, 2001)의 접근법과 다르지 않다.

공론장에 대한 개념이 '오래된' 미디어나 '새로운' 미디어에 대한 서로 다른 방식의 토론으로 지속되는 건 놀라운 게 아니다. 예를 들어, 미디어와 시민, 소비자와 소비주의,

여론과 홍보, 그리고 민주주의 등의 연결성이 만들어진다. 게다가 이런 논쟁은 '공공', '개인', '광고'와 같은 주요 단어들의 기원과 시간이 흘러 의미가 어떻게 바뀌는지에 대한 반영이 촉구되어진다.

주요 용어

광고(publicity); 자유주의(liberal theory); 물질만능주의(bourgeois);
부르주아 계급(bourgeoisie); 인민헌장주의자(차티스트)(Chartist);
소비문화(consumer culture); 여론(public opinion);
독점자본주의(monopoly capitalism); 봉건주의(feudal)

주요 학자

Karl Bucher

권장도서

Boyd-Barrett, O.(1995), "Conceptualising the 'public sphere'", in Boyd-Barrett, O., and Newbold, C.(eds.), *Approaches to Media*, London; Arnold.

공론장에 관한 초기 연구에 대한 평가와 하버마스, 간함, 존 톰슨, 필립 엘리오트, 그리고 존 케인 연구의 요약으로 구성된 책이다.

Sparks, C.(2001), "The internet and the global public sphere", in Bennett, W. L., and Entman, R. M.(eds.), *Mediated Politics: Communication in the future of democracy*, Cambridge University Press.

하버마스의 공론장의 비판적 평가로 인터넷이 가지는 전지구적 공론장 역할에 관한하나의 평가로 구성되어 있다.

Stevenson, N.(2002), *Understanding Media Cultures*, 2nd edition, London: Sage.

하바마스의 공론장에 관하여 프랑크푸르트학파와 그리고 퍼블릭 방송서비스와 시민의식이 어떻게 연계되어 있는지를 연결·정리한 책이다.

17장

미디어효과론

Gauntlett. D.(2005), "Ten things wrong with the media 'effects' model(미디어 '효과' 모델의 10가지 오류)", *Theory.org.uk: the Media Theory Site*, 〈www.theory.org.uk/tenthings.html〉.

미디어효과론 소개

1999년 4월 20일, 콜로라도 리틀턴(Littleton) 소재 콜럼바인 고등학교(Columbine High School)에 딜란 클리볼드와 에릭 해리스 두 명의 학생이 총과 칼, 그리고 폭탄을 무장하고 학교 안으로 걸어갔다. 그들은 복도를 걸어가며 총을 쏘고 사람들을 죽였다. 그 날 12명의 학생들과 1명의 선생님이 죽었고, 그 둘 역시 죽었다. 대학살이 끝난 후 왜 그 두 학생이 이러한 일을 저질렀는지 토론이 시작되었다. 두 학생의 배경과 가족들에 대한 조사가 이루어졌는데, 그들의 행동은 바로 락스타, 마릴린 맨슨의 음악과 연결되어 있는 것으로 나타났다. 마릴린 맨슨은 콜럼바인에서 죽음을 당한 사람들을 경의를 표하기 위한 공연을 취소한 바 있었다. 클리볼드와 해리스는 인터넷에서 그들의 무기를 어떻게 사용하는지 배웠다는 것을 알 수 있었다. 많은 전문가들이 이러한 폭행은 여러 가지 요소들이 합쳐져서 나오는 결과이며, 그 많은 요소들은 미디어에 빠르게 집중되었다.

1993년 2월 12일, 존 버나블과 로버트 톰슨이라는 열한 살 아이들이 제임스 벌거라는 어린이를 리버풀에 있는 '보틀 스트랜드' 쇼핑센터에서 납치해서 철도로 데려와 때리고 벽돌을 던져 그 자리에서 죽게 하였다. 계속되는 조사에서 두 어린 살인자는 이 범죄의 원인이 될 만한 많은 것을 추측할 수 있었다. 두 아이가 벌거의 얼굴에 파란색 페인트를 뿌린 것은 공포 영화인 〈처키 3〉(1991년 벤더 作)이라는 영화에 나오는 장면과 유사하다는 것이 밝혀졌다. 이것은 전국적으로 공포비디오 영화, 공포비디오 영화를 보는 아이들,

그리고 그것의 효과 등에 대한 토론이 이루어지게 하였고, 데이비드 앨슨 장관은 1994년 형사 관련 사법제도에 아이들로부터 그런 내용의 영상물을 통제하도록 하였다. 이 사고는 더 강한 미디어 통제를 원하는 사람들로 하여금 계속 언급되고 있으며, 청중, 사회, 그리고 미디어의 관계에 대한 토론을 재조명시켰다.

문화가 있는 한 미디어를 접하는 사람들에게 끼치는 효과에 대한 걱정은 늘 있었다. 아리스토텔레스는 고대 그리스에서 시가 서민들의 지위를 떨어뜨린다고 걱정하였다(1996[c.335 bc]). 워즈워드와 콜리지의 서정가요집(Lyrical Ballads, 1978)에서의 일상 회화적 언어는 문학의 순수성을 해치는 것으로 보여졌다. 그렇기 때문에 미디어 효과에 대한 논쟁은 새로운 것이 아니다. 미디어 효과에 대한 자료를 읽는 것에서 중요한 것은 콜럼바인에서 일어났던 사고가 생길 때마다 왜 많은 사람들이 사고에 대한 원인을 미디어에서 찾는지에 있다. 그렇다면, 이 의견에 동의하지 않는 사람들에게는, 미디어가 실제로 아무 효과도 없는 것일까? 만약 정말 아무 효과가 없다면, 미디는 왜 우리를 울고, 웃고, 무섭고, 또 화나게 만드는 것인가? 우리와 미디어의 관계는 종종 강렬하고, 개인적이며, 또 가끔은 우리가 사용하는 미디어로 인해 우리가 바뀌기도 하기에 논리적이라고 할 수 있다. 미디어는 어떻게 사회와 연관되어 있으며, 이 관계가 개인적이라면, 우리는 대중매체가 대중들에게 영향을 주는 것에 대해서 어떻게 생각할까? 미디어 효과에 대한 토론은 미디어가 사회에서 맡고 있는 역할에 대한 한 부분이며, 특히 이는 부정적인 가정과 관계가 있다.

미디어에 대한 토론 중 가장 큰 우려 중 하나는 미디어 효과에서 '아이들을 보호해야 한다는 것'이다(Barker and Petley, 1997: 5). 실제로 조사의 대부분은 미디어와 사회, 아이들과 미디어, 특히 텔레비전을 사용하는 그 관계에 대해서 말하고 있다(van Evra, 2004). 토론 속의 많은 목소리가 텔레비전이 아이들에게 부정적인 결과를 가져온다고 말한다. 예를 들어 마리 윈은 아이들의 텔레비전 사용이 약물을 사용할 때 오는 기쁨과 같은 종류의 중독이라고 보았다(Winn, 1985: 23~24). 이러한 우려들은 주로 미디어 사용의 수동적인 성격과 연결되는데, 포스트먼(Postman, 1985)은 이 수동적인 성격이 결국 아이들을 사회의 중요한 것들로부터 이탈하여 국가전체가 텔레비전 광이 된다고 보았다. 아이들에 대한 우려는 다른 미디어에서도 볼 수 있는데, 프레드릭 웨덤(Frederic Wertham's)은 『순수에의 유혹(*Seduction of the Innocent*)』(1954)에서 미국에서 만화책에 나오는 범죄와 영웅들의 묘사들은 만화 규약에서 내용을 점검하고 분류해야 한다고 했다. 최근에는 인터넷과 같은 새로운 미디어에 대한 우려들이 토론의 주제로 떠올랐다.

특히나 부모들은 종종 아이들이 기계들을 사용하는 것에 이해가 부족한 것에 대해서 걱정하였다(Löhr and Mayer, 1999; Livingstone, 2002). 아이들에 대한 우려는 미디어 효과에 대한 토론뿐 아니라, 어린 시절 과하게 미디어를 사용하는 것이나, 소아에 대한 이상 성욕도 미디어, 사회, 그리고 아이들에 대한 토론에서 주제가 되었다(더 많은 내용은 Schrøder et al., 2003: 35~37 참조).

많은 저자들은 이 의견에 동의하지 않고, 아이들이 미디어와 소통하는 것을 사회적으로 효율적인 것이라고 생각하는 것 또한 중요하다. 또한 많은 저자들은 아이들이 미디어와 상호작용하는 것과 아이들이 정교한 미디어의 교육을 보는 것이 미디어가 무엇을 보여 주든 아이들은 수동적으로 모두 받아들인다고 과소평가되고 있지만, 실제로 매우 복잡하다고 주장하였다. 이것은 텔레비전이나(Buckingham, 1993; Messenger Davies, 1997), 최근 들어서는 인터넷을 사용하는 아이들에게서 관찰할 수 있었다(Seiter, 1999; Buckingham, 2007).

그러므로 중요한 것은 이 토론이 미디어 전체를 이해하는 데에 얼마나 중심에 있는가에 있다. 정부 자금의 대부분은 효과를 알아내기 위한 조사에 쓰이고 있으며, 이 사실은 미디어가 사회적으로 문제가 된다고 가정하지 않는다면, 오프콤(Ofcom) 같은 규율을 짓는 것은 무용지물이라는 것을 시사한다. 이것은 또한 이 주제에 관한 연구가 다른 부분의 분석보다는 주로 정치적으로 해석되며, 보통 특별한 변화나 발전을 요구한다는 것을 말해 준다.

미디어 효과에 관한 자료들은 어떤 특별한 장면 뒤에 있는 의도를 파악하기를 요구한다. 미디어 효과에 대한 토론은 격하기 때문에, 차분하고 진지하게 반응하는 것이 쉽지 않아 자료를 분류하는 것이 어렵기도 하다. 이것은 토론이 중요하다는 것을 보여 주며, 만약 가끔 미디어 이론이 실제 세상과 관련이 거의 없다고 걱정을 한다면, 그것은 문제가 아니다. 이것은 토론에 많은 기동력을 주지만, 또한 곤란하고 복잡한 상황을 불러일으킨다.

읽기 자료 소개

이 글에서는 데이비드 건틀릿(David Gauntlett)이 특정한 동기를 가지고 있다는 것과 글의 이론적 설명이 현존하는 미디어 효과 조사에 관련된 문제들을 보여 주고 있다는 것이 명백하다. 이것은 건틀릿이 직접적으로, 제목 그 자체가 다른 이론들이 틀렸다는 것을 보여 주기 위한 그의 의도가 나타나 있다. 이러한 대화나 토론에 대한 고의적으로 주관적인 태도가 받아들여질 수 있는지, 그것이 어떻게 발전시키는 데 도움이 될 수 있는지 의문이 생길 수 있다. 또 건틀릿이 틀렸다고 생각한 토론이 계속 진행되고 있는 것에 대해서 그가 얼마나 격분하는지 알 수 있다. 그러한 면에서 이 글은 미디어 효과에 관한 진행되고 있는 토론을 조정하고 또한 어떠한 결과를 가져오고 학술적인 부분에 재편성을 의도하고 있다. 건틀릿이 어떤 독자를 염두에 두고 있는지, 어떠한 결과를 가져오는지가 이 글을 읽으면서 고려해야 할 부분이다.

데이비드 건틀릿은 주목받고 있는 대중 학술적인 학자로서, 고의적으로 대중들을 자신의 조사 활동에 포함시켜 학구적인 단체와 그 바깥 세계의 경계를 허물었다. 그는 어린 나이에 교수가 되어 업적의 영향과 학구적인 생활을 보여 주었다. 그의 공개적인 프로필은 부분적으로 그가 운영하는 웹사이트이자, 이 글을 인용한 웹사이트 www.theory.org.uk에 있다. 이 웹사이트는 자아, 성, 미디어, 사회와 개인의 관계 등의 주제에 관한 많은 논문들과 토론 등의 자료를 가지고 있다. 또한 이 웹사이트는 이론과 관련된 인물에 대해 더 재미있는 접근을 하면서 'theory trading cards'를 실물크기 모형으로 만들어 이론가들과 'Top Trumps'게임을 할 수도 있고, 여러 사상가들의 레고 모형을 가지고 놀 수도 있다. 건틀릿은 영국 최초의 미디어 학자로서 진작에 인터넷이 생각들과 이론들이 비형식적인 형태로 의논할 수 있는 잠재적인 장소라는 것을 깨달았다. 그는 또한 새로운 조사 방법을 실험하기도 했다.

이러한 비형식성은 이 글에서도 나타난다. 논문의 제목들이 주로 이해할 수 없으며, 논문의 전체를 다 읽어야 만 이해할 수 있는데, 이러한 글들은 그 글의 의도를 파악하면 명확해진다. 또한 글의 형식도 10가지를 나열하는 것으로 학술적인 글에서는 이례적인 일이다. 이것은 글이 더 짧은 부분으로 나뉘어 있어서 접근을 더 용이하게 해 놓았다는 것이다. 전체적으로 다른 논문들보다 쉽게 느낄 것이다. 이는 이해를 더 도울 수도 있지만, 이외에도 이러한 접근의 문제점들까지도 참고 하여 읽는 것이 가치가 있다고 하겠다.

독자들이 접하게 될 많은 이론들은 글쓴이가 시도한 새로운 연구를 통해 나온 주장을 지지하게 될 것이지만, 이 글은 다르다. 다른 연구를 통한 건틀릿의 글에서는 조사가 잘못 이루어진 경우와 실수, 그리고 그로 인한 그릇된 결과를 보여 주고 있다. 그의 글에서는 방법론자들이 내놓은 조사 방법과 방법론에 대한 걱정을 보여 준다. 비슷한 두 단어의 차이점을 알아두는 것이 중요함에도 불구하고, 꽤나 자주 '방법'과 '방법론'이라는 단어는 혼용되어 사용된다. '방법'이란 어떠한 것을 찾아내기 위한 접근이며, '방법론'이란 그 방법을 지지하고 정당화하기 위해 내놓는 가정이나 원리를 말한다. 만약 어떠한 조사의 한 부분에서 의문점이 생긴다면, 그 의문점은 방법이 되는 것이며, 그 방법을 택한 이유와 그 질문에 해당하는 답을 찾기 위한 유용한 조사 방법을 설명할 수 있는 것이 방법론이다. 건틀릿은 미디어 효과 연구자들이 선택한 방법과 방법론에 대해서 비판하였다. 더 중요한 것은, 그는 방법론들이 자체적으로 정치적인 수용자(독자)들이 주목할 만한 가정을 만들어낸다고 보는 것이다. 완벽하게 독립적이고, 객관적인 조사는 없으며, 방법론은 항상 가정을 기초에 두고 가정들은 불가피하게 문제를 불러일으키기 때문이다. 많은 이론들이 조사의 결과들을 놓고 논쟁을 벌인다. 건틀릿은 끊임없이 무엇을 찾았는지 보다는, 어떻게 찾아진 결과들인지 의심하고, 이러한 방식은 어쩌면 우리에게 익숙한 이론과 다른 접근 방법이었을지도 모른다.

건틀릿은 그의 이 논문이 여러 버전이 있다는 것을 서문에 알리고, 이 조사가 어떻게 진행되어 왔는지 보여 준다. 또한, 이 버전이 어떻게 그의 웹사이트에 게재되었는지도 알려준다. 왜 이 버전일까? 이 논문이 인터넷에 발간돼서 다른 기대를 가져오는가?

시작하기 전에 미디어의 효과의 주제에 대한 독자의 생각을 적어놓는 것 또한 주목해 볼 만한 일이다. 폭력적인 미디어가 개인과 사회에 영향을 끼친다고 생각하는가? 미디어가 콜롬바인(Columbine)에서 일어난 총기 사건이나 벌거(Bulger)의 죽음에 관련이 있다고 생각하는가? 만약 미디어와 사회적 폭력 사이에 직접적으로 피할 수 없는 인과관계가 있다고 생각한다면, 미디어가 사회를 어떤 방면으로 개조한다고 생각하는가? 미디어에 대해 오프콤(Ofcom)에서 텔레비전과 인터넷을 단속하고 영국영화협회에서 영화에 나이 제한을 두는 등 많은 제한이 있는데, 왜 이러한 것들이 필요한 것일까? 반면에 미디어가 사회에 아무런 영향을 끼치지 않는다고 생각한다면, 어떠한 제한이 없어도 무방하며, 완벽한 미디어의 자유가 허락되는 것이 괜찮은가? 그렇다면, 노골적인 포르노 영상이 오후 세시에 텔레비전에서 방송이 되는 것이 괜찮을까? 인종차별주의자와 성차별주의자들의 관점이 미디어에 허용되고, 이러한 것들을 제한하는 것을 막아야 하는 것인가? 미디어 효과 논쟁에 대한 독자의 의견은 무엇인가?

Reading 1

데이비드 건틀릿(David Gauntlett)

미디어 효과 이론에 관한 10가지 오류

서문 노트(introductory note)

이 논문은 로저 디킨슨, 라마스워니 해린드라나스, 그리고 올가 린이 편집한 '수용자에 대한 접근'의 '효과 모델에 관한 10가지 오류'에 처음 발간되었다(Arnold, 1998). 이 논문의 다른 버전은 마린 바커과 줄리안 피틀리가 편집한 『세 번째 효과: 미디어/폭력 논쟁』(2판) 중 '미디어 효과' 목록의 한 부분으로 실렸다(Routledge, 2001). 여기 실린 버전은 필립 레이너, 피터 윌 그리고 스테판 크루거가 편집한 『미디어 연구: 기초적 자원』에 싣기 위해서 만든 작품이었으며, 첫 번째 버전과 비슷하지만, 이전 두 버전의 최적화된 조합이었다. 이 논문은 미디어 효과 연구의 더 많은 자료가 실려 있고, 글쓴이의 책인 『움직이는 경험, 2판: 미디어 효과와 그 이상』에도 나와 있다(John Libbey, 2005). 독자들은 첫 논문이 쓰인 이래로 미디어 효과 분야에 변화가 거의 없음을 재확인할 수 있을 것이고, 이 사실에 놀랄지도 모른다.

Note

[문맥]

데이비드 건틀릿은 그의 논문 이전부터 **역사적 배경**을 고집한다. 주목할 것은 이 글은 다른 작가들의 의견이나 비판에 답하고, 자료를 최신의 것으로 고쳐 넣는 등의 여러 차례 개정을 거쳤다. 그렇기 때문에 한 논문의 한 버전에서 작업을 하고 있을 때 다른 버전들과 헷갈리지 않도록 인용하는 것이 매우 중요한 이유 중 하나이다. 또한 건틀릿은 그의 논문이 많은 논쟁을 바꿔놓지 못한 것에 유감스러워했는데, 이것은 대중들의 활동 장소에서 점점 새로워지는 아이디어에 대한 문제를 의미하는 것일지도 모른다.

Reading 2

수십 년간의 연구와 조사에도 불구하고 사람들의 대중 미디어 소비와 그들의 태도가 항상 이해하기 어렵다는 것을 많이 볼 수 있다. 실제로, 연구자들은 전문적인 관중과 일반 대중 모두를 예외적으로 보아왔다. 하지만 여론이 부족한 상태에서 벗어나 질문을 던져야 할 것이다. 왜 미디어 효과에는 정확한 해답이 없는 것인가?

Note

[내용]

줄거리가 있는가? 분명 미디어와 폭력 사이에는 연관이 있다고 주장하는 사람들의 말을 듣는 것이 대부분이고, 이 주장을 증명하기 위한 연구가 많이 있다는 것은 분명하다. 데이비드 건틀릿은 참조문을 주지 않으며, 그렇기 때문에 이 줄거리를 말하지 않는 것이 제일 현명하다.

[구조]

그의 연구 주제를 언급하기 전에 건틀릿은 그의 논문의 확실한 구조를 보여 주고, 독자들에게 이 글의 목적이 무엇인지 알려주고 있다.

Reading 3

내가 관찰한 부분에서는 이 연구의 세세한 분석을 통해 두 가지의 결론을 내릴 수 있다. 첫 번째로, 60년 이상의 상당한 양의 연구를 한 후에, 미디어와 개인의 태도에 영향이 확실하게 밝혀지지 않았다면, 우리는 그곳에서 단순하게 더 이상 찾을 것이 없다고 결론짓는 것이다(Gauntlett, 1995). 내가 이것을 주장했을 때, 보통 이 경우에는 두 번째 결론으로 넘어갈 것이다. 두 번째는 미디어 효과 연구의 대중 미디어, 미디어의 관중, 그리고 사회의 방향이 계속적으로 잘못되어 왔다고 결론짓는 것이다. 잘못된 지시는 많은 형태로 이루어졌고, 이 단원의 목적은 매스미디어가 판에 박힌 채 사람들의 태도에 직접적이고 합리적으로 영향을 미친다고 주장하는 사람들의 부당한 논리 정연함을 지우고, 이것은 단순하게 '효과 모델'이라고 말하는 것이다. 각각의 연구를 개별적으로 떨어뜨려 놓기보다는, 하나의 거대한 연구로 보고 미디어 효과에서 시사문제 해설자들이 언급한 연관된 주장들을 하나로 모아 10가지의 기본적인 오류를 구성하였다.

Note

[문체]

독자들이 익숙하지 않은 조금 더 수다스러운 글일지도 모른다. '내가 본대로'라고 말하는 것의 의도는 무엇인가? 그의 주장을 그저 그의 의견으로 만들어 버리지는 않는가?

[문맥]

데이비드 건틀릿은 그의 글을 이곳에 인용한다. 그는 지금 논문은 그의 이전 논문들에서 발전되어 온 것임을 보여 주지만, 또한 이 논문은 그 전의 논문에 관한 내용이 아니라는 것을 말해 준다. 이 논문은 그가 이전에 발간했던 논문들을 참고하여 역사적인 문맥으로 흐르고 있다.

[내용]

만약 그가 주장하는 논리가 보장되지 않은 것이라면, 이 글의 명분은 무엇인가?

[구조]

다시 한 번 건틀릿은 지금 무엇을 하고 있는지, 왜 하고 있는지, 그리고 어떻게 하고 있는지 그 방법을 확인해 두어야 한다. 당신이 읽었던 대부분의 글들이 이러한 방식으로 쓰여 있었는가?

Reading 4

1. 효과 모델이 사회적 문제를 '역방향'으로 비판한다.

사회의 폭력 문제를 설명하기 위해서, 연구자들은 사회적인 문제들을 시작으로 하여 참고 문헌과 연루되어 있는 사람들을 찾고 그들의 배경, 생활 태도, 성격 등을 명확하게 설명해야 한다. 여기에서 '미디어 효과'라는 접근은 반대 방향이 되어야 하는 것과 달리, '역방향(backward)'으로 미디어에서 시작하여 올가미로 사회의 문제들과 연관 지으려고 한다.

Note

[문체]

데이비드 건틀릿은 이 논문을 통해서 '효과'와 '미디어 효과'는 인용 부호라는 것을 제목에서까지 매우 강조한다. 왜 그는 이러한 결정을 내렸을까?

Reading 5

이것은 중요한 차별점이다. 범죄학자들은 전문적으로 범죄와 폭력에 대해서 설명하려고 시도하며, 계속적으로 매스미디어가 아닌 빈곤, 실업, 주거, 가족이나 동료들의 태도 등의 사회적인 요인으로 설명하고 있다. 내가 말단이라고 생각하는 곳에서 시작한 연구에서 78명의 폭력적인 청소년들을 대상으로 인터뷰를 하고 미디어를 사용할 때 그들의 태도를 다른 500명의 같은 나이인 평범한 학생들과 비교를 하였다. 헤겔과 뉴번(Hagell & Newburn, 1994)은 텔레비전이나 비디오를 상대적으로 더 적게 보는 어린 아이들이 기술 체계에 접근이 덜하기 때문에 특정한 폭력적인 프로그램에 관심을 덜 보이며, 불쾌함을 주지 않는 것을 즐기거나, 단순히 관심이 없다는 것을 알아냈다. 이것은 폭력적인 아이들에게 '만약 네가 텔레비전에 나오는 인물이 될 수 있는 기회가 생긴다면, 누가 되고 싶니?'라는 질문에서 명확하게 나타났다.

Note

[문맥]

데이비드 건틀릿은 사람들이 왜 범죄를 저지르는지 알아내기 위해 많은 범죄학자들의 말을 인용하고 있다. 미디어 연구들은 다양한 학문 전체의 범위의 아이디어를 사용하는데, 미디어와 범죄의 관계를 연구한 것에서 범죄와의 연관성이 다소 적다는 것에서 이것은 놀라운 결과였다. 왜 범죄학이 미디어 이론자들이 주로 사용하는 학문이 아닌 것인가? 이것은 거꾸로 보았을 때, 미디어 연구에서 나오는 아이디어들은, 특히 문화적 연구에서, 범죄를 문화적인 현상으로 바라보는 시도를 하였다는 것을 염두에 두어야 한다.

[내용]

이 논문에서 건틀릿은 그의 주장을 입증하기 위해서 특정 연구들을 인용한다. 이것은 그의 주장에 증거를 제시하는 도움이 된다. 하지만 이 연구들이 얼마나 대표적인 것들인지 의심할 수 있다. 만약 윌리엄스(Williams, 2003: 183)가 '효과'에 관한 연구가 7000건이 넘었다고 말한 것을 보았을 때, 어떻게 한 연구가 그들의 연구 전체에 대표적인 것이 될 수 있겠는가? 실제로, 이 논쟁에서의 문제 중 하나는 너무 많은 연구가 실행되어 왔기 때문에 누구든지 그들의 주장에 채택할 수 있는 증거를 찾을 수 있다는 것이다. 그렇다면, 건틀릿이 이런 방식으로 연구들을 인용하는 것이 효율적인 방법인가?

Reading 6

그러므로 실제의 폭력 범죄자들을 관찰하면서 행해진 연구는 미디어나 관중들에 의해서 행해진 연구와는 다른 결론을 가져온다. 그렇기 때문에 이러한 연구는 계속 되어야 할 필요가 있다.

Note

[구조]

데이비드 건틀릿은 여기에서 그의 조사 결과를 요약하고 다음에 이루어져야 할 것은 무엇인지 언급하고 있다. 이러한 방법으로 그는 반복적으로 그의 주장이 발전할 수 있는 효율적인 지침을 제공하고 있다.

Reading 7

영국에서 행해진 또 다른 어린 범죄자들을 관찰한 연구(Browne & Pennell, 1998)가 있었는데, 여기서는 범죄자들에게 폭력적인 비디오를 보여 주는 '역방향' 실수가 있었다. 그들이 매일 보는 것을 선택하도록 하는 것이 아닌, 폭력적인 미디어 내용을 처음부터 보여 준 것이다. 방법론적인 실수가 있었던 이 연구(Gauntlett, 2001 참조)에서 알 수 있었던 것은 참가자들을 앉혀놓고 폭력적인 비디오를 보여 주었을 경우, 몇몇의 폭력적인 사람들은 폭력적이지 않은 사람들보다 폭력적인 내용물을 보는 것을 더 즐길 수도 있다는 것이었다. 물론, 이러한 실험에서는 미디어 효과에 대해서 아무 것도 알아낸 것이 없다.

하지만 미디어 효과에 관한 연구의 시작에서, 사실은 매스미디어의 미묘한 부분에 대한 조사를 했다는 것을 암시해서는 안 된다. 아래에 나온 것과 같이, 연구들은 전형적으로 미디어 내용들에 풍자적인 시각과 선입견을 가지고 있다.

Note

[문체]

왜 이 단락은 전체가 괄호 안에 있는가?

Reading 8

보통 '역방향' 접근법은 대중매체와 관련해서 사회보다는 개인을 보는 오점을 가지고 있다. 일부 심리학자들의 편협한 개인주의적 접근은 사회에서 매스미디어를 제거하는 것이 긍정적인 단계라고 주장한다. 특정한 환경의, 특정한 시대의, 특정한 개인은 미디어의 일부분에도 부정적으로 영향을 받는다고 믿기 때문이다. 이 접근법은, 영국에서 일어나는 많은 교통사고를 해결하기 위해서는 운전을 못하기로 제일 악명 높은 운전자 한 명만 콘월에서 없애면 된다고 할 정도로 잘못된 결론에서 문제점을 찾고, 연관된 변화 대신에 겉치레식인 변화들만 포함하여 결국 더 큰 그림을 보는 것에 실패하는 접근법이다.

Note

[문체]

데이비드 건틀릿이 사용한 운전자 분석은 얼마나 유용한가? 그의 주장을 이해하는 데 도움이 되는가? 이해하기 쉬운 익숙한 유형의 글인가?

Reading 9

2. 효과모델에서 어린이를 부적절하게 적용하고 있다.

심리학적 분석의 개인주의는 또한 효과 연구에 있어서 아이들을 연구에 어떻게 적용할지에 대해 중요한 영향을 끼친다. 최근 몇 십 년 동안 사회학에서는 유소년기를 다른 시대, 사회에 따라 다양한 태도, 전통, 의식 등에 따라 구분되는 사회적 구성주의 작용이라고 여겼다(Aries, 1962; Jenks, 1982, 1996). 반면, 발달심리학에서는 피아젯(Piaget, 1926, 1929)에 의해 유소년기를 성숙한 어른이 되기 전까지 특정한 단계를 통해야만 하는 일반적인 개인의 개념에 한정한다. 발달단계는 무능력한 유소년기부터 합리적이고 이성적인 성인단계까지 위계로 정립되어 있고, 이러한 단계들로의 진보는 '성취동기'에 의해 이루어진다.

Note

[문맥]

알려졌듯이, 미디어 연구는 다양한 분야의 연구들과 함께한다. 데이비드 건틀릿은 이 사실의 문제점들의 윤곽을 보여 준다. 다른 분야는 다른 연구법을 채택하고, 사회 내의 개인에 대한 다른 가정을 만들어낸다. '효과'는 주로 심리학자에 의해 연구되었고, 건틀릿은 이 과정에서 어쩔 수 없이 개인에 대한 특정한 가정에서 몇몇 사회적 요소들이 저평가된다고 주장한다. 그리고 당연히 연구자들에 의해 만들어진 가정은 여러 결론에 영향을 끼친다.

Reading 10

심리학에서는 아이들은 보통 그들이 무엇을 할 수 있는가에 대해서는 아무래도 할 수 없는 것이 더 많기 때문에 충분히 주목 받지 못한다. 단지 성인이 아니기 때문에, 연구자들은 아이들을 '기타' 그룹, 일반적인 성인의 기준에 맞지 않는 이상한, 논의되어야 하는 기준으로 분류한다. 예를 들어, 대부분의 실험 연구는 오직 아이들에게만 적용되는 발견은 어른들에게도 똑같이 적용될 수 없다고 예상한다. 우리는 이것이 만약 성인 역시 어린 아이들처럼 똑같이 실험 연구에 반응하는 것이 발견된다면 실험의 타당성이 손상되었기 때문인지 진지하게 고민해 볼 필요가 있다.

Note

[문맥]

데이비드 건틀릿은 아이와 성인 사이의 차이점에 관한 가정에 대해 의문을 품었다. 그의 의견에 동의하는가? 정확하게 어른과 성인은 무엇이 다른가? 그 차이점은 생물학적인가 사회적인가 혹은 문화적인가? 왜 우리는 여전히 사람들을 나이로 구분하기를 계속하는가? 만약 이 분류법이 없어진다면 문제가 될 것인가?

[내용]

다른 분야에서 '기타'라는 분류를 이해한 적이 있는가? 왜 이 분류가 여기서 언급되었는가? 이 논쟁에서 분류가 중요하다고 생각하는가?

[문체]

'상식'이 인용부호로 쓰인 것에 주목하라. 왜 그런 것이며, 이것은 미디어 연구의 '상식'에 관한 생각에 어떻게 영향을 끼치는가?

Reading 11

크리스틴 그리핀(Christine Griffin, 1993)은 그녀의 연구, 학술적인 연구에서 형성되고 유지되어 온 아이들에 대한 특정한 시각에 대한 연구에서 심리학자들에 의해 진행되는 연구를 녹화했다. 특히 피해자 책임전가를 하는 경향, 사회문제를 어린 사람들의 결핍이나 부족함의 결과라고 말하는 경향, 지배관계의 구조적인 모호함, 불평등을 뒤로한 채 일하는 젊은 층 개개인의 부족함, 젊은 층의 색깔이나 가족, 그들의 문화적 배경에 대해서만 심리적으로 고찰(p. 199)하는 경향을 파악했다. 그렇게 함으로써 실업이나 교육 체계의 실패 같은 문제는 개인의 심리적인 특성이 원인이라고 밝혀지게 된다. 똑같은 종류의 접근법은 이미 미디어 효과 연구에서 보여진다. 미디어 제작의 무엇이 심리학 중심의 연구자들에게 명백히 중요한가, 어른들에게는 명백히 유치하지만, 아이들을 속여서 경솔한 행동을 하게하는, 젊은 미디어 이용자들을 미디어 제작품의 서투른 피해자로 만들 수 있는 다양한 방법에 누가(자애로운 목적 외에 다른 아무 목적 없는 사람) 노출되는지에 초점을 맞춘다.

이 상황은 어떤 아이들이 대중매체에 관해, 혹은 대중매체로부터 무엇을 이해를 할 수 있는가, 무엇을 이해하는가에 관해 성과를 추구하는 연구자들에게 주목받는다. 이러한 연구들은 아이들은 대중매체에 관해 지능적으로, 결국 냉소적으로 이야기할 수 있으며(Buckingham, 1993, 1996), 7살 정도의 아이들도 생각 깊은, 비판적인, '미디어 문맹'인 비디오 제작을 스스로 할 수 있다(Gauntlett, 1997, 2005)는 것을 보여 준다.

Note

[문체]

왜 데이비드 건틀릿은 다른 사람들은 가치 있다고 생각하지 않는 연구에 주목하였는가? 그가 다른 연구에 관한 주장을 펼칠 때의 미묘한 차이에 주목하여라. 뻔뻔하게 부족함에도 불구하고 철회하지 않는 다른 연구에 관한 그의 태도가 명백하게 함축되어 있다.

[내용]

건틀릿은 심리학자들이 호의적인 의도를 가지고 있다고 보는가? (안에 있는 문장을 포함하여, 명확하게 쓰인 문장 형식에 주목하여라.)

Reading 12

3. 효과모델의 가정은 많이 알려진 보수적인 이념에 의해 특징지어진다.

아이들의 비판능력에 대한 체계적인 비판은 대중매체의 더 동시대적이고 중요한 면모를 알리기 위한 다양한 보수적 연구의 일부분으로 볼 수 있다. 대중매체가 사회 불안정에 대한 다른 사회적 요소들 보다 더 큰 위협이기 때문이다. 특히 미국에서의 효과 연구에 의하면, 텔레비전의 폭력성 정도가 비교적 높아졌다는 것이다. 물론 이 연구는 오직 미국에서 행해졌고, 캐나다나 유럽, 다른 곳에서는 적용할 수 없고, 미디어에서 보이는 모든 공격적인 내용을 세는 방법을 기초로 분석되었다. 예를 들어, 조지 가브너는 '우리는 다른 어느 시대에도 볼 수 없었던 생생한 묘사의 홍수에 빠져 있다… 전문적으로 연출된 잔인한 생생한 장면으로 온 가정을 흠뻑 적시고 있다.'고 밝혔다. 이 말은 그의 미국의 미디어에 대한 과장된 견해와 이 발견이 단순히 대서양을 건너 적용될 수 없다는 것 모두 나타낼 수 있다. 보기 불편하고, 불필요한 폭력 묘사가 미국의 미디어에서 어느 정도 높아졌다는 것은 확실하지만, 폭력성이 무비판적인 시선 혹은 '나쁜' 이유에서 보여졌다는 경우에 대해서는 똑같이 추정할 수 없을 것이다.

Note

[내용]

여기서 쓰인 '보수적인'의 의미를 알고 있는지 확인해라. 확인함으로써, 당신은 데이비드 건틀릿의 주장에 숨겨진 단서들을 찾을 수 있을 것이다. 추가적으로 그가 '보수적인' 것에 반대한다는 것까지 알 수 있을 것이다.

[문맥]

미국과 세계 다른 나라의 미디어와, 각국에서의 효과 연구가 이루어지는 것을 구분했을 때, 건틀릿은 미디어 연구의 문맥에 대한 요점을 찾아냈다. 보통 우리는 다른 나라나 시대에서 이루어진 연구를 보게 되는데, 이는 문맥에 영향을 끼친다. 그러한 연구들을 여기서 밝히는 것은 문제의 소지가 있기 때문에, 항상 주의하고 인지해 두어야 한다. 효과 논쟁에 관한 연구를 인용한—긍정적이든 부정적이든—많은 연구들은 주로 미국 연구인데, 이 연구들이 영국에서의 논쟁의 증거로 사용될 수 있는가?

Reading 13

대부분의 불필요한 폭력성, 예를 들어 비비스와 버트헤드가 동명의 MTV프로그램에서 저지르는 것들은 그들에게 해 준 것 없는 억압적인 세상에 대한 반항적인 이성적 반응으로 해석할 수도 있다(Gauntlett, 1997). 미디어 효과 연구자들이 미디어 폭력성의 양이라고 이야기하는 방식은 화면에 나타나는 폭력을 포함하는 장면의 의미는 중요하게 고려하지 않아도 된다는 생각을 당연시하는 것이다.

Note

[내용]

데이비드 건틀릿의 비비스와 버트헤드에 관한 글에 동의하는가? '패밀리 가이' 또는 '사우스 파크'에서 나오는 폭력은 어떻게 생각하는가? 이 사례들은 미디어가 어떤 방식으로 이해될 수 있는가를 보여 주기는 하지만, 미디어 '효과'가 존재한다고 주장하는 연구들을 약화시킬 수 있는가?

Reading 14

더욱이, 폭력적 장면 비평가들은 종종 자기 자신들도 몇몇 영화에서 나오는 도전적인 현상에 대해 우려해야 한다는 사실을 발견하게 된다. (그럼에도 불구하고, 유럽 영화비평가의 대부분은 흥행하는 할리우드 영화를 보며 우스꽝스럽게 그 현상에 친화되어 간다.) 예를 들어, 미국의 성공적인 저서 『헐리우드 대 미국: 대중문화와 전통적 가치의 전쟁(*Hollywood vs. America: Popular Culture and the War on Traditional Values*)』(1992)의 작가 미카엘 멧데브는 권력에 대해 무례하고 반애국적인 내용을 포함하는 영향력 있을 법한 영화들을 발견하고 우려했다. 〈탑건〉 같은 영화가 그 중 하나인데, 이 영화는 다른 사람들에게는 매우 주전론적이라고 평가 받았다. 이러한 폭력의 뿌리에 대한 걱정과, 정치적 의구심을 담은 화면미디어를 엮는 것은 구시대적인 선동일 뿐이다. 미디어 효과 연구와 TV폭력적 내용 분석은 이러한 접근법을 지속되게 한다. 반사회적인 행동은 측정될 수 있는 객관적인 분류이고, 수많은 방송 프로그램에서 볼 수 있고, 그러한 반사회적인 행동의 묘사를 보는 것은 아이들에게 영향을 끼칠 수 있다는 생각을 지속시키기 때문이다.

Note

[문체]

'기회주의적인', '정치적 보호구역', '정치선전'과 같은 단도직입적인 언어에 주목해라. 이 단어들은 당신에게 접근법에 대한 데이비드 건틀릿의 견해를 나타내 주는가? 이러한 단어들은 매우 직설적으로 그의 주장을 명확하게 나타내주지만, 어떻게 그가 자료에 대한 관계를 비판적으로 숙고하는지에 대해 주목하여라. 이것은 당신의 의견을 과장하거나 오만하지 않게 표현할 수 있는 방법을 알려준다.

Reading 15

4. 효과 이론은 이론의 연구대상을 잘못 정의하였다.

이 목록에서 네 가지부터 여섯 가지 정리된 오류들은 연구들이 이전이나 이후의 의견들과도 연관되어 있음에도 불구하고 너무 간단한 방법론으로 이루어졌다는 점이다. 첫 번째로, 효과 연구들이 미디어 제작물들을 당연하게 반사회적인, 혹은 친사회적인 프로그램으로 규정한다는 것이다. 게다가 현실 세계의 행동 특성도 반사회적인, 혹은 친사회적인 것으로 구분 짓는다. 요점은, 그러한 것은 너무 이데올로기적 가치판단이라는 것이다. 책을 쓰레기통에 던져버리는 것, 핵미사일을 방해하는 것, 동물을 구하기 위해 우리를 부수는 것 모두 미디어 효과 연구에서는 친사회적이 아닌 반사회적 행동으로 분석될 것이다.

Note

[구조]

데이비드 건틀릿은 이 글에서 무슨 내용이 나올지 친절하게 요약해 주었다. 그렇게 함으로써, 그는 자료와의 관계를 더 명확하게 하였다. 이 글이 열 개의 작은 글로 나누어진 것을 보았을 때, 그의 주장을 전체적으로 일치하도록 연결해 주는 것이 논리적이다.

[문맥]

화면에서 나오는 것 중에 무엇이 폭력적인지에 대한 논쟁은 복잡하다. 예를 들어 만화에 관해 말하자면, 뉴스나 드라마와 만화 중에 어느 것이 더 많은 폭력성을 포함하고 있는가? 반사회적인 것과 친사회적인 폭력을 구분하면서, 건틀릿은 폭력이 긍정적인 사회결과를 가져올 수도 있으므로, 모든 폭력이 똑같이 나쁘다고 하기는 어렵다고 주장한다. 건틀릿은 여기서 세 가지 예시를 제공한다. 어떤 폭력성이 정당화될 수 있다고 보는가?

Reading 16

더욱이, 공격적 언어나, 생물이 아닌 것을 때리는 것 역시 살인과 마찬가지로 폭력적인 행동으로 기록된다. 그리고 이것은 아주 부정적인 (그리고 돌이킬 수 없는) 자료이다. 대개 미디어에서 묘사되는 '폭력'이라는 것이 현실 세계에서 심각하다고 할지, 혹은 사소한 행동이라고 할지 구분하는 것이 불가능하게 되었다. 더 중요한 것은 이론으로는 '폭력'이라고 구분되더라도 별로 큰 문제로 보이지 않는다는 사실이다. 미디어 효과 분야에서는 의심스러운 '발견'은 홀대 받게 된다.

Note

[내용]

방법에 관한 여러 질문이 있다. 연구자들이 그들의 결론을 도출하는 방법에 대한 질문에서, 데이비드 건틀릿은 이러한 연구들에 채택된 방법들을 조사하였다. 이것은 이론이나 연구에 관한 논쟁에서 흔하지만, 다른 사람들은 의문을 가질 만한 방법들을 연구자들이 즐겨 사용하는 것에 대해 조사하려고 했다는 점에서 주목할 만하다. 그의 분류와 보수주의에 대한 참조에서 그는 사회적 규범은 기대와 연관되어 있으며, 이 방법을 연구자들이 채택한다고 주장했다. 그 말은 만약 이러한 방법들에 오류가 있다면, 이것은 사고가 아니지만, 처음부터 이 연구를 유도한 사회구조의 결과가 문제인 것이다.

Reading 17

5. 효과모델은 인위적인 피상적인 가설에 기초한다.

미디어 효과에 관한 심층적인 사회학적 연구는 많은 돈과 시간을 요구하기 때문에, 인위적인 요소들로 특징지어지는 간단한 연구들에 수적으로 열세다. 그러한 연구들은 대개 실험실에서 이루어지거나, 말로만 '자연스러운' 상황, 예를 들어, 교실이지만 연구자가 눈에 띄고, 행동을 지시하는 상황에서 진행된다. 완전하게 자연적으로 방치된 텔레비전 시청자들과는 달리, 연구대상자들은 선별되거나 따로 녹화된 화면을 볼 가능성이 더 큰 상황에서 진행된다. 이러한 화면들은 매일 TV 제작물들이 갖는 서사적이고 고유한 의미가 결여되어 있다. 게다가 만약 그들이 가상현실에서 관찰되는 경우라면, 그들은 그것을 게임이라고 생각할 것이고, 그 결과는 반두라의 유명한 보보인형 실험을 흉내내는 것과 다름없다. 또 그들이 단지 설문지에만 응답할 수도 있는데, 이는 대인상호작용을 반영할 수 없으므로 대상자의 심리에 관한 이전의 연구들과 동등하게 인정받을 수 없고, 연결 될 수도 없으므로 연구의 가치를 떨어트리는 일이다.

이러한 연구들은 또한 응답자들은 그들의 관찰이나 설문에 대한 응답으로 한 발언이나 행동·태도를 바꿀 수 없다는 생각을 기반으로 한다. 이러한 순진한 믿음은 보든(Borden, 1975)에 의해 거짓으로 밝혀졌는데, 그는 연구자의 존재, 외모, 성별이 근본적으로 아이들의 행동에 영향을 끼친다는 것을 보여 주었다.

Note

[문맥]

연구에 사용되는 시간과 돈에 대한 제한을 작가가 알리는 것은 매우 드문 일이다. 이것은 명백한 연구의 조작된 사실이다. 효과에 관한 많은 연구들이 이루어진 것은 정부와 다른 단체들이 연구를 위한 자금을 대줄 의향이 있으며, 다른 연구에 관심이 별로 없다는 것을 보여 준다. 그렇기 때문에 역사적이나 지리학적인 내용을 생각했을 때, 연구를 이해할 때는 이러한 요소들도 고려해야 한다.

[내용]

반두라사(社)의 보보인형 실험은 영향력이 컸으며, 미디어의 내용과 사회 폭력의 연관성을 간단하게 보여 주었다. 많은 연구자들은 데이비드 건틀릿이 언급한 이유들의 효용성에 의문을 가져왔다. 사람들에 대한 연구자들의 영향에 대한 문제는 학술적으로 해결되지 못했다. 그래서 모든 연구들이 추상적인 면이 있다. 이러한 사실이 연구들의 가치를 절하시킨다고 생각하는가?

Reading 18

6. 효과모델은 많은 경우 부적절한 방법론에 기초한다.

실험적인 방법에 의존하지 않는 많은 연구들, 그리고 이전에 많은 결함이 있다고 언급된 연구들은 방법론적 과정을 잘못 적용하거나, 특정한 방법에서 부적절한 결론을 끌어내는 등 그 권위를 상실하고 있다. 한 예로 휴스먼, 에론 그리고 그의 동료들(Lefkowitz, Eron, Walder & Huesmann, 1972, 1977)의 연구에서는 널리 퍼져 있는 종적 연구를 진행했는데, 그 과정을 따라가는데 실패하여 큰 혹평을 받았지만, 이 사실이 잘 알려지지 않았다. 예를 들어, 어떠한 가치 있는 자료라도 찾기 위해 통계적인 발견을 위해 필요한 그 과정은 공격성이나 TV시청을 같은 방법으로 다른 시간대에 하도록 조정해야 한다(Chaffee, 1972; Kenny, 1972). (종적 연구는 같은 속성으로 분류된 사람들을 오랜 시간에 걸쳐 다각도로 관찰하거나 설문하는 방법이다.) 또 같은 연구자들은 왜 그들의 연구가 그들의 다른 연구(Huesmann, Lagerspetz & Eron, 1984)와 완전히 모순되는지에 대한 적절한 이유를 찾는 데에도 실패했다. 그들의 이전 연구는 미디어는 남자아이들에게는 한계효과를 가지고 있지만, 여자아이들에게는 효과가 없음을 증명한 반면에 이후의 연구는 완전히 반대(남자아이들에게는 효과가 없고, 여자아이들에게 효과가 조금 있음)였다. 또한 그들은 자신의 후속 연구를 무시하는 듯 했는데, 그 연구는 원래 22년 후의 미디어 효과를 보기 위함이었지만, 단 한 줄의 대중매체에 대한 언급도 없이 많은 공격성의 정도에 영향을 끼친 생물학적, 발달, 환경적 요소들만 제시했다(Huesmann, Eron, Lefkowitz & Walder, 1984). 놀랄 정도로 일관성이 없고, 잘못을 인정하는 것도 없이, 이 연구는 여전히 분야에서 최고로 알려져 있다. 그리고 이러한 사실은 분명히 효과모델에 관하여 상당한 불편함을 유발할 것이다. 밀라프스키, 케슬러, 스팁과 루벤스(Milavsky, Kessler, Stipp & Rubens, 1928a, 1982b)에 의한 비슷한 방법의 좀 더 주의 깊은 연구는 3,000명의 젊은이들을 3년 동안 연구했는데, 특별한 미디어의 효과는 발견되지 않았다고 주장했다.

Note

[내용]

데이비드 건틀릿은 같은 방법을 사용하여 같은 사람들이 진행한 연구에서 다른, 모순된 결과가 나온 것에 주목하였다. 당신은 이것을 문제라고 생각하는가? 결과가 모순되는 이러한 문제들은 깊이 있는 연구에서도 많이 발견되지만, 매체에서 미디어 효과에 관해 걱정할 때 이러한 문제를 언급한 것을 들어본 적이 있는가?

[문체]

다시 한 번 건틀릿이 채택된 연구방법들을 확실하게 비판하기 위해 어떠한 방법과 언어를 사용하였는지 주목하여라.

Reading 19

아마 가장 빈번하고 잘못된 방법론의 오용은 연구가 단순히 하나가 다른 하나의 원인임을 보여 줄 수 없을 때 일어날 것이다. 하지만 연구자들은 그들이 그 인과관계 보여 준 것처럼 여긴다. 이런 일은 사례를 인용하는 연관성 연구에서 빈번하게 나타나는데, 사례에서 특정 인물의 성격을 알 수 있고, 이런 사람이 특정 미디어를 즐긴다는 것을 쉽게 알 수 있다. 예를 들어, 폭력적인 사람은 폭력적인 영화를 즐겨 본다는 것이다. 하지만 미디어가 그런 성격을 만들어냈는지는 보여 줄 수 없다. 그럼에도 불구하고, 반 에브라(van Evra, 1990)와 브라운(Brown, 1998, 1999) 같은 심리학자는 이것이 하나의 사례라고 주장한다. 이 주장은 일관되게 반사회적이고 파괴적인 행동을 하는 아이들은 폭력적이고 시끄러운 TV 프로그램을 좋아할 것이라고 한다. 하지만, 그 행동이 미디어 프로그램의 결과라는 주장에 대해서는 합리적인 일관성뿐만 아니라 연구의 근거도 부족하다.

Note

[내용]

여기서 언급된 문제는 상호관계와 인과관계가 관련된 것들 중의 하나이다. 이 말은 특정한 자극이 변화했을 때 반응 역시 변화하는 것을 보여 준다. 이 경우에 폭력적인 방송을 많이 보는 사람들의 경우 그 둘의 관계가 없다는 것과, 만약 있다면 효과가 발생하는 방향을 보여 준다는 것을 알 수 있다. 데이비드 건틀릿이 언급한 것과 같이 폭력적인 프로그램이 폭력적인 행동의 원인이 될 수도 있다는 것을 의미한다. 대다수의 연구가 상관관계를 보여 줄 수 없는 효과들을 연구한다는 사실은 주목할 만하다. 그렇기 때문에 그러한 연구들이 대개 상관관계가 효과를 보여 준다고 추정한다 할지라도 인과관계를 증명하기는 어렵다는 것을 명백하게 보여 준다.

Reading 20

7. 효과 모델은 선택적으로 폭력적인 미디어 묘사를 비판한다.

'반사회적' 행동들이 이데올로기적으로 정의된다는 점에 덧붙여, 우리는 효과모델이 일반적으로 '폭력'적 미디어라는 비난하는 것은 주로 허구적인 미디어에만 제한되어 있음을 알 수 있다. 뉴스나 실제적인 프로그램들에서 매일같이 나오는 폭력적인 행동들은 다소 폭력성이 면제되는 것처럼 여겨진다. 여기서 요점은 뉴스에 나타나는 폭력의 묘사가 반드시 편협한 방식으로 똑같이 비난 받아야 한다는 것이 아니라, 그 모델이 설명할 수 없는 다른 철학적인 모순에 주의를 집중시키는 것이다. 비록 그러한 행동들이 항상 대부분 결국에는 처벌받거나 다른 부정적인 결과를 행위자에게 가져옴에도 불구하고, 만약 드라마 시리즈나 영화에서 보이는 반사회적 행동들이 관객의 행동에 어떤 영향을 미칠 것으로 기대된다면, 뉴스에서 항상 보여지는 반사회적 행동들은 왜 비슷한 효과를 미치지 않는지에 대한 명백한 이유가 없다.

Note

[내용]

이 부분은 무엇을 '폭력적인' 미디어콘텐츠로 포함시킬 것인지를 정의하는 것의 어려움을 설명하고 있다. 데이비드 건틀릿이 말했듯 거대한 다수의 폭력의 허구적인 표현들은 '나쁜 것'이라 여겨지고 폭력적인 사람들은 주로 비난 받고 처벌 받는다. 이것은 확실히 대부분의 드라마들이 추구하는 도덕적 코드이다. 이러한 의미에서 폭력이 화면상에서 발생할 때 허구적인 묘사에서 그들이 '잘못'되었다고 간접적으로 표현되고 있음은 꽤나 명백하다고 말할 수 있다. 하지만 실제적 묘사에서도 그것이 동일한가? 사실 정부들이 전쟁이나 군사적 간섭을 정당화하는 방법을 생각해 보자. 여기서 폭력은 목적과 더불어 정당화되어 표현되며, 그러므로 용인할 수 있는 것이 된다. 전체적으로 여기서는 방법론적인 검토가 이루어지며 건틀릿은 그저 '폭력'에 대해 말하는 것은 다양한 방향으로 읽혀질 수 있는 복잡한 범위의 묘사들을 속이는 것이라고 말한다.

Reading 21

8. 효과 모델은 다수의 우월성을 가정하고 있다.

조사들은 일반적으로 특정한 비율의 대중들이, 미디어가 다른 사람들에게 반사회적인 행동에 연루되도록 영향을 미친다고 느낀다는 결과를 보여 준다. 거의 모든 사람들이 자신 스스로는 그러한 방식으로 영향을 받았다고 대답하지 않는다. 이러한 관점은, 그들의 작업이 그들을 부패한 물질로 추정되는 것들과 일반적으로 접촉하게 이끄는 연구자들과 활동가들에 의해 극단으로 흘러간다. 하지만 그들은 암암리에 그러한 영향들이 단지 다른 이들에게만 미칠 것을 '알고' 있기 때문에 자기 스스로의 행복을 위해서는 태연하게 말한다. 그 '다른 이들'이 어린이나 혹은 '불안정한' 개인들로 정의되는 한, 그들의 접근방법은 합당하지 못할 것이다. 그러한 문제들은 충분히 제기될 만하다. 그렇더라도, 영향을 받게 될 '다른 이들'을 규정하기 어렵다는 생각은 효과 이론의 한 가운데에 남아 있으며, 그에 관한 서적(짐작하건대, 위에서 토론한 것과 같이 빈약하거나 오류가 있는 자료에 대한 연구자의 과도한 설명) 등에 반영된다.

Note

[문맥]

어떠한 조사가 되었는가? 데이비드 건틀릿이 사용한 자료는 어디에서 온 것인가?

[내용]

이것은 중요한 포인트이다. 어째서 연구자들과 조정자들은 폭력적인 매체를 보는 것을 다스릴 수 있지만 일반적인 대중은 명백히 할 수 없는가? 대부분의 시간을 미디어를 보며 어떤 연령 등급이 적절한지 결정하는 데에 보내는 BBFC의 스태프들은 다른 대부분의 사람들보다 더욱 폭력적인 매체를 겪을 수밖에 없다. 그래서 그들의 복지에 대한 우려가 존재한다. 건틀릿이 이 문제를 방법론적 이슈로 수면 위로 끌어 올렸는데, 그는 이것을 하나의 사회적 권력에 대한 문제로 보았다. 이 연구의 초점인 '대중'은 종종 노동자 계급이며 문제가 되는 자원을 누가 통제할 수 있는가, 혹은 없는가에 대한 계급적인 가정이 명백히 존재한다. 이것은 이러한 '효과' 연구의 우세함이 일반 대중에 대한 가정들의 전조로 더욱 광범위하게 읽힐 수 있으며, 진행되고 있는 일종의 연구와, 누가 해결되어야 할 '문제'로서 정의되는가에 대한 이데올로기적 토론이 있음을 뜻한다.

Reading 22

예를 들어, 조지 가브너와 그의 동료들은 텔레비전을 '많이' 보는 시청자들에 대해 마치 이러한 미디어 소비가 그들의 뇌 무게에 대해 부정적인 효과를 반드시 가져오는 듯 저술하였다. 그들은 어떠한 선택 능력이나 비판 능력이 없는 것으로 간주되며, 그들의 취미, 버릇 등은 일반적으로 선호되는 행동과는 분명한 차이를 보인다고 여겨진다. 대부분의 시청자들은 시계 옆에서 텔레비전을 시청하며, 채널을 돌렸을 때 자신이 무엇을 시청하게 될지 알지 못한다. 이런 사람들은 책이나 영화, 기사 등을 고를 때처럼 각 프로그램을 선택하는 대신에 기존에 성립된 버릇대로 매일 똑같은 방식으로 텔레비전을 시청하곤 한다(Gerbner, Gross, Morgan & Signorielli, 1986: 19). 많은 텔레비전 프로그램들의 연속적인 특성을 무시함으로써 고의로 부정적 비교를 도출하며, 많은 시청자들이 무엇을 볼지 선택하는 데에 넓게 사용되는 TV 가이드와 디지털/비디오 레코더들을 셀 수 없음 또한 무시하는 이러한 시각은 종종 이러한 연구를 뒷받침하는 듯 보이는 일종의 엘리트주의와 속물근성을 드러낸다. 여기서의 요점은, 매스미디어의 내용들이 비판받아서는 안 된다는 것이 아니라, 대중들 스스로는 그들을 잠재적인 야만인, 혹은 바보로 취급하는 연구들을 제대로 알지 못한다는 것이다.

Note

[문체]

이것은 꽤나 화난 논조의 글이다. 또한 데이비드 건틀릿이 조지 가브너를 직접적으로 비판한 두 번째 글이기도 하다. 그는 연구자들이 그들이 연구에 사용하는 언어를 선택하는 방법에 대해 흥미로운 점을 지적했다. '과도한'시청에 대해 얘기하는 것은 분명히 부정적인 암시를 내포하며, 또한 그에 반하는 일반적인 기준을 상정한다.

이것은 방법론적 논의들은 분명 그 내부에 이데올로기적인 가정을 포함함을 뜻하며, 아마도 건틀릿의 분노는 이러한 가정들에 대한 그의 의견 충돌에서 발생했을 것이다. 독자는 이것이 적절한 글쓰기 기법이라 생각하는가?

Reading 23

9. 미디어 효과 모델은 미디어의 의미를 이해하려는 노력을 하지 않는다.

앞의 요점에서 암시되었던 더 심화된 근본적 오류는 효과 모델이 미디어콘텐츠에 대한 정당화되지 않은 고정관념이나 환원주의적 가정들에 기초한다는 사실이다. '미디어 폭력'이 부정적 결과를 야기한다는 주장을 하는 것은, 미디어에서 나타나는 폭력의 묘사가 언제나 반사회적 행동을 촉진할 것이며, 위에서 언급된 분류가 존재하며 또한 의미를 가진다고 예측하는 것일 뿐 아니라, 매체가 관객에게 아무 문제없이 전달될 단수의 메시지를 함축하고 있을 것이라고 예측하는 것이다. 그러므로 효과모델은 (a) 미디어가 단수의, 그리고 정돈된 '메시지'를 표현하며 (b) 효과모델의 지지자들은 그 메시지가 무엇인지 식별하는 입장에 있다고 가정하는 이중사기(속임수, double deception)를 행한다.

Note

[구조]

앞서 기사에 언급된 아이디어들을 숙지하라. 그것은 데이비드 건틀릿이 사용한 숫자로 나타낸 구조에 의해 분리된 각각의 아이디어들을 하나의 그림으로 그리는 것을 도와줄 것이다.

[내용]

당신이 이제껏 이해했던 많은 이론들은 미디어가 소비되고 이해되는 데에는 많은 방법이 있으며 단지 하나의 의미만을 띠지는 않는다고 주장하곤 한다. 구조주의적인 용어에서 텍스트들은 다의적이다('18장 구조주의' 참조). 건틀릿이 밝혔듯 '미디어 효과' 연구는 반드시 텍스트에는 모든 이들이 같은 방식으로 읽어낼 수 있는 하나의 의미가 존재해야 함을 가정해야 한다. 만약 다양한 글 읽기가 인정된다면, 사람들이 특정한 방식으로 영향을 받았음을 주장하기가 매우 어려워진다. 이러한 의미에서 건틀릿은 논의를 연구의 전 범위에 연결시키고 있다. 하지만 당신이 이제껏 미디어에 대해 어떻게 배웠는지 생각해 보라. 교육시스템이 어느 정도까지 당신과 당신의 친구들이 접할 만한 글을 알고 허가하는가?

Reading 24

미디어콘텐츠의 의미는 가정들이 그것들의 맥락으로부터 제거된 요소들의 모습에 기반하여 만들어졌기 때문에 무시된다. (예를 들어, 여성이 남성을 때리는 것은 똑같이 폭력이며 나쁘다.) 단순한 의미에서, 그리고 심지어 문맥 내에서도 그 의미들은 각각의 독자들에게 각자 다를 수 있다. (여성이 남성을 때리는 행동은 공격성에서 유발된 불쾌한 행동이다, 혹은 적절한 자기방어다, 혹은 의기양양한 복수다, 혹은 신선한 전환이다, 혹은 그저 흥미롭지 못한 행동이다, 혹은 많은 대안적 읽기들 중 어느 것이다. 등) 깊이 있는 질적 연구들은 (그다지 놀랍지 않지만) 미디어 관객들은 일상적으로 그들 자신의, 불균일하게 이루어진 일상적 미디어텍스트에 대한 해석에 도달한다는 시각에 지지를 보내어 왔다(예를 들면 Buckingham, 1998, 1996; Hill, 1997; Schlesinger, Dobash, Dobash & Weaver, 1992; Gray, 1992; Palmer, 1986 참조). 효과 모델은 드라마 캐릭터들의 행동과 시청자들이 받게 되는 행동의 의미 모두가 짓밟힘으로써, 대중적인 엔터테인먼트가 가장 단순한 구성으로 대중들에게 선전 메시지라고 생각하는 사람들에게 작게나마 신뢰를 얻을 수 있다.

Note

[내용]

독자는 남성이 여성을 때리는 행동이 데이비드 건틀릿이 이 글에서 주장하는 의미의 범위안에 들어갈 수 있음에 동의하는가? 그 범위가 무한한가? 이 행동에 대한 모든 해석에 적절해야만 하는 '핵심적인' 의미라는 것은 존재하는가? 또한 건틀릿은 여기서 왜 '인기 있는 예능'이라는 점을 명시했을까? 이것이 글을 읽는 동안 재기되는 유명한 문화와 대중문화에 대한 토론과 어떻게 연관되는지 생각해 보자.

Reading 25

10. 효과 모델은 이론에 바탕을 두고 있지 않다.

Note

[내용]

이 글의 나머지 부분이 이론에 관한 것이 아님을 암시하는 것에 있어서 이 부분이 '이론'이라는 단어를 명쾌하게 언급하는 것이 이상하게 느껴질 수 있다. 그렇지만 전체 글들이 이론에 관한 것임은 분명하다. 여기서 질문은 '미디어 효과'에 대한 토론들은 이론을 특정하게 발전시키고, 그것의 목적과 결론들에 반응하는 것에 실패하였는가? 그렇다면 이 부분에서 데이비드 건틀릿은 '미디어 효과'에 대한 연구들이 결코 묻지 않는 질문들을 생각해 볼 수 있다. 이것이 비판으로 비춰질 수도 있는데, '왜 그러한 질문들이 이제껏 논의되지 않았는가?' 하는 것이 더 큰 의문일 것이다.

Reading 26

앞서 나타났던 많은 요점들은 근본적인 문제는 '효과 모델'의 모든 주장이, 미디어에 의해 특정한 종류의 효과가 발생한다는 거두절미한 주장을 넘어서는 어떠한 이론적 추론으로도 입증되지 못했다는 것이다. '왜 미디어가 사람들로 하여금 그것의 콘텐츠를 모방하도록 유도하는가?'라는 기본적인 질문은 단순히 그 특정 행동들이 미화된다는 것을 넘어 충분한 공격을 받지 않았다. 유사하게, 단지 미디어를 통해 어떤 행위를 보는 것이 실제로 개인이 즉각적으로 특정한 방식으로 행동할 만한 모티브로 전환될 것인가에 대한 문제는 여전히 해결되지 않았다. 탄탄한 이론의 부재는, 효과모델이 의심스러운 가정들의 묶음에 뿌리를 두고 있다고 여겨지게 했다. 매스미디어는 문제없이 연구의 시작점이 될 수 있다. 아이들은 미디어에 대항할 수 없다. '폭력'이나 '반사회적 행동'의 분류는 명백하고 자명하다.

모델의 예측은 과학적 연구에 의해 입증될 수 있다. 허구적 미디어는 중요한 반면 뉴스 사진들을 그렇지 않다. 연구자들은 사회적 행동들과 그 의미를 관찰하고 분류하는 데에 특별한 능력을 가지고 있지만, 그 연구자들은 미디어콘텐츠들이 관객에게 가질 수 있는 다양한 의미들에 주의를 기울여야 할 필요는 없다. 이런 각각의 문제들은 미디어 효과의 해설자들이 그들의 모델을 어떤 논리 정연한 이론 안에서 찾는 데에 실패한 것에 기인한다.

Note

[내용]

독자는 이 질문에 하나라도 대답할 수 있는가? 왜 미디어가 사람들로 하여금 그것의 콘텐츠를 모방하도록 유도할 수도 있는 것일까? 폭력을 보는 것이 어째서 폭력적인 행동으로 전환될 수 있을까? 이러한 질문들이 데이비드 건틀릿이 의도한 방향에서 '미디어 효과'의 가정들을 약화시키는가, 혹은 그것들은 쉽게 대답할 수 있는 질문들인가?

[구조]

이 부분은 시가에서 야기되어 있는 모든 요점들에 대한 매우 유용한 요약이다. 그러므로 이 부분은 각 이슈들 간의 연결고리를 보여 주며, 그럼으로 인해 그것들이 단지 연관성 없는 염려거리들의 나열이 아니라는 것을 보여 준다.

Reading 27

그렇다면 미디어의 영향에 대한 연구의 미래는 무엇인가?

Note

[구조]

논문들에 있어 앞으로의 연구들에 대한 제안으로 끝마치는 것은 꽤나 흔한 일이며, 이 글 또한 그런 경우이다. 단지 비판들의 리스트로 끝내는 것보다는, 이러한 방법이 이질적인 주장들은 함께 취합하고 긍정적인 결과를 보여 주는 유익한 방법이다.

Reading 28

우리가 이제껏 살펴 본 효과모델은 인간 행동에 대해, 혹은 사회에서의 미디어의 역할에 대한 설명으로 조금 나아가고 있는 것이 확실하다. 어떠한 도전 혹은 비논리적으로 보이는 이론이나 모델이 실증적이 데이터를 통해 그것의 타당성을 설명하는 권리를 갖는 반면에 효과 모델은 그러한 측면에서도 실패하였다. 그것의 계속되는 생존은 더 이상 방어할 여지가 없으며 유감스러운 일이다. 그러나 이 특정 모델의 실패가 매스미디어의 영향이 더 이상 고려되거나 연구되지 않음을 의미하는 것은 아니다. 사실, 연구자금과 연구에 대한 관심이 '부당한' 효과 연구에 집중되는 동안에는 간단히 무시되었던, 사고방식과 살아가는 방법, 그리고 우리의 인식에 미치는 미디어의 영향에 대해 탐구하기 위한 매력적인 질문들이 많이 존재한다.

Note

[내용]

데이비드 건틀릿은 그의 '효과 모델'에 대한 비판과 함께, "그러므로 미디어와 사회 간에 아무런 관계가 없다"는 가정을 구분 짓는 데에 매우 조심스럽다. 사실 그는 이러한 연구를 이끄는 지지자이다. 하지만 그는 하나의 원인과 결과 대신에 복잡하고 상호 작용적인 존재로서의 그 관계에 관심을 가진다.

[문맥]

연구개발비에 대한 언급을 다시 한 번 숙지하라. 왜 그 돈이 건틀릿이 '부정직한' 연구라 부르는 일에 계속해서 투자되는 것일까?

Reading 29

잘 알려진 많은 오류들이 존재하며, 대안적인 다른 연구방법과 과정을 떠올리는 일이 무척 쉬움에도 불구하고, 전통적인 방법론적 수단에 따라 연구를 지휘하는 심리학자(를 비롯한 다른 학자들)의 수를 표기하는 일은 매우 우려하게 된다.

(예를 들어, www.artlab.org.uk의 웹사이트와 건틀릿(Gauntlett)의 2005년 전작에서, 참가자들이 직접 미디어와 예술적인 작품들을 만들었던 '새롭고 창의적인 관객에 대한 연구'를 보면 그들이 매스미디어와 가지는 관계를 알 수 있다.)

정치인들과 대중 언론들로부터 출발하는 '미디어 효과'에 대한 담론들은 종종 터무니없게 단순화된다. 말할 필요도 없이, 학계는 그들을 부추겨서는 안 된다.

Note

[문맥]

데이비드 건틀릿은 여기서 다른 저자들에 의해 자주 언급되지 않는 학계, 언론, 그리고 정치인들 간의 관계에 주목하게 한다. 그가 참여하고 있는 논쟁에서 문제가 되는 것은 대중의 의제에 있으며, 정치적인 결정을 통지하기 때문이다. 이것은 이론에 관한 토론이 얼마나 명백하게 '실제 세상'에 영향을 미치는지, 그리고 그러한 논쟁에 있어 학계의 위치가 우리를 둘러싼 세상에 남기는 결과 등을 보여 준다. 이것은 어쩌면 이론의 '유용성'에 관한 토론을 바로잡는 데에 유용할 것이다.

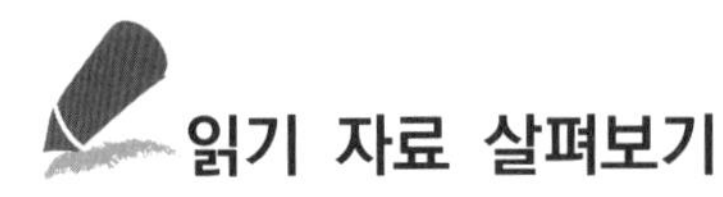

읽기 자료 살펴보기

당신은 미디어 효과의 대한 논란에 대해 자신만의 시각을 가지고 있다는 것이 읽기 전에 제시되었다. 이제 당신은 내용을 모두 읽었다. 어떤 생각이 드는가? 건틀릿의 의견에 동의하는가 아니면 그의 주장의 오류를 발견하였는가? 그의 두 번째 절에서 그는 어린이들에 대한 발달심리학자들의 시각을 비판한다. 당신은 그의 요점을 이해하거나 어린이들에 대해 어떤 보호가 필요함을 느끼는가? 당신은 여러 종류의 폭력을 분류하는 것이 얼마나 어려운지, 그리고 각각의 독자들이 같은 내용을 다르게 읽을 수 있는지 등을 이해하는가? 혹은 폭력을 쉽게 찾아낼 수 있는가? 본질적으로, 이 글이 당신의 생각을 조금이라도 바꿔놓았는가? 이 글이 당신을 완전히 설득시키지 못했을 수도 있다. 하지만 당신이 이 글을 읽기 전에 비해 어떠한 의심이라도 발생시켰거나 당신 스스로 더 많은 것을 알아야 한다고 생각하게끔 하였는가?

글 전체를 통해 건틀릿은 많은 조사자들이 채택해 온 방법들을 비판한다. 당신은 그의 비판에 동의하는가? 아마도 더 중요한 것은, 당신이 건틀릿의 방법에 대해 어떻게 생각하느냐일 것이다. 그가 생각해 보거나 충분히 고려해 보지 않았던 어떠한 시도, 아이디어, 혹은 주장이 있었는가? 만약 당신이 건틀릿의 웹사이트에 접속해서 그가 채택했던 조사 방법들을 본다면, 당신은 유사한 비판들을 도출할 수 있는가?

이 글의 구조는 어떠한가? 서론에 적혀 있듯, '열 가지' 접근은 이 글을 작은 덩어리들로 분해하여 글을 읽기 쉽도록 해 준다. 하지만 이 형식에 문제는 없는가? 왜 어떤 부분들은 다른 것들보다 더 긴 것일까? 다른 부분들 보다 조금 더 자세히 씌어져 있고, 더 많은 참조를 포함하고 있지는 않은가? 그 모든 부분들이 모두 필수적이거나 더 많은 부분이 있어야 한다고 생각하는가? 10이라는 숫자는 단지 대충 정하기에 좋은 숫자에 불과하고, 각 주장들은 그 형식에 맞게 단지 순서대로 세분화된 것인가? 이것은 전체적인 논쟁의 힘을 저지했는가? 당신의 글을 생각해 보라. 당신의 글에 이러한 접근 방법을 사용할 수 있을 것인가? 그리고 만약 그렇다면 언제, 그리고 어떠한 상황에 적절하게 사용될 수 있을까?

마지막으로, 이 글은 다양한 곳에서 출판된 일련의 간행물 중 한 버전이라고 명시되어 있다. 글의 서두에서 건틀릿은 그가 처음 글을 썼을 때로부터 작은 변화만이 있었다고 적었다. 하지만 지금은 어떠한가? 만약 당신이 이 글을 갱신해 달라는 부탁을 받았다면,

그리고 새 버전을 작성해야 한다면 어떤 점들을 바꿀 것인가? 미디어 효과에 대한 논의에 어떠한 발전이 있긴 했을까? 건틀릿(과 다른 연구자들)이 채택했던 조사 방법의 결론은 무엇인가? 건틀릿의 입장을 지지하거나 혹은 비판하는 새로운 연구들이 존재하는가? 책 전체를 통해 언급되듯 이론이란, 새로운 아이디어, 새로운 연구결과, 그리고 사회 내부적 변화에 반응하는, 계속 진행중인 과정이다. 만약 당신이 그러한 과정 내에 관계되어 있고, 새로운 버전을 작성한다면, 어떠한 내용을 담을 것인가?

주요 용어

수용자(audiences); 아동(children); 내용 분석(content analysis); 상호관계(correlation); 발달심리학(developmental psychology); 효과(effects); 방법론(methodology); 친사회적/반사회적 태도(prosocial/antisocial behaviour); 고정 관념(stereotypes); 폭력(violence)

주요 학자

Albert Bandura; David Buckingham; George Gerbner; Christine Griffin; Michael Medved; Jean Piaget

권장도서

Barker, Martin, and Julian Petley(eds.)(1997), *Ill Effects: The media/violence debate*, Londonand New York: Routledge.

미디어 효과에 관한 검증적인 논쟁뿐만 아니라 미디어 연구에서 '효과'가 다시금 주목받는지에 대한 논쟁을 둘러싼 연구들은 종합한 책이다.

Bryant, J. and Oliver, M. B.(eds.)(2009), *Media Effects: Advances in theory and research*, 3rd edition, New York and London: Routledge.

미디어에 관한 공범위한 주요논쟁과 방법론적인 접근법을 다루고 있다.

Livingstone, Sonia(2002), *Young People and New Media: Childhood and the changing media environment*, London: Sage.

최근에 등장하는 뉴미디어에 대하여 젊은 세대들이 어떻게 반응하는지, 그리고 리빙스톤의 수용자 연구에 대한 유용한 연구들을 담고 있다.

Postman, Neil(1985), *Amusing Ourselves to Death: Public discourse in the age of show business*, New York: Penguin

어떻게 엔터테인먼트가 텔레비전의 민주주주의 공론적인 토론에 결정적인 역할을 하는지에 대한 고전적 비평을 담고 있다.

18장

구조주의

Todorov, T.(1990/1978), *Genres in Discourse*(담론의 장르), translated by Porter, C., Cambridge: Cambridge University Press, pp. 27~38.

구조주의 입문

여러분은 영화를 선택할 때 어떤 방식으로 결정을 내리는가? 영화 비평을 보거나 친구로부터 추천을 받는가? 특별히 좋아하는 배우가 나오는 영화를 보는가? 아니면 특별히 좋아하는 감독의 영화를 보는가? 영화 예고편이 여러분의 결정에 영향을 주는가? 아니면 무작정 친구와 영화관에 가서 끌리는 영화를 보는가? 만약 그렇다면, 그 과정은 어떠한가? 영화제목을 보는가 아니면 포스터나 다른 것을 보는가? 우리가 무엇을 소비하거나 소비하지 않을지에 대한 생각은 우리에게 허락된 풍부한 미디어 옵션들을 어떻게 우리가 분류하는지에 대한 중요한 것들을 말해 준다. 그것은 우리가 우리 자신을 특정 종류의 영화, 음악, 텔레비전 프로그램, 잡지를 좋아하는 사람이라고 생각하는 것을 의미한다. 우리의 결정은 사전 지식, 광고, 그날의 기분, 누구와 함께 있는지 등등 수많은 요소들에 기인한다. 그러나 그것들은 우리의 소비 결정이 이루어질 때 우리가 미디어 텍스트에 대한 특정한 기대를 한다는 것을 보여 준다. 여러분이 제임스 본드 영화를 보러 간다면, 여러분은 그 영화에 많은 액션과 신기한 물건들이 등장할 것이라고 가정할 것이다. 여러분이 ≪가디언(*The Guardian*)≫지를 구입한다면, 여러분은 그 잡지의 내용이 ≪선(*The Sun*)≫지와 현저히 다를 것이라 기대한다. The X Factor(ITV, 2004~)의 초반 몇 에피소드를 보면서 당신은 아마도 바보짓을 하는 음치들을 보기를 바랄 것이다. 그래서 미디어는 흥미를 끌기 위해 차별화되고 혁신적이어야 하는 반면에 다양한 방식으로 일관성을 가져 우리가 실망하지 않고 기대할 수 있게 만들어야 한다.

우리가 기대를 하기 위해서는 매체 안에 순환하는 캐릭터와 이야기, 우리가 기대하고 인정하는 아이디어가 있어야 한다. 이것들은 다른 시리즈나 다른 시간대 안에서 미묘하게 바뀌어도 되지만 대략적으로 일관성은 유지되어야 한다. 예를 들면 연속극의 캐릭터들은 대부분 변함이 없고 만약 그것이 사라진다면, 그들은 쉽게 비슷한 것으로 대체된다. 이와 유사하게 연속극은 출생, 결혼 그리고 죽음 중심이고 수많은 이야기들이 사랑, 여러 관계들 그리고 반복되어 벌어지는 비밀 사건 등에 기반을 두고 있다. 그것은 이야기가 구조주의의 핵심 요소라 할 수 있는 순환적이고, 반복적이며, 변함없는 요소를 가지고 있다는 것을 의미한다.

단어에서 알 수 있듯이 구조주의는 "근본적인 구조의 인식과 묘사에 의해 세계를 사고하는 방식"(Hawkes, 2003: 6)이다. 여러분이 만약 대부분 이야기의 정수가 되는 기본 요소를 뽑아본다면, 대략적으로 그것들이 모두 같다는 사실을 알 수 있을 것이다. 그것들은 반복되는 액션을 하고, 반복되는 엔딩으로 향하는 순환의 구조이다. 그래서 연속극 캐릭터는 사랑에 빠지고, 사랑이 깨지고, 그것이 반복되면서 이야기는 그 다음 해에도 똑같이 유지된다. 우리의 관심은 자주 무슨 일이 벌어졌는지보다 어떻게 그 일이 벌어졌는지에 더 쏠린다. 그리고 이 점으로 우리가 이야기의 근본적 구조를 알고 이해하며 그 구조는 우리가 이야기를 이해하는 데 쓰여진다는 것이 명확해진다. 구조주의는 장르, 미디어, 문화, 시간을 넘나들면서 그 구조들을 연구하고, 이야기 속에서 보편적이고 순환하는 요소들을 찾으려고 한다. 사실 언어의 변화 때문에 이해하기는 어렵지만 고대 문학에 등장하는 기본적인 스토리텔링 요소가 가장 최근의 영화나 텔레비전 프로그램의 스토리텔링 요소와 같다는 것을 발견하는 것은 정말 놀라운 일이다.

여러분이 이 모든 문제를 '모든 이야기가 동일한 기본적 요소의 토대 위에 있다는 것이 뭐 어쨌단 말이야'라고 생각할 수 있다. 아마도 '이게 이야기를 말하는 최고의 방식이고 우리의 즐거움을 돕는다는 의미란 거지?'라고 생각할 수도 있다. 틀린 말은 아니다. 그러나 반복되는 구조의 우세함이 우리가 할 수 있는 이야기의 한계를 만들어낸다고도 할 수 있다. 제임스 본드의 예로 돌아가 보자. 여러분은 007이 악당에게 패배하는 본드 이야기를 어떻게 말할 것인가? 우리는 그걸 보고 즐거워할까? 여러분이라면 사람들과 다투지도 않고, 계속해서 사랑에 빠지지도 않는 등의 연속극 등장인물을 생각할 때, 어떻게 그 인물을 흥미로운 캐릭터를 만들어내겠는가? 만약에 이야기를 말하는 특정한 방법이 있다면, 특정한 이야기를 만드는 것은 굉장히 쉬워질 것이다. 마찬가지로,

그것은 다른 종류의 이야기를 남들에게 납득이 가게 이야기하는 것을 어렵게 할 것이다. 이것은 특정 종류의 이야기를 정규화시키고 다른 종류의 이야기를 탄압함으로써 굉장히 정치적이고 이데올로기적인 결과를 가질 수 있다. 예를 들어 많은 페미니스트들이 이야기에서 남성과 여성이 갖는 특정한 역할이 있으며, 특히 남자는 대게 더 중심적이고 더 활동적인 역할을 갖는 것을 밝히는데 구조주의를 사용했다(Gilbert and Gubar, 1979). 우리가 기대하는 특정 계층 혹은 인종의 인물이 특정한 방식으로 행동하길 바라는 것 역시 마찬가지이다. 이것을 고정관념의 기저라고 한다(Pickering, 2001). 이것은 구조주의는 단지 이야기가 어떻게 작동하는가를 가리키는 것을 넘어서 사회적 불평등을 아는 데에 큰 영향을 끼친다는 것을 의미한다.

구조주의의 역사를 아는 것은 매우 중요하다. 이것은 페르디낭 드 소쉬르(Saussure, 1857~1913)와 클로드 레비 스트로스(Lévi-Strauss, 1908~)와 같은 사람들의 인류학적 작업을 통해 언어학 안에서 밖으로 나왔다. 그러한 이론가들은 어떻게 언어가 작동하는지 알아내려고 했다. 즉 일상의 상황들 안에서 우리가 어떻게 언어를 이해하는지 배우는 것이다. 그러므로 구조주의는 종종 어떻게 '올바르게'문장을 조합할 것인가에 관한'규칙'을 배우는 점에서 글쓰기의 문법적인 생각과 관련이 있다. 구조주의는 여타 다른 미디어 이론과 마찬가지로 미디어와 관련이 없는 대부분의 사람들에 의해 생성되었고 그것은 대신에 말해지고 쓰이는 언어는 미디어의 모든 범위의 언어에 적용될 수 있다는 주장을 하는 그 후의 사상가들에 의해 미디어에 적용됐다는 것을 의미한다. 구조주의는 특히 레비 스트로스와 소쉬르를 포함한 정말 많은 사람들이 관련되었고 몇몇은 그 용어를 거부하기 때문에 논란이 많은 용어이다. 구조주의자들의 분석이 완수한 하나의 중요한 방법은 기호학을 통한 것이다. 이 책의 '제25장 텍스트 관련 이론'을 보라.

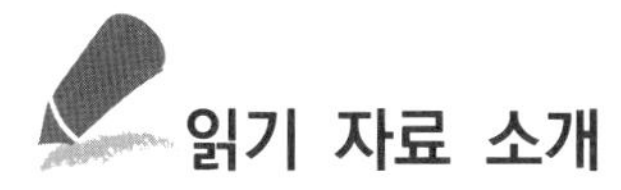

읽기 자료 소개

이번 장의 읽기 자료는 츠베탕 토도로프(Tzvetan Todorov)의 『담론의 장르(*Genres in Discourse*)』(1990/1978)에서 따왔다. 『산문의 시학(*The Poetics of Prose*)』(1977/1971), 『아메리카 정복(*The Conquest of America*)』(1999/1984)]와 『희망과 기억(*Hope and Memory*)』(2003/2000)와 같은 책에서 문학 이론, 문화, 역사에 대한 글을 쓴 토도로프

(1939~)는 불가리아 철학자로서 지금은 프랑스에서 작업하고 있다. 이 책이 장르에 대한 모든 것을 다루지 않지만 대신에 문학의 구체적인 텍스트, 정의, 범주화에서부터 시에 이르는 광범위한 분야를 탐구하는 에세이의 모음이라는 점에서 이 책의 제목은 다소 부적절하다. 토도로프는 많은 예시를 사용하지만 이는 대개 프랑스 문학에서 따왔기 때문에 여러분은 익숙하지 않을 수 있다. 독자로서 여러분이 합리적으로 해야 할 일은 이 책의 주장들을 이해하는 데 도움을 주는 여러분의 예시를 생각해 보는 것이다.

토도로프는 아마 예측할 수 없고, 놀라운 이야기 속의 사건 같은 '이상한 것'에 대한 분석으로 가장 잘 알려져 있을 것이다. 비록 구조주의가 이야기란 공통적이고 순환하는 요소를 가지고 있다고 주장하지만 재미를 위해 다른 이야기와 차이점은 반드시 존재해야 한다는 점 역시 인지하고 있다. 닐은 이것을 '반복과 차이'라고 부른다(Todorov, 1980: 48). 비슷하게 "장르에 속해 있는 행위는 관습에 대한 저항과 채택을 포함하기 때문에 '진화'한다고 할 수 있다"(Duff, 2000: 7~8). 토도로프는 예상할 수 없는 사건들에 대해 그것이 얼마나 예상할 수 없고 어떻게 이야기와 장르에 관련이 있는지에 의거해서 그것들에 대한 반응을 가능하게 하는 많은 방법을 개요로 보여 준다. 여기서 재미있는 것은 독자가 이해하는 텍스트와 인지하는 것들이 다양할 수 있다는 것을 토도로프가 인정하고 연구를 시작한다는 점이다. 구조주의는 모든 독자가 정확히 같은 방식으로 텍스트를 이해할 거라고 가정하기 때문에 때로 비난의 화살을 받기도 하는데, 사실 구조주의는 이러한 함축을 극복해야 한다. 그렇지 않으면 이야기가 공통적인 구조에 토대를 두고 있다는 주장은 논점을 잃고 말 것이다. 반응의 범위를 인지함에 있어서 토도로프는 이렇게 기본에 깔려 있는 구조들이 텍스트들에 의해 만들어지거나 제한된, 하지만 그것만으로 완전히 정의 내릴 수 없는 의사소통 과정의 일부라는 사실에 주목하기 시작한다. 토도로프가 이것을 깊게 다루지 않고 그가 그렇게 했던 대신의 차후 분석이라는 것에 주목하는 것은 중요하다(이 책의 '25장 텍스트 관련 이론'을 보라). 사실, 여러분이 이 독해를 경험하면서 토도로프가 그의 예로 구성된 해독 또는 이해는 모두가 구성할 하나의 것이라는 가정을 얼마나 자주하는지 주목하라.

장르는 텍스트들이 반복되는 형식과 사건을 어떻게 사용하는지 보여 주는 데 도움을 주기 때문에 구조주의에 중요하다. 장르는 일반적으로 구조화된 많은 분석들과 전체적인 미디어 연구에서 중요한 아이디어이다. 장르는 "여러 것들을 알 수 있는 부류들로 조직화하는 구별과 분류의 문제이다"(Frow, 2006: 51). 매우 많은 미디어콘텐츠들이 보통 장르를 통해서 분류되고 홍보된다. 그래서 로맨틱 코미디 영화 포스터는 공상

과학 영화의 포스터와 매우 다르고 여러분은 아주 빨리 어떤 포스터가 어떤 영화의 포스터인지 구별할 수 있다. 여러분이 스카이 박스를 볼 때 'TV 가이드' 버튼을 누르면 뉴스, 스포츠, 다큐멘터리, 엔터테인먼트, 어린이 채널 등 모든 프로그램이 범주화된 화면이 나타날 것이다. 자, 이 카테고리들은 절대 완벽히 정의되지 않는다. 예를 들면 스포츠와 관련된 주제의 어린이 다큐멘터리는 어떤 장르일까? 하지만 이것은 우리에게 제공되는 다양한 종류의 미디어들에 대한 이해를 돕기 위해 발달된 장치가 존재한다는 의미이고 그 장치는 우리가 특정한 기대를 가지고 텍스트에 다가간다는 의미를 알려준다(아마 충족되지는 않겠지만 아마도 충족될 예상). 그러므로 장르분석은 이것이 항상 그렇게 언급되는 것은 아니지만 구조주의 분석이라고 할 수 있다. 그러므로 토도로프가 장르에 관심을 가지는 것이 놀랍지 않다.

이 책은 여러 문제가 내포되어 있는 번역의 일종이라고 볼 수 있다. 예를 들면, 다른 사람들은 어떤 것을 다른 방식으로 번역할 테고 그래서 만약 여러분이 이 책의 다른 판을 보게 된다면 정말 많이 다르다는 것을 알 수 있을 것이다. 이 책은 커뮤니케이션의 구조와 언어가 어떻게 '작용'하는지에 관한 책이기 때문에 문제가 두드러져 보일 수도 있다. 하지만 불어가 유창하지 않은 한 여러분은 번역가의 철저함에 의존할 수밖에 없다. 이것은 커뮤니케이션이 사회적, 문화적, 그리고 우리의 즉각적인 통제를 넘어서는 과정들에 얼마나 의존하는지 보여 준다.

Reading 1

츠베탕 토도로프(T. Todorov)
이야기의 두 원칙

이야기에 관한 문제를 다루기 위해 먼저 이야기를 하나 해 보고자 한다.

리차르도 미누톨로(Ricciardo Minutolo)는 필리펠로(Filipello)의 아내 카텔라(Catella)를 사랑했다. 그러나 그의 노력에도 불구하고 그는 카텔라의 마음을 얻을 수 없었다. 리차르도는 카텔라가 그녀의 남편에 대해 심한 질투심을 느낀다는 것을 알고, 이 약점을 이용하기로 결심했다. 그래서 리차르도는 본인이 카텔라에 대한 관심이 별로 없다는 것을 공개적으로 말하고 다니고 며칠 뒤에 그녀를 만나 직접 그 사실을 확인시켜 줄 기회를 얻었다. 동시에 그는 그녀에게 필리펠로가 자신의 아내에게 접근하는 것 같다고 알렸다. 카텔라는 몹시 화가 났고 모든 것을 알고자 했다. 리차르도는 필리펠로가 본인의 부인과 다음날 근처 목욕탕에서 만날 약속을 잡았다고 쉽게 대답해 준다. 카텔라는 그곳에 나타날 것이고, 그녀는 남편의 배신을 확신할 것이다. 카텔라는 남편이 있어야 할 목욕탕에서 리차르도를 발견한다. 하지만 만남의 장소가 너무 어두웠기 때문에 그녀는 그를 알아보질 못했다. 카텔라는 본인의 남편인 줄 알고 그 남자의 욕망에 응해 준다. 일을 치른 후에 그녀는 본인이 리차르도의 부인이 아닌 카텔라라고 설명하면서 그에게 비난을 퍼붓기 시작한다. 그러자 리차르도도 그 자신이 필리펠로가 아니란 것을 말했다. 카텔라는 흥분해서 완전히 제정신이 아니었지만 리차르도는 그녀에게 그 스캔들이 그 누구의 관심도 끌지 못할 것이며 "애인의 키스가 남편의 키스보다 얼마나 달콤한지"를 확신시켰다.[1]

끝이 좋으면 다 좋다고 보카치오는 이 이야기가 처음 들은 모든 사람들에게 칭찬을 받았다고 덧붙였다.

1) Richard Aldington(Trans.), *The Decameron of Giovanni Boccaccio*(New York: Dell Publishing Company, 1982), p. 207, "Third Day, sixth Tale".

Note

[구조]

토도로프는 먼저 예를 들어 자세한 이야기 하나를 들려주었다. 그의 목적은 이야기가 작동하는 방식을 연구하는 것이기 때문에 예시를 제시하는 것은 분석을 하기 위한 것으로 매우 합리적이라 할 수 있다. 여러분은 이 유용한 접근방식을 잘 보았는가? 또한 토도로프가 14세기 이탈리아의 시인이자 작가인 보카치오(Boccacio)의 이야기를 차용해 말하는 이야기의 성격에 대해 주목하라. 여러분이 이야기와 토도로프의 해석을 이해하기 위해 이것을 모두 이해할 필요는 없다. 하지만 이 선택이 우리에게 토도로프 그 자신에 대해 무슨 이야기를 하는 걸까?

Reading 2

따라서 다음에 등장하는 문장들은 그것을 하나의 이야기로 생각하는 데 누구나 동의할 것이다. 하지만 무엇이 그것들을 이야기로 만드는, 또는 생산하는 것인가? 이야기의 처음으로 돌아가 보자. 보카치오(Boccacio)는 행위의 장소인 나폴리를 묘사하고, 이어서 세 사람의 중심인물을 소개한다. 그 후에는 리차르도가 카텔라에게 느끼는 사랑에 대하여 우리에게 말해 준다. 이것이 이야기인가? 아니라고 대답하는 데 다시 한 번 쉽게 동의할 것이라고 생각한다. 그러한 결정은 텍스트의 규모 때문이 아니다. 논의 되고 있는 텍스트는 이야기에서 두 단락밖에는 차지하지 않지만 우리는 텍스트가 다섯 배나 더 길어져도 다르지 않은 것처럼 느낄 것이다. 반면에 보카치오가 "그의 마음의 상태가 그러할 때……"(여기서 프랑스어는 불완전과거가 아닌 단순과거로 바뀐다)라고 말할 때 이야기는 시작된다. 설명은 간단하다. 즉 우리는 처음에 어떤 상태에 대한 묘사를 보게 된다. 하지만 이야기는 거기에 만족하지 않고 어떤 행위의 전개, 다시 말해 변화 혹은 차이를 요구한다.

Note

[내용]

이탤릭체로 쓰인 '만드는', '생산하는'의 중요성에 주목하라. 이것은 이야기는 하나의 과정이며, 사건은 적극적으로 이야기로 바뀌어야 한다는 토도로프의 생각을 보여 준다.

[문체]

토도로프가 언급하는 목적어로서의 '우리'와 주어로서의 '우리'를 주목하라. 여기서 그는 여러분을 독자로서 인정하고 있다. 이것은 여러분을 논쟁 속으로 끌어들이는 데 유용한 방법처럼 보인다. 그러나 그는 또한 여러분을 그와 같은 반응을 보일 것을 가정하며 '우리는 기꺼이 동의할 수 있다'고 제안한다. 만약에 여러분이 동의하지 않는다면? 만약에 토도로프의 가정이 틀렸다면?

Reading 3

모든 변화는 사실상 이야기의 새로운 고리를 구성한다. 리차르도는 카텔라의 심한 질투를 알게 되고, 이것으로 인해 그는 계획을 구상한다. 이어서 그는 계획을 실행에 옮긴다. 카텔라는 그가 바라던 방식으로 반응한다 → 만남이 이루어진다 → 카텔라가 자신의 진짜 신분을 밝힌다 → 리차르도도 자신의 신분을 밝힌다 → 두 사람은 함께 그들의 행복을 발견한다. 이처럼 따로 떨어진 각각의 행위들은 앞의 행위에 이어지고, 대개의 경우 그 앞선 행위와 인과관계를 맺는다. 즉, 카텔라의 질투는 구상될 계획의 조건이다. 그 계획은 그 결과로 만남을 가져온다. 왜냐하면 간통에 대한 공공의 비난이 함축되어 있기 때문이다.

Note

[문체]

여러분은 반복되는 문장부호인 '–'의 사용으로 구성된 문장을 보고 어떤 반응을 보였는가? 당신의 글에도 이러한 방식을 허용하겠는가?

[내용]

이야기는 대개 순서대로 묘사되는 원인과 결과에 의존한다는 것은 구조주의의 핵심이다. 임의로 벌어지는 사건의 집합은 이야기를 만들어내지 못한다. 사건들이 연계되고 서로 영향을 주는 방법이 있어야 한다. 만약에 여러분이 영화를 보는데 인물들이 이상하게 행동하거나 설명할 수 없는 일들이 일어나서 혼란스럽다고 느낀 횟수에 대해 생각해 보면, 여러분은 그 혼란이 이야기란 논리적이고 원인과 결과에 입각해야 한다는 기대의 결과라는 것을 알 수 있을 것이다.

Reading 4

묘사와 이야기는 둘 다 시간성을 전제한다. 그러나 그 시간성의 성질이 다르다. 처음의 묘사는 정말 시간 속에 자리하고 있었고 그 시간은 계속되고 있었다. 반면에 이야기에 고유한 변화는 시간을 불연속적인 단위로 분할한다. 순수한 의미의 시간이 사건 발생의 시간과 대립한다. 묘사만으로는 하나의 이야기를 만드는 데 충분하지 않지만, 이야기는 묘사를 포함한다. 이야기와 묘사(즉 묘사만을 담고 있는 텍스트들)를 동시에 포괄하는 이름을 사용해야 한다면, 불어에서는 비교적 통용이 되는 일이 드문 픽션, 허구라는 이름을 사용할 수 있을 것이다. 여기에는 두 가지 이점이 있다. 먼저 픽션은 이야기와(and) 묘사를 포함하기 때문이고, 두 번째로 그것이 시에서 사용되는 자동적이며 문자 그대로의 사용과는 대조적으로 여러 상황에서의 단어들이 만든 타동적이며 지시적인 사용을 환기하기 때문이다(이야기는 한 단어의 두 가지 의미 사이에 존재하는 거리에 기초하게 한 레이몬드 루셀(Raymond Roussel)은 우리에게 그 반대의 예를 보여 주지 않는다).

Note

[문체]

여기서 작문 스타일이 상당히 많이 바뀐다. 우리는 예시 분석으로 시작해서 그것의 복잡한 이론화 과정으로 옮겨가고 있다. 이 문단이 어려운가? 그렇다면 토도로프의 예시 분석은 애초에 여러분의 이해에 도움이 되었는가?

[내용]

토도로프는 여기에서 여러분이 동의하지 않을 수도 있는 방식으로 '픽션'이라는 단어를 사용한다. 여러분이 이미 알고 있을지도 모르겠지만, 이론가들은 자주 일상적인 사용과 관련이 있거나 의도적으로 상식과 모순된 단어들을 그들만의 방식으로 정의하여 사용한다. 이 점은 우리가 작문을 하면서 단어를 쓸 때에는, 특히 다양한 작가들에 의해 다양한 방식으로 쓰인 특정 단어들은 무슨 뜻을 담고 있는지 명확히 해야 한다는 게 왜 중요한지 말해 준다.

Reading 5

이야기를 연대기순적이며 때로는 불연속적인 단위들의 우연한 연결로 보는 그러한 방식은 물론 새로운 것이 아니다. 우리는 오늘날 그와 유사한 설명에 이르고 있는 러시아의 동화에 관한 블라디미르 프롭(Vladimir Propp)의 연구를 잘 알고 있다. 프롭은 그처럼 따로 떨어진 각각의 행위들이 총체적인 동화에 유용한 시각으로 보일 때 그것을 기능이라 부른다. 그리고 그는 러시아의 모든 동화들에는 단지 31가지의 다양한 기능들만이 존재하고 있다고 가정한다. "만약에 우리가 모든 기능들을 차례대로 읽는다면, 우리는 하나의 기능이 논리적이며 예술적인 필요에 의해 다른 기능에 영향을 주는 것을 관찰할 수 있다. 우리는 어떤 기능도 다른 기능을 배제하지 않는 것을 알게 된다. 그 기능들은 모두가 여러 개의 축이 아닌 동일한 축에 속해 있다."[2] 기능들이 연결되어 있으면서도 서로 유사하지는 않다.

Note

[문맥]

토도로프는 그의 해석이 새로운 것이 아니고 블라디미르 프롭의 『민담 형태론(*Morphology of the Folktale*)』(1968/1928)의 맥락에 있다고 말한다. 프롭은 세대를 거쳐 전해져 내려오는 수백 편의 러시아 동화를 분석했다. 그리고 그는 그 동화들이 모두 동일한 기본적인 이야기 구조와 인물을 토대로 하고 있다는 것을 알았다. 이 점은 모든 커뮤니케이션의 형태 속에는 내재하는 구조가 있다고 주장하는 구조주의자들에게 유용한 증거로 보일 수 있다. 비록 영어로 번역되는 데 30년 정도가 걸렸다 하더라도, 프롭의 작업은 구조주의의 중심에 있다. 그의 구조들은 할리우드 영화, 연속극, 그리고 보고되는 뉴스의 방식과 같은 오늘날의 주류 텍스트의 대부분에 적용이 된다. Reading 4에 대한 Note 내용처럼 '기능'이란 단어가 여기서는 특별할 방식으로 쓰였다는 점에 주의하라. 토도로프는 우리가 그 단어가 의미하는 것을 확실히 이해하게 하기 위해 그러한 방식을 썼다.

---

2) Vladimir Propp, ***Morphology of the Folktale***, Svatava Pirkova-Jakobson(ed.), Lawrence Scott(trans.), Publication Ten of the Indiana University Pesearch Center in Anthropology, Folklore and Linguistics (Bloomington, 1958), p. 12.

Reading 6

프롬은 '백조거위'라는 제목의 동화 한 편을 그처럼 총체적으로 분석한다. 여기에서 그 분석을 떠올려 보자. 그것은 어느 소녀의 이야기로, 그녀가 어린 남동생을 돌보는 일을 잊어버리자 백조거위들이 그 남동생을 납치한다. 소녀는 그를 찾아 길을 떠나는데, 고슴도치의 현명한 충고로 그를 찾는 데 성공한다. 그녀가 남동생을 데려오자 거위들이 그녀를 추격하기 시작하지만, 강과 사과나무와 프라이팬의 도움을 받아 그녀는 남동생과 함께 무사히 집으로 돌아오는 데 성공한다. 프롬은 이 이야기에서 28개의 요소들을 가려내는데, 그 가운데 18가지의 기능들(다른 요소들은 묘사와 전환 등이다)이 모두 31개 기능의 표준 목록의 일부를 이루고 있다. 그 기능들은 저마다 동일한 차원 위에 놓여 있으며, 다른 기능들과는 판이하게 다르다. 그 기능들이 유지하고 있는 유일한 관계는 연속의 관계이다.

Note

[구조]

여기서 우리는 또 예시를 든다. 이 예시는 프롬의 해석을 명확하게 하는 데 도움을 준다. 그러나 토도로프는 프롬의 접근을 계속해서 비판한다. 그래서 이 예시는 토도로프가 본인의 해석을 적용할 수 있는 구실을 만들어 준다.

[내용]

여러분이 프롬에 대한 토도로프의 요약의 규모가 정확한지 의아해할지도 모른다. 그의 요약이 정확하지 않다는 것이 아니고, 다른 사람들은 하나의 이야기를 다른 방식으로 요약할 수 있다는 것이다. 만약 여러분이 프롬의 글을 읽으면 토도로프는 그를 잘못 설명하고 있다고 생각할 수도 있다. 이것은 한 작가가 다른 사람의 글에 대해 논할 때 참고 넘어가야 하는 부분이다.

Reading 7

우리는 이 분석의 정확성에 대하여, 좀 더 정확히 말하면 프롭이 종속적인(또한 경험적인) 필요성과 이론적 필요성을 혼동하지는 않았는지의 문제에 대하여 생각해 볼 수 있다. 러시아의 동화에는 모든 기능들이 어쩌면 똑같이 필요할지도 모른다. 하지만 그것들이 동일한 이유에서 그러한 것일까? 하나의 실험을 해 보자. 러시아의 동화를 이야기하면서 나는 처음 기능들 가운데 몇 개를 빠뜨렸다. 예를 들면 부모님들이 소녀에게 집에서 멀리 가는 것을 금하였다든지, 소녀는 놀러 가는 것을 더 좋아했다든지 등이다. 그렇다 해도 동화는 역시 이야기이며, 근본적으로 바뀌지 않았다. 반면에 내가 만약 한 소녀와 한 소년이 그들의 집에 얌전히 살고 있었다든지, 거위들이 소년을 납치했다든지, 소녀가 소년을 찾아 길을 떠났다든지 하는 것 등을 말하지 않았다면, 동화는 더 이상 존재하지 않았거나, 다른 동화가 되어 버렸을 것이다. 그러므로 모든 기능들이 이야기에 같은 방식으로 필요한 것이 아니다. 우리는 여기에서 위계질서를 도입해야 한다.

Note

[내용]

이 부분은 토도로프의 주장을 명확하게 한다. 이것은 프롭의 작업 전개로서 그의 작업을 어떻게 그가 보는지를 보여 준다. 그는 그것을 거절하기보다는 수정하길 원했다. 사실 프롭의 분석이 존재하지 않았다면 토도로프는 이 작업을 할 수 없었을 것이다. 이것은 이론이 얼마나 자주 존재하는 이론의 토대 위에 세워지는지, 이론화는 다양한 작가와 사상가의 상호작용에 의존해 계속되는 작업인지를 보여 준다.

Reading 8

그처럼 '백조거위'를 분석함으로써 우리는 다음과 같은 결과에 이를 것이다. 이 이야기는 다섯 개의 불가피한 요소들을 지니고 있다.

1) 첫 부분의 균형 잡힌 상황
2) 소년의 납치에 의한 상황의 악화
3) 소녀에 의해 확인된 불균형 상태
4) 소년의 탐색과 발견
5) 처음의 균형의 재수립과 집으로의 귀환

이 동화가 그 본분을 상실하지 않는 한 이 다섯 행위 중 어느 것도 누락될 수 없을 것이다. 우리는 물론 처음의 두 요소를 빼고 이미 불완전한 상황에서 시작하거나, 마지막의 두 요소를 제하고 불행하게 끝나는 동화를 상상할 수 있다. 그러나 우리는 그것을 저런 순환구조의 반반일 거라고 의식하여 부족하다고 느낄 반면 우리는 여기에서 온전한 하나의 순환구조를 가지고 있다. 이론적인 연구들은 이 순환이 이야기의 바로 그 정의에 속해 있다는 것을 보여 주었다. 그리고 실험적 연구들은 그 사실을 확인시켜 주었다. 우리는 최소한 한 부분을 갖고 있지 않은 이야기를 상상할 수 없는 것이다.

Note

[내용]

만약 그가 의무적이라고 말한 요소들이 생략되었더라면 그 이야기가 이해가 되기는 하지만 여러분은 무언가 '부족한' 느낌이 들 것이라는 토도로프의 의견에 동의하는가? 만약 그렇다면 그것은 완벽한 느낌을 위해 충족되어야 하는 이야기에 대한 기대를 보여 준다. 구조주의는 이러한 예상들이 우리의 지식과 이야기의 주류에 내재하는 관습, 기능에 대한 이해에서 비롯된다고 주장한다.

[문체]

토도로프가 여기서 그의 출처를 언급하지 않는다는 것에 주목하라. 우리는 그가 언급한 연구들이 존재한다고 증거가 없는데도 있는 그대로 믿어야 한다. 그가 다른 곳에서 다른 내용을 말할 때와 달리 유난히 이 경우에는 왜 이럴까?

Reading 9

프롭이 확인한 행동들은 모두가 같은 위상을 가지지는 않는다. 어떤 것들은 임의적이고, 기본적인 개요에 보충되는 것들이다. 예를 들어 납치의 순간에 소녀의 부재는 이유가 있을 수도 있고, 아닐 수도 있다. 다른 행동들은 대체 가능한 것들로 그 중 적어도 하나 정도는 동화에 항상 있는 것이다. 그러한 행동들은 사전 개요에 의해 미리 정해져 있는 행동이 구체화되는 것이다. 예를 들어 작은 소녀가 그녀를 도와주는 사람 덕분에 동생을 찾지만 그녀의 빠른 다리, 또는 그녀의 예견적인 힘 등을 통해 그를 찾을 수도 있다. 그가 지은 유명한 책인 『이야기의 논리(*La Logique de recit*)』에서 클로드 브레몽(Claude Bremond)은 아무 이야기에나 상관없이 대체가 가능한 것들을 분류하는 것에 중점을 두었다.3)

Note

[문맥]

클로드 브레몽이 토도로프가 말한 것처럼 '유명'한가?
누구에게 유명한가?

3) Claude Bremond, *La Logique du recit*, Collection Poetique(Editions du seuil, 1973).

Reading 10

그러나 만약 기본적인 행동들의 순위를 매긴다면, 그 행동들 사이에 새로운 관계가 성립된다는 것은 명백하다. 행동들의 순서나 결과는 더 이상 만족스럽지 못하다는 것이다. 다섯 번째 요소는 분명히 첫 번째와 반복되고(균형 상태), 세 번째는 첫 번째와 도치된 것이라는 것이다. 뿐만 아니라 두 번째와 네 번째 요소들은 대칭적으로 반대되는 것이다. 그 소년이 납치되고, 집으로 돌아온다. 따라서 요소들이 연속(succession)의 관계로만 유지된다는 것은 틀린 것이고, 변화의 관계 역시 연관되어 있다고 말할 수 있다. 바로 여기에 이야기의 두 가지 원칙이 있다.

Note

[구조]

이것은 이전에 어떻게 되었는지에 대한 중요한 요약이다.

이것은 앞선 증거와 분석의 결론이다

Reading 11

두 번째 원칙인 변화를 생략하고 이야기를 전할 수 있을까? 정의와 명명의 문제들에 대한 논의에서 우리는 어떠한 자의성이 필연적으로 이러한 제스처들을 수반한다는 것에 주의해야 한다. 우리는 사실들의 연속체와 관계들에 직면해 있다. 우리는 한계를 수립하고, 그 한계 안에 있는 모든 것들을 '이야기'라고 부르며, 다른 측면에 있는 모든 것들을 '이야기가 아닌 것'이라고 부른다. 그러나 우리가 사용하는 언어의 단어들은 누가 말하느냐에 따라 각기 다른 뉘앙스를 가지고 있다. 나는 조금 전에 이야기와 묘사를 그들이 보이는 일시성에 따라 두 가지 유형으로 대조했다. 그러나 다른 사람들은 로브그리예(Robbe-Grillet)의 『미로 속에서(*Dans le Labyrinthe*)』와 같은 책을 이 작품이 이야기의 시간은 배제하고, 등장인물들의 행동의 변화들을 동시다발적인 것으로 놓고 있음에도 불구하고, 이야기라고 부를 것이다. 이 같은 현상은 개인적인 행동 간 변화의 관계가 있거나, 없을 때도 동일하다. 이러한 관계들에 대한 이야기의 결여는 인위적으로 구축될 수 있고 순수한 논리들의 실례들은 어떠한 연대기에서 발견할 수 있다. 그러나 내가 생각하기로는, 그러한 연대기들이나 로브그리예(Robbe-Grillet)의 소설들도 이야기의 전형적인 형태는 아니라는 것에 동의하는 데는 아무도 이의가 없을 것이다. 우리는 이 논쟁을 더 깊이 파고들어갈 필요가 있다. 서술과 설명 간의 차이점, 연속의 원칙과 변화의 원칙간의 차이점을 밝힘으로써, 우리는 왜 어떤 이야기들을 어떤 의미에서 주변적이라고 인지하는지 이해할 수 있다. 원래, 가장 단순하거나, 최소한의 정교함만을 가진 이야기들이라도 이 두 가지 원칙을 동시에 실행하고 있다. 그 증거(일화적인)로 이탈리아 신간인 『나는 간다, 나는 쏜다, 나는 돌아온다(*Je vais, je tire, je reviens*)』의 프랑스식 제목을 보자. 겉보기엔 간단한 연속이지만 이면에는 '나는 간다'와 '돌아온다' 사이의 변화의 관계가 감추어져 있다.

Note

[내용]

토로도프는 흥미롭게도 여기에서 이론화하는 데에는 '자의성'이 포함된다고로 인정한다. 이것은 이론이 세상을 이해시키려는 것임에도 불구하고, 우리는 항상 예외와 대안이 있기 때문에 절대 이것을 완벽하게 이해할 수 없다. 토로도프(Todorov, 그리고 다른 모든 이론가들)는 당신에게 그들이 말하는 것은 대부분의 경우 확신을 가진 것이라는 것을 인정하라고 요청하고, 조금의 예외만으로 그 생각을 거부하지 말아달라고 부탁한다. 당신은 이 요구에 동참하고 싶은가?

[문맥]

알랭 로브그리예(Alain Robbe-Grillet)는 프랑스의 작가이자 영화감독으로 기존의 인과관계를 적용하는 데에 반하고, 시간의 순서대로 나열하는 이야기의 전통적인 구조들을 분해하려는 시도를 한 것으로 유명하다. 그러나 우리가 기존의 방식대로 글을 읽는 데에 익숙해져 있는 만큼, 대부분의 독자들이 그의 소설들에서 전통적인 형식을 만들어 내려고 시도하는 것은 피할 수 없었다.

토로도프는 이를 인지했으나, 우리가 이 과정의 어려움을 알고 있다는 것을 인지하고, 로브그리예의 소설들이 '전형적인' 것이 아니라는 것을 인지했다. 스톨스퍼스(Stoltzfus, 1964)를 봐라.

[문체]

왜 이것이 다른 증거들과는 다르게 '입증되지 않은' 증거들로 되어 있는가? 이것이 더 가치가 있는가, 아닌가?

Reading 12

이러한 변화들의 성질은 무엇인가? 우리가 지금까지 인지한 것은 그것의 성질을 반대의 것이나 모순되는 것으로 바꾸는 것이다. 간단히 말해서 우리는 이것을 부정이라고 부른다. 레비 스트로스(Levi-Strauss)와 그레마스(Greimas)는 이 변화에 대해 특별히 강조했다. 그들은 부정만이 유일하게 가능한 변화라고 결론 내릴 때까지 다양한 징후들을 세심히 살폈다. 부정이 특별한 지위를 누린다는 것은 사실이고, 우리의 생각 속에 차지하고 있는 부정의 특별한 위치가 그러한 지위에 도움이 된다는 것은 확실하다. A에서 A가 아닌 것으로 되는 것은 어떻게 보면 모든 변화의 패러다임이다. 하지만 이 예외적인 지위는 다른 변화들의 존재까지 숨기지는 못할 것이다. 우리는 부정 이외의 다양한 변화들을 볼 수 있다. 프롭이 분석한 동화에서 예를 들어, 방식의 변화를 찾을 수 있다. 부모님이 소녀에게 부정적인 의무를 준 것이다(임의로 그녀의 남자 형제 곁을 떠나면 안 된다는 것이다). 그리고 의도의 변화가 있다. 작은 소녀가 그녀의 남자 형제를 찾아 떠나기로 결정하면, 그녀는 정말로 떠난다는 것이다. 첫 번째 행동이 두 번째에 연관이 된다는 것으로, 의도와 실현의 관계가 되는 것이다.

Note

[구조]

이 문단이 물음으로 시작되는 것을 볼 수 있다. 이는 독자들에게 다음 문단과 접한다는 것을 알려주는 쉽고 효과적인 길이다.

[문체]

'부정'이라는 단어를 사용하는 것이 '편안함'을 위한다는 것에 대해 어떻게 생각하는가? 누구를 위해 간단한 것인가? 독자인가 작가인가? 또한 참고문헌이 충분하지 않다는 것을 다시 볼 수 있다.

토도로프가 레비 스트로스(Levi-Strauss, 1963/1958)와 그레마스(Greimas, 1983/1966)를 참고했다고 추정된다.

Reading 13

『데카메론(*Decameron*)』에 나오는 우리의 이야기로 돌아오면, 우리는 같은 관계를 거기서도 볼 수 있다. 리차르도는 처음에는 행복하지 않지만, 끝에서는 행복하므로 부정의 변화이다. 그는 카텔라를 소유하기를 원하고, 다음에는 그녀를 소유하므로 방식의 변화이다. 그러나 여기선 다른 관계들이 더 중요한 역할을 하는 것 같다. 같은 행동이 세 번 제시되어 있다. 첫 번째로, 카텔라를 목욕탕으로 오게 하려는 리차르도의 계획, 그리고는 그곳에서 자신의 남편을 만날 것이라고 생각하는 카텔라의 잘못된 인식이 나온다. 마지막으로 실제 상황이 공개된다. 첫 번째와 세 번째의 문제 사이의 관계는 실현시키기 위한 계획에 관한 것이고 두 번째와 세 번째의 관계는 같은 일에 대한 잘못된 인식과 올바른 인식이 대립되어 있는 것이다. 이런 속임수가 『보카치오(*Boccacio*)』의 이야기의 핵심을 쥐고 있다는 것은 명백하다. 질적인 차이가 변화의 첫 번째 형태를 두 번째 형태로부터 분리시킨다. 첫 번째 경우는 기본적인 서술부에 행해진 수정을 포함한다. 그 서술부는 긍정적이거나 부정적인 형태를 가지고 있었고, 양태화되었거나 아닌 형태로 되어 있었다. 여기에서 '계획하다'나 '알게 되다'처럼 처음의 서술어는 두 번째 서술어를 동반하는 것으로 밝혀진다. 역설적으로 두 번째 서술어는 자율적인 행동을 지정하면서도 절대로 혼자서는 나타날 수 없다. 어떤 것은 또 다른 행동을 향해 계획하는 것이다. 이야기의 두 가지 반대되는 속성이 대립하는 윤곽이 드러나는 것이다.

Note

[내용]

당신은 이 문단 전체가 어렵다는 것을 알 수 있을 것이다. 가장 큰 이유는 이 문단이 사실 꽤 쉬운 어떤 것에 대해 말하고 있지만, 우리가 분석하는 데에 사용되는 것이 아니고, 꽤 자세하게 다뤄졌으며 매우 복잡한 문제로 보여졌기 때문이다. 토로도프는 이야기 내의 세세한 사건들에는 관심이 없고, 한 사건이 다른 사건과 어떻게 연관되어 있는지, 그리고 어떻게 서로에게 어떻게 의지하고 있는지에 대해 관심을 갖는다. 만약 당신이 이 부분을 어렵게 생각한다면, 한 번에 한 문장씩만 다뤄봐라. 원래의 의미보다 더 복잡하게 생각함으로써 이를 싫어하게 되지 말아라.

Reading 14

한편으로는 우리는 이야기에 연속의 논리와 첫 번째 형태의 변형이 합쳐진 것을 볼 수 있다. 이들은 간단한 이야기들일 것이고, 이런 형태의 구성에 대해서 나는 신화학적이라는 명칭을 사용하고 싶다. 반대로는, 우리는 연속의 논리가 변형의 두 번째 형태에 의해 보조되어지는 것으로, 사건 자체가 우리가 그것에 대해 가지고 있는 인식보다는 덜 중요한 이야기들이다. 나는 이야기 구성의 두 번째 형태인 이것을 인식형이상학적이라는 용어로 부르기를 제안한다(이것은 인식적이라고 불릴 수도 있다).

Note

[문체]

토도로프는 여기서 그가 글을 쓰면서 그 자신의 생각을 통해 작업했다고 시사했고, 이 글에서 많이 발견되었다. 당신은 당신이 읽은 대부분의 자료들에서 이를 행할 수 없었을 것이고, 대신 다 읽고 난 후 논쟁이 생겼을 것이다. 여기에는 그가 이야기의 직선적인 상호작용에 대해 논의하고 있다는 것을 고려하면 이해가 되는 **과정**이라는 요소가 있다. 당신은 이 안내가 도움이 되었다고 생각하는가?

이러한 분석이 이 세상의 모든 이야기들을 두 부류로, 신화적류의 이야기와 인식형이상학적류의 이야기로 나누는 데에 목적이 있다는 것은 아니다. 다른 모든 유형학적 연구에서처럼, 나는 서로 다른 이야기 간의 진정한 차이점들을 설명할 수 있게 하는 추상적인 범주들을 밝히려고 하고 있다. 더욱이, 이것은 한 이야기가 어떤 한 변화의 유형만 보이고, 나머지 변화의 유형은 배제한다는 것을 의미하지 않는다. '백조거위'로 돌아가 보면, 우리는 이 동화에서도 똑같이 인식형이상학적 구조의 흔적들을 찾을 수 있다. 예를 들어, 남동생의 납치가 소녀의 부재중에 일어났기 때문에 원칙적으로는 그 소녀는 누가 동생을 납치했는지 모르고 따라서 이를 알기 위한 시간이 필요하다. 그러나 그 동화는 그 과정에서 지체하지 않고 이렇게 간단히 말한다. "그 소녀는 그들이 그녀의 남자 형제를 납치해 갔을 것이라고 생각한다." 반대로, 보카치오의 동화는 전적으로 지식에 앞선 무지에 근거한다. 만약 우리가 이야기들을 특정 이야기 유형에 맞게 구성하고 싶으면, 우리는 독점적인 현존이 아니라 어떠한 변화들의 질적 또는 양적 우월함을 찾아야 한다.

인식형이상학적 유형의 다른 예들을 보는 것은 도움이 될 것이다. 「성배를 찾아서(La Quete du Graal)」[4]와 같은 작품에서, 실제 사건은 보통 다른 사건을 통해 이야기되고, 거기에서 같은 사건들은 예언의 형태로 기억된다. 이 글에서, 가설의 그러한 변화들은 특유한 특징을 가진다. 그것들은 모두 실제로 일어나고, 그리고 등장인물들에 의해 도덕적인 명령으로 인식된다는 것이다. 이런 줄거리의 결과는 『페르스발의 모험』이라는 책의 앞부분에 나오는 페르스발(Perceval)의 숙모와 연관이 있다. "다른 곳과 마찬가지로 결국에는 다른 기사들이 아닌 세 명의 기사들이 그 탐구를 수행할 것이라는 것을 우리도 잘 알고 있기 때문이다. 두 명은 무경험자이고 세 번째는 순결하다. 두 명의 무경험자 중에 한 명은 너가 찾는 기사일 것이고, 너가 다른 나머지 한 명일 것이다. 세 번째는 바로 보오르 드 곤(Bohort de Gaunes)일 것이다. 이 세 기사들이 탐구를 성공할 것이다."(p. 118) 그리고 그녀의 남자 형제와 갈라하드(Galahad)가 어디서 죽게 될 것인지 예언한 페르스발의 여자 형제는 "저에게 심령의 궁에 묻힐 수 있는 영광을 주십시오.

4) Albert Beguin and Yves Bonnefoy(ed.), *La Quete du Graal*(Paris: Editions du Seuil, 1965), p. 118.

제가 왜 이 부탁을 하는지 아십니까? 페르스발이 그 곳에 누워 있을 것이고, 당신이 그의 옆에 누워있을 것이기 때문이다"(p. 272). 일반적으로 이 글의 두 번째 부분 전체에는 미래의 일들이 먼저 페르스발의 여자 형제의 불가피한 예언의 형태로 예고된다.

Note

[내용]

11번째 발췌록처럼 토도로프는 그의 이론에 내재하는 문제점들을 알고, 그가 만든 분류가 완벽하게 적합하지 않다는 것을 인지한다. 이러한 경우에 이론화가 무슨 소용이 있을까?

[구조]

토도로프는 여기에서 예전의 예시를 참조한다. 이는 그의 논쟁을 쉽게 만들기 위한 의도를 가지고 있다. 만약 당신이 이를 어렵게 생각한다면, 실용적인 방법은 그의 조언을 따라가는 것이고, 그의 이야기를 다시 읽어보고, 그것이 그가 제안하고 있는 생각을 입증하는 데 도움이 되는지 보는 것이다. 구조주의가 글에 관한 것인 만큼, 당신은 그것을 이해하기 위해서 작가가 특정 글을 당신을 도와주기 위해 소개하더라도 언제나 다른 예시를 들 수 있다.

[문맥]

질적인 조사와 양적인 조사의 차이점은 중요하다. 그 단어들이 무슨 의미인지, 조사 방법에 그들이 어떻게 연관되어 있는지 모른다면 알아보아라.

Reading 16

사건 전의 예상들은 다른 것들에 의해 보완되고, 우리는 그 사건이 이미 일어난 경우에만 그 것을 기억한다. 갈라하드는 길을 걷다가 우연히 수도원에 가게 된다. 방패의 모험이 시작된다고 끝나는 순간에 하늘의 기사가 나타나고 모든 것들은 이미 예견되었던 일이라고 말한다. "'그래서 여기 당신이 무엇을 해야 되는지 나와 있습니다.' 조세프(Joseph)가 말했다. '방패를 나씨엥(Nascien)이 묻히게 된 곳에 놓으세요. 이 자리에 갈라하드가 올 것이고, 5일 후에 그는 기사 작위를 받을 것이오.' 그는 모든 것이 실제로 일어났다고 말했고, 실제 다섯 번째 날에 당신이 나씨엥이 묻힌 곳에 도착했습니다."(p. 82) 고뱅(Gawain)도 같은 경험을 했다. 그가 갈라하드의 칼에 큰 공격을 받을 때, 그는 기억한다. "성신강림 대축일에 들었던 내 칼에 대한 말이 사실이 되었구나. 예전에 나는 그 칼에 엄청난 공격을 가할 것이라는 예언을 들었고, 이 기사가 나를 친 칼이 그 칼이다. 내게 예언된 것이 실제로 일어났다."(p. 230)

Note

[내용]

이 두 문단은 당신이 쉽게 접하지 못했던 예시들을 사용하고 있을 것이다. 당신은 또 다른 예시들을 생각해낼 수 있는가? 세상에는 예상들이 실제로 일어나고, 그 이야기들이 우리에게 특정 미래에 대한 예상이나 경고를 알려주고, 그것을 우리가 알고 있다는 것을 다루는 많은 영화들과 책들, 그리고 다른 이야기들이 있다. 〈반지의 제왕(*The Lord of the Ring*)〉 시리즈의 전체가 이러한 방향으로 이뤄진다. 다른 것을 찾아볼 수 있는가?

Reading 17

그러나 『성배를 찾아서(*La Quete du Graal*)』의 특징은 '예고'보다는 이미 행해진 사건들에 대한 재해석으로 이뤄진 추정이 아닌 인식의 변화이다. 일반적으로 선비들과 은자들은 지상에서 행해진 행위들을 천상의 차원에서 해석을 하고, 종종 그 해석에 완전히 지상적인 계시들이 추가된다. 따라서 그 이야기의 첫 부분을 읽어보면, 우리는 모든 것이 성배를 찾아 떠나는 고귀한 기사들의 이야기라고 이해된다고 생각한다. 그러나 이야기는 조금씩 우리에게 이러한 장면들에 대한 다른 의미를 알게 해 준다. 랑슬로(Lancelot)는 우리가 강하고, 완벽하다고 믿고 있는 사람이나 구제 불능한 죄인으로, 그니에브르(Guinevere) 여왕과 간통 관계에 있다. 고뱅(Gawain)은 그 모험을 받아들인 첫 번째의 사람인데, 그의 마음이 경직되어 있으며, 신에 대해 충분히 생각하지 않기 때문에 절대로 달성하지 못할 것이다. 우리가 첫 번째로 찬양하는 기사들은 상습적 죄인들로 벌을 받게 될 사람들이다. 그들은 수 년 동안 고해성사를 하지 않았다. 시작 부분은 나중에도 기억되지만, 그때는 외관에 현혹된 것이 아닌 진실을 알고 있는 것이다.

Note

[문체]

토도로프가 어떻게 '우리'가 모두 같은 방식으로 이야기를 읽을 것이라고 추정하는지 알 수 있다. 그는 서로 다른 사람들이 이야기를 다르게 해석할 수 있다는 것을 인지하지 못했다. 특히 그가 반복적으로 이론이 모든 것을 설명할 수는 없다는 것을 인지하는 건 눈에 띈다. 구조주의가 비난받는 이유 중 하나는 모든 독자가 이야기를 똑같이 인지한다고 추정하기 때문이다.

Reading 18

독자의 흥미는 연속논리 또는 신화학적 이야기가 유도하는 다음에는 무엇이 일어나느냐로 생겨나는 것이 아니다. 우리는 처음부터 어떤 일이 일어날지, 성배에 누가 도달할 것인지, 누가 벌을 받고, 왜 벌을 받는지를 완벽하게 알고 있다. 우리의 관심은 성배는 무엇인가와 같은 인식형이상학적 구성으로 이끌어 주는 완전히 다른 문제에서 생겨난다. 성배 이야기는 모험과 연관이 있으나 우리가 알고 싶은 것은 성배라는 단어의 의미이다. 따라서 문제는 하는 행위가 아닌 실존하는 것에 있는 것이므로, 미래에 대한 탐구는 과거보다 덜 중요하다. 이야기를 따라 가면서 독자들은 성배의 의미를 궁금하게 여길 것이다. 이야기의 주된 것은 인식의 이야기이다. 이상적으로는 이것은 절대 멈추지 않을 것이다.

Note

[내용]

이는 흥미로운 점이다. 토도로프가 한 이야기의 흥미로운 요소는 다음에 무엇이 일어날지를 생각해 보는 데에 있다고 말한 것은 이상하게 보일 수 있다. 그러나 당신은 모든 제임스 본드 영화에서 〈007〉은 절대로 악당에게 지지 않을 것이라는 것을 알고 있는 것처럼 로맨틱 코미디 작품들을 볼 때 커플이 마지막에 행복하게 이뤄질 것이라는 것을 알고 있다. 이러한 이야기들은 **무엇이** 일어나느냐 때문에 재미있는 것이 아니고, **어떻게** 일어나느냐 때문이다. 당신은 다른 예시들을 생각할 수 있는가?

Reading 19

앎을 찾는 것은 성배를 찾아서와는 다른 형태지만 우리가 비교하길 주저하는 미스터리한 탐정소설 같은 이야기에서도 나타난다. 우리는 탐정소설이 두 이야기의 의문스러운 관계 속에서 구성된다는 것을 안다 사라진 범죄자의 이야기, 그리고 아직 있는 수사의 이야기가 그것으로, 우리가 최초의 이야기를 발견함이 그것의 유일한 증명이다. 첫 번째 이야기의 어떤 요소들은 시작부터 제공된다. 예를 들어 한 범죄는 우리가 보는 앞에서 거의 행해진다. 그러나 우리는 그 범인의 실체나 동기를 알지 못한다. 수사는 사건들을 다시, 또 다시 같은 수사로 돌아오게 되어 있고, 가장 작은 세부적인 것들만 고쳐지며, 맨 처음의 이야기선상에서 진실이 밝혀질 때까지 계속 된다. 이것이 앎의 이야기이다. 하지만 성배의 이야기와는 달리, 탐정소설에서는 인식을 특징짓는 것은 그것이 진실인지 거짓인지의 두 가지의 가치만 지니고 있다. 탐정소설에서는 우리가 살인자가 누군지 알던 모르던 둘 중 하나이나, 성배의 이야기에서의 의미의 탐색은 그 사이가 무한한 단계로 되어 있으며, 심지어 마지막에서도 그 탐구가 성공했는지 아닌지는 불확실하다.

Note

[문맥]

토도로프가 간략하게 설명했듯이 미스터리나 형사 이야기는 반복적으로 구조주의 비평가들의 흥미를 끌었다. 그들은 꽤 엄격한 형식을 가지고 있고, 뚜렷한 마무리를 가지고 있으며 연대순의 구조를 사용하는 것이 정착되어 있다. 우리는 형사가 범죄사건을 해결할 것을 알고 있다. 우리가 흥미를 가지는 것은 **어떻게** 형사가 해결하느냐와, **어떻게** 그리고 **왜** 범죄자가 범죄를 저질렀느냐이다. 에코와 시비오크(Eco and Sebeok, 1984), 그리고 나이트(Knight, 1980)를 보아라.

Reading 20

핸리 제임스(Henry James)의 이야기들 중 하나를 우리의 세 번째 예로 들어보면, 우리는 인식형이상학적 연구가 다른 형태로 나타날 수 있다는 것을 보게 된다. 콘래드(Conrad)의 『어둠의 심연(*Heart of Darkness*)』은 또 다른 변이요소를 제공하고, 그것을 볼 수 있을 것이다. 탐정소설처럼 제임스의 연구는 추상적인 독립체가 아닌 실제 사건의 진실에 중점을 맞춘다. 그러나 『성배를 찾아서(*La Quete du Graal*)』에서처럼 우리는 그 진실을 알 수 있게 되지는 않을 것이다. 우리는 아무 것도 모르는 상태에서 최소한으로 모르는 상태로 옮아갔다. 예를 들어 『우리 안에서(*In the Cage*)』에서는 전신 업무를 보는 여자의 체험을 다루고 있다. 그녀의 모든 주의는 그녀가 잘 알지 못하는 두 사람에게 맞춰져 있고, 그들은 에버라드(Everard) 대위와 브래딘(Bradeen) 부인이다. 그녀는 그들이 보낸 전신을 읽고, 조각된 문장을 들으나, 이러한 그녀의 사라진 요소를 상상으로 채워 넣는 소질에도 불구하고 그 둘의 얼굴을 정확히 알아내는 데는 이르지 못한다. 더욱이, 그녀가 대위를 직접 만났을 때도 상황은 호전되지 않는다. 그의 육체적 생김새는 볼 수 있고, 몸짓을 포착하고, 그의 목소리를 들으나 그의 '본질'은 파악할 수 없는 체로 남아 있다. 감각은 외관에만 남아 있고, 진실은 접근할 수가 없다.

그 전신 기사가 어떤 상황에서 또 다른 제3자에게 물어봤을 때, 자신이 진짜로 아는 것보다 더 많이 아는 체를 함으로써 이해가 특히 더 어려워진다. 따라서 그녀가 조단이라는 친구를 만날 때, 그 친구가 이렇게 묻는다. "'왜? 당신은 이 스캔들을 모른다고요? …' 여주인공은 이렇게 말한다. '오, 공공연한 것은 없지요…'."[5]

제임스는 언제나 '진실' 혹은 '본질'을 직접 지명하지 않고, 이들은 무수한 형태로만 존재한다고 한다. 이 생각은 그의 작품들의 구성과 그가 스스로 '그 훌륭한 간접성'이라고 부르는 '관점'의 기법에 큰 영향을 미칠 것이다. 『우리 안에서』는 조단(Jordan) 부인에 대한 전신 기사의 이해를 보여 주는데, 그녀는 그의 약혼자인 드레이크(Drake)에게 들은 것을 얘기하고, 드레이크는 에버라드(Everard) 대위와 브래딘(Bradeen) 부인을 멀리서만 알고 있을 뿐이었던 것이다.

5) Henry James, *In the Cave*(New York: Fox Duffield Company, 1906).

[구조]

토도로프가 언급한 것처럼, 이것이 그의 세 번째 예시이다. 왜 이리 많은가? 그리고 이 예시들은 어떻게 비슷하거나 다른 것인가?

Reading 21

다시 얘기하면, 제임스의 일화에서도 인식의 탐구는 지배적인데, 그것은 다른 모든 것과 독립적인 게 아니다. 『우리 안에서』에서는 또한 신화적 구성을 따르고 있다. 여 전신기사의 처음 균형상태가 대위와의 만남으로 어긋난다. 하지만 이야기의 끝에서 그녀는 다시 그녀의 본래 계획인 매지(Mudge) 씨와의 결혼으로 돌아간다. 다른 한편으로는, 인식의 변화 이외에도 그것과 같은 형식의 특성을 가지면서도 그와 똑같은 과정을 따르지 않는 다른 변화들도 존재한다. 여기선 인식형이상학적이라는 말이 여기선 더 이상 적용되지 않는다. 이것은 주관화라고 어느 정도 얘기할 수 있는 것으로, 어떤 사건에 대한 개인적인 반응이나 그에 대한 대답에 대한 것이다. 프루스트의 『잃어버린 시간을 찾아서(*A la Recherche du Temps Perdu*)』에서는 이 변화를 과장하여 진행한다. 작중인물의 인생에서 진주가 되는 주위의 모래알 같은 아주 사소한 사건들을 작중인물이 체험한 사건에 관한 긴 묘사의 구실로 만드는 것이다.

Note

[내용]

토도로프가 여기서 문학이 어떤 사건들에 반응하는 허구의 사람들의 다양한 방식(그는 이것을 '주관화'라고 불렀다)을 알기 위해 어떻게 시도하는가를 밝히는 건 흥미롭다. 하지만 그는 그런 이야기들을 읽는 독자들 또한 그 가공의 사람들을 다양한 방식으로 이해할 것이라고는 추정하지 않았다.

Reading 22

우리는 이제 변화의 '형성 능력'과 '환기 능력'을 구분해야 한다. 형성 능력을 통해 내가 얘기하고자 하는 바는 서술된 연속적인 사건들을 그 자신의 힘만으로 만들어내는 그것만의 변화 능력이다. 인식의 변화로만 이루어진 이야기, 다시 말해서 한 사건과 그것에 대한 인물들의 반응으로만 이루어진 이야기를 상상하는 것은 물론 불가능하진 않더라도 어려운건 사실이다. 프루스트(Proust)의 소설만 해도 신화학적 이야기의 요소들을 담고 있다. 서술자의 부족한 글쓰기 능력도 결국 극복될 것이며, 스완(Swan)의 방식과 게르망트(Guermant)의 방식은 서로 완전히 떨어져 있지만 질베르투(Gilberte)와 생루(Saint-Loup)의 결혼으로 한 쪽으로 모아질 것이다. 부정은 형성 능력을 가진 강한 변화이긴 하지만 무지 또는 오류와 앎이라는 쌍 또한 이야기의 틀을 형성하는 데 자주 사용된다. 신화학적 변화의 다른 방법들은 그들만의 힘으로 이야기를 만드는데 (우리의 문화에 있어서만큼은) 덜 적합할 것이다. 양식의 변화들만 담겨 있는 이야기는 "김아무개는 착한 기독교인처럼 행동해야 한다. 김아무개는 착한 기독교인처럼 행동한다." 같은 교훈적이고 도덕적인 글귀와 차라리 유사한 것이다. 마찬가지로 의도의 변화들로만 이루어진 이야기는 '로빈슨 크루소'에 나온 몇몇 부분인 "로빈슨 크루스는 집을 짓기로 결정하고 집을 짓는다, 로빈슨 크루소는 그의 정원에 울타리를 치기로 결정하고 울타리를 친다." 같은 것과 차라리 유사한 것이다.

Note

[문맥]

토도로프가 다른 것들보다 더 있을 법한 어떤 특정한 이야기를 언급했을 때, 그가 그의 독해에 대한 문화적 특별함을 단지 빨리 인정만 한다는 걸 우리는 알 수 있다.

Reading 23

그러나 이런 변화들의 형성(통사론) 능력은 우리가 이야기에서 특히 끌리는 부분이나, 가장 유익한 의미 아니면 그 이야기가 다른 이야기와 구분되게 해 주는 어떤 것과 헷갈려서는 안 된다. 나는 '입크리스 파일'이라는 첩보영화에서 주인공이 오믈렛을 직접 만드는 과정을 우리에게 보여 주는 것이 그 영화에서 가장 재밌는 장면이었다는 게 생각난다. 당연하게도 그 장면이 가지는 서술적 중요성은 전무했다(왜냐면 그는 그냥 햄 샌드위치를 먹어도 됐으니까). 하지만 그런 결정적인 장면은 영화전체에 걸쳐서 하나의 상징으로 자리 잡았다. 이것이 내가 말하는 행위의 환기능력이다. 내 생각에 그것은 어떤 다른 만들어진 세계와는 다른 특징을 그 세계에 제공하는 특정한 방식의 변화이다. 하지만 그것들만으로는 자주적인 서술된 연속적인 사건들을 만들기가 아주 어려울 것이다.

Note

[내용]

토도로프는 어떻게 우리가 무엇에 끌리는지 아는가? 그가 여기서 가정한 것은 무엇인가?

Reading 24

이제 우리는 연속의 원칙과 변화의 원칙(여러 다른 형태들도 포함해서) 간의 대립에 점점 익숙해져 가고 있으므로, 우리는 야콥슨(Jakobson)의 환유와 은유 간의 대립과 그것이 과연 동일한지에 대해서 궁금해할 만하다. 환유와 은유와의 대립과의 결부가 가능하긴 하나, 난 그게 필요한 것 같지는 않다. 모든 환유를 은유와 동화시키기 어려운 것처럼, 모든 변화를 은유의 관계와 동화시키기엔 어렵다. 연속의 관계는 본질적으로 시간적이고 환유는 공간적이기 때문에 연속의 관계가 환유나 비유로 불러질 수 없다. 야콥슨이 말한 "은유의 원칙이 시의 기저를 이루고", "반대로 산문은 근본적으로 환유의 관계 속에서 나아간다."[6]에 따를수록 그 결부가 더욱 의심스러워진다. 왜냐면 은유와 환유와는 다르게 우리의 관점에서 볼 때 연속과 변화는 이야기를 꾸려나가는데 모두 동등하게 필수적이기 때문이다. 우리가 만약 이야기와 시(또는 서사시와 서정시)를 대조해야 한다면, 우리는 세 가지에 초점을 맞출 수 있을 것이다. 첫 번째로 기호의 자동적인 혹은 타동적인 성격에(이 부분에서는 우린 야콥슨과 동일한 의견이다), 두 번째로 어떤 부분에선 불연속적이고, 또 어떤 부분에선 영구적인(시간을 초월한 것이라는 의미는 아니다) 시제의 본성, 세 번째로 의미상 대상의 자리를 차지하고 있는 명사들이나 여러 곳에서 볼 수 있는 테마(이야기는 이야기의 대상의 자리에 특수한 명사만을 사용하지만, 시는 특수한 것과 일반적인 것 둘 다 사용한다)가 바로 그 세 가지이다.

Note

[구조]

논쟁을 보여 준 뒤, 토도로프는 여기서 다른 사람의 아이디어와 그것이 어떻게 연결되어 (그리고 전개되어) 있는지 보여 준다. 당신의 작업물을 누군가의 것과 연결시키는 것은 중요하고 그것은 지식의 틀을 세우는 데 도움이 된다. 당신은 아마도 이 책을 읽는 중에 누군가는 이것을 어느 누구보다도 더 진행했다는 것을 알 것이다. 어떤 작가들이 자신의 작업물을 다른 누군가의 것과 비교하는 걸 왜 꺼리지 않는지에 대해 생각해 보는 것은 가치가 있다.

6) Roman Jakobsonm, "Two Aspects of Language and Two Types of Aphasic Distrubance", *Selected Writings II: Word and Language*(The Hague: Mouton, 1971), pp. 258~259.

Reading 25

철학적 담론의 부분적 특징은 특수한 명사들의 배제와 시간에서의 벗어남(초시간성)이며 이러한 초점에서 시는 서술적 담론과 철학적 담론 사이의 것이라고 볼 수 있을 것이다.

Note

[문맥]

시에 대한 토도로프의 분석에 따르면, 그는 구조주의가 언어학으로부터 어떻게 피어 나와서 우리가 쓰고 말하는 단어들의 예에 기반을 하고 있는지에 대해 입증한다. 그는 영화에 대해서도 몇 가지의 언급을 했지만 그의 주 관심사는 문학이다. 많은 미디어 이론은 다른 학문에 기반을 하고 있다. 당신은 종종 한 형태에 대해 분석하고 그것을 다른 것과 연결시킴으로써 이론을 발전시켜야 할 것이다.

Reading 26

이야기로 다시 돌아와서 한 행위와 다른 행위간의 모든 관계가 신화학적 유형과 인식론적 유형으로 분류될 수 있는지 한 번 질문해 보자. 프롭이 분석한 일화는 내가 그냥 지나쳐간 에피소드를 포함하고 있다. 남동생을 찾기로 한 그녀는 그녀를 도와줄 만한 몇몇의 사람들을 만난다. 그녀가 정보를 요청하고 있을 때 그녀는 자기가 만든 호밀빵을 먹으면 대답하겠다는 스토브를 만나지만 그녀는 건방지게 그걸 거절한다. 그리고 그녀는 그 뒤에 사과나무와 강을 만나지만 "비슷한 제의를 듣고 똑같이 건방지게 거절한다."7)

Note

[문체]

토도로프가 자신의 분석에서 '지나쳐간' 부분에 대해 언급하는 것은 바람직하다. 모든 이론가들이 비슷하게 그들이 놓치고 간 부분을 인정하는가?

7) Propp, *Morphology of the Folktale*, p. 88.

Reading 27

정확하게 이 세 가지 에피소드가 어떻게 연결되어 있는가? 우리는 변화의 관계에 있어서 두 가지가 어떤 관계인지 발견한 바가 있다. 그것은 술어부를 바꾸는 것이었다. 그러나 프롭이 묘사한 세 가지 에피소드에서 술어부는 확실히 전혀 바뀌지 않았다. 즉, 각각의 상황에서 계속 한쪽이 제의하고 한쪽은 건방지게 거절하는 것이다. 바뀐 것은 각 제의의 주체나 환경이다. 하나가 다른 것으로 변화하는 거라기 보단 오히려 그 제의들은 단 하나의 상황에서의 변이요소들이거나 같은 규칙에 기초한 아주 유사한 적용이다.

우리는 더 이상 신화학적 또는 인식론적 유형이 아닌 세 번째 유형의 이야기 구성 방식을 떠올릴 것이다. 그것이 다양한 사태의 격변을 불러일으키는 하나의 추상적인 규칙인 점을 고려해 본다면 우리는 그것을 이념적이라고 부르기로 하자.

Note

[문체]

'이념적인'이라는 말은 여기서 당신이 다른 책을 읽을 때 우연히 본 방식과는 다른 여러 방식으로 쓰였다. 이것은 당신이 특정한 작가가 어떻게 특정한 단어를 썼는지에 대해 얼마나 끊임없이 유념했는지 시사하는 것이다. 그렇긴 하지만 만약 토도로프가 자기가 원하는 다른 단어를 사용했었더라면, 당신은 그가 스스로 표현하길 원했던 생각을 전달하기 위해 왜 그 단어를 사용했는지 궁금해 할 것이다.

Reading 28

그 제의들 간의 관계는 더 이상 직접적이지 않으며 부정형에서 긍정형으로 가지도 않으며, 무지에서 앎으로 넘어가지도 않는다. 대신에 행위들은 한 추상적인 공식을 매개로 두고 연결되어 있고 '백조거위(the swan-Geese)'에서의 주어진 도움과 건방진 거절이 바로 그 예이다. 종종 물리적으로 완전히 독립되어 있는 두 가지 행위간의 관계를 알기 위해선 우리는 매우 높은 수준으로 발전된 추상화를 해봐야 한다. 나는 여러 다른 텍스트들의 이야기 세계에서 사건을 지배하는 이념적으로 절대적인 논리적 규칙을 알아내기 위한 시도를 해 왔다(우리는 앞서 말한 각각의 이야기들에 대해서도 마찬가지로 할 수 있다). 『위험한 관계(*Les Liaisons Dangereuses*)』에서도 모든 인물의 행위들은 몇 개의 아주 단순하고 추상적인 규칙들의 산물로 대변될 수 있을 것이다. 이때 이 단순하고 추상적인 규칙들은 작품 전체의 이데올로기를 구성하는 것이다.

Note

[내용]

『위험한 관계(*Dangereous Liaisons*)』(1782)는 피에르 쇼데를로 드 라클로(Pierre Choderlos de Laclos)라는 작가의 소설이다. 그것은 텔레비전 시리즈와 영화로 여러 번 선택되었는데 그 중 아마도 가장 유명한 것은 〈위험한 관계(*Dangerous Liaisons*)〉(컴플 감독, 1999)이다. 3세기 전의 소설이 오늘날까지 인기가 있고 성공한 주류 영화에 영감을 주는 것은 이야기가 어떻게 시간을 넘어서서 남아 있는지를 보여 준다. 그리고 이 점은 구조주의가 찾는 핵심 구조들이 사실 일관된 것임을 보여 준다.

Reading 29

콩스탕(Constant)의 『아돌프(*Adolphe*)』에서도 인물들의 행위를 지배하는 규칙은 두 가지로 압축될 수 있다. 첫 번째는 이 텍스트에서 주장하듯 욕망의 논리에서 나오는데 "누군가는 가지고 있지 않은 것을 열망하고, 가지고 있는 것은 멀리한다"라는 식으로 표현할 수 있을 것이다. 따라서 장애는 욕망을 강화시키며, 도움은 욕망을 약화시킨다. 첫 번째 충격은 엘레노어(Ellenore)가 아돌프와 살기 위해 백작 P씨를 떠날 때 아돌프의 사랑에 가해진다. 두 번째 충격은 아돌프가 부상입어서 그를 돌보기 위해서 엘레노어가 헌신할 때 가해진다. 엘레노어의 희생은 점점 그의 욕망을 줄여줌으로써 아돌프를 몹시 짜증나게 한다. 반면에 아돌프의 아버지가 그 둘의 이별을 유도하기를 결정했을 때, 지금까지와는 반대의 효과가 나타나고 아돌프는 이를 명쾌하게 말한다. "아버지께서 그녀와 나의 이별을 생각했을 때, 아버지는 저를 그녀에게 영원히 붙어 있게 하셨습니다."[8] 상황의 이런 비극적인 면은, 욕망이 그것의 특정한 논리를 따르기 위해선 끊임없이 욕망해야 하기 때문이다. 즉, 욕망은 그것을 만족시킬 줄 모르는 사람들의 불행을 계속해서 야기하는 것이다.

Note

[내용]

원함과 꺼려함에 대한 생각은 다수의 이야기들에서 발견된다. 당신은 연속극에서 그것에 대한 예를 생각할 수 있는가? 시트콤에선 어떠한가?

---

8) Benjamin Constant, *Adolphe, and the Red Note-Book*, Harold Nicolson(intro.), carl Wildman(trans.), Indianapolis: Bobbs-Merrill, 1959, p. 104.

Reading 30

이 세계에서 두 번째 법칙은 도덕률로, 콩스탕에 의해 "살아감에 있어 가장 큰 문제점은 사람들이 말하는 고통이다. 어떤 가장 기발한 형이상학도 자신을 사랑했던 사람의 마음을 부셔버리는 사람을 정당화하지 못한다"(p. 169). 인간은 그의 인생을 선을 찾는 것으론 살아갈 수 없는데 왜냐하면 한사람의 행복은 항상 다른 사람의 불행으로 이어지기 때문이다. 그러나 가능한 가장 적은 피해를 남들에게 줘야 한다는 요구에 기초해서 세상을 살아갈 순 있다. 이 부정적인 가치는 여기서 절대적인 지위에 있는 유일한 것으로 나타난다. 이 두 번째 규칙의 계명이 첫 번째 규칙과 모순관계에 있을 때 그것을 넘어선다. 아돌프가 엘레노어에게 '진실'을 알려주는 것에 굉장히 많은 어려움을 겪는 이유가 바로 이것 때문이다. "그것을 말하는 중에, 난 그녀의 얼굴이 눈물로 뒤 덮이는걸 보았고 난 말을 멈추고 처음으로 돌아가서 말을 취소하고 설명했다"(p. 89). 6장에선 엘레노어가 그의 말을 끝까지 듣고 나서, 의식을 잃고 쓰러지고 아돌프는 단지 그의 사랑을 그녀에게 약속할 뿐이었다. 8장에서는 그는 그녀를 떠날 구실을 가지고 있지만 그것을 터트리지 못한다. "내가 과연 그녀가 경솔한 행동을 저지르게 만들도록 유도해 놓고 냉정한 위선자처럼 그녀의 경솔함에서 구실을 찾아 연민 없이 그녀를 버릴 수 있었을까?" 연민이 욕망에 우선하는 것이다.

Note

[문맥]

우리가 세상을 살아가기 위한 도덕과 규칙들을 제공하는 이야기들을 토도로프가 어떻게 제안하는지 여기서 언급한다. 즉, 그들은 완전히 추상적인 오락수단인 것만이 아니라 우리의 삶과 우리를 둘러 싼 세계에 대해 우리가 이해하기 쉽게 만들어준다. 이것이 바로 구조주의자들로 하여금 그들의 분석이 중요하다고 주장하는 이유이다. 그 분석은 우리에게 그저 이야기가 어떻게 진행되는지만 알려 주는 게 아니라 그런 구조들이 도덕, 윤리 그리고 사회에 대한 우리의 이해에 많고 심오한 영향을 주는 것이다.

Reading 31

그래서 종종 다른 인물에 의해서 만들어진 분리되고 독립적인 행위들은 같은 추상적인 논리와 이념적 구성을 보여 준다.

Note

[내용]

중요한 점은, 이야기 속에서 다양하고 서로 다르게 보이는 사건들일지라도 구조주의자들의 분석에 따르면 거의 비슷한 걸로 밝혀진다는 것이다.

Reading 32

이념적 구성은 약한 형성 능력을 가지고 있는 것처럼 보인다. 다른 규칙과 두 번째 구성을 첫 번째에 덧붙이는 식의 구성에 의한 행동들을 짜 맞추지 않은 이야기는 굉장히 찾기 어렵다. 왜냐하면 우리는 논리나 이데올로기를 무한정한 방향으로 보여 줄 수 있으며 한 예시가 다른 예시에 선행하거나 뒤따른다고 해도 거기에 아무런 이유가 없기 때문이다. 그래서 『위험한 관계』에 묘사된 행위들은 이념적 구성이 기반이 된 틀 안에서 존재한다. 방탕아들인 발몽(Valmont)과 메르퇴이(Mertoi)가 구성하는 예외적인 지위는 전통적인 도덕으로의 회귀로 대체될 것이다.

Note

[내용]

당신이 이 예를 완벽하게 이해하지 못하는 것은 그렇게 큰 문제가 아니다. 왜냐하면 당신은 여기서 언급되고 있는 이야기를 알지 못하기 때문이다. 당신은 이런 지식 없이 무엇이 논쟁거리가 되고 있는지 알 수 있는가?

Reading 33

『아돌프』와 다음 장에서 자세히 좀 더 자세히 알아보겠지만 이념적 구성의 예를 보여 주는 도스토예프스키(Dostoevskii)의 『지하실의 수기(*Notes from the Underground*)』는 약간 다르다. 앞서 살펴본 것들이 나타나지 않는 게 아니라 또 다른 부류가 도입되어 있다. 우리가 '공간적'이라고 부를 반복, 반대, 점층법 같은 관계들로 구성되어 있다. 『아돌프』에서 연속되는 각 장들도 어떤 명확한 방향으로 진행된다. 아돌프(Adolphe)의 인물묘사가 1장에 되어 있고, 2장과 3장에선 그의 감정의 상승, 4장부터 10장에선 완만한 해체가 바로 그것이다. 아돌프의 감정이 나타날 때 마다 그것은 상승의 부분에선 전의 감정들보다 상승해야 하며 하강의 부분에선 전의 감정들보다 하강해야 한다. 결말은 예외적인 서술의 지위를 가진 것처럼 보이는 사건인 죽음 때문에 가능해진다. 지하실의 수기(Notes from the Underground)에선 사건의 연속이 점층법과 대조의 규칙에 의해서 결정된다. 장교와 함께 있는 장면은 화자가 할 수 있는 두 가지 역할을 보여 주는 단적인 예이다. 화자는 즈베르코프(Zverkov)에 의해 모욕을 받고 그는 리자(Lisa)를 더 심하게 모욕한다. 하지만 주인과 노예의 논리를 거부하고 그 자신들을 위해 다른 사람들을 사랑함으로 구성되어 있는 다른 이데올로기의(리자로 대변되는) 등장 때문에 화자는 그런 행동을 멈추게 된다.

독립적인 이야기들은 각각 하나 이상의 서술적 구성유형을 보여 주는 걸 우린 다시 한 번 알 수 있다(사실, 그 독립적인 이야기들 가운에 어떤 것도 모든 구성유형을 보여 주는 것으론 사용될 수는 없을 것이다). 그러나 특정한 한 유형에 대한 분석은 특정한 텍스트를 이해하는데 보다 도움이 될 것이다.

Note

[구조]

토도로프는 여기선 다루지 않은 뒷장에서 대해서 언급한다. 이것은 넓은 논거의 구조를 가리키는 또 다른 유용한 표지판이다.

[내용]

'죽음'을 단지 '예외적인 서술적 지위'라고 말하는 게 이상해 보인다. 하지만 당신이 읽은 이야기들 중에 종종 주요인물까지도 죽음으로 끝나는 이야기들의 숫자를 생각해 보라. 실제로 몇몇 이야기 중에 당신은 분명 어떤 작중인물이 죽을 거라고 예상한 경우가 있을 것이다. 그 말인즉, 당신은 어떤 구조를 이야기에 적용시킨 것이며 그렇기 때문에 그것의 진행을 예측한 것이다. 결말은 이야기들에서 굉장히 중요하고, 많은 사람들에 의해서 연구되어졌다. 당신은 또한 결말이 없는 연속극 같은 이야기들과 이것이 어떻게 연관되어 있는지에 대해서도 생각해 봐야 한다.

Reading 34

우리는 단계를 바꾸거나, 서술적 분석이 다름 아닌 특정한 유형의 텍스트들을 공부하는 데 좋은 방법이라는 것을 앎으로써 비슷한 관찰을 할 수 있다. 내가 지금 여기에서 연구하고 있는 것은 그것만의 다양성을 가지고 있는 글(text)이 아니라 글의 구조 안에서 중요한 위치에 있거나 그게 아닌, 다른 상징적인 체계뿐만 아니라 문학적인 글에도 많이 나타나는 이야기(narrative)이기 때문이다. 오늘날 사회가 살아 나가기 위해서 필요해 보이는 이야기들을 주는 것은 문학이 아니라, 영화인 것은 당연하다. 작가들은 글자들을 사용하지만 영화제작자들은 우리에게 이야기를 들려주는 것이다. 그래서 내가 얘기했던 유형학적 논평들은 문학적 이야기뿐만 아니라 내가 제시하는 모든 예들처럼 모든 종류의 이야기와 원칙적으로 연관이 있는 것이다. 그것들은 시학에서 나왔다기보다는 내가 보기에 존재하기 위한 모든 권리가 있는 규율인 서사학에 속해 있는 것이다.

Note

[구조]

토도로프는 그가 말한 논거를 다시 한 번 잘 요약해 주었다.

[문맥]

토도로프는 영화가 문학이 다른 역할을 맡게끔 만들었고 또한 어떻게 오늘날 지배적인 이야기 형태로 자리 잡았는지에 대해서 말한다. 당신은 이게 아직도 적용된다고 생각하는가? 텔레비전과 인터넷은 어떤가? 당신은 어떤 한 매체가 다른 매체의 역할 때문에 변한다고 생각하는가? 또한 "영화가 문학을 대체하는 것은 당연하다"라고 그는 말했다. 그것에 대한 증거는 어디 있는가?

[내용]

'시학'과 '서사학' 간의 구별은 중요하다. 토도로프는 '서사학'이란 용어를 접하는 것을 일반적으로 간주했고 그것은 이야기를 공부하는 데 중대한 형태로 대표된다. '시학'은 몇 세기 동안 글을 분석하는 표준이었고 이것은 아리스토텔레스(Aristotle, B.C.384~B.C.322)까지 거슬러 올라갈 수 있다. ('시학'이란 이름의 모티브가 된) 아리스토텔레스가 시를 분석할 때 그가 사용한 원칙들은 시 분석에만 국한되는 것이 아니었다. 아리스토텔레스는 이야기에 대해서도 논의했지만 일차적으로 희극과 비극 간의 차이에 주목했다. 이것은 분명히 장르 분석이지만 그것은 이야기 안에서 **어떻게** 사건이 일어나는가 보다는 **어떤** 사건이 일어나는가에 주목했다. 쉽게 관찰할 수 있듯이, 토도로프의 관심사는 **어떻게**였다. 이것은 '서사학'이 도입한 방법론의 형태로 보여질 수 있다.

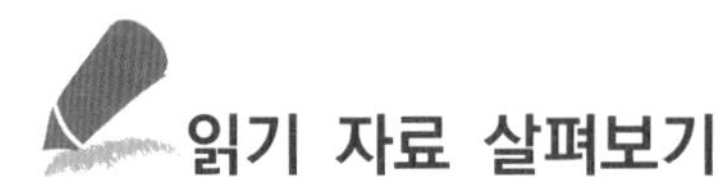

읽기 자료 살펴보기

글을 읽고 생각할 때 항상 가장 먼저 해야 될 일은 당신이 이해한 것들을 요약하는 것이다. 그리고 당신이 어려움에 직면했던 부분에 대해 이해하려고 노력하는 것이다. 아마도 가장 좋은 방법은 토도로프의 예로 다시 되돌아가 보는 것이다. 비록 그것들이 대부분 당신이 잘 알지 못하는 것들이겠지만 그의 이론 제시와 분석은 그것들을 이해하도록 도왔어야 한다. 만약 그가 주장한대로 이런 서술적 구조들이 대부분의 이야기들 속에 있다면 당신이 정확한 이야기를 알지 못하는 게 문제가 되어서는 안 된다. 왜냐하면 당신이 대부분의 것들을 예측할 수 있어야 하기 때문이다.

이 글 전반에 걸쳐 제안되었듯이, 당신만의 고유한 예를 생각해 보는 것은 이론을 적용시키고 당신이 아는 것과 연결시키기 위한 좋은 방법이다. 토도로프가 언급한 사건들과 작중인물 유형들을 명심하는 것은 만약 당신이 그것들을 매체에서 우연히 발견했을 때 알 수 있게 할 것이다. 많은 구조주의자들의 분석은 가상의 이야기에 적용시키지만, 몇몇은 그러한 분석이 사실에 기반을 둔 이야기에서도 찾을 수 있다고 주장해왔다. 그래서 예를 들어 뉴스에서 당신은 아직 특정 작중인물의 유형을 가지고 있고 거기엔 기사 쓸 때 이용되는 흔한 방법에 중심이 되는 원인과 결과의 순환 고리가 있다. 이것은 이론을 당신의 일상에 연결시킬 수 있는 좋은 행동이다. 이론은 교실에서만 이루어지는 것이라고 생각하게 유혹당하기 쉽고 당신을 둘러싼 세상과는 동떨어져 있다고 생각하게 되기 때문에, 이론이 적용될만한 부분을 항상 둘러보는 것은 아주 좋은 생각이다.

토도로프는 장르를 언급하고, 특히 예측이나 기대가 있다면 장르는 더욱 연구하기 쉬운 것이다. 어떤 장르가 당신에게 의미가 있는지 생각해 보라. 영화를 예로 들면 당신은 로맨틱 코미디나 무서운 영화 아니면 공상과학 영화에서 무엇을 기대하는가? 텔레비전을 예로 들면 당신은 뉴스나 시트콤 또는 리얼리티 프로그램에 무엇을 기대하는가? 잡지를 예로 들면, 음악 잡지와 여성잡지와 뉴스잡지가 다른 점은 무엇인가? 각각의 범주가 아예 다른 것이라고 얘기하는 것은 아니다. 실제로 장르들은 종종 다른 장르와 유사한 성격을 띠는 경우가 많다. 그러나 저런 식으로 카테고리를 분류한 매체에 응답할 만 할 것이다. 언급된 대로, 매체는 종종 이런 식으로 광고하기도 해서 기대나 예측은 사전에 미리 만들어진다. www.apple.com/trailers에 방문해 보고 곧 나올 영화들의 포스터를 봐 보아라. 어떤 것을 보고 싶고 보고 싶지 않은가? 왜 그러한가? 영화들이 어떤 종류의 관객들을 대상으로 한 것 같은가? 이것에 대한 대답을 다 끝냈다면, 몇몇의 예고편을 보고 당신의 기대가 바뀌었는지 더 확고해졌는지에 대해서 생각해 보라. 당신은 예고편을 본 영화를 보기 전에 보는 업무를 당신이 영화관에 가기 전까지 계속할 수 있다. 또한, 새로운 프로그램이 텔레비전에서 광고할 때, 당신은 시청하고 싶은 것과 그렇지 않은 것을 어떻게 정하는가? 이런 모든 업무들은 매체에 대해 우리가 이해할 때 기대가 얼마나 중요한 것인지에 대해 보여 준다. 그리고 그것은 구조주의의 핵심이다.

하지만 당신은 구조주의가 가지고 있는 문제점들에 대해서도 또한 알고 싶을 것이다. 주요 문제점 중에 하나는 모든 사람들이 매체 내용을 대략 비슷한 방식으로 이 책의 내용에서 찾을 수 있는 구조들은 다 비슷하게 모두에게 의미가 있다고 가정하는 것이다. 하지만 당신은 항상 이러한지에 대해서 생각하길 원할 것이다. 당신은 지금까지 영화나 텔레비전 프로그램에서 일어난 사건 중에 동의하지 못할 만한 것들이 있었는가? 있었다면 그것은 당신이 사람들과 같은 방식으로 이해하지 않았다는 증거이다. 텔레비전 프로그램 로스트에 대해서 생각해 보자. 아주 많은 사람들이 그 섬이 어디이고 무엇을 위한 것인지에 대한 다른 생각들을 가지고 있을 것이다. 이런 사고를 넓혀보면, 구조주의가 조사하지 않거나 생각하지 않는 것들에 대해서 생각해 보자. 당신은 이 방법을 이 책의 다른 이론들에 대해서도 적용시킬 수 있다. 구조주의에서 다루지 않은 매체의 다른 면들을 알아 볼 수 있을 것이다. 이론이 항상 예외가 있다. 하지만 당신이 읽은 모든 것들의 한계점을 알아보는 것은 아주 좋은 사고방식이다.

주요 용어

균형/불균형(equilibrium/disequilibrium);
인식형이상학적 구성(gnoseological organisation); 이념적 구성(ideological organisation);
서술적 기능(narrative function); 형태론(morphology);
신화학적 구성(mythological organisation); 이야기(narrative); 서술학(narratology);
부정(negation); 질적(qualitative); 양적(quantitative); 주관화(subjectivation);
연속/변형(succession/transformation); 시간적(temporality); 텍스트(text)

주요 학자

A.J. Greimas; Roman Jakobson; Claude Levi-Strauss; Vladimir Propp; Alain Robbe-Grillet

권장도서

Frow, J.(2006), *Genre*, London and New York: Routledge.

기존 이론적 배경을 다루고 다양한 미디어 연구를 바탕으로 유용한 장르 이론을 아우르고 있다.

Hawkes, T.(2003), *Structuralism and Semiotics*, 2nd edition, London and New York: Routledge.

이 책은 구조주의의 초기 문학적 그리고 인류학적 접근에 관하여 정리하고, 구조주의가 가지는 고유성과 가치를 비평하고 있다.

Propp, V.(1968/1928), *Morphology of the Folktale*, translated by Laurence Scott, Austin and London: University of Texas Press

이 책은 구조주의 학자의 고전적인 내용들로서 서사적 구조주의 이해, 인물성격의 유형에 관한 것으로 여전히 현대미디어 연구에 적용할 수 있는 것들로 구성되어 있다.

19장

페미니스트 미디어 이론

van Zoone, L.(1994), *Feminist Media Studies*(페미니스트 미디어 연구), London: Sage, pp. 11~18, pp. 21~28.

페미니스트 미디어 이론 입문

2006년에 대중적인 신문 판매업 계열사 WHSmith는 '청년 잡지' ≪넛츠(*Nuts*)≫와 ≪주(*Zoo*)≫는 보다 어른스러운 자료들은 지금까지와 같이 다른 생활 잡지들과 함께 선반에 얹어서는 안 되고 대신에 아이들의 손으로부터 떨어져 있는 맨 위의 선반에 진열되어야 한다고 결정했다. 그렇게 함으로써 WHSmith는 대개의 경우 가슴이 노출된 여성들이 표지에 실리는 그 잡지들에 대한 대중의 항의에 응하였다. 이 결정에 대해 불만인 사람들에게 있어서 그것은 음란물과는 상당히 거리가 있으며 가벼운 농담 정도로 무해하게 여성의 신체를 감상할 수 있는 일상생활에 대한 페미니즘의 불필요한 침략이었다. 여성에 대한 묘사의 적절성을 논하는 언쟁은 상당히 흔하다. 그 예로 많은 사람들이 가수 펄프(Pulp)의 이것이 바로 〈하드코어다(This is Hardcore)〉(1998)라는 앨범을 광고하는 대량의 포스터들이 나체의 여성을 묘사해 앨범제목과 관련지어 음란물을 연상시킨 일에 대해 분개하였었다. 당신이 보기엔 어떠한가? ≪넛츠≫와 ≪주≫는 음란물로 분류되어야 할 것인가 아니면 FHM과 Loaded와 같이 다른 잡지들과 마찬가지인가? 정말 FHM과 Loaded조차 음란물로 분류되어야 하는가? 어째서 그러한 표현들이 어떤 사람들은 분노시키고 다른 사람들에게는 무해하게 느껴지는가?

WHSmith가 이런 방식으로 응답했다는 사실은 현대사회에서 페미니즘 미디어 이론에 중점을 두는 논쟁이 흔해졌음을 나타낸다. 이것은 페미니즘이 쟁취하고자 하는 모든 변화들이 성사되었다고 시사하는 것은 아니다. 다만 성과 그 표현에 관한 쟁점이 대학에서뿐만 아니라 빈번히 논의된다는 것을 언급하고 있다. 직장에서 여성의 역할에 대한 우려, 빈번한 같은 직책의 남녀의 보수 격차문제는 그런 불평등을 해소하기 위한 국내법과 국제입법(유럽연합 집행위원회, 2006)이 도입되는 와중에도 반복적으로 비난받았다. 바이어리(Byerly, 2004)가 신문사 편집실에서의 업무 수순에 관한 자신의 분석에서 설명했듯이, 미디어산업에서 이런 문제들이 얼마나 흔한지 조사결과가 보여 준다. 그러므로 페미니즘이 사회적인 성차별적 관행에 의문을 제기하고 변화시키려는 중요한 침입을 시도했음을 주장할 수 있는 한편, 아직도 시정되어야 할 곳이 많다는 의미로 받아들일 수도 있다.

'페미니즘'은 당신이 아마도 전에 떠올려 본적이 있는 단어일 것이다. 이것은 언급되면 상당히 격한 반응을 불러일으키는 용어일 것이고 사람들이 그에 대해서 생각하는 태도는 시간이 흐름에 따라 변해 왔을 것이다. 많은 사람들에게 그것은 현재 상당히 부정적인 의미를 암시하고 있고 만화잡지 바이즈(Viz)의 '밀리 탄트(Millie Tant)'에서 묘사됐듯이 페미니스트들은 종종 단발머리의 남자를 혐오하는 동성애자들이라는 고정관념을 가지고 있다. 실제로 현재 많은 여성들이 공공연히, 정치적이고 즐거워하지 않으며 이 세상에 대한 분노와 증오로 가득 찬 사람으로 보일까봐 페미니스트라 정의되지 않기를 고집하고 있다(Tasker & Negra, 2007). 페미니즘과 그에 연관된 많은 여성들이 이런 방식으로 비춰지고 있다는 것은, 사회가 지속적으로 (그리고 성공적으로) 페미니즘과 페미니스트를 비방하려고 특정한 형태의 페미니즘만 부각시켜 그런 것들을 고착시키고 과장시켜 페미니즘이란 대다수의 사람들이 사는 모습과 동떨어진 것처럼 느껴지게 만드는 방식의 직설적인 사례이다. 달리 말하자면, 페미니즘이 성취하고자 한 주요한 사상들—특히 여성 투표권과 교육의 기회와 같이 남성의 권리와 일치되는 평등에 관련된 사상들—은 현재 많은 문화권에서 받아들여지고 당연하게 생각된다는 증거이기도 하다. 이는 현재의 사회가 평등하다는 의미는 아니지만 페미니즘이 싸우고자 한 성차별적 가정들의 일부는 이론적으로나 현실적으로 시대착오적으로 여겨진다는 의미이다. 실제로 지금 당신이 이 글을 읽으면서 자신은 페미니스트가 아니라고 생각한다면 (남자건 여자건 상관없이) 여성이 당신과 함께 공부를 하고 남자처럼 대학을 갈 기회가 있는 것이 옳다고 여겨지는지 자문해 보아라. "그렇다"고 생각한다면 당신은 페미니즘의 주요 사상 하나에 동의하는 셈이다.

상황을 더욱 복잡하게 만드는 것은 페미니즘의 종류가 다양하다는 점이다. 따라서 '페미니즘'이라고 말하기보다 '페미니즘들'이라고 하는 것이 맞다. 이 페미니즘들의 일부는 서로 대립하여 종종 특정한 지역의 상황에 대응한다. 그러므로 인종과 페미니즘은 영국에 비해 미국에 집중되어 있었는데(Reames, 2007), 가령, 영국에서 재발하는 계급문제는 미디어 이론 전체보다는 페미니스트 논쟁에 더 중심이 맞추어져 있다는 의미다(Skeggs, 2004). 용어의 적절성에 대해서 논의가 있기는 하지만, 식민지주의에 대한 분석은 '제3세계 페미니즘'으로 이어졌다(Walters, 2005: 118). 시간을 거쳐 페미니즘의 사고도 발전하였기에 '2차 페미니즘(혹은 '제2차 여성해방주의 물결')'과 '포스트 페미니즘'과 같은 용어를 들어볼 수 있다.

페미니즘이 성 규범의 전제에 대해 의문을 삼는 반대되는 움직임으로 최근 남성성에 대한 분석이 증가해 사회적 규범으로 '남자다움'이 형성되고 제조되는 과정을 탐구하고 있다(Beynon, 2002). 여성성과 남성성의 강도를 의문시함으로써 학술 작가들은 성이란 '힘의 관계의 문제'(MacKinnon, 2003: 4)임을 보여 주며, "남자아이와 여자아이는 '자연스럽게' 그리고 근본적으로 다르다"라는 사고를 비판한다(Carter & Steiner, 2004: 12).

아마 이 논쟁 중에서 가장 유명한 것은 주디스 버틀러(Judith Butler)의 젠더 트러블(Butler, 1990)인데 그것은 '남성'과 '여성'의 카테고리가 논리적이기 위해 필요한 생물학적 특징의 이원성 완전히 부정하며 대신 성을 단순히 사회적으로 요구되고 정의되는 '행위'로 여긴다(효과적인 요약을 위해 Salih, 2002: 43~71을 참조). 다시 한 번 우리는 미디어 이론 전반적으로 반복되는 힘의 쟁점을 접하게 된다. 종합적으로 페미니즘은 복잡한 주장들의 종합으로 그 정의에 대해 열띤 논쟁이 이루어지며 당혹케 하는 접근과 논쟁의 일렬을 통합시킨다. 당신이 생각해 볼 만한 점은 페미니즘은, 정확히 어떠한 식으로 논의가 되던 간에 생물학적 성과 젠더의 논쟁은 의미를 가지며 그것은 젠더가 사회가 작동하는 방식의 핵심이기 때문이라고 주장한다는 사실이다.

미디어 연구에 있어 성에 관한 논의가 중요하다는 생각은 '표현(혹은 묘사)'이라는 주제를 통해 현저하게 탐구되었다. 즉 TV, 영화, 광고 기타 등등의 미디어에 남성과 여성이 어떻게 표현되었는가? 또 어떠한 종류의 묘사, 대표들은 공감하고 역할모델로 삼도록 권장되는가? 이런 생각이 중요한 것은 우리가 행동하는 방식이 어떠한 식으로든 우리 주변에서 묘사되는 젠더에 영향을 받는다고 상정하기 때문이다(이 책의 '17장 미디어 효과론' 참조). 이것은 표현과 행동 사이에 단순 명쾌하고 자연스러운 연결고리가 있다는 주장은 아니며 그런 표현과 반대되는 행동을 취하는 것이 불가능하다고 말하는 것도 아니다. 단지 사회가 보기에 '평범한' 남성성과 여성성이 존재하며 대개 이런 표현들에 반하는 것보다 순응하는 편이 수월하다는 것이다. 건틀릿(Gauntlett)이 지적하듯이, 화장을 한 남성은 조롱과 비난을 견뎌야 하는 반면 전 세계의 몇 백만 명의 여성은 매일 일상적으로 화장을 한다(Gauntlett, 2002: 94). 많은 페미니스트 이론은 여성을 대상으로 한 표현의 종류는 제한되어 있으며 남성들의 표현과 흔히 구별된다. 가령 멀비(Mulvey)의 유명한 논쟁이 있는데 여성은 영화관에서 '감상되기 위한 것'(Mulvey, 2000/1975: 40)의 특성을 지녀 많은 영화들이 흔히 여성을 남성이 바라보며 흡족해하기 위한 물건으로 제공한다고 주장한다. 많은 문서 자료들이 설명하길 여성성의 표현은 제한되어 있고 늘, 보다 핵심적이고 논란의 여지가 없다고 여겨지는 남성적 관점과 다르게 생각된다고 하며 길(Gill)은 이를 '남성을 기준으로 보는 문제'(Gill, 2007: 9)라고 한다.

이는 페미니즘은 단순히 사회, 문화, 그리고 미디어를 분석하는 것이 아니라는 뜻이다. 페미니즘은 그런 것들을 적극적으로 비평하고 변화시키려는 것이다. 이런 사실은 대다수의 이론에 해당되는 말이지만 페미니스트 이론이 제시하는 비평은 이 책에서 다룬 다른 방식의 접근들 보다 비판적이고 정치적이라고 주장할 수도 있다. 만약 당신이 종종 미디어 이론이 현실과 동떨어진 것 같아서 다루기 어렵게 느낀다면 당신이 페미니스트의 사상에 이렇게 여기지는 않을 것이다. 실제로, 젠더에 관한 논쟁이 종종 미디어 이론 중에서 가장 열띠고 적극적으로 주장된다는 사실이 제시하는 바는, 당신이 제창되는 논쟁에 동의하건 안 하건 학회와 사회 전체에게 있어 남성과 여성의 논쟁은 우리가 살아가는 사회의 특성에 핵심적인 사항이라는 점이다.

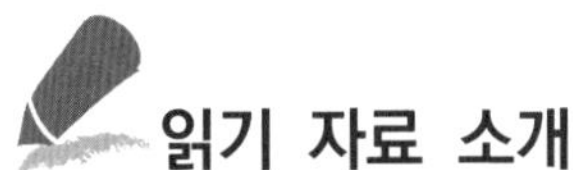

읽기 자료 소개

이 자료는 리스벳 반 주넨(Liesbet van Zoonen)의 책 『페미니스트 미디어 연구(*Feminist Media Studies*)』(1994)를 엮은 장이다. 늘 그렇듯이 인용을 발췌한 책 전체에 대해서 알고 있으면 도움이 되지만 전문을 읽지 않고 인용을 접하는데 익숙해지는 것이 바람직하다. 실제로 어떤 주제를 완전히 이해하기 위해서는 보다 큰 틀에서 연관된 자료를 인용하는 법을 배우는 것이 필요하다다. 이미 언급하였듯이, 이 장은 편집되어 있다.

즉 전체 장을 보는 게 아니라 3페이지 분량의 부분이 생략되어 발췌문 23의 끝에 […] 표시가 되어 있다. 이 생략된 부분은 음란물을 더 자세하게 다루고 있는데 그것이 없이도 이 읽기 자료를 이해할 수 있을 거라 생각되었다. 원문들과 편집된 자료들의 모음을 보고 독자들이 보는 버전에서 문단 혹은 쪽수 단위로 수정된 것을 보면 빠진 내용이 무엇인지 생각해 볼 만하다. 이는 그 분야에 대해 보다 상세히 연구하고자 한다면 새 버전은 빠진 부분이 있으니 구 버전을 참고하는 것이 좋다. 그렇게 생각하면, 비록 특정 주제를 처음 다루거나 기본적이고 핵심적인 내용만을 챙기려면 교재나 원문이 매우 유용하더라도 결국은 시작점일 뿐이다.

반 주넨(van Zoonen)의 책은 페미니스트 미디어 연구가 어떻게 진행되는가에 대한 이론적 분석인 동시에 TV 프로그램, 연애 소설, 그리고 광고와 같은 텍스트의 분석 모음이다. 이는 이 책이 이론을 형성하기 위한 경험적 연구를 실시한다는 뜻이며, 이론적 논의의 개요가 본문의 분석 전에 제시되는 점에 주목할 만한데 그 이유는 제시된 연구들이 이론적 모델을 실험하고 발전시키기 위해 어떠한 방식으로 쓰이는지 보여 주기 때문이다. 이 자료가 원래 실려 있던 장의 제목은 '새로운 테마'이며 그 바로 다음 장의 제목은 '새로운 패러다임'이다. '새로운'에 집중하는 것은 반 주넨이 그 주제에 대해서 기발한 사고방식을 발달시키려고 시도함을 의미한다. 이는 대부분의 미디어 이론에서 흔한 일이긴 하지만, '고전적인' 분석 방법은 페미니즘에 중요한 의문점을 연구하는 데 부적절해서 새로운 사고방식을 제시하려는 페미니스트 미디어 연구의 염원을 의미하기도 한다. 페미니스트 미디어 연구를 하는 것은 단순히 미답의 텍스트를 조사하거나 새로운 주장을 하는 것을 의미하지 않는다. 미디어 연구를 총체적으로서 접근하는 새로운 사고방식을 개발하는 것이기도 하며 새로운 방식과 기발한 이론적 접근을 제시하는 것도 필요하다. 반 주넨의 첫 번째 장은 스튜어트 홀(Stuart Hall)의 '코드화/독해' 모델(van Zoonen, 1980c)을 다루는데 이는 이 책에서 다루는 장에 포함되어 있다. 이는 다양한 종류의 이론 간의 상호작용을 뜻하기도 하지만, 이는 반 주넨이 자신의 연구를 스튜어트 홀의 연구의 발전형으로 생각했음을 시사한다. 늘 그렇듯이 이론은 아무 것도 없는 곳에서 그냥 생기지 않는다. 이 책이 1994년에 출간된 점은 이 책을 특정한 역사적 위치에 지정시키므로 당신은 반 주넨의 연구가 앞으로도 어느 정도로 들어맞을지 그리고 현대에 실정에 맞추기 위해 보강될 필요가 있는지 생각해봐야 할 것이다.

앞서 말했듯이 페미니즘은 대학의 틀을 넘어서 논의되는 주제이므로 이 책의 다른 자료들보다 많은 가정을 상기시킬 것이다. 그렇다면 이 자료를 읽기 전에 당신에게 있어 '페미니즘'이란 무엇인지 생각해 보는 것이 좋다. 긍정적으로 보나 아니면 부정적으로 보나? 스스로를 페미니스트라고 생각하는가? 페미니즘이 좋은 영향을 미친다고 보는가? 사회에서 아직도 성차별이 존재한다고 보는가? 페미니즘이 현대사회에서도 역할을 가진다고 보는가? 당신이 지금 생각하는 답변을 써보고 자료를 다 읽고 나서 다시 한 번 읽어보도록 해라. 어떤 생각은 바뀔 수도 있고 어떤 생각들은 확고해질 수도 있다. 페미니즘이 당신에게 이미 어떤 의미를 가지고 있을 가능성이 높으므로 자료의 내용과 현재 자신이 가지고 있는 의견을 비교해 보는 것이 좋을 것이다. 그러나 페미니즘은 확고한 의견을 많이 가지고 있으므로 이 자료에 대해 열린 사고를 가지는 것이 중요하며 자신의 생각과 대치되는 주장과 근거에 응답하고자 하는 열의가 필요하다. 이론을 접하는 것은 그에 동의하건 안하건 열린 사고를 가지는 것이 필요하다. 열린 사고를 가져야만 그것을 제대로 이해할 수 있으며 이는 꼭 동의해야 한다는 것은 아니다. 실제로 동의하지 않는다 해도 왜 그리고 어떻게 동의하지 않는지 보다 잘 논의하기 위해서라도 이해를 할 필요는 있다.

Reading 1

리스벳 반 주넨(Liesbet van Zoonen)

페미니스트 미디어 연구의 '새로운' 주제

미디어는 항상 페미니스트 비난의 중심에 있었다. 1960년대 중반 미국 여성의 움직임의 부활을 독려했던 책에서, 미디어와 특히 여성잡지는 여성 신비감에 일조했기 때문에 무시당했다. 그 신비감이란 여성이 주부와 엄마가 되는 것에서 진정한 충족감을 찾았다는 미신이었기 때문이다. 이전에 그녀 스스로 여성 잡지 편집자로 불렀던 작가 베티 프리단(Betty Friedan)은 미디어와 의사, 정신분석학자, 사회학자 같은 전문가 집단이 '행복한 주부의 모습'(Friedan, 1963)을 최고의 여성상으로 여기지 않는 보통 여자가 가지고 있는 불안정, 두려움과 좌절을 설정한 것을 비난했다. 다른 페미니스트의 고전인 거세된 여자, 저메인 그리어(Germaine Greer, 1971)는 동화 안에 나오는 이성애적인 로맨스와 행복을 믿게 함으로써 여성을 속이기 위해 로맨틱한 거짓을 만들어내는 대중매체에 반대하여 글을 전개했다.

Note

[구조]

이 장의 첫 부분 전체가 리스벳 반 주넨에 관한 것으로 그녀가 수행하려는 분석을 더 일반적으로 페미니스트 분석의 맥락 안에 놓고 있다. 이런 방식으로 그녀는 그녀의 작업의 출처를 보여 주고 있으며, 그녀가 무슨 일을 하고 있는지를 알려주는 이론적이면서 실천적인 역사를 인정하고 있다.

[문맥]

베티 프리단(Betty Friedan)과 저메인 그리어(Germaine Greer)가 여기서 언급된다. 그들의 책들은 페미니즘 이론과 분석의 발전에서 핵심 문서들이다. 사실 프리단과 그리어는 당신이 당신의 연구 분야 밖에서 마주쳤을지도 모르는 사람들이다. 그리어는 특히 텔레비전에 많이 출연하는 바쁜 문화비평가이다. 몇몇 페미니즘학자들이 대학 외부에도 알려져 있다는 사실은 페미니즘이 사회 및 정치 토론 일반에서 어떻게 중심적 지위를 차지하는가를 보여 준다.

Reading 2

당연하게도, 미디어는 미국 여성 움직임의 중요한 타깃이 되었다. 미국 법률 제정 위원회는 여성의 고용과 초상을 향한 방송정책에 충분한 기회를 주었다. 1970년과 1980년대 많은 지역 방송사들은 그들의 방송할 수 있는 법적 권한이 여성 집단에 의해 도전되어지는 것을 보았다. 미디어, 특히 텔레비전은 여성들에게 더 긍정적이고 자유로운 롤 모델을 제공했다. 비록 이러한 합법적인 불만(거부 청원)들이 그 어떤 것도 성공적이지는 않았지만, 그들은 방송캐스터들에게 여성의 모습을 인지시켰고 여성의 동향을 지지하기 위한 학술적 조사를 자극시켰다(Cantor, 1988).

Note

[문맥]

여기서 논의되는 맥락은 두 가지이다. 미국에 대해 논의하면서 반 주넨은 자신의 작업을 민족의 맥락에 놓고 있다. 1970년대와 1980년대를 논의함으로써, 그녀는 하나의 역사적 맥락을 탐구하고 있다. 이러한 맥락을 인정하는 것은 시대와 장소에 따라 사건들이 다를 수 있음을 분명하게 만드는 한 방식이다. 그러므로 페미니즘이 여성들과 미디어 간의 관계에 대해 일반적이고 보편적인 진술들을 한 반면, 그것은 다양한 장소·시간, 개인들의 세부 사항들을 인정하기를 열망하기도 했다. 이것은 사람들을, 그들의 역사들·활동들·동기들이 각자 동일하게 유효한 개인들로 볼 것을 주장하기 때문에 중요한 함의들이 있다. 사람들을 이런 식으로 생각하는 것이 당신이 이 책에서 마주친 다른 이론들에 대해 미치게 될 수도 있는 결과들은 무엇일까?

Reading 3

다른 나라의 미디어에 비친 여성의 초상은 비슷한 열렬한 페미니스트 비평을 일깨웠다. 예를 들면, 1980년 중반에, 영국 노동그룹 연맹의 멤버였던 클레어 쇼트(Clare Short)는 『3페이지의 소녀들(*Page Three Girls*)』를 금지하기 위한 청원을 소개하는 타블로이드 신문이 가슴을 드러낸 여자를 내보낸 것을 보고 격노했다. 그녀의 캠페인은 가정에서 남편과 자식뿐만 아니라 전철과 일터 같은 공공적인 장소에서 참아야만 했던 일상적인 모욕들에 대해 마침내 그것들을 표현하기로 한 영국 전역의 일반 여성들에게 대단한 지지를 얻었다. 신문과 정당의 의원들은 쇼트(Short)의 캠페인을 비난했고 검열을 통해 그녀를 기소하려 했다. 다른 논쟁들은 쇼트가 주장한 숙녀인 척 하는 도덕, 현대의 시대착오, 성적으로 자유화된 사회를 대표한다는 것을 반대했다. 게이 정당과 여성의 움직임은 그것을 두려워했고, 일단 받아지고 난 뒤, 쇼트의 청원은 게이들의 반대에도 불구하고 정부의 방침을 받아들였다.

거기에는 또한 남자 핀업(pin-up)들의 사진을 출판할 수 있는 동등한 권리를 요구하는 페미니스트들도 있었다. 비록 쇼트의 청원이 통과되지는 않았으나, 그 소란이 타블로이드에서 (일시적으로) 『3페이지의 소녀들』이 7쪽이 되도록 만들었다. 그러나 더 중요한 것은 그것이 미디어에서 여성을 나타내는 것에 대한 전 국가적인 토론을 촉진시켰다는 것이다(Short, 1991).

Note

[문체]

반 주넨이 여기서 자신의 작업을 어떤 구체적인 맥락에 놓기를 계속하는 동안, 이것이 쓰이고 있는 방식들에 대해 주목하라.

그녀는 수많은 역사적 예시들을 제공하며 여기 『3페이지의 소녀들』에 대한 클레어 쇼트의 운동에 대한 그녀의 요약문에서는 어떤 아주 구체적인 사례 연구를 재검토하고 있다. 이러한 방식으로 글쓰기를 하려고 선택한 것은 페미니스트 이론을 일상에 가져다 놓고 우리가 소비하는 미디어를 위해 그것이 어떻게 실천적 함의들을 갖는지를 보여 주려는 욕망을 보여 준다. 거기에는 결정적인 욕망이 있는데, 순수하게 추상적인 이론화를 보여 주려고 안달이 나 있다. 이것이 당신에게 그녀의 작업들을 더 따르기 쉽게 만드는가? 그리고 그러한 방식을 채택하면서 배제되고 있는 것은 무엇인가?

[문맥]

이 장에서 넛츠(Nuts), 주(Zoo), FHM, 그리고 다른 남성 잡지들에 대한 논쟁들의 요약으로 시작했다는 것을 고려할 때, 지금은 우리가 거의 20년 전에 쇼트가 있던 맥락과 다른 맥락에 있는가? 이것이 미디어와 페미니즘 논쟁이 가져다 준 변화들에 관해 무엇을 말해 주는가?

Reading 4

이러한 예시들이 보여 주듯이, 대표들은 언제나 현대 페미니즘을 위한 중요한 싸움터가 되었다. 이 여성 운동은 동등한 권리와 기회를 위한 물질적인 노력을 보장할 뿐만 아니라 여성의 정의(그리고 남자의 생략에 의한)에 대한 상징적인 충돌이었다. 그러한 양날의 정책은 최근에 다른 사회적 운동에서도 역시 발견된다. 알베르토 멜루치(Alberto Melucci, 1988)는 새로운 사회적 움직임을 사회의 지배적인 코드에 도전하는 상징을 생산해 내고 존재하는 갈등을 알리는 새로운 미디어라고 정의했다. 옛 것과 새로운 것, 어색한 것과 친숙한 것, 공통적인 것과 이국적인 표시들의 넘치는 상징 안에서 존재하는 그 소통은 다른 커뮤니케이터들 의해 재조명되고 매스미디어는 분명히 그 중에 가장 강력하다(van Zoonen, 1994 참조).

Note

[내용]

이전 단락들에서 개괄한 예시와 역사들이 여기서는 더 넓은 이론적 맥락에 놓이게 된다. 그 용어가 어떻게 바뀌는지에 주목하라. 나머지 부분을 읽기 위해 그리고 더 일반적으로 미디어에 관한 페미니즘 논쟁을 이해하기 위해서 제대로 파악할 필요가 있는 생각들이 여기 있다. 그러면 반 주넨이 '새로운 사회 운동'이라고 하는 것은 무엇인가? '상징적 과잉'은 무엇인가? 이러한 질문들을 곰곰이 생각해 보기 위해, 당신은 더 일반적으로 미디어와 사회 간의 관계들, 그리고 미디어가 종종 처하게 되는 문제들에 관해 생각해 볼 필요가 있다.

Reading 5

1970년대 초 이후로 미디어에 대한 상당한 양의 페미니스트의 행동과 생각이 축적되었다. 이번 장의 목적은 독자들에게 제3장에 담겨 있던 이론적인 프레임워크를 이끈 지난 20년간의 페미니스트 이론과 연구에 대한 분출하는 이슈들에 대해 소개한다. 여기에는 개요와 같은 몇 가지 구성이 있다. 수많은 작가들은, 그 중에 자기 자신(van Zoonen, 1991a, 1992a), 페미니스트들의 생각에 대한 유형 분류 체계를 활용했다. 예를 들면 레슬리 스티브(Leslie Steeve, 1987)는 춘화에 많은 관심을 가지고 있던 이성적인 페미니즘, 일반적이고 성적인 사회주의에 관심을 두던 자유주의적 페미니즘과 성, 계급, 이데올로기 사이의 상호작용에 관심을 가진 마르크스주의자와 사회주의 페미니즘을 구별했다. 스티브의 구별에서 정신분석과 문화적 연구가 사회주의 페미니스트 관련된 내용에서 논의된다. 나는 '미디어의 페미니스트 인지'(van Zoonen, 1991a)라 불리는 문화적 연구를 볼 수 있는 기사와 같이 비슷한 구별방식을 사용했지만 중점은 몇 가지 근본적인 방식 면에서 사회주의 페미니즘으로부터 멀리 떨어져 있다.

Note

[구조]

여기서 반 주넨은 이 장의 목적이 무엇인지 우리에게 말해 준다. 왜 그 문서의 첫 단락이 아니라 다섯째 단락에서 그렇게 한 것일까? 이것이 그녀의 서론을 어떻게 강화해 주는가? 그리고 이것이 그녀의 주장을 설정하는 효과적인 방식일까?

Reading 6

이러한 구분은 문제가 많다. 첫 번째로 정치적이고 이론적인 가닥은 이론적으로 분명하지 않은 중요한 차이점을 보여 주는 방식으로 결합한다. 예를 들어, 자유주의 페미니즘은 미국에서보다 영국이나 유럽대륙에서 더 현저하게 나타나는데, 이 나라들에서는 자유주의 페미니즘이 사회주의자와 급진적인 전통으로부터 나오는 것과 같은 이론 해석을 생산하지 않는 정치적인 전략이라는 인식을 가지고 있다.[1] 이 점은 두 번째 포인트로 연결된다. 자유주의적인, 이성적인 그리고 사회주의적 페미니즘은 20년이 넘는 기간 동안 상당한 변화를 겪었고 이론적인 발전과 다양한 포지션의 변화를 포함한다. 예를 들면 자유주의와 이성주의 페미니즘 사이에 의미 있게 되던 구분은 이제 흐릿해졌다(Einstein, 1981). 그리고 확실히 현재의 페미니스트 사상에 분열이 있다. 게다가 예를 들면 네덜란드 이성주의 페미니즘과 미국이나 영국의 이성주의의 특성과 다른 점처럼 문화적으로 일관되지 않은 다양성이 존재한다.

Note

[내용]

반 주넨은 페미니즘 사상이 여러 방식으로 분류되고 구성될 수 있음을 말한다는 사실에 주의하라. 즉, 페미니즘은 다양한 접근법을 수반하며, 페미니즘은 여러 종류가 있다는 것이다. 이것들 가운데 몇몇 겹치고, 몇 가지는 서로를 뒷받침하고 몇몇은 매우 다른 시각과 접근법이 있다는 것이다. 따라서 페미니즘이 무엇인가, 무엇이었나, 무엇을 해야 하나, 그리고 그 목표를 어떻게 하면 최선으로 성취할 수 있는가에 관해서 논쟁이 있다. 여기서 반 주넨은 그녀의 페미니즘이 절대 페미니즘사상의 결정적 요약이 될 수 없다는 점을 인정한다. 더 중요하게는 당신이 그러한 요약을 찾는 것을 목표로 하면 안 된다는 사실을 당신에게 말해 준다. 이런 의미에서, 그녀는 그것의 의미에 관한 논쟁 자체가 페미니즘사상의 핵심 특징 중 하나라고 말하고 있다. 다른 장들에서 주목했듯이, 그러한 논쟁이 이론 전체의 중심이 된다.

1) 이런 관점은 스티비 잭슨(Stevi Jackson)에 의한 나의 의도에서 나왔다.

Reading 7

많은 유형 분류 체계들 안에서 페미니즘을 나타내는 것은 이러한 변화와 다양성 그리고 또한 페미니스트 관점이 토론, 상호비평을 통해 발전해 온 방식을 흐릿하게 하는 경향이 있다. 그것 자체로 다양하고 하나의 본체가 아닌 블랙 페미니즘의 존재와 중요성은 이러한 유형 분류 체계들 안에서 중시되지 않았다. 같은 현상이 정치적 차이보다 이론적 차이에 근거한 다른 유형 분류에서 나타났다. 예를 들면 캐플란(Kaplan, 1987)은 중요한, 중요하지 않은 페미니즘을 구별했고, 헤르메스(Hermes, 1993)는 근대주의를 전근대주의와 구분했으며, 다른 이들은 성적 평등과 성적 차이에 대한 생각을 구분했다(Hermsen & van Lenning, 1991). 이러한 나란히 하기의 설명과 촉매가치로부터 떨어져서, 그러한 이분법은 페미니스트 이론의 혼합과 다양성을 제거할 의무가 있다.

Note

[문맥]

리스벳 반 주넨은 '토론, 비평, 상호비평'의 중요성은 페미니즘 범위 발전의 중심이라고 말했다. 후에 그녀는 '페미니즘 이론의 다양성과 혼합'을 언급했다. 그러한 이론은 세상에 일어나는 것들에 대한 반응이자 토론과 분석에 반응하며 발전하는 과정이라는 것을 제안했다. 이러한 방법으로, 우리는 페미니즘 사상의 특정 종류가 인정된 아이디어와 접근의 하나의 생각이 아닌 특정한 장소에서 특정한 시간에 일어나는 것임을 알 수 있다.

[내용]

페미니즘사상의 다양한 종류가 여기 적혀 있다. '현대적', '근현대적', '중요한', '중요하지 않은', '성적 평등' 그리고 기타 등등. 당신이 이러한 복잡한 각각의 접근에 대해 이해할 필요는 없지만, 다른 성격의 페미니즘을 탐구하는 것은 가치 있는 일이며 그것이 받아들여질 수 있도록 넓은 범위의 생각과 관점들을 접할 수 있을 것이다. 또한 이 책에 담겨 있는 포스트모더니즘 같은 이론들과 페미니스트 사상이 어떻게 연결이 되어 있는지 적혀 있다. 그리고 비록 이 책의 이론들이 각각의 장으로 나뉘어져 있고 그것들에 대해 생각할 때 비슷한 접근들이 받아들여지지만, 당신은 그것들이 종종 연결되고 다른 하나에 확실히 반응하는 것을 알게 될 것이다.

Reading 8

많은 유형 학자들이 말하길, 정치적, 이론적으로 다룬 문제는 그것들이 이미 일반적인 페미니스트의 생각(예를 들면 Jagger, 1983; Tong, 1989 참조)으로 이해되고 거의 관계도 없이 그 분야에 부적절한 상태로 페미니스트 매체 연구에 적용된다는 것이다. 그 문제의 한 예시는 나의 분류 체계인 진보주의, 급진주의, 사회주의 페미니스트 이론에서 볼 수 있다(van Zoonen, 1991a). 나는 선입견과 사회화에 대한 연구는 전형적으로 그쪽 분야에 종사하는 많은 페미니스트 커뮤니케이션 학자들이 그들 자신을 '자유주의'적이라 전혀 인식하지 않으며 그들의 연구들이 와전되고 있다는 사실을 간과하는 것과 함께 인식론적, 또는 정치-철학적인 전제를 가진 자유주의 페미니스트 미디어 연구에 속한다고 본다(예를 들면 Gallagher, 1992 참조).

Note

[문체]

리스벳 반 주넨은 여기서 페미니스트의 생각을 많은 '유형들'을 언급했는데, 그녀는 그것을 상세하게 정의하지는 않았다. 왜 그랬을까?

Reading 9

그러므로 하나의 유형 분류 체계는 페미니즘 미디어 비평 분야에서 대두 되는 몇몇 문제들에 대하여 독자들에게 제공되는 도입서로는 적절해 보이지 않는다.[2] 나는 지난 20년 동안 커뮤니케이션, 미디어, 문화 연구들의 학문적인 지식분야 안팎에서 움직임이 있어 왔던 브런슨의 의견(Brunsdon, 1993)에 따라서 다른 각도를 적용해 볼 것이다.

> 반면 1976년에 그 페미니스트 비판자가 최초의 인권 운동 여성 동지들에게 대중매체에 꽤 적대적이면서도 그녀의 텔레비전에 대한 관심을 정당화하기 위해 연설을 썼다. 1980년 중반에는 그녀는 학문적인 위치에서 다른 학자들에게 연설을 하는 경향이 있었고 커뮤니케이션과 여성학의 과정, 두 분야에서 동시에 사용되는 책들을 선집에 포함시키게 되는 첫 시점이였다.
>
> (Brunsdon, 1993: 309).

그러므로 이 장에서 유용한 질문들은 어떻게, 그리고 어느 정도의 페미니즘이 이러한 분야에서 위치를 획득했는지, 어떻게 이러한 주제가 그 의제에 포함되었는지, 또한 이것이 인식의 대전환에 얼마나 공헌을 미쳤는지와 같은 질문 일 것이다. 이러한 특별한 질문들은 산드라 하딩(Sandra Harding)이 성과 과학에 대해 쓴 『페미니즘에서의 과학적 질문(*The Science Question in Feminism*)』(1987)이란 랜드 마크 연구에 영감을 받았다.

Note

[문체]

리스벳 반 주넨이 독자들을 돕기 위해, 어떻게 그녀의 논문 구조를 명백하게 했는지 쓰시오.

---

2) 원래 이 장은 자유주의, 급진주의, 사회주의 페미니즘인 세 가지 섹션으로 나눠졌으며, 후자는 정신분석을 포함하고 있다. 특히 이러한 3분할을 갱신하는 것을 느끼지 못 하는 나의 학생들과 마가렛 갤러거(Margaret Gallagher), 스티비 잭슨(Stevi Jackson), 아이린 마이어(Irene Meijer)로부터 나온 유익하고 건설적인 비평은 내가 또 다른 각도를 사용하여 연구하도록 결심하게 만들었다.

Reading 10

커뮤니케이션 연구에서 페미니스트 연구자의 비평[3)]

하딩(Harding)은 페미니스트 학자들은 전통적인 과학을 비판한다는 몇 가지 방법들을 발견했다. 처음에는 페미니스트들이 고학력 여성과 과학자로서 여성들이 과소 표시되는 것에 관심을 쏟았다. 공식적 또는 비공식적인 차별은 여성들이 학문적 분야에 대한 접근하는 것을 막아왔다. 커뮤니케이션과 문화 연구 분야에 있어서, 지배적인 남성의 능력과 더불어, 많은 여성 학생들의 수에도 불구하고 미국이나 유럽,[4)] 두 지역에서는 그러한 상황이 근본적으로는 다르지 않았다(Schamber, 1989).

Note

[구조]

하딩의 책은 부제 **다음에** 요약되어 있을 뿐 아니라, 부제 **전에도** 언급되어 있다. 이것은 부제 앞뒤의 단락들이 단지 서로 이해하기는 쉽지만, 단락들 사이에서 끼워진 부제를 가진다는 것을 의미한다. 왜 리스벳 반 주넨은 이런 방법으로 그녀의 작문을 구성했는가, 그리고 어떻게 당신이 본인의 에세이-작문에서 그러한 기술을 유용하게 사용할 것인가?

3) 나는 매스컴, 저널리즘, 미디어 연구와 기타를 언급하기 위해서 '커뮤니케이션 연구'란 단어를 사용했다.

4) 미국에서의 의견은 1989년의 스챔버(Schamber)에 기반하고 있다. 유럽에서의 의견은 에라스무스의 학생과 스태프들의 '유럽인의 문화와 미디어 연구들'인 네트워크 교환을 포함한 10개의 나라들에서부터 20개 이상의 대학교들의 능력과 함께 퍼스널 커뮤니케이션에 기반하고 있다.

두 번째로, 페미니스트들은 과학에서의 성 차별적 사용을 지적했고 생물학, 사회과학과 같은 분야에서 '성차별, 인종차별, 동성애 혐오증과 사회 계급 차별 주의적 프로젝트'의 규율들에 대한 필요성이 어떻게 공헌했는가를 보여 준다(Harding, 1987: 21). 헬렌 베어(Helen Baehr)는 지금은 언론과 대중 커뮤니케이션 연구의 고전인 여성 샘플 선정이 "미국 여성들은 광고를 통해 '설득'된 소비자들이기도 하며 막대한 이익창출의 기업연합을 대표한다는 사실"을 반영(Baehr, 1980: 144)하는 점에서 퍼스널 인플루언스 '2단계 유통 이론'인 카츠와 라자스팰드(Katz and Lazarsfeld, 1995)의 연구에 영향을 주었다고 말했다. 베어에 따르면 여성이 가정주부와 소비자로서의 상관성 일치에 있어서 여성의 진정한 관심사에 대해 그 연구는 이해하기 힘들다.

전통적인 과학에서 세 번째 타입의 비평은 여성의 문제가 많은 연구의 의제에서 무시되고, 여성의 특별한 경험은 간과한 채 남성의 특별한 경험만이 종종 세상의 유효성을 가진 것처럼 대표된다는 점으로 남성 중심으로 보이는 주제들, 이론들, 방법들과 관련이 있다. 내가 나중에 다시 돌아가서 볼 구체적인 주제의 무시 이외에도, 커뮤니케이션 연구들은 적어도 여기 전에 언급되었던 '2단계 유통 이론'에서 하나의 예외적인 사례를 가지고 있다. 비록 모든 여성 표본에 기초하지는 않을지라도 이것은 일반적으로 미디어가 사람들에게 영향을 미치는 한 방법으로 일류의 계층을 획득했다. 그러므로 여성들의 경험을 일반적인 가치로 인정하는 것은 대개의 경우 꽤 특별한 경우로 인식되었다.

하딩에 따르면, 페미니스트들이 과학에 제시했던 네 번째 도전은 과학 그 자체에 대한 주의를 염려한 것이다. 페미니스트들은 2분할을 중시하는 객관성 vs 주관성, 이성 vs 감정, 전문 지식 vs 비전문 지식, 추상화 vs 구체화 등등과 같은 객관성, 몰가치성 그리고 중립성은 남성 중심적 생각에 대한 헤게모니의 연속이라고 주장했다. 전통적인 과학은 여성에 대한 주제와 경험을 무시할 뿐만 아니라 여성의 지식 습득 방법의 타당성 역시 부인한다고 말한다. 커뮤니케이션 분야에서 페미니스트 학자의 잠재적인 공헌을 논의했던 브렌다 멜빈(Brenda Melvin)은 주장한다.

페미니스트 학자들은, '새로운 관점, 새로운 관찰에 대한 현미경'인, 누군가가 그 체계 안에 있는 것이 불가능하다는 '여성'의 관점을 그 분야로 가져온다. 여성은 주인의 집[5]

외부에 살고 있으므로 그들 자신의 표현들에 대한 주인의 도구들을 사용하지 못한다(Melvin, 1987: 113).

Note

[내용]

과학에 대한 많은 논쟁이 있다. 이것은 미디어 연구에 관한 읽을거리에서 약간 이상해 보일 수 있다. 하지만 리스벳 반 주넨은 과학이 우리에게 세상을 이해하기 위해 사용되는 접근법과 방법론을 알게 해 주는 것에 대해 그다지 많은 논의는 하지 않는다. 그런 면에서 과학은 다른 분야만큼이나—생각의 특성들이나 방법들이 되풀이되는—체계화된 규칙이다. 그 논쟁은 과학에서 사용되는 연구방법과 과학이 밝혀낸 결과물의 데이터는 남성적 사고 방법에 의존한다는 것인데, 그것은 우리 사회에 너무 깊게 박혀 있어서 남성적인 대신 '보통'으로 인지된다. 이것은 많은 페미니스트 사고에서 되풀이되는 주제이다. 우리가 흔히 '평범한' 그리고 '보통'인 것으로 인지하는 것의 많은 부분은 사실 매우 성 차별적이고 구조화되어 있지만, 사고의 특정한 방법들이 너무 지배적이기 때문에, 다른 적합한 접근법이 존재할 수 있다고 제안하는 것은 매우 이단적인 것이다.

5) 멜빈(Melvin, 1987)은 이 점에서 다음과 같은 주석을 포함한다. 그 용어는 루르드(Lourde)의 『언니는 아웃사이더(*Sister Outsider*)』에서 유래한다. 주인의 도구(For the master's tool)는 절대 주인의 집(the master's house)을 해체할 수 없을 것이다.

Reading 12

마침내, 전통과학에 대한 페미니스트들의 도전은 지식을 확립하고, 그것들의 전문가들이 과학자들, 흑인, 여성, 페미니스트, 사회주의자 등등이 되는 것의 모순된 주장에 의해 횡단하는 사회적 경험에 근거를 두면서 사회적으로 구조화된 과학을 이해하는 포스트모더니스트들을 만들어냈다. 커뮤니케이션 연구들에서 주목할 만한 예시는 여성잡지 ≪제니스 윈십의 분석(*Janice Winship's Analysis*)≫(1987)이다. 여기에서 그녀는 모든 여성에게 또는 '여성적 경험'으로부터 말하기를 주장하지 않지만, 이 잡지의 다양한 의미를 이해하는 시작점으로 자신의 개인적이며, 사회적·문화적으로 명확한 선호를 사용한다.

Note

[내용]

당신은 보통 페미니스트가 '여성의 경험'과 같은 일도 있을 수 있다는 제안들을 생각했다고 여길 수도 있지만, 여기서 리스벳 반 주넨은 단호하게 그 견해를 거부하는 윈십(Winship)의 작업을 언급한다. 일부 페미니스트들은 마치 그들이 응집력 있는 단체인 것처럼 여성에 대해 말하는 견해를 싫어한다. 왜냐하면 이것은 차이와 개성을 부인하기 때문이다. 하지만 만약 사람에 대한 연구가 사회 전반에 대한 광범위한 성명에 사용되지 못한다면, 그것의 용도는 무엇인가? 만약 윈십이 자신의 선호도를 조사하지만 그것들을 대부분의 개인으로 본다면, 우리는 그녀의 결과물로 무엇을 할 수 있을까? 일부는 소규모 연구로부터 더 큰 결과를 추론하려는 우리의 목표가 연구가 전통적인 형식으로 수행되어 온 남성적 방법의 일부분이라고 할 수도 있다. 당신은 이것에 의해 설득되었는가? 만약 그렇다면, 전반적인 연구의 결과는 무엇인가?

Reading 13

다양한 페미니스트 연구자들의 비평은 커뮤니케이션 연구 전체에서 성 문제의 중요성 인정을 야기하지 않는 것 같다.[6] 임의적으로 일부 예를 언급해 보면, 1983년에 처음 출간된 데니스 멕퀘일(Denis McQuail)의 베스트셀러 『매스커뮤니케이션 이론(*Introduction to Mass Communication Theory*)』에서 '여성', '성', '성생활'이나 다른 페미니스트 관련 언급은 없다. 1987년에 개정된 제2판에서 페미니스트 내용 분석에 관한 한 단락이 추가되었다. 『커뮤니케이션학의 유럽 저널(*European Journal of Communication*)』(1990)과 『미디어, 문화와 사회(*Media, Culture and Society*)』(1990)에 의해 발행된 동서유럽의 커뮤니케이션 연구에 관한 특정 간행물에서 성이나 페미니즘에 대한 언급은 거의 없다. 게다가 신정보 기술 연구(van Zoonen, 1992a)와 (원거리) 커뮤니케이션 정책(Moyal, 1992)이나 정치적 커뮤니케이션과 뉴스 연구와 같은 미디어와 시민권 중점 연구(van Zoonen, 1991b, 1994)와 같은 페미니스트 연구에 의해 상대적으로 영향 받지 않아 보이는 매스커뮤니케이션 연구에 여전히 다양한 분야가 있다. 비록 때때로 '여성들에게 더하고 휘젓다(add women and stir)' 접근법(Franklin et al., 1991: 2 참조)이라고 약간 하찮게 부르지만, 그러한 분야에서 간단한 질문을 제기하는 것은 여전히 필요하다. 여성은 어떨까요? 이러한 분야에서 레인하츠(Reinharz)의 과거에 대한 서술은 여전히 다음과 같다. "처음에, 학문에서 성차별 발견 행위는 혁명적이었다…. 여성을 연구하는 것은 매우 급진적이었다."(Moyal, 1992: 11)

Note

[문맥]

여기서 리스벳 반 주넨은 연구 배경과 미디어와 커뮤니케이션에 대한 출판물에서 아주 정확하게 그녀의 생각을 배치했다. 비록 사회적 배경과 학문적 배경이 관련 없다는 것은 아닐지라도 **사회적** 배경을 탐구하는 것보다, 그녀는 **학문적** 배경을 입증하고 있다. 왜 그렇게 훌륭하고 국제적인 저널들이 반 주넨이 언급한 문제에서 여성을 인정하지 않아왔는가? 이 장이 쓰이고 나서 바뀌었는가?

---

6) 『커뮤니케이션(*Communication*)』(1986), 『커뮤니케이션학 연구 저널(*Journal of Communication Inquiry*)』(1987)과 같은 일부 특정 간행물은 제외한다. 하지만 이러한 경향은 주류 연구에 그것의 개념을 포함시키기보다는 분리된 분야로 페미니즘을 대하는 것 같다.

Reading 14

대학의 과목에서 페미니스트 미디어 연구는 중요치 않은 위치에도 불구하고, 페미니스트 커뮤니케이션 학자들에 의해 시작되고 재활성화된, 더 꾸준하게 중요성을 인식 받고 있는 적어도 두 개의 주제들이 있다. 고정관념과 성역할 사회화, 그리고 이념이다. 후자의 것은 물론 이전까지 비평적 연구에서 중요한 것이었다. 페미니스트 이론과 연구에서 세 번째로 중요한 주제인 외설물은 학계에서 비슷한 관심과 지위를 얻지 못했다. 관찰력 있는 독자라면 이것들(고정관념과 성역할 사회화, 이념, 외설물) 이 몇몇 저자들이 각각 진보적이고 급진적이고 사회주의 페미니즘의 특정한 경향에 속해 있다고 말한 세 개의 주제들이라는 것을 알 것이다. 그러나 이전에 언급되었듯이 이런 주제들(고정관념과 성역할 사회화, 이념, 외설물) 중 어느 것과라도 관련된 이론적이거나 정치적인 독점을 약화시키기 위해 고정관념들과 외설물, 그리고 이념에 대한 논쟁은 다양한 페미니스트 배경의 연구원들에 의해 관여되어 왔다.

Note

[내용]

외설물은 학계에서 어째서 주요 주제가 되지 못하였는가?

[문체]

어째서 리스벳 반 주넨은 '관찰력 있는 독자들'의 존재를 인정하였는가? 어떤 다른 종류의 독자가 있을 수 있겠는가?

[구조]

'앞서 말한 것처럼'에 주목하라. 이러한 글쓰기는 독자가 장을 통하는 전반적인 항해를 하는 것을 도우며, 책의 다른 파트들을 함께 연결시켜 주는 것을 도와줄 것이다.

Reading 15

커뮤니케이션학에서의 페미니스트 주제들

고정관념과 사회화

초기에 페미니스트 미디어 학자들이 커뮤니케이션 연구 의제에 더했던 새로운 주제들은 미디어 안에서의 여성의 전형적인 이미지와 이런 이미지들이 관중들에게 끼치는 영향이었다. 라카우(Rakow, 1986)는 이러한 특별한 주제들에 대한 두 개의 이유를 찾아냈다. 그 주제들은 베티 프리단(Betty Friedan)의 『여성의 신비(*The Feminine Mystique*)』와 같은 이른 페미니스트 책의 핵심요소였다. 그리고 그 주제들은 커뮤니케이션학의 실증적인 연구 패러다임에 매우 들어맞았다. 후자는 스테이시와 쏜(Stacey and Thorne, 1985)의 '어떤 학문에 대한 성공적인 개입의 전제조건은 전통의 존속이냐 또는 페미니스트 관심사와 관련된 주제의 존속이냐'라는 논쟁에 의해 지지되었다.

Note

[문체]

리스벳 반 주넨이 얼마나 많은 다른 작가들을 언급했는지를 꼽아볼 만한 가치가 있다. 이 부분의 내용은 이 책의 다른 많은 읽을거리들과 몹시 다르다. 그것은 아마도 그녀가 이 읽을거리가 속해 있는 책 안에서 이것이 차지하고 있는 자리를 특히 고려하였을 때, 이 읽을거리가 개요로서 작용하기를 바라는 바람을 가졌기 때문일 것이다. 반면에 이것은 채택되고 있으며, 반 주넨이 언급했듯이 많은 학계에서 사용된 '남성적인' 접근과는 몹시 다른 페미니스트적 시각(접근)과 연관되어 있다. 이에 대한 당신의 반응은 무엇인가? 다른 많은 작가들은 언급하는 것이 너에게 주제에 대한 깨끗하고 전체적인 개요를 주는가? 아니면 이것(다른 많은 작가들은 언급하는 것)이 주제를 이해하기 위해 네가 읽어야 할 많은 다른 읽을거리들이 있다는 것을 의미하기 때문에 당신을 걱정하게 만드는가?

Reading 16

이미지와 효과 연구에 관한 초기의 논평 기사는 아직까지는 커뮤니케이션 연구 그 자체에 대한 편견에 대해 언급하지 않았고, 커뮤니케이션학의 유연성에 대해 다소 낙관적으로 보였다. 예를 들어 버즈비(Busby, 1975)는 최근의 페미니스트 운동은 학계 내에 어떤 의식을 불러일으켰을 수도 있다고 주장했다. 반면에 터크맨(Tuchman)은 커뮤니케이션 연구 학계에 훨씬 더 비판적이었고 커뮤니케이션 학자들은 '여성'이라는 주제에 관심이 없었다고 주장했다. '그리고 왜 그들이 관심 있어야 하는가?'라고 주장했다. 여성 운동의 등장 이전에 이러한 고정관념들은 자연스러워 보였고 '기정사실' 같았다. 몇몇 사람들은 어떻게 그것들이 발전했는지, 어떻게 그것들이 강화되었는지, 어떻게 그것들이 유지되었는지에 대해 질문했다. 그러나 분명히 위 과정에서의 미디어 역할에 대해서는 질문되지 않았다(Tuchman, 1978a: 5).

Note

[구조]

어떻게 버즈비와 터크맨, 이 두 작가들이 여기에서 빠르게 요약되고 대비되었는지를 주목하라. 이것은 당신의 아마도 수업활동 중에 당신이 하도록 요구되는 종류의 글쓰기일 것이다. 이런 방식의 글쓰기는 관점의 범위에 대한 스스로의 인지 정도를 보여 주고 주제들이 많은 사람들에 의해 뜨겁게 논의된다는 것을 확실히 할 것이다.

Reading 17

터크맨은 잘 발달된 이론적인 체계 내의 연구를 처음으로 완성해 낸 사람들 중 한명이었다. 여성과 미디어에 관한 기사 모음에 대한 그녀의 도입 말에서 그녀는 말했다.

> 우리의 사회는 다른 모든 사회처럼 우리 사회의 사회적 유산들을 한 세대에서 다음 세대로 넘겨주어야만 합니다. 주요한 가치들의 지속과 전승에 대한 사회적 필요성은 아마도 우리와 같이 급격한 사회 변화의 시대에서 특히 심할 것이다. 사회가 생존하려면, 개인들은 과거에 대한 익숙함을 가져야 합니다. 그러나 개인들은 또한 변화하는 환경들과도 만날 준비되어 있어야만 합니다. 성 역할의 영역만큼 그러한 필요를 매우 쉽게 알 수 있는 곳은 없습니다
>
> (Tuchman, 1978a: 3).

Note

[문체]

이것은 매우 중요한 인용이다. 다음 단락에도 다른 중요한 인용이 있다. 남은 본문의 대부분에 어째서 이런 많은 인용들이 사용되어 왔는지를 통해 리스벳 반 주넨이 다른 사람들의 연구를 간단하게 요약하는 것을 기뻐해 왔다고 간주하는 것은 가치 있다.

Reading 18

다른 연구 자료들로부터 터크맨은 현재, 미디어는 이 기능(우리 사회의 사회적 유산들을 한 세대에서 다음 세대로 넘겨주는 기능)에 대한 기대에 부응하는 것을 실패했다는 것을 보여 줬다. 노동시장에서 모든 미국 여성의 반 이상의 인상적인 사회적 변동이 발생했음에도 불구하고, 텔레비전은 이런 것들에 대한 어떤 것도 보여 주지 않았다. 터크맨에 의하면 텔레비전은 상징적으로 여성들을 무력하게 했고, 거의 모든 종류의 텔레비전 방영물에서 압도적으로 대다수인 남성들을 보여줌으로써 사회적 여성들이 별로 중요하지 않다고 말했다. 오직 드라마에서만 여성들은 스크린을 점령한다. 텔레비전은 우리에게 여성은 가정주부와 엄마역할 외에는 중요하지 않다고 말할 뿐 아니라, 여성들을 무능하고 열등하며 항상 남성들에 복종한다고 묘사하며 여성들을 상징적으로 폄하했다. 터크맨에 따르면 이런 상징적인 여성들의 무력화는 소녀들과 성숙한 여성들로 하여금 그들의 행동에 대해 본받을 수 있는 긍정적인 이미지를 결핍되게 할 것이기 때문에 사회의 발전을 위태롭게 할 것이라고 하였다.

> '텔레비전 여성'에 노출된 소녀들은 그들이 성인이 되었을 때, 아마도 집 밖의 직장인이 아닌 가정주부가 되고 싶어할 것이다. 실제로 성인이 되었을 때, 이런 소녀들은 그들의 가족들의 경제적 안녕을 위해서 필수적인 것이 아니라면, 가정 밖에서 일하는 것에 저항할지도 모른다. 우리나라 소녀들에게 이러한 태도를 격려하는 것은 미래에 문제를 야기할 수 있다. 노동시장에의 여성들의 활동적인 참여는 미국 경제의 유지에 필수적이다 (Tuchman, 1978a: 7).

Note

[내용]

'상징적으로 무력화시키다'를 통해 의미된 것은 무엇인가? 어째서 이런 강력한 언어가 논의 중인 과정을 서술하기 위해 사용되었는가?

Reading 19

터크맨의 분석은 기능주의적 페미니스트 이론의 기본적 요소들을 포함한다: 미디어는 사회의 주요한 사회적 가치들을 반영하고, 미디어에서 여성들을 전형 노출시키지 않거나 여성들을 고정관념적인 역할로 묘사함으로써 상징적으로 여성을 폄하한다. 미디어가 제공하는 모델들은 제한적이거나 또는 소녀들이나 여성의 완전한 인간, 사회적으로 가치 있는 노동자로의 발전을 위태롭게 한다. 어째서 미디어가 이렇게 비생산적으로 기능하는지에 대해서는 터크맨에 의해 답이 내려지지 않았다. 그러나 이 패러다임에 대해 저술하는 다른 저자들은 그들의 성역할 사회화가 그들로 하여금 사회의 주요한 가치를 재생산하도록 하는 남성 방송인이나 저널리스트의 우세함을 이유로 꼽았다.

Note

[내용]

어떻게 리스벳 반 주넨이 그녀가 특정 범위 내에서 의논했던 연구를 중심을 두는지에 대해 신중하였는지 다시 주목하라. 그녀는 터크맨의 연구를 '기능주의적 페미니스트 이론'이라고 정의하였다. 그리고 후에 그것을 '패러다임'이라고 언급했다. 그렇게 함으로써 그녀는 주제의 복잡성에 대한 그녀의 인식을 유지해 나아갔고, 문제를 간소화하는 것을 거부했다. 그러한 글쓰기는 하기에는 어렵지만 당신은 당신의 학업 내에서 그러한 작업을 하도록 요구될 것이기 때문에 여기에서 어떻게 글쓰기가 되어 가는지를 보는 것은 가치 있다.

Reading 20

이러한 종류의 많은 연구들이 주로 양적 내용 분석과 사회적 실험방법을 통해서 전 세계에 걸쳐 수행되어 왔다. 갤러거(Gallagher, 1980, 1985)는 이러한 연구들을 요약했고 그리고 산업화된 서부, 동부의 공산주의자들 그리고 남쪽의 개발도상국 사이의 우울한 유사성들을 발견했다. 여자들은 미디어에서, 내용뿐만 아니라 제작적인 부분에서도 과소평가되어 나타내어지고 있다. 게다가 그나마 미디어에 등장하는 여성들은 젊고, 진부하게도 예쁜 경향이 있고, 그들의 남편, 아버지, 자식, 상사 또는 다른 남자와의 관계에 의해 정의 되며, 수동적이고, 결단력이 없고, 순종적이며, 의존적이며 기타 등등의 단어들로 묘사된다. 성역할 고정관념이 특히 아이들에게 미치는 영향을 규명하려고 했던 사회 실험 연구는 모순되는 결과들을 보여 왔다. 어떤 연구는 사회화 가설을 지지한 반면에 다른 연구들은 너무 많은 방해요소들이 있어서 미디어 효과에 관한 결론을 정당화하기 어렵다고 보았다.

Note

[문체]

단어 '우울한'을 주목하라. 이 단어가 리스벳 반 주넨이 언급한 데이터에 대한 그녀의 관점에 관하여 무엇을 말해 주는가?

[내용]

각기 다른 연구에서는 서로 다른 결과를 내놓는다. 그러면 그것들이 어떻게 유용할까? 그런 정보를 가지고 우리는 무엇을 할 수 있을까? 그리고 그러한 연구들이 모순되는 정보를 준다면, 반 주넨은 어떻게 여성과 묘사에 관한 그녀의 견해를 뒷받침할 수 있을까? 우리가 보는 프로그램에서 여성들이 나타내어지는 방식은 어떠한가? 어떤 종류의 결과들을 그것들은 제공하는가?

Reading 21

최근에, 흑인 연구가들은 흑인 여성들이 어떻게 서부의 대중매체에서 묘사되는지에 대한 질문을 제기 해 왔다. 프레티 마누엘(Preethi Manuel)에 의한 영국 TV드라마(아프리카인, 인도인, 파키스탄인, 인디언을 언급하는 드라마)에 출연하는 흑인들에 대한 연구는 적어도 600편 이상의 드라마에 출연하는 연기자들의 총 인원 중 단지 2.25%만이 흑인 이었다는 사실을 보여 주었다. 출연 했다고 해도 주로 그들은 저임금 노동자들, 학생들, 범법자들 또는 배경인물로서 캐스팅되었다. 흑인 여성들은 거의 나오지 않는다. 마누엘이 가장 염려했던 것은 영국드라마에서의 흑인 가족들의 완벽한 부재였다. 마누엘은 다음과 같이 결론을 내렸다.

> 흑인들을 '비주류'로 좌천시키고, 그들에게 말할 기회를 거의 주지 않고, 그들을 사회체제를 흔드는 소수자들로 묘사하는 것은 단지 흑인에 대한 부정적인 태도가 영속될 것이라는 것을 나타내기만 할 뿐이다. 흑인 아이들은 긍정적인 롤 모델 없이 결과적으로 낮은 자아상을 가지고 성장한다. 이런 상황이 백인 아이들에 대해 갖는 영향은 아마도 치명적일 수 있다. 불가피하게도 공정한 묘사에 대한 긴급한 필요성은 오늘날의 다문화 사회에서 조화로운 공존에 대한 절박한 필요성과 불가분하다
>
> (Manuel, 1985: 41~43).

Note

[문체]

'최근'은 얼마나 최근이며, 그것이 왜 중요한가?

Reading 22

멜버른 커밍스(Melbourne Cummings)의 미국 TV에서 흑인 가족의 변화하는 이미지에 대한 논의에서 보면 TV가 흑인 여성들에 관한 널리 퍼져 있는 고정관념을 도출해 내는 것처럼 보인다. 미국 역사에 있어 흑인여성들에 대한 특별한 고정관념들 중 하나는 시끄럽지만 사랑스러운 '유모 마사(Massa)의 세 어린 아이들'이다(Cummings, 1988: 81). 커밍스에 의해 언급된 더 널리 퍼진 고정관념은 아주 강하고 성적으로 탐욕스러운 흑인 여자 가장에 대한 이미지에 관한 것들이다. 후자의 고정관념은 유럽 식민지의 유산에도 만연하다. 라나 카바니(Rana Kabbani)의 동양의 신화에 대한 유럽인들의 미신을 다룬 작품은 무절제한 흑인 여성의 성생활에 대한 인종차별적이고 성차별적인 망상이 어떻게 영국과 프랑스의 작가와 화가의 작품에 자주 등장하는지 보여 준다(Kabbani, 1986).[7]

Note

[문체]

'고정관념'이라는 단어가 무엇을 의미하는지 논의되지 않은 채 쓰이고 있다. 분명 리스벳 반 주넨은 우리가 그 용어를 이해하고 있다고 가정하고 있다. 그러나 아직 무엇이 고정관념이 되는지, 어떻게 작동하는지, 어떤 결과를 초래하는지에 대한 많은 논쟁이 있다(Pickering, 2001). 주제와 관련된 접근들이 다양하다고 밝히는 데에 들인 노력을 고려할 때, 반 주넨는 왜 고정관념에 대해서는 그렇게 하지 않았을까?

7) 성과 민족성에 대한 논의는 '7장 리비스'에서 더 논의할 것이다.

Reading 23

고정관념에 관한 이론과 연구는 편견과 고정관념에 대한 철저한 문서기록에 대해서는 특히 가치가 있다고 증명되어 왔다. 그 편견과 고정관념을 많은 나라의 여성들이 전달자들의 인식을 불러일으키기 위해 사용해 왔고, 여성들에 대한 이미지를 향상시킬 수 있도록 미디어에 압박을 넣을 수 있는 수단으로도 사용해 왔다. 그러나 이러한 접근은 실증적일 뿐만 아니라 이론적인 수준에서도 매우 만족스럽지 못하다. 나는 이미 '읽기란 무엇인가?' 장에서 나중에 훨씬 상세하게 다뤄질 몇 가지 요점들에 대해 간략하게 언급하겠다. 많은 분석들이 미디어 내용이 장르, 미디어, 그리고 청중의 경험의 특수성에 대해 무감각해지는 고정관념 적 성질에 대해 일반화하는 경향이 있다. 더 나아가, 미디어의 내용이 그 인구의 고정관념적인 역할에 대한 언급에 의해서 적절히 특징지어질 수 있다는 가정은 오히려 불완전하다. 특징들의 이야기에 대한 기여와 관여, 특정한 장르에서의 시각화와 지위에 대한 상호적인 관계가 모두가 똑같이 중요하다. 마지막으로 이러한 종류의 연구는 고정관념적인 영향과 전통적인 사회화 패턴으로 거의 문제가 되지 않게 이끄는 고정관념적인 이미지와 함께 미디어 내용의 명백한 의미와 효과를 가정한다. 그러므로 청중은 암암리에 단지 미디어 메시지를 수용하는 다소 수동적인 일반대중으로 개념화된다.

Note

[문체]

여기서 '이론적'과 '실증적'의 차이는 무엇인가?

[내용/문맥]

관객을 바라보는 미디어 연구의 방식들에 의문을 제기할 때, 우리는 이러한 작업을 이 책의 제23장(뉴미디어론)에서 탐구되는 미디어 평판에 대한 논쟁들에 배치할 수 있다. 고정관념 형성을 비판하기 위한 미디어콘텐츠를 검사할 때, 대부분의 작업은 간단한 사회적 영향을 가정하고 있다. 지금까지 리스벳 반 주넨는 설명한 거의 모든 접근 방식들에 문제를 발견한 것에 주목하자. 그렇다면 이 모든 방법들을 쓸모없게 만드는 것인가? 그리고 이렇게 많은 문제들이 있다면, 그 문제들을 왜 포함할까?

Reading 24

이데올로기(Ideology)

이데올로기 이론들은 커뮤니케이션 연구와 문화 연구에서 '중대한' 영역의 한 부분이다. 중대한 커뮤니케이션 학자들은 주류 커뮤니케이션 학자들과 마찬가지로 사회적인 성을 무시해 왔었다. 이는 버밍엄대학 현대문화연구소(Centre for Contemporary Cultural Studies, CCCS)의 여성학 집단에 의해 확인됐다. "우리는 CCCS 집단에 참여하는 것이 극도로 어려웠으며 이것은 지적인 연구와 그것이 수행되는 환경에서의 남성 지배의 사례로, 명확히 표현할 수는 없지만, 느껴졌다."(Women Take Issue, 1978: 11) 이데올로기 이론에서의 페미니스트 개입은 급진적이고 마르크스적인, 특히 사회주의적 페미니즘으로부터 나왔다. 다음 장에 논의될 문화 연구 관점들은 사회주의 페미니스트 이론에 크게 기반을 두었기 때문에, 전 고정관념과 포르노그래피의 테마들보다는 이데올로기가 좀 더 광범위하게 논의될 것이다.

Note

[문체]

왜 '중대한'이 따옴표/콤마 사이에 들어 있을까? 이 단어에 대해 잘 이해하는 것이 중요하다; 그것에 대한 설명을 이 책의 2장 '이론이란 무엇인가?'에서 참조해라.

[문맥]

버밍엄대학 현대문화연구소(CCCS)의 연구들은 이 책의 14장에서 다뤄지고 있다. 이 연구소가 자주 사회구조와 권력 사이의 관계에 대한 논쟁을 추진한 것으로 간주되지만, 여기서는 성에 대해서 연구소가 그렇게 하지 않은 것에 대한 비판에 주목할 필요가 있다. 사실, 이 연구소는 성별보다는 클래스/계급 조사가 훨씬 더 성공적이라고 주장할 수 있다. 이는 접근법과 이론이 항상 논의를 위해 내놓여 있다는 것을 보여 준다, 일반적으로 성공적이고 긍정적인 것으로 여겨지는 것들조차도 어떤 사상가들에겐 문제가 있는 것이다.

[구조]

이 글이 발췌된 책의 구조를 리스벳 반 주넨이 어떻게 서술하는 지에 주목하라, 다른 주제들보다 한 주제에 더 집중하려는 그녀의 결정을 정당화시킨다.

Reading 25

사회주의 페미니스트들은 여성의 억압에 자본주의적 생산 양식을 연결시키는 데에 깊은 이론적이고 정치적인 관심을 보여 왔다. 네오마르크스주의(Neo-Marxism), 정신분석, 그리고 이데올로기 이론은 이 이론적인 프로젝트의 원천을 제공한다.

Note

[문체]

이 단락은 복잡하다, 아마 이 시점까지 읽어온 어떤 글보다도 복잡할 것이다. 리스벳 반 주넨은 분명히 독자가 '신마르크스주의'와 '정신분석'과 같은 용어들을 이해하고 있는 것으로 추정하고 있다. '이론적 프로젝트'는 또한 무엇인가? '이론적'과 '정치적'의 관계에 대한 반 주넨의 언급에 주목하자, 이는 사회에 관한 이론과 논쟁 사이의 상호 작용을 강조한다. 이것은 모든 이론에서 흔하지만, 성불평등에 대한 비판으로 많은 페미니스트 사상에 추가적인 자극을 주었다. '이론'과 '정치' 관계에 관한 더 많은 토론을 알고 싶다면 정치·경제 관련해서는 제15장, 그리고 문화주의 이론에 대해서는 이 책의 제20장을 참고하시오.

Reading 26

이는 마르크스주의의 자본주의에 대한 정치경제학 분석뿐만 아니라 사회에 구성된 인간 본성의 구상도 가져 온다: 특정한 역사적 조건들은 특유의 인간 유형을 창조한다(Jaggar, 1983: 125). 그러나 마르크스주의자들은 자본가와 노동자만을 인간 유형으로 인지하는 반면, 사회주의 페미니즘은 인간이 성, 인종, 민족, 나이, 성별/성정체성 그리고 국적으로도 정의된다고 인식한다. 사회주의 페미니즘에 대한 이론적인 도전은 이러한 차이점들, 특히 성별차이에 역사, 사회, 경제적인 상태까지 관련되어 왔다.

Note

[내용]

'정치경제학 분석'은 이 책의 '15장 정치경제학'에서 논의된다. 여기에 제시되는 페미니스트 사상과 어떻게 관련될까?

[문체]

여기서 '도전'은 흥미로운 단어이다. 이에 연계되어 누가 사회주의 페미니즘을 공격하는 것일까? '목표' 또는 '의사'와 같은 표현들보다 왜 '도전'으로 표현되었을까?

Reading 27

사회주의 페미니스트들에 의해 인용되는 정신분석 이론들 중 프랑스학자 자크 라캉(Jacques Lacan)의 프로이드 재해석과 미국인 낸시 초드로우(Nancy Chodorow)의 연구가 특별히 중요하다. 프로이드는 사회적인 성에 대한 주관성은 어린이들이 그들의 생식기를 발견하는 유아 시절 '남근기'에 발달하는 것을 발견했다. 이 단계에서 '정상적인' 성인으로 자라기 위해서는 거세 콤플렉스를 잘 넘겨야 한다. 소년은 어머니에 대한 사랑을 깨닫게 되지만, 어머니가 남근이 없음을 알게 되고 자신의 남근을 잃게 될까봐 두려워하게 된다. 소년에겐 아버지가 어머니를 소유한 강력한 존재이며, 어머니에 대한 욕망 때문에 소년을 거세할 수 도 있다고 인지한다. '정상적인' 남성성을 갖기 위해서는 소년은 어머니에 대한 그의 욕망을 부정하고, 그의 아버지와 자신을 동일시하며 그의 가치관을 내면화해야 한다. 이 과정을 거쳐 그는 '초자아'를 발전시키고, 이는 곧 가부장적인 사회의식의 응축이다. 소년은 오이디푸스 콤플렉스에서 벗어나지 못하면, 어머니의 충만함에 몰두하게 되고, 그의 '정상적인' 남성성은 위험에 빠지며 상징적 거세에 이르게 된다. 따라서 소년이 남자가 되기 위해서는 어머니로부터 분리하고 아버지를 동일시해야 한다. 반면에 소녀는 이 단계를 다르게 거친다. 그는 남근이 없음을 깨닫고 남근을 선망하며 어머니가 자신을 갖추지 못하게 낳은 것에 대하여 원망한다. 그것에 대해 복수하기 위하여 그녀는 아버지의 사랑을 얻기 위하여 어머니와 경쟁을 하고, 그의 남근을 욕망한다. 프로이드에 따르면 소녀가 남근에 대한 욕망을 아이 가지려는 바람으로 대체하는 것이 가장 성공적이며, 이로써 그녀는 문제없이 성숙한 여인으로 자라나게 된다.

Note

[내용]

이 단락은 프로이드의 정신분석 이론을 유용하게 요약했다. '남근 선망'과 '초자아'에 대한 프로이드의 제안들이 이상하게 느껴질 수도 있다, 거기에 이러한 아이디어에 대해 그리고 프로이드가 자신의 이론에 뒷받침할 증거의 타당성 정도에 대해 많은 논쟁이 있다(Thwaites, 2007). 모두가 완전하고 동일한 방식으로 이러한 단계들을 통과하는 여부보다는 오히려 그러한 것들이 상징할 사회적 및 문화적 과정들이 중요하다. 다음 단락에는 리스벳 반 주넨은 페미니스트사상에 유용하고 당신이 좀 더 '믿을 수 있는' 라캉(Lacan, 2006)의 프로이드 이론에 대한 개발을 언급한다.

Reading 28

자크 라캉의 프로이드 재해석에서 신체적인 남근이 중심이 아니라 사회적이고 문화적인 힘을 상징하는 남근성이다. 어린이들의 엄마로부터 분리는 언어의 습득 또는 다른 방식을 통해 상징적인 질서에 입문하면서 일어난다고 본다. 인간들을 서로 연결해 주고 인간 경험을 자각하게 해 주는 상징적인 질서 없이는 사람은 구실을 할 수가 없으며 정신병자가 된다. 라캉의 상징적인 규칙은 엄마와 아이 사이에 끼어드는 제3자 아빠의 구조적인 위치 때문에 확실히 가부장적이다. "상상 속에서 아빠의 위치는 언어가 차지하고 있는 것과 같다. 언어는 남근의 결핍과 적절한 결합의 환상을 붙잡고 있는 환타지의 연속인 황홀경의 상징적인 단어로서 상상 속의 양자관계[어머니와 아이 사이]에 개입한다."(Brennanm, 1989: 3)

상징의 가부장적인 본성은 언어 및 어머니와 아이의 유대관계에 개입한 아버지의 동등한 구조적 위치의 생산품임이다. 가부장적인 상징적인 규칙-라캉의 언어로는 아버지의 법칙(Law of the father)-에 대한 복종은 인간의 자율과 건전함의 필요조건이다. 그러나 소년들에게 그 과정은 사회적인 힘에 대한 접근을 암시하며, 소녀들에게는 '여성적인 것'은 설자리가 없고 말해질 수도 없는 가부장적인 질서로 들어가는 것을 의미한다.

Note

[내용]

'가부장제'는 페미니스트 사상에 중요한 개념이며 연구가 페미니스트인지 아닌지에 상관없이 많은 미디어와 문화 연구에 중요한 주제이다. 이는 남성성이 우리 사회에 표준화되고 지배한다는 것을 간주하고, 여기에 라캉은 우리는 성장하면서 세상을 이해하기 위해 이 시스템을 수용해야 한다고 주장한다. 이를 남자와 여자 아이들이 성장하면서 다르게 대하는 방법들에서 생각할 수 있다. 예를 들어, 그들이 가지고 노는 장난감 종류, 입는 옷들, 관심가질 (그리고 가져야만 하는) 스포츠나 취미에 대해 만들어진 가정들이 있다.

[문체]

여기서 '복종'을 매우 신중하게 사용한다. 이는 설명 중인 과정에 대한 긍정적인 관점을 제시하는 것인가 아닌가?

Reading 29

낸시 초드로우(Nancy Chodorow)의 유물론의 정신분석에 따르면 사회적인 성의 동일성 획득은 오이디푸스 콤플렉스 단계 전에 일어난다. 이 이른 시기의 어린이는 부모 보통 어머니에게 완전히 의지한다. 어머니와 어린이의 강한 공생 관계에서 어린이는 지속적으로 그와 어머니는 하나의 존재인지 궁금해 한다. 이러한 공생 관계는 같은 성을 지니는 어머니와 딸에게서 더 강하게 나타난다. 딸들은 개인적인 동일성과 어머니와 더 지속적인 관계를 발전시킨다. 소년들은 아버지의 상대적인 부재 때문에 이러한 직접적인 동일성에 대한 기회가 덜하다. 소년은 여성적이지 않은 자각을 발전시키고 아빠라는 사람이기보다는 아빠라는 위치와 동일시한다. 결과적으로 소녀들은 자신을 다른 사람(어머니)과의 관계에서 생각하는 반면 소년들은 자신을 연결되지 않은 개인(아빠의 부재)으로 자각한다. 초도로우의 이론에서 남근 선망은 신체적인 것에 대한 여성적인 욕망이 아니라 어머니로부터 분리와 자율적인 인간이 되려는 욕망을 의미한다.

Note

[내용]

'유물론적 정신분석'은 무엇이며, 프로이드나 라캉의 접근법과는 어떻게 다른가?

Reading 30

초도로우의 정신분석은 프로이드와 라캉의 개발적인 아이디어들과 유사하나, 주요한 차이는 보살핌의 사회적인 과정에서의 성별차이를 유물론적인 관점에서 설명한다는 것이다. 초도로우의 이론에서 여성성은 '결핍' 또는 '별개'에 의해서가 아닌 의미 있는 삼자관계에 대한 능력에 의해 특징지어진다.

Note

[문체]

여기서 리스벳 반 주넨은 여러 사상가들의 사상을 유용하게 요약하고 대조해 준다. 이론의 상호연관성 및 한 사람이 자주 생각하는 것이 다른 사람의 분석에 응답하는 방식들을 보여 준다. 이는 다시 이론은 지속적인 프로세스임을 보여 준다.

Reading 31

정신 분석은 특히 알튀세르(Althusser)나 그람시(Gramsci)와 같은 신마르크스주의자들에 의해 이론화된 이데올로기의 수준에 사회적인 성과 가부장적인 관계의 재생산이 이루어진다고 생각한 사회주의 페미니스트들에게 수단이 되어왔다. 마르크스주의/사회주의 이론 내에서 이데올로기는 왜 자본주의적 생산 양식에 필수적인 상태가 유지되는지 설명하는 주요 개념이다. 예를 들면, 노동자들은 그들의 억압에 반대하여 반란을 일으키지 않는다. 정식적으로 이데올로기는 이렇게 정의되어짐.

> 경제적인 계급을 지배하는 수단은 사회 활동의 모든 범위에 걸쳐서 그들의 우위를 일반화하고 확대하며, 그 과정에서 그것을 순화한다. 그래서 그들의 지배가 받아들어져 그것이 자연스럽고 당연한 것이며, 따라서 합법적이고 의무적인 것이 된다
>
> (O'Sullivan et al., 1989: 109).

알튀세르와 그람시의 이론이 사회적인 성의 쟁점을 무시했으나, 그들이 연구한 이데올로기적인 메커니즘은 사회적인 성이 이데올로기의 중요한 요소라고 주장하였던 사회주의 페미니스트들에게 영감의 원천이 되어왔다.

Note

[내용]

책 전권에 이데올로기의 개념에 대해 계속 읽을 것이다, 이는 많은 미디어 연구의 주요 관심사이다. 이 아이디어에 대해 더 탐사하려면 '제20장 문화주의 이론'을 참조하라.

[문체]

다시 말하지만, 의도적인 언어를 살펴보자. '반란', '억압', '우위' 등. 이것은 주제에 대해 저자들의 견해에 대해 무엇을 말해 주는가?

Reading 32

알튀세르는 자신의 이데올로기 이론을 발전시키기 위해 라캉의 주관성 관념을 끌어들였다. 알튀세르에 따르면 이데올로기에 의한 질문들에 의해 사람들은 주관적이게 된다. 우리는 우리를 위해 만들어진 주어진 사회 속에서 이용 가능한 언어 및 의미 시스템들의 제한과 가능성 내에 우리 자신과 우리의 사회적인 경험에 대한 자각을 할 수 있다. 언어는 진정한 경험이나 정말로 일어난 것을 전달하는 투명한 미디어가 아니라, 주관성과 현실을 구성하는 것으로 보인다. 라캉의 격언에 따르면 '우리는 언어를 말하지 않는다. 언어가 우리를 말한다.'

Note

[구조]

리스벳 반 주넨은 페미니스트 이론가들이 알튀세르와 그람시의 이론을 채택하고 사용한 목적들이 원저자들 논의도 하지 않은 주제, 의도한 것이 아닌 것을 알고 있었다. 종종 영향력 있는 이론가들이 이후의 사상가들이 자신들의 이론을 가지고 사용한 것에 대해 놀라고, 어떤 경우에는 격분한다고 전해진다. 이는 이론이 사고의 **시작점**으로 얼마나 자주 사용되는지 보여 주는 동시에 우리가 원작자들이 말하려고 하는 것을 이해하려는 노력이 중요하다. 이는 아이디어가 개발되고, 새로운 사건과 주제에 적용되고, 생각되지 않은 영역으로 이동하기 위해서는 완전히 타당하고 참으로 필요한 것이다. 미디어 연구는 비교적 새로운 분야여서 일반적으로 다른 주제의 이론을 가져와서 자신의 목적에 (맞게) 사용한다. 이를 좋은 관행이라고 보는가?

Reading 33

알튀세르의 이데올로기 국가기구(Ideological State Apparatuses, ISAs)는 종교, 교육, 정치, 법, 가족, 미디어, 문화와 같은 제도를 나타낸다. 국가와 자본으로부터 상대적으로 자율성이 있고, 다양성과 내부 모순에도 불구하고 이러한 제도들은 국가와 지배 계급의 대리인으로서 기능하다. ISAs가 직접적으로 지배계급에 의해 조정당할 수는 없기 때문에, 그들은 지배적인 이데올로기 안에서 모순을 나타내는 이데올로기적 싸움터이다. 그러나 결국 알튀세르가 왜 그리고 어떻게 이것이 달성하게 되었는지 설명하는데 실패했음에도 불구하고 지배적인 이데올로기를 좋아하게 하는 기능을 한다.

Note

[문맥]

리스벳 반 주넨는 '이데올로기', '질문', '이데올로기적 국가기구'와 같은 어려운 아이디어의 의미를 이해하도록 설명한다. 위에서 언급한 바와 같이, 이러한 아이디어는 성 자체를 알아보려는 목표로 사상가에 의해 개발되지 않고, 이후의 페미니스트 사상가들에 의해 이러한 목적을 위해 채택되었다. 그렇다면 서로 다른 맥락인 것은 아무 의미도 없다. 알튀세르는 특정 시간에 특정 장소에 작업했으며, 그의 연구는 거의 그 맥락 내에만 기반을 둔다. 이를 리스벳 반 주넨 및 기타 페미니스트 사상가들이 탐구하려는 상황/맥락에 적용하는 것이 얼마나 간단할지 질문할 수 있다.

Reading 34

알튀세르의 이데올로기 이론에서 개인은 지배적인 이데올로기에 의해 질문을 받는다. 다시 말하면, 개인은 냉혹하게 지배적인 이데올로기 속으로 끌려들어가는 것이다. 그람시의 '헤게모니(hegemony)'는 이데올로기 개념에 중요한 덧붙임이다. 여기서 '헤게모니'는 지배 계급의 해석에 대한 일반적인 동의를 열심히 구하는 과정을 의미한다. 지배적인 이데올로기는 모든 사람들에게 자연적이고, 정치적이지 않은 상태로 받아들여지는 것으로써 나타나는 '상식'으로 해석되기 때문에 눈에 보이지 않는다. 알튀세르와 같이 그람시는 지배 계급의 개념을 노동자의 평범한 언어와 경험으로 전환시킨 이데올로기적 제도와 매개물을 성직자와 지식인과 동일시한다.

Note

[내용]

그람시학파와 알튀세르학파의 아이디어의 이데올로기와 헤게모니는 공공영역인 공론장(16장)과 문화주의 이론(20장) 등 이 책 전체에 걸쳐 나온다. 알튀세르는 교육을 그가 비판한 '이데올로기적 국가기구'의 하나로 보고있다; 이를 공부를 계속하면서 염두에 둘 필요가 있다.

Reading 35

분명히 미디어는 헤게모니에 대한 동시대의 매개체이며, 특히 여성다움의 이데올로기 구성체가 미디어콘텐츠로 생산되는 것이 어떻게 그리고 누구에게 도움 되는지 의문이다. 이러한 연구는 대부분 정신분석, 구조주의, 기호학에 의해 제공된 도구를 사용하는 특이한 미디어 텍스트들의 이데올로기적 분석들로 구성으로 되어 있는 이 기질 안에서 이루어졌다(Coward, 1984). 이러한 연구의 특이 본성은 이해와 의미 있는 리뷰를 실행하기 불가능하게 만들고, 따라서 나는 1980년대 초의 연구이더라도 중요한 접근과 이슈들을 예시하는 오직 하나의 연구 프로젝트를 논의할 것이다.

Note

[문체]

리스벳 반 주넨이 이론적 접근 전 범위 및 제안한 많은 유형의 증거에 드린 깊이와 세목을 고려하면, 그녀는 왜 적은 근거로 미디어에 대해 '헤게모니의 현대 매개체다'라는 상당한 주장을 하고 이에 만족하는지에 의문을 품어야 한다. '분명히'라는 단어를 사용한다: 그녀는 자신의 주장에 대해 그 어떤 이견도 없을 것으로 기대하는 것이다.

Reading 36

여성을 위한 대중 문화의 전형적인 이데올로기적 분석은 10살에서 14살 소녀들을 겨냥한 영국 십대 잡지 『젝키(*Jackie*)』에 대한 엔젤라 맥로비(Angela McRobbie)의 고찰이다(McRobbie, 1982).

맥로비는 『젝키』의 출판사인 톰슨(D.C. Thompson of Dundee)에 대해 간단한 기술을 하였는데, 맥로비에 따르면 출판사의 역사는 '원기왕성한 노동조합 반대주의'와 '검열제도 및 콘텐츠의 엄격한 규범'으로 특징지어진다. 연간 수익은 출판 산업이 위기이던 때에도 20%를 달성할 만큼 높았다. 따라서 톰슨을 고전적인 자본주의 기업가로서 동일시하며, 맥로비는 이러한 회사들은 단순히 수익만 쫓는 것이 아니라 그들은 '지배적인 질서, 다시 말하면 문화의 수준에서 여성다움, 여가, 소비에 관하여 동의하도록 하는 맹목적인 시도'에 개입되어 있다고 주장하였다. 출판사는 자신들의 특정 운영방식을 가지고 있는 사회적인 형성에서 상대적으로 자율성 있는 기구이다.

맥로비는 노동자 계급, 특히 젊은 노동자 계급이 문화적인 생산물을 다시 점령하여, 그들만의 저항적이고 하위 문화적인 스타일에 생산물을 통합시킴으로써 헤게모니를 전복시킬 수 있는 방법을 발견했다고 주장하였다. 그러나 맥로비가 언급하길, 이러한 재전유의 가능성은 여성들에게는 훨씬 더 어려웠다. 소녀들이 접할 수 있는 문화적 형태는 제한적이었기 때문에 문화적 형태 이용은 십대 잡지 읽기 등 개인적인 영역으로 한정되었다. 따라서 노동자 계급의 젊은 남성에게는 지배적인 사회 질서와의 문화적인 협상이 실행 가능한 반면에, 맥로비는 십대 소녀들이 하위-문화적 실행에 대한 저항을 상상하는 것이 훨씬 더 어렵다는 것을 발견하였다. 일, 학교 또는 가족으로부터의 직접적인 강제에서 해방되는 여가시간에 소녀들은 자유의 환상을 즐긴다. 그러나 자본은 역시 『젝키』와 같은 잡지를 매개물로 여가시간도 효과적으로 지배한다. 맥로비는 이러한 지배가 어떻게 『젝키』에서 성취되었다고 생각하는가?

Note

[구조]

이번 장은 엔젤라 맥로비의 연구(McRobbie, 1982/1978)를 증거로 사용하면서 리스벳 반 주넨의 주요 주장을 다룬다. 하지만 여기에 문제가 있다. 우리는 많은 연구들의 예시로 이 연구 하나를 받아드려야 한다. 리스벳 반 주넨은 이 분야가 '특이하기' 때문에 한 연구만

봐도 된다고 한다. 이는 타당한 정당화인가? 이 단락은 페미니스트사상 이론의 이론적 분석에서 실제적 분석으로 이동하므로 장의 구조상 매우 중요하다. 하지만 단락의 간결함과 가정들에 주의해야 한다. 이에 수긍하는가?

[문체]

어떠한 측정으로 '전형적'인가? 이것이 전 단락에서 주장한 이러한 분석은 '특이하다'는 것과 어떻게 일치하는가?

[문맥]

계급은 미디어 연구에서 반복되는 주제이지만 이야기하기 꺼려하는 아이디어일 것이다. 물론, 특히 이전의 사회들에 비해, 우리는 이제 '계급 없는 사회'에 살고 있다고 주장된다(Adonis and Pollard, 1997). 그러나 미디어 연구는 이를 받아들이진 않고 분석에 있어서 계급을 매우 중요하게 본다. 이는 현대문화연구소 연구의 핵심적인 생각이었다. 따라서 반 주넨은 계급에 대해 편하게 논의하며 이는 사회적 권력과 패권의 문제에 대해 필연적으로 연결된다.

[내용]

이리 언급되지는 않지만 여기에 나열되는 남녀에게 주어지는 다른 기회들을 맥로비는—따라서 리스벳 반 주넨도—안 좋은 것으로 본다. 사실 글에 그대로 명시되지는 않았으나 안에 암시되는 비판을 느꼈을 것이다. 이러한 연구의 대부분은 비슷한 입장을 취하고 있으며 어떻게든 변경되어야 한다고 본다. 반 주넨은 이 관점을 분명히 논하지 않은 것은 아마 독자들도 비슷한 생각을 가지고 있다고 가정하는 것이다.

Reading 37

맥로비는 『젝키(*Jackie*)』에서 나타나는 '내포하는 코드'를 조사하기 위하여 시각적이고 언어적인 기호(sign)의 분석인 기호학을 이용하였다. 여기서 '내포'는 기호의 암시적이거나 결합적인 의미를 말하며, 반면 '지시'는 그것들의 문자상의 의미를 말한다. 예를 들어, 『젝키』의 사진 이야기에서 브루넷(brunette, 백인종 가운데 거무스름한 피부, 머리칼, 눈을 가진) 소녀는 오직 갈색 머리칼과 갈색 눈만 가진 것이 아니라 보통 그녀가 원하는 남자, 예를 들면 그녀의 가장 친한 친구의 남자친구를 얻는 부도덕한 줄거리에 말려든다. 따라서 브루넷은 말썽을 의미한다(내포). 맥로비는 『젝키』에 내포된 로맨스 코드, 개인적/가정적인 삶의 코드, 패션과 미의 코드, 팝음악의 코드 등 네 가지 코드를 구분하였다. 이성애의 로맨스가 『젝키』의 중요한 테마이며, 그것은 문제의 페이지와 '참된 삶' 이야기에서 사진 이야기로 독자에게 다가온다. 사진 이야기에는 보통 평균 독자들보다 약간 나이가 많고, 그들의 사회적인 배경은 명백하지 않으며, 그들의 환경이나 언어사용도 나타나지 않는 두세 명의 주요 인물이 등장한다. 맥로비에 따르면 주요 등장인물들은 쉽게 알아볼 수 있는 전형적인 인물들이다. 소년들은 저항할 수 없게 매혹적이고, 머리가 헝클어졌으며, 예민한 예술가이거나 거칠지만 섹시한 비행 소년이다. 소녀들은 조용하고 내성적인 금발머리거나 신뢰할 수 없는 브루넷이거나 그저 평범하다. 그들은 주요 업무가 서로를 쫓는 재밌고 사랑스러운 집단이다. 소녀들의 삶의 주요 업무는 남자를 얻고 지키는 것이고, 이런 점에서 다른 여자들은 믿어선 안 된다. '소녀들의 삶은 질투, 소유, 헌신과 같은 감정을 통해 정의된다. 널리 퍼지는 이야기는 기본적인 두려움, 당신의 남자친구를 잃거나 절대 얻지 못하게 될 것이라는 두려움이다.' 그리고 소녀들은 단순한 소년이 아니라 로맨스, 공개적으로 인지되는 관계를 원한다. 맥로비가 주장하기를 『젝키』의 소녀들은 소년들을 성적인 대상이 아닌 로맨틱한 대상으로 본다. 『젝키』에서 로맨스의 코드는 따라서 사춘기 소녀들의 만연한 관심을 통해 이성애적인 로맨스를 구성하는 동시에 뚜렷한 남성과 여성의 역할의 결합과 분리를 확고히 한다.

물론 실제 삶에서 이러한 테마들은 문제들로 가득 차 있으며, 이는 실제 문제 페이지에 논의되어 있다. 여기에서 『젝키』의 이데올로기적인 작용이 전통적인 개인주의와 순응주의 자립정신을 장려하여 좀 더 공공연하게 보인다. '그것은 소녀는 전통적인 여성의(수동의) 행동과 그녀 자신의 정신에 대해 둘 다 도전을 받는다.' 맹목적으로 다른 사람들을 따르는 위험성에 대하여 경고를 받고, 직장에서의 시간낭비, 학교 무단결석 또는 수다 떨기를 하지 못하게 한다.

패션, 화장과 뷰티는 사춘기의 여성다움에서 또 다른 주요 코드의 기호이다. 옷 입는 것과 화장은 그것 자체로 소녀들이 스스로 특별하고 인지할 수 있는 이미지를 창조할 수 있도록 가르침을 받는 기호이다. 패션과 뷰티는 잡지의 중심은 아니지만, 그들의 메시지는 소녀들의 삶에 전적으로 필요한 것이라고 말하고 있다. 사춘기 여성의 몸은 당연히 지속적인 유지와 향상이 필요한 것으로 여겨지며, 『젝키』는 개인의 향상을 위한 단계별 메뉴얼을 제공한다.

마지막으로, 팝음악도 『젝키』의 중요 요소이다; 그러나, 음악 자체가 문제가 아니라 매주 1~2페이지에 할애되는 팝 뮤지션인 스타가 문제이다. 사실, 팝 스타의 사진은 『젝키』의 독자들에게 다시 한 번 로맨스에 대한 환상을 불러일으킨다. "이 분야에 대한 관심을 발전시키거나 그들 자신의 음악을 창조하게 하기보다는 요번에도 독자들은 감정에 빠지는 기회가 주어진다, 하지만 이번에는 남자친구보다는 팝 스타 인물에 대한 감정이다."

Note

[내용]

기호학은 **이 책**의 제18장에서 설명했다.

[문맥]

엔젤라 맥로비의 연구는 30년도 넘었다. 그녀의 주장은 오늘날까지 유효한가? 사이즈-0 모델에 대한 우려, 식이장애에 대한 논란, 그리고 포르노와 랩 댄싱 클럽의 정상화에 대한 걱정에 대해 생각해봐야 한다. 그러나 남성들에게도 상황이 변했는지도 생각해봐야 한다. 그때의 콘텍스트/상황은 지금의 콘텍스트/상황과 어떻게 다른가?

Reading 38

전체적으로 『젝키(*Jackie*)』는 소녀들에게 개인적인 삶의 중심을 표현한다. 그것은 모든 것을 받아들이는 숨 막히는 로맨스와 감정의 총체를 제시하여, 소녀들이 다른 것을 하거나 생각하지 못하게 한다. 비록 독자들은 이데올로기적인 이치를 의문 없이 받아들일 것이라는 생각에 반대하는 엔젤라 맥로비는 결론에 신중했음에도 불구하고, 그녀는 『젝키』의 담론은 아주 강력하다고 보고 있다 '그것이 특히 체계적으로 정리된 형태로 몇 년간 각 주마다 주어진 채 흡수된다면.'

Note

[문체]

이제 '담론'이 무엇인지 확인해 보자.

Reading 39

맥로비는 분석은 대중문화의 이데올로기적 분석의 좋은 예이다. 그녀는 자본주의 콘텍스트 안에서 생산되는 미디어 텍스트의 이데올로기적 작동에 초점을 맞추어 출구가 없는 만연한 헤게모니 과정을 남긴다. 맥로비는 나중에 자신의 텍스트 분석이 '『잭키』의 이미지를 독자들을 잠재적으로 구속하는 군중 이데올로기의 덩어리로 만들었다'고 인정했다. 맥로비의 프로젝트가 헤게모니 과정 내의 모순을 감안하였으나, 『잭키』에 대한 실제 분석에서 이론적 교양은 『잭키』를 사춘기 여성성의 획일적 이데올로기 구성으로 바로 해석해 버린다. 그 후의 『잭키』 독자들에 대한 연구들은 다양한 해석과 반응으로 반드시 헤게모니와 일치하지 않는다고 보여 준다(Frazer, 1987).

Note

[문체]

리스벳 반 주넨은 왜 이 분석을 '좋은 예'로 보는가? 어떤 다른 분석들과 비교되는가?

[내용]

여기서 『잭키』의 독자들에 대한 연구가 엔젤라 맥로비가 수행한 텍스트의 분석과는 상당히 다른 결과가 나왔다고 한다. 이는 독자응답 검토의 중요성을 보여 준다. **이 책**의 제26, 27장에서 다룬다.

Reading 40

연구 의제에 새로운 테마를 추가하거나 예전 것을 전환하는 것은 제외하고, 기본적인 안건은 페미니스트 미디어 이론과 연구가 이러한 테마들에 접근하는 새로운 방법을 제안했는지 아닌지 이다. 페미니스트 커뮤니케이션 학자들은 새로운 체제, 새로운 디자인 그리고 새로운 방법을 개발했나? 이러한 혁신들이 패러다임을 엄격하게 지도하는 데에 영향을 미쳤는가?

Note

[문제]

'새로운 방법'의 생각하기가 발달된 것이 왜 중요한가?

[구조]

이 단락은 글의 결론, 요약 부분이다, 그래서 여기에 주요 주제와 접근방법들이 종합된다. 이후의 장들의 탐구준비로 요번 단락은 무엇을 다뤘는지 다시 한 번 살펴본다.

Reading 41

그 질문에 대답하기 위해서는 세 가지 테마 뒤에서 논의된 커뮤니케이션 이론—고정관념과 사회화, 포르노그래피와 이데올로기—을 자세히 살펴보는 것이 필요하다. 첫 인상과는 반대로, 이러한 주제로 완성된 연구들은 사회적인 성의 구성에서 미디어의 역할에 대해 비슷한 가정을 하고 있다. 그들은 고정관념적이고 가부장적이고 여성과 여성다움에 대한 헤게모니적 가치들을 전달하는 주요 도구로서 인식된다.

세 가지 테마에 대한 연구에서 미디어는 사회적인 지배의 대리인으로서 개념화된다. 고정관념에 대한 연구에서 미디어는 연속성, 통합, 그리고 변화의 편입을 지키기 위해서 깊이 성차별주의적인 사회의 유산을 전달한다(Tuchman, 1981). 반포르노그라피 캠페인하는 사람들은 미디어가 여성 자신의 경험을 억누름으로써 가부장제의 필요에 봉사한다고 주장한다(Dworkin, 1981). 그리고 이데올로기 이론에서 미디어는 자본가와 가부장적인 질서를 '정상적인' 것으로 보이게 하고, 그것의 이데올로기적 본성을 감추고 '상식'으로 만드는 헤게모니 제도로 보인다(『*Women Take Issue*』, 1978).

이 모든 세 가지 영역에서 구조적인 기능주의 미디어 이론이 해롤드 라스웰(Lasswell)의 질문을 따르며 사용된다. 누가, 무엇을, 누구에게, 무슨 효과로 말하는가?

캐리(Carey, 1989: 15)는 이러한 관념화하기를 커뮤니케이션의 전달 관점으로 라벨을 붙였다. "이러한 생각의 중심은 지배 목적에 대한 거리를 넘어선 신호와 메시지의 전달이다."

페미니스트 전문 용어에서 미디어는 사회적인 질서의 유지에 공헌하기 위한 성차별주의, 가부장주의 또는 자본주의 가치를 전달하는 것으로 생각된다. 이러한 모델들에서 의미는 상대적으로 일관되고 모순이 없는 미디어 텍스트에 우선된다.

Note

[내용]

해롤드 라스웰에 대한 더 자세한 내용은 **이 책**의 10장을 참조하라.

Reading 42

커뮤니케이션의 전달 관점은 강한 비판의 주제가 되었다. 페미니스트와 다른 커뮤니케이션 학자들로부터 몇몇 저자들에게까지 매스커뮤니케이션의 학문적인 연구가, 의미의 제도적인 생산자들과 의미의 생산자로서의 관객 사이의 역사적이고 사회적인 타협의 결과로서에서 나온 의미로 이해되는 인식에 대한 움직임을 포함한, 패러다임 변화의 중간에 있다고 주장한다.[8] 제1장에서 암시된 것처럼, 의미는 더 이상 일관된 실체 그 이상이나 이하로서 개념화되지 않으며, 모순되고, 나눠지고, 복수의, 다시 말하면 다의적인 것으로 보인다(Morley, 1989). 드라마와 로맨스 관객의 해석적인 활동에 관한 이엔 앙(Ien Ang, 1985)과 제니스 래드웨이(Janice Radway, 1984)의 연구의 중요성에 대한 충분한 인정은 페미니스트 미디어 연구가 분명히 의미와 커뮤니케이션의 재개념화에 관여한 것을 보여 준다. 그러나 페미니스트 영향을 격리하고 다른 영향들, 특히 문화 연구의 영향으로부터 구별하기 어려울 것이다.

Note

[문맥]

미디어 연구는 '패러다임 변화'를 거쳐가고 있다고 봤을 때, 리스벳 반 주넨은 특정 콘텍스트/맥락에 연구를 넣는다. 이는 변화의 콘텍스트이다. 즉, 핵심 개념과 방법들이 연구가 변하고 있고 변한다는 것을 알리는 상황에서 연구가들은 연구를 하려고 시도한다. 이론이 작동되는 끊임없는 변화의 상태에 정신을 지니는 것이 중요하다. 앞으로 새로운 아이디어를 내세울 때, 이론은 그 끊임없는 변화에 기여하고 구성한다.

---

8) 패러다임 전환에 관하여 다른 학자들은 반론을 제기하고 있다(Curran, 1990).

Reading 43

이 책의 소개에서 얘기된 것처럼, 정확히 페미니스트와 문화 연구의 접합점에서 가장 혁신적이고 영감을 주는 연구가 이루어진다. 다음 장에서는 이러한 논의를 확장할 것이다, 커뮤니케이션의 페미니스트 전달 모델의 약점들을 자세히 펼쳐봄으로써 그것으로부터 페미니스트 미디어 이론을 위한 문화 연구 체제를 만들 것이다.

Note

[구조]

리스벳 반 주넨은 책 전체의 콘텍스트 내에 자신의 글을 넣음으로써 마무리한다. 그런 의미에서 그녀는 이번 장의 내용은 뒤를 이을 내용에 대한 정당성을 만들어준다고 하는 것이다. 다음 장에는 무슨 내용이 있을 것으로 생각하는가?

읽기 자료 살펴보기

이 장의 반 주넨(van Zoonen)의 자료를 읽기 전에 소개에서 언급된 바와 같이, 독자는 무엇을 '페미니즘'인가에 대한 감각적 개념을 가지고 있었을 것이다. 반 주넨 저널이 독자의 개념을 확장시키고, 새로운 고려를 가져온 것을 고려해야 할 것이다. 그러나 이 장이 페미니즘 개념을 완전히 바꾸지는 못하지만 이제 그러한 개념을 조정해야 할 것이다. 또한 이 장이 유일한 이 페미니즘 이론이거나 미디어의 관계에 대해 생각하는 유일한 방법은 아니라는 것이다. 즉, 많은 다른 페미니즘이 있다는 것을 고려해야 한다. 당신이 반 주넨의 작품이 모든 비판은 페미니즘의 다른 종류의 답변을 얻을 수 있는 것은 아니며, 페미니즘을 바라보는 다양한 차이점이 존재하는 것을 인식하는 것이 중요하다.

더불어 독자는 특히 특정 페미니스트의 사상은 어떤 분야에라도 연결 지어 생각하고 특정 페미니스트 사상가와 저자는 이 분야에서 상대적으로 유명하다. 그리고 매우 자주 텔레비전에 등장할 수도 있다. 예를 들어, 당신은 저메인 그리어(Germaine Greer)의 『여성, 거세당하다(*The Female Eunuch*)』(1970) 이어진 후속 저서 『완전한 여성(*The Whole Woman*)』(2000) 등은 정기적으로 신문과 잡지에 기고하고 때로는 문화 해설자로 텔레비전에 등장한다. 어떤 아카데믹 페미니즘과 관련된 일부 학자는 대중의 의식에 돌파하고 성과를 통해 업적을 이루고 있으나, 많은 학자는 초야에 묻혀 있는 연구자로 남아 있다.

이 장은 수십 년 전에 쓰였지만 여전히 이러한 논쟁이 오늘날 여전히 관련이 있다고 생각하는가. 예를 들어, 반 주넨은 종종 현실 여성과 성별에 관한 문제를 무시하고, 학문적 미디어의 분석을 존재한다는 것을 이 장을 공부하면서 경험하는가? 당신을 가르치고 있는 사람들에 대해 생각해 보기를 바란다. 성역할 이란 무엇인가? 어떻게 동료들에 대하는가? 지금 당신은 반 주넨과 같은 비판을 만들거나 새로운 생각의 변화가 있는가? 한 시점에서 그녀는 재키 잡지의 멕로비 분석을 했다. 이 분석이 오늘날 현대 잡지에 적용할 수 있을까? 이 잡지는 '남성'과 '여성'의 개념을 오늘날 신문 가판대에서 성 분할하는 방법을 보면, 성에 대한 가정에 대해 우리는 무엇을 알 수 있을까? 많은 경우, 우리는 지금 '포스트 페미니즘'(Tasker and Negra, 2007) 시대에 살고 있다. 여성은 가족과의 관계 모두 강인하고, 경제적으로 독립적이며, 자유로운 성 생활을 하고, 패션에 관심을 가지는 것으로 방송 프로그램에서 보이고 있다(Akass and McCabe, 2004). 그러나 연구는 여전히 여성이 남성보다 적은 월급을 받고, 남성보다 더 많은 집안일을 하고, 직장과 가정에 편견으로 겪고 있다. 그것은 한 시절이었고(진정한?) 지금 남녀가 동등하게 대우되고, 예전보다 '더 나은' 상황이라고 말할 수 있는가? 당신은 페미니스트 논쟁이 지금 어떤 가치를 가졌다고 보는가?

아래에서 열거한 바와 같이, 반 주넨은 많은 학자를 언급하고 있다. 왜 이런 일이 있을 수 있는가? 어떻게 독자들은 참고문헌을 참고하는가? 그들 모두를 읽는 것은 불가능하다. 그래서 학업이나 연구에서 중요한 연구와 관련하여 독자들은 어떻게 결정하나? 당신은 항상 다른 작가에 의해 제시된 아이디어와 토론에 대한 소개로 이론을 읽고 생각해야 하고, 반 주넨은 분명히 많은 다른 사람을 참조하여 재구성하였다. 하지만 연구자는 본인이 방법을 적용하고 추적하여 해결해야 한다. 그것은 당신이 가서 당신에게 가장 유용 사람을 선택할 수 있도록 읽을 수 있는 가능한 모든 소스를 선별에서 기술을 개발하는 것이 중요하다. 즉, 자주 연구자에게 가장 큰 영향을 미치고, 연구자에게 즉각적이고 필요로 하는 유용한 자료를 이용하는 것이 필요하다. 당신을 위해 새로운 사고방식을 개발하고 기억하는 것이 좋다. 흥미로운 독서를 하는 동안 걸려 넘어 가능성은 또 다른 감동이 중 하나이며, 그래서 당신은 당신이 강독하는 동한 직접적인 연구와 관련이 없다 고하여 개미적인 독서, 즉 느린 읽기가 낭비라고 생각해서는 안 된다.

반 주넨이 다른 저작을 참조하는 이유 중 하나는 복잡한 이론적 맥락 연구를 배치한다는 것이다. 페미니즘의 광범위한 범위를 포함하기 때문에, 그것은 종종 다른 이론적 모델에 연결된다. 서론에서 언급한 바와 같이, 반 주넨의 책 첫 번째 장에서는 시청의 '코드화/독해' 모델(van Zoonen, 1980c)에 관한 것이다. 이 장의 결론 부분은 문화 연구/문화 이론을 의미한다. 이 두 가지 모두 이 책에 설명되어 있다. 이는 이러한 이론적 모델이 교차하는 방식을 통해 다른 장을 참고하고 연구에 좋은 아이디어를 적용하는 좋은 방법이다. 당신이 특정 범주를 통해 이론 건너 것이 대부분이지만, 연구자는 다른 접근 방식 사이의 링크를 참조하는 것은 중요하다. 오히려 이론이 모두 하나의 큰, 헤아릴 수 없는 큰 매질로 보기보다는 대부분이 광범위한 이론의 기원이 어디서 오는지를 파악해야 한다. 몇 가지 중요한 아이디어를 파악할 경우, 많은 이론을 이해하는 데 도움이 된다. 따라서 이 장을 통해 어떤 논쟁, 접근법, 그리고 아이디어를 갖는지를 염두에 두어야 한다. 그리고 미디어 이론의 주요 개념을 구성하는 항목이 반복되어 있는가?

주요 용어

문화연구(cultural studies); 헤게모니(hegemony); 가부장제(patriarchy); 대표(representation); 이데올로기 국가 기구(ideological state apparatuses); 이데올로기(ideology); 호명(interpellation); 오이디프스 단계(Oedipal phase); 남근 선망, 숭배(penis envy); 담론(discourse); 스테레오타이프(stereotype); 하위문화(subculture); 다이포로지(typologies)

주요 학자

Helen Baehr; Charlotte Brunsdon; Denis McQuail; Betty Friedan; Germaine Greer; Sandra Harding; Jacques Lacan; Angela McRobbie; Preethi Manuel; Alberto Melucci; Clare Short; Leslie Steeves; Janice Winship

권장도서

Gauntlett, D.(2002), *Media, Gender and Identity: An introduction*, London: Routledge.

미디어와 성에 관한 다양한 사례들을 바탕으로 전체적인 이슈를 다루고 있다.

Mulvey, L.(2000/1975), "Visual pleasure and narrative cinema", Kaplan, E. Ann(eds.), *Feminism and film*, Oxford: Oxford University Press, pp. 34~47.

영화 속의 여성에 관한 깊은 연구와 다양한 페미니스트 분석에 관한 것으로 비롯 쉽게 읽혀지는 책은 아니지만 고전영역에 속하는 책이다.

Walters, M.(2005), *Feminism: A very short introduction*, Oxford: Oxford University Press.

페미니즘에 관한 단편으로 페미니즘의 역사, 사회와 문화속의 연관성, 그리고 페미니즘이 광범위한 발달을 다루고 있다.

20장

문화주의 이론

Williams, R.(1961), *The Long Revolution*(장구한 혁명), Orchard Park: Broadview Press, pp. 57~70.

문화주의 이론 입문

'문화'에 대해 이야기한다는 것은 어떤 의미인가? 예를 들어 사람들이 '영국의 문화'가 이민으로 인해 변화하고 있다고 걱정할 때 그들은 무엇을 잃는 것을 염려하는 것인가? 어떤 이가 '교화되었다'고 할 때, 그 사람에 대해서는 어떤 암시를 하는 것인가? 해외로 휴가를 떠나거나 또는 다른 '문화'를 경험한다면, 그 사회의 어떤 면이 그러한 문화를 형성하는 것인가? BBC2는 최근 〈컬쳐 쇼(The Culture Show)〉(2004~)라는 방송 프로그램을 매주 토요일 밤 방영하고 있는데, 어떤 주제들이 이 방송에서 다루어지고 있는가? '문화'와 '예술'의 차이는 무엇인가? 더 나아가, '문화'와 '사회'의 차이는 또 무엇인가?

이 모두는 여전히 그 답들이 뜨거운 논쟁에 휩싸이게 된 복잡한 질문들이다. 이런 어려움은 적어도 일정 부분 '문화'라는 개념 자체를 정의내리기가 어렵다는 문제의 결과이다. 하지만 생각해 보자. 당신은 학교에서 어떤 문화를 배웠는가? 당신은 어떤 종류의 책들(문학, 연극, 시)을 공부하고 생각하도록 요구 당하였는가? 역사의 어느 부분을 배웠으며 어떤 역사적 인물들에 대해 배웠는가? 어떤 음악을 공부했는가? 이 물음들에 답한 후에는, 당신이 어떤 것들에 대해 공부하지 못했는지 생각해 보아라. 어떤 종류의 책들과 음악들이 교실 안에서 다루어지지 않았는가? 또한 만약 당신이 해외에서 공부했더라면, 당신이 지금껏 배운 것들과 같은 것들을 배웠겠는가? 영국에서는 많은 학생들이 영문학 과정의 일부로 셰익스피어를 배우도록 요구된다. 만약 당신이 프랑스에 있는 학교를 다녔더라면 그러한 일이 일어났을까? 미국에서는? 중국은? 왜 서로 다른 국가들은 각각의 시민들에게 특정한 문화적 산물들만을 배우도록 요구하는 것일까?

우리는 이러한 생각들을 통해 문화, 그리고 우리가 가장 맞닥뜨릴 가능성이 높은 종류의 문화가 특히 국가적 정체성과 관련하여 바로 우리의 자존감이 쌓아올려지는 곳임을 볼 수 있기를 바란다.

셰익스피어를 이해하기 너무 어렵거나 읽기 지루하다고 생각할 수 있음과 동시에, 당신은 그가 '영국인'임을 인지할 가능성이 크고, 또 그는 외국인들이 '영국인다움'이 무엇인지 이해하는 여러 방법들 중의 하나이다. 이러한 사실은 그의 고향인 스트랫포드 온 에이븐(Stratford-on-Avon)이 관광산업에 종사하는 상점들과 박물관으로 가득한 것들 보면 알 수 있다. 이곳은 물건 가격이 파운드, 유로, 미국 달러, 엔화로 표시되는, 영국에서 몇 안 되는 곳들 중 하나이다. 관광객들이 어쩌면 셰익스피어 극을 보기 위해서 이 소도시를 방문할 때, 그들은 그들 자신의 고향에서 경험하던 문화와는 사뭇 다른 영국의 문화에 대한 (더 정확하게는 한 특정한 종류의 영국 문화에 대한) 인상을 받는다.

마찬가지로 문화를 낳는다는 BBC에 대해 생각해 보자. 왜 우리는 영국의 방송국을 가지고 있는가? 특히 인터넷 덕분에 세계 어느 곳에서도 텔레비전 프로그램을 다운로드 받을 수 있는 글로벌 시대에 왜 방송은 국가의 차원으로 정의되고 있는가? 이는 신문의 경우에도 역시 같다. 점점 더 많은 사람들이 인터넷에서 뉴스를 접하고 있지만, 여전히 우리는 우리나라 신문이란 개념에 익숙하다.

〈네 번의 결혼식과 한 장례식(Four Weddings and a Funeral)〉(Newell 감독, 1994), 〈28일 후(28 Days Later)〉(Boyle 감독, 2002), 또는 〈오만과 편견(Pride and Prejudice)〉(Wright 감독, 2005)과 같은 영국 영화를 볼 때, 당신은 이 작품들이 다른 작품들, 예를 들어 할리우드 작품들과 어떻게 다르다고 생각하는가? 영국 음악이란 무엇이며, 그것이 미국 음악, 유럽의 다른 나라들의 음악, 또는 세계 다른 어느 곳의 것과는 어떻게 뚜렷이 다른가? 이러한 범주는 어느 경우에도 완벽히 굳어질 수 없는 반면, 당신은 우리 사회가 생산하고 소비하는 문화의 종류들을 통하는 것이 우리가 '우리'를 하나의 국가로 생각하는 여러 방법 중 하나임을 아마 알 수 있을 것이다. 이와 비슷하게, 당신이 해외로 나갈 때면 당신은 그 지역의 음식을 맛보거나, 그 나라의 의식에 참여하거나, 색다른 옷을 입은 사람들을 보는 등의 방법으로 '또 다른' 문화를 경험하는 것이다.

여기서 중요한 것은 문화(우리가 그것을 무엇이라 묘사하던지)와 우리가 스스로에 대해 생각하는 방식(국가의 일부분, 어느 집단의 일부분, 또는 개인으로 조차도) 사이의 관계이다. 문화는 '우리' 스스로에 대한 자각과 관련이 있기에 중요하다. 그렇기에 문화는 '그저' 여흥이나 상업적 산물이 아니다. 문화는 사회 과정들의 일부분이며 그 사회 과정들의 결과이기도 하다. 당신이 학교에서 다른 문화를 제외한 몇몇 특정 종류의 문화만을 배우게 되는 것은 문화가 이렇게 중대한 사회적 역할을 하기 때문이다. 문화 이론—그리고 그것이 파생된 문화학 과목—은 이러한 발상에 관심을 두고 있다. 바커가 언급했던 것처럼 "우리는 문화가 '무엇인지'를 묻기보다는 문화의 언어가 어떻게, 어떤 목적을 위해 사용되고 있는지를 물어야 한다"(Barker, 2008: 39).

문화학은 지난 세기 중반에 성립하기 시작한, 굉장히 최신의 지식분야이자 학과목이다. 영국의 특정 역사적 정황들의 집합을 통해 자라났으며, 얼마간의 시간이 걸려 자리매김했다. 이후 문화학은 미디어학에 있어서도 중요하게 되었는데, 이는 문화와 미디어가 꽤 명백히 관련이 있다는 사실에 의해 문화학이 문화에 대해 제기하는 의문들도 미디어 대한 논쟁에 영향을 미치게 된 것이다. 그러나 그 둘 사이에 겹치는 지점이 많다 하더라도 이 둘이 서로 같지 않다는 점을 기억하는 것이 중요하다. 이러한 양상은 문화학이 가르쳐지는 방식에서 드러나는데, 많은 대학들에 별개의 문화학 부처가 없고 대신에 자주 미디어학과, 영문학과, 또는 사회학과의 일부분만을 차지하는 것을 볼 수 있다. 이는 국가에 따라 다른 양상을 보이는데, 예를 들어 호주와 같은 나라에서는 별개의 문화학 부처를 좀 더 흔히 찾아볼 수 있다. 대부분의 영국 지방에서 미디어학과는 A레벨 과정을 제공하고 현재 많은 학교들이 미디어학을 영국중등과정자격시험(GCSE: General Certificate of Secondary Education) 대비 과정의 일부로 가르치고 있는 반면, 문화학은 문화학이라 이름 부쳐진 주제로서 찾아보기가 매우 힘들다. 그러나 이것이 당신이 문화학의 화두가 되는 질문들을 맞닥뜨려본 적이 없을 거라는 뜻은 아닌데, 문화 이론은 온 범위의 학문적 주제들에 중대한 영향력을 행사해 왔고, 또 학교에서 가르쳐지고 있는 문화 종류들에 대한 문화 이론 분석을 통해 영국 교육의 양상에 크게 영향을 주었기 때문이다.

이 책에서 다룬 많은 이론들처럼 문화 이론 역시 힘(power)이란 개념에 많은 관심을 두고 있다(이 용어에 대한 토론은 '이론이란 무엇인가?' 장에서 확인하라). 즉, 문화 이론은 문화—또한 현재 보존되고 가르쳐지고 있는 문화의 종류들—를 힘이 표현되고 유지되는 한 방식으로 보기 때문이다. 예를 들어, 어떤 문화는 학교에서 가르쳐지고 다른 문화는 외면당한다는 사실은 어떤 형식의 문화는 더 중요하고 가치 있게 여겨진다는 것을 시사한다. 그러나 문화 이론은 "몇몇 특정 관점들에게 특권을 부여한다는 경솔한 경향을 가진다는 의혹"(Gibson, 2007: 15)을 가지고 있으며 "인기 있는 대중문화를 정당한 과학적 연구의 분야로 복귀시킨다"(Schrøder et al,. 2003: 41)는 목적을 지니고 있다. 이러한 관점에서 보아 문화 이론은 초창기 텔레비전과 같은 포퓰리스트 형식에 관한 연구의 타당성을 입증하여 미디어 연구 자체를 중요하고 가치 있는 학문적 영역으로 정당화한다는 점에 있어 미디어 연구의 입장에서도 매우 중요한 것이다.

읽기 자료 소개

문화학의 형성에 있어 가장 주요한 인물은 아마 레이몬드 윌리엄스(Raymond Williams)일 것이다. 그의 저서와 저술들은 이 학문에 있어 가장 핵심적인 원문들을 이루고 그의 업적은 '역사, 문학, 문화학, 매스커뮤니케이션, 교육을 포함한 많은 학문적 분야에 영향력을 미쳤다'고 볼 수 있다(Dworkin and Roman, 1993: 1). 윌리엄스는 1921년 웨일스의 노동자 가정에서 태어나 1939년 캠브리지대학에 입학했다. 세계 2차 대전에 참전한 후에는 1946년부터 1961년까지 성인 교육 분야에 종사했고, 이후 캠브리지에서 영어 강사로, 다시 영어 강사에서 교수가 되었다(Pinkney, 1991: 11). 그의 업적은 이러한 과거에 지대한 영향을 받았는데 이는 그와 같은 배경에서 시작하여 고등교육에 종사하게 되는 일이 적었기 때문이며, 또 이로 인해 윌리엄스는 그의 직업에 있어 '외부인' 같은 느낌을 받았다. 그의 표현에 따르면, 그는 "그곳은 내 캠브리지가 아니었다"고 말하였다(Williams, 1989: 3). 성인교육 지도교사로서 윌리엄스의 업적은 체제로부터 소외당한 이들에게 교육을 전하고자 한, 다른 '외부인들'을 향한 그의 연민을 잘 드러낸다. 또한, 그가 태어난 웨일스 소도시—팬디—는 영국과의 국경 위에 위치한 연유로 둘 중 어느 나라에도 정확히 속하지 않았기에 그는 지리학적으로도 외부인이었다. 이렇게 윌리엄스가 그 자신이 속했던 사회 어느 부분의 구성원으로도 완벽히 받아들여지지 않았다는 지속적인 느낌은 그가 소외되었다고 느낀 사회 구조들에 대한 토론을 부채질하였다. 그 중요성은 그의 첫 소설인 『경계 국가(*Border Country*)』(1960)의 제목에서 드러난다.

이로 인해 윌리엄스는 사회적 문화적 구조들에 대해 관심이 있었으며, 현대 사회를 역사적 과정들의 집합으로 보았다. 그것은, 우리가 현재에 대해 생각하는 바는 과거에 대한 생각에 영향을 받았다는 것이며, 다시 이는 과거의 현대 사회들이 기억하기로 결정한 부분들에 영향을 받았다는 것이다. 이러한 과거와 현재에 대한 논쟁은 2차 세계 대전으로 인해 그가 집필하던 당시에 매우 흔하게 찾아볼 수 있었다. 이 세계적 갈등은 세계 여러 국가들이 그러한 유혈 사태를 미래에 어떻게 피할 수 있는지, 그리고 어떻게 하면 더 좋은, 공평한, 진보적인 사회들이 설계될 수 있는지에 대한 논쟁으로 이끌었다. 세계 2차 대전 후, 영국은 닳고 멍든 나라이기도 했고, 낙관적이고 열정적이었기도 했으며, 참전한 사람들에 마땅한 더 나은 미래를 건설하겠다는 단단한 결심이 있었다. 그리고 전쟁에서 이기기 위해 영국이 한 희생을 염두에 두고 '평범한' 노동자 계급의 사람들을 위한 삶을 개선시키겠다는 욕망 또한 있었다. 이러한 정신에서 일례로 1948년 국민 건강 사업이 비용을 감당할 수 있는 사람들만이 아닌 모든 사람이 접근 가능하도록 수립되었다. 이후 레이몬드 윌리엄스는 영국 사회의 본질 자체가 논쟁으로 휩싸였던 역사의 한 시점에서 질려하며 빠져나와 변화를 위한 활기 넘치는 낙관론으로 나아갔다.

윌리엄스가 본 것은 역사적으로 노동자 계급의 사람들과 그들 문화의 중요성을 경시하던 사회 구조였다. 중요하게도, 그는 교육을 노동자 계급을 배척한 가장 중대한 제도들 중 하나이며 그렇게 함에 있어 '상급'과 '하급' 문화 사이에 문화엘리트주의적인 차별을 유지시킨다고 보았다(During, 2005: 193~207). 게다가 교육에 관한 논쟁들은 세계 2차 대전 이후 부분적으로 평등뿐만 아니라 국가의 경제적 필요에 응하여 빈번히 일어났다. 이런 교육, 사회적 평등을 위한 투쟁에서 윌리엄스는 혼자가 아니었는데, 이는 '1960~70년대의 엘리트주의와 헤게모니에 반대하고 민주화를 위해 싸우는(During, 2005: 14. 이 역사에 더 충분한 기술은 Woodhams, 2001을 참조하라) 영국의 영웅적 반체제 지성인들의 자주 들려주는 『서사 이야기(*Richard Hoggart, Raymond Williams, Stuart Hall, the Birmingham School*)』'에 나타나 있고, 스튜어트 홀과 버밍험대학의 현대문화학센터는 이 책의 다른 장에서 다루었다. 만인을 위한 교육에의 평등한 접근과 같은 관념은 오늘날 명백하고 흔하게 보인다. 그러나 당시 이런 언쟁들은 "방대한 적의를 불러일으켰다"(O'Connor, 1989: 105)고 이야기하는데, 이는 사회가 몇 세기 동안 조직되고 운영되는 방식에 의문을 제기하였기 때문이며, 우리는 윌리엄스와 다른 이들이 이 외딴 명분을 위해 지속적이고 설득력 있게 계속 싸워주었음에 감사해야 할 것이다. 그런 점에서, 우리는 비록 윌리엄스의 이 읽기 자료가 말하고자 하는 바가 오늘날 다분히 명백하더라도 그 급진적이고 정치적인 본질을 알아차려야 할 것이다. 만약 그것이 명백하다면, 이는 윌리엄스의 논지가 많은 학문적인 고뇌를 통해 흡수되었기 때문이다. 만약 당신이 현재 대학에서 공부하고 있지만 역사적으로 많은 사람들이 의무교육 이상으로 교육을 이어가지 않는 배경에서 왔다면, 그러한 기회에 사람들이 접근할 수 있어야 한다고 시위해 온 그에게 고마워해야 할 것이다.

이 읽기 자료는 『기나긴 혁명(*The Long Revolution*)』이라는 책의 '문화에 대한 분석'이라는 장에서 발췌한 것이다. 이 책은 윌리엄스가 『문화와 사회(*Culture and Society: 1780~1950*)』(1958)에서 개요 잡은 개념들의 연장이고, 이 두 책들은 함께 윌리엄스 저술의 많은 부분을 형성하는 사회 안에서의 문화의 역할에 대한 더 큰 논쟁으로 나아간다. 윌리엄스는 『기나긴 혁명』의 목표는 "문화의 이론에 대한 질문, 특정 문화적 제도와 형식들의 역사적 분석, 그리고 우리 현대 사회 속 문화적 상황들에서의 행위와 의미의 문제에 대한 의문제기"(Williams, 1961: 9)에 있다고 하며 이는 문화·역사·제도와 현대 사회 간의 상호작용에 대한 그의 관심을 보여 준다. 이 책의 제목은 윌리엄스가 사회가 변하고 있으며 몇 세기 동안의 사회 구조들이 직업·산업·사회, 그리고 민주주의 발달의 결과로 무너져 내리고 있었다고 느꼈음을 보여 준다. 그는 민주혁명·산업혁명·문화혁명의 세 가지 혁명이 있었다고 이야기한다. 이 책의 주제는 마지막 문화 혁명이며, 윌리엄스는 사뭇 낙관적인 어조로 그가 "학문의 적극적인 과정을 제한된 무리가 아닌 모든 사람들에게로 확장시키려는 열망이 있는" 사회에 살고 있었다고 이야기한다(p. 11). 하지만 이 책이 1960년대에 저술되었음을 기억하자. 여전히 이런 욕망이 오늘날까지 사실로 받아들여질 수 있겠는가?

원문에서 발췌된 모든 장들이 그렇듯이, 우리는 우리가 무엇을 놓치고 있는지 생각해 보아야 할 것이다. 그러나 당신은 종종 전체 원문의 맥락에서 발췌된 읽기 자료가 주어질 것이기에 이를 독립적인 읽기 자료로 이해하는 법을 익히는 것이 중요할 것이다. 공교롭게도 윌리엄스는 이 읽기 자료에서 책의 다른 부분들을 아주 적게 언급하기 때문에 무언가 놓친 것이 있다고 느낄 일은 아마 없을 것이다. 이 읽기 자료는 '문화'에 대해 고찰할 수 있는 몇몇 방법들과 문화를 정의하는 특정한 방식들로 인한 사회적 정치적 결과에 대해 생각해 볼 기회를 제공할 것이다. 다른 곳에서 윌리엄스는 "문화는 영어에서 가장 복잡한 단어로 치면 세 번째 안에 들것이다"라고 주장했다(Williams, 1983/1976: 87). 일례로 리젝(Rijek)은 '문화'를 '도시-산업적 형식의 지식과 힘에 관련된 사회적 의미'를 지니는 것이라 규정하는 반면, 듀링은 "물질과 사건들이 생산되는 거래, 돌연변이, 실행, 기술, 제도들의 집합"이라고 보았다(During, 2005: 6). 읽기 자료로 넘어가기 전에 한 번 생각해 볼 가치가 있는 문제가 있다. '문화'는 당신에게 어떤 의미인가?

Reading 1

레이몬드 윌리엄스(Raymond Williams)
장구한 혁명(The Long Revolution)

문화의 정의에는 세 가지의 일반적인 범주가 있다. 첫째는 '이상'인데, 절대적이고 범지구적인 가치들에 있어 인간의 완성 과정 또는 상태이다. 만약 그러한 정의가 받아들여진다면, 문화 분석은 근본적으로 인간 삶과 작품들에 관하여 범지구적인 인간조건에 대한 영구적인 기준이 되거나 시간초월적인 질서를 구성한다고 보이는 그러한 가치들의 발견이자 서술이 될 것이다.

Note

[내용/문체]

'문화'를 떠올리는 데 세 가지 방식이 있다는 것이 윌리엄스 분석의 열쇠이다. 이는 문화가 고정적이거나 절대적인 뜻을 지니고 있지 않다는 것이기에 중요하며, 그렇기에 논의 가능한 맥락이 된다는 뜻이기도 하다. 이것은 또한 '문화'가 특정 시대와 특정 집단의 사람들에게 어떤 방식으로 생각되었는지가 그들에 대해 무언가 말해 준다는 것을 뜻한다. 윌리엄스는 사실적으로 문화에는 세 가지 분류가 있고 이는 논외라고 한다. 그는 이러한 그의 입장을 뒷받침하기 위해 증거를 대고 있는데, 당신은 이 세 가지 분류가 설득력이 있다고 보는가? 아니면 그가 언급하지 않은 문화를 생각하는 다른 방식이 있는가?

[구조]

윌리엄스는 여기서 어떤 예시도 들지 않는데, 그는 그의 이론적 입장(이 읽기 자료를 아우르는 입장)을 먼저 제시하고, 뒷부분에 가서야 예시들을 살펴본다. 이것은 그의 분석을 따라가기가 어렵게 만드는 요소이다. 그리고 우리는 그가 왜 이런 구조를 설정했는지 추측해 볼 수 있다. 예시들을 나중에 제시함으로써 이론은 시험되고 입증되어야 한다는 것을 윌리엄스는 분명히 받아들이고 있다. 하지만 이론 세우기를 먼저 함으로써 그는 이론이 그 자체만으로도 가치가 있으며 차후의 분석을 통해 잘못되었다고 밝혀지는 한이 있더라도 제안되어야 한다고 말하는 것이다. 이것은 이론과 이론 세움에 있어 주목해야 할 부분이다. 그러나 만약 당신이 증거를 먼저 제시하는 데 익숙하다면 이와 같은 방식은 어려울 수도 있다.

Reading 2

다음 두 번째는 '기록물'인데, 문화란 세부적으로 인간의 사상과 경험이 다양하게 기록된 지적, 창의적 산물들의 모음이라는 것이다. 이러한 정의에 의하면 문화 분석이란 사상과 경험의 본질, 언어의 세부사항들, 그리고 이것들이 활발히 작용하는 형식과 관습이 기술되고 가치 있게 여겨지는 비평 활동이다. 이런 비평은 '세상에서 생각되고 쓰인 것들 중 최고'를 발견하는 '이상적인' 분석부터, 전통에 대한 관심으로 연구하는 작품을 기본적으로 강조하는 과정을 거치고(이것의 설명과 평가가 주된 결말이 됨을 고려하여) 그 산물이 분석이 끝난 후 그것이 나타난 특정 전통과 사회에 관련지으려는 역사적 비평이 있다.

Note

[문체]

여기서 '기록물'은 그 뜻에 대한 염려를 나타내기 위해 인용부호 안에 있다. 아마 윌리엄스는 당신이 익숙하지 않은 방식으로 이 단어를 쓰고 있을 것이다. 이 단어가 '문서'라는 단어에서 온다는 것을 기억한다면, 그가 말하고자하는 바는 문화가 우리가 사는 방식을 '기록한다'는 뜻일 것이다. 우리는 다른 사회에 대한 이해를 그곳 사람들의 문화와 그 문화가 그들에 대해 '기록하는' 바를 살펴봄으로써 얻을 수 있다.

[내용]

'비평'은 복잡한 관념이다. 첫째로 비평은 무엇이 좋지 않다고 비판하는 부정적인 뜻으로 자주 쓰인다. 그러나 학문적인 관점에서 다양한 결과를 가져올 수 있는 분석, 의문제기, 논쟁의 모든 활동들을 연상시킨다는 점에서 긍정적·부정적, 혹은 중립적일 수도 있다. 윌리엄스가 밑에 기술한 것처럼 비평하는 방식은 무엇이 '좋은' 문화이고 '나쁜' 문화인지에서부터, 그런 구분 대신 문화의 형식들이 '작용'하는 방식에 관심을 두는 것까지 다양한 모습을 띈다. 연구를 함에 있어, 당신은 이런 종류의 비평을 모두 할 수 있다. 많은 현대 미디어 연구들은 무엇이 '좋고' '나쁜지'에 대해서보다는 **왜** 그리고 **어떻게** 우리가 문화를 이러한 방식으로 분류하는지 검토하는 데에 관심을 갖는다. 그러나 어떤 유형의 문화가 다른 문화보다 '더 낫다'는 관념에서 벗어나기란 어렵기 때문에 우리는 불가피하게 '좋은' 문화와 '나쁜' 문화를 구분 짓게 되고 만다. 참으로, 당신이 강좌의 부분으로서 연구하게 공부하게 되는 영화의 종류, 텔레비전 프로그램, 웹사이트를 보면 당신의 선생님과 대학이 무엇을 가르치기 '좋은' 문화 유형이라고 보는지를 알 수 있을 것이다.

Reading 3

마지막으로 세 번째는 문화의 '사회적' 정의인데, 여기서 문화는 예술과 학문에 있어서만이 아니라 제도와 일상적인 행위들에서의 어떤 의미와 가치들까지도 모두 표현하는 특정한 삶의 방식에 대한 서술을 뜻한다. 이러한 정의로 보면 문화 분석은 특정 삶, 문화의 방식에서 암시되거나 명시된 의미와 가치들을 명료화하는 것이라 할 수 있다.

Note

[내용]

윌리엄스는 여기서 그의 분석의 '사회적' 측면들을 소개하고 있다. 앞에서 주목했던 것처럼 문화에 대한 이러한 접근은 문화학에 있어 중요하며, 그 뿌리를 윌리엄스의 업적에 두고 있다. 그가 언급한 '제도'는 정부·법체제·교육·경찰 등을 포함한다. '일상적인 행위'는 우리가 매일 하는 사람들과의 대화, 음식 섭취, 외출 등을 뜻한다. 이러한 관점에서, 파악하기 어려울 수 있지만 문화의 이런 정의에서 배제된 것은 하나도 없다. 하지만 이것은 문화를 모든 것을 망라하고 우리 삶의 모든 측면과 얽힌 것으로 보는 윌리엄스의 관점이고, 또 그렇기에 그가 무엇을 문화로 볼지에 대해 논하는 것이 중요하다고 생각하는 이유이다.

[문체]

당신은 윌리엄스가 문화가 모든 것을 망라한다고 주장하면서부터 어려움을 겪는 것을 볼 수 있다. '문화의 분석'이란 '특정 문화'를 살펴보는 것이라 말하면서 그가 같은 말을 반복하는 것 같이 보인다. 이론은 자주 이런 곤경에 처하는데, 그것은 존재하지 않는 관념과 발상을 논하려고 하기 때문이기에 새로운 단어를 만들어 그것을 표현하던지 존재하는 것들을 재정의해야 한다. 이 문화의 의미에 대한 논의는 이러한 용어가 어떻게 다양하고 변화하는 의미들을 가지는지 잘 나타낸다. 이런 이론은 이해하기 어렵기에 더욱 당신, 즉 독자들이 언어적으로 이해함에 있어 더 유연할 것과 또 저자가 특정 단어들을 특정하게 사용하는 것에 흔쾌히 동조할 것을 요구한다. 물론 이것은 **서로 다른** 작가들이 **같은** 단어를 **다르게** 사용한다면 **더더욱** 어려워진다. 윌리엄스는 이 모든 것을 의미가 통하게 하기 위해 그의 책 『키워드: 문화와 사회의 어휘(*Keywords: A vocabulary of culture and society*)』(1983/1976)에서 '사회'·'일'·'문화'·'예술'과 같은 특정 단어들이 쓰인 다양한 방식을 꿰어나가려 시도한다. 이러한 시도를 사전처럼 하기보다 그의 분석은 언어가 어떻게 사회의 관심에 대응하고, 우리가 종종 당연한 일로 여기는 커뮤니케이션 과정들의 검토에 대한 많은 미디어 연구를 어떻게 선취하는지 보여 줄 수 있도록 돕는다.

Reading 4

지적, 창의적 작품들을 특정 전통과 사회에 연관지어 분석한 이런 분석 연구는 문화의 다른 정의를 따르는 사람들에게는 '문화'라 받아들여지지 못할 사회적 관계나 사회 구성원들이 소통하는 특유의 방식들을 나타내고 지배하는 생산 조직, 가족의 구성, 제도의 구조도 모두 포함할 것이다. 그리고 이런 분석은 어떤 절대적이거나 범지구적인, 또는 적어도 더 높거나 낮은 의미와 가치들의 발견이라는 '이상적인' 주안점부터, 특정 삶의 방식을 명확히 하는 것이 목적인 '기록적' 강조, 특정 의미나 가치들을 연구하는 것으로 등급을 설정해 이들을 비교하려는 것이 아니라, 변화 방식을 연구하여 어떤 일반적인 '법칙'들이나 '경향'을 발견하고 사회적, 문화적 발달이 전체로서 더 잘 이해될 수 있도록 하는 것 등이 있다.

Note

[맥락]

우리는 윌리엄스가 '역사적 비평'과 '전통'을 언급했다는 사실에 주목해야 할 것이다. 그는 과거의 이해 안에서 현재를 생각하는 관점에 있으며, 분명 현대의 삶을 연속적인 역사적 발달들의 결과로 보고 있다. 윌리엄스에게 '지금'은 오로지 '그때'에 대한 참조를 통하여 이해할 수 있으며, 그렇기에 과거는 그의 작품에 거듭되는 맥락이다.

[문체]

윌리엄스는 그의 정의가 '문화'라는 단어의 이해 안에 대개 포함되지 않는 개념들을 아우른다고 언급한다. 그렇다면 미묘한 방식으로 그는 그의 주장에서 **새로운** 것이 무엇인지, 그리고 그것이 어떻게 전통적인 개념과는 **다른** 것인지 신호를 주고 있는 것이다.

Reading 5

내가 보기엔 이러한 각각의 정의에 나름의 가치가 있는 듯하다.

Note

[문체]

에세이를 쓸 때, '내가 보기엔'이라고 써도 괜찮은가? 이런 구를 사용한다는 것에서 보아, 윌리엄스가 그의 독자들을 어떻게 보는 것 같은가? 그는 어떤 기대를 하는가?

Reading 6

예술과 지적 작품뿐만이 아닌 제도와 행동 양식에서도 의미와 가치, 창의적인 인간 활동의 기록을 찾는 것이 분명 필요하다고 보이기 때문이다. 그와 동시에, 많은 과거사회와 우리 스스로의 과거 단계들에 대한 지식에 있어 주요한 소통 능력을 여전히 유지해온 지적, 창의적 작품의 모음에 우리가 의존하는 정도는 이러한 관점에서의 문화에 대한 기술을 완벽하지 않더라도 적어도 타당하게 한다. 그리고 우리가 '사회'를 더 넓게 설명할 수 있다는 점에서 '문화'를 이렇게 제한적으로 적절히 한정할 수 있다고도 볼 수 있다. 그러나 '이상적인' 정의에도 가치 있고 더 넓은 적용, 참조를 가능하도록 하는 요소들이 있는 듯하다.

Note

[내용]

여기서 윌리엄스가 '문화'와 '사회'를 어떻게 구분 짓는지를 이해하는 것은 매우 중요하다. 그것이 쉽다는 말도 윌리엄스가 그의 제안에 대해 어떤 의구심도 갖고 있지 않다는 말도 아니다. 그러나 그 둘 사이의 상호작용이 윌리엄스 작품의 핵심이며, 또 미디어 연구에서 많은 현대적 접근의 실마리라는 점에 주목해야 할 것이다.

[문체]

당신은 윌리엄스가 그의 주장이 비록 결함이 있더라도 '합리적'이기에 받아들여져야 한다고 말하는 것이 옳다고 생각하는가? 이렇게 저술하는 것은 윌리엄스는 그가 이야기하는 것에 현재로서는 동조해 주기를 바라는데, 이는 윌리엄스 주장의 전개가 그가 제안하는 구분(문화와 사회 간의 구분)에 달려 있기 때문이다. 우리는 읽기 자료의 이 단계에서 그의 이러한 행동을 비평할 수 있다. 혹은 일단 동의하기로 하고 그가 이론화하려는 이해가 이 단계에서는 문제가 많은 주장일 수 있기에 결론에 도달하여 그의 주장이 합리적인지 결정할 수 있다.

Reading 7

현재까지 발표된 많은 비교 연구들을 거쳐보니 인간 완성의 과정과 '절대적인' 가치의 발견이 일상적인 정의를 지니기에, 나는 이 둘을 동일시하기가 힘들다는 것을 알게 되었다. 이들은 보통 특정 전통이나 사회의 연장이라는 비평을 받아들인다. 그러나 이 과정을 우리가 다가갈 수 있는 이미 알려진 이상을 암시하는 인간 완성이라 부르지 않고 인류의 일반적인 성장을 뜻하기 위해 인간 진화라 부른다면, 다른 정의들이 배제할 수도 있는 사실 분야들까지 모두 인식할 수 있을 것이다.

Note

[문체]

다시 한 번 윌리엄스가 '나는'과 '나'를 얼마나 편안하게 사용하는지 주목하라. 그렇게 함으로써 그의 저술은 그의 접근이 윌리엄스 자신과 연관되어 있음을 보여 주며 더 개인적으로 느껴지도록 한다. 이러한 방식으로 윌리엄스는 그의 분석이 바로 옳은 것이라거나 문제가 없다고 이야기하지 않는다. 대신 그는 그만의 관점을 제공하는 것이다. 과학과 같은 분야에서는 이러한 저술을 접하기가 쉽지 않다. 그러나 인문학에서는 흔한 일이고, 특히 문화적 접근을 차용한 분석에서는 우리가 세상을 이해하는 것은 우리 자신이 누구인지에 불가피하게 굴절될 수밖에 없다는 이유로 더 흔하며, 또 그래서 우리가 따로 떨어진, 객관적인 존재로서 우리의 연구 대상을 살펴보는 척하는 것은 무의미하다.

[내용]

이 글에는 '과정'에 대해 많은 논의가 이루어져 있다. 과정과 시스템에 대한 관념은 다양한 현상들이 어떻게 상호관련이 있으며 상호의존적인지 살피려 시도하는 많은 미디어 연구의 중심이 된다. 윌리엄스와 문화학에 있어서는 미디어가 일부분을 차지하는 과정과 또 그 과정들과의 관계를 탐구하지 않고서 미디어를 살펴본다는 것은 의미가 없는 일이다. 이 과정에 대한 개념은 역사 그 자체도 하나의 과정이라는 점에서 'Reading 4의 Note'에서 언급한 역사적 초점과도 관련이 있다.

Reading 8

특정 사회와 특정 개인들에게서 발견되고 사회적 대물림과 특정 종류의 작품들에 구현됨으로써 유지되어 온 의미와 가치들은 그것들이 가르쳐지는 방식에 있어 보편적이며 또한 어느 상황에서도 인간이 스스로의 삶을 더 풍요롭게 하고 사회를 규제하고 환경을 통제하는 데에 있어 인간 능력의 급진적인 증대를 가져오는 데에 기여할 수 있다고 밝혀졌다. 우리는 의약, 생산, 의사소통과 같은 특정 기술 양식에 있어 이러한 요소들에 대해 가장 자각하고 있으나, 이 모두가 창의적으로 경험을 다루는 것에서 초래되는, 순수하게 지적인 훈련에 더 의존할 뿐만 아니라 이런 훈련들 자체가 어떤 기본적인 윤리적 가정과 주요 예술 양식들과 함께 많은 다각화와 갈등들을 통해 공통적인 성장 노선을 대표하는 하나의 일반적인 전통으로 모아질 수 있다는 것 역시 입증되었다. 그리고 이 전통이 더 지역 한정적이고 임시적인 체제에 의해 형성된 특정 사회들 안에서 활동할 수 있다는 것을 덧붙여, 이런 전통을 하나의 일반적인 인간 문화라고 부르는 것은 합리적이라 보인다.

Note

[문체]

윌리엄스가 이야기하는 과정에서 의미와 가치들이 '유지되었다'라고 하는 것은 무엇을 의미하는가? '과정'이라는 개념과는 어떻게 연관되는가?

[내용]

여기서 윌리엄스는 어떤 '윤리적 가정'과 '주요 예술 양식들'을 지칭하고 있는 것인가?

[맥락]

다시 한 번 이 분석이 놓인 역사적 맥락에 대해 주목해 볼 필요가 있다. '공통적인 성장 노선'은 많은 사회들이 넓게 보아 유사한 방식으로 발달해나간 역사의 행군을 암시한다. 그러나 윌리엄스는 '특정 사회들'과 '지역 한정적'이고 '임시적'인 요인들에 대해 이야기함으로써 개인적인 경우들의 세부사항들을 다루고자 한다. 이러한 방식들로 그는 문화 분석이 어마어마한 무리의 요소들을 고려해야 한다는 점에 있어 **복잡하다**는 것을 암시한다. 이는 특히 우리가 우리 문화의 발달을 사뭇 복잡하지 않고 불가피한 것으로 생각한다는 점을 고려하여 중요한 입장이다. 이 복잡성은 다음 문단에서 다루어지고 있다.

Reading 9

내가 주장하는 것은, 의미와 지시 대상의 변형들은 문화를 하나의 용어로 사용함에 있어 깔끔하고 독점적인 정의를 막는 그저 단순한 난점이 아니라 경험에 관하여 현실적인 요소들에 상응하는 진정한 복합성이라 보아야 한다는 것이다. 문화에 대한 세 가지 정의에는 각각 중요한 참조, 지시 대상이 있으며, 그렇기에 우리는 그 둘 간의 관계에 주목해야 할 것이다. 문화에 관한 어느 적절한 이론도 세 가지 정의가 가리키는 사실 분야는 반드시 포함해야 하고, 역으로는 그 중 어느 분류 안에서도 어떤 특정 정의도 나머지들에 대한 참조를 배제한다면 불충분하다. 그러므로 인간의 이상적인 발달을 인간의 '동물적 본성' 또는 물질적 필요로 인한 만족에서 분리된, 또는 그것들에 대항하는 것으로 간주하는 특정 사회들에 의한 구체적인 구현과 형성에 기반을 두고 묘사된 과정이라 하는 '이상적인' 정의는 받아들이기 힘들다고 보인다. 오로지 쓰고 칠한 기록물들에서만 가치를 발견하고 이러한 영역을 사회 내 인간 삶의 나머지 부분들에서 구별하는 '기록적인' 정의 역시 동등하게 받아들여질 수 없다. 또한 예술과 학문의 모음이나 일반적 과정을 그저 사회의 진정한 관심이 수동적으로 반영된 부산물 정도로 치부하는 '사회적' 정의 또한 동등하게 잘못되었다고 생각한다. 그러나 실제로 어렵다고 하지만 우리는 그 과정을 전체로 보고 명시적이진 못하더라도 적어도 궁극적인 참조로 우리의 특정 연구들을 실제적이고 복잡한 조직에 연관 지으려 노력해야 한다.

Note

[내용]

지금까지 윌리엄스는 그가 논한 '문화'의 세 가지 의미들 사이의 구분을 강조하였고, 여기서 그 세 가지를 합쳤다. 이론적인 분석은 종종 고정된, 논박의 여지가 없는 개념을 '증명'하거나 '반증'하려 시도하기보다 소재 간의 관계를 탐구한다. 이것은 '이상적인'이라는 단어가 인용부호 사이에 들어 있는 것에서 잘 나타나는데, 이는 윌리엄스가 이 단어의 완벽하고 의심할 여지없는 이해가 불가능하다고 보았다는 것을 암시한다.

[맥락]

윌리엄스는 계속해서 '인류'를 '인간(남성-man)'으로 지칭한다. 이러한 어휘 사용은 여성을 고려하지 않는다는 측면에서 오늘날 여성주의자들의 비판을 받는다. 윌리엄스가 이런 식으로 단어를 사용한 것은 역사적 맥락에서 보면 놀랍지 않은—그렇다고 해서 용인할 수 있다는 것은 아닌—일이다. 그러나 이 장이 여성주의가 출현하기 이전에 쓰였으며 사회와 문화에 대한 논의에 막대한 영향을 미쳤다는 점에 주목할 만한 가치가 있으며, 그러므로 성에 관한 문제제기가 여기서 소개된 이론에 대해 또 다른 굴절을 줄 수 있는지는 스스로 생각해 볼 수 있을 것이다. 이 책의 '19장 페미니스트 미디어 이론'을 참조하라.

Reading 10

우리는 분석 방법의 예시를 통해 이것을 보여 줄 수 있다. 예를 들어 소포클레스의 안티고네(Antigone) 같은 특정 예술작품을 보면 우리는 이것을 어떤 예술적 수단에 의한 가치들의 의사소통이라는, 특정 절대가치들의 발견이나 기록적인 면과 같은 이상적인 면으로 분석할 수 있다. 둘 중 어느 분석을 통해서도 많을 것을 얻을 수 있는데, 첫 번째는 죽은 사람들에 대한 숭배의 절대적 가치를, 그리고 두 번째는 코러스와 이중 코모스(kommos)의 특정 극 형식과 운문만의 강렬함을 통해 기본적인 인간의 긴장 상태를 가리킬 것이기 때문이다. 하지만 이 두 분석 모두 완벽하지 않다는 것은 분명하다. 절대적 가치로서의 숭배는 특정 친족 체계와 그것의 전통적인 의무들—안티고네가 이것을 남편을 위해서는 하지 않지만 오라버니를 위해서는 할 것처럼—에 의해 얽매여 극에서 제한되어 있다. 유사하게 극적인 형식, 운문의 음보는 그 배경에 많은 이들의 작업이라는 예술적 전통을 두고 있을 뿐만 아니라 경험의 요구만이 아닌 극적 전통이 발달하게 된 특수한 사회적 형식에 의해서 형태를 갖추게 되었다. 우리는 본래 분석의 이러한 확장을 받아들일 수 있지만, 이 확장 때문에 숭배의 가치나 특정 운문이나 극적 형식이 우리가 지정한 맥락 속에서만 의미를 가진다는 것은 받아들일 수 없다. 이렇게 강렬한 예시들을 통해서 숭배를 배우는 것은 그 맥락 너머 인간 의식의 일반적 성장에도 해당이 된다.

Note

[구조]

윌리엄스는 그의 사상의 개요를 서술하기 위하여 **마침내** 예시를 든다. 그러나 이 (엄청 긴) 문단에서 그는 그의 예시를 그리 구체적으로 다루지 않고, 대신 넓은 진술을 위한 일반적인 예시로서 든다. 당신은 고대 그리스극을 예시로 든 것의 적절성과 윌리엄스가 염두에 둔 청중에 대해 암시하는 것이 무엇인지 의문을 가질 수 있다. 그가 극의 내용이나 코러스의 사용과 같은 그 극의 몇몇 양상들의 중요성을 전혀 서술하지 않는 것에서 그가 당신이 **안티고네**가 무엇인지, 그것의 줄거리가 무엇인지, 그리고 그리스극의 관습이 무엇인지 알 것이라 분명 짐작하고 있다.

[문체]

윌리엄스가 여기서 말하는 '우리'란 누구인가? 어째서 그는 이전까지 '나'에 대해 이야기하다가 이제 '우리'에 대해 이야기하는가?

[내용]

이것은 역사적 맥락의 의미에 관하여 중요한 부분이다. 윌리엄스는 그러한 맥락이 **안티고네**에—그렇기에 모든 문화도—영향을 끼침과 동시에, 이것이 2000년 이상 지나 동시다발적인 관중인 우리가 읽어도 여전히 그러한 문화적 원문을 이해할 수 있다는 것은 문화가 어떻게 대체적으로 변하지 않은 사회와 보편적인 문화의 이해를 어떻게 이용하고 재생산하는지를 여실히 보여 준다고 주장한다. 사람들은 오늘날 음악·예술·문학·건축 등의 몇백, 몇천 년 전에 생산된 문화 형식을 즐기는데, 그것들이 오늘날 생산되는 문화와 어느 방면에서 유사성을 지녀야만 가능한 일이다. 이것은 차이를 부정하려는 것이 아니다. 그러나 우리가 몇 백 년 전 사람들과 우리, 또 우리 사회가 많이 다르다고 생각하는 것을 감안한다면, 우리가 과거의 문화를 너무나 쉽게 이해한다는 사실에 아마 놀라워해야 할 것이다.

Reading 11

극적 형식은 그 본 맥락을 뛰어넘어 상당히 다른 사회들에서 주요하고 보편적인 전통의 요소가 된다. 특정 의사소통으로서 극 자체는 그것을 만들어낸 사회와 종교보다 더 오래 살아남으며 상상되지 않은 관객에게 직접 이야기하도록 재창조될 수 있다. 그렇기에 우리가 이상적인 가치나 특정 기록을 끌어낼 수는 없지만, 우리는 역시 이것들을 특정 문화의 지역한정적인 견해 안에서의 설명으로 축소할 수도 없다.

Note

[내용]

여기서 '사회'와 '문화'라는 용어의 복잡성이 드러난다. '문화'에 대해 생각할 때 우리는 그것을 생산한 사회의 측면에서 종종 논의한다. 현대적인 관점에서 우리는 일례로 오로지 동양의 관점에서 일본 만화영화(anime)를 적절히 이해할 수 있다고 주장할 수 있다. 그러나 윌리엄스는 이것이 사회가 문화를 **생산한다**고 암시하는 것에 반해 우리는 사회가 곧 문화라고 생각해야 한다고 주장한다. 즉, 적어도 부분적으로는 우리가 세상을 이해하도록 돕는 문화를 통해서 우리 주변 세상을 이해하기 때문에, 문화를 낳는다고 하는 사회 스스로도 문화에 의해 창조되었다는 것이다. 이것은 우리가 문화를 그저 추상적이고 비사회화된 현상으로 보는 대신 우리 사회가 어떻게 구축, 정당화, 유지되는지를 감안하는 중요한 요소로 보아야 함을 뜻한다는 점에서 중요하다. 그렇다면 이것은 사회·정치, 힘의 필수불가결한 요소이기에 문화 분석을 정당화한다.

Reading 12

실제적인 분석에서 현실 관계들을 연구해 보면, 우리는 특정 예시에서 일반적인 조직을 연구하고, 또 이러한 일반적 조직에서 나머지와 떨어지고 추출할 수 있는 요소는 없다는 것을 알 수 있다. 가치들이나 예술작품들이 그것들이 표현된 특정 사회로의 참조 없이 적절히 연구될 수 있다고 가정하는 것은 분명 실수였지만, 사회적 설명이 확실하고 가치들이나 작품들은 그저 부산물에 불과하다 가정하는 것 역시도 실수이다. 우리는 작품이나 가치가 그것들이 표현된 전체적 상황에 의해 깊이 결정될 수 있는지 깨달았기 때문에 이러한 관계들을 '이 예술작품과 사회 간의 관계는 무엇인가'라는 표준적인 형식으로 묻는 습관이 있다. 하지만 이 물음에서 '사회'는 허울만 그럴 듯한 전체이다. 만약 예술이 사회의 한 부분이라면 우리가 이런 질문 형식으로 우선순위를 인정할 만한 외부적인 견고한 완전체는 없다. 예술은 생산, 무역, 정치, 가족 부양과 함께 하나의 활동으로 존재한다. 그 관계들을 적절히 연구하기 위해서 우리는 모든 활동들을 인간 에너지의 특수하고 현대적인 형식으로 보아 적극적으로 연구해야 한다. 이 중에 어느 활동을 보더라도 우리는 전체 조직의 본질에 의거해 다양한 방식으로 다른 활동들이 반영되어 있는지 알 수 있다. 또한, 특정 목적을 위한 특정 활동들을 구분해낼 수 있다는 사실은 이 활동 없이는 당시, 그곳의 인간 조직 전체가 실현될 수 없었음을 암시한다. 그러므로 예술은 다른 활동들과 분명 연관됨과 동시에 그 조직의 견해에서 그렇게 표현될 수밖에 없는 조직의 특정 요소들을 표현한 것이라 볼 수 있다.

Note

[문체]

윌리엄스는 '과정'에 대한 그의 이전 분석에서처럼 반복해서 '관계들'과 '활동들'을 언급한다. 이 모든 단어들이 문화는 그저 거기에 있는 것이 아니라 우리가 살고 있는 체제의 적극적인 부분임을 암시하듯 역시 적극적임을 주목하라.

윌리엄스가 이야기하는 '조직'은 어떤 조직인가?

[내용]

여기서 윌리엄스는 한 체제 안에서 다양한 요소들 간의 상호관계는 그 원인이 많은 기원으로 추적될 수 있음을 뜻하기 때문에 조직의 어떤 변화도 하나의 요인으로 설명하기가 어렵다는 것을 이야기한다. 어떤 의미에서 그는 이것이 **복잡하다**는 것을 주장한다. 당신은 이론이 자주 복잡한 것들을 고집한다는 것에 대해 한탄할 수도 있는데, 윌리엄스는 그것은 당신이 적어도 부분적으로는 스스로 **복잡하지 않다**고 암시하는 것을 통해 정당화하는 사회체제 안에 살기 때문이고 그러한 거짓이 윌리엄스 사상의 주요 동기부여 요인이라고 아마 주장할 것이다.

Reading 13

그렇다면 문제는 사회와 예술을 관련짓는 것이 아니라, 우리가 추출하기로 한 어떤 활동에도 우선순위를 인정함 없이 모든 활동들과 그것들의 상호 관계를 연구하는 것이다. 종종 그렇듯 만약 한 활동이 급진적으로 전체 조직을 변화시키려 하는 것을 발견한다해도, 여전히 우리는 이 활동에 다른 모든 활동들이 연관 지어져야 한다고 말할 수 없다. 우리는 변화하는 조직 내에서 특정 활동들과 그들의 상호관계가 영향 받는 다양한 방식들만을 연구할 수 있을 뿐이다. 더 나아가, 그런 활동들은 다양하고 때때로 서로 갈등되기도 하는 목적에 기여할 것이므로 우리가 눈여겨봐야 할 종류의 변화는 좀처럼 단순한 종류이지 않을 것이다. 지속성, 조정, 무의식적인 흡수, 적극적인 저항, 대안적 노력의 요소들은 특정 활동들과 전체 조직에서 모두 정상적으로 존재할 것이다.

Note

[내용]

체제가 복잡하다는 그의 주장을 보면, 윌리엄스는 개인들이 체제가 복잡하다는 것에 대해 어떻게 반응할지를 여기서 주목하고 있다. 이것은 우리가 사회와 문화 같은 모든 것을 아우르는 개념들을 논할 때 그 안에 살고 있는 개인들을 잊고 그들은 하나의 대중으로 다루기가 십상이기 때문에 중요하다. 그러나 윌리엄스가 개인 반응의 특수함에 주목할 때 이것을 한 사람이 자신이 사는 사회 안에서 무엇이든 할 수 있다고 추측하거나 과장하지 않는 것이 중요하다. 이렇게 한 개인이 그를 둘러싼 사회를 개조하거나 저항할 힘을 얼마나 가지고 있느냐에 대한 논쟁은 매우 중요하며, 많은 사상가들이 이에 대해 서로 다른 관점을 지니고 있다.

Reading 14

기록의 측면에서 문화 분석은 큰 의미를 가지고 있는데, 이는 기록이 문화가 나타난 전체 조직에 대한 구체적인 증거를 산출할 수 있기 때문이다. 우리는 이러한 것들을 알기 전에는 그 사회를 안다고 주장할 수 없기 때문에 우리는 그 사회의 한 형식이나 시대를 안다고 하거나 그 사회의 예술이나 이론이 어떻게 관련되는지 볼 것이라 할 수 없다.

Note

[맥락]

윌리엄스가 문화를 연구하는 것이 중요하다고 주장하다시피, 이 문장은 본질적으로 문화학을 위한 정당화이다. 이것이 쓰인 당시에는 문화학과 미디어 연구가 어떤 중요한 가치가 있다고 보이지 않았으며, 이는 윌리엄스가 서술하는 작업이 **왜** 진행되어야 하는지, **왜** 그것이 중요한지를 쓰는 것이 요구되었다는 것임을 알아야 한다. 오늘날 문화학은 학문적으로 받아들여져 있기 때문에 많은 저술가들이 그들이 하는 일에 대한 타당한 이유를 언급하지 않는다. 이는 그들이 문화학이 왜 중요한지 당신은 **이미 알고 있다고** 가정한다는 뜻이다.

Reading 15

이것은 방법의 문제이며, 역사의 많은 부분이 사회의 정치적, 경제적, '사회적' 방식 같은 사회의 기초들이 실제의 핵심을 형성한다는 추정 하에 쓰였고, 또 그 이후에 예술과 이론이 미미한 '연관성'을 보이기 위해 제시될 수 있음을 여기서 이야기되고 있다. 문학, 예술, 과학, 철학의 역사에서 이것의 정반대 과정으로 이 분야들이 그들의 섭리에 의해 발달하고 나서 '배경'(일반 역사에서 핵심인)이 묘사되었다. 분명히 특정 활동들을 강조를 위해 선별하는 것이 필요하고 임시적으로 분리되게 특정 발달 과정을 추적하는 것은 합리적이다. 그러나 그러한 특정 작업을 통해 서서히 쌓아올려진 문화의 역사는 활동적인 관계가 회복되고 진정으로 동등하게 보여질 때만 기록될 수 있다. 문화사는 문화들 간의 관계와 전체 조직의 형식들에 특히 관련되어졌기 때문에 그저 특정 문화들의 합 이상이어야 한다.

그러므로 나는 문화 이론을 전체적 삶의 방식 속 요소들 간의 관계를 연구하는 것이라 정의하고 싶다.

문화 분석은 이러한 관계들의 복합체인 조직의 본질을 발견하려는 시도이다. 특정 작품이나 제도의 분석은 이러한 맥락에서 그것들이 필수로 요하는 조직과 그것들이 전체로서 구현하는 조직의 부분들의 분석이라고 볼 수 있다. 이러한 분석에서 키워드는 바로 패턴이다. 유용한 문화 분석은 특징적인 종류의 패턴 발견과 함께 시작되며, 이러한 패턴들 간의 관계가 그때까지 분리되어 생각한 활동들 간의 바로 예상치 못한 동질성과 관련성, 일반적인 문화 분석이 관련한 예상치 못한 종류의 단절을 밝혀내는 것이다.

Note

[내용]

방식을 고려하는 데에 있어서 윌리엄스는 많은 주제들—여기에서는 역사—에서 조사가 전개되는, 종종 검사되지 않은 방법들을 보여 준다. 그는 역사가 정치나 경제 같은 특정 주제들을 그가 관심을 두고 있는 문화현상보다 더 중시한다고 보며, 이것은 윌리엄스에게 두 가지 문제로 다가온다. 첫째로, 역사는 자신이 왜 이렇게 하는지 의문을 제기하는 일이 거의 없다. 둘째로, 경제와 정치를 문화에서 분리하는 데에 있어 역사는 그들이 어떻게 서로 연관이 있고 상호의존적인지를 무시하거나 경시한다. 방식에 대한 논쟁은 중요한데, 그것은 방식이 어떤 주제에 있어 무엇이 중요하다고 보는지를 밝히기 때문이다. 문화학은 이미 존재하는 조사방식은 조사 질문들이 중요하다. 여기는 것들을 탐구하기 어렵다고 주장하기에 새로운 조사 방식을 개발하려 자주 노력해 왔다. 여기서 윌리엄스가 구체적인 방식들을 제시하지 않는 점에 유의하라. 이는 즉 방식은 제안된 이론을 충분히 생각하는 하나의 도구로서 차용되기에, 이론이 방식 **전에** 와야 한다는 뜻이다.

[문제]

'역사'와 '문화사'를 구분함에 있어, 윌리엄스는 그 두 가지 접근 사이의 차이에 대해 명쾌한 선언을 한다. 그리고서 그가 '문화 이론'을 정의하는 것에 주목하라. 당신이 보기에 이 정의는 얼마나 유용한가?

Reading 16

우리가 전반적 조직에 대해 실질적으로 알 수 있는 것은 지금 우리가 있는 곳, 우리 시대뿐이다. 다른 장소와 시간의 삶에 대해 우리는 많은 것을 배울 수는 있지만, 특정 요소들은 언제나 돌이킬 수 없을 것으로 보인다. 회복될 수 있는 것들조차도 추상적으로 회복되며 이것은 매우 중요하다. 우리는 각각의 요소를 하나의 침전물로 익히지만, 시간 속의 살아 있는 경험에서는 모든 요소들이 복잡한 전체의 분리할 수 없는 부분으로서 용해되어 있었다. 과거의 어느 시대를 연구함에 있어서도 가장 이해하기 어려운 것은 특정 장소와 시간에서 삶의 질을—특정 활동들이 어떤 사상과 삶의 방식으로 결합하는 것에 대한 감각을—느껴내는 것이다. 우리는 인생의 특정 조직들의 개요를 복원할 수 있다. 우리는 프롬(Fromm)이 '사회적 특징'이라 부르거나 또는 베네딕트의 '문화 패턴'이라 부른 것들조차도 복원할 수 있다. 사회적 특징은 행동과 태도들의 가치 체계로서 공식, 비공식적으로 가르쳐지고 있고, 이것은 이상이기도 하며 방식이기도 하다.

Note

[내용]

마치 실패를 인정하는 것처럼 보일 수 있지만, 윌리엄스는 여기서 과거를 살펴볼 때 **우리가 절대 알 수 없는** 것들이 있다고 말한다. 우리는 '삶의 질에 대한 느낌'을 절대 재창조해낼 수 없는데, 이는 사회와 문화를 형성하는 다수의 요소들이 매우 상호의존적이기에 현재에서 바라보는 것은 전체 맥락으로부터 제거하는 것이기 때문이다. 당신은 한 역사 시대의 삶, 또는 직업 환경을 가능한 한 재창조해 내려 하는 박물관에서 이러한 경험을 한 적이 있을 것이다. 하지만 이 역시도 **그 시대의 사회에 직접 존재**하거나 사는 것과는 절대 같을 수가 없는데, 이는 우리가 현대적 이해를 관련지어 적용하기 때문이다. 그 아무도 다른 이의 '사상과 삶의 방식'을 온전히 이해할 수 없다. 그렇다면 당신은 이러한 작업을 하는 것의 의미가 무엇이냐고 질문할 수 있을 것이다.

[문체]

윌리엄스가 논한 '가치 체계'는 어떻게 '가르쳐'졌는가? 학교에서 공식적으로 가르쳤음을 뜻하는가? 아니면 다른 의미인가?

Reading 17

'문화 패턴'은 뚜렷한 조직, 하나의 '삶의 방식'을 만들어 내는 이해관계와 활동들의 선택과 설정이며 그에 대한 특정 가치 부여이다. 하지만 이마저도 복원을 하면서 추상적이게 된다. 그러나 우리는 특징도 패턴도 아니지만 이러한 것들이 실현된 실제 경험과 같은 더 나아간 공통의 요소를 얻을 수도 있다. 이는 잠재적으로 매우 중요하며, 우리가 한 시대의 예술에 있어 그러한 접촉을 가장 잘 의식하고 있다고 생각한다. 그리고 이것을 그 시대의 외면적인 특징들에 비교하고 개별적인 변이를 감안해도 우리가 쉽게 알아볼 수 없는 여전히 중대한 공통의 요소가 있다. 그것은 우리 스스로 공유하는 삶의 방식에 대한 어떤 유사한 분석을 떠올릴 때 가장 잘 이해할 수 있을 것이다. 이는 우리가 여기서 삶에 대한 특정 감각, 외부 분석가들이 어떤 면에서는 지나가버려 특정한, 특징적인 색깔을 부여할 수 있는 거의 표현을 필요로 하지 않는 경험의 공동체를 발견하기 때문이다. 우리는 이것을 '같은 언어'를 쓰지 않는 세대 간의 대조를 알아차릴 때, 공동체 바깥의 사람이 쓴 우리 삶에 대한 이야기를 읽을 때, 말투나 행동 양식에서 우리 것에 대해 배웠지만 그 안에서 길러지지 않은 사람들과의 차이를 발견할 때 가장 잘 느낀다. 거의 모든 공식적 묘사는 이 특수하고 고유한 양식의 뚜렷한 느낌을 대강 표현할 뿐이다. 그리고 이것이 사실이라면, 우리가 친밀한 삶의 방식에서 이렇듯 우리가 다른 세대에서 온 방문자, 학습자, 손님의 입장에서도 역시 그럴 것이다. 우리가 어느 특정 시대를 연구함에 있어서 우리는 모두 이러한 입장에 선다. 비록 이것이 사소하게 다루어질 수도 있지만 그러한 특징은 사소하지도, 미미하지도 않다. 그것은 다분히 핵심적이다.

Note

[문체]

여기서 윌리엄스가 사용하는 '삶의 방식', '삶의 감각(느낌)', '경험의 공동체'와 같은 용어들을 보라. 모두 그 의미가 다소 모호한데 그것은 **고의적인** 것이다. 가지고 있는 분석 도구들이 사회와 문화의 특정 면모들을 잡아내고 표현하는 데에 어려움이 있다는 것을 주장하기 위해서 윌리엄스는 그의 주장을 정확히 집어낼 언어가 없음을 보여 준다. 이것은 중요한 결과를 낳는데, 특히 문화학과 구조주의('18장 구조주의' 참조)에서 반복해서 주장하듯 언어는 단어가 있는 한에서 우리가 표현하는 바를 제한하는 강력한 사회적 도구이기 때문이다. 만약 역사가들이 윌리엄스가 중요하다 말하는 개념들을 표현할 만한 용어들을 만들어내지 못했다면, 이것은 역사가들이 무엇을 중요하다 여기는지를 보여 준다. 더 중요하게는 그들이 무엇을 무관하다 보는지를 보여 준다. 윌리엄스는 역사가 반복해서 많은 영역들을 무시해 왔으며, 무엇이 연구되고 되지 말아야 하는지에 관한 선택 그 자체가 사회 내부의 힘 구별(power distinction)을 표현한다고 주장한다.

[내용]

윌리엄스는 다른 시대를 연구하는 것을 '방문자'가 되는 것과 동일시한다. 그리고 방문자들이 그들이 방문한 문화의 특정한 부분들을 살펴보는 데에 관심이 있듯이 학자들도 그들 주제의 특정한 측면들에 관심이 있다. 그렇기에 다른 문화를 연구하는 것에 있어 우리가 언제나 아웃사이더임을 아는 것이 중요할 것이다.

Reading 18

그것을 묘사할 때 제시할 만한 용어는 감정의 구조이다. '구조'라는 말이 암시하는 것처럼 견고하고 확실하지만, 우리 활동들의 가장 섬세하고 인지하기 힘든 부분들에서 작용하고 있다. 어떤 면에서 이 감정의 구조는 한 시대의 문화이다. 이것은 전반적인 조직의 모든 요소들의 특수한, 살아 있는 결과이다. 그리고 이러한 관점에서 한 시대의 예술은 특징적인 접근과 논조들을 포함하여 매우 중요하다. 왜냐하면 그러한 특징들이 여기서 표현되기 때문이다. 종종 의식하지는 못하게 보유자/전수자보다 오래 살아남는 기록된 의사소통의 예시들에서 실제적인 삶의 감각과 의사소통을 가능케 하는 깊은 공동체가 나온다. 사회적 특징처럼 감정의 구조도 공동체의 많은 개인들이 소유하고 있다는 뜻은 아니다. 그러나 이것은 모든 실제 공동체들에서 매우 깊고 광범위한 소유이며 그러한 이유는 바로 의사소통이 이에 기반을 두기 때문이다.

Note

[내용]

'감정의 구조'는 윌리엄스의 저술 중에서 유명하고 자주 인용되는 관용구이다. 이 관용구가 조직과 체계의 개념을 보다 감정적이고 개인적인 '감정(느낌)'의 개념과 함께 어떻게 한 데로 묶는지 주목해야 할 것이다. 이러한 측면에서 윌리엄스는 다양한 학문 분야에서 무시되는 한 문화에서 사는 것이 어떤 '느낌'인지에 대해 우리가 생각하기를 바라고 있다. 여기서 '감정'이란 그것을 구성하고 정의하도록 돕는 '구조'가 있기 때문에 그저 개인적인 행위가 아님을 알아야 한다.

[맥락]

한 과거문화에 대한 '예시들'이 제한적이고 특수하다는 것은 중요한 점이다. 문화학이 반복해서 의문을 제기하는 것들 중의 하나는 왜 사회가 스스로의 특정 양상들을 보존하기로 결정하고 다른 것들은 염려하지 않는 것인지이다. 대부분의 영국 도시들은 역사박물관 같은 것이 있다. 하지만 박물관에 있는 것들은 선별적이며, 사회의 '감정의 구조'를 형성하는 광대한 범위의 예술작품들과 경험들을 무시한다. 그렇기에 문화학은 자주 박물관을 조사한다. 헤닝(Henning, 2006)과 맥도날드(Macdonald, 2006)를 참조하라. 여기서 중요한 것은 우리는 과거의 모든 방면들에 접근할 방도가 없기 때문에 과거를 절대 '알' 수는 없다는 것이다.

Reading 19

그리고 특히 흥미로운 것은 어떤 공식적인 견해에서도 학습되어지지 않는다고 보이는 것이다. 한 세대는 그 후세를 사회적 성격이나 일반적인 문화 패턴에서 다분히 성공적으로 훈련시킬 수 있지만, 새로운 세대는 '어디에서 온' 것 같지 않은 그들만의 감정의 구조를 지닐 것이다. 여기서 가장 뚜렷하게 변화하는 조직은 유기체 안에서 일어난다. 새로운 세대는 따라갈 수 있는 많은 부분들을 지속하고, 분리되어 묘사할 수 있는 조직의 많은 부분들을 재생산하되, 삶 전체를 특정한 방면에서 다르게 느끼고 그에 대한 창조적 반응을 새로운 감정의 구조로 형성하며 그들만의 방식으로 그들이 물려받을 독특한 세상에 반응한다.

Note

[문체]

'학습되다'라는 단어의 선택은 중요하다. 우리는 학교·대학 같은 공식 교육과 이를 관련지을 수도 있다. 그러나 윌리엄스는 우리가 우리 가족·미디어·친구, 그리고 문화 전체를 포함한 다양한 근원에서 '학습'할 수 있다고 주장한다. 만약 '학습되어지는' 것이라면, 중요한 것은 자연스럽거나 필연적인 것이 아니므로 우리는 왜 특정한 개념들이 세대에서 세대로 전해지는 것인지 대신 물을 수 있다. 이것은 문화 개념들이 시간이 흘러 발전하고 개인들 사이에서 차이를 보일 수 있으며, 차이의 정도는 한 사회에서 다른 사회의 구성원들을 가르치는 자료들의 종류에 제한된다는 것을 뜻한다.

[내용]

여기서 사회와 문화가 전개되고 변화하고 진화하는지에 대한 개념이 분명히 나타나 있음에 주목하라. 이는 이들이 정확히 밝히고 또 분류하기가 굉장히 어려움을 뜻한다. 그리고 이것은 사회와 문화가 확정지어진 것이기보다는 과거의 최근 사이의 관계에 대응하는 **과정들**이라는 생각을 보강한다.

Reading 20

그러한 구조의 전달자들이 모두 사라지면 우리가 이 필수적인 요소에 가장 가까이 다가갈 수 있는 건 시, 빌딩, 패션과 같은 기록된 문화 안에서이고, 이러한 관계가 바로 기록된 문화의 정의에 중요성을 부여하는 부분이다. 이것은 기록이 자율적이라는 뜻은 아니다. 앞에서 주장한 것처럼 단순히 한 활동의 중요성은 전체 조직의 측면에서 구해져야 하며, 여기서 전체 조직은 분리될 수 있는 부분들의 합 이상이다. 우리가 항상 찾는 것은 그 전체 조직이 표현하고자 하는 실제 삶이다. 기록 문화의 중요성은 살아 있는 목격자들이 침묵할 때 직접적인 용어들로 삶을 우리에게 표현한다는 데에 있다. 동시에, 만약 우리가 감정 구조의 본질을 되돌아보고 또 현대 예술을 포함해 충분한 자료와 함께 그것을 가까이 접할 수 있는 살아 있는 사람들에게 조차 온전히 이해되는 것이 실패하는 것을 본다면, 우리는 어느 통로를 이용하더라도 하나의 접근, 근사치 이상을 얻을 수 있다고 생각할 수 없다.

Note

[문체]

윌리엄스는 이전 주장을 여기서 다시 언급한다. 그는 그의 저술에서 그러한 표지판들을 거의 포함하는 일이 없다. 만약 그가 주장의 구조를 전반에 걸쳐 더 분명하게 했다면 도움이 되었으리라 생각하는가?

[내용]

여기서 역사가들이 과거를 이해하는 능력에 대한 반복되는 비판은 맥락 속에 담겨 있다. 이는 윌리엄스가 정확히는 '감정의 구조'가 정의되지 않았고 자주 개인적이기 때문에 한 문화 속에 사는 사람들은 그 문화를 이해하는 데에 어려움이 있다고 주장하는 것이다. 아마 연구를 하는 동안 당신은 영화와 텔레비전 프로그램을 그 원문 '속에' 담긴 것을 탐구하는 추상적인 방식으로 검토하기를 요구받은 적이 있을 것이다. 당신이 그 원문 안에서 '감정의 구조'에 대해 고민했을 경우는 적을 것인데, 이는 그것이 부분적으로 학문적 작업을 하는 데에 있어 '전통적인' 방식이 아니고 또 어렵기 때문이다. 윌리엄스는 우리가 **우리 스스로의** 문화를 생각하고 검토하는 방식에 대해 탐구해야 한다고 주장하는데, 이는 우리 문화와 우리 사이의 관계가 역사가의 경우와 같이 기여하는 수많은 요소들에 의해 굴절되었기 때문이다.

Reading 21

우리는 문화의 세 단계를 가장 일반적인 정의로라도 구분해야 한다. 먼저 특정 시대와 장소의, 오직 그 때 그곳에서 살아 있었던 사람들만이 온전히 접근할 수 있는 문화가 있다. 모든 종류의 기록된 문화는 예술부터 일상의 사실까지인, 한 시대의 문화이다. 또한, 체험된 문화와 시대 문화들을 연결하는 요소인 선별적 전통의 문화가 있다.

Note

[구조]

윌리엄스는 요약한다고 이야기하지는 않지만 여기서 요약을 제시하고 있다. '문화의 세 가지 단계'라는 개념은 그가 논의해 온 내용이지만, 그가 다양한 방식으로 그것들을 탐구했기 때문에 우리가 다르게 생각할 수도 있다. 이것은 읽기 자료를 다시 한 번 되돌아보고 윌리엄스의 주장이 그가 논의하는 바를 어떻게 우리가 이해하는가에 변화를 일으켰는지 볼 수 있는 유용한 방식이다.

Reading 22

문화가 더 이상 체험되지 않고 훨씬 좁은 방식으로 그것의 기록에서 살아남을 때, 한 시대의 문화는 우리가 그 문화의 업적, 사회적 특징, 활동과 가치의 보편적인 패턴, 감정 구조의 부분들에 대해 충분히 명백하게 알게 될 때까지 매우 신중하게 연구될 수 있다. 하지만 그러한 생존은 그 시대 자체가 아닌, 서서히 전통을 형성하는 새로운 시대들에 의해 지배된다. 한 시대의 전문가도 그것의 기록에 대해 겨우 부분 밖에는 알지 못한다. 일례로 그 누구도 사실 19세기 소설에 대해서 알지 못한다고 이야기할 수 있다. 그 누구도 그 모든 인쇄본에서 페니 시리즈물에 이르기까지를 읽었다거나 읽어볼 수도 없었을 것이기 때문이다. 진정한 전문가는 몇 백 권 정도 읽었을 것이다. 평범한 전문가라면 더 적게 읽었을 것이고 교육받은 독자라면 더 적게 읽었을 것이다. 비록 모두 이 주제에 대해 분명한 생각을 가지고 있겠지만 말이다. 다분히 극단적인 종류의 선택의 과정이 분명 있었지만 이는 모든 활동 분야에서 마찬가지이다. 물론 동일하게, 19세기의 어느 독자도 이 모두를 읽지는 못했을 것이다. 그 사회의 누구도 사실들 중 선택된 것들의 한 집합 이상을 알지 못했을 것이다. 그러나 그 시대에 살았던 모든 사람들은 후대에 온전히 복원할 수 없는 무언가를 지니고 있었다. 그 소설들이 쓰인, 현재로써 우리가 선별을 통해 접근하는 당시 삶에 대한 감각 말이다. 이론적으로, 한 시대는 기록된다. 실제적으로 이 기록은 선별적인 전통으로 흡수되고, 그 시대와 기록은 둘 다 당시 사람들이 살았던 문화와는 다르다.

Note

[내용]

여기서 윌리엄스는 과거는 그것의 보존을 맡을 사람들에 의해 영향을 받기 때문에 우리가 과거를 온전히 이해하는 것은 불가능하다고 이야기한다. 우리는 이것을 학교에서 역사를 배웠을 때나 박물관을 방문했을 때와 연관지어 볼 수 있다. 과거의 무엇이 유지, 보존되고 전해졌으며 무엇이 버려졌는가? 일례로 과거의 부유한 지주들의 초상화는 자주 볼 수 있지만 '평범한 사람들'의 그림은 찾아보기가 훨씬 힘들다. 또한 **지금** 문화의 어떤 양상들을 가지고 미래 사람들이 우리에 대해 이야기할 것인지 생각해 보라. 미래의 역사가들은 아마도 당신이 어떻게 삶을 살았는지에 대해 **모든 것**을 알 수 있을 것인가, 아니면 어떤 특정한 것들은 보존되고 다른 것들은 그렇지 못할 것인가? 21세기 초의 박물관은 어떤 모습을 하고 있을 것인가?

[문체]

'삶에 대한 감각'은 윌리엄스의 중요한 개념들 중 또 하나이다. 그가 사용하는 언어를 주목하라. 이 구는 고의적으로 모호한데, 이는 사람들이 자신이 살고 있는 문화에 대해 느낄 수 있는 다양한 방식들을 아우르기 위해서이다. 이것은 다른 읽기 자료들에서 당신이 접하지 못했을 법한 사뭇 다른 종류의 저술일 수 있다.

Reading 23

선별적인 전통의 작용을 이해하려 노력하는 것은 매우 중요하다. 어느 정도는 선별은 그 시대 자체 안에서 시작된다. 모든 활동의 총체에서 특정한 것들은 가치와 강조를 위해 선택받는다. 일반적으로 이 선택은 당시 조직의 전체를 반영하는데, 이것이 곧 그 가치와 강조들이 이후에도 확고부동할 것이란 뜻은 아니지만 말이다. 우리는 과거 시대들에서 이것을 분명히 볼 수 있지만 우리 스스로의 것에 관해서만큼은 그렇게 믿지 않는다. 십년 전의 소설에서 그 예를 찾을 수 있다. 1950년대의 영국 소설을 모두 읽은 사람은 아무도 없을 것이다. 이 한 활동에 20시간을 쓸 속독가라고 해도 그럴 수는 없을 것이다. 하지만 출판과 교육에서 이 시대 소설의 어떤 보편적 특징들이 정리되었을 뿐만 아니라, 가장 최고의, 또 의의가 있는 작품들에 대한 타당하게 동의된 짧은 목록 역시 만들어졌다. 만약 이 목록에 30개의 제목들이(이미 극단적인 선별이지만) 있다고 하면, 50년 후에 1950년대 소설의 전문가들은 이 제목들 중 서른 개, 일반 독자들은 다섯 개나 여섯 개 정도밖에 모를 것이라는 추측을 해 볼 수 있다.

Note

[문체]

'작용'이라는 단어는 매우 신중하게 고른 단어이다. 이 단어는 되풀이하여 발생하고 구체적인 특성들을 가진 조직화된 과정을 암시한다. 그러나 윌리엄스는 개인이 이러한 작용을 담당한다고 이야기하지 않고, 대신에 사회가 문화에 대해 거듭 고려한 바에 의한 결과라고 본다.

[맥락]

다시 한 번 윌리엄스는 문학을 예로 든다. 우리는 그가 문학 선생이었다는 사실을 이와 연관지을 수 있다. 그러나 우리는 이 책이 쓰인 당시에 계속 되었던 문학과 교육 사이의 논쟁에도 이것을 관련지어 볼 수 있을 것이다. 무엇이 가장 중요한 문학인가—종종 (경전과도 같은) '고전'으로 불리어지며—에 관한 논쟁은 지속되었고 이는 교육에 지대한 영향을 끼쳤다. 예를 들어 학생들은 모두 셰익스피어를 읽도록 요구받아야 하는가? 학교는 '전통시' 대신에 랩 가사를 가르쳐도 되는가? 이러한 교육의 내용에 관한 논쟁과 교육이 특정 문화를 다른 문화보다 우선시한다는 점에 관한 논쟁은 문화학에서 지속적으로 나타나고 있다.

Reading 24

하지만 우리는 1950년대가 지나가면 또 다른 선별의 과정이 시작되리라고 확신할 수 있다. 작품들의 숫자를 줄임과 동시에 이 새로운 과정은, 어떤 경우 급진적으로, 이미 나타난 가치부여를 바꿔 놓을 수 있다. 50년이 흐르면, 여전히 변동을 거듭할 수도 있지만 상당히 영구적인 가치 평가들이 자리 잡을 것이다. 그러나 이 긴 과정을 통과해 살아온 우리 중 누군가는 우리에게 중요한 요소들이 도외시되었다 생각할 것이다. 우리는 연약한, 연세가 드신 사람들의 방식으로 "왜 젊은이들이 X를 더 이상 읽지 않는지 모르겠다"고 말할 수도 있지만 더 단호히는 "이건 원래 이랬던 게 아니야. 너희들 방식이지"라고 이야기할 수도 있다. 어떤 시대라도 적어도 세 개의 세대를 포함하기 때문에 우리는 언제나 이러한 예들을 볼 수 있으며, 이를 더 복잡하게 만드는 한 요인은 바로 우리 중 그 누구도 우리가 가장 중요하다 느끼는 시기에 조차 정지해 있지 않다는 것이다. 우리는 많은 수정·적응 과정에 대항할 수 없으며 많은 누락, 왜곡, 재해석을 받아들이거나 또는 알아차리지도 못하는데, 이는 우리가 그 변화를 불러일으킨 일부이기 때문이다. 하지만 또 살아 있는 목격자들이 사라지면 추가적인 변화가 나타난다.

Note

[내용]

여기서 분명하게 정리된 것은 문화를 묘사하는 것에 관한 **어려움**인데, 문화에 속한 서로 다른 사람들은 서로 다른 경험을 하기 때문이다. 예를 들어 당신은 부모님의 음악적 취향과 다른 취향을 가지고 있을 것이고, 사람들이 좋아하는 유머는 대부분 그들의 나이와 관련이 있다. 이는 과거에 대해 이해하는 것이 어려움과 동시에 우리는 현재에도 유사한 문제들을 안고 있다는 것이다.

Reading 25

체험된 문화는 선별된 기록들로 고정되기만 하지 않는다. 그것은 축소된 형태로 부분적으로 인간 성장의 보편적인 노선에 (필연적으로 꽤 작은) 기여하는 것으로서, 역사적 재구성으로서, 또 과거의 특정 단계를 이름 짓고 밝히는, 우리를 정리하는 방식으로서 쓰일 것이다. 그러므로 선별적인 전통은 어떤 수준에서는 일반적인 인간 문화를, 또 다른 수준에서는 특정 사회의 역사적 기록을, 세 번째 수준에서는—가장 받아들이고 가늠하기 어려운 부분이지만—한때 체험된 문화의 상당한 분야들을 배제한다.

Note

[구조]

여기서 윌리엄스는 그의 주장을 요약하는 데에 있어 왜 이러한 생각의 과정이 필요한 것인지 보여 준다. 분명 그의 '선별적 전통'은 특정 문화의 '배제'를 토대로 삼아야 한다는 것인데, 이는 마치 박물관에 보존되지 못한 과거의 많은 것들이 있는 것과 같다. 이것은 보존되지 못한 것들은 대부분 사회의 가난한 노동자 구성원들이 만들고 소비한 것들이라는 점과 관련해 문화학에 있어서 중요한 개념이다. 이러한 측면에서 보면 사회에서 가난한 사람들이 더 취약한 이유는 그들의 문화가 '선별적 전통'에 의해서 평가절하되었기 때문이다. 그렇다면 어떠한 문화 종류들의 손실이 비판받는 것은 역사가 부정확하기 때문만은 아니다. 더 중요하게는 그것이 계급과 힘의 차이를 유지하도록 돕는 과정들 중 하나이기 때문에 문제가 되는 것이다. 그리고 당신은 여기서 마르크시즘과의 관계를 분명히 볼 수 있다.

윌리엄스는 다음 문단에서 계급에 관하여 이야기하는 것으로 넘어간다.

Reading 26

주어진 사회 안에서 선별은 계급적 이해관계를 포함한 수많은 특별한 이해관계에 의해 통제된다. 마치 실제 사회적 상황이 동시대의 선별을 대체적으로 주관하는 것처럼 역사적 변화의 과정이 역시 선별적 전통을 결정할 것이다. 한 사회의 전통 문화는 언제나 그것의 이해관계와 가치들의 동시대적인 체제에 상응하는 경향을 보일 것인데, 이는 이것이 절대적인 업적의 총체여서가 아니라 지속적인 선별과 해석의 과정이기 때문이다. 이론적으로, 그리고 실제적으로 어느 정도까지, 전통(특히 교육과 학문)을 공식적으로 유지하려는 제도들은 동시대적인 이해관계에 따라 선택하는 것이 아닌 전체로서의 전통에 헌신적이다. 이 헌신은 매우 중요한데, 우리는 선별적 과정의 작동에서 반전과 재발견, 죽은 것과 마찬가지로 버려진 작품으로 돌아가는 것을 보고 또 보았기 때문이고, 또 이는 과거 문화의 넓은 분야들을 살리지는 못하더라도 적어도 이용할 수 있도록 유지하는 일을 하는 제도들이 있을 때에만 가능한 일이다. 선별적 전통이 사회의 성장 과정을 따라가야 한다는 것은 자연스럽고 필연적인 일이지만, 그러한 성장이 복잡하고 지속적이라는 점 때문에 미래 상황 속에서 과거 작품의 연관성은 예측할 수 없다.

Note

[내용]

여기서 윌리엄스는 고전도 변할 수 있고 우리가 과거에 대해 보존하고 논하는 것들은 우리의 현 이해관계에 의해 정의된다고 말한다. 우리는 과거와 과거에서 중요하다고 보이는 종류의 문화가 고정되어 있다고 보지만 사실은 그렇지 않다. 교육 기관이 그들의 교육을 바꾸는 것처럼 박물관은 그 내용을 바꿀 수 있다. 정부 또한 학교에 과거와 문화에 대해 가르치도록 요구하는 것을 다양화할 수 있다.

[맥락]

다시 한 번 우리는 윌리엄스의 선생으로서의 경험을 교육기관들에 대한 언급과 연관지을 수 있다. 이는 1950년대와 1960년대에 영국에서 널리 퍼졌던 교육의 본질과 내용에 관한 논쟁과도 관련이 있다. 이 문단의 나머지는 이행해야 할 사회적 역할에 있어 많은 교육 시설들이 처한 어려운 입장에 대해 이야기한다.

[문체]

'일'이라는 단어가 여기서 의미하는 바는 무엇인가? 순수하게 재정적인 함축을 하고 있는가? 'Reading 23의 Note'에서의 '작용'과는 어떻게 관련이 있는가?

Reading 27

학문적 기관들은 사회의 성장 과정을 따라가야 한다는 당연한 압박을 받지만, 현명한 사회는 이러한 관련성을 보장함과 동시에 그러한 제도들이 평범한 작품 보존 업무에 충분한 지원을 하도록 장려하고, 어느 특정 시대가 이러한 활동이 전혀 상관없고 쓸데 없다고 비판하는 것을 반대할 것이다. 너무 많은 학문적 기관들이 상당히 자기 영속적이고 변화에 저항한다는 점은 한 사회의 성장에 종종 장애물로 작용한다. 새로운 기관들은 필요하다면 변화를 겪어야 하지만, 우리가 선별적 전통의 과정을 제대로 이해하고 충분히 긴 기간 동안 역사적 변화와 변동에 대한 실제적 감각 확보를 위해 살펴본다면 그러한 자기 영속적인 가치들도 높이 평가받을 수 있을 것이다.

Note

[맥락]

왜 학문적 기관들은 '변화에 저항하는' 것인가? 그들의 사회적 역할, 그리고 대중과 정부와의 관계에 대해 생각해 보라. 또한 윌리엄스가 그러한 기관들에서 일했다는 것이 이러한 안정을 그가 직접 목격했다는 점에서 그의 주장을 더 설득력 있게 하는가, 아니면 그가 개인적인 체험에서 너무 일반화하는 것인가?

[문체]

윌리엄스가 그의 주장을 뒷받침하고 증명하기 위해 구체적인 예시를 드는 것에 다시 실패하는 것을 살펴보아야 한다. 이 저술은 여전히 이론적이고 우리 독자는 그의 주장을 예시 없이 그대로 믿도록 받아들여야 한다. 당신은 이를 얼마나 적절하다 느끼는가?

[내용]

윌리엄스는 현대사회가 과거를 정의하는 방식을 분명히 하는 데에 있어 연구조사가 할 수 있는 것이 본질적으로는 **방법론적인** 진술을 하는 것이라 이야기한다. 그는 이루어지지 않고 있지만 이루어져야 하는 연구조사들이 있다고 이야기한다. 세상을 새롭고 다른 방식으로 생각해 보려는 많은 이론은 새로운 방식에 대한 변명을 해야 하는데, 이는 이미 존재하는 방식들이 특정한 사고방식에 상응한다고 가정하기 때문이다. 이 때문에 문화학은 다른 분야들의 연구조사 관습에서 탈피하는 중요한 방법으로 종종 연구조사 방식들—이 책 속 '26장 수용자 이론'의 이엔 앙(Ien Ang)의 'Reading'에 나온 수용자 조사와 같은—을 통해 실험을 해 왔다.

Reading 28

전체로서의 사회에서, 그리고 특정 활동들에서 문화 전통은 선조들의 지속적인 선별과 재선별 과정이라고 볼 수 있다. 대체로 한 세기 정도 동안 특정한 노선들이 그려지고 나서 갑자기 새로운 성장 단계에서 이 선들은 무효화되거나 약해질 것이고 새로운 노선들이 그려질 것이다. 동시대 문화 분석에 있어서 선별적 전통의 존재 상태는 대단히 중요한데, 이는 이러한 전통—과거와 새로운 연결을 확립하고 이미 존재하는 노선들을 파괴하거나 다시 그리는—에서의 어떤 변화는 동시대적인 변화의 급진적인 종류이기 때문이다. 우리는 문화 전통이 선택일 뿐만 아니라 해석이기도 한 정도를 과소평가하는 경향이 있다. 우리는 대부분의 과거 작품들을 그것들의 본래 속성들 안에서 보려는 노력조차 하지 않은 채 우리 경험을 통해 보는 경향이 있다. 분석이 할 수 있는 일은 이것을 뒤집을 수 있는, 과거 작품을 그 당시 시대로 되돌리는 일은 아니지만, 역사적인 대안들을 보여줌으로써 의식적인 해석을 하도록 하는 것, 이 해석을 그 과거 작품이 기대고 있는 특정 동시대 가치들과 연관시키는 것, 그리고 작품의 실제 패턴들을 탐구함으로써 우리가 하는 선택들의 실제 본질과 직면하게 해 주는 것이다. 어떤 경우 우리는 작품이 문화 성장에 진정으로 기여하기 때문에 보존하고 있다는 것을 알 수 있을 것이다. 다른 경우, 우리는 작품들을 우리만의 이유로 사용하고 있음을 알 수 있을 것이고, 이를 아는 것이 '시간, 위대한 감정가'라는 신비주의에 굴복하는 것보다 나을 것이다. 시간이라는 추상적인 개념에 우리 스스로의 적극적인 선택들에 대한 책임을 내려놓는 것은 우리 경험의 핵심적인 부분을 억누르는 것이나 다름없다. 모든 문화 작품들이 그것이 나타난 전체 조직이나 그것들이 사용되고 있는 현대 조직 중 어느 것에나 더 적극적으로 관련지어질수록 우리는 더 분명하게 그 작품들의 가치를 알아볼 수 있을 것이다.

Note

[문체]

문화가 선택되고 구조화되는 방식에 대해 윌리엄스가 반복해서 이야기하는 것을 고려하면, 그가 몇몇 선별들을 '진실하다'고 이야기하는 것이 이상해 보일 수 있다. 이 단어는 어떤 의미로 쓰였는가? 이것이 그가 서술한 작용들의 **바깥**에서 몇몇 문화가 존재할 수 있다는 것을 뜻하는가? 이것은 얼마나 설득력이 있는가? 또한 이 문단에서 '실제적인'과 '진실한'과 같은 단어들이 언급된 것에 주목해야 한다. 윌리엄스는 우리가 적절한 방식들을 사용함으로써 '올바른' 답들에 접근할 수 있다고 한다. 이는 '진실'과 같은 건 존재하지 않는다고 주장하는 ('21장 포스트모더니즘' 참조) 오늘날의 포스트모던사회에서 이상하게 보일 수 있다.

Reading 29

그러므로 '기록적인' 분석은 체험된 문화에서든, 과거 시대이든, 아니면 사회적 조직이기도 한 선별적 전통 자체에서든 '사회적' 분석으로 앞장설 것이다. 그리고 영구적인 기여의 발견은 만약 우리가 이 단계에서 그 과정을 인간의 완성(확정된 가치들을 향한 움직임)이 아니라 많은 개인과 집단들이 기여하는 인간의 보편적 진화의 한 부분으로 받아들인다면, 동일한 종류의 보편적 분석으로 나아갈 것이다. 이러한 관점에서 우리가 분석하는 모든 요소들은 적극적일 것이다. 그것들은 다양한 수준에서 특정한 실제적 관계 속에서 있다고 보일 것이다. 그리고 이러한 관계들을 묘사하는 데에 있어 실제적인 문화 과정이 모습을 드러낼 것이다.

Note

[내용]

윌리엄스 분석의 종류가 '사회적'인 것에 대한 논의로 나아가는 것이 중요한데, 이는 사회가 곧 문화학의 핵심에 있기 때문이다. 그는 원문과 문화의 분석이 사회를 보다 넓게 사고하도록 이끈다고 주장한다. 물론 윌리엄스의 경우 전자를 하는 것이 후자로 이끌지 않는 한 다소 무의미하다. 이렇게 문화가 사회에 대해 이야기해 줄 수 있다는 생각이 당신에게는 새로울 수 있고, 또 당신이 더 큰 맥락에서 문화를 생각해 보도록 강요한다. 둘 사이의 관계는 윌리엄스의 주요 저서들 중 하나가 『문화와 사회(*Culture and Society*)』(1958)라고 불릴 정도로 윌리엄스의 사상에 있어 매우 핵심적이다.

[구조]

이 Reading은 발췌된 장에서 자연스럽게 마무리되고, 다음 부분은 이것에서 분리되어 있다. 그러므로 윌리엄스는 여기서 어느 정도 그의 주장이 완성되었다 본다. 당신은 이 부분을 마무리로서 얼마나 만족스럽게 평가하는가? 여전히 어떤 질문들이 있다면 어떤 것들인가?

읽기 자료 되돌아보기

『장구한 혁명(*The Long Revolution*)』에서 이 읽기 자료 다음에 오는 문장은 "문화 분석에 대한 이론적 설명은 실제적인 분석을 통해 시험되어야 한다"이다(p. 70). 여기서 윌리엄스는 '현실 세계'에 대응하여 이론이 시험되어야 할 필요에 대해 분명한 선언을 하고 있다. 다음으로 그는 영어 교사라는 그의 뿌리를 착각하게 만드는, 빅토리아 시대의 문학과 같은 예시를 논하는 것으로 넘어간다. 우리는 이 읽기 자료 전반에 걸쳐 예시가 부족하여 이해하기가 어려울 수 있다는 사실을 인식했다. 당신은 윌리엄스가 어떻게 그의 주장을 설명하는지 보기 위해 이 장의 나머지 부분들을 읽어볼 수 있을 것이다. 그러나 그렇게 하기 이전에 당신이라면 이 이론을 뒷받침하기 위해 어떤 예시들을 들 수 있는지 먼저 생각해 본다면 훨씬 좋을 것이다. 예를 들어, 당신이 관심을 갖고 있는 종류의 문화가 당신이 경험한 교육 기관들에 의해 무시되었던 적이 있는가? 당신이 흥미롭다고 느끼는 종류의 책, 음악, 미술, 미디어가 학교 커리큘럼의 핵심 구성요소인가? 만약 아니라면, 왜 그렇지 않은 것인가? 이러한 부족함은 윌리엄스가 주장하는 것처럼 어떤 사회적인 암시를 하는 것인가? 또, 무엇을 가르치고 보존할지를 누가 결정하고, 그들은 왜 그러한 결정을 내린 것인가? 영국의 학교들이 전국적인 커리큘럼을 보유하고 있다는 사실은 정부가 모든 아이들이 배워야 할 주요한 주제들이 있다고 느낀다는 것을 보여 준다. 이것의 사회적 결과는 무엇이 될 수 있는가?

당신은 왜 윌리엄스가 그의 이론적 분석을 그것을 뒤따르는 예시들에 적용하는 것에서 분리했는지에 대해서도 생각해 보아야 한다. 앞서 이야기한 것처럼, 현실 세계의 예시들과 관련되었을 때에는 이론적인 모델이 정말 적용이 되는지 확인하는 데에 앞서 먼저 제시하는 것이 성공적일 수 있기 때문이다. 모델이 적용되지 않을 수 있다는 사실이 모델을 무효화하지는 않는데, 이것은 그 모델이 여전히 새로운 사고방식을 소개해 줄 수 있기 때문이다. 비록 그 과정이 당연히 무의미하게 보일지 몰라도, 세상에 대해 이론을 구축하는 것은 그러한 이론을 시험하는 것과는 또 다른 과정이다. 당신이 어떤 것들에 대해 이론을 세울 때를 생각해 보라. 미식축구 경기 결과를 예측할 때, 예를 들어 당신이 어떤 일들이 벌어질지 이론을 세운다고 한다면 당신은 과거의 경기들과 그 팀들에 대한 당신의 경험을 앞으로 벌어질 경기에 대한 '모델'을 제시하기 위해 끌어올 것이다. 당신의 예측이 완전히 빗나갈 수도 있지만, 그렇다고 해서 당신의 이론이 완전히 무효화되지는 않는다. 대신에 문제는 왜 그 경기가 당신이 예상한대로 전개되지 않았는지가 된다. 마찬가지로 마권업자들도 결과를 예측하기 위해 넓은 범위의 모델들을 적용하여 앞날의 사건들을 과거에 대한 그들의 이해로부터 이론화하여 생계를 꾸린다. 그렇다면, 윌리엄스를 예시 부족으로 비판하기 전에 당신이 일상 속에서 얼마나 빈번하게 이론을 세우고 예측을 하는지, 또 그 예측들이 얼마나 자주 틀리는지를 떠올려 보는 것도 가치가 있을 것이다.

Reading 전반에 걸쳐 윌리엄스는 문화가 복잡하고, 독특하고, 구체적이라 주장한다. 그러나 그는 문화와 사회의 작용에 대해서도 보다 광범위하게 이야기하는데, 이런 이야기들은 그가 그의 마르크스적인 관점에서 사회 구조에 대해 비평을 하기 위해서 필요하다. 하지만 여기에 모순이 있지는 않은가? 만약 문화가 개개의 구체적인 순간들로 이루어져 있다면, 우리는 어떻게 그 모두를 합하여 전체로서의 문화에 대해 이야기할 수 있겠는가? 많은 문화학의 현장 연구가 소규모의 연구를 다루지만 우리는 그러한 결과들을 훨씬 더 넓은 사회 체제에 대한 주장을 하는 데에 사용한다. 당신은 이것이 적절하다고 보는가? 또, 보편적이고 사회적인 결론들이 소규모 연구에서 추론되었을 때 배제된 것은 무엇인가?

뒤이어 윌리엄스는 과거에 대한 우리의 이해는 항상 현재 중요한 것들에 의해 영향을 받으며, 서로 다른 사람들은 그들의 우선순위에 기반을 둔, 역사에 대한 서로 다른 시선을 갖는다고 주장한다. 만약 이것이 사실이라면, 우리는 어떻게 과거에 대해 논하는 것 자체를 정당화할 수 있는가? 즉, 과거에 대한 '진실한', '올바른' 설명이 없다면 이 주제에 대해 생각하는 것 자체의 가치는 무엇인가? 또한, 과거는 언제나 이러한 방식으로 현재의 시선에서 보아진다는 윌리엄스의 주장에 동의하는가? 당신이 당신보다 더 나이가 많거나 적은 사람과 역사적 사건들에 대해 서로 동의하지 않았던 경우를 생각해 보라. 일례로, 당신의 조부모님들은 세계 2차 대전에 대해 당신과 다른 관점을 가지고 있을 수 있고, 또 영국의 역사에서 이민에 대해 서로 다른 세대들은 자주 서로 상충하는 관점을 가지고 있다.

전반적으로, 우리가 여기서 논의하는 바는 바로 방법에 관한 것이다. 그의 저술 전반에서 윌리엄스는, 어떤 면에서 사회는 문화에 대해 전통적으로 올바르지 못한 문제제기를 해 왔고 그 대신에 우리가 조사하고 고민해야 할 것은 사뭇 다르다고 주장한다. 이러한 주장은 바로 관심사가 이미 존재하는 분야들에 '적합'하지 않다는 이유로 교육이 최근 무시하고 있는, 그러다 결국 문화학을 하나의 학문으로서 창조되도록 이끈 새롭고 중요한 조사 주제들이 있다는 것이다. 그렇기에 당신은 우리가 어떻게 윌리엄스가 윤곽을 나타낸 주제들을 탐구하고 비평할 것인지 생각해 보아야 할 것이다. 당신이 무엇을 '당신의' 문화라 보는지 생각해 보라. 어떻게 하면 이것을 최대한 잘 조사할 수 있는가?

마지막으로, 우리는 문화학을 미디어학 내에 배치해야 한다. 이장의 첫 부분에서 이야기한 것처럼, 미디어 이론에 대한 책이 문화학에 대해 논하는 것이 이상해 보일 수 있다. 당신은 미디어학에 있어 윌리엄스의 업적이 어떤 가치를 지닌다고 보는가? 이것이 이 분야에서 다루어지는 논의, 논쟁, 개념들에 무엇을 더 보탤 수 있다고 생각하는가? 이러한 관점에서, '미디어'와 '문화'는 어떻게 관련이 있으며 또 어떻게 다른가? 문화학에 있어 중요한 부분은 사회 분석, 특히 사회 내의 힘의 관계이다. 이것은 미디어와 무슨 관련이 있는가?

주요 용어

감정의 구조(structure of feeling); 삶에 대한 감각(the sense of the life)

주요 학자

Erich Fromm; Ruth Benedict

권장도서

Lewis, J.(2008), *Cultural Studies: The basics*, 2nd edition, London: Sage.

문화 연구에 대한 국제적인 접근으로 다양한 최근 연구를 포함한 책이다.

Longhurst, B., Smith, G., Bagnall, G., crawford, G., Ogborn, M., Baldwin, E. and McCracken, S.(2008), *Introducing Cultural Studies*, 2nd edition, Harlow: Pearson.

다양한 사상가들과 사례를 포함하여 다차원적으로 논의한 유용하게 정리한 책이다.

Williams, R.(1983/1976), *Keywords: A vocabulary of culture and society*, London: Fontana.

윌리엄스가 문화 연구의 중요한 용어를 정의하고자 노력한 것으로 '권력', '계급', '사회' 등 일상적인 상식 수준의 노여 있는 복잡성을 유용하게 정리한 저서이다.

During, S.(2005), *Cultural Studies: A critical introduction*, London: Cambridge.

문화 연구의 주요 개념인 정체성, 성, 문화가치, 시간과 공간에 관한 개념을 분석한 책이다.

21장

포스트모더니즘

Baudrillard, J.(1994/1981), "The implosion of meaning in the media(미디어에서 내파의 의미)", in *Simulacra and Simulation*(시뮬라크라와 시뮬라시옹), translated by Glaser, S. F., Ann Arbor: University of Michigan Press, pp. 78~86.

포스트모더니즘 입문

마돈나(Madonna)는 그녀의 작품들 속에서 자신이 보이는 모습을 계속해서 변화시켜 왔다. 〈Like a virgin〉(1984)라는 노래 속에서 마돈나는 베니스 운하 주변에서 춤추는 섹시한 팝의 여왕의 역할을 맡았었다. 또한 〈Like a Prayer〉(1989)라는 노래 속에서 그녀는 흑갈색 머리의 백인 여성으로, 문제가 있어 교회에 들어가 하나님인지 아닌지 모를 검은색 동상에 키스를 하는 내용의 역할을 했었다. 〈Justify My Love〉(1990)의 노래에서 그녀는 흑백의 양식화된 세상 속에서 다양한 성적인 만남을 갖는 역할을 했었다. 〈Ray of Light〉(1998)의 노래에서 그녀는 빠른 댄스 음악에 맞춰서 격렬한 춤을 추는 역할을 맡았었다. 〈Didn't Tell Me〉(2000)라는 노래 속에서 그녀는 전통적인 미국식 의상의 청바지와 체크무늬 셔츠를 입고 카우보이들에게 둘러싸이는 역할을 했었다. 〈Hung Up〉(2005)에서 그녀는 1970년대 디스코로 돌아가 댄스 스튜디오 안에서 긴 소매의 몸에 착 달라붙는 원피스를 입고 공연을 하는 역할을 맡았었다. 그리고 마돈나는 2000년도에 리치(Ritchie)라는 남자와 결혼하고는 영국으로 이사한 후, 영국 상류 사회에서의 엄마로서 살아갔다.

마돈나는 국제적인 팝의 여왕으로서의 이미지를 계속 가지고 있으면서도, 여러 작품들을 통하여 계속적으로 대중들의 미움과 사랑을 얻는 이중적이고 양면적인 여러 이미지들을 쌓아갔다. 이 이야기에서 중요한 사실은 경력이 이미지를 구축하거나, 이미지를 변화시킬 수 있는 좋은 방법이라는 것이다. 마돈나의 이러한 방법은 우리에게 그녀가 여러 가지의 것들을 해낼 수 있는 능력을 가지고 있다는 것을 보여 주었다. 그러나 한편으로는 이러한 사실은 우리가 '진정한 그녀'가 누구인지 알 수 없도록 만들어 버렸다. 이런 이유로, "마돈나는 포스트모던의 신화로 대표될 수 있다"(Guilbert, 2002: 2).

그렇다면 포스트모더니즘은 무엇을 의미하는 것일까? 우리가 이 책을 통해 접하는 많은 이론들이나 용어들과 달리, 포스트모더니즘은 학술적 논의 밖에서 한 번쯤 접해 봤을 만한 단어이다. 이러한 이유 때문에 사실상 포스트모더니즘은 미디어와 관계되었다기보다는 우리가 어떻게 살아가는지 우리의 지금의 삶이 어떤지에 관한 모든 것을 설명하는 데에 사용되어 왔다. 포스트모더니즘은 텔레비전부터, 영화, 예술, 광고, 뮤직비디오, 건축양식에까지 다양한 문화적 형태에 관하여 논의하는 데에 사용되고 있다. 그리고 이것은 또한 우리가 최근 살아가고 있는 우리의 사회적 환경을 설명하는 데에 사용되고 있다. 그래서 포스트모더니즘은 정치학, 경제학, 역사, 그리고 우리의 정체성에 관련되어 있다. 이렇기 때문에 포스트모더니즘은 매우 큰 범위의 이론이다. 포스트모더니즘을 신봉하는 사람들은 우리가 지금 포스트모더니즘의 세계에 살아가고 있다고 말한다.

그러나 포스트모더니즘을 정의하는 것은 당황스럽게도 어려움을 겪고 있다. 다른 학자들은 다른 접근 방식을 가지고 있으며, 다른 정의를 가지고 있다. 그래서 포스트모더니즘을 정의하는 것에 대한 어려움은 심지어 포스트 모더니스트들에게조차 계속적으로 언급되어 왔다. 그러나 우리가 마돈나의 이야기에서 알 수 있는 것처럼 포스트모더니즘을 이해할 때 생각나는 대부분의 일반적인 어떠한 개념들이 떠오른 다는 것을 알 수 있다.

첫 번째 개념은 마돈나에 관한 모든 이미지는 중요하다는 것이다. 즉 우리가 사람을 이해하고, 세상을 받아들이는 방법은 사물의 외면을 통해서라는 것이다. 우리는 지금 미디어 포화 사회에 살아가고 있기 때문에 우리는 이미지에 의해 폭격을 당하고 있다. 이러한 이미지들은 우리의 진짜 세상을 대신하여 우리에게 노출되고 있다. 예를 들어, 우리는 우리가 직접 야생의 북극곰을 본 것처럼 느끼고 있다. 왜냐하면 우리는 북극곰에 대한 자연 다큐멘터리를 우리가 살고 있는 우리의 방에서 시청했기 때문이다. 이러한 방법은 어떤 것의 진짜 모습을 대체하여 우리가 이미지를 경험하도록 만들어주고 있다. 보드리야르(Baudrillard, J.)는 이것을 '실제의 손실(the loss of the real)'(1994/1981)이라고 불렀으며, 그는 우리가 산업사회 이전, 현대화 이전, 기술사회 이전의 수세기 전 사람들이 살던 삶과 유사성이 거의 없는 삶을 살고 있다고 주장했다. 이러한 개념은 〈메트릭스(The Matrix)〉(dir. Wachowski Brothers, 1999) 영화의 주요 개념이다. 네오는 세상의 '실제'는 사실 시뮬라시옹일 뿐이고, 아무 것도 아닌 그냥 겉모습만 존재할 뿐이라고 생각했다. 그래서 그는 이러한 이미지를 분해하고 진정한 실제 세상으로 가기 위해 싸웠다. 바로 이 〈메트릭스〉는 포스트모더니즘에 관한 모든 것이다. 그리고 이러한 내용은 우연처럼 일치한 것이 아니다. 그 이유는 이 영화의 초기 단계에서부터 '네오'의 컴퓨터 안에는 보드리야르의 시뮬라시옹와 시뮬라크르(Baudrillard's 〈Simulacra and Simualtion〉)의 내용들이 저장되어 있었기 때문이다.

〈메트릭스〉는 포스트모더니즘 시대의 모순을 보여 주고 있다.

첫 번째로, 이 영화는 똑똑한 기계에 의해 만들어지고, 사이퍼가 돌아가려고 선택한 가상의 세계보다 현실 세계를 추구한다. 그의 이러한 성향은 영화 속에서 악랄한 행동들로 명백하게 표현된다. 그러나 이 영화는 그것 자신에 대한 모든 것 외적 모습을 표현하며, 그리고 영화의 '외형'과 관련된 즐거움을 제공한다. 무척 과시된 "bullet-time(날거나 떨어지는 물체를 느리게 보이게 하는 촬영하는 카메라 움직임의 효과)" 장면들은, 놀라울 정도로 느려진 시간과, 그에 따른 역동적인 액션 장면들, 그리고 탄탄한 주인공들의 몸에 지녀진 무기의 페티시즘(Petisism) 등을 효과적으로 표현하고 있다. 그리고 이것들은 그것 차체로 포스트모던을 나타낸다. 왜냐하면 우리는 우리가 매일 알고 이해하는 현실세계와 거의 관련이 없는 이 영화를 즐기려 하고 있기 때문이다. 우리가 즐겁게 여기는 것은 그 영화가 무엇을 말하고 있는지에 관해서가 아니라, 그것이 보이는 것, 바로 그 외형에 관한 것이다. 그리고 이것은 포스트모더니즘에서의 중요한 점이다. 이것은 바로 왜 MTV가 포스트모던 기업의 글로벌 미디어 문화의 예로 여겨지는지를 설명해 준다(BIGNELL, 2000: 174). 거기서의 뮤직비디오들은 그들의 외향 이외에는 관심이 없는 이들에게 가수들의 외적인 것들을 보여 주기만 한다. 그리고 그들은 우리의 진정한 진실의 획들을 감추는 거짓의 매끄러운 영역을 건설하게 된다.

제임슨(Jameson, 1991)은 포스트모더니즘은 우리가 살고 있는 자본주의와 소비자 시대의 사회의 산업화의 결과라고 제시했다. 즉, 군중의 주요한 행동이 어떤 것을 사는 것이고, 그것이 일상적인 것이라면 그것이 바로 외모와 물체를 통해 우리가 세상을 이해하고 우리 자신을 정의하는 방식이라는 것이다. 이러한 방식으로 우리는 점점 우리를 무언가를 생산하는 과정에서 점점 멀어지게 만든다. 예를 들면 옷을 만들거나, 곡식을 기르거나 하는 것들 말이다. 대신에 우리는 오직 우리를 위해 포장된 최종적으로 만들어진 상품에만 관심을 갖는다. 그리고 우리는 우리에게 적합할 만한 것을 이미지를 통해 판단한다. 그리고 이것은 미디어에 똑같이 적용된다. 자신의 작품을 만들고, 자신의 곡을 만드는 몇몇의 사람들이 있는 반면에, 우리가 접하게 되는 미디어의 거대한 다수의 것들은 우리를 위해 다른 사람이 만든 것들이며, 일반적으로 이런 것들은 자본주의에 속하는 글로벌 기업을 통해 배포된다.

이러한 방식으로, 그리고 이름 때문에 포스트모더니즘은 종종 모더니즘과 상응하는 것으로 'post-modernism'이라고 이해되기도 한다. 모더니즘은 20세기 초 서양 세계에 영향을 준 사회적이고 문화적인 운동이다(Childs, 2007; Lewis, 2007). 우리가 그 시대의 문학작품이나 예술작품을 공부했다면 알 수 있을 것이다. 그러나 모더니즘과 포스트모더니즘과의 관계는 많은 논쟁 열을 가지고 있다. 모더니즘이 어디서 끝난 것인지, 그리고 포스트모더니즘이 어디서부터 시작된 것인지는 판단하기가 어렵다. 그리고 포스트모더니즘이 모더니즘에 상응하여 성장한 것인지, 아니면 반대로 거부를 하며 성장한 것인지, 아니면 둘이 완전히 관계가 없는 것인지에 관하여서도 논쟁이 있다. 하지만 이러한 결과가 무엇이든지, 이 두 개념은 종종 어떤 연결 고리를 갖는 것으로 볼 수 있다는 점에 가치가 있다. 그리고 일반적으로 포스트모더니즘은 특정한 사회적, 정치적, 문화적 차원의 역사적 맥락에서 이해된다.

읽기 자료 소개

장 보들리야르(Jean Baudrillard, 1929~2007)는 료타드(Jean-Francois Lyotard, 1924~98), 제임슨(Fredric Jameson, 1934~)과 더불어 포스트모더니즘에 관하여 논하는 주요한 학자 중에 한 명이었다. 보드리야르는 프랑스 사람이었고, 다양한 분야에 걸친 그의 작품 범위처럼, 수많은 프랑스 학계, 문화 이론가들을 좋아했다. 그래서 그는 문화 이론가이기도 하고 철학가이기도 했으며, 정치적 조언가, 그리고 사진가이기도 했다. 그는 자신의 작품을 사회적 사건들이 전달되고 중재되면서 이 과정 중에 '사실'의 변화가 일어나는 과정에 대하여 반복적으로 초점을 맞췄다. 아마도 그의 가장 유명한 작품은 「THE Gulf War Did Not Take Place」(1995/1991)일 것이다. 이 작품에서 보드리야르는 전통적으로 전쟁을 정의해 왔던 모든 것들과 다른 방식으로 걸프 전쟁을 비난했다.

보드리야르는 작품의 제목과 다르게 전쟁이 일어나고 많은 사람들이 죽었다는 사실을 받아들였다. 그리고 갈등에 대하여 보다는 전쟁이 어떻게 일어나고 있는지에 대하여 이미지 세계를 통해 방송하여 보여 줬다. 그리고 텔레비전을 보는 이들에게 전쟁의 각 입장의 주장에 대하여 설명을 해 줬다. 카메라가 장착된 'smart boms'는 이것의 완벽한 예이다. 그들은 미국의 전쟁 기술의 지배력을 증명하기 위한 완벽한 이미지를 보여 주려고 노력했다. 그리고 보드리야르는 전쟁터에서의 효율성보다 전쟁 그 자체의 표면적 이미지를 보여 주려고 했다. 이러한 방식으로 보드리야르는 그의 작품 속에 동시대 가지는 정치적 문맥을 반복적으로 담았다. 그가 이러한 것들을 담은 방식은 매우 논쟁의 여지가 있는 것들이었다.

이 책은 『시뮬라시옹과 시뮬라크르(*Simulacra and Simulation*)』에서 보드리야르가 포스트모더니즘에 관하여 논의한 주요 개념과 그리고 주요한 문맥들로부터 시작되었다. 하지만 이 번역은 전형적인 프랑스어로부터 번역되었고, 그래서 적어도 몇몇 부분의 의미는 번역가가 생각한 적합성에 의하여 번역되었기 때문에 부분적으로 번역이 원본과 다를 수도 있다는 점을 명심해야 한다. 하지만 이것은 번역에서 일어나는 일반적인 일이다. 또한 우리는 보드리야르는 미디어에 관하여 구체적으로 언급하지 않았다는 사실을 명심해야 한다. 이 이론은 미디어와 완벽히 관계되지는 않지만 미디어를 공부할 때 알아야 하는 하나의 사례일 뿐이다. 그러나 우리는 이러한 이론들을 아는 것은 미디어 공부를 하는 것에 적합하다는 것을 알아야 한다. 이 독서는 당신이 이 이론이 미디어와 어떻게 연결되는지, 그리고 당신의 지식과 어떻게 연관되는지 생각하면서 읽어야 하기 때문에 독해하는 데 어려움이 있을 수도 있다. 하지만 이 이론을 공부하는 것은 가치 있을 것이다.

Reading 1

장 보드리야르(J. Bsudrillard)
미디어 속에 의미의 내파
(The Implosion of meaning in the media)

우리는 점점 더 많은 정보가 존재하고, 점점 의미는 사라지고 있는 세계에 살아가고 있다.

이것에 관한 세 가지 가설에 대하여 생각해 보자.

Note

[구조]

시작하는 단락에서 짧게 보았듯이 장 보드리야르는 그의 주장을 논란이 없을 사실로 나타냈다. 나머지 장들도 그가 무엇을 의미했는지에 대하여 설명할 것이다. 이것은 보드리야르가 어떠한 조사를 하고 그가 찾은 것으로부터 가설을 만들었다기보다는 그의 가설을 지지해 주기 위한 자료를 찾는 것으로 보일 수도 있다. 이것으로부터 우리는 주제를 향해 취해지는 격론의 접근법을 볼 수 있다. 또한 이번 단원은 보드리아르의 옳음에 대해서도 설명하고 있다.

[내용]

우리가 여기서 언급하고 있는 보드리야르는 누구인가? 어떤 단어를 사용해서 그의 리더십에 관하여 설명할 수 있을까?

Reading 2

첫 번째 주장은 정보는 의미를 생산하지만, 모든 수용원에서의 의미의 심각한 손실을 만회할 수는 없다는 주장이다. 메시지 내용을 다시 주입하려는 노력에도 불구하고 의미의 손실의 빠르기는 내용을 다시 주입하려는 속도를 넘어서기 때문이다. 이런 주장은, 실패하고 있는 미디어를 대체할 기본 생산성을 갖도록 해야 할 무언가가 있어야 한다고 이야기한다. 이러한 주장은 전송을 위한 수많은 개별의 셀들로 분류되어 버린 미디어에 관한 연설을 하는 이들이 가지고 있는 전체적인 이데올로기이다. 이것이 바로 'antimedia' 이다(prate radio, etc.).

또는 정보는 중요성과는 아무런 관련이 없다는 설도 있다. 이 주장은 또 다른 주장에 의한 조작적인 모델로 외부의 의미와 그 의미의 순환을 엄격하게 이야기하는 주장이다. 이것은 쉐논의 가설(Shannon's hypothesis)이다. 쉐논은 순수히 기능적인 정보의 범위와, 어떤 최종적인 의미를 가지지 않은 기술적인 매체가 있어야 하며, 그리고 이것들은 가치를 판단할 어떤 것도 함축하지 않아야 한다고 주장했다. 예를 들면, 유전의 코드들 같은 몇몇 종류의 코드들은 그것이 해야 하는 기능을 가지고 있고, 그들에게 의미는 사실상 그 기능 뒤에 오는 것이라는 것이다(Monod in 『*Chance and Necessity*』). 이 주장에서는 정보의 인플레이션과 의미의 수축 사이에는 중요한 관련이 없을 것이라고 간단히 이야기할 수 있다.

또 다른 주장은 매우 다른 반대의 정보 사이에는 엄격하고 필수적인 상관관계가 있다는 주장이다. 이 두 정보가 가지는 것은 의미와 중요성의 직접적인 파괴이거나, 또는 그들을 중화시키는 것이다. 의미의 상실은 정보의 역할이나, 미디어나 매스미디어에서 문제를 해결하지 못하고, 설득하지 못하는 문제와 직접적으로 연결되어 있다.

Note

[구조]

앞선 세계의 단락에서 장 보드리야르는 정보를 의사소통하는 데 사용되는 방법들과 정보 간의 가능한 세 가지 관계에 관하여 보여 주었다.

그가 언급한 것들의 타당성은 다른 것들보다 자신이 생각한 관계들이 좀 더 사실적인 것이라는 그의 믿음에 기반하고 있다. 세 가설 중 당신이 가장 설득력이 있다고 생각하는 가설에 질문을 던지는 것이 전체 단원을 공부할 때 유용한 방법일 것이다. 또한 세 가지 가설들 사이에 차이점을 확실히 하는 데 의미 있는 시간을 보낸다면 전체 단원을 이해하는 데 중요한 방법으로 작용할 것이다.

[내용]

보드리야르는 왜 자신의 주장이 중요하다고 생각했을까? 그가 말한 ‘미디어의 쇠퇴’와 ‘의미의 상실’에 대하여 적어 보아라. 이것이 전반적인 포스트모더니즘의 중요한 개념과 연관이 있다고 생각하는가?

Reading 3

세 번째 가설은 가장 흥미롭다. 하지만 일반적으로 대부분이 가지고 있는 의견과 반대된다. 어느 곳이든 사회화는 미디어 메시지에 얼마나 노출됐느냐에 따라서 측정된다. 미디어에 덜 노출되어진 사람은 누구든 사회화가 덜 되었거나 거의 반사회성을 가진다. 어디서든 정보는 의미의 순환을 강화시키게 만들고, 자본의 순환에 가속으로부터의 경제적 가치 더하기를 만드는 것으로 여겨진다.

정보는 의사소통을 만든다고 여겨진다. 그리고 만약 낭비가 거대해지면 일반적인 의견 일치를 가지고 있음에도 불구하고, 전체적으로 사회의 모든 간극에서의 재분배가 가능한 의미가 초과가 생기게 된다. 이는 부와 사회의 목적의 초과 위에 열려 있는 것이며, 의견일치가 역기능을 가지고 있고, 또한 비합리적인 것임에도 불구하고 매개의 생산을 해야만 하는 것과 같다.

Note

[문체]

장 보드리야르는 "모든 사람은 일반적으로 의견이 있다"고 언급했다. 그렇다면 증거는 무엇일까? 이 글에서 말하고 있는 그는 누구일까? 보드리야르는 다른 사람들의 글이나 도움이 될 만한 증거를 제공하는 것들을 거의 참고하지 않고 자신의 글을 썼다. 이러한 종류의 글쓰기는 만약에 우리가 이러한 방식으로 글을 쓴다면 비평받을 수 있는 방식이다.

[내용]

보드리야르가 말한 '의미의 초과'란 무엇인가? 그가 말한 것이 옳다고 생각하는가? 우리는 현재의 사회와 산업화 사회 이전의 사회를 비교함으로써 생각해 볼 수 있다.

Reading 4

정보는 그것 자신이 가지고 있는 콘텐츠를 파괴한다. 정보는 커뮤니케이션과 사회를 파괴한다. 이것이 두 가지 이유이다.

Note

[문체]

첫 시작 단락처럼 간결한 글쓰기를 이곳에 해라. 다시 장 보드리야르는 그의 연속적인 단락에서 시험을 거쳐진 것들 같은 가설을 제공한다.

Reading 5

1.

의사소통을 하는 것보다, 이것은 커뮤니케이션의 단계에서 자기 자신을 지치게 한다. 다시 말해 의미를 생성하는 것보다, 의미의 단계에서 자기 자신을 지치게 한다. 거대한 시뮬라시옹의 과정은 매우 익숙하다. 비지시적인 인터뷰, 연설, 초대된 청중들, 모든 수준에서의 참여, 연설을 통한 협박—"네가 염려하고, 네가 관여된 사건, 등등", 점점 더 많은 정보들은 이런 종류의 유령 콘텐츠들에 의하여 점령된다. 이것이 의사소통의 꿈을 자각시키는 접목 동종 요법이다, 전통적인 기관의 반대를 재사용한 순환 조정 커뮤니케이션의 반연극은 청중의 요구에 의해 만들어진 무대이다. 여기서의 엄청난 에너지들은 궁지에 몰린 시뮬라크르를 지지하기 위해 사용된다. 인정사정없는 시뮬라시옹의 파괴를 피하기 위해 의미의 급진적 상실의 명확한 실제의 서두에서 우리는 맞서고 있다.

Note

[내용]

장 보드리야르에게 의미를 생산하는 미디어의 기술은 제공되는 의미를 대체하였다. 그는 미디어가 청중을 초대하고, 또한 보이는 것들에 웃고 울고 때로는 화내는 방식으로 반응하는 것이 글을 통하여 우리가 정보를 얻는 것보다 중요해질 것이라고 주장했다. 이것은 동시대에서 뉴스가 우리에게 더 이상 심사숙고해야 하고, 복잡한 개념들 그리고 정보들은 제공하지 않고, 우리에게 흥분되는 이미지들과 우리가 감정적으로 반응하고 후회할 수 있는 개인적인 이야기들만을 제공해 주는 것(Mosley, 2000)과 같이, 모든 것들을 단순화하는가에 관한 동시대의 논쟁과 유사성을 가지고 있다. 이것은 미디어가 정말로 우리의 사회에 영향을 끼치던 그렇지 않느냐에 관한 우리의 실제의 논쟁을 보드리야르가 설명하고 있다는 것을 의미한다.

[문체]

문체는 꽤 시적이다. 하지만 보드리야르가 자신의 주장을 펼치는 데 도움이 주고 있는 것일까? 아닐까? 이것이 진실에 대한 확실을 주는 것일까? 왜 그는 이런 방식으로 썼을까? 그리고 '거대한 에너지들: 엄청난 정력(immense energies)'이란 무엇일까?

Reading 6

커뮤니케이션의 상실이 시뮬라크르의 향상을 가져오는 것인지, 또는 설득이 끝난 후에 사전의 의사소통이 시뮬라크르 어떤 가능성을 가지고 있는지를 알아보는 것(현실에 대한 종료라고 불리는 진행 모델)은 소용없는 일이다. 이것은 시뮬라시옹이 극사실로 가기 위한 순환의 과정으로 어떤 용어가 먼저인지에 관하여 묻는 것은 의미 없는 일이다. 커뮤니케이션과 의미의 극 사실은 현실보다 더 현실적이다. 그리고 이것이 현실을 없어지게 하는 이유이다.

Note

[내용]

'**원형 또는 순환 과정**(circular process)'에서 우리는 어떻게 탈출할 수 있을까?

Reading 7

따라서 통신뿐만 아니라 신화가 더해진 힘의 유혹, 그리고 폐쇄된 반복 속에서의 사회적인 기능까지 정보의 신념과 믿음은 그들 자신에게 시스템이 위치를 찾을 수 없는 현실의 징후를 두 배로 강화시켜 자체 제공하는 중복의 증거를 제공한다.

Note

[내용]

우리가 정보라고 생각하며 가지는 '정보에 대한 믿음'은 의사소통의 한 종류를 의미한다. 왜냐하면 정보를 가지고 있기 때문에 의사소통을 할 수 있는 권한을 가진 이들에 의해 우리에게 의사소통되어지기 때문이다. 이것이 바로 순환 논리이다. 예를 들면 너의 강의들은 너에게 무언가를 가르치도록 허락되어진 것이다. 왜냐하면 그들은 교육시스템이 정보라고 간주하는 종류의 것들에 대하여 알고 있기 때문이다. 이러한 주장에 의하면, 정보라는 것은 존재하는 것이 아니다. 단지 사회시스템이 정보라고 간주하는 것들만 존재할 뿐이다.

Reading 8

그러나 이 믿음이 원시시대 사회의 신화에 붙여져 있던 것처럼 불명확하다는 것 하나는 믿을 수 있다. 이는 두 가지 모두를 믿던지, 두 가지 모두를 믿지 않던지의 문제이다. "나도 잘 알고 있지만, 아직은." 하나는 자기 자신에게 질문하지 않는다, 대중들 중에 시뮬라시옹을 반대하는 종류의 사람들의 말에는 우리를 가둬버리는 의미와 커뮤니케이션의 시뮬라시옹으로 대답하고, 대중들의 양가감정에는 대처하는 시스템은 동 어휘의 반복으로 대답한다. 또한 대중의 저지를 위해서는 그들은 불평으로 대답하거나 또는 항상 수수께끼식의 믿음을 가지게 만든다. 신화는 존재하지만, 믿는 사람들은 이 믿음이 대중의 어리석음과 순진함이 미리 전제되어야만 실현될 수 있다는 중요한 생각의 함정으로부터 자신들의 생각을 지켜야만 한다.

Note

[내용]

장 보드리야르는 이 단락에서 긍정적인 이야기를 한다. 그가 대부분의 단원에서 사람들이 어떻게 무기력해지는가에 대하여 이야기했다면, 반대로 이번에는 대중들이 앞서 제시된 상황들을 알고 있고, 그 시스템이 자신들을 가둬둔다는 것을 의식하고 있다고 설명한다. 만약 대중들이 그들을 가둬두는 시스템에 대하여 인식을 한다면 이것은 좋은 일인 것일까? 나쁜 일인 것일까? 이것은 대중들이 의문을 가지고 그 시스템을 공격할 수 있다는 의미일까? 아니라면 대중들이 무기력해짐에 대한 침묵을 그만두겠다는 뜻일까? 당신은 많은 산업화된 나라에서 투표율이 상대적으로 급락한다는 사실을 생각할 수도 있다. 그렇다면 대중을 통치하는 사회적 힘의 공공의 관점에서 어떻게 말할 수 있을까?

Reading 9

2.

커뮤니케이션, 매스미디어, 정보의 압력에 대한 미장센의 악화는 저항할 수 없는 사회의 구조상실을 추구한다. 따라서 정보는 의미를 해체하고, 사회를 해체하는 모호한 상태의 일종으로 혁신에 기여하지 않고, 반대로 전체의 엔트로피에 기여할 뿐이다.[1)]

Note

[내용]

'**모호한 상태**(nebulous state)'란 무엇일까?

1) 여기서 우리는 의사소통의 사회적 레지스터에서의 정보의 이야기를 하지 않았습니다. 하지만 인공두뇌학 정보 이론의 매개변수 안에서 이 가설을 고려하는 것이 더욱 매력적일 것이다. 또한, 정보에 대한 근본적인 이론들은 음 엔트로피나, 엔트로피에 대한 저항이나, 의미와 조직의 초과와 같은 동의어가 있을 수 있습니다. 그러나 정보와 엔트로피는 반대의 가설이라고 가정하는 것이 더 유용할 것이다. 시스템이나 이벤트에 대해 얻을 수 있는 정보나 지식은 이미 중화되는 것이고, 엔트로피는 이러한 시스템의 한 형태이다. 사건이 반영되거나, 방송되어진 정보는 이 사건의 형태가 저하된 상태의 것이다. 이러한 관점에서 1968년 5월의 미디어의 개입을 분석하는 것을 주저하지 마라. 학생 활동의 확장은 일반적인 공격을 허용한다, 그러나 그 이후의 운동은 일반적인 격렬한 운동을 중립화하는 블랙박스에 묶인다. 증폭은 긍정적인 확장이 아니라 인간자신에게 치명적인 덫이다. 누군가는 정보를 통한 투쟁의 일반화를 경계해야 하고, 또 누군가는 모든 수준의 연대 캠페인과 동시에 전자적인, 그리고 세상의 모든 연대에 관하여 경계해야 한다. 차이의 일반화에 대한 모든 전략은 시스템의 엔트로피 전략이다.

Reading 10

따라서 미디어는 사회화를 만드는 생산자가 아니라, 오히려 그 반대로 대중사회의 붕괴를 가져오는 생산자이다. 그리고 이것은 미세한 현미경으로만 보이는 수준의 의미의 내파의 거시적인 확대이다. 이 내파는 마셜 맥루한(Marshall McLuhan, 1911~80)의 '매체는 메시지다(The medium is the message)'라는 이론에 의해 해석될 수도 있다.

Note

[내용]

정보의 질을 제공하는 것은 거의 맥락과 관련지어지지 않았고 어떠한 개인이 이해할 수 있는 것을 초과했다. 그리고 현대사회들은 인간 존재에 전통적으로 중요한 사회 구조들을 파괴하기 시작했다. 우리가 지속적으로 공세를 하는 모든 정보를 유지하려고 하는 경우, 개인들과 사회는 어떻게 해야 하는 것일까?

[문맥]

미디어가 사회화를 파괴한다는 것에 대하여 진실이라고 생각하는가? 사람들이 자신의 프로그램을 만들고 인터넷에 올려 배포하고, 점점 더 일반적인 사람들이 텔레비전에 출연하여 우리가 세계 어느 곳에서든 그 이미지와 목소리를 들을 수 있게 된다면, 저 주장은 설득력 있는 관점이 될 수 있을까? 장 보드리야르는 저러한 혁신에도 불구하고 자신의 주장이 옳다고 주장했을 것이다. 그렇다면 어떻게 그럴 수 있을까?

마셜 맥루한의 미디어 이론들은 세계에서 가장 유명하며, '**미디어는 메시지다**'라는 개념은 중요한 개념 중에 하나이다. 그는 텔레비전이 개인 방송의 프로그램들 때문에 덜 중요한 것처럼 미디어의 콘텐츠는 매체 그 자신보다 덜 중요한 것이라고 말했다. 그리고 다른 미디어들과 다르게 매체는 끊임이 없다는 성격을 가지고 있기 때문에 더 중요한 것이라고 말했다. 맥루한의 개념은 시대를 앞서가기도 시대를 벗어나기도 했다. 하지만 맥루한은 우리가 알아야 할 사람이다(McLuhan, 1951b, 1962, 1964 참조). 여기서 장 보드리야르는 맥루한의 개념을 끌어왔으면서도 개념을 비판하고 발전시켰다. 보드리야르가 다른 작가의 글을 거의 참조하지 않는 다는 사실에서, 보드리야르가 맥루한에 관하여 많이 다루었다는 것은 주목할 만한 사실이다.

Reading 11

그것은 의미의 모든 콘텐츠들은 매체의 가장 지배적인 형식으로 흡수되어진다는 것을 의미한다. 순응적이든 전복적이든 상관없이, 어떠한 콘텐츠든 간에 오직 매체만이 사건을 일으킬 수 있다. 보복형 정보 퍼트리기, 무허가 라디오 방송하기, 반 미디어 등등 심각한 문제들이 있지만, 맥루한 자신이 알아채지 못한 가장 심각한 문제가 하나 있다. 그것은 모든 콘텐츠들의 중화화를 넘어서, 매체 자신의 형태를 사용하여 매체를 복사하고, 현실을 변형시킬 수 있다는 것이다. 만약 모든 콘텐츠들이 제거된다면, 매체의 가치는 체제 전복적이고 혁명적이 될 것이다. 즉 맥루한의 공식이 이끄는 곳에서는, 매체가 가지는 메시지의 내파와 같은 움직임을 가지고 있는 매체의 내파와 실제, 그리고 극실제의 성운 같은 종류가 있다. 그리고 이것들은 매체의 정의나 명백한 행동을 더 이상 결정할 수 없다.

Note

[문맥]

어떻게 미디어가 사건을 만들까? 예를 들면 올림픽에서나 9·11사건이나 다이애나 왕비의 죽음에 대해서의 미디어의 역할에 대해 생각해 보자. 미디어가 이 사건들을 보여 주지 않았더라면 그들은 여전히 중요한 사건으로 남아 있었을까? 아니라면 미디어가 보여 주었기 때문에 이 사건들이 변한 것일까?

[내용]

장 보드리야르는 텔레비전이 '체제 전복적이고' '혁명적이다'라는 가능성에 관하여 말하였다. 정말 이러하다면 우리는 미디어가 사회적 진보에 도움이 되고, 사회와 권력 구조에 문제를 가질 수 있다고 가정함으로써 중요한 미디어 연구의 초점 내에 텔레비전을 배치할 수 있다고 볼 수 있다. 보드리야르가 말할 필요가 없다는 사실은 그의 관점이 그것의 주된 목적이라는 것을 어떻게 가정했는지를 보여 주기 때문이다.

[문체]

'극실제 성운(hyperreal nebula)'은 실제의 세계와 미디어가 같은 것들을 우리에게 제공한다는 개념이다. 그래서 이 개념은 미디어의 전환의 사용 없이 세계를 이해하는 것은 불가능하다고 본다. 이것은 모든 존재하는 것들은 미디어가 우리에게 보여 주는 세상의 버전이고, 우리는 이러한 아이디어를 우리 주변의 실제 세상에 대하여 생각할 때 이용한다는 것을 의미한다.

예를 들면 우리는 우리의 몸을 사회적 허용성으로 판단하기 때문에 우리가 걸리는 섭취장애는 광고되어지는 이미지와 관련이 있다. 우리는 우리 주변의 세계가 아니라 미디어에 의해 보여지는 세계의 버전으로 현실을 생각한다(Cole and Henderson Daniel, 2005). 보드리야르에게 세계의 미디어의 버전은 단순히 현실세계를 대체하는 것이 아니라, 그것은 하나와 같은 것이다.

Reading 12

심지어 매체 자기 자신이 전통적인 상태이고, 현대화의 특징이 된다면, 이것은 질문할 필요가 있다. 마셜 맥루한(Marshall McLuhan)의 '매체는 메시지다'라는 공식은, 시뮬라시옹의 시대의 가장 중요한 공식이다. 이 공식은 제한된 어느 곳에서 결국 매체가 모든 콘텐츠들과 메시지들은 사라지게 만들고, 결국 매체 자기 자신도 사라지게 만들 거라고 상상된다. 근본적으로 매체를 결정하고 매체의 상태를 커뮤니케이션의 중개자로서 정의하는 것은 매체로부터 신뢰성을 빌린 메시지다. 메시지 없는 매체는 우리의 판단과 가치의 큰 시스템에서 상태와 특성을 정의할 수 없는 상태로 떨어지게 될 것이다. 효과를 바로 볼 수 있는 하나의 예시는 메시지와 매체와 '실제'를 동시적으로 발생시킨다.

Note

[내용]

여기서 장 보드리야르는 계속해서 마셜 맥루한에 대한 자신의 논의를 이어가고 있다. 보드리야르는 맥루한은 메시지에 관한 매체의 우선순위에 대해 매체와 메시지가 공생하는 관계라는 것을 간과했다고 말했다. 다른 것들의 설명하고 시험하고 발전시키는 과제는 학술적 글씨기에서의 주요한 방법이다. 사실 학술적 글쓰기의 가장 중요한 사실 중에 하나는 글쓴이가 다른 사람들의 얼마나 언급했는지를 통하여 글이 얼마나 중요한지 아닌지에 관하여 판단되어진다는 것이다. 맥루한을 보더라도 보드리야르는 맥루한의 업적의 중요성을 가져오면서 자신의 주장에 중요성을 더했다. 이것은 학술적 글쓰기의 시스템이 어떠한지를 보여 준다. 그리고 이것은 때때로 너무 자기 강박관념에 쌓여 있다고 비판받게 되는 이유 중 하나이다.

Reading 13

마지막으로 “미디어는 메시지다”라는 문장은 메시지의 종류를 의미할 뿐만 아니라 매체의 종류 또한 의미한다. 이 단어의 글자 속에서 미디어란 의미는 어디에도 없다(이것은 전자적 매스미디어만을 의미한 것이다). 즉, 그것이 콘텐츠이건, 형식이건 다른 것들과 실제 사이의 중제의 힘을 가지고 있고, 또 다른 것과 실제의 상태 사이에 존재하던 것이 없는 것이다. 정확히 바로 이것이 내파(implosion)를 의미하고 있는 것이다.

하나의 사상에서 다른 사상으로의 통합은, 의미의 모든 구분되는 시스템의 사상 간의 짧은 순환이기도 한데, 이것은 서로 다른 조건과 대립과 삭제시키며, 매체와 실제의 삭제 또한 포함한다. 따라서 두 개나 다른 하나의 이론 사이에 변증법적 개입의 조정이 불가능하다. 하나의 극에서 다른 극으로부터의 일방적 벡터의 문자 그대로의 인식에서의 의미의 불가능은 모든 미디어 효과의 순환을 강화한다. 하나는 중요하지만, 원래의 상황을 직시해야 한다. 우리에게 유일하게 남겨진 하나이기 때문이다. 콘텐츠를 통한 혁명의 꿈은 소용이 없다. 형태를 통한 혁명의 꿈 또한 소용이 없다. 왜냐하면 매체와 실제는 진실을 해독 할 수 없는 하나의 성운에 존재하기 때문이다.

콘텐츠의 내파와 통합과 의미와 통합 순환 모델에서의 커뮤니케이션의 모든 일방적인 방향의 재흡수와 대중들 사이에서의 사회의 내파와 매체 자신의 소실에서의 사실은 재앙과 절망으로 보일지도 모른다. 그러나 우리의 전체 정보의 관점을 지배하는 이상주의의 사례일 뿐이다. 우리 모두가 이러한 관점에서 커뮤니케이션과 의미의 열정적인 이상주의에 의해 살고, 의미를 통한 커뮤니케이션의 이상주의에 산다.

이것은 진정으로 우리에게 자리 잡고 있는 의미의 대변동, 즉 재앙이다.

Note

[문제]

장 보드리야르가 ‘매개한다’란 단어를 어떻게 사용했는지 텔레비전과 같은 특정한 기술적 방식을 정의하면서 적어보아라. 텔레비전은 생산자부터 소비자까지의 의미를 매개하는데 사용된다. 우리는 거의 명시적으로 이런 방식으로 미디어를 생각한다. ‘미디어’라는 단어의 기원을 계속해서 마음속에서 간직하는 것은 의미가 있다. 왜냐하면 미디어 연구는 종종 분석하는 것만을 그 중심에 두기 때문이다.

[문맥]

여기서 보드리야르는 불가능은 아무 것도 아니라고 이야기하면서 '혁명'에 관하여 논의하고 있다. 그가 왜 혁명이어야만 하는지에 대한 이유를 쓰지 않았을까에 대하여 생각하고 적어보아라. 아마 그것은 보드리야르의 프랑스 국가적 성향에서 온 것일 것이다.

1968년에 파리의 폭동의 역사에서 볼 수 있듯이 그 시대에는 프랑스혁명이 종종 나타났기 때문이다(Quattrocchi and Nairn, 1998). 만약 혁명이 형태나 콘텐츠를 통해 성취되지 못했다면, 그렇다면 어떻게 성취될 수 있었을까? 그리고 보드리야르는 다른 것에 대하여 이야기하려고 했을까?

Reading 14

그러나 우리는 '재앙'이 '대변동'의 의미 또한 가지고 있으며, 종말은 축적의 선형의 비전과, 시스템에 의하여 우리에게 부여된 생산적인 종말까지 관계되어 있음을 깨달아야 한다. 어원적으로, 용어 자체는 곡률을 의미한다. 만약 싸이클이 아래로 구불구불한 경우로 이끈다면 이것은 의미의 복잡한 평형을 의미하는 '평형의 사건'이라고 불릴 것이다. 평형의 사건이란 우리를 위한 의미를 제외하곤 아무 것도 없이 발생하는 것이다. 하지만 우리의 현대적인 상상 속에서의 기능과 같이, 재앙 자체가 최종적인 허무주의처럼 보이지 않기 위한 의미의 최후통첩에서 벗어나기에 이것은 충분하다.

Note

[내용]

왜 '의미의 대변동, 재앙'과 '재해'는 여기서 자주 사용되었을까?

여기서 장 보드리야르가 언급하는 '시스템'이란 무엇인가?

Reading 15

의미를 넘어서, 의미의 내파와 중재로부터의 결과는 매력이 있다. 사회의 수평을 넘어서, 사회의 내파와 중재로부터의 결과에는 군중들이 있다.

Note

[구조]

발췌(Like Extract 1, 여기서 Reading 1을 의미), 이것은 짧고 간결한 단락이다.

그러나 발췌 1과 다르게 이 단락은 탐구하는 가설을 제공하기보다는 요약하고, 앞서 언급한 콘텐츠들을 가져와서 언급하고 있다,

Reading 16

오늘날 필요한 것은 두 개의 도전 과제에 관하여 평가하는 것이다. 하나는 대중의 의미와, 그들의 침묵에 관한 것이고, 다른 하나는 미디어와 그 매력으로부터 오는 의미에 관한 것이다. 의미를 회복하기 위한 모든 미미하고, 대체적인 노력들은 상대적으로 이 도전 과제에서 부수적인 것이다.

Note

[문맥]

만약 '침묵'이 '수동적인 저항'이 아니라면? 어떨까?
장 보드리야르와 포스트모더니즘에 따르면, 왜 대중들은 침묵하는가?

[내용]

위에서 그가 혁명에 관하여 언급한 것과 같이, 여기서 보드리야르는 도전 과제에 관하여 언급했다. 즉, 그는 미디어가 어떻게 작동하고 어떻게 되는 것인지에 대하여 거의 관찰하지 않고 분석하지 않았다. 그는 획득하고 맞서야 하는 '도전 과제'가 있다고만 주장했다. 그리고 그 도전 과제는 상대적으로 대중과 논의 되었다. 다시 이런 종류의 언어는 특정한 것을 의미한다. 미디어 학문은 무언가를 해야 하고, 그것을 위한 것을 해내야 한다는 것을 가정하고 있다.

Reading 17

분명히 미디어와 대중들의 뒤얽힌 결합에는 역설이 있다. 미디어는 의미를 중화시키고, 틀에 박히지 않는 대중을 만든다. 또한 대중들은 대중들의 호응 없이 미디어가 생산한 메시지들을 지시하고 통합함으로써 미디어에 승리 적으로 저항한다. 얼마 전 〈미디어를 위한 교향곡〉에서 나는 미디어를 응답 없는 커뮤니케이션의 되돌릴 수 없는 모델의 기관으로 분석하고 비난했다. 그러나 오늘은 어떠한가? 응답이 없는 경우 힘의 전략으로는 전혀 이해할 수 없지만, 그들이 힘을 마주했을 때 대중 자신의 반격 전략으로는 이해할 수 있다.

Note

[내용]

장 보드리야르는 여기서 미디어와 대중 간의 관계에 대하여 두 개의 가능한 시나리오를 제공하면서 질문했다. 둘 중에 어떤 것이 더욱 신빙성 있는지를 어떻게 확인 할 수 있을까? 어떤 종류의 연구가 행해져 왔을까? 그리고—이 장에서 상대적으로 더 중요한 것은—왜 보드리야르는 연구를 하지 않았을까?

[문맥]

여기서 보드리야르는 그의 이전 연구에 대해서 언급한다. 그렇게 함으로써 그는 같은 종류의 개념에 대한 그의 흥미를 일으킬 수 있고, 또한 그의 이전 연구들이 이러한 몇몇의 개념들을 다뤘다는 것을 제시할 수 있다. 여기서 그는 그 연구를 다시 되풀이할 필요가 없는 것이다. 그래서 이 단원은 그가 이미 발행한 것들의 발전이다. 이것은 얼마나 많은 학술적 연구가 진행되고 있는지를 보여 준다. 그리고 글쓴이들은 종종 후의 연구에서 자신의 이전 연구들을 검사하고 비평한다. 이런 이유로 우리는 종종 그의 연구가 어떻게 발전해 왔는지에 대하여 알기 위하여 그의 다른 연구들을 읽어보는 경우가 있다.

Reading 18

대중의 조작에 관한 권력의 측면에서의 매스미디어나, 의미의 청산에서의 대중의 측면은 폭력 안에서의 의미나, 매력 안에서의 어떤 의미를 가지고 있을까? 미디어는 대중에게서 매력을 유발하는가? 또는 대중이 미디어를 즐기도록 만드는가?

모가디슈-스탐헤임(mogadishu-stammheim): 미디어는 테러의 도덕적 비난과 정치적 끝장을 보기 위한 공포의 착취를 위한 수단을 자처했다. 동시에 미디어는 가장 완벽한 모호함 속에서 테러리스트들의 잔인한 행동을 전달했다. 미디어는 그들 자신을 유혹의 노래에 맞춰서 행진시키는 한에 있어서는 그들 자신이 테러리스트였다(Umberto Eco on this eternal moral dilemma 참고: 어떻게 누구도 테러리즘에 관하여 말하지 않을 수 있는가, 어떻게 미디어의 좋은 사용을 찾을 수 있는가—그런 것은 없다).

미디어는 의미와 반대되는 의미를 전달하고, 그들은 모든 방향의 것들을 복제한다. 어떤 것도 이 과정을 조정할 수 없다. 미디어는 내부의 시스템의 시뮬라시옹을 위한 수단이면서 시뮬라시옹은 순환 논리와 절대적인 모비앙(Mobian)에 따라서 그 시스템을 파괴한다. 논리적 방법으로 미디어를 대체할 것은 아무 것도 없다. 오직 논리적인 격화와 파멸의 해결방법만 있을 뿐이다.

Note

[문체]

마지막으로 장 보드리야르는 특정한 예를 사용했다. 하지만 이것은 몇 개의 세부적인 것에만 주목할 만했다. 그는 미디어가 어떻게 일하는지에 대해서 말했으나, 그는 그가 어떻게 결론에 도달했는지에 대하여 서술하는 것을 간과했다. 그래서 우리는 그의 책읽기는 소리라는 알아야만 한다. 그렇다면 이 방법이 얼마나 유용할까?

[문맥]

미디어 '테러범'은 무엇일까? 이 단원은 지금 쓰인 단어들이 꽤 다른 의미를 쓰이던 'War on Terror(공포에 휩싸인 전쟁)' 전에 쓰여진 것이라는 것을 명심해라. 또한 프랑스인으로서 장 보드리야르의 테러리스트와 테러리즘과의 관계는 다른 나라의 사람들과 달랐을 수 있다는 점 또한 명심해라.

[내용]

이것은 매우 비관적이고 모두를 아우르는 결론이다. 미디어는 사회의 과정을 악화시키고,

대중들의 힘을 파괴해 왔기 때문에 그 자체가 '테리리스트'다. 이러한 부정주의는 포스트모던적 생각의 전형적인 것이다. 하지만 보드리야르가 포스트모더니즘이라고 볼 수 있는 다른 가능성 있는 방식을 인정하고, 그의 주장에 대한 복잡성까지 주장했다는 점은 주목할 만하다. 반면에 몇몇의 다른 문체는 격렬하게 비평받을 수 있는데, 이것은 보드리야르가 그 주변 세상의 대안의 글들과 적은 관계라도 있었다고 볼 수 있다. 당신은 아마도 이러한 것들이 학술적 글쓰기를 하는 데 필수적인 것이 아니라고 생각할지도 모른다.

Reading 19

우리는 두 상황과 불용성이 결합한 시스템에 마주할 때 주의가 필요하다. 마치 성인 세계의 요구에 직면한 아이들처럼, 아이들은 동시적으로 자율적이고 책임감이 있고, 자유롭고, 자각이 있는 존재로 그들 자신을 구성하도록 요구된다. 그리고 또 그들 자신을 순종적이고 기력이 없고, 복종적이고, 존재에 순응하도록 만든다. 아이들은 모든 수준에서 저항한다. 그리고 두 가지 전략에 따라서 반대를 요구한다. 존재가 되는 것의 요구를 위해서, 그는 이를테면 반란이나 해방운동과 같은 비복종의 모든 관행들을 반대한다. 짧게 말해서, 주체성을 확립하기 위한 모든 반항을 반대하는 것이다. 그가 반대하는 존재가 되기 위해 필요한 것은 어린아이 같고, 극도로 순응적이며, 매우 의존적이고, 수동적이고, 바보 같아지는 것이다. 이 이론이 다른 이론들보다 더욱 객관적일지라도, 주체-저항은 정치적 영역에서 자유, 해방을 표방하고, 가치 있고 체제 전복적인 정치적 주체를 설립하고 오늘날 긍정적으로 보인다. 그러나 이것은 평등을 무시하고, 의심할 여지없이, 모든 존재의 관행들과, 존재들 위치의 포기, 그리고 대중들의 의미를 담은 행동들의 충격을 갖는다. 하지만 우리는 이런 것들을 소외와 수동성의 조롱하는 용어 아래에 묻어 버린다.

Note

[문맥]

왜 이곳에서 '아이들'을 언급했을까? 장 보드리야르가 아이들에 관하여 한 가정은 무엇일까? '아이들이 어떻게 행동하는가'에 대한 증거는 무엇일까? 그리고 어떤 감정적 결과가 그들을 예시로 사용하게 했을까?

[문맥]

보드리야르는 사람을 '주체'와 '객체'로 구분한다. 이것은 개인과 정체성에 관한 최근 연구에서의 주요 개념이다. 특히 이것은 모더니즘과의 관계에 대해서 논쟁된다(Bukatman, 1993; Doy, 2004 참조). 그리고 보드리야르가 문제가 되지 않는 가정의 차이점을 명백하게 보았다는 점은 주목할 만하다.

Reading 20

자유로운 관행은 우리가 순수 객체로서 스스로를 구성하기 위해 주어진 변함없는 최후통첩을 위한 시스템의 하나의 측면에서 대응한다. 하지만 그들은 주체로서의 우리를 구성하고 우리자신을 해방시키고, 비용에 상관없이 우리 자신을 표현하고, 투표하고, 생산하고, 결정하고, 이야기하고, 참여하고, 블랙메일의 형태의 게임을 하고, 다른 것들처럼 최후통첩을 하는 등의 오늘날 매우 심각한 다른 요구에는 전혀 응답하지 않는다. 전략적 저항은 억압과 억압 시스템에게 하는 주체성을 위한 해방 주장이다. 하지만 이 전략은 시스템 이전 단계의 더 많은 반영이며, 우리가 직면하더라도 더 이상 전략적 형태는 없다. 다만 시스템의 현재의 주장은 의미의 생산과, 언론을 늘리기 위한 것일 뿐이다. 따라서 전략적 저항은 의미의 거절이고 거절이나, 받아들여지지 않는 형태의 시스템의 메커니즘의 극순응주의의 시뮬라시옹의 거절이다. 이것은 대중의 전략이다. 이것은 의미의 통합은 없이 그 자신의 논리를 두 배로 하여 자신의 논리를 시스템에 반환하고, 거울처럼 의미를 반영하는 것이다. 이 전략은 기존의 시스템에 의해 받아들여졌기 때문에 오늘날 더 많이 퍼져 있다.

Note

[문체]

이것은 길고 복잡한 마지막 단락이다. 이것은 장 보드리야르가 미디어로부터 초점을 옮겼고, 대신 그가 억압적이라고 설명한 사회시스템에 개인이 어떻게 응답하고 약화시킬 수 있는지에 관하여 이야기하였기 때문에 더욱 어려웠다. 그는 시스템에 거절을 표현하는 전통적인 방법들—투표를 하거나 주장하거나 정치적으로 참여하거나—은 시스템이 계속해서 조금도 수그러들지 않게 도와주는 '게임을 하는 것'과 같다고 주장했다. 왜냐하면 자유에 대한 인식의 표현은 시스템에 의해 만들어진 것이기 때문이다. 대신에 그는 우리가 살아가는 데 있는 제약과 시스템으로부터 벗어날 수 없음을 받아들면서, 무관심한 해방으로 시스템을 약화시킬 수 있다고 주장했다, 아마 이것은 더 많은 사람들이 투표하기를 원하는 정부의 욕망에서도 볼 수 있듯이, 장기적으로 5월에 투표율이 급격히 떨어지는 것은 특정한 당에 투표를 하는 것보다 정치적 과정에 더 확실히 좋지 않은 영향을 줄 것이다(Jefferys, 2007).

[문맥]

보드리야르는 무관심과 자유를 향한 우리의 거절이 그가 비방한 사회적 시스템을 약화시키는데 가장 강력한 길이라고 말했다. 그렇다면 이것을 어떻게 신뢰할 수 있을까? 사람들이 아무 것도 하지 않음으로써 진정으로 사회는 변할 수 있을까? 전체주의 정부들은 이러한 방식으로 군중을 가장 효과적으로 통치하지 않았나? 보드드리야르가 말하고자 하는 진짜 의미는 무엇인가?

Reading 21

틀린 전략을 선택하는 것은 매우 어려운 문제다. 모든 운동들은 오직 자유와, 해방과, 역사의 주체와 무리와, '의식 있는 일으킴'이라는 의미의 단어의 부활이라는 의미에서만 작용한다. 사실 주체와 대중의 '의식 있는 일으킴'이란, 그 시스템이 그러한 방향으로 가지 않고 있기 때문에 볼 수 없다. 오늘날은 확실히 언론과 의미의 과잉과 재생이 있을 뿐이다.

Note

[내용]

장 보드리야르가 '심각한 문제'에 대하여 어떻게 주장했는지를 명심해라. 또한 '그들'의 행동에 대해 그가 어떻게 논의했는지도 논의해라.

[구조]

미디어라는 주제로부터 우리는 얼마나 여행을 떠나왔는가? 이 단원의 주제를 다시 한 번 보아라. 보드리아르의 논의와 아직도 관련이 있는가? 그렇다면 이 단원에 숨겨진 주요한 주제는 무엇일까?

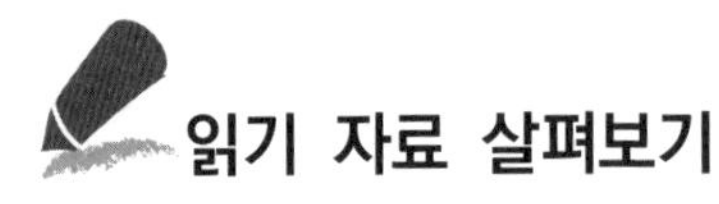

읽기 자료 살펴보기

이 장의 시작에서 이야기했듯이, 이 단원은 쉬운 Reading이 아니다. 아래 적혀 있는 장 보드리야르(Baudrillard, J.)가 언급한 '주요 단어들'의 의미를 확실히 이해하는 것이 당신에게 가치 있을 것이다. 당신은 어쩌면 보드리야르가 언급한 다른 작가들의 연구가 어떻게 들어맞는지, 그리고 어떻게 일치하는지 대하여 알고 싶어할지도 모른다. 대부분의 글쓴이들이 다른 사람들이 이야기한 것에 따른 응답으로써 글을 쓴다는 것과 다른 이들의 개념과 글들을 사용하는 것이 더욱 더 우리에게 도움이 된다는 사실은 항상 중요하다.

전반적으로 독서를 명확하기 하기 위해 보드리야르가 특정한 미디어의 문제에 관하여 상세하게 다루지 않았다는 사실을 덧붙인다. 대신에 그의 이론은 광범위한 사회를 분석했고, 그리고 미디어 연구의 학자들이 보드리야르가 미디어에 관해 생각하는 방식을 사용했다는 사실을 알린다. 우리가 생각할 수 있는 특정한 미디어의 예시를 글과 연결시켜서 생각하는 것이 우리에게 좋은 것이다. 이 단원의 도입부에서 몇몇 사람들이 마돈나가 포스트모더니즘을 대표한다고 생각한다는 것을 보여 주었다. 포스터 모던과 비슷한 다른 유명인들이 있을까? 그리고 〈매트릭스〉와 같이 보드리야르가 언급한 개념을 보여 주는 다른 영화 작품이 있을까? 우리가 포스트모던의 카테고리로 여기는 것들, 이를테면 텔레비전 프로그램이나, 라디오 프로그램이나, 잡지 같은 미디어의 다른 형태의 목록을 생각하는 것 또한 좋다.

동시에, 우리는 이러한 개념들의 제한성에 관하여 생각할 필요가 있다. 보드리야르는 포스트모더니즘은 삶의 모든 방면의 요약이라고 말했다. 어떻게 이것을 믿을 수 있을까? 우리가 포스트모더니즘이 아니라고 주장할 미디어 텍스트들이나, 개념들이 있을까? 이 Reading을 되돌아보면서, 무엇이 덜 신빙성 있게 보였는지에 관하여 비평하고 질문하는 것도 중요하다. 그렇게 함으로써 너는 그냥 교재를 읽은 것이 아니게 된다. 우리가 포스트모던으로 여기는 미디어의 형태들을 카테고리를 지음으로써 보드리야르의 주장과 이 단원 전체에 관한 적합성에 관하여 질문을 시작할 수 있다.

주요 용어

부정적인엔트로피(negentropic); 시뮬라시옹(simulation); 초현실, 과잉현실(hyperreal); 극실제(hyperreality); 미장센(mise-en-scène)

주요 학자

Claude Shannon; Jacques Monod; Marshall McLuhan; Umberto Eco

권장도서

Bignell, J.(2000), *Postmodern Media Culture*, Edinburgh: Edinburgh University Press.

포스트모던 사상가들의 제작, 텍스트, 그리고 소비에 관한 탐험적 설명으로 '근대성'과 같은 주용 용어들을 검증하고 있다.

Butler, C.(2002), *Postmodreism: A very short introduction*, Oxford: Oxford University Press.

보리야드에 관한 주요 논쟁을 직접적으로 기술하고 있다.

Guilbert, G.(2002), *Madonna as Postmodern Myth: How one star's self-construction rewrites sex, gender, Hollywood and the American dream*, Jefferson: McFarland.

많은 사람들에게 알려진 포스트모던 사상을 마돈나의 행적과 그녀의 재탄생의 현대사회의 의미들을 조망한 유용한 적용을 담은 책이다.

22장

정보사회론

Webster, F.(2002), *Theories of the Information Society*(정보사회론), 2nd edition, London: Routledge, pp. 8~21.

정보사회론 입문

당신이 연구과제의 일부분으로 에세이(수필)를 쓸 때, 당신은 그 일을 어떤 방식으로 해나가는가? 아마도 당신은 당신이 수업시간에 다룬 소재에 관해 생각하고 수필에서 어떻게 그것을 적용할 것인지 고민할 것이다. 하지만 당신은 또 다른 자료를 연구과제로 가져올 것이다. 연구 중 일부분은 도서관에서 모은 자료가, 또 일부분은 당신이 추천받거나 스스로 찾아낸 책과 기사로부터 수집한 내용이 포함 될 것이다. 또한 아마도 당신은 핵심단어나 조건을 입력하여 Google로 검색하고, 당신에게 간결하고 유익한 정보를 제공하며 관련된 유용한 웹페이지와 연결되어져 있는 사이트를 찾는 식으로, 인터넷을 이용해 정보를 찾을 것이다. 아마도 당신은 대학과 학자들이 위키피디아(미국 온라인 백과사전)의 부정확성과 오류를 경고함에도 불구하고 그것을 꽤나 자주 이용할 것이다. 만약 위키피디아가 정확할 경우 그것은 연구에 있어서 유용한 출발점이 되고 좀 더 전문가에 의해 작성된 자료를 사용함으로써 훌륭한 정보원이 될 수 있다. 위키피디아, 좀 더 광범위하게는 인터넷에 관해 주목할 만한 점은 매우 작은 노력으로 빠르고 쉽게 방대한 양의 정보에 접근할 수 있다는 것이다. 문제는 이 과정에서 양질의 자료를 식별하기가 어렵다는 것과 인터넷에서 찾기 어려운 어떠한 분야의 것들에 대해 알려주기에 좋지 않다는 것이다. 연구 수행 과정에서 당신이 어떠한 방법을 사용하든지 당신은 정보를 찾아야 하고, 그러고 난 후에 그것을 당신의 과제에 이용해야 한다. 마찬가지로

스포츠 보고서를 업데이트하기 위한 웹서핑이나 친구들의 근황이 알고 싶어 페이스북을 이용하는 것, 또한 멀리 떨어진 나라에서 유투브에 올린 낯선 비디오 자료에 접근하는 것 등은 모두 어떠한 것들을 검색하는 과정이다. 그러한 활동들은 몇 십 년 전만 하더라도 훨씬 어려운 일이었는데, 엄청난 양의 정보에 보다 빠르고 쉽게 접근할 수 있게 해 준다는 점에서 인터넷은 높이 평가받는 자료수집 방법이다.

이러한 점들은 우리가 우리의 삶을 살아가는 데 있어 정보가 얼마나 중요한지, 미디어 기술이 그러한 정보에 우리가 어떻게 접근하도록 해 왔는지 설명해 준다. 우리는 이제 전보다 많은 정보에 보다 손쉽게 보다 많은 접근이 가능하고, 또한 이것은 사회구조를 변화시켰다. 새로운 기술이 이것을 가능하도록 해 주었다. 인터넷이 분명한 예지만, 텔레비전이나 신문 등의 다른 미디어들도 몇 백 년 전보다 좀 더 쉽게 더 많은 사람들이 정보에 접근할 수 있도록 만들었다(Flew, 2005). 또한 당신이 대학을 졸업한 뒤 하고 싶은 일에 대해 생각해 보자. 그것이 공장이나 농장에서 일하는 육체노동직에 더 가까운가 아니면 지식과 사고력이 신체적 능력보다 더 중요하게 평가받는 직업에 가까운가? 교육은 당신의 사고와 중요 기술들을 발전시키고, 어떻게 정보에 접근하고 사용하며 그것을 발전시킬 것인지 가르치는데 대부분의 시간을 소비한다. 그러므로 교육은 정보가 우리 사회에서 핵심역할을 하도록 돕는 방법으로 보여질 수 있다.

역사 속에서 윤곽이 드러난 우리 사회의 발전 과정은 사회 전체적으로 중대한 의미가 내포되어 있는데, 이것은 정보화 사회라는 단어로 요약될 수 있다. 이것은 우리사회가 정보를 수집하고 사용하는 과정을 통해 구조화되고 그것에 의존하고 있다는 것을 보여준다. 중요한 것은 정보화 사회라는 콘셉트가 모든 상황에 적용되지 않는다고 가정하더라도 여전히 중요하다는 것이다. 그것은 정보화 과정은 현재도 발전 중에 있으며, 그러므로 임시적인 현상이 아니기 때문이다. 그것은 몇 백 년 전에도 주장되었었고, 인구의 대부분이 시골지방에서 살면서 농장일과 같은 노동일을 했었을 때는, 정보는 하나의 상품으로서 지금만큼의 중요성과 거리가 멀었다. 마찬가지로 산업혁명 후 수천 명의 사람들이 도시로 이주를 해서 공장에서 일을 하게 되었을 때도 정보의 중요성이 커졌지만, 여전히 몇몇의 일하는 사람들은 정보조작에 많은 시간을 소비했다. 그 후 정보화 사회는 역사적 맥락 속에서 기술의 발전과 사회의 관계가 중요해지는 것과 관련이 있는 것으로 이해되어졌다. 이것은 '정보화 사회'의 콘셉트가 종종 뉴미디어와 동일시되어 왔기 때문이지만, 이 두 가지가 같지 않고 필연적인 관계도 없음을 아는 것은 중요하다. 비록 '새로운'과 '오래된' 사이의 경계점은 정하기 힘들지만(Flew, 2005: 4), 뉴미디어는 일련의 새로운 기술들이다(보통 인터넷과 디지털기술로 생각되어지는). 반면에 정보화 사회는, 세계화와 통합화의 환경 속에서 사회가 기능하고 상호작용하는 방식이 어떻게 변화되어 왔는지 보여 주는 사회적 변화를 의미한다. 많은 사람들은 하나가 다른 것의 결과라고 논쟁하는데, 상호독립적인 증거를 제공하는 것은 매우 어렵기 때문에 이것을 검증하거나 고려하는 것은 큰 의미가 없어 보인다.

다양한 사람들이 자본주의와 세계화에 대응하여 사회가 어떻게 변해 왔는지 이해하려고 노력하는 과정에서 정보화 사회가 경제·사회적으로 그것의 기원을 갖고 있다는 주장이 있다. 그래서 정보화 사회는 그것의 기원이 미디어 연구에 속하는 이론이 아니지만, 미디어는 정보수집과 배분에 초점을 맞춘 하나의 산업으로서 새로운 시대의 핵심적인 부분을 담당해 왔다. 이러한 방식으로 미디어는 정보를 상품으로 변환시켰다. 유감스럽게도 다른 사람들은 정보화 사회를 다른 것으로 부르기도 한다. 그것은 다니엘 벨이 『탈공업화 사회』(Bell, 1973)라고 명칭한 콘셉트와 연관이 있다. 앨빈 토플러는 우리가 지금 첫 번째(농업사회)와 두 번째(산업사회) 물결을 지나서 『제3의 경제물결』(Toffler, 1980) 속에 있다고 말한다. 마누엘 카스텔(Manuel Castells)은 반 다이크가 그랬듯이(van Dijk, 2006), 사회를 정의함에 있어 포커스를 정보 그 자체보다, 정보를 실어 나르는 통신망에 두고, 그것을 '네트워크 사회'라고 부른다(Castells, 1996). 앤써니 기든스는 다수의 사람들이 종사하고 있는 직업군에 강조점을 둔 '지식/서비스 경제'(Giddens, 2007: xii)를 참고한다. 이 모든 설명들은 이러한 의견들이 얼마나 치열한 논의 중에 있으며, 우리가 현재 살고 있는 사회의 정확한 속성에 대해 의견충돌이 존재하는 반면에 우리 사회를 정의할 때 과거와 구별되는 어떤 특성이 있음을 보여 준다.

물론 어떤 사람들은 이 생각이 맞는지 안 맞는지에 대한 의문을 당연히 갖는다. 그리고 이 글의 저자인 웹스터는 그런 생각을 하는 사람 중 한 명이다. 예를 들면 라쉬는 추상적이고 실제 사회에서 대단한 유용성을 갖지는 않는 '광범위한 지식'(Lash, 2002: 141)이 '전통적인' 기술을 대체할 수 있다고 주장한다. 그런 면에서 정보를 위한 정보에 의해서 우리는 압도당한다. 그리고 개인으로서 우리는 우리에게 가장 중요한 정보가 무엇인지 결정하는 것이 어렵기 때문에 우리는 좌절하게 된다. 지그문트 바우만에게 있어서 이것은 우리가 '개인화된 사회'(Bauman, 2001)에 살고 있다는 것을 의미한다. 정보화 사회에 대해서 앞으로의 의문들은 사회 전체가 어떻게 정의될 수 있을지가 관건이다. 다시 말하면 정보에 대한 접근이 부족한 사람들이나 정보에 의해서 상대적으로 변하지 않는 삶을 사는 사람들에 대해 어떻게 할 것인가이다. 비용이나 기술적 제한은 정보접근성이 세계적으로나 국가적으로나 모두에게 동일하지 않다는 것을 의미하기 때문에, 모든 사람이 정기적으로 인터넷을 사용한다는 가정은 굉장히 단순화된 것이다. 이런 '정보격차'(van Dijk, 2005: 9~26)는 세계가 어떻게 변하는지에 질문에 대한 것뿐 아니라, 정보에 대한 접근부족이 사회적 격차를 유지시키는 강력한 수단이 될 수 있음을 보여 준다. 그런 구분은 각 분야별 직종과 건강, 민주화와 정체성(Ducael et al., 2000의 이 부분에 대한 장을 참조)에 적용될 수 있고, 그 중에서도 정보화 사회가 존재한다는 가정은 대부분의 사람들이 하고 있는 매일 매일의 프로세스를 무시한다. 이것이 의미하는 것은 정보화 사회를 사실 그대로만 보려는 유혹이 존재한다는 것이다. 특별히 당신이 모든 정보기술 관련된 일을 하고 있다면 앞서 언급한대로 정보화 사회가 미디어나 기술과 사회에 대한 이론으로만 보일 것이다. 실제로 이것은 웹스터가 이 장에서 이야기하고자 하는 핵심에 대한 정확한 질문이다.

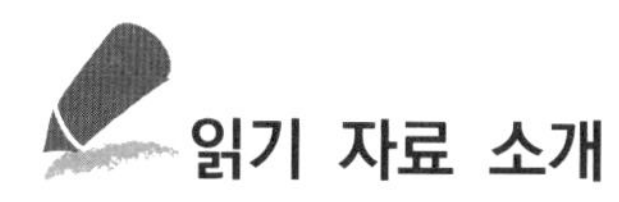

읽기 자료 소개

프랭크 웹스터는 정보화 사회에 대한 토론에 대해 중요한 주장을 하는 사람들 중 하나이다. 또한 그는 사회학 교수이자 『정보사회 읽기(*The Information Society Reader*)』(2004)의 주 에디터이다. 이 책은 『정보화 사회에 관한 이론들(*Theories of the Information Society*)』이 원문인데, 아마도 이 분야에서 많은 다른 저자들이 참조하는 가장 중요한 책일 것이다. 그것은 이 논쟁들의 중심에 서 있는 책으로 세 개의 개정판이 출판되어 있다. 초판은 1995년(이 책의 원문이 되는), 두 번째 판은 2002년, 세 번째 판은 2006년에 발간되었다. 그리고 이렇게 다양한 개정판들은 웹스터로 하여금 이 세상이 어떻게 돌아가고 있는지에 대해, 다른 사람들의 책이나 기사에 답하여 계속해서 업데이트된 생각을 하게 만들었다. 이것은 다른 사람들의 생각에 대한 대답을 지속적으로 발전시켜 나가는 과정이 어떻게 이론이 되는지 보여 준다.

이 글에서 웹스터는 정보화 사회가 존재한다는 것을 설명하는 다른 저자들의 방식에 대해 의문을 가졌다. 그는 다른 이들에 의해 만들어진 많은 이론들에 대해 증명하고, 그 증거들을 다양한 방식에 의해 분류한다. 그리고 그는 정보화 사회의 실존에 관한 타당성에 의문을 갖고, 어떻게 접근할 것인지 제시한다. 이러한 방식으로 웹스터는 다양한 저자들이 그들의 주장을 뒷받침하기 위해 수집하고 내세운 증거들에 대해 의문을 갖고, 그들이 증명하는 방법론을 조사하고 있다.

방법론에 대한 관심은 이 책에 많은 글들로 표현되어 있고, 우리가 사는 이 세상을 이해하는 가장 좋은 방법에 대해서 논의를 계속한다. 다른 저자들을 비평하면서, 웹스터는 정보화 사회의 실존에 대한 가정에 대해 '상식'선에서 질문을 던졌다. 그는 그 실재가 주어지기보다 그렇게 보여질 수 있어야 한다고 주장한다. 그러므로 그는 이러한 생각을 역사적인 맥락에 두었고 많은 저자들의 주장의 차이점이 중대한지 질문을 던진다.

유념해야 할 중요한 점은 웹스터가 이 저자들의 방식에 의문을 던진 것이 곧바로 그가 그들이 틀렸다고 생각함을 의미하지 않는다는 것이다. 정보화 사회의 실존을 증명하기가 어렵다는 것을 보일 뿐이지, 웹스터는 사실 그것에 대해 논쟁하지는 않는다. 대신에 그는 이 결론에 도달하기 위해 다른 사람들이 사용한 방법론들에 흠이 있음을 주장한다. 어떤 의미로는 그는 그들의 결론에 동의하지만, 그 결론에 어떻게 도달했는지에 대해서는 질문을 던진다. 많은 저자들이 다른 사람들을 비평할 때, 그들이 다른 사람들이 반드시 틀렸다고 생각하지 않기 때문에(비록 일부는 그렇기도 하지만) 이것은 중요하다. 대신에 그것은 단지 결론을 도출하기 위해서 보다 엄격하고 확신을 제공하는 방식을 필요로 할 뿐이다. 우리가 무엇인가를 보여줘야 한다는 생각을 갖는다면 우리는 단지 그것을 보여 주어야 하기에, 웹스터도 정보화 사회가 실존함을 보여 주는 가장 좋은 방법을 찾기 위해 노력한다. 많은 사람들은 '정보화 사회'라는 말을 그것이 꽤 쓸모없는 개념이 되게 하는 방식으로 사용한다. 그것의 실제 적용가능성을 보여 주는 증거로서, 정보화 사회라는 개념의 보다 적절한 사용을 위해서 웹스터는 보다 더 의미 있는 개념의 정의를 찾고자 했다. 이것은 미래의 연구자들에게 연구수행을 위한 더 훌륭한 기반을 제공해 준다.

Reading 1

프랭크 웹스터(Frank Webster)

정보사회의 개념

우리가 정보화 유행과 현실의 문제들을 이해하기 위한 다양한 접근법을 알아보기 전에 토론에 참여하는 사람들이 제시하는 문제점에 대해 먼저 주의를 기울일 필요가 있다. 그들이 정보화 사회라는 말을 사용할 때 그 말의 의미를 분석하는 것이 특히 유용한 방법이 된다. 그러므로 이 장의 중요한 목적은 그들이 사용하는 정보화 사회라는 말이 의미하는 바를 물어보는 것이다. 우리는 그들의 주장이 우리의 현재에 남긴 것들보다 이 개념의 사용자의 주장을 참신한 시각으로 분석해 내는 것에 더 강조점을 두고 글을 진행해 나갈 것이다. 이런 이유로 이 장의 시작에 앞서 중요한 질문이 필요하다: 사람들이 정보화 사회라는 말을 사용할 때, 그들은 무엇을 의미하고 있는지 후에 나는 '정보' 그 자체를 인지하도록 돕는 다른 방식들에 대해서도 언급할 것이다. 우리가 보는 것처럼 —여기에 모든 토론의 기저를 이루는 그 현상을 이해하는 과정에서—현재의 정보화 사회를 참신하게 연구하는 학자들과 과거의 인식으로 정보화를 바라보는 사상가들을 구분할 수 있는 차이점이 있다.

Note

[구조]

웹스터는 어떤 일들이 실행됨에 있어서 각기 다른 형태의 분석이 있을 수 있다는 사실을 가지고 시작한다. 미래의 일에 대해 적절한 분석틀을 제공하는 것은 기존에 이루어진 이론화가 바탕이 된다. 여기에서 웹스터는 다음의 조건들을 주장한다. 이것은 당신이 수업시간에 하도록 요구되어진 것들일 수도 있다. 그것은 당신이 과제수행 시에 확실히 주의해야 할 부분이다. 어떤 핵심 개념의 의미를 명확히 이해하는 과정은 필수적으로 이루어져야 한다. 그렇지 않으면 다른 사람들은 같은 개념에 대해 각자 다른 것들로 생각하고 이야기할 수 있다.

[문체]

웹스터는 전체적인 구조를 그의 책이 지금 무엇을 말하고 있는지 당신이 이해하기 쉽게 만들었고, 그의 글을 그런 방식으로 써 내려갔다.

[내용]

먼저 '정보화 사회'라는 말이 각기 다른 사람들에 의해서 어떻게 다르게 표현되어 왔는지를 주의해라. 아마도 당신은 이론의 어떤 한 단면에 대해서는 혼란스러울 수 있다. 반면 말하는 포인트가 그리 많지 않으므로 당신이 명확하고 직접적인 답을 찾을 수 있다면, 이론의 가장 중요한 포인트를 알게 될 수 있다. 그 용어가 사용되어진 방식들을 이해하는 것이 중요하다. 그것을 통해서 당신이 그러한 논쟁의 어떤 위치에 있는지를 생각해 볼 수 있다.

Reading 2

정보화 사회에 대한 정의들

정보화 사회에 관한 책을 읽을 때 주의할 점은 많은 저자들이 그들의 주제에 대해 미성숙한 정의를 갖고 주장을 펼친다는 것이다. 그들은 정보화 사회의 특정한 모습에 대해서 쓰고 그것이 운영되는 애매모호한 기준에 대해서 관심을 갖는다. 그들은 사회적 상호작용의 관점과 혁신적인 생산프로세스에 주안점을 두는 등 새로운 시각을 갖고 정보개념의 변화를 이해하는 것에 열심이며, 경제학적인 시각으로 정보의 의미를 해석하는 것에 열중한다. 그러나 그들은 종종 정보가 오늘날 어떤 면에서 또 왜 더 중요해지고 있는지 설명하는 것을 간과하곤 한다. 하지만 사실 중요한 것은, 새로운 종류의 사회가 존재한다는 것이다. 다만, 무엇이 많은 학자들로 하여금 정보가 현시대의 중심에 있다고 생각하게 만들고 있는가?

Note

[내용]

프랭크 웹스터가 여기서 비판하고 있는 점은 당신에게 주어진 과제를 수행하는 과정에서 알 수 있다. 그는 많은 사람들이 현대사회에서 정보화 사회가 핵심요소라고 주장하는 것이 문제라고 말한다. 그 이유는 그들의 주장은 그들 스스로가 실제 사실이라고 느껴서가 아니라, 많은 사람들이 그렇게 말하고 있기 때문에 '사실이어야만 한다'고 생각한다는 것이다. 일반화된 상식처럼 보이는 것에 의문을 갖는 것이 이론의 중심이 된다. 그러나 웹스터가 다른 사람들이 쉽게 가정하고 있는 것들에 대해 의문을 갖지만, 그것이 필연적으로 그가 그들을 잘못되었다고 말하는 것은 아니라는 것을 기억하자. 그가 말하는 것은 그들의 관점이 유효하지만, 그들이 그 관점을 **설명하는 방식**에 의문이 생긴다는 것이다.

Reading 3

우리는 새로운 것을 정의하는 기준에 있어서, 정보화 사회의 개념을 다섯 가지로 구분할 수 있다.

- 기술적 측면
- 경제적 측면
- 직업적 측면
- 공간적 측면
- 문화적 측면

Note

[내용]

많은 사람들이 정보화 사회에 대한 논쟁에 접근하는 방법은 다섯 가지의 포인트를 중점적으로 나열하는 것이다. 그리고 그것이 주요 모델이다. 이것은 그것에 대한 논쟁이 없다는 말이 아니라, 대부분의 사람들이 알고 있는 사실이라서 그러한 논쟁들이 거의 항상 프랭크 웹스터의 목록에 참조되어 있다는 것이다.

Reading 4

이것들은 서로 상호 배타적일 필요가 없지만, 이론가들은 그들의 특정한 시나리오들을 보여 주는 각기 다른 요인들을 강조한다. 그러나 이러한 정의들이 공유하는 것은 정보의 양적 변화가 정보사회라는 질적으로 새로운 종류의 사회시스템을 가져왔다는 확신이다. 이 면에서 각각의 정의들은 꽤 같은 방법으로 판단한다. 현재에는 더 많은 정보가 있으므로, 우리는 정보사회에 살고 있다는 것이다. 우리가 앞으로 살펴보겠지만, 사후 소급 적용에는 심각한 애로 사항이 있다.

Note

[문체]

당신은 이것이 프랭크 웹스터가 그가 무엇을 말하는지 정확히 설명하지 않고 '이론가들'에 대해 언급한 첫 순간이 아니라는 것을 알지도 모른다. 당신은 이것이 도움이 되는 접근법이라고 생각하는가?

[내용]

다른 이론가들을 언급하는 것을 반복함으로써 웹스터는 그의 작업을 특정한 학술적 맥락에 위치시키고 있다. 따라서 그의 생각이 어떻게 진행되는지 알리고 있으며, 다른 사람들에게 응답하고 있다.

Reading 5

정보사회에 관해 다른 것들과 매우 차이가 나는 여섯 번째 정의가 있다. 이것의 주된 주장은 현재 더욱 많은 정보들이 존재한다는 것이 아니라(분명히), 정보의 특성이 우리가 사는 방식으로 변형되었다는 것이다. 여기서의 의견은 이론적 지식/정보가 우리가 요즈음 스스로 어떻게 행동하는지의 중심에 있다는 것이다. 특이하게 질적으로 이질적인 이 정의는, 정보사회 라벨(label)의 타당성에 대해 가장 설득적인 주장이긴 하지만 정보사회 지지자들로부터 크게 환영받지 않는다. 차례차례 이러한 정의들에 대해 더 자세하게 살펴보기로 하자.

Note

[내용]

프랭크 웹스터는 여기서 질적인 접근에 대해서 여러 번 언급한 적이 있다. 당신은 당신이 양적인 방법들과 질적인 방법들의 차이에 대해 알고 있다고 확신할 수 있어야 한다.

Reading 6

기술적 측면

기술적인 개념들은 1970년대 후반부터 나타난 다수의 혁신들을 중심으로 진행된다. 새로운 기술들은 새 시대의 가장 눈에 보이는 지표 중에 하나이며, 그에 맞춰 정보사회로부터 나타나는 신호로 자주 사용된다. 이것들은 케이블과 위성 텔레비전, 컴퓨터끼리의 의사소통, 개인 컴퓨터(PCs), 새로운 사무기기 기술들, 특히 온라인 정보서비스와 워드프로세서, 그리고 CD-Rom 기능들을 포함한다. 여기서의 의견은 간단한데, 기술적 혁신들은 그 효과가 매우 크기 때문에 사회 세계의 재구성을 반드시 가져 온다는 것이다.

Note

[문체]

왜 프랭크 웹스터는 여기에서 '간단하게'라는 단어를 포함했을까? 이것을 독자들이 보다 이해하기 쉽게 하려는 그의 의도로 볼 수 있을까? 아니면 이것은 더 조사되어야 하고 비평받아야 하는 지나친 간소화(oversimplification)인 것일까?

Reading 7

1970년대 후반과 1980년대 초반 동안 해설자들은 아주 '작고 강력한 것'들의 우리 삶의 혁명을 이끄는 능력에 대해 열광했으며(Evans, 1979; Martin, 1978), 특히 세계를 이끌던 미래파 토플러(Toffler, 1980)가 그러했다. 그의 의견 중 기억에 남는 비유는, 시간이 흐르면서, 세계는 결정적으로 기술적 혁신의 각각 가장 강력한 조류력(조석감만의 차, tidal force)처럼 막을 수 없는 세 물결에 의해 만들어졌다는 것이다. 첫 번째 것은 농업 혁명이고 두 번째 것은 산업 혁명이었다. 세 번째 것은 우리를 현재 완전히 에워싸고 있으며, 새로운 삶의 방법의 전조가 되는 정보 혁명이다(이는 우리가 그 물결을 잘 타기만 하면 괜찮을 것으로 토플러로부터 증명되었다).

Note

[내용]

프랭크 웹스터는 앨빈 토플러(Alvin Toffler)의 아이디어를 여기서 매우 간단하게 요약했다. 당신은 그가 당신이 주장을 따라올 수 있게끔 충분한 맥락을 제공했다고 느끼는가? 그는 왜 독자들이 이미 토플러에 대해 알고 있을 것이라고 가정했을까? 만일 당신이 더 많은 문맥을 원한다면, 당신은 토플러의 작업에 대해 조사해봐야 한다.

[문체]

이 문단과 그 다음 문단에서 알렸듯이, 웹스터는 그가 말한 것을 구체화시키면서 다른 작가들과 이론가들에 대해 자세하게 언급했다. 이것은 그가 주제들을 훨씬 일반적으로 다루었던 그의 서론 문단과 대조된다.

Reading 8

최근 미래학파의 관심은 컴퓨터 통신에 대한 두 가지 기술을 병합하는 것에 대한 효과에 의해 자극받았다(Toffler, 1990). 현재 미래의 새로운 사회를 만드는 것에 대한 대부분의 추측들은 컴퓨터 통신 기술의 확산(전자메일, 데이터 및 텍스트 통신, 온라인 정보 교환 등)의 영향을 받았다(Gates, 1995; Negroponte, 1995; Dertouzos, 1997).

특히 그와 동시에 경제, 교육과 민주주의 과정의 성장을 도모하기 위한 인터넷 영역의 급속한 성장은 많은 평가를 냈다. 미디어는 정보의 정기적인 도착과 그에 따라 대중들이 운전을 하는데 익숙해져야 하는 '수퍼-고속도로'의 특징을 이루고 있다. 권위 있는 발언들은 새로운 순서가 통신의 발전으로 인한 의심의 여지없는 세상으로 가고 있다는 것을 알리기 위해 목소리를 높였다. 미래는 정보 수퍼-고속도로라고 불리는 것으로 다시 태어나고 있다. 그리고 누구든 이 고속도로가 몰락을 맞이하는 것과는 멀어질 것이다(Angell, 1995: 10).

Note

[내용]

여기 언급한 인터넷이 사회를 좋은 쪽으로 바꾸고 있다는 가정은—특히 민주주의—일반적인 것이다. 하지만 우리는 주의해야 한다. 그리고 이것은 웹스터가 주목한 경고이다. 뉴미디어에 대한 세계적 불평등은 무엇이 모두에게 도움이 되는 발전들을 더 연장시키는지 질문을 던지고 소유권 논쟁과 통제는 인터넷이 종종 예고하는 것으로 보이는 접근과 자유가 과장되었을지도 모른다는 것을 의미한다. 웹스터가 그의 다음 문단을 '진지하게'로 시작하는 것에 주목하자. 그것은 모두가 조금 진정하고 뉴미디어의 효과에 관하여 과도하게 흥분하지 않도록 하기 위함이다.

Reading 9

더욱 진지하게, 국가, 국제, 은행들 사이와 은행 내에서의 글로벌 정보 교류들, 기업들, 정부들, 대학들과 자원봉사기관들은 언제 어디서나 즉각적인 컴퓨터 통신을 가능하게 하는 적절한 장비들이 구비되어 기술설립에 대해 비슷한 추세를 나타낸다(Connors, 1993).

Note

[문체]

여기의 '진지하게'라는 단어에 주목하자. 이는 명료하게 시사한다. 프랭크 웹스터의 **실제의** 사회 변화들과 추정될 뿐인 것들의 차이점을 명료하게 나타낸다.

Reading 10

대부분의 학술 분석가들은 미래주의자들과 정치인들의 과장된 언어는 외면함에도 불구하고 비슷한 접근방식을 채택해 왔다(Feather, 1998; Hill, 1999). 예를 들어, 일본에서는 1960년대부터 조호 샤카이(정보사회)의 성장을 측정하려는 시도가 있었다(Duff et al., 1996). 일본의 우편통신부(MPT)는 1975년에 그 양(예를 들어, 전화 메시지의 수)과 정교한 정보통신기기(통신 장비의 보급)의 변경사항을 추적하기 위하여 인구조사를 개시했다(Ito, 1991; 1994). 영국에서는 많은 존경을 받는 학파가 변화에 대한 초-슘페터 접근방법을 고안했다. 슘페터(Schumpeter)의 주요 기술혁신이 '창조적 파괴'를 야기한다는 이론과 콘드라티예프(Kondratieffs)의 경제 발전의 '긴 파도'의 테마를 결합하고, 이 연구자들은 정보와 통신기술은 이전 상에서는 불편할 것이기만 장기적으로는 경제적으로 이로운 새로운 시대(Freeman, 1987)의 설립임을 주장했다.

이 새로운 '기술경제 패러다임'은 이 새로운 시대에 조기 성숙한 '정보 시대'로 설정되어 있다(Hall and Preston, 1988).

Note

[내용]

여기에서는 당신들이 슘페터와 콘드라티예프가 누구인지 아는 것으로 가정하였다. 이 정보를 알아내는 일도 가치 있는 일이지만 당신이 그들에 대한 정보가 없더라도 이 논쟁을 이해할 수 있는지 역시 중요하다. 글을 읽을 때, 당신은 언제나 당신이 잘 모르는 이름들과 마주하게 될 것이다. 이것을 두려워하기보다는 그것들이 전체 글을 이해하는 데 있어서 얼마나 중요한지 시도해 보고 풀어보아야 한다.

[구조]

이 문단에 얼마나 많은 발상과 사상가들이 잔뜩 들어 있는지에 주목하라. 다양한 사상가 사이의 연결을 관찰하며 방대한 양의 소재를 적은 공간에 집약하는 것은 주제에 대한 당신의 이해를 보여 주는 데에 효과적인 방법이다.

Reading 11

이러한 정보사회에 대한 기술적 정의는 적절하게 보인다는 것은 상식적으로 받아들여야 한다. 결국 산업사회의 주요 요소인 증기발전, 내연엔진, 전기, 비행기 등과 같은 '발명들의 연속'(Landes, 1969)을 보는 것이 가능하다면 사회의 새로운 타입의 증거로서 IT분야의 거장을 받아들이지 않는가? 네이스비츠가 "기계화가 산업혁명이었듯 컴퓨터기술은 정보화 시대로 가는 것이다"라고 말했다(Naisbitt, 1984: 28). 그리고 안 될 이유는 무엇인가?

Note

[내용]

프랭크 웹스터는 여기에서 일반상식-접근에 대한 매력을 인정한다. 이 책의 도입부에서는 일반상식-접근을 비롯한 각기의 이론 정립이 서술되어 있다. 이것은 그것이 어떤 결함을 가지고 있는지 보여줌과 동시에 생각하는 것의 매력을 보여 주기 위한 웹스터의 의도이다.

Reading 12

이 기술들이 새 사회의 구별되는 특징으로서 유효하다는 것이 명백해 보이지만, 더 자세히 조사할 때 대부분의 경우에는 기술의 모호성에 직면할 수밖에 없다. 몇 가지 실증적 측정 질문들이 있다. 지금 이 사회에는 얼마나 많은 ICT가 있고 정보사회라는 지위를 부여하는 데에 이들이 우리를 얼마나 이끄는가? 정보사회라는 것을 확인하기 위해서는 얼마나 많은 ICT가 필요한가? 유용한 측정법에 대해 간단하게 질문을 던지면서, 기술은 우리에게 현세적인 실제 세계의 것이나 확인할 수 있는 것들을 제공할 수 없다는 것을 강조하는 많은 사람들은 이것의 좋음을 지각하게 되었다. ICT는 어디서든 나타나기 시작했으며 역시 어디에도 존재하지 않는다.

Note

[내용]

여기서 프랭크 웹스터가 주장하는 것은 당신이 오직 사회를 분류할 수 있는 카테고리에 넣을 만한 어떤 측정기가 있다면 정보사회를 정의할 수 있다는 것이다. 그의 비평들은 그가 바라는 각기 다른 사회를 측정할 방법을 위한 (측정 가능한) 양적인 것들이다.

당신은 발전된 사회를 다른 사회들과 구별할 만한 것이 무엇이라고 생각하는가? 당신은 웹스터가 찾고 있는 기준점을 제공할 수 있는가?

Reading 13

이 측정의 문제와 사회가 정보사회로 들어감을 판단하는 기술 규모의 어떠한 지점을 명기하는 것과 결부된 어려움은 물론 새로운 타입의 사회에서 용인되는 주요 정의다. 이것은 유명한 미래학자들에게는 무시되었다. 새로운 기술들이 발표되고 그 자체가 정보사회를 예견한다는 것은 문제없이 여겨졌다. 이 안건은 놀랍게도 심지어 다른 ICT가 정보사회의 주요 지표라고 주장하는 다른 학자들까지도 방관하였다. 거기에는 기술 혁신이라는 용어를 묘사하는 내용도 있었고, 어떻게든 이것이 새로운 사회를 구별 짓는데 충분한 요소라고 생각되었다.

정보사회의 기술적 정의에 대한 또 다른 반대의견은 자주 형성되었다. 비평가들은 그 시대에 기술들이 처음으로 발명되었고 그 뒤에 사회에 영향을 끼쳐서 그로인해 사람들을 새로운 것에 적응하도록 조여 온다고 주장하는 사람들의 의견에 반기를 든다. 이러한 형태의 기술은 다른 모든 것들에 비해 특권을 가지고, 이러한 이유로 증기시대, 자동차의 시대, 원자시대 등과 같이 기술이 전체 사회, 세계를 규정하게 된다(Dickson, 1974).

Note

[내용]

이 문단 내내 프랭크 웹스터는 기술적 변화와 사회적 변화를 관련시키려고 하고 있다. 종종 이 관계는 사회가 어떻게 영향을 받고, 기술적 또는 문화적으로 변화하는지 관심을 갖는 미디어 학문의 핵심이다. 그는 가치 있는 문제를 제기한다. 기술과 변화, 어떤 것이 먼저인가?

Reading 14

여기에서 중요한 반론은 단지 이것이 피할 수 없는 기술결정론—기술이 일차적 사회동학으로 간주된다는 점에서—이며 따라서 변동 과정에 대한 과도한 단순화라는 것만은 아니다. 이점도 중요하지만 더욱 중요한 것은 이것이 기술혁신의 사회적, 경제적, 정치적 차원을 완전히 분리된 영역으로 전락시킨다는 점이다. 이러한 차원들은 자기침투적인 것으로 보이는—비록 사회의 모든 측면에 영향을 미치기는 하지만—선도 기술로부터 생겨나고 또한 그에 종속적인 것이다.

Note

[내용]

여기에서 프랭크 웹스터는 사회·경제·정치를 구별한다. 이는 그들이 완전히 관계가 없다고 말하기 위함이 아니라 경솔하게 이들을 융합해 버리는 것에 대한 문제점을 말하는 것이다. 당신은 당신이 접하는 미디어 이론에 대해 생각하고, 그들이 사회·경제·정치적 측면 중 어디에 초점을 맞추고 있는지 생각하려 할 것이다. 덧붙여 이러한 측면들이 어떻게 연구방법과 연관되어 있을까?

Reading 15

그러나 기술이 이처럼 사회적 영역으로부터 동떨어진 것이 아니라는 것이 증명되고 있다. 그와는 반대로 기술은 사회적 영역의 절대적이고 구성적인 부분이다. 예를 들어 연구개발에 대한 의사결정은 우선순위를 나타내며 이러한 가치 판단에 따라 특정한 유형의 기술이 개발된다(예를 들어 20세기 서구에서는 군사적 개발이 건강 연구보다 훨씬 더 많은 자금을 지원받았다. 그 당연한 결과로 흔한 감기에 대한 치료법의 개발이 지연되고 최신예 무기체계가 등장했다). 많은 연구들은 기술이 어떻게 사회적 가치를 함축하게 되는지를 보여 준다. 예컨대 뉴욕에 있는 다리의 건축설계를 보면 특정 지역에 대하여 공공 교통체계가 접근할 수 없도록 그 높이가 설정되어 있음을 알 수 있다. 또한 자동차의 제조를 통해서는 사유제적 가치, 선호하는 가족 크기(전형적으로 두 명의 성인과 두 명의 아동), 환경에 대한 태도(오염을 수반하는 재생 불가능한 에너지의 대량 소비), 지위상징(포르셰, 미니, 로버 등과 같은 고급 자동차), 그리고 공적인 것보다는 사적인 교통체계가 드러나며, 주택의 건축에서도 단지 생활하는 공간이 아닌 생활방식, 위신 및 권력관계, 선호하는 생활양식이 표현된다. 비사회적인 현상(기술)으로 간주되는 것이 어떻게 사회적 세계를 규정한다고 주장할 수 있는가? 이것은 안이하며 [어떤 기본적인 요소라도 받아들이고 사회를 그것의 이름의 탓으로 돌리는 것처럼, 산소 사회, 물 사회, 감자 세대] 또한 이것은 거짓이며(기술은 사실 사회의 고유한 분야이다), 따라서 ICT의 사회 변화에 있어 독립된 최고의 역할은 의심된다.

Note

[구조]

이는 프랭크 웹스터의 얼마 안 되는 예시 중 하나이다. 이것이 그의 주장을 이해하는 데에 도움이 되는가?

[내용]

우리는 종종 기술이 과학적 발전과 조사에서 자연스럽게 나오는 것으로 생각한다. 하지만 웹스터가 주목했듯이, 그러한 발전은 기금을 필요로 하고 이 기금은 대부분 특별한 우선순위나 권력 장악에 관심을 가지고 있는 단체(정부와 같은)에서 주어진다. 다른 무엇보다도 우리가 사회를 바라보는 방식이 특정한 종류의 기술적 발전들을 이뤄낸다. 그러므로 우리는 과학과 기술을 단순히 사회문화의 예상치 못한 변화에서 떨어진 것이라고 생각해서는 안 된다.

[문체]

이 글은 다른 장의 글보다 훨씬 논쟁적이며 거칠다. 당신은 설득력 있고/있거나 수용 가능한 것을 찾았는가? 또 웹스터는 왜 이 글의 이 부분에서 이런 방식으로 글을 쓰기로 결정했을까?

Reading 16

경제적 측면

이 접근은 정보활동에 대한 경제적 가치의 성장을 나타낸다. 만약 어떤 부분이 정보산업의 이유가 되는 국민총생산(GNP)의 비율을 향상시킬 수 있다면 그것은 정보산업에 해당하는 것이 되고, 논리적으로 어떤 하나가 정보경제의 성공을 선언한다는 결론에 다다른다. 경제활동의 거대한 부분이 최저생활 농업이나 제조산업이 아닌 정보 관련 활동들에 의해 차지된다면 우리는 이를 정보사회라고 부르게 될 것이다(Jonscher, 1999).

실제로는 매우 복잡하지만 원칙 그자체로 계량경제학에서는 많은 선구적인 작업들이 프린스턴대학의 프리츠 매클럽(Fritz Machlup, 1902~83)에 의해 이루어졌다(Machlup, 1962). 교육이나 법, 출판, 미디어와 컴퓨터 제조와 같은 정보 산업에서의 그의 발견과 이 분야들의 변화하는 경제적 가치를 추정하기 위한 그의 시도는 마크 포랫(Marc Porat)에 의해 재정립되어 왔다(Porat, 1977b).

Note

[내용]

이 두 개의 문단에서 프랭크 웹스터는 이론의 복합성에 관한 유용한 서술을 만들어내었다. 처음 단락에서 그는 정보사회를 정의하는 이론적인 방법을 제공하였다. 두 번째 단락에서 그는 이 이론을 실행에 옮기는 것이 매우 어렵다는 것을 서술하고 있다. 이는 그 이론을 무효화하여는 것이 아니라, 이론들이 '실제 세계' 상황에서 적용될 수 있는지 알아보는 시험에서 최선의 방법을 알아내기가 어렵다는 것에 주목하기 위함이다.

Reading 17

포랫은 경제의 기본 및 보조 정보 부문을 구별하고, 기본 부문은 시장가격에 영향을 받으면서 민감하게 경제적 가치에 대응했고, 후자는 가격을 매기는 것에 박차를 가함에도 불구하고 현대조직, 회사나 국가 기관에서의 정보 활동을 포함하는 중요한 것이다(예를 들어, 회사의 인사부, 사업의 연구개발 부분).

이 방법으로 포랫은 두 가지 정보 부문을 통합하는 대신 그들을 구별했다. 국가의 경제 통계분석을 모아 다시 골격을 맞추는 작업을 통해 경제에서 비정보적인 요소들을 분리하였다. 미국의 국민 총생산량의 절반 가량이 이러한 결합된 정보 부문임으로 보아 '미국은 지금 정보기반경제'이다. 정보제품과 서비스 생산자들이 경제활동의 주요 구장이 되는 정보사회가 됨에 따라서 공공과 개인이 (보조 정보 부문) 관료제의 부분이다 (Porat, 1978: 32).

Note

[내용]

이것은 조사방법에 관한 설명이다. 프랭크 웹스터는 당신이 주제에 관해 반드시 이를 최고의 접근방법이라고 생각하지 않을지는 모르지만, 포랫이 결론에 도달하는 방법에 관해 생각해 보게 하기 위해서 이 부분을 포함시켰다.

Reading 18

이러한 정보의 경제적 중요성을 정량화시킨 것은 인상적인 성과이다. 정보사회의 출현을 확신한 사람들이 새로운 시대의 진입으로 이어지는 정보활동의 상승 곡선에 대한 권위 있는 증거로서 매클럽과, 특히 포랫을 흔히 거론하는 것은 놀랍지 않다. 그러나 이러한 정보 경제학적 접근에는 문제점들도 있다(Monk, 1989: 39~63). 주된 것 중 하나는 객관적 증거물인 많은 통계 자료들의 배후에는 어떤 것이 범주를 구성하는지에 대한 것이나 어떤 것이 정보 부문에 포함되고 어떤 것이 배제되어야 하는지에 대해 숨겨진 해석과 가치 판단이 상당히 많이 개입되어 있다는 것이다.

Note

[문체]

왜 프랭크 웹스터는 이 작업을 '인상적인 성취'라고 표현하는 칭찬어구를 포함시켰을까? 이 부분이 본문에 나오는 나머지의 칭찬하는 글쓰기 스타일 면에서 유사한가?

[내용]

여기에는 조사가 객관적일 수 있는가에 대하여 계속 진행 중인 논쟁이 있다. 그리고 여기에서 웹스터의 자세가 사안이 되는 것은 명료하다. 하지만 이 문장이 쓰인 방법에 주목하자. 비판적인 비평보다는 반대가 더욱 미묘하게 제시되어 있다. 이것은 왜인가?

Reading 19

이런 점에서, 특히 괄목할 만한 점은 그들의 눈에 띄는 차이점에도 불구하고 매클럽과 포랫은 경제 가치를 과장하는 정보요소의 분류를 만들어 냈다. 적어도 몇 가지 분류의 가치의 의문에는 이유가 있다. 예를 들어, 매클럽은 '정보 건물의 건설'에 그의 '지식 산업'을 포함시켰다. 추측하건데 이 빌딩은 대학교나 도서관을 차나 커피를 위한 창고의 건설과는 구별되는 것이라 하자. 하지만 어떻게 이미 건축된 많은 건물들을 나누고 그 목적을 바꿀 것인가? (영국의 적어도 많은 대학건물은 오래 전에 지어진 것으로, 일반 가정집이나 가옥이었거나 심지어는 창고였던 적도 있다.)

다시 언급하지만, 포랫은 정보가 들어 있지 않은 기업의 '내부정보체제망'을 구별 짓기 위하여 골머리를 앓았다. 하지만 허용되는 측면 안에서는, 석유화학회사의 연구개발(R&D)부서는 정보관련 활동을 포함하고, 통계상의 목적으로 생산 과정에서 이것을 분리시키기 위함이라는 맞는 추측이 있다. 이 활동들은 뚜렷하지 않았고, 연구개발(R&D)부서는 생산 날개와 밀접하게 연결되어 있으며, 수학적 이유에 의한 분리는 이 역할에 맞지 않는다. 더 일반적으로, 포랫이 그의 '보조 정보 부분'을 조사할 때, 사실 그는 모든 산업을 정보와 비정보적인 범위로 나눴다. 하지만 '생각'과 '행동' 사이의 차이점은 매우 받아들이기 어렵다. 생산의 주요 요소인 컴퓨터 수치제어시스템이나 라인관리 기능은 어디서 작동을 넣는가? 확실하게 하기 위해, 여기 있는 모든 것은 정보를 포함한다고 할 수 있다. 그리고 우리가 보듯 많은 기고자들은 '관리자'와 '화이트 컬러' 작업의 확장이 간단히 말해 정보사회 등장의 이유가 된다고 한다. 하지만 중요한 점은 그것이 아니다. 이의는 포랫이 '보조 정보 분야'가 '비정보 부문'에 반한다는 것을 나타내기 위해 임의적으로 산업을 분할하였다는 점이다. 이러한 반대는 매클럽과 포랫의 발견들을 전부 무효화할 수는 없으며 그들은 의도적으로 그런 것이 아니다. 하지만 그들은 통계적 구축에 따른 가치판단의 피할 수 없는 침범을 상기시킨다. 따라서 그들은 응급한 정보 경제의 아이디어를 향한 건전한 회의론을 뒷받침한다.

두 번째 어려움은 집계된 데이터들이 매우 이질적인 경제활동들을 균등화한다는 점이다. 모든 면에서 보면, 광고와 텔레비전의 경제 가치 성장이 정보사회를 보여 준다고 할 수 있지만, 질적 차원에서 정보적 활동 사이를 구별하는 데에 충족적인 것으로 남는다. 정보·경제학자들의 모든 것에 가격표를 붙이려는 열정은 불행히도 우리가 정보 부문의 진정한 크기들을 알게 하는 데 실패하는 결과를 낳았다. 매클럽과 포랫의 양적, 질적인 정보사회의 지표들을 구별하기 위한 발견들은 받아들여지지 않았지만, 일반상식 수준에서는 ≪선(*The sun*)≫지의 4백만 일일 판매량이(아직 적지만 더 많은 경제적 가치가 있음을 간주함) 40만과 같지 않거나, ≪파이넨셜 타임스(*The Financial times*)≫지의 판매량이 이전과 같지 않다. 이것은 금세 원점으로 돌아오는 것과는 구별되지만 우리가 GNP에 의해 측정 가능한 사회에 살 수 있는 가능성을 제공하고, 정보활동이 큰 부피를 나타내고, 하지만 경제·사회·정치적 삶의 측면에서는 적은 결과를 낳는다.

Note

[내용]

이 부분에서는 받아들일 부분이 많이 나와 있다. 그들은 당신이 거의 마주칠 일 없는 본문의 세부적인 분석을 포함한다. 가끔씩 다른 Reading에서 언급된 부분들은 당신이 직접 가서 읽게 만든다. 하지만 여기서 프랭크 웹스터는 꼭 필요하지 않은 충분한 세부사항을 함께 제공한다. 하지만 방법에 관한 논쟁들로 인하여 도출된 복잡성에 주목하자. 웹스터는 매클럽과 포랫의 다른 정보 영역의 대조점이 틀리다는 것은 아니다. 그는 그러한 대조들이 항상 토론에 대해 열려 있으며 필연적으로 조사자의 우선순위들의 결과물이라고 언급한다. 웹스터는 여기에서 더 나은 정의를 제공하지 않고 어떤 면에서는 개인적이다. 이것은 연구물을 바라보는 중요한 요소를 상징한다. 언제나 조사 기획에 대한 최선의 방법들에 대한 논의가 있을 것이라는 것이다. 우리가 모두가 만족할 만한 결론에 다다른다는 것은 아니다. 대신 접근과 방법이 정당한지, 그리고 조사자들이 그 한계점과 문제에 대한 그들의 접근방법에의 문제들을 인지하고 조사에 반영하는지가 중요한 문제일 것이다. 이는 어떻게 연구를 이끌어 나가는지와 어떠한 이론들이 관여되었는지에 관한 계속적인 논쟁을 보여 준다. 이는 당신이 '정확한' 조사 기획방법이나 이론화 방법을 찾아내려고 노력하지 말아야 한다는 것을 나타낸다. 대신에 당신은 그러한 접근이 적절한지, 잘 반영하고 있는지에 관심을 가져야 할 것이다.

Reading 20

카우치 포테이토와 디즈니스타일의 즐거움을 찾는 사람들의 나라는 밤낮 이미지를 소비하고 있는가?

Note

[문체]

이 부분을 끝내는 방식은 매우 이상하다. 무엇이 프랭크 웹스터가 말하고자 하는 것이었으며, 왜 이 문장은 질문의 형식인가?

Reading 21

직업적 측면

이것은 사회학자들이 가장 선호하는 접근법이다. 이것은 또한 '탈공업 사회'(다니엘 벨의 고유한 저서에서 쓰인 정보사회와 사실적으로 동의어인 용어)의 가장 중요한 이론가인 다니엘 벨(Daniel Bell, 1973)의 연구와 가장 가깝게 연관되어 있는 것 중 하나이다. 이러한 직업적 구조는 오랜 시간에 걸쳐서 조사되며 변화의 패턴이 관찰된다. 이가 제시하는 바는 직업들이 수적으로 우세하다는 것이 정보 업무에서 발견될 때 우리가 정보사회를 이룬다는 것이다. 제조업 고용이 감소하고 서비스 부문 고용이 증가하는 것은 육체노동 직업의 손실과 이에 대한 사무직 업무의 대체로 해석된다. 정신노동의 가공하지 않은 재료가 정보이기 때문에(육체노동의 기계적인 특징에 체력과 재주를 더한 것과 반대로), 일련의 정보적인 업무의 상당한 증가는 정보사회가 도래한 것으로 볼 수 있다.

이것과 관련해 처음에 진실로 여겨진 증거가 있다. 서유럽과 일본 그리고 북아메리카에서는 노동자의 70%가 현재 경제의 서비스업 분야에서 종사하고 있으며, 사무직의 직업들이 현재 대다수를 차지하고 있다. 이러한 측면에서만 바라본다면 '(직업들에 관해) 우세한 집단이 정보 노동자들로 구성되어 있기' 때문에 우리가 정보사회에서 산다고 주장하는 것이 타당한 것처럼 보인다(Bell, 1979: 183).

Note

[내용]

사회학자들에 관해 언급을 해 보면, 프랭크 웹스터는 다른 학문적 규율이 다른 접근법과, 가정들 그리고 관심사를 가지고 있다고 언급한다. 이것은 사회학·문학 연구·정치학·경제학과 같은 분야의 규율의 범위에서 아이디어를 이끌어내는 미디어 연구와 같은 주제에서 종종 갈등을 일으킨다. 항상 학제 간의 연구와, 연구원들을 함께 이끌어 내는 것, 그리고 다양한 분야의 아이디어에 관해 많은 논의가 이루어진다. 실제로 규율이 그들의 차이에 따라 정의되는 것처럼 이것은 좀처럼 일어나지 않는다. 미디어 이론을 읽는 과정에서, 당신은 어떤 가정들이 저자의 연구를 뒷받침하는 것인지 조심해야 하며, 그리고 이것들은 그들이 배경을 두고 있는 규율에 종종 관련되어 있을 수 있다.

Reading 22

정보사회의 표지로서의 직업적 변화의 강조는 최근에 한 번 기술에 대한 지배적인 염려를 대체한 적이 있다. 또한 이러한 정보사회의 개념이 정보와 신시대를 구별하는 커뮤니케이션 기술들을 암시하는 것과는 상당히 다르다는 것도 인정되어야 할 것이다. 직업적 변화에 초점을 맞춘 것은 정보 기술들의 영향과, 직업들에 의지하고 이를 발생시키거나 교육과 경험을 통해 사람들에게 체화된 정보보다 정보 자체의 변화시키는 힘을 강조하는 것이다. 찰스 리드비터(Charles Leadbeater)는 현 세대에서 기본이 되는 것은 정보라는 견해를 강조하기 위해 그의 책의 이름을 정했다. 『알려지지 않은 장소에서 사는 것(*Living on thin air*)』(1999)은 자신들의 이마에 땀을 흘리며 마지못해 벌기 위해 사는 사람들에게 세속적인 지혜로부터 주어진 한때 친숙한 경고였다. 그러나 모든 그러한 충고들은 현재 구식이 되었고, 리드비터는 이것이 정확히 정보화 시대에서 사람들의 생계를 구성하는 방법이라고 주장하고 있다. 『알려지지 않은 장소에서 사는 것』은 부유한 생산이 가능해진 이래로 신체적 노력을 통해서가 아닌 '아이디어, 지식, 기술, 능력과 창의력'을 통해서 '현명하게 생각하는 것', '창의적'이 되는 것, 그리고 발전하고 '네트워크'를 이용하는 능력을 갖는 것이 실제 새로운 '무중량' 경제로의 핵심이라고 선언한다(Coyne, 1997; Dertouzos, 1997). 그의 책은 여러 성공들의 예시를 강조하고 있다. 디자이너들, 거래를 성사시키는 사람들, 이미지를 만드는 사람들, 음악가들, 생물 공학자들, 유전 공학자들과 틈새시장을 찾는 사람들이 아주 많다.

Note

[내용]

프랭크 웹스터는 정의가 바뀌어 왔다고 언급하고 있다. 그것은 이론에서 중요하다고 보여지는 것은 시간에 따라 진화한다는 것이다. 정말로 웹스터의 책은 몇 년 전에 출간되었고, 많은 것들이 현재 다시 바뀌었다. 이러한 이유로 인해 출간된 것을 볼 때 맥락에 맞는지 확인하는 것이 언제나 중요하다. 이것은 몇 년 전의 것 이상으로 오래된 것이 무시되어야 한다고 말하고자 하는 것은 아니지만, 당신이 글이 유래된 맥락을 아는 것은 도움이 될 것이다.

[문체]

'세속적인 지혜'라는 용어가 암시하는 것은 무엇인가? 당신은 웹스터가 긍정적이거나 부정적인 함축을 그 속에 담았다고 생각하는가?

[내용]

당신이 얻고 싶은 직업을 생각해 보라. 그것이 웹스터가 언급한 '무중량' 경제의 분야 중에 하나인가? 당신은 '자신들의 이마에 땀을 흘리며 마지못해 벌기 위해 사는 사람들'보다 더 많은 사람들이 그러한 직업을 가진다고 생각하는가? 이러한 차이점들이 우리에게 시사하는 바는 무엇인가?

Reading 23

찰스 리드비터는 학구적으로 생각하는 많은 사람들이 당연하다고 주장하는 것들을 친숙한 말투로 설명했다. 로버트 라이시(Robert Reich, 1991), 피터 드러커(Peter Drucker, 1993)부터 마뉴엘 카스텔(Manuel Castells, 1996~98)까지 영향력 있는 작가들은 현재의 경제는 정보를 다룰 수 있는 능력이 주된 특징인 사람들에 의해 이끌어지고 활기가 생겨나고 있다고 주장했다. 선호되는 용어들은 '상징 조작인(symbolic analysts)', '지식 전문가'부터 '정보 제공 노동'까지 다양하지만, 하나의 메시지만은 거듭된다. 오늘날의 움직이는 사람들과 흔드는 사람들들은 창조와 정보를 이용하는 것을 포함하는 일을 하는 사람들이다.

Note

[문체]

여기에서 사용된 다양한 용어들이 함축하는 바에 대해서 생각해 보라.

'친숙한 말투'와 '학구적으로 생각하는 사람들'이 쓴 방식의 차이점은 무엇인가? 당신은 프랭크 웹스터가 선호하는 것이 무엇이라고 생각하는가?

[내용]

이것은 다르게 생각하는 사상가들은 자주 같은 생각을 표현하기 위해 다른 단어들을 사용하기가 어렵다는 것을 보여 준다.

Reading 24

직감적으로 여행 가이드가 정보형 사회와 관련되어 있듯이 광부가 산업형이라는 것은 당연해 보이지만, 사실은 이렇게 분명한 분류들에서의 직업의 분배는 많은 신중함을 포함한 판단력이다. 마지막 생산물은—명확한 통계적 수치는 '정보 노동자'의 정확한 비율을 드러낸다—연구자들이 그들의 분류체계를 만들고 사람들을 이렇게 저렇게 분류함으로써 복잡한 과정들이 숨겨져 있다. 마크 포랫(Marc Porat)이 말했듯이, "우리는 특정 직업들은 주로 상징의 조작에 관여해 있다고 주장한다. 이것은 종류가 아닌 정도의 차이이다"(Porat, 1977a: 3). 예를 들어, 철길의 신호 노동자들은 그들의 역할과 업무에 따라 철도와 기차 시간표에 대한 수많은 정보를 가지고 있을 것이다. 그들은 근무하는 인원과 기관사와 함께 철저하게 의사소통을 할 필요가 있다. 또한 그들은 그들 자신의 객실과 다른 객실의 '구역을 알아야' 하며, 정확성을 지켜야 하며, 그들의 지역을 지나가는 모든 교통이 적힌 포괄적인 장부를 가지고 있어야 하고, 근대 장비의 도입으로 인해 레버를 당길 수 있는 아주 적은 육체의 힘을 필요로 한다. 그러나 철길의 신호 노동자들은, 의심할 여지없이, '산업시대'의 육체노동을 하는 노동자들이다. 정반대로 복사기를 고치러 오는 사람들은 그것에 대해 교육받은 사람들보다 상품에 대해 거의 모를 것이고, 덥고 더럽고 불편한 상황에서 일할 것이고, 무거운 기계를 옮기고 고장난 부분을 수리하는데 상당한 힘을 필요로 할 것이다. 그러나 그들은 새 시대의 기계와 함께 하는 그들의 일이 포랫의 해석에 맞은 이래로 의심할 여지없이 '정보 노동자'로 분류된다. 여기서의 강조점은 간단하다. 우리는 직업들이 어떻게 알맞게 분류화되어야 할까라는 인식에서 나온 결과물인 연구자들의 결정적인 수치에 대해 회의적일 필요가 있다.

Note

[내용]

여기에서의 요점은 객관적인 것처럼 보이는 분류는 실제로는 종종 미심쩍으며 그것을 만든 사람의 가정에 의존한다는 것이다.

Reading 25

이러한 분류화의 결과는 전략적으로 중심적인 정보 직업들을 밝혀내는 데 종종 실패하곤 한다. 방법론은 발생하는 많은 양의 정보 업무의 전망을 우리에게 제공하지만, 반면 정보 업무의 가장 중요한 단면들을 구별하는 어떠한 수단도 제공하지 않는다. 정보 업무의 양적인 방법을 추구하는 것은 특정 타입의 정보 직업의 증가가 사회생활에 있어 특정한 결과를 가져올 수 있다는 가능성을 숨긴다. 이러한 뚜렷한 차이는 직업적 측정과 관련하여 특별히 적절한데, 몇몇 해설자들은 정보사회를 '직업의 중요성'이라는 용어로 특징짓고(Bell, 1973), 몇몇은 '조직된 지식'을 행사하는 엘리트의 명성이 높아지는 '기술구조'로 보기 때문이다(Galbraith, 1972). 반면에 여전히 다른 사람들은 전략적으로 중심적인 정보 직업들의 대안적 원천에 초점을 맞춘다.

사회 안의 '정보 노동자'들의 숫자를 세는 것은 우리에게 이러한 사람들의 계층들—또한 권력과 존경에 있어 관련된 변화들—에 대해 전혀 아무 것도 알려주지 않는다고 지금까지 이야기되어 왔다. 예를 들어, 중대한 문제는 컴퓨터 사용과 전기 통신 기사의 증가라고 주장되어 왔는데, 이는 이들이 기술적인 혁신의 속도에 관해 결정적인 영향을 행사할 수 있기 때문이다. 이와 유사하게, 어쩌면 더 심각하게, 노화되는 인구 문제, 증가하는 가족 분열과 청소년 비행을 다루기 위해 늘어난 사회사업가들은 정보사회와 관련해 할 것이 거의 없거나 아무 것도 없으나, 사회사업가들은 ICT(정보통신기술 또는 정보문화 테크놀로지) 기사들과 함께 '정보 노동자'로 의심할 여지없이 분류된다.

Note

[내용]

프랭크 웹스터는 많은 이론가들이 제시한 이론들, 증거들과 사회를 위한 그것들의 결과물 사이에 관련을 만들었다. 즉, 이러한 주제가 이론화된 문제가 된 이유는 이것이 사회에 영향을 미친다고 생각되어지기 때문이다. 이 책의 많은 읽을거리들에 제시된 것처럼, 미디어와 사회의 관계는 미디어 연구의 열쇠이다. 그러므로 미디어를 이론화하는 것은 사회에 대한 암시를 가지고 있기 때문에, 우리는 우리가 어떻게 해야 할지에 대해 매우 조심해야 할 필요가 있다.

Reading 26

아마도 우리는 사회 사학자 해롤드 퍼킨(Harold Perkin)의 연구를 반영함으로써 '정보 노동자' 그룹간의 차이가 질적으로 구분되어야 할 필요를 더 잘 이해할 수 있을 것이다. 퍼킨은 『전문가협회의 대두(*The Rise of Professional Society*)』(1989)에서 1880년부터의 영국의 역사가 "교육을 통해 만들어지는 인적 자본 그리고. 자격이 없는 사람들을 배제하며 진척되는"(Perkin, 1989: 2) 덕목을 통해 지배하는 탁월한 '전문가들'의 대두에 대해 주로 쓰여졌다고 주장한다. 퍼킨은 보증된 전문 지식이 "전후 사회의 규칙들을 조직해(the organising principle of post-war society) 왔다"고 주장하고(Perkin, 1989: 406), 전문가들이 한때 지배적인 그룹들(노동자 계급 조직들, 자본주의 사업가와 많은 토지를 소유한 귀족층)과 그들의 구식인 이상들(협업과 결속, 재산과 시장, 그리고 아버지 같은 신사에 관해서)을 전문가들의 서비스 정신, 인증과 능률로 대체한다고 주장한다. 틀림없이, 개인의 영역 안에 있는 전문가들은 대중의 것을 가지고 강렬하게 주장하지만, 퍼킨은 이것이 '전문가 사회' 안에 있는 진지한 참가와 기초적인 가정들(특히 훈련된 전문가의 중요성과 가치에 기반을 둔 보상)을 공유하는 것으로부터 전문가가 아닌 사람을 결정적으로 배제하는 하나의 필사적인 투쟁이라고 주장한다.

Note

[구조]

구조적인 표시가 여기 있다고 생각해 보라. 프랭크 웹스터는 그의 목적이 해롤드 퍼킨을 이전 문단에서 서술된 개념들을 더 잘 이해하기 위한 예시로 사용하는 데 있다고 밝혔다. 이것은 읽을거리의 두 부분을 함께 연결시키며, 몇몇 아이디어들이 조금 혼란스럽거나 이에 확신을 가지지 못하는 독자들에게 희망을 준다.

[문체]

웹스터가 "퍼킨은 주장했다(Perkin argues, Perkin contends, and Perkin insists)"라고 말함으로써 어떻게 그가 요약한 아이디어들에 스스로가 개입하려 하지 않으려 했는지 생각해 보라. 즉, 그는 그것들이 그의 아이디어가 아닌 퍼킨의 아이디어들이라고 확실히 했다. 웹스터가 그들에 동의하든지 안 했든지 그것은 그 당시에는 알려지지 않았지만, 그는 그가 다른 사람의 작업을 요약한 것을 제공하는 것이라는 걸 독자들에게 알렸다고 확신했다.

Reading 27

'새로운 계급'에 관한 앨빈 굴드너(Alvin Gouldner)의 논의는 퍼킨의 이론에 재미있는 보충설명을 제공했다. 굴드너는 20세기에 확산된 새로운 형태의 노동자를 확인했다. 이는 '새로운 계급'이라고 불렸는데, '지식인들과 기술적인 지식 계급으로 구성'되었다(Gouldner, 1978: 153). 이들은 자신의 사리를 도모하고 강력한 그룹들에 종종 종속되는 과정에서, 사업과 당수(黨首, party leaders)를 설립하는 것을 통제하기 위해 경합을 벌일 수 있다. 이러한 잠재적인 권력에도 불구하고, '새로운 계급'은 스스로를 여러 형태로 나누었다. 여기에서 중요한 구분은 대개 기술적인 순응주의자들과 비판적이고 방향이 자유로운 인문주의자 지식인들 사이에 있다. 이러한 큰 차이점은 전문가들의 사적인 영역과 공적인 영역 가운데서 해롤드 퍼킨에 의해 정의 내려진 갈등들로 표현됐다. 예를 들어, 우리는 회계사들이 인본주의적 지식인으로서의 경향이 더 급진적인 반면에 개인적인 영역에서는 보수적이라는 것을 발견할 수도 있다.

Note

[구조]

여기에는 명확하고 도움이 되는 구조가 있는데, 이는 프랭크 웹스터가 자신이 윤곽을 잡아 놓은 다양한 논의들로 당신을 이끌기 위해서 만든 것이다.

해롤드 퍼킨의 요약 이후로 우리는 앨빈 굴드너의 아이디어를 '재미있는 보충 설명'으로 살펴보았다. 즉, 굴드너의 작업은 퍼킨의 작업을 조금 더 더한 것이다. 만일 퍼킨과 굴드너가 같은 것을 상당히 많이 말했다면 그들을 같은 단락에서 다루는 것이 더 나을 텐데, 사실 그들은 적어도 처음에는 그랬다. 이는 웹스터가 그들이 동등하게 중요하기 때문에 각각 단락을 배분했다는 것을 보여 주는 여러 단락들에서 볼 수 있다.

다음 단락에서 웹스터는 두 가지를 묶었고, 그들이 가진 공통점을 다룬다. 이러한 구조는 간결하게 다수의 저자들을 다루는 데 매우 유용한 방법이며, 당신이 써야만 하는 문헌의 논평이나 설문조사를 사용하는 데도 유용한 방법이 될 수 있다.

Reading 28

여기서 내가 말하고자 하는 요점은 굴드너와 퍼킨이 전체적으로 사회에 특별히 중요한 결과를 가져올 수 있는 정보 업무 영역에서 특정한 변화를 확인하고 있다는 것이다. 굴드너에게 '새로운 계급'은 우리에게 사회 변화의 방향에 대해 의논하고 토의할 용어들을 제공해 줄 수 있지만, 반면에 퍼킨에게 전문가들은 잘 조직화된 사회적 사건들을 위한 새로운 이상들을 창조하는 존재이다. 만일 누군가가 이러한 사상가들 사이에서 정보사회의 지표를 찾고 있다면, 그 사람은 확실한 그룹들의 기여의 질에 대해 주의를 기울이게 될 것이다. 이러한 해석들에 누군가가 동의하든 하지 않든, 정보사회를 정의하고자 하는 도전은 '정보 노동자'의 원래 숫자가 명확한 것을 기반으로 한다. 퍼킨과 굴드너 같은 사상가들에게는, 양적인 변화는 주된 쟁점이 아니다. 사실, 그룹들이 강조를 두는 인구의 비율에서는 그들이 확장되더라도, 차별 받는 소수자들은 존재한다.

Note

[문체]

프랭크 웹스터가 사용한 '여기서 내가 말하고자 하는 요점'은 그가 해롤드 퍼킨과 앨빈 굴드너의 이론을 단지 요약하는 데서 그가 스스로 분석을 하는 것으로 옮겨가고 있다는 것을 우리가 알아차리는 데 도움을 준다. 다른 사람들이 어떻게 말했는지와 그가 어떻게 말했는지의 차이는 중요한데, 우리는 이로써 어떤 아이디어가 어떤 작가에게서 나온 것인지 명확히 알 수 있다.

[내용]

〈Reading 5의 Note〉에서 질적인 방법들과 양적인 방법들의 차이가 언급되었다. 여기에서 양적인 접근방법의 중요성은 대단치 않게 생각되었다. 즉, 숫자를 세는 것은 우리가 질문에 대답할 수 있는 것을 돕지 못하며, 우리는 적은 숫자의 사람들이 이와 관련되는 일을 가졌음에도 불구하고 우리가 '정보사회'에 있다고 할 수 있다. 당신은 이 논리에 납득되었는가? 아주 적은 사람들이 이러한 차이를 상징하는 것처럼 보이는 과정들에 활발히 참여하고 있음에도 불구하고 상당히 다른 사회인 것인가?

Reading 29

공간적 측면

정보사회에서 이 개념은 경제학과 사회학에서 왔지만, 지리학자가 공간에 있어서 독특하게 강조하는 핵을 가지고 있다. 장소들을 연결하고 그 결과로 시공간의 조직에 있어 엄청난 효과를 가질 수 있는 정보 네트워크에 있어 주로 강조되는 것이다. 이것은 정보 네트워크가 사회 조직의 유명한 특징이 된 것처럼 최근에 정보사회에서 특별하게 유명한 지수가 되었다.

Note

[내용]

프랭크 웹스터가 사회학자들과 관련 있다고 한 이전 부분의 시작에서, 지리학자들이 언급된다. 이것은 미디어 이론이 도출한 규율의 범위를 보여 준다.

Reading 30

사무실과 마을, 지역, 대륙, 전 세계의 각기 다른 장소들을 연결하는 정보 네트워크의 중요성을 강조하는 것은 흔히 하는 일이다. 송전망이 전체 국가로 뻗어나가 각기 다른 가정의 접속 장치에 도달하게 되는 것처럼, 우리는 국가적, 국제적, 그리고 세계적 수준에서 작동하면서 각각의 가정, 가게, 대학과 사무실, 그리고 휴대형 노트북과 현대적인 소형 컴퓨터를 가지고 이동하는 개인들에게도 '정보의 접속 장치'(Barron and Curnow, 1979)를 제공하는 '연결망 사회(wired society)'를 쉽게 예상할 수 있다.

Note

[문체]

'흔히 하는 일(it is usual)'에 주목하라. 이것은 이러한 접근이 매우 평범해서 프랭크 웹스터가 누가 이런 말을 했는지 우리에게 말할 필요를 못 느꼈다는 것을 시사한다. 그러나 그가 나중에 특정한 작가들을 언급하기 시작할 때 도움이 된다. 일반적인 접근은 이후의 문단에서 나온 '유명한 아이디어'라는 단어로도 발견할 수 있다. 당신은 아마 '누구 사이에서 유명한 것인가' 라고 물을 수도 있을 것이다.

Reading 31

우리는 모두 점점 더 이런 저런 종류의 네트워크들에 연결되어 있으며, 그들 자신은 그들의 범위와 지수로 표현되는 방식을 넓히고 있다(Urry, 2000). 우리는 그들을 개인적으로 여러 단계에서 이해한다. 상점들과 레스토랑들의 전자판매관리시스템에서, 대륙을 가로질러 데이터에 접근하는 것에서, 동료들과 이메일을 주고받는 것에서, 혹은 인터넷을 통해 정보를 교환하는 과정에서. 우리는 이러한 '사이버 공간'의 영역을 개인적으로 경험해 본 적이 없을 수도 있지만, 정보 접속 장치 기능은 아직도 국제은행이나 정부간 단체, 기업 관계들의 수준보다 훨씬 더 높다.

Note

[문체]

우리가 모두 점점 더 이런 저런 종류의 네트워크들에 연결되어 있다는 주장을 뒷받침하는 증거는 없다. 당신은 아마 이러한 '상식적인' 진술에 동의할 것이다. 그러나 입증되지 않은 증거들 외에는 아무 것도 없는 것이 프랭크 웹스터에게도 괜찮은 것인가?

Reading 32

여기에서 유명한 아이디어는 시간/공간 관계에 있어 급진적인 변화를 가져올 수 있는 전자 고속도로가 정보의 흐름에 새로운 강조점을 낳았다는 것이다(Castells, 1996). '네트워크 사회'는 시간과 거리를 통제시켜 급진적으로 줄여 준다. 이에 따라 기업들과 심지어 개인들까지 세계적 단위로 그들의 일을 효과적으로 관리할 수 있게 된다. 학술적 연구자들은 그들이 그것을 인터넷에 물어볼 수 있게 된 이후로 더 이상 의회 도서관을 참조하기 위해 대학들을 돌아다니지 않아도 된다. 컴퓨터 통신이 일상과 멀리에서도 체계적인 감시를 가능하게 하기 때문에 회사는 더 이상 그들이 가진 동양의 대리점에 어떤 일이 생겼나 알아보기 위해 그들의 매니저를 그 곳으로 보낼 필요가 없어졌다. 많은 사람들의 의견은 이것이 혁신적인 변화를 이루는데 충분하기 때문에 우리 사회 질서에 주된 변화가 올 것을 예고한다는 것이다(Maulgan, 1991).

아무도 정보 네트워크들이 오늘날의 사회들에 있어 중요한 특징이라는 것을 부인할 수 없다. 위성들은 세계를 넘어선 즉각적인 의사소통을 가능하게 하고, 데이터베이스는 옥스포드로부터 LA까지, 도쿄부터 파리까지 접근이 가능하며, 팩스와 서로 연결된 컴퓨터시스템들은 현대 사업들의 일상적인 부분이 되었다. 그럼에도 불구하고 우리는 아직도 묻는다. 왜 네트워크의 존재가 분석가들이 사회를 정보사회로 분류하는 데 영향을 미치는가? 그리고 이러한 의문을 제기할 때 반복해서 나타나는 문제는 개념 규정의 부정확함이다. 예를 들어, 네트워크가 네트워크가 되는 것은 언제일 것인가?

Note

기술의 변화가 사회의 변화를 불러온다는 생각은 '기술결정론'이라고 종종 불리운다. 당신이 이러한 개념에 대해 찾아보는 것은 가치가 있다(Smith and Marx, 1994). 프랭크 웹스터는 이것에 대해 언급하지 않았는데, 아마 이것이 쉽게 찬성되고 반대되는 개념이기 때문일 것이다. 즉, 그의 작업은 많은 사람들이 '기술결정론'이라고 부르는 맥락에서 쓰여지지 않았다.

Reading 33

전화를 통하여 대화하는 두 사람이나 패킷망을 통하여, 방대한 자료를 송신하는 컴퓨터는 통신망인가? 사무실 전체가 '연결'되거나 가정에 있는 컴퓨터가 인근 은행이나 상점과 통신하는 경우는 어떠한가? 실제로 무엇이 통신망을 구성하게 되는가라는 질문은 매우 중요한 것이며, 이것은 다양한 수준의 통신망을 어떻게 구분할 것인가의 문제뿐만 아니라 '통신·정보사회'에 진입하였다고 할 수 있는 시점을 어떻게 잡는가의 문제를 제기한다.

Note

[내용]

앞의 장에서처럼 프랭크 웹스터는 광범위한 견해(사상가들이 정보사회가 있다는 것을 입증하는데 사용한 의견)를 동의하는 동안, 문제는 세부 사항에 있다는 것을 보여 줬다. 그는 여기에서 질문들을 요구하지만, 질문에 대답하지 않는다는 것을 유념해야 한다. 문제가 보이지 않는다면(웹스터는 의문을 제기했다), 아마도 당신은 웹스터가 비평하는 이론가에게 동의하는 것이기 때문에 그 질문에 대한 답을 생각해야 한다.

Reading 34

이것은 또한 우리가 '정보사회'에 대한 기술적인 정의—즉, 통신망이 기술적인 체계로 정의되고 있는가?—를 사용하고 있는지 아니면 보다 적절한 초점이 (일부 이론가들이 현대 시대를 특징짓는 것으로 간주하는) 정보의 유통에 주어져야 하는지에 대한 문제를 제기한다. 전자의 경우 우리는 종합정보통신망의 확산을 하나의 지표로 간주할 수 있지만 이것을 어떻게 지표화하는가에 관해서 어떤 지침을 제공한 학자는 거의 없다. 그리고 후자의 경우에는 논리적으로 어느 정도 속도와 양의 정보유통을 새로운 사회의 지표로 보아야 하는지에 대하여 문제가 제기될 수 있다.

마지막으로 어떤 사람은 정보통신망이 매우 오랫동안 존재해 왔다고 주장할 수 있다. 적어도 우편제도의 초기부터 전보와 전화시설에 이르기까지 정보통신망의 구축 없이 대부분의 경제적·사회적·정치적 생활은 상상하기 힘든 것이었다. 이러한 장기적인 의존성과 점진적인(가속화되긴 했지만) 발전에도 불구하고, 1980년대에 들어와 논자들이 '정보사회'라는 관점에서 논의하기 시작하는 이유는 무엇인가?

Note

[내용]

이 단락 모두의 핵심은 개념의 변화이다. 즉, 많은 사람들이 진실이라고 말하는 증거가 있다 해도 항상 일이 그렇게 되지는 않는다는 증거가 있는가? (아니면 최소한 종종 간주되는 것보다 길게) 우리가 정보사회에 살고 있다고 주장하려면 이제 우리가 이전에 한곳에 거주하지 않았다는 증거가 필요하다. 많은 사람들이 오늘날의 사회에서 정보의 역할에 대한 증거를 제공하는 동안, 그들은 정보의 역할이 얼마나 과거에서의 중요한 변화인지 보여 주지 않는다. 종종 사회의 변화를 과장하는 것이 쉽기 때문에 역사적 맥락에서 현대를 배치하는 중요성을 보여 준다.

Reading 35

문화적 측면

'정보사회'에 대한 마지막 개념은 가장 쉽게 인정되는 것이라고 할 수 있지만 한편으로는 가장 적게 측정되는 것이기도 하다. 일상생활의 양식으로부터 우리는 사회적 순환에서 정보가 엄청나게 증가하였다는 것을 알고 있다. 과거 어느 때보다 더 많은 정보가 존재하는 것이다. 영국에서 텔레비전은 30년 동안 많은 사람이 이용하여 왔고 현재는 거의 전일 방송이 실시되고 있어서 사람들은 아침부터 밤늦게까지 시청할 수가 있다. 애초에는 단일 채널의 부분 방송에서 시작된 것이 지금은 4개의 공중파 채널(곧 다섯 번째 채널이 추가될 것이다)로 확장되었다. 그리고 이것은 영상기술, 유선 및 위성채널 그리고 텔레텍스트 같은 컴퓨터화된 정보서비스를 통합하는 것으로 발전하였다. 지난 10년 전보다도 훨씬 더 많은 라디오 주파수가 지역적·국가적·국제적 차원에서 가용하게 되었다. 라디오는 더 이상 거실에 고정된 것이 아니고 가정·자동차·사무실 등으로 확산되어 있고, 워크맨의 등장으로 모든 곳에서 이용가능하게 되었다. 영화는 오랫동안 사람들의 정보환경에서 중요한 부분이 되어 왔지만 이제 극장으로 가는 관람객 수가 상당히 감소하였다. 그러나 오늘날 영화는 그 어느 때보다도 확산되어 있다. 극장에서뿐만 아니라 텔레비전 방송에서 볼 수도 있고, 비디오 가게에서 빌려 볼 수도 있으며 슈퍼마켓에서 값싸게 구입할 수도 있다.

Note

[내용]

프랭크 웹스터가 말한 경우를 생각해 보자. 그가 말한 변화가 정말로 일어났다 하더라도 과연 그 변화는 평등하고 똑같은 방식으로 모든 곳에 되었을까? 그가 언급한 기술들은 아마 돈 많은 서부사회에서는 굉장히 일반적일 수 있다. 하지만 전 세계 모든 국가에서 그렇게 말할 수 있을까? 같은 맥락으로 볼 때 서부사회에서조차도 과연 이 모든 기술들이 모두에게 같게 도달할 수 있을까? 몇몇 사람은 당연히 남들에 비해 집에서나 일자리에서나 더 많은 기술에 접근할 수 있을 것이다.

여기서 명백한 것은 웹스터의 주장은 굉장히 특정 지역에 국한되어 있다는 것이다. 당신이 접해 왔던 '미디어 이론'의 대부분은 서부사회에서 나온 것이고, 이것은 지구의 많은 지역의 삶의 방식은 거의 이론화되지 않았다는 뜻이다. 이런 접근 방식이 비난받아야 된다는 뜻은 아니지만 이 사실은 알아둬야 한다.

Reading 36

거리마다 간판이나 점포 진열품 등과 같은 광고물이 놓여 있다. 모든 기차역이나 버스정류장에서는 고전에서부터 교양, 자기치료, 저속한 소설에 이르기까지 전례 없이 다양한 주제와 부수를 자랑하는 도서와 잡지를 구입할 수 있다는 것에 놀라지 않을 수 없다. 더욱이 오디오 테이프, 콤팩트디스크, 라디오 방송은 모두 손쉽게 이용할 수 있는 음악, 시, 드라마, 유머, 교육을 일반인들에게 점점 더 많이 제공하고 있다. 신문은 광범하게 이용되고 있으며 상당수의 새로운 신문이 무료로 배달되기도 한다. 스팸 우편도 매일 배달된다.

Note

[내용]

프랭크 웹스터는 인터넷에 대해 언급하지 않았다는 것을 유의하자. 특히 인터넷은 옛날에 비해 어떻게 우리가 미디어에 더 좋은 접근성을 가질 수 있는 가장 좋은 예로 쓰이는 데 말이다. 이것은 글에 써져 있는 것들 중 특히 이상한 고려 수준을 보여 준다. 하지만 그도 그럴 것이 책의 초판은 1995년에 쓰였고, 이 당시는 인터넷이 잘 퍼져 있지 않았을 때였다. 이것은 저자는 시대 국한적인 시야를 갖는다는 단례이며, 또한 당신이 책을 읽을 때 언제 어디서 이 글이 쓰였는지 인식해야 하는 이유이기도 하다.

Reading 37

이러한 모든 것은 우리가 미디어로 가득 찬 사회에 살고 있다는 것을 말해 주지만, 우리 사회의 정보적인 측면들을 미디어가 간단하게 제시하는 것보다 훨씬 더 철저하게 침투하고 있다. 이들 미디어가 나열하는 것은 새로운 매체가 우리 주위를 감싸고 있으며 우리가 반응할 수도 있고 하지 않을 수도 있는 메시지를 우리에게 제시하여 준다는 것을 암시한다. 그러나 사실 정보적 환경은 이것이 제시하는 것보다 훨씬 더 은밀하고, 우리를 보다 많이 구성하는 것이다. 예를 들어 우리가 착용하는 의상, 머리와 얼굴의 스타일 등과 같이 오늘날 우리가 자신의 이미지에 대응을 하는 바로 그 방식(몸매에서 어투에 이르기까지 사람들은 자신이 사용하는 메시지와, 어떤 옷을 입고 어떤 머리모양을 하였을 때 자신에 대하여 느끼는 바를 매우 잘 알고 있다)이 지니고 있는 정보적 차원을 생각해 볼 수도 있다. 유행의 복잡함, 즉 일상적인 표현을 위하여 자신을 꾸미는 방식의 미묘함에 대하여 잠시만 생각해 보면, 오늘날의 사회적 교제는 과거보다 더 많은 정보적 내용을 포함하게 된다는 것을 깨닫게 된다. 몸의 장식품·의상·화장은 자신의 지위와 권력, 그리고 소속을 상징하는 중요한 방법이 된 지 오래되었다. 그러나 현재 세대는 옷과 몸의 상징의 중요성이 급격하게 높아진 것이 눈에 띈다. 신체를 장식하는 것은 오래 전부터 존재했으며, 의상과 화장은 지위, 권력, 소속을 보여 주는 중요한 방식이었다. 그러나 현대에는 의상과 신체의 상징적 중요성이 급격하게 커졌다는 것이 분명하다. 수세기 동안 대다수 사람들의 복장이었던 시골 풍을 특징 짓는 의미의 단순함과, 1950년대 산업 노동자들이 일터의 내·외부에서 입었던 복장의 유사성을 고려해 보면, 그 이후 의상에서 나타난 의미의 폭발은 대단한 것이다. 값싸고 유행에 맞는 의류의 증가, 그것을 구매할 수 있는 여력, 유사한(또는 상이한) 생활 양식과 문화를 가진 사람들과의 접촉 증가 등은 모두 우리 신체마저도 정보적 내용이 가득하다는 것을 잘 보여 준다.

Note

[내용]

이 단락은 당신이 사용하는 용어와 다른 의미의 '정보'에 관한 내용이다. 당신은 옷 같은 아이템이 우리에 대한 정보를 제공한다는 것에 동의하는가? 이것을 역사적 맥락에 넣어보면, 우리가 현재 그러한 목적을 위해 옷을 사용하는 것과 프랭크 웹스터가 주장한 과거에 이것이 어떻게 이루어졌는지에 대한 방법 사이에 차이가 있는가?

Reading 38

현대의 문화는 과거 어느 때보다도 더 많은 정보로 가득 차 있다. 우리는 미디어가 편재한 환경 속에 살고 있으며 이는 곧 삶이란 본질적으로 상징화에 대한 것, 즉 우리 자신과 다른 사람들에 대한 메시지의 교환과 수용—또는 교환하려고 노력하거나 수용을 거부하는—에 대한 것임을 의미한다. 많은 논자들이 우리가 '정보사회'로 진입하였다고 인식하는 것은 바로 이러한 의미의 폭발적 증가에 대한 인정 속에서이다. 이들 논자들은 이러한 발전을 양적인 개념으로 측정하려는 시도는 거의 하지 않지만, 대신에 그 어느 때보다 더 풍부한 기호의 바다 속에 있는 우리들 삶의 '분명함'으로부터 출발하고 있다.

Note

[내용]

프랭크 웹스터가 의미하는 '상징화' 과정은 종종 포스트모더니즘과 동일시되는 것은 뚜렷이 나타난다('21장 포스트모더니즘' 참조). 이것은 웹스터가 장 보드리야르(J. Baudrillard)를 언급할수록 훨씬 더 눈에 띈다. 왜 웹스터는 포스트모더니즘을 직접 여기에 언급하지 않았고, 나중에 언급했을까? 그것을 못 느꼈다면, 그는 독자로서 당신에 대해 어떤 가정을 하는지 처음부터 명쾌하게 언급할 필요가 있었다.

Reading 39

역설적으로 일부 논자들이 이른바 기호의 죽음을 선언하는 이유도 바로 이러한 정보의 폭발 때문인지 모른다. 우리들 도처에서 기호가 쇄도하고 있으며 기호로서 우리 자신을 설계하며 어디로 가든 기호를 피할 수 없는데, 그 결과는 이상하게도 의미의 붕괴이다. 장 보드리야르가 말하고 있듯이, “정보가 더 많아질수록 의미는 더 적어지게 된다”. 이러한 견해에 따르면 과거에는 기호가 준거를 가지고 있었다. (예를 들어 의상은 주어진 지위를, 정치적 발언은 특정한 철학을 그리고 텔레비전 뉴스는 ‘실제로 일어난 것’을 상징하였다.) 그러나 오늘날의 ‘포스트모더니즘’ 시대에서 우리는 특징을 상실한 기호의 복잡한 그물망 속에 갇혀 있다. 기호는 너무 많은 방향으로부터 생겨나고, 너무 다양하고, 급변하고 모순적이기 때문에 상징할 수 있는 힘이 쇠퇴하게 된다. 더욱이 청중들은 창조적이고 자기 인식적이고 성찰적이기 때문에 모든 기호를 회의적이고 장난기 어린 눈으로 바라보며 그에 따라 기호가 원래 의도한 의미는 쉽게 반전되고 재해석되고 굴절된다. 사람들이 직접적인 경험을 통해 얻는 지식이 적어짐에 따라 기호가 더 이상 사물이나 사람을 직접적으로 대표하는 것이 아니라는 것이 분명하게 되었다. 기호가 그 자체로부터 분리된 어떤 ‘실체’를 표현하는 것이라는 관념은 신뢰성을 잃어가고 있다. 기호는 자기준거적이다. 기호—시뮬라시옹—만이 있을 뿐이다. 보드리야르의 용어를 빌리자면 기호는 ‘하이퍼리얼리티’이다.

사람들은 이러한 상황을 잘 알고 있으며, 어떤 효과를 위하여 치장을 하는 사람들을 비웃으며 모든 것은 조형이라고 본다. 사람들은 능숙한 선전을 통하여 자신의 이미지와 미디어를 ‘관리’하는 정치가들에 대하여 회의적이다. 사람들은 모든 것은 정보 관리와 조작의 문제라는 것을 알고 있으며 진실이라는 것이 더 이상 존재하지 않는다는 것을 인정하기 때문에 어떤 건 진실 된 기호를 갈구하지는 않는다. 이러한 관점에서 우리는 ‘볼거리’의 시대에 들어섰다고 할 수 있는데, 여기서는 사람들이 기호의 인공성을 깨닫고 있으며(최근 기자회견장에 있는 존 메이저이다, 뉴스에 의해 만들어진다, 사나이답게 보이려고 한다), 자신들을 구성하기 위하여 사용하는 기호의 비진정성을 인정한다(나는 단지 얼굴화장을 한다. 그때 나는 화난 부모의 역할을 하였다).

Note

[문체]

프랭크 웹스터는 이 단락에서 많은 일화를 예시로 제공한다. 몇몇의 경우에 동의하거나 직접 경험해 봤을지라도 당신은 언제나처럼 타당성에 대해서 의문이 들 것이다. 포스트모더니즘에 대한 자세한 논의를 위해 이 책 '21장 포스트모더니즘'에서 주제를 찾아보자.

Reading 40

그 결과 기호는 그 의미를 상실하고 사람들은 접하게 되는 기호로부터 자신이 좋아하는 것만을 받아들일 뿐이다(대개는 기호가 처음 제시될 때와는 매우 상이한 의미로). 그러고 나서 자신의 가정, 일 그리고 자아를 위해 기호를 함께 묶는다. 사람들은 인공성을 즐겁게 맞이하며 어떤 특별한 의미를 크게 전하지 않으면서도 상이한 이미지를 '장난스럽게' 혼합하기도 한다. 펑크족과 1950년대 마릴린 먼로의 표정을 결합시키는 것처럼 모방이나 혼성에서 큰 즐거움을 느낀다. 이러한 '정보사회'에서는 "의미의 덩어리는 서로 교환되지만 아무런 의미를 가지고 있지 않다".

경험적으로 볼 때 '정보사회'에 대한 이러한 견해는 아주 쉽게 인식되기는 하지만 새로운 사회에 대한 정의로서는 우리가 지금까지 살펴본 것들보다 훨씬 더 불안정한 것이다. 최근 몇 년 동안의 의미화의 증대를 측정할 수 있는 기준이 없는 상황에서, 마크 포스터 같은 포스트모더니즘 학자들이 어떻게 현대를 새로운 '정보양식'에 의해 특정 지어지는 것으로 묘사하는지 이해하기 힘들다. 우리는 더 많은 상징적 상호작용이 진행되고 있다는 감각 이외에는 현대사회의 특징을 알 수가 없다. 예를 들어 1920년대와 현재를 구분할 수 있는 것은 순전히 차이의 정도 문제 이외에는 어떠한 근거도 가지고 있지 않다. 앞으로 경험하게 될 '포스트모던 조건'에 대해서 고심하는 사람들은 현대의 문화에 대하여 흥미로운 것들을 말하고 있지만, '정보사회'에 대한 분명한 개념을 설정하는 점에서는 문제를 역력히 드러내고 있다.

Note

[내용]

이 본문의 다른 부분에서와 같이 프랭크 웹스터는 더 넓은 현상의 증거로 일화 예시를 사용하는 문제를 발생시킨다. 더 중요한 것은 그는 어떻게 이러한 현상을 측정하고 현재와 과거의 차이가 어떻게 다른지 입증할 수 있는지 질문한다는 것이다. 이 독서를 한 후에 우리가 세상을 이해하기 위해 시도하는 방법에 대한 중요한 질문을 야기하는 **방법**과 **증거**에 대해 고민해야 한다.

[문제]

웹스터는 그가 여기에 제기한 문제로 돌아간다는 것을 알리며, 이 책의 향후를 말했다.

Reading 41

질과 양(Quality and quantity)

‘정보사회’에 다양한 개념을 검토하면서 아주 분명해지는 것은 그 개념들이 부정확하거나 불완전하다는 것이다. 기술적, 경제적, 직업적, 공간적 또는 문화적 개념할 것 없이 우리는 ‘정보사회’의 구성요소와 독특함에 대해서는 매우 많은 의문을 가지고 있다.

Note

[내용]

이 글의 마지막 단락은 사실 섹션의 첫 번째 단락에서 말한 것보다 더 길지도 않다. 이 단락은 이전 모든 섹션의 요약과 지금까지 마주쳐 왔던 문제들을 도출해 낸다. 이 책은 계속이 요약을 말해 왔고 어떻게 다뤄야 할지나 접근해야 할지 길을 제공해줘 왔다. 그런 의미에서 이 되풀이되는 비판들은 이론화의 추진제가 되었고, 그리고 또 어떻게 이론이 보통 기존 이론에 대해 다시 그려지고 대응하는지 보여 준다. 그런 의미에서 이론은 항상 수정되고 진행되는 **과정** 속에 있다.

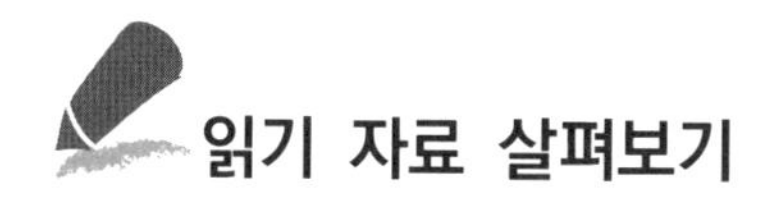

읽기 자료 살펴보기

이것은 다른 작가들의 작업에 질문을 던지는 데 대부분의 시간을 할애하는 글이며, 따라서 우리는 프랭크 웹스터(Frank Webster)의 주장의 요점에 절대로 도달할 수 없다. 그러나 웹스터의 정보사회에 대한 논의를 통한 접근법들에 대한 분류는 많은 작가들에 의해 사용되어져 왔고, 지금까지 만들어진 사회를 정의하는 많은 논의들의 근거를 구성한다. 이것은 어떻게 이론들이 이전 의론들로부터 생겨났고, 또 어떻게 의존했는지 보여준다. 이 경우에는, 어떻게 이론이 다른 사람들의 이론들을 비판하고 평론하는 것에서부터 발생하는지 또한 보여 준다. 당신은 웹스터가 다른 사람들의 아이디어를 분해하는데 많은 시간을 쓰는 것이 적절하다고 생각하는가?

웹스터의 평론에 중심이 되는 것은 방법에 대한 질문이다. 즉, 우리가 어떻게 상황들을 찾아내는가 하는 것에 대한 수도 없는 논의들이다. 당신이 맞닥뜨리게 될 대부분의 이론들은 다른 방법들을 사용할 것이다. 이것은 그들이 관심을 두고 있는 것이 여러가지이기 때문이며, 방법들은 무엇이 찾아지는가에 따라 다르게 선택되기 때문이다. 예를 들어, 당신이 미디어의 역사에 관심을 가지고 있다면, 기록 보관소를 찾아보는 것이 자료를 찾는 좋은 방법일 것이다. 그러나 당신이 미디어에 대한 청중 반응에 관심을 가지고 있다면, 설문조사, 인터뷰 자료들, 혹은 그룹에 초점을 맞추는 것이 이것을 살펴보는데 더 좋은 방법이 될 수 있을 것이다. 미디어 연구들은 수많은 방법들을 사용하는데, 부분적으로는 다른 연구자들이 각기 다른 것에 관심을 갖기 때문에, 그리고 부분적으로는 그 주제가 많은 사회학, 문학 연구, 그리고 정치학 등의 다른 분야에 그 기원을 두고 있기 때문이다. 그리고 이러한 주제들에서 사용된 방법들이 미디어 연구로 옮겨왔다. 이 글에서 분명한 것은 웹스터가 방법에 관한 장기적인 논의들의 관심을 사로잡았다는 것이다. 대부분의 이론은 그것이 사용한 방법들에 대한 개요를 언제나 서술하지는 않는다. 사실, 자주 이론가들은 방법을 서술하는 것을 피하는데, 그 이유는 이론가들은 단지 이론적인 모델을 제공해 주고, 어떤 방법이 이 모델을 시험하는데 가장 잘 사용될 수 있을지 결정하는 것은 다른 사람에게 달려 있기 때문이다. 비록 언제나 명쾌하게 표현되지는 않지만, 모든 이론들이 세계에 대한 가정들을 사용한다는 것을 아는 것은 중요하다. 웹스터는 어떻게 방법들을 비평하는 것이 시행되는지 살펴보는 것에 대한 유용한 방법을 제공한다. 따라서 당신은 그가 제기한 반대의 종류들과 당신이 읽은 이론에 대해 그가 제시한 의견을 숙고해 보기를 원할 수도 있다.

그러나 웹스터는 그가 언급한 많은 사람들이 제시한 주장들에 대해 완전히 거부한 것이 아니다. 그가 일정한 형태의 정보사회가 존재한다는 것에 동의한다는 것과, 그가 그것을 증명하기 위해 수많은 입증되지 않은 증거들을 모았다는 것은 분명하다. 대신, 그는 다른 사상가들이 정보사회를 정의하기 위해, 그리고 이전에는 존재하지 않았지만 현재는 존재한다는 것을 입증하기 위해 사용한 기준에 동의하지 않는다. 그런 점에서, 그는 다른 작가들이 사용한 방법론적인 기준에 대해 문제점을 제기한다. 따라서 그는 이러한 현상이 실제 세계에서 존재함을 믿지만, 어떻게 그것을 증명해야 할지 밝혀내지 못한다. 이것은 이상해 보일 수도 있다. 만일 정보사회가 존재하는 것이 일반 상식이라는 것에 우리가 모두 동의한다면, 결정적으로 그것을 증명하는 것을 왜 우려하는가? 많은 이론이 일반 상식 가정에 의문을 던지는 데 많은 시간을 할애하고, 모델이 수용되기 위해서는 대개 다른 종류의 증거가 필요하기 때문이다. 그러므로 그는 우리가 참이라고 생각하는 것이 어떻게 실제로 참인지를 증명할 수 있는지 알아내려 한다. 이것은 길고 복잡하며 불필요해 보일 수도 있지만, 이런 활동이 왜 중요하고 필수적인 것으로 간주되는지 당신은 알겠는가?

웹스터는 다양한 연구방법들과 접근법들의 객관성에 대해 그것들이 연구를 수행하는 사람의 특정한 주관성의 결과가 아니라는 것을 보여 주면서 계속해서 질문을 던진다.

당신은 그에게 동의하는가? 예를 들어, '직업' 섹션에서 그는 찰스 레드베터(Charles Leadbetter)의 이전 정보의 이전의 수동 작업과 현대적인 것에 대한 차이를 비판했다. 그의 말에 동의되는가? 혹은 이런 종류의 직업에 차이가 있다고 느껴지긴 하는가? 직업을 이런 방식으로 나눌 수 있을까? 아니 애초에 연구자가 객관적이고 논란이 되지 않을 만한 기준을 만드는 게 가능하다고 생각하는가? 당신은 웹스터의 주장에 더 넓은 의미로 생각해 봐야 한다. 우리가 상식적으로 알고 있는 것을 진짜 사실이라고 증명하는 것에 어려움이 있다는 것, 그리고 연구의 목적이 어쩔 수 없이 연구자의 관심에 영향을 받는다는 사실에 그는 어떻게 우리가 모든 것에 대해 알거나 연구를 할 수 있는지 질문한다.

그렇다면 이론과 연구의 목적이 뭐가 되는가? 우리가 말하는 게 모두 특정 개인의 특정 주관적인 시점이라면, 어떻게 이 모든 자료가 일반적으로 사회에 쓸모가 있겠는가?

이런 것들은 연구자들과 이론가들이 지속적으로 붙잡는 질문들이다. 당신은 이것이 해결될 수 있다고 생각하는가?

주요 용어

기준과 증거(criteria and evidence); 정의(definitions); 전자 고속도로(electronic highway);
미래주의자(futurism); 정보(information); 정보 경제(inforamtion economy);
정보사회(information society); 정보 노동자(information workers);
지식 산업(knowledge industries); 네트워크(networks);
후기 산업사회(post-industrial society); 포스트모더니즘(postmodernism);
질적·양적 조사(qualitative/quantitative research); 공간(space);
기술결정론(technological determinism); 기술(technology);
이론적 지식/정보(theoretical knowledge/information)

주요 학자

Jean Baudrillard; Daniel Bell; Manuel Castells; Peter Drucker; John Kenneth Galbraith;
Alvin Gouldner; Nikolai Kodratieff; Charles Leadbetter; Fritz Machulp; Harold Perkin;
Marc Porat; Robert Reich; Josph Schumpeter; Alvin Toffler

권장도서

Toffler, Alvin(1980), *The Third Wave*, New York: Bantam Books.

고전적이고 영향력 있는 저술로 비록 비즈니스, 경제 중심의 노력을 들인 연구이지만 미디어 연구에도 관련이 있다.

van Dijk, J. A. G. M.(2006), *The Network Society: Social aspects of new media*, 2nd edition, London: Sage.

뉴미디어 발달을 다룬 책으로 최근 테크놀로지의 발달과 사회적 문화적 영향, 그리고 공적, 사적생활에 미치는 영향력을 다루고 있는 책이다.

Webster, F., Blom, R., Karvonen, E., Melin, H., Nordenstreng, K. and Puoskari, E.(eds.) (2004), *The Information Society Reader*, London: Routledge.

정보화 사회를 지탱하고 비평적인 아이디어를 담고 더불어 감시와 민주주의 등에 관한 주요 현상을 종합한 강독 책이다.

23장

뉴미디어론

Jenkins, H.(2006), *Convergence Culture: Where old and new media collide*(컨버전스 문화: 신·구 미디어의 충돌), New York and London: New York University Press, pp. 1~10.

뉴미디어론 입문

'뉴미디어'는 당신의 연구를 이해하는 데 가장 가능성이 있는 용어 중 하나이다. 그러나 무엇이 '뉴미디어'에 정의될 수 있을까? 어떤 미디어가 '새로운' 것이고 어떤 미디어가 '오래된' 미디어일까? 무엇이 '새로운'미디어를 만들고 '새로운' 것이 아닌 것과는 어떻게 다를 수 있는가? '새로운' 미디어와 '오래된' 미디어 사이의 관계는 무엇일까? 그리고 미디어 이론에 있어서 무엇이 새로운 미디어를 가지는 데 결과를 가져오는 것과, 우리가 미디어에 대한 이전의 사고에 대해 다시 쓰는 것이 필요할까?

주석에 따르면, 'new'와 'old' 미디어의 사이는 정의하기 어려운데, 책이나 텔레비전 그리고 음악과 같은 이미 존재하는 미디어로부터 얻을 수 있는 '새로운' 것은 종종 인터넷과 같은 기술 때문만은 아니다. 저자의 도입 부분에서는 더 오래된 미디어로부터 발달한 몇몇 종류를 나타낸 것과 같은 뉴미디어에 대해 생각할 수 있는 다양한 윤곽을 잡을 수 있다. 첫째, 디지털화는 미디어콘텐츠가 이전으로부터 다른 방식으로 저장되어지고(LPs, film, video tape), 더 빠른 네트워크로 분배되어질 수 있고, 더 넓은 경우로 사용되어질 수 있다는 것을 의미한다(pp. 8~9). 노트의 흐름에 따르면 이러한 디지털화는 융합을 이끌고, 다양한 종류의 미디어 사이의 차이를 붕괴하면서 생산자와 소비자들은 다른 방식의 미디어에 접근하게 된다(pp. 10~11). 예를 들어 과거에는 당신이 텔레비전을 보고, 음악을 듣고, 영화를 보는데 다른 종류의 기계들이 필요했다면, 이것들은 오늘날에 PC라는 단 하나의 기계로 행해질 수 있다. 두 번째로, 상호작용성은 미디어 소비에 있어 기준이 된다. 그러나 흐름에서는, 각각의 다른 미디어 형식이 각각 다른 정도의 상호작용을 가지며, 몇몇 디지털화되고 융합된 미디어의 형태는 사실은 전혀 상호작용적이지 않는다는 기록을 갈망한다(p. 13). 마지막으로, 뉴미디어는 '네트워크'에 의존하는 것처럼 보여진다. 그리고 이것은 아래에서 구체적으로 논의 될 뉴미디어의 분석에 있어 핵심 열쇠이다. 당신은 여기에 제시된 뉴미디어 분석의 세 가지 핵심 교리가 미디어 형식과 기술에 대한 것이라는 것을 볼 수 있지만 노트의 흐름에 따라(p. 2) 이러한 모든 것들은 오직 당신이 무엇이 뉴미디어로부터 온 새로운 사회인가에 대해 질문하면서 흥미롭게 보일 수 있다. 그래서 기술 산업의 어떠한 변화도 우리가 사는 곳 어디에 있는지 추정할 수 없다고 말할 수 있다. 이러한 모든 문제들은 뉴미디어가 사회의 새로운 형식, 새로운 삶의 방식과 새로운 사회 구조의 힘을 이끌 수 있기 때문이다. 이러한 관점에서, 뉴미디어를 분석하는 데 있어 강한 사회적 압박이 존재한다. 그리고 그것은 미디어 이론의 주요한 관점을 반영한다. 뉴미디어가 새롭게 되어 가는 반면, 분석에 관한 그것의 핵심적인 질문들과 관심들은 여전히 같은 것으로 남아 있다.

앞서 언급했듯이, 뉴미디어 이론의 핵심 아이디어 중 하나는 네트워크라는 개념이다. 즉, 그러한 기술들은 이전에 다른 사람들과 함께 커뮤니케이션하지 못했던 사람들이 다른 사람들과 어우러져 함께 논의하고 논쟁할 수 있게 해 준다. 이 중심성은 마누엘 카스텔(Manuel Castells)의 『네트워크 사회의 상승(*The Rise of the Network Society*)』(2010)에서도 볼 수 있다. 카스텔은 네트워크를 '서로 연결된 마디의 세트라고 보았으며 그곳에서 커뮤니케이션의 흐름이 발생하였으며, 커뮤니케이션 코드가 네트워크 안에서 공유되는 한, 공개되고 유연하고 적응력이 있는 형식들이 한계점 없이 팽창할 수 있다'고 생각하였다(Flew, 2005: 16).

이러한 네트워크는 상품이 더 큰 시장에 더 빠르고 싸게 분배될 수 있다는 '디지털 경제'(Malecki and Moriset, 2008)의 성장뿐만이 아니라, 많은 사회적인 측면에 있어서 유의한 결과를 가졌다고 추정되어진다. 개인들에게 있어, 이러한 네트워크는 극도의 힘에 의해 논의되어진다. 왜냐하면 '오래된' 미디어에 존재하는 전통적인 힘의 계층을 약화시킬 수 있기 때문이다. 그래서 카스텔은 인터넷과 월드와이드웹, 그리고 무선 커뮤니케이션은 전통적인 감각의 미디어가 아니라 상호작용적인 커뮤니케이션 수단이라고 주장하였다. 전반적으로 그들이 의지하고 생산해 내는 네트워크인 그 이후 미디어 형식들은 어떤 시대에 존재하는 사회적 구조에 대한 다수의 가정들을 질문해 내면서 혁명적인 발전으로 보인다. 반 다이크가 "조금의 과장과 함께, 우리는 21세기를 네트워크의 시대"라고 불러야 한다고 말한 이유이기도 하다(van Dijk, 2006: 2).

이러한 발전 내용 모두가 중요하게 보이는 것은 뉴미디어를 통해 '인간이 경험하는 공간과 시간의 변화'로 이어질 수 있기 때문이다(Castells, 1996: xxxi). 카스텔은 새로운 기술을 통해 사람들이 세계 어느 곳에서라도 사람들이 소통할 수 있다는 것은 공간의 크기가 그만큼 작게 느껴지고 또한 우리가 생각하는 지리적 개념이 바뀌었다는 것을 의미한다고 주장한다. 마찬가지로, 모든 것을 언제라도 이용할 수 있고 다른 사람의 일정에 우리의 생활을 이전처럼 맞출 필요가 없기 때문에 시간에 대한 생각도 바뀌었다. 그는 이것을 '초월적 시간'이라고 부른다(Castells, 1996: xlii). 그렇다면 이러한 이론의 경우, 위에서 말하는 기술들이 단순히 새로운 형태의 미디어라서 중요한 것이 아니라 관련 기술을 이용하는 사람들에게 어떤 영향을 주는가의 측면에서 중요하다. 이것은 뉴미디어에 대한 탐구가 단지 비디오 게임의 그래픽에 감탄을 하거나 위키디피아에서 수많은 정보를 접할 수 있다는 것에 국한되는 것은 아니라는 의미이다. 이것이 중요한 것은 이러한 기술에 반응하여 사회 구조가 변하기 때문이다. 이를 통해 사회적 영향력이 어디에 있는지 알 수 있고, 또한 사람들이 자신의 생활과 사업과 상거래를 어떻게 이끌어 가는지, 그리고 정부와 같은 기관과 시민들이 어떤 관계를 맺게 되는지 알 수 있다.

여기에서 주목할 만한 것은 뉴미디어에 대해 자주 거론되는 논쟁의 한 부분이 '참신성'이라는 점이다. 많은 사람들이 뉴미디어가 보여 준, 또는 보여 줄 수 있는 영향을 과장한 것 아닌가 하는 측면에서 비판을 받았다. 『뉴 미디어 북(*The New Media Book*)』(Harries, 2002)을 보면 '뉴미디어의 모습을 하고 있는 올드미디어'(Manovich, 2002; Uricchio, 2002)와 '올드미디어의 모습을 하고 있는 뉴미디어'(Simon, 2002; Boddy, 2002)에 대해 언급하고 있는 장(章)이 있는데, 이들 두 가지 미디어 사이의 연결 고리가 무엇인지 설명하면서 세상이 어떻게 변했는지에 대해 과장하는 것에 주의를 촉구하고 있다. 또한 뉴미디어가 상당한 변화를 의미한다고 주장하는 것은 이전의 미디어는 별다른 움직임이 없었다는 것으로 생각하는 일인데, 이에 대해 많은 사람들은 미디어의 역사란 끊임없는 변화와 혁신의 하나일 뿐이므로 뉴미디어는 단지 이러한 과정에 있어서 단지 다음 단계에 불과한 것이라고 반론한다. 예를 들면, 반 다이크는 "미디어의 역사에 있어서 몇 가지 통신 혁명이 있었다"고 주장하고 있고(van Dijk, 2006: 4), 미디어 업체들이 새로운 기술을 개발하지 않았거나 또는 고객들이 자신의 자체적인 미디어 소비를 통해 실험하지 않았던 때는 없었다고 주장한다. 따라서 미디어에 대해 연구하는 사람이라면 무엇이 새로운 것이고 무엇이 오래된 것인지 매우 명확해야 하고, 또한 (한층 흥미로운 부분이 될 수 있지만) 어떤 것들은 변하지만 어떤 것들은 그대로 있는 것처럼 보이는지에 대해서도 생각할 필요가 있다.

이런 측면에서 볼 때, 뉴미디어 이론은 여러분들이 이 책의 다른 부분을 읽는 과정에서도 흥미롭게 느낄 수 있는 내용이 될 수 있고, 그밖에 다른 이론들 또한 접하게 될 것이다. 예를 들면 이전에는 구할 수 없었던 수많은 정보를 뉴미디어를 통해 접근할 수 있다는 것은 '정보사회'와 별다르지 않다는 것으로 생각할 수 있는데, 이러한 내용에 대해서는 제22장에서 살펴보고 있다. 그러나 카스텔은 이들 두 가지 사이의 차이점을 간파하고 있다. 정보사회에 대한 논쟁은 일상생활에서 정보와 데이터가 하는 역할이 무엇인지 살펴보는 일이지만, 뉴미디어 이론은 이러한 정보가 생산적인 방식으로 유포되도록 하는 기술과 네트워크에 초점이 맞춰져 있다(Castells, 2010: 21). 또 다른 예를 들자면 '공공 영역'에 대한 논쟁이다(제16장 참조). 일견, 인터넷이라는 곳이 어떤 주제에 대한 논쟁과 토론에 누구나 참여할 수 있는 공간이라는 사실은 뉴미디어가 공공영역의 역할을 수행할 수 있는 잠재력이 있다는 것을 보여 주는 것이고, 이것은 우리 모두가 '사이버 시민'이 될 수 있다는 것을 의미한다(Cavanagh, 2007: 76). 그러나 카바나가 지적하는 것처럼 이런 표현에는 문제가 있다. 이유 세 가지를 들자면, 첫째는 뉴미디어에 대한 접근이 공평하지 않고 특히 글로벌 측면에서 더욱 그러하다. 둘째, 인터넷 사용의 대부분은 정치적 활동이 아니라 오락에 관한 것이다. 셋째, 인터넷 사용에 대한 고객 조사가 거의 없었기 때문에 사이버 시민이 아닌 현실 속의 사람들이 뉴미디어 기술을 통해 실제로 무엇을 하는지에 대해서는 거의 아는 바가 없다(Cavanagh, 2007: 64~80).

그렇다면 전반적으로 뉴미디어에 대해 생각해 보기 위해서는 여전히 해야 할 일이 많다. 아마도 여러분이 마음에 새겨두어야 할 가장 유용한 부분은, 뉴미디어가 사회 전반에 걸쳐 많은 변화를 가져오고 이에 따라 올드미디어 이론은 시대에 맞지 않고 아무런 쓸모가 없게 된다고 생각하기 쉽지만 수십 년 동안 관련 영역을 규정했던 논쟁에 대해 생각해 볼 수 있었다는 측면에서(예를 들면 공공 영역) 뉴미디어 이론의 발전은 매우 유익했다는 점이다. 어쨌든, "새로운 것이란 단지 오래된 것의 연장선에 불과한 경우가 많다"(Caulkin, 2004: xiii). 따라서 미디어, 개인 및 사회 사이의 관계에 대해 우리 생각했던 방식은 앞을 내다본 방식으로 계속 남아 있게 될 것이다.

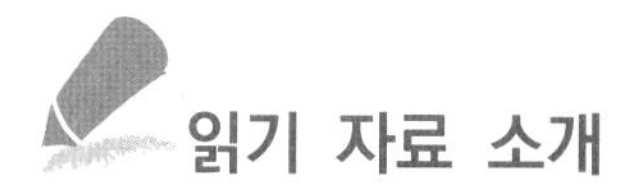

읽기 자료 소개

이번 내용은 헨리 젠킨스(Henry Jenkins)의 『융합 문화(*Convergence Culture*)』(2006)에서 발췌한 것이다. 위의 소개에서 살펴본 것처럼, 융합의 문제는 뉴미디어 논쟁의 핵심이고 젠킨스의 저술 내용은 이번 토론에 있어서 중요한 부분이다. 저서의 소제목 '올드미디어와 뉴미디어가 충돌하는 곳'을 보더라도 젠킨스가 보는 뉴미디어와 올드미디어의 관계는 전자가 후자를 대체하는 것이 아니라 이들 두 가지가 서로 공존하는 관계라는 것을 알 수 있다.

실제로 미디어 형태가 '충돌한다'고 젠킨스가 말하는 것은 두 가지 형태의 미디어에 아무런 문제가 없는 것만은 아니라는 것을 의미하고, '충돌'이란 표현, 또한 결과의 일부는 계획, 또는 예상된 것이 아니고 결과적으로 예측하기 어렵다는 의미도 된다. 그리고 '충돌'은 무계획된, 예상치 못한, 예상할 수 없는 결과로서 내재한다. 책 전반에 걸쳐 젠킨스는 일반적인 올드미디어에 대해 이야기한다—〈매트릭스〉(앤디워쇼스키와 래리워쇼스키 감독, 1999)와 같은 영화 및 〈생존자〉(CBS 2002~)와 같은 텔레비전 프로그램 그리고 해리포터 시리즈를 포함한 책들—. 그러나 이러한 '전통' 형태는 새로운 형식의 미디어를 사용하고 어떻게 시청자가 뉴미디어를 해석, 재발견을 위해 사용하고 미디어 텍스트를 논의하는 것에 관심이 있다. 미디어산업은 여전히 '충돌'을 하고 있으며, 뉴미디어가 그들의 작업과 창조 산업의 수단이라는 것에 창조적인 전문가들은 계속 논쟁하고 있다고 이 글에서 젠킨스가 주장하는 것을 볼 수 있다. 그런 의미에서, 젠킨스는 과장된 뉴미디어의 혁명 가능성을 가장 잘 인지하고 있는 사상가 중 하나이며, 현실 세계에 무슨 일이 일어나고 있는지 미묘한 차이와 더 일반적으로 사회에서의 미디어에 대한 정보를 알려준다.

사실, 만약에 젠킨스가 뉴미디어가 급진적 잠재력을 가지고 있다고 생각한다면, 그는 뉴미디어를 생산자가 아닌 소비자로 본다. 젠킨스의 쓰기의 역사와 발전을 보면 그의 뉴미디어에 대한 연구는 그들의 형태에서 관심 밖으로 나오지 못한지만, 뉴미디어 전에 그가 쓴 주제에 기여한다. 그러므로 젠킨스는 시청자와 특히 팬들과 강력하게 연결된다. 그의 책 『텍스트 밀렵꾼(*Textual Poacher*)』(1992)은 과학 소설의 팬, 환상 그리고 텔레비전과 영화 숭배, 생각 없는 사람의 고정관념을 거부하고, 대신에 높은 창조적 커뮤니티인 'poach'는 그들은 팬진을 통해 좋아하는 프로그램이며, 규약 및 팬 픽션으로 볼 수 있다(Jenkins, 2002). 이와 같은 주제에 관심 있는 사람은 뉴미디어 분석으로 이동하여 'poach' 미디어를 팬 사이트, 미디어 매쉬업, 팬픽션 그리고 다른 생산적인 활동을 보기 쉽다(Jenkins, 2002). 그의 작품 전반에 걸쳐 젠킨스는 웹사이트에는 그 자신을 'aca-fan'으로 언급하며 팬으로서 자신의 상태를 중시했다. 그것은 팬과 아카데믹 부문의 하이브리드 존재다(Jenkins, 2011a). 미디어 소비의 개인적 측면은 많은 미디어 이론에서는 드문 일이며(점점 일반화되고 있지만) 젠킨스는 반복적으로 돌아가고 있다. 그의 책 『더 와우 클라이맥스(*The Wow Climax*)』(Jenkins, 2007a)는, 예를 들어, 인기 있는 미디어에 대한 감정적인 반응을 보이고 감정을 탐구하는 분석은 전혀 매우 희귀하지 않을 때이다. 그것은 맥키(McKee, 2007)와 같은 작가들이 가치가 없다고 모든 아카데믹에서 주장하고 사실 팬들은 팬이기 때문에—아카데믹 작업과 이론은—'합법적'으로 보이고 그들은 '팬'이라기보다는 '전문가' 및 '기관'으로 분류되어진다. 젠킨스 그 자신 또한 이러한 분류에 의문을 제기한다(Jenkins, 2007b). 가정해 보건데, 당신이 미디어 이론을 공부하는 것은 흥미를 찾았기 때문이고, 당신은 편안하게 당신 자신을 미디어 이론의 '팬'이라 할 수 있는가?

이 책의 나머지 부문에서 많은 자료들로부터 현저하게 다른 스타일로 쓰여 있는 것을 읽기를 통해 당신이 연구하고 있다고 볼 것이다. 젠킨스는 일화와 개인적 경험, 그리고 잡담 농담을 포함한다. 그의 분석의 그의 세계의 경험에 기초하며, 가까이에 있는 주제에 대한 상당한 넓은 이해에 의해 단련된다. 당신은 젠킨스가 미디어산업과 다른 관심 있는 이해관계자들로부터 구성된 사람들의 아카데믹으로 이루어진 미디어 이벤트와 컨퍼런스에 참석하여 이야기하는 것을 보게 된다. 그것은, 그는 우리가 많은 학자들과 이야기하는 것, 그가 웹사이트에 유대인 아카데믹 서점을 넘어 문화 이론을 깨고 개인적 도전 및 소비자의 관점으로부터 우리에게 미디어의 중요성을 이야기하는 것보다 더 많은 범위의 사람과 이야기한다(Jenkins, 2011a). 그것은 확실히 칭찬할 만한 목표, 현대의 학문적 야망과 일치한다. 그러나 분석을 위해 그는 제시하는가? 이것들은 잃을 뿐만 아니라 얻는가? 정말로 당신은 이론처럼 읽을 수 있는가?

Reading 1

헨리 젠킨스(Henry Jenkins)
“컨버전스의 제단 앞에서 경배를”

미디어의 변화를 이해하기 위한 새로운 패러다임

컨버전스의 제단 앞에서 경배를

—뉴올리언스 미디어 익스피리언스의 슬로건(2003)

2001년 가을에 회자되었던 이야기이다. 필리핀계 미국인 고등학생인 디노 이그나시오(Dino Ignacio)는 자신의 홈페이지에 〈세서미 스트리트(Sesame Street's)〉(1970)에 등장하는 버트(Bert)라는 캐릭터가 오사마 빈라덴과 함께 만나는 장면을 포토샵으로 합성하여 올렸다. 이 사진은 그가 홈페이지에서 연재하던 〈사악한 버트〉 시리즈 중 하나로, 그 외에도 버트가 큐클럭스클랜(KKK)으로 묘사되거나, 히틀러와 함께 뛰어노는 장면, 유나버마로 분장한 모습, 혹은 파멜라 앤더슨과 성관계를 맺는 장면 등이 등장한다. 대부분은 단지 재미를 위하여 올린 것들이었다.

Note

[구조]

이것은 헨리 젠킨스가 그의 책을 여는 방식이다. 이상한 오프닝이지 않은가?

[내용]

젠킨스는 이 이야기의 출처를 주지 않았다. 그는 그저 이것이 ‘돌고 도는’ 이야기라고만 했다. 이이야기의 출처가 어디인지 우리가 모른다는 것이 정말로 중요하다면 그는 이로 인해 비판받을 수 있다. 이것이 ‘돌고 돈다’는 것이 많은 곳에서 발견할 수 있다는 것을 의미하지는 않기 때문이다. 어떠한 일도 출처를 밝히지 않고 떠오를 수는 없지 않는가?

Reading 2

9.11 사건 이후, 한 방글라데시의 출판업자는 반미 운동을 위한 팻말, 포스터, 티셔츠 등에 쓰일 빈라덴 사진을 찾기 위해 웹을 둘러보고 있었다. 파키스탄에서 〈세서미 스트리트〉는 그 지역의 상황에 맞게 편집되어 방영되었기 때문에, 아랍권 국가들은 버트나 어니를 아직 본 적이 없는 상태였다. 아마도 그 출판업자는 버트를 알아보지 못한 듯한데, 버트가 빈라덴을 닮았다고 생각했던 것 같다. 이 이미지는 다른 비슷한 이미지와 함께 콜라주로 만들어진 후, 수천 장의 포스터에 인쇄되어 중동 전역에 뿌려지게 되었다.

CNN 기자들은 반미 구호를 외치며, 버트와 빈라덴이 함께 등장하는 팻말을 들고 길거리를 행진하는 시위대의 모습을 방송에 담았다. 〈세서미 스트리트〉 시리즈를 만든 칠드런스 텔레비전 워크숍 관계자들은 CNN의 방송을 보고는 격분하며 법적 대응을 하겠다고 위협해 왔다. “우리는 〈세서미 스트리트〉의 캐릭터가 이런 불미스럽고도 역겨운 방식으로 사용된 것에 대하여 큰 분노를 느끼고 있다. 이번 사태에 대하여 책임이 있는 사람들은 죄책감을 느껴야 할 것이다. 우리는 이러한 형태의 악용을 근절시키고자 모든 법적 대응책을 마련하고 있으며, 앞으로도 발생할 수 있는 유사 악용에 대하여도 적극적으로 대응할 것이다.” 하지만 그들이 정확하게 누구를 향해서 법적 대응을 할지는 불분명한 것 같다. 그들의 이미지를 처음으로 사용했던 젊은 청년을 겨냥할지, 이미지를 널리 배포시킨 테러리스트 지지자들을 노릴지. 그리고 이번에는 이 사태를 즐기는 팬들이 새로운 사이트를 만들어서, 다른 〈세서미 스트리트〉의 캐릭터들을 테러리스트와 연관 짓는 일들을 벌이기 시작했다.

이그나시오는 그의 침대에서 국제적인 논쟁거리의 방아쇠를 당겼다. 그가 만든 이미지는 때로는 상업적 미디어를 통하여, 때로는 풀뿌리 미디어를 통하여 지구를 횡단했다. 그리고 결국에는 새로운 유행을 만들어냈다. 사태가 커짐에 따라 이그나시오는 고민과 걱정으로 가득 찬 나머지, 사이트를 폐쇄하기에 이르렀다. “이번에는 현실에 너무 가까이 와버렸다. (…중략…) 〈사악한 버트〉 시리즈는 원래는 대형 미디어로부터 멀리 떨어져 있었다. 하지만 이번 일로 인하여 온 세상에 알려지게 되었다.” 컨버전스 문화의 시대에 온 것을 환영한다. 여기서는 올드 미디어와 뉴미디어가 충돌하고, 풀뿌리 미디어와 기업 미디어가 교차하며, 미디어 생산자의 힘과 소비자의 힘이 예측할 수 없는 방식으로 상호작용하고 있다.

이 책은 세 가지 개념 간의 관계를 살펴볼 것이다. 미디어 컨버전스, 참여 문화, 그리고 집단 지성이다.

여기서 컨버전스라 함은 다양한 미디어 플랫폼에 걸친 콘텐츠의 흐름, 여러 미디어산업 간의 협력, 그리고 자신이 원하는 엔터테인먼트를 경험하기 위해서 어디라도 기꺼이 찾아가고자 하는 미디어 수용자들의 이주성 행동을 의미한다. 컨버전스는 누가, 그리고 어떠한 의도로 말을 하는가에 따라 기술적·산업적·문화적·사회적 변화를 묘사하는 의미로 사용되곤 한다. (이 책에서 나는 이처럼 다양한 영역의 참고문헌을 넘나들며 용어들을 섞어 쓰거나 연결지을 것이다. 독자들의 이해를 돕기 위해 책의 끝에 용어해설을 수록하였다.)

Note

[문맥]

이 이야기는 국제적 맥락을 담고 있는데, 이미지와 아이디어들의 세계적 흐름을 묘사하고 있다. 새로운 미디어에 대한 분석들은 보통 아이디어의 국제화와 미디어의 초국적 순환에 관심을 받는데, 이것들은 국가적 경계가 어떻게 덜 중요해지고 전 세계의 사람들이 어떻게 하나가 되는지를 보여 준다. 그러나 아직도 아이들의 통제할 수 없는 텔레비전 작업물로 인한 반응 등의 문제에 있어서는 법적인 의미가 중요하다. 그건 국가적 맥락에 달려 있는 문제이기에, 미디어 상품이 돈을 벌기 위해서라도 사회정의와 국가의 사법체계에 의존해야 한다는 것이다. 당신은 이게 중요하다고 생각하는가? 작업물이 그 이용되는 성향에 대한 이미지를 고려해야 하는가? 이러한 문제를 통제하기 위해 무엇이 허용되어야 하는가? 그리고 법은 국제화된 사회적 맥락을 반영하기 위해 어떻게 다시 쓰여야 하겠는가?

[문체]

버트(Bert)와 빈 라덴(Bin Laden)을 나란히 했다는 웃기고 흥분되는 이 이야기가 웃기는 것을 의미하는 것은 아니라는 것은 분명하다. 헨리 젠킨스는 왜 그의 책을 웃기는 이야기로 시작했을까? 우리는 이것에서 단순히 웃기는 것 외에 뭔가 의미하는 것을 찾아야 하는가?

[구조]

헨리 젠킨스는 명확히 그의 책이 무엇에 관한 것인지를 논한다—그리고 그것들에 대한 것을 정의한다. 즉, 그의 주장은 극단적으로 명확하며 목표가 잘 겨냥되어 있다는 것이다. 그리고 그는 책의 마지막에서 어휘를 언급한다—. 그것이 강독을 하는 데 도움이 되지 않을까?

[내용]

당신은 젠킨스가 강조한 '컨버전스'의 정의에 대해서 확신했는가? 아마도 좀 더 중요하게—그리고 우리는 이 질문을 뒤로 미뤄야 한다—컨버전스의 의미가 과거에 미디어와 문화가 어떻게 작용해 왔는가에 대한 것에서 무엇이 확장되었는지에 대한 것 말이다. 만약 뉴미디어 이론이 미디어가 과거에는 제공하지 못했던 기회를 제공한다고 주장한다면 그러한 차이의 존재를 명확히 설명할 필요가 있고, 그리고 그것이 주목해야 할 만한 것이다.

[문맥]

'Content', 'Industries' 그리고 'Audiences'에 대해 말함으로써 젠킨스는 컨버전스를 미디어 분석의 모든 분야에 관계가 있다고 본다. 즉, 그의 책 21~23장들에서 볼 수 있듯 미디어 분석을 통해 'Production, text, audiences'의 차원을 근간에서부터 흔드는 주장을 하고 있는 것이다. 이 책 '27장 프로듀서로서 수용자 관련 이론'에서는 젠킨스가 여기서 이러한 차원에 대한 비슷한 요약들이 있다.

[문체]

여기서 '나'라고 적는 것은 젠킨스가 그 자신을 표현하는 것이다. 이런 표현을 보통 독서에서 보았는가? 당신은 이러한 종류의 자기표현에 어떻게 반응하는가?

Reading 3

미디어 컨버전스의 세상에서는 모든 중요한 이야기들이 전해지며, 모든 브랜드가 팔리게 되고, 모든 고객은 다양한 미디어 플랫폼의 유혹을 받게 된다. 〈사악한 버트〉의 이미지가 타고 다닌 경로를 생각해 보자. 세서미 스트리트에서 포토샵을 지나 월드와이드웹으로, 이그나시오의 침대에서 방글라데시의 한 인쇄소로, 그리고 반미 시위대가 든 포스터가 CNN 방송을 통하여 온 세상의 사람들에게로 전해지게 되었다. 이 유통 과정의 일부는 기업의 전략에 의존하고 있었다. 예컨대 〈세서미 스트리트〉를 지역 상황에 맞게 편집한 것이나, CNN의 글로벌 커버리지를 들 수 있다. 또한 이 유통 과정의 일부는 북미나 중동의 풀뿌리 전유의 전술에 의존하고 있다.

Note

[문맥]

'순회(circuits)'라는 단어 사용에서 젠킨스는 뉴미디어 분석에 대한 아이디어를 그린다. 이 장의 '뉴미디어 입문'에서 적었듯이, 마누엘 카스텔(Manuel Castells)은 2010년 '네트워크(Networks)'라는 말로 이러한 구성에 대해 언급한 적이 있는데, 그리고 이 아이디어는 우리가 미디어가 어떻게 순환하며 생산자와 소비자간 관계에 대해 생각하는 것에 있어 중요하다. 그러나 왜 헨리 젠킨스는 'circuits'를 'networks'보다 선호하는 걸까? 왜 그는 카스텔의 용어를 가져오지 않을까? 당신은 무엇이 더 좋은가?

[내용]

모든 중요한 이야기들을 들었나?

Reading 4

다양한 미디어시스템이나 경쟁구도에 놓인 미디어 경제, 그리고 국경을 초월하여 이동하는 미디어콘텐츠의 순환은 소비자의 적극적인 참여에 크게 의존하고 있다. 나는 이 책에서, 컨버전스가 다양한 미디어의 기능들이 하나의 기기에 융합되는 기술적 과정이라는 생각에 대한 반론을 펼 것이다. 그보다도 컨버전스는 소비자로 하여금 새로운 정보를 찾아내고, 서로 흩어진 미디어콘텐츠 간의 연결을 만들어내도록 촉진하는 문화적 변화를 의미한다. 이 책은 관객들이 새로운 미디어시스템에서 행하는 일들, 그리고 그들이 하는 놀이에 대한 이야기이다.

참여 문화는 기존의 수동적 미디어 관객성이라는 개념에 대조적인 모습을 나타낸다. 우리는 이제, 미디어의 생산자와 소비자가 서로 개별적인 역할을 수행한다고 표현하기보다, 그 누구도 명확하게는 이해하지 못하는 규칙들에 따라 미디어 생산자와 소비자가 상호작용을 하고 있다고 볼 수 있을 것이다. 물론, 모든 참여자가 평등한 것은 아니다. 기업들, 혹은 기업 미디어에 속한 구성원들은 개인 소비자들이나, 심지어는 소비자 집단보다 여전히 큰 영향력을 행사하고 있다. 그리고 새롭게 등장한 이러한 문화 속에서 일부 소비자들은 다른 소비자들보다 참여에 있어 더욱 뛰어난 능력을 보여 주기도 한다.

Note

[구조]

헨리 젠킨스가 '주장…. 반대'라고 하는 것은 아무 것도 아닌 것처럼 보이지만 미디어 연구와 그의 분석은 토론거리로서 기여한다. 그가 그의 책에서 발견해낸 풍부한 지식은 반대할 여지가 많다고 할 수 있는 점에서도 말이다.

[내용]

몇 번의 강독을 통해 이 책에서 당신은 수용자(audience)와 그들이 어떻게 최고로 잘 이해될 수 있는가에 대한 토론을 거치게 될 것이다. 예를 들어 건틀릿(Gauntlett, '17장 미디어효과론')은 미디어 '영향'에 대한 단순한 개념을 기각했는데, 반면에 이엔 앙(Ien Ang, '26장 수용자 이론')은 'The audience'에 대한 개념의 유용함에 대해서 요약했으며, 그리고 왜 어떤 사람들은 그것을 유지하기를 원하는지에 대해서 탐구했다. 젠킨스의 '참여적 문화'에 대한 개념은, 당신은 곧 보게 되지만, 이러한 토론들과 비슷하게 연관되어 있다. 젠킨스는 '참여자'라는 단어를 사용했는데, 이것은 생산자와 소비자 둘 다 가리킨다. 이러한 차원에서 그는 'audience'라는 말을 오롯이 기각한다. 당신은 이게 유용한 말이라고 생각하는가? 과거에 이에 대해서 사람들이 단어를 사용해 왔으면, 이를 보존하는 것이 적절한가? 그리고 미디어 변화의 흐름에서, 참여의 수준이 모든 사용자에게 있어 비슷할 것인가?

[문맥]

젠킨스는 내용에 '순환'을 표현하는데, 이러한 구조는 보통 뉴미디어 세상에 방해되는 다음과 같은 내용을 통제하는 데 이용된다('국가 경계', 그리고 '미디어시스템'). 다시, 그의 조사는 당신이 미디어 이론을 읽으면서 지나왔던 몇 가지 핵심 아이디어를 기각한다. 게다가 어떤 주장은 통제나 경계가 진보적인 미디어에게 치명적이라고까지 한다. '16장 공론장'에서, 예를 들자면, 만약 경계가 존재한다면, 그것이 하는 역할은 누군가 참여하는 것을 허용치 못하게 하는 것뿐이라고 한다. 즉, 통제의 붕괴는 자유로워지게 하며, 또한 제한이 없는 참여보다는 그들이 때때로 좀 더 진보적이고 생산적으로 되어야 한다는 주장이 있는가?

Reading 5

미디어 기기들이 아무리 정교해진다고 하더라도 컨버전스가 이들을 통해서 일어나는 것은 아니다. 컨버전스는 소비자 개인의 두뇌 속에서, 그리고 다른 이들과의 사회적인 상호작용을 통해서 나타나게 된다. 우리는 모두, 미디어의 흐름에서 끄집어내고 자원으로 전환한 정보의 조각들을 가지고, 우리의 일상을 이해하는 데 사용하는 자신들만의 개인적인 신념들을 만들어낸다. 어차피 세상에는 그 어떤 주제에 대하여도 한 사람이 자신의 머리 안에 담을 수 있는 것보다 더 많은 정보가 존재하기 때문에, 우리가 소비하는 미디어에 대하여 함께 이야기를 해 볼 필요가 있다. 이러한 대화는 미디어산업에서 나날이 중요시하는 버즈를 만들어 낸다. 이제 소비는 집단적인 과정이 되었다. 그리고 이것이 바로 이 책에서 말하고자 하는 집단 지성이다(집단 지성은 프랑스의 사이버 이론가인 피에르 레비(Pierre Levy)가 처음으로 제시한 개념이다). 그 누구도 모든 것을 알 수는 없지만, 우리 각자는 무언가를 조금씩은 알고 있다. 그리고 우리가 자신의 자원을 끌어오고 기술을 결합시킨다면, 각자가 아는 것들을 하나로 모을 수 있을 것이다. 집단 지성을 미디어 권력을 얻기 위한 대안적 원천으로 볼 수도 있다. 우리는 컨버전스 문화 안에서 매일 일어나는 상호작용을 통해 이러한 힘을 사용하는 방법을 익혀가고 있다. 현재는 우리가 이러한 힘을 여가 생활에 주로 사용하고 있지만, 머지않은 미래에 보다 '진지한' 목적을 위하여 이러한 능력들을 사용할 수 있게 될 것이다. 이 책에서는 대중문화 속에서 어떻게 이러한 집단적인 의미 생성 작업이 종교·교육·법·정치·광고, 그리고 심지어는 군대의 운영에 대하여 변화를 이끌어가고 있는지를 함께 알아갈 것이다.

Note

[문맥]

헨리 젠킨스는 기술이 컨버전스를 만들었다는 아이디어를 기각했으며, 그리고 대신에 개인과 커뮤니티의 행동에 따른 결과라고 보았다. 이 과정에서 그는 보통 토론토학파(13장)와 연관이 있는 '기술결정론'의 아이디어를 기각하였다. 확실히 사람들의 관심거리가 되면서부터 지난 수십 년에 걸쳐 자신의 의견을 강화하기 위해 기존 연구를 인용했던 개인들에 의해서 젠킨스는 광범위한 분야의 미디어 연구에 일부분이 되었다.

이 'passive'거나 'active'한 자연적 audiences에 대한 논쟁은 핵심 토론의 하나이며, 그리고 이러한 논쟁은 뉴미디어에서도 다음 스텝으로 넘어가는 것처럼 보인다.

젠킨스는 피에르 레비에 대해 언급했지만, 그의 책에 대해서는 언급하지 않았다. 그것은

『사이버문화(*Cyberculture*)』(2001)이다. 그 책에서 레비는 뉴미디어는 "상호연결성"에 의존한(Levy, 2001: 107~108) "진정한 사회적 운동"의 증거(Levy, 2001: 105)라고 주장한다. 그것은 사람들이 다른 한 사람에게 말을 할 때 일어나는 것이다.

[내용]

여기에 사용된 몇 가지 언어들을 보자. 'personal mythology'가 우리에게 의미하는 바는 무엇일까? 이것은 'personality'나 'personal experiences'와는 다른 걸까? 우리의 'Every lives'는 뭘까?

젠킨스는 '미디어의 흐름'을 언급했다. '흐름'은 레이몬드 윌리엄스(Raymond Williams)와 연관('20장 문화주의 이론'을 봐라)이 있다. 그런데 그의 책 『텔레비전: 기술과 문화 양식(*Television: Technology and cultural form*)』(1974)에서 한 프로그램·광고·트레일러·채널 등이 포함된 매체로서 저녁에 보는 텔레비전을 '흐름'으로 묘사한다. 이는 다른 미디어 형태와는 대조적인데—예를 들면 책이나 신문들—과는 분리된 독립체들이다. '흐름'은, 물론, 새로운 형태의 미디어나 여러 형태의 미디어 사용에 동시에 적용될 수 있다. 인터넷하면서 텔레비전 보기, 친 구들에게 문자를 보내면서 음악 듣기 등도 미디어 '흐름'으로 보일 수 있다. 나올 수 있는 질문은 과연 어떤 '흐름'이 강화하는 것인지 아닌지이다. 우리는 '흐름'을 개인이 자기가 사용함으로써 미디어에 대한 정의를 다시 쓰는 능력을 증거로 보거나, 우리의 매일 생활에서 우세한 미디어를 증거로 볼 수 있다. 당신의 생각은 어떤가?

[문체]

왜 'serious'에다가 인용 부호를 썼을까?

Reading 6

컨버전스 이야기

컨버전스 문화가 작동하고 있는 또 다른 사례를 살펴보자. 2004년 12월에 인도 영화의 기대작 〈Rok Sako To Rok Lo〉(2004)는 EDGE 기술(EDGE: Enhanced Date Rates for GSM Evolution, 더욱 빠른 데이터 전송 속도를 제공한다)이 적용되어 실시간으로 동영상을 받아볼 수 있는 휴대폰을 통하여 델리·방가로르·하이데라바드·뭄바이를 비롯한 인도의 여러 지역에 있는 영화광들에게 상영되었다. 이는 휴대폰을 통하여 영화 전체가 상영된 최초의 사례로 알려졌다. 이러한 형태의 유통이 사람들의 삶속으로 어떻게 스며들지는 아직 좀 더 지켜볼 필요가 있다. 영화관에 가는 것을 대체하게 될까? 아니면 그저 다른 곳에서 볼 만한 영화를 살펴보려고 사용하게 될까? 아직은 아무도 모른다.

지난 몇 년 동안 우리는 휴대폰이 세계 각지에서 영화들의 개봉 전략에 중심적인 역할을 하는 것을 지켜봐 왔다. 국제적인 영화 축제에서 아마추어와 프로페셔널 휴대폰 영화들이 상을 받기 위하여 경쟁하고, 대규모의 콘서트를 휴대폰을 통하여 감상하며, 일본의 소설작가들이 메신저를 이용하여 소설을 연재하고, 게임 플레이어들은 모바일 기기를 통하여 확장된 가상현실 게임에서 경쟁하는 것을 보았다. 이 중 몇몇 기능은 뿌리를 내리고, 다른 것들은 실패할 것이다.

Note

[구조]

헨리 젠킨스가 적었듯, 여기에 다른 예가 있다. 또는 그가 말하듯 'Snapshot'이 있다. 이 요약된 이야기가 유용한가? 이것이 주장을 강화하는 데 도움을 주는가? 우리는 이 이야기로부터 우리가 필요한 모든 정보를 얻었나?

[문체]

젠킨스가 그의 권위를 어떻게 깎았는지 주목해 보라. 저자가 '누가 알겠는가?'라고 말하는 것은 흔하지 않다. 그렇지 않은가? 마찬가지로 그는 끝 부분에 몇 가지 '기능들'은 성공하고 다른 기능들은 실패할 것이라고 말하는 동안 예측하는 것처럼 보이려 하지 않았다. 이것은 아마 부분적으로 많은 사람들이 예측을 하고 틀리기 때문인데, 젠킨스도 그들 중 하나가

되는 것을 원하지 않는다. 그러나 아마도 그는 그의 분석이 성공 유무에는 관심이 없을 것이다. 대신에 그가 주로 염두하는 것은 실패와 성공이 늘 함께하는 미디어의 변화에 대한 사실과, 지속적으로 변화하는 뉴미디어 분야에 대한 연구에 관심이 있을 것이다. 그러므로 결정적인 문장을 만드는 것은 언제나 문제이다. 특정한 미디어·텍스트·순환들 등이 그렇다. 그러나 그런 경우, 이론은 어떻게 작동하는가? 무엇보다 뉴미디어 이론이 확장되지 않는다면? 'snapshot'이 그냥 만들어진 것이라면?

Reading 7

나를 구식이라고 말해도 좋다. 지난 주에는 나는 휴대폰을 사려고 했다. 알다시피 전화를 하려고 말이다. 나는 캠코더 기능이나 디지털 카메라, 혹은 인터넷 접속 기능이라던가, MP3 플레이어, 그리고 게임기를 원한 것이 아니다. 또, 나는 영화 예고편을 본다거나 내가 직접 벨소리를 꾸밀 수 있는 기능, 소설을 읽을 수 있는 기능들도 원하지 않았다. 나는 스위스 군용 칼(맥가이버 칼이라고 알려진)을 원한 것이 아니었다. 전화 벨소리가 울리면 그 전화를 받기 위해 무슨 버튼을 눌러야 할지 고민하지 않아도 좋다. 나는 그냥 단순한 전화기를 원했을 뿐이다. 점원은 코웃음을 쳤고, 등 뒤에서 나를 비웃었다. 한 모바일 업체가 말하기를, 그들은 이제는 한 가지 기능만을 가진 휴대폰은 만들지 않는다고 했다. 아무도 그런 것은 원하지 않는다고 말이다. 나는 이것이 미디어 컨버전스의 과정에서 어떻게 휴대폰은 중심에 놓이게 되었는지를 보여 준다고 생각한다.

최근에 여러분은 컨버전스에 대하여 많이 들어봤을 것이다. 그리고 앞으로는 더욱 많이 듣게 될 것이다.

Note

[문체]

이 개인적인 일화는 '도움이 되는가'에 대한 근거가 된다. 당신이 이것이 우리에게 진실에 대한 통찰력을 준다고 생각하거나 생각하지 않거나, 헨리 젠킨스가 자신의 경험을 이야기하는 데에 거리낌이 없고 스스로 객관적 목격자가 되고자 하였다. 우리는 젠킨스의 블로그 '아카-팬의 고백(Confessions of an Aca-Fan)'(Jenkins, 2011b)이 보여 주듯이 자신의 분석을 하나의 고백으로 볼 수 있다. 블로그에서 젠킨스는 "나의 개인적 생활을 나의 전문적 생활과 더 이상 분리할 수 없다"고 하였는데, 자신의 일은 '자서 전체의 자극으로부터 나왔고', '매우 개인적'이었다(Jenkins, 2011a). 이것은 지금껏 당신이 이해했던 다양한 이론의 작문과 큰 차이를 보인다. 젠킨스는 개인은 절대로 자신을 일과 분리시킬 수 없고 객관적일 수 없다는 전통으로부터 벗어나 있다. 그래서 당신은 이 문제를 활용하고 탐구하는 대신 인 정할 수 있다. 그러나 당신의 연구, '당신 스스로에 대해 생각하고 기록하는 것을 확장시킬 수 있도록 장려하는 것은 무엇인가? 그리고 무엇이 이 논쟁에 덧붙여지고 이 논쟁을 어렵게 만드는가?'에 대해 생각해 보자.

[내용]

당신은 젠킨스가 전통적 사고방식을 지닌 것이라 생각하는가?

Reading 8

미디어산업은 또 한 번의 패러다임의 변화를 겪고 있다. 이러한 현상은 종종 일어난다. 1990년대에 앞으로 다가올 디지털 혁명에 대한 설명은 주로 뉴미디어가 기존의 미디어를 밀어내고, 인터넷은 라디오 및 TV 방송을 대체할 것이며, 이러한 변화들이 소비자로 하여금 자신에게 더 의미 있는 미디어콘텐츠에 더욱 쉽게 접근 할 수 있게 될 것이라 가정하고 있었다.

1990년에 베스트셀러였던 니콜라스 네그로폰테의 〈디지털이다〉는 '수동적인 올드 미디어'와 '상호적용적인 뉴미디어'에 대한 날카로운 대조를 보여 주었다. 그는 저서에서 기존의 방송 네트워크의 몰락과 함께 유선 텔레비전 방송(narrowcasting)과 즉시성 틈새 미디어(riche media on demand)의 시대를 예견했다. "앞으로 5년 동안 텔레비전 방송에 일어날 경이로운 일들은 도저히 이해하기 어려울 것이다." 그는 미디어복합기업을 무너뜨리려면 정부의 규제는 불필요하다고 하였다. "단일체적인 매스미디어 제국은 자그마한 군소 산업으로 해체되고 있다. (…중략…) 오늘날의 미디어 귀족들은 다가올 미래에는 자신들의 중앙 집권적 제국을 유지하고자 발버둥치게 될 것이다. (…중략…) 기술과 인간의 본성이 가진 힘의 결함은 국회에서 만들어낼 수 있는 그 어떤 법안보다도 다수성에 더욱 큰 힘을 실어주게 될 것이다." 때로는 뉴미디어 기업들이 컨버전스라고 말할 때, 그들은 올드 미디어가 새로운 기술들의 궤도상에 완전히 흡수될 것이라고 의미하는 것 같다. 하지만 또 한 명의 디지털 혁신론자인 조지 길더는 그러한 주장을 기각한다. "마치 자동차가 말을 대체하고, TV가 니켈로디언(5센트짜리 극장)을 대체하였으며, 워드프로세서 프로그램이 타자기를 대체하고, CAD 프로그램이 제도판을 대체하며, 디지털 탁상출판이 라이노타입기기와 활판 인쇄기를 대체한 것과 마찬가지로, 컴퓨터 산업은 텔레비전 산업을 대체하게 될 것이다." 길더에게 있어서 컴퓨터는 대중문화를 변화시키는 것이 아니라 파괴하는 역할을 하는 것이었다.

Note

[문맥]

헨리 젠킨스는 그의 분석을 역사적 맥락에서 살펴보았다. 이는 less so 현재에 일어나고 있는 일들은 과거에서 발생한 일들의 결과, 그러나 more to 뉴미디어에 대해 어떻게 논하느냐에 주의를 기울여야 되는지 신호다. 왜냐하면 이것으로 인해 격하게 자극될 수 있고, 이것이 모든 것을 변화한다고 주장하게 되기 쉽기 때문이다. 당신은 이에 대해 다음 문단에서 더 자세히 살펴 볼 수 있다.

[구조]

여기서 구성된 주장하는 두 명의 작가는 니콜라드 네그로폰테(Nicholas Negroponte)와 조지 필더(George Filder)이다. 당신이 보게 될 테지만, 젠킨스는 이 두 작가의 의견에 동의하지 않거나, 적어도 그들의 주장이 어느 정도 수정될 필요가 있다고 본다. 그러나 이 주제가 논의되는 방법에 대한 범위는 인정하고, 논의와 논쟁의 환경 내에서 그의 분석을 제시하였다. 또한 젠킨스는 자신의 관점을 제시하기 전에 다른 작가들의 개요를 서술하고, 이는 젠킨스가 그 관점을 얼마나 진지하게 도출하였는지 입증하며, 이는 다른 맥락들 안에서 젠킨스 자신의 분석을 독자들에게 제안하고자 함을 나타낸다.

[문체]

여기에서 사용된 단어들을 살펴보자. 젠킨스는 1990년대에 있었던 논쟁을 미사여구로 언급하였다. 당신은 이것이 긍정적인 의미라고 생각하는가 부정적인 의미라고 생각하는가? 또한 그는 '패러다임의 변화'도 언급하였다. 이 용어는 현재 꽤 널리 사용되는, 토마스 쿤(Thomas Kuhn)의 『과학 혁명의 구조(*The Structure of Scientific Revolutions*)』(1962)에서 처음 사용되었다. 책에서 쿤은 세계가 순식간에 변화와 지대한 영향을 가져올 결과의 역사 속의 시간들 대해 우리가 어떻게 생각하는지—예를 들어 진화에 대한 다윈(Darwin)의 이론이 등장한 때—에 대해 주장했다. 그리고 이러한 변화들을 그는 '패러다임의 변화'라고 불렀다. 그러나 쿤은 이러한 변화가 '자연적으로' 발생하지 않았고, 사회가 어떻게 구성되는지에 대한 결과와 변화에 대한 열망의 결과라고 주장하였다. 이 점에서 젠킨스가 사용한 용어인 '패러다임의 변화'는 동일한 함축적 의미를 가지고 있으며, 1990년대의 미디어 변화에 대한 광범위한 논의는 타당한 근거를 기반으로 발생한 변화를 목격하고자 하는 사람들의 열망의 결과라고 주장(제안)한다. 물론 뉴미디어에 대한 관심으로 전문가들은, 우리가 변화된 것이라고 생각하는 현재의 모든 것들에 대해 논쟁하고 있는데, 만약 그들이 논쟁조차 하지 않는다면 그들은 직업(전문가 일)을 가지고 있다고 할 수 없지 않은가?

Reading 9

'닷컴 버블'이 터짐에 따라 디지털 혁명에 대한 논의는 불식되었다. 이제 컨버전스는 올드 미디어와 뉴미디어 기업들이 엔터테인먼트 산업의 미래를 그림에 있어서 중요한 기점으로 대두하였다. 디지털 혁명 패러다임이 뉴미디어가 올드 미디어를 대체하리라 추정했다면, 새롭게 등장한 컨버전스 패러다임은 올드 미디어와 뉴미디어가 더 복합적인 방식으로 상호작용하게 될 것으로 추정한다. 디지털 혁명 패러다임은 뉴미디어가 모든 것을 변화시킬 것이라고 주장했다. 닷컴의 몰락과 함께 뉴미디어는 아무 것도 변화시키지 못했다는 풍조가 생겨났다. 현재의 미디어 환경과 마찬가지로, 아마도 진실은 둘 사이에 어딘가에 놓여 있을 것이다. 지금과 같이 갈피를 잡기 어려운 변화의 순간에 산업을 이끄는 리더들은 이러한 상황을 이해하고자 컨버전스로 점점 더 되돌아오고 있다. 그러한 의미에서 컨버전스는 오래된 개념이 새로운 의미를 갖게 된 것으로 볼 수 있다.

Note

[문맥]

'닷컴 거품(dot-com bubble)'과 '붕괴(crash)'는 인터넷 회사들 그리고 관련된 산업들의 투자의 급속한 성장이었다. 1990년대 중·후반에 이러한 인터넷 회사들과 관련 산업들, 그리고 그와 연관된 주식시장의 붕괴로 이어졌다. 이러한 실패는 이후 다음 미디어산업에 큰 문제를 만들었다. 국제적 경제시장을 혼란 속으로 빠뜨렸고(Ofek and Richardson, 2003) 자살률을 높였다(Wong et al., 2008). 로웬스틴(Lowenstein)의 『충돌의 원인(*Origins of the Crash*)』(2004), 캐시디(Cassidy)의 『닷 컴(*Dot. Com*)』(2002) 등 이 시기에 몇몇 역사들과 분석들이 기록되었다. 우리가 오늘날의 미디어를 어떻게 생각하는가에 대해서는, 'bubble'이 뉴미디어가 사업과 사회를 영원히 바꿀 것이라는 많은 이들의 믿음을 약화시킨 당시(과거)의 맥락에서 볼 수 있다. 참으로 Youtube와 Facebook처럼 성공적이었다고 생각한 'bubble'이 생겨난 이후 여러 온라인 사업은 아무 가치가 없는 것으로 여겨졌다. 이것들은 매우 오랜 시간 이익을 창출해 내고, 그들의 지속적인 존재는 미래에 누군가 그것들로부터 일관되게 수익을 창출해 낼 것이라는 추정에 기초한다. 뉴미디어의 사업과 경제에 대항 동시대의 견해들은 'bubble'이 그러했듯이, 낙관적이고 비현실적으로 나타난다. 이 논쟁에 대한 더 많은 정보는 버드와 하리스(Budd and Harris, 2004)에서 볼 수 있다.

Reading 10

2003년 10월에 〈뉴올리언스 미디어 익스피리언스〉에서 컨버전스에 관한 많은 이야기가 전개되었다. 이 행사는 뮤직 비디오와 광고를 제작하는 뉴욕 소재의 기업인 HIS 프로덕션에서 개최하였다. HIS는 마치 슬램댄스가 독립 영화의 메카가 된 것처럼, 뉴올리언스가 미디어 컨버전스의 메카가 될 수 있도록 앞으로 5년 동안 1억 달러 이상을 투자하기로 약속하였다. 이 행사는 단순히 영화 축제가 아니었다. 새로운 게임이 소개되었고, 뮤직 비디오 및 광고가 발표되었으며, 수많은 콘서트와 무대 공연이 줄을 지었고, 3일에 걸쳐 업계의 리더들과의 패널 토의가 이루어졌다.

강당 안에서는 눈·귀·입·손의 이미지가 담긴 거대한 포스터들이 "컨버전스의 제단 앞에서 경배를 드리라고" 참가자들을 종용했다. 하지만 그들이 과연 누구를 위하여 자신들의 무릎을 꿇고 있었는지는 명확하지 않았다. 신약성서에 등장하는 구원을 약속한 신일까, 아니면 자신의 말을 따르지 않는 자에게 파멸을 불러오겠다고 한 구약성서의 신일까? 예언자와 같은 말을 하면서 산 제물을 바치도록 한 여러 얼굴의 신일까? 어쩌면, 컨버전스는 경쟁자에게 고통을 줄 수 있도록 사람들에게 힘을 부여한 부두교의 여신일까?

Note

[문맥]

헨리 젠킨스가 주장한 **미디어 경험**은 여러 커뮤니티들이 한 데 모인 공간이다. 이 커뮤니티들은 매우 다양한 미디어 형태, 그리고 산업과 학문적 배경들을 가지고 있다. 그러나 이러한 이야기를 듣고, 당신은 이와 같은 공간에 참여하는 데에 관심이 생기는가? 행사에 대한 상업적 관점은 동시대의 미디어가 '문화산업'에 신세를 진 것을 증명하는 것인가? 그리고 이 행사는 미국에서 열리는데, 당신은 이와 비슷한 행사가 공금의 기부 문화가 매우 강력한 유럽 국가에서 열리기를 기대하는가?

[문체]

이러한 작문 형식은 이 책 안에 있는 다른 자료(글)들과 약간 다르다. 젠킨스는 여기에서 빈정대는 투로 재미를 더하고자 시도하였다. 참으로 이러한 글쓰기 방법은 학문적인 것보다는 저널리즘이나 보도체에 더 적합하다. 그러나 여러 동시대의 미디어 저자들은—특히 뉴미디어에 대해 관심이 있거나 관객과 소비자들에 대해 논쟁하는 데에 관심이 있는—이러한 방법으로 글을 쓴다. 이러한 스타일은 여러 학문적인 글에서 쓰여지는 권위적인 톤을 약화시킬 수 있는데, 왜냐하면 빈정대는 톤은 전문지식을 나타내는 것이지 독자들에게 토론이나 논쟁, 반대의 의견을 내는 등의 활동을 제공하지 못한다. 즉, 글쓰기에서 톤을 선택하는 것은 매우 중요한 일이고, 저자가 독자들을 어떻게 바라보고, 독자들에게 토론의 장을 주고자 하는지에 대한 신호이기도 하다. 이 점을 감안하여 당신이 후에 읽을 자료(글)들을 잘 견디며 읽기 바란다.

[구조]

여기에서 젠킨스는—이 글의 다른 부분과 유사한 방식으로 미디어 경험에 참석하여 토론한 것처럼—자신의 경험을 인정한다. 젠킨스 자신만의 생각, 그리고 그의 일상의 경험과 광범위한 이론적 주장들 사이의 관계를 통해서, 그는 분석적 가치뿐만 아니라 더 나아가 사회적이고 문화적 맥락을 가리키는 보통의 그리고 일상적인 문화적 이론(20장을 보라)들로부터 나온 전통을 따른다.

Reading 11

마찬가지로 나와 이곳에 참여한 사람들은 너무 늦기 전에 미래를 엿보고 싶은 마음에 뉴올리언스에 온 것이다. 그 중 다수는 닷컴 붕괴를 경험하고는 컨버전스에 대한 믿음을 잃었으며, 그 자리에서 일어나는 일들에 대하여 비웃고자 하는 사람들이었다. 몇몇 사람들은 이제 막 미국 최고의 경영 대학원을 수료하고 자신들의 첫 밀리언 달러를 벌 수 있는 방법을 찾고자 온 것이었다. 그리고 나머지는 자신의 상사가 그들이 뭔가를 좀 얻어 오기를 바라는 마음에 보낸 사람들이었고, 그들은 적어도 프렌치쿼터(뉴올리언즈 구시가지의 관광 중심지)에서의 괜찮은 하룻밤 정도는 즐길 의향이 있었던 것 같다.

미국 캘리포니아 북부 지역의 베이 에어리어(샌프란시스코 해안지대)의 텅 빈 사무실이나 이베이(eBay)에서 헐값에 팔리는 사무용 가구들을 통하여 알 수 있듯, 너무 빨리 움직일 경우에 생기는 위험들과 음반업계가 파일 공유 서비스의 문을 닫게 하려고 발버둥치는 소 잃고 외양간 고치는 격의 모습들을 보면서, 너무 느리게 움직일 때 생기는 위험들을 통하여 현실을 깨닫게 되면서, 이러한 분위기는 누그러졌다. 참가자들은 정답을 찾아 뉴올리언스까지 온 것이었다. 올바른 투자, 예측, 그리고 비즈니스 모델 말이다. 그들은 더 이상 변화의 물결을 타는 것을 기대하지 않으며, 이제는 자신이 그냥 떠 있는 것 자체만으로도 만족스러워 할 것이다. 새로운 패러다임의 등장 속도보다 기존의 패러다임 붕괴가 더욱 빨리 일어났고, 이 때문에 현상을 유지하고자 투자해 온 사람들은 당황하는 반면, 변화를 기회로 포착한 이들은 호기심으로 부풀어 올랐다.

핀스트라이프 셔츠를 입은 광고인들은 야구 모자를 뒤로 쓴 음반업계 홍보 담당자들, 하와이언 셔츠를 입은 할리우드 대행사 직원들, 뾰족한 수염을 기른 기술자들, 그리고 덥수룩한 머리의 게이머와 어울렸다. 사실 이 상황에서 그들이 할 수 있는 것이라고는 명함을 주고받는 일이 전부였다.

뉴올리언스 미디어 익스피리언스의 패널에 쓰여 있는 것처럼 컨버전스는 "있는 모습 그대로 오는" 파티였고, 몇몇 참여자들은 다른 참여자들보다 준비가 덜 된 상태였다. 이곳에서는 다양한 엔터테인먼트산업이 서로 문제와 해결책을 교류하고, 혼자서는 풀 수 없는 문제에 대한 실마리를 상호작용을 통하여 찾아가고 있었다. 모든 토론에서 컨버전스에 대한 다양한 모델이 등장하였고, 그 누구도 결과가 어떻게 되리라고는 예측할 수 없다는 사실을 인정하는 분위기가 조성되었다. 그리고는 마치 에너지 음료가 이런 문제를 한방에 해결해 주기를 기대하기라도 하는 듯, 레드 불스(컨퍼런스 후원업체의 에너지 음료)를 한 잔하기 위하여 회의를 연기하곤 했다.

Note

[문맥]

위의 자료와 문맥 9(point 9)에서 보았듯이, '닷컴 버블(dot-com bubble)'의 폭발은 디지털 미디어가 분명히 다음 단계를 대표할 것이라고 추정했던 여러 다양한 지역들을 불안정하게 만들었다. 여기서 젠킨스는 사업가들과—한때 bubble에 의해 불태웠지만 여전히 그 잠재 가능성에 관심을 가지고 있는 사람들—경영학을 전공한 사람들에게 언급하고 있다. 이것은 이 논쟁이 어떤 경제적·산업적 어조를 가지고 있는지 보여 주며, 뉴미디어 논의가 미디어 이론 저편의 결과임을 보여 준다. 경영학을 전공한 사람들이 젠킨스처럼 학술논문을 읽는 데에 시간을 투자하진 않을 것이다. 왜 그런 것일까? 그것을 하지 않아도 산업이 잘 작동될 수 있을까? 그리고 학술계가 산업 현장에 있는 이들 같은 다른 사람들(대중)들과 어떻게 연관될 수—헨리 젠킨스는 자신이 이 일을 하고 싶다고 말하였다—있을까? 왜, 진부하게도 이 커뮤니티들은 다른 한쪽과 이야기하지 않는 것일까?

젠킨스는 '레코드(음반)산업'을 통하여 마주할 수 있는 문제들에 대해 언급하였다. 참으로 아마 뉴미디어와 디지털화의 가장 눈에 띄는 결과는 음악산업에 적응하기 위한 필요조건인 것으로 보인다. 마이스페이스(MySpace)와 같은 웹사이트들은 음악가들이 전통적인 레코드 회사와 같은 중재자를 경유하지 않고도 대중들에게 전달될 수 있도록 허용하고 있다. 디지털 파일들이 공유되는 것은 음악의 판매와 분배를 통제하는 일이 극도로 어려워지고, 더 중요하게는 음반 불법복제에 대한 논쟁으로 이어진다(Thomas, 2002). 이와 관련하여 법적 분쟁이 계속되고 있고, 보통의 것보다 훨씬 더 어려운 문제이다. 왜냐하면 법적 시스템들이 보통 국가를 기반으로 하고 있고, 파일 공유는 세계적으로 행해지기 때문에 어디를 관할구역(사법권)으로 지정해야 하는지 매우 복잡해진다(Bach, 2004; Spinello and Tavani, 2005). 이 논쟁은 문화와 사회 간의 관계에 대해 우리가 어떻게 생각하는지를 중점적으로 보여 준다. 이는 한 정당—the Pirate Party—이 전 세계 여러 나라를 통틀어 선거에 출마해 '21세기에 적합한 평등과 균형 잡힌 저작권법'을 취임 목표로 삼는 것으로 볼 수 있다(Pirate Party UK, 2011). 이 경우, 미래에 이 논쟁에 따라 선거가 승리하고 패할 수 있다.

[내용]

주의해야 할 것은 젠킨스는 모든 사람이 컨버전스를 미래의 발전 방향이라는 것을 동의한다는 점을 명료하게 설명했지만, 이는 진짜 뜻은 무엇인지 또는 어떻게 이를 실천하는지에 대해 아무도 알지 못했다. 컨버전스는 여러 서로 다른 모델이 있음으로 그저 컨버전스에 대한 하나의 콘셉트만 있는 것이 아니다. 어떤 의미에서 '컨버전스'는 현재로서 일종의 실천방식이라기보다 그저 이론적인 개념뿐이다. 따라서 이에 대해 일습의 이론적 토론이 벌어지고 있고 이런 토론들을 미래의 비즈니스 결정들에 영향을 끼칠 만큼 중요하다고 생각된다. 이는 이론적 분석들이 어떻게 모든 커뮤니티(공동체)들이 운영하는 방식 중의 일부로서 존재하는 것을 보여 주고 따라서 종합적으로 이론적 토론이 발전 과정으로서의 가치를 보여 준다.

Reading 12

정치경제학자들이나 비즈니스 전문가들은 컨버전스가 매우 쉬운 것처럼 보이게 한다. 그들은 마치 모든 구성원이 최대 수익을 위하여 함께 협동할 것이 보장되기라도 한 것처럼 미디어 지배력의 집중도를 나타낸 도표를 바라보곤 한다. 하지만 지상으로 내려와 보면 수많은 거대 미디어 기업들은 병든 대가족처럼 보이기까지 한다. 이 가족의 구성원들은 서로 대화도 잘 하지 않을뿐더러, 심지어는 같은 가족 내의 다른 부서들이 손해를 입더라도 각자가 가진 단기적인 목표를 달성을 추구하기까지 한다. 하지만 뉴올리언스에서 그들은 실험적으로나마 자신의 방어 태세를 낮추고 공동의 목표에 대하여 터놓고 이야기를 할 준비가 된 것 같았다.

Note

[문맥]

'정치·경제'는 '15장 정치경제학'에서 탐구할 내용이다. 다시 말하면 이것은 미디어 이론 개념이 아마도 '현실세계'와 분리된 것처럼 보이는 이유를 보여 주고, '정치적 경제학'은 사실은 비즈니스처럼 매일 생활의 일부이다.

Reading 13

이 행사는 뉴스와 엔터테인먼트 산업에 앞으로 다가올 변화를 일반 대중들이 처음으로 접할 수 있는 장으로 알려졌다. 아마도 이 산업의 리더들은 패널로의 초대를 받아들임으로써, 그리고 자신들의 불안과 의구심을 공개적으로 표현함으로써, 기존의 소비자들이 단순히 컨버전스를 수용하는 것에 그치는 것이 아니라, 실제로 그 과정을 이끌어나가게 된다는 점에서 소비자들이 갖는 중요한 역할을 인정하게 된 것이 아닐까 싶다. 최근 몇 년 동안 미디어산업은 소비자들로 하여금 예전의 관계로 돌아가서 머물도록 강요하거나, 잘 정착된 규율을 따르는 상태로 돌아가게끔 하려고 노력하면서 소비자들과 전쟁을 치르는 것처럼 보였다면, 이번에 뉴올리언스에서는 이 회사들은 이러한 자신들의 결정을 소비자들과 주주들에게 정당화시키는 장으로 활용할 수 있기를 바랐다.

불행하게도 이 행사는 일반인에게 공개되어 있었지만, 그렇지 않은 것이 나을 수도 있었다. 실제로 참여한 일반인 중 몇 명은 이 행사에 대하여 잘못 알고 온 듯했다. 게임기 사용의 확대를 가로막는 도전들에 대하여 치열하게 패널 토의가 이루어진 후에, 첫 질문을 한 사람은 XBOX 게임기용 GTA3가 언제 출시되는지를 알고 싶어 했다. 소비자들에게 컨버전스 사고에 대하여 교육도 제대로 이루어지지 않은 상황에서, 소비자들이 이러한 새로운 개념을 숙지하지 못하거나 어떠한 질문이 적절한지 판단할 수 없다고 해서 비난해서는 곤란할 것이다.

Note

[문맥]

프로듀서들과 소비자들 사이에 '전쟁'이 있었다는 말 약간 과장하게 들릴 수도 있다. 그러나 이는 미디어 프로듀서들 접했던 문제들 지적할 뿐이고 왜냐하면 시청자들이 그들의 테크놀로지를 사용하기 때문이다. 저러한 의미에서 미디어산업들의 '전통적' 모델이 시청자들 그들에게 알려준 대로 행동할 것이고, 규정과 테크놀로지는 이를 보장할 것이란 가정에 의해 작업하는 것이다. 그러나 우리가 여기에 있는 어떤 모순들을 탐구할 필요가 있다. 시청자들 새로운 테크놀로지를 사용하는 적극적이고 생산적인 본성은 당연히 어떠한 진보적인 결과를 얻었다고 간주되는데, 당신은 방대한 미디어산업이 완전히 붕괴된 것을 좋은 일이라고 생각하나? '참여문화'는 할리우드 항상 제작하는 미디어 제품과 같은 고예산 투입으로 이어질 것 같아 보이지 않는다. 더 저렴하고 독립하게 제작된 제품이 이를 벌충할 수 있는가? 다시 말하면 혹시라도 '전통' 미디어산업들에 있어서 어떠한 보존할 가치가 있는 긍정적이고 생산적인 것이 남아 있을까?

[문체]

헨리 젠킨스가 그의 분석 중에 '아마'라는 단어를 썼다. 이는 젠킨스 본인도 그가 제공하는 주장이 설득력 있거나 맞는다고 확신이 없다. 이러한 반신반의는 아마도 학문적 글쓰기 중에 매우 드문 것이다. 당신은 이를 유용하다고 생각하나? 아니면 젠킨스가 좀 더 명확한 설명을 했으면 한가?

[내용]

젠킨스가 일부 대중의 구성원들의 행동을 '견문이 좁다(ill-informed)'고 본다는 것을 읽으면 당신이 아마 놀랄 것이다. 그가 그의 전 직장생활의 많은 시간을 시청자들 그들에게 기대하지 않았던 일을 할 때 매우 재미있는 현상이고 이는 시청자들 텍스트를 '훔칠 수 있다'는 것을 증명한다는 점을 주장하는데 보냈다는 점을 고려하면, 젠킨스는 이어서 이러한 시청자들 교육을 받아서 이 문제를 해결해야 한다고 제안했다. 여기서 분명한 것은 프로듀서의 이익과 (일부) 소비자들의 이익 간의 격차이다. 뿐만 아니라 젠킨스는 이러한 토론들에 있어서 '새로운 언어'가 필요하다고 지적했지만, 아무도 이가 무엇인지를 정확히 알 수 없다. 이 스토리가 모든 참여자들이 한 이벤트의 부분이란 것을 명료하게 하지만 아무도 그 규칙들과 기대들 무엇인지를 알지 않았다. 따라서 우리가 젠킨스를 그저 뉴미디어의 과급적이고 진보적인 잠재력보다 뉴미디어가 제기한 문제들을 더 걱정하는 뉴미디어 분석가들의 캠프 자리에 둘 수 있다. 이 모든 것들이 아마 당신을 실망스럽고 우울하게 만들 것이다. 만약 이것이 사실이라면 젠킨스는 왜 이러한 설명으로 그의 책을 시작할 것인가? 그가 왜 이런 문제들을 처음 시작 때부터 바로 제기했을 것인가?

Reading 14

게임기에 대한 패널 토의에서는 하드웨어 회사인 소니와 소프트웨어 회사인 마이크로소프트 간에 팽팽한 긴장감이 맴돌았다. 두 회사 모두 원대한 계획이 있었지만, 근본적으로 다른 비즈니스 모델과 비전을 갖고 있었다. 하지만 가장 핵심적인 도전은, 저렴하고 쉽게 사용할 수 있는 이 기술을 모든 사람들의 거실에 컨버전스 문화를 스며들게 하기 위한 블랙박스나 트로이의 목마의 역할을 할 수 있도록 잠재적인 용도를 확장시키는 것이라는 점에 모두가 입을 모았다. 아이들이 학교에 가 있는 동안 어머니는 집에서 이 기기를 어떻게 활용할 것인가? 가족들로 하여금 할아버지에게 크리스마스 선물로 게임기를 선물하여 하려면 어떻게 해야 할까? 그들은 컨버전스를 가능하게 할 만한 기술들은 가지고 있었지만, 누가 왜 그러한 것을 원할지에 대하여는 아직 알아내지 못하였다.

다른 패널은 비디오 게임과 전통적인 미디어 간의 관계에 대하여 초점을 맞추고 있었다. 이제는 더 많은 영화업계의 사람들이 게임을 단순히 영화 프랜차이즈의 로고를 붙인 파생 상품으로 여기는 것이 아니라, 스토리텔링 경험을 확장시킬 수 있는 수단으로 바라보기 시작했다. 이 영화 제작자들은 게임을 경험한 세대로 미디어 간의 창의적인 교차점들에 대한 자신들만의 생각들로 무장하고 있었다. 그들은 가장 창의적인 디자이너가 누구인지를 알고 있었고, 그들과의 계약을 통하여 협업을 이끌어 냈다. 그들은 2시간짜리 영화에는 넣지 못한 아이디어를 실험하기 위해 게임을 활용하고 싶어 했다.

Note

[내용]

이 부분에 많은 재미있는 언어들이 있다. 이는 미디어산업이 그들의 소비자에 대해 어떻게 생각하는지를 드러낸다. 컨버전스 문화가 아마도 사람들의 집에 '몰래 들어감'이라는 말이 산업이 자신이 사람들이 필요하지 않는 제품을 생산하고 있다는 것을 알고 있다는 걸 증명한다. 따라서 그들이 아도르노가 말한 '거짓의 소요'를 창조해야 하면서 베블런은 이를 '과시적 소비(誇示的 消費)'라고 한다. 마르쿠제는 "제품은 주입하고 조작한다"라고 주장했다. 왜냐하면 우리는 이들을 구매하는 동시에 이의 경제시스템에 참여하게 되고 지지하는 것이다. 이런 시스템이 우리를 무력하게 만들고 부유한 엘리트 집단을 만들었지만, 사실은 이 책의 대부분의 미디어 분석과 문화는 "큰 미디어산업들이 지금 우리에게 문화를 판매는 방식이 문제점이다"라는 추정에서 나온 것이다. 여기서 재미있는 게 헨리 젠킨스가 미디어산업이 그렇게 분명히 이것이 그들의 목표로 인정하고 있다는 것을 알아냈다는 것이다.

그러나 두 번째 단락에서 컨버전스에 대한 더 긍정적인 면을 주장했다. 일부의 창의적인 사람들이 이야기할 수 있는 멀티 플랫폼을 가짐으로써 경험의 풍부함의 문을 열었고 이는 많은 다른 스토리들이 말해질 수 있다는 것을 의미한다는 것을 젠킨스가 주목했다. 구조주의 주장한 것처럼 그저 일정한 유형의 스토리가 말해질 수 있고, 따라서 문화의 정치적인 가능성가 제한 받는다고 한다. 우리가 제킨스가 여기서 보여 준 바람이 아마도 긍정적인 것이라고 알 수 있다. 이렇게 생각할 만도 한다. 어떤 유형의 스토리가 어떤 유형의 미디어에 가장 적용한 것인가? 컴퓨터 게임에 필요한 스토리가, 영화에 적용하지 않는 스토리가 무엇인가? 만약에 당신에게 둘 상황 다 맞는 스토리가 있다면 어떤 일 일어날 것인가? 어떤 것을 추가된 것인가, 아니면 그저 같은 것을 더할 뿐인가?

[문맥]

젠킨스가 인정하는 스토리가 미디어들 간에 이동하는 방식이 미디어 제작 현실이 작동하는 환경(콘텍스트)을 강조했다. 예를 들어, BBC방송국이 사람들에게 프로그램 마케팅을 할 때 제안된 웹사이트나 팟캐스트에 적용하며 제안된 TV프로그램의 콘텐츠를 통한 360°의 멀티 플랫폼 콘텐츠 창작에 대한 수요를 인식하게 되었다. 따라서 한 번 BBC에서 만든 콘텐츠가 다양한 미디어들에 적용할 수 있게 된다. 이러한 면에서 매체를 따로 생각하는 것이 의미 없게 되고 이를 떠나서 미디어산업을 생각할 수 없다. 만약에 당신이 당신의 연구를 한 후 창조적 산업계에서 일을 하고 싶다면, 이는 당신이 미래에 할 작업에 어떻게 영향을 끼칠 것인가 늘 생각해야 한다.

Reading 15

한 영화 제작 대행사는 그러한 협업이 모두를 자신들이 있던 '안전지대'에서 벗어나게 했다고 설명했다. 참여자들은 모두 창의력에 대한 통제권을 잃어버릴까 봐 걱정했고, 미디어에 따라 개발과 유통에 걸리는 시간이 워낙 다르기 때문에 이들의 관계가 유지되기는 쉽지 않았다. 예측하기 어려운 영화 제작 기간에 맞춰서 게임회사들이 영화가 개봉하는 주말에 월마트에 게임을 배포할 수 있도록 해야 할까?

아니면 영화 제작자들이 마찬가지로 예측하기 어려운 게임 개발 기간에 맞춰서, 게임 개발이 다 끝날 때까지 기다리다가 경쟁자들이 시기를 가로채도록 내버려 두어야 할까? 영화의 인기가 가라앉은 몇 주, 혹은 몇 개월 후에 게임이 출시되면 어떻게 해야 할까? 심지어는 영화가 망해 버린 경우라면? 게임도 대작 영화의 인기몰이를 위한 사전 광고 활동의 일부가 되어야 할까? 만약 그렇게 하려면 스튜디오에서 영화 제작을 승인하기 전부터 게임 개발이 시작되어야 할 것이다. 텔레비전 영상 제작 회사와 함께 일하는 것은 더욱 어려운 일이다. 준비 기간이 훨씬 짧을뿐더러, 특정 시리즈가 방영조차 안 될 위험도 매우 크기 때문이다.

게임업계 사람들은 자신들이 미래를 결정할 것이라고 좋아하고 있던 반면, 음반업계 사람들은 식은땀을 흘리고 있었다. 음반산업의 미래는 그들이 관객 감소, 매출 감소, 불법복제 확산 등의 추세를 바꿀 수 없다면 시한부 인생이 되어 버릴 운명에 처해 있었다. 음악을 수익으로 바꾸는 것에 대한 패널 토의는 사람들이 가장 많이 참석한 토의 중 하나였다. 모두 발언을 하려고 기를 썼지만, 그 누구도 '답변'이 해결책이 될 것이라는 점에 관해서는 확신을 하지 못했다. 미래의 매출은 저작권 관리에서 올 것인가, 개인들이 다운로드한 음악에 대하여 돈을 지불하게 하는 방식에서 올 것인가, 아니면 공급자들이 한꺼번에 음반업계에 비용을 지급하는 방식에서 올 것인가. 휴대폰 벨소리는 어떤가. 몇몇 사람들은 휴대폰 벨소리가 새로운 음악을 퍼뜨리거나 풀뿌리 홍보 채널로 사용할 수 있는 개발되지 않은 시장이라고 주장했다. 돈은 아마도 다양한 미디어의 교차점 어딘가에 놓여 있는 듯하다. 뮤직비디오를 통하여 알려진 새로운 아티스트들에게 그들의 음악이나 이미지를 브랜딩에 활용하고 싶어 하는 광고주들이 돈을 낸다거나, 청취자들이 웹을 통하여 아티스트들에 대한 선호를 주 단위가 아닌 시간 단위로 등록하는 방식도 가능할 것이다.

Note

[문맥]

창조 산업의 인적 자원을 걱정하는 가장 중요한 이유 중에 하나가 미래 산업의 재정상태가 문제라는 점을 헨리 젠킨스가 강조했다. 창조 인재들이 그들의 작업에 보호 받고 싶다는 것이 개인적인 이유이다. '창조적 통제'가 여기에서 중요한 아이디어가 되었고, 연구조사에 따르면 그 중 사람들이 왜 창의 산업에서 일하는 한 이유가(긴 시간 작업 참기, 고용불안정, 다른 직업에 비해 낮은 월급) 창의산업에서 자신이 하는 작업과 누구와 공동 작업하는 데 있어서 항상 통제와 융통성의 기회가 다른 직업보다 많다는 점이다. 따라서 창의적인 사람들은 다른 작업에서 나온 일부의 경제적 이익을 흔쾌히 포기하더라도 자신들의 중요시하는 일을 작업하고 그들 자신의 노동력과 삶에 대한 통제하려고 한다. 전에 이야기했던 것처럼 젠킨스가 문화적 팬들의 어떻게 항상 내용물을 '훔쳐'가고 자신만의 결말을 다시 쓰는 것을 알려줬다. 젠킨스가 이를 축하하는데, 당신은 지금 많은 사람들이 일하는 창의 산업계에서 이러한 '도둑행위'는 당신이 작업했던 것을 다른 사람에게 고쳐 쓰는 것인 만큼 매우 무서운 것을 알 수 있겠다. 즉, '도둑행위'는 미디어전문가들이 창의에 대한 통제를 약화시키는 것과 마찬가지다. 그러나 만약에 모든 사람이 비디오를 만들어서 Youtube에 올리거나 마이스페이스에 자기 자작곡을 올릴 수 있으면 미디어전문가들에게 어떤 일이 일어날 것인가? 우리가 모두 '전문'에 대한 정의를 잊을 것인가? 클레이 서키(Clay Shirky) Reading 제27장에서 일부의 이런 질문들이 토론되었다.

[문체]

여기에 쓰이게 된 언어의 불확실성을 다시 주목하자. 'perhaps'와 'should', 그리고 단락은 미디어산업계 사람들이 묻는 질문들로 채운다(더 나아가 젠킨스 본인도 묻는 질문). 당신이 젠킨스가 당신을 이런 질문을 대답하도록 요청한 것 같다고 생각하는가? 아니면 이런 질문들이 다른 목적으로 거기에 올려 있는 것인가? 당신은 젠킨스가 학자로서 그런 질문들 대답해야 할 책임이 있는가? 아니면 다른 사람이야 그가 더 관심 갖는 것인가?

Reading 16

계속되는 패널 토의에서 뉴올리언스 미디어 익스피리언스는 우리를 미래로 이끌어 갔다. 앞으로 향하는 모든 길에는 도저히 극복하기 어려워 보이는 장애물들이 놓여 있다. 하지만 어떻게든 우리는 향후 10년간 그것들을 우회하거나 극복해야만 할 것이다.

메시지는 간단했다.

1. 컨버전스가 다가온다. 준비하는 것이 좋을 것이다.
2. 컨버전스는 생각보다 어렵다.
3. 모두 함께 뭉친다면 살아남을 수 있을 것이다. (불행히도, 이걸 어떻게 할 수 있는지는 그 누구도 모르고 있다.)

Note

[구조]

이것은 헨리 젠킨스 저작의 이 부분의 마지막 단락이고 그가 컨버전스에 관한 논쟁의 역사에 대해 계속 토론했다. 따라서 그가 몇 가지 중점에 대한 요약으로 이 부분의 끝은 맺었다. 그러나 당연히 이런 것들이 젠킨스의 중점이 아니다. 그것들은 매체 경험에서 유발된 것이다. 따라서 우리가 읽은 이것은 유용한 요약이지만 여전히 우리에게 젠킨스 생각에 대해 많이 알려주지 못했다. 따라서 이 읽기는 어느 정도로 저자가 실제로 말하고 싶은 것에 대한 매우 적은 이해를 제공했다. 과연 그가 다른 사람들로부터 그렇게 많이 얘기하는 것이 도움이 되는가?

[문체]

당신은 마지막 부분의 작문 어조를 어떻게 생각는가? 젠킨스가 다른 사람으로부터 제기한 논거에 납득시켰나? 이런 어조에서 당신이 이 책이 갈 방향을 무엇이고, 당신 생각에 젠킨스의 더 넓은 의미의 논거는 무엇일까?

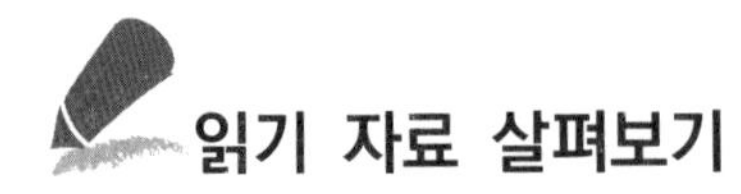

읽기 자료 살펴보기

이 읽기를 당신이 생각할 수 있는 한 방식은 이를 이 책의 다른 부분의 배경에 넣는 것이다. 제21장에 있는 데이비드 헤스몬드할지(David Hesmondhalgh) Reading은 제작과 창의 산업에 관한 내용이고, 사람들과 젠킨스가 여기서 설명한 기관에 대해 더 넓은 의미의 개요를 제공하는 것이다. 제24장에 있는 클레이 서키(Clay Shirky) Reading은 컨버전스와 참여문화에 대한 비슷한 아이디어를 설명했다. 서키와 젠킨스의 어조와 문체를 비교할 만하고 그들이 다른 많은 책과 비교할 때 매우 다른 방식으로 쓰는 이유를 생각할 만하다. 상업과 문화 간의 관계, 그리고 문화가 사회에서 대중을 발언할 수 있게 하는 역할에 대한 젠킨스가 참여한 토론과 관련해서, 당신은 「문화산업(The Culture Industry)」('9장 프랑크푸르트학파' 참조)과 공론장(16장)을 찾아볼 만하다.

컨버전스에 대해 토론할 때, 젠킨스가 요약한 미디어 산업계에 내재하는 우유부단과 혼란에 대해 당신은 격려 받은 것 같아 실망했는가? 전에 소개 부분에서 나왔듯이 많은 작가들이 뉴미디어의 잠재력에 대해 극히 긍정적으로 생각하고 이를 시민적 참여와 사회 공정의 새로운 시작을 할 수 있게 한다고 본다. 그러나 젠킨스는 같은 태도를 갖는 것 같지 않다. 그가 여기서 토론했던 창의적 산업들은 아마 당신을 적어도 '낙천적'으로 만들 수 없다. 그래서 당신을 미디어산업과 이 안에서 일하는 그런 사람들을 어떻게 생각하게 만드는가? 이러한 해설을 당신을 그들 자신이 하는 일에 대해서 안다고 생각하게 만드는가? 미디어산업은 당신에게 일하고 싶은 곳일만 한가? 낙관주의는 정당화되었나?

마지막으로 우리는 일상생활에 있어서 컨버전스의 의미가 무엇인지를 생각해 볼 필요가 있다. 컨버전스는 우리의 미디어 소비, 미디어 소비 방식에 미치는 영향은 무엇인가? 미디어산업이 융합되면서 우리는 테크놀로지를 씀으로써 미디어를 소유하는 것이 진짜인 것인가? 이를 생각하면서 우리는 젠킨스가 말한 '블랙박스 오류'를 조심해야 한다. 즉 '조만간, 논점은 모든 매체 내용은 단일한 블랙박스를 통해서 흐르고 우리 거실에 들어갈 것이다'(또는 모바일 같은 시나리오에서 우리가 가지고 다니는 블랙박스를 통한 것). 그러나 젠킨스는 이를 '오류'라고 보는 이유가 시간 지남에 따라 그가 더 적어진 것보다 점점 더 많은 블랙박스를 가지게 된다. 내 자신과 내 '가정용 오락기기' 사이에 '내 VCR, 내 디지털 케이블코드'. 당신도 그의 한 학생처럼 다양하고 복합적인 블랙박스를 가지고 있는가? 예를 들어서 그의 휴대용 컴퓨터, 그의 모바일폰, 그의 아이팟, 그의 게임보이, 그의 블랙베리, 무엇이든? 당신도 융합(컨버전스) 문화가 열쇠가 된 뉴미디어의 세계에서 사는 것 같다고 생각하나?

주요 용어

집단지성(collective intelligence); 융합(convergence); 민초(grassroots); 미디어 흐름(media flow); 참여문화(participatory culture); 해적(piracy)

주요 학자

George Gilder; Pierre Levy; Nicholas Negroponte

권장도서

Flew, Terry(2005), *New Media: An introduction*, 2nd edition, Oxford: Oxford University Press.

전 지구적 맥락과 사회·경제·정치적인 의미에서 뉴미디어를 탐구한 책이다.

Kyong, W. H., and Keenan, T.(eds.)(2006), *New Media, Old Media: A history and theory reader*, New York and London: Routledge.

읽기 자료 모음으로 유용한 책으로 역사적 맥락과 모든 미디어 형태를 연결하고 있다.

van Dijk, J. A. G. M.(2006), *The Network Society: Social aspects of new media*, 2nd edition, London: Sage.

다양한 사회에서 뉴미디어의 의미를 정리한 책으로 네트워크 아디어의 앞서가는 배경을 제시하고 있다.

제4편

콘텍스트 미디어 이론

24장

제작 관련 미디어 이론

Hesmondhalgh, D.(2007), *The Cultural industries*(문화산업), 2nd edition, London: Sage, pp. 3~8.

미디어 생산 관련 이론 입문

학업이 끝난 뒤에 어떤 직장을 가지길 원하는가? 많은 사람들은 미래에 미디어 관련 직업을 가지고 싶기 때문에 미디어 스터디를 하곤 한다. 영화감독이나 작가, 아니면 카메라맨 같은 직업들 말이다. 사람들은 이러한 일이 굉장히 경쟁률이 높거나, 혹은 아주 적은 사람들만이 이러한 직종에서 최고가 될 수 있다고 여겨 자신이 뛰어드는 것에 대해 걱정하곤 한다. 미디어 관련 산업은 매우 경쟁률이 높고, 정말 다양하고 많은 사람들이 달리기 선수나 연구자가 된 것 마냥 이 산업의 '가장 밑바닥'에서부터 치고 올라온다. 따라서 부모님에게 미디어 연구는 의미 있는 연구의 주제라고 설득하기는 쉽지 않았을 것이다. 왜냐하면 곧 맞닥뜨릴 위험이 뻔히 보이기 때문이다. 즉, 미디어 산업에서 일하는 것은 다른 전문 직업군과 비교했을 때, 위험도도 높고, 참여하기도 쉽지 않을뿐더러 직업적 안정성도 떨어진다.

그러나 최근의 연구결과를 보면, 영국에서 이것은 문제되는 사항이 아닌 것 같아 보인다. 2007년 Work Foundation에서 발행한 보고서(『*Staying ahead: The economic performance of the UK's creative industries for the UK government*』)는 "창의적인 산업분야들이 서로 어떻게 얽혀 있는지"(p. 8)에 초점을 맞추어 연구했다. 나아가, 그 분야들끼리 어떠한 점이 조금씩 다른 점까지도 분석했다. 이 보고서가 정의한 '창의적 산업' 분야는 다음과 같다.

광고, 건축, 예술과 골동품업, 공예, 디자인, 패션 디자이너, 영화, 음악, 행위예술, 출판, 소프트웨어 및 컴퓨터 서비스, 텔레비전과 라디오, 비디오와 컴퓨터 게임.

보고서는 이 창의적 산업들이 '국가적 자산'이 된다는 것에 주목했다. 왜냐하면 "영국이 EU 내에서 가장 큰 창의 산업 섹터를 가지고 있고, 이와 연관된 GDP가 세계 제일로 크기 때문이다"(p. 16). 이 자료가 암시하는 것은, 창의적 산업이 단순히 경제와 고용 측면에서만 기여하는 것이 아니고, 영국 사회의 기반과 국가의 의미 그 자체에까지 꽤 큰 영향을 미치고 있다는 것이다. 이러한 창의적 산업의 고용은 제약계와 엔지니어링 계통의 고용을 능가하고, 금융 측면에서도 엇비슷하다(p. 6). 이 보고서는 미디어 분야의 학위를 가진 사람이 졸업 후에 무엇을 할 수 있을지에 대한 사람들의 두려움은 사실 확인되지 않았음을 시사한다.

위에 나열된 문화산업군 리스트들 중에서 광고·영화·음악·출판, 소프트웨어 및 컴퓨터 서비스, 텔레비전·라디오, 비디오·컴퓨터게임 항목들과 같은 몇 몇 항목들만이 미디어산업과 관련되어 있다고 할 수 있다.

경제적 효과만을 고려해 보았을 때, Work Foundation의 보고서에서는 문화에 대해 정의를 내릴 때 문화의 창의성이나 사회적 기여 등에 대해서는 적게, 문화가 만들어 낼 수 있는 돈의 양에 대해서는 많은 부분을 언급한다. 방송·음악·영화의 비평가들은 세계적인 대기업들이—타임 워너(Time Warner)나 뉴스 인터네셔널(News International)과 같은—문화를 단지 사고 파는 물건으로 격하시키는 것에 대해 굉장히 한탄한다. 이러한 걱정들은 많은 미디어 연구 분야들과 이 책을 아우르는 내용들을 떠올리게 한다. 이 책에 나온 이슈들 가운데 공론장에서는 미디어와 커뮤니케이션이 민주주의의 성공을 위해 가장 중심에 있어야 함에도 불구하고 시장과 경제 쪽으로 지나치게 치우쳐져 있다고 말한다. 사실 영국의 BBC와 같은 공공서비스로서의 방송이라는 개념은 이 사회가 얼마나 방송을 통해 사회적 공공 이익을 달성하고 싶어 하는지, 또 그것을 유지하기 위해 모든 사람들이 저작권 비용을 감수하면서 기여할 것을 요구하는지 알려준다.

따라서 미디어산업에 관련된 이론에서는 우리들이 미디어가 어떠한 사회적 역할을 하도록 바라는지에 대해 고민하는 질문들이 많이 나오게 된다. 이것은 미디어산업을 음식이나 의류와 같은 상품의 매매 과정 이상으로 생각하는 것이라고 할 수 있다. 이는 산업이 사회, 문화, 국가 전체로 이러한 논의들을 퍼트리는 기능을 수반한다는 생각들을 정립하는 이론 생성 과정들이라고 봐도 좋다.

물론, 하필이면 왜 미디어의 특정 분야만 공공적 사회적 역할이 가장 특별히 중요하도록 생성되었는지 궁금할 수도 있다. 예를 들어 왜 우리는 라디오·텔레비전·인터넷 등을 공공서비스로 제공받으면서, 신문·음악·영화는 그렇게 제공받지 못하는가? 후자의 미디어들은 시장에 맡겨져 있다. 이 중에서 특히 신문은 가장 중요한 정보를 많은 사람들에게 제공해 줄 수 있기 때문에 왜 시장에 맡겨져 있는지 이상하게 여겨질 것이다. 게다가 신문은 후대 인류에게 현재의 모습을 가장 잘 기록해서 남겨 줄 유산이기도 하다. 자, 이러한 공공서비스로서의 신문에 대해 당신은 얼마만큼의 비용을 지불할 의향이 있는가? 만약 당신이 이러한 신문 상품을 정부의 프로파간다 홍보 수단일 뿐이라고 생각한다면, 왜 BBC에 대해서는 이런 생각이 잘 들지 않는가?

미디어산업에서 이론화되는 또 다른 측면은 실제로 미디어산업에서 일을 하고 있는 사람들이 맞닥뜨리는 실제 상황들이다. 예를 들어 저널리스트들에 대한 많은 연구는 그들이 큰 기관에 들어가 그것의 일부가 되는 과정에서 많은 저널리스트들이 기존에 일하고 있는 사람들의 추정이나 일하는 방식들을 빠르게 받아들인다고 말하고 있다(McNair, 1998; de Bruin and Ross, 2004). 사실 이러한 수용 단계들은 당신이 새로 얻은 일에 대해서 보여 주는 열정이나 능력에 대한 지표가 될 수 있다. 이는 우리가 미디어산업들에서 일하는 사람들을 창의적이라고 생각하지만(작가, 감독, 음악가), 이들 역시 다른 산업군들(금융·법·메니지먼트)과 비슷한 핵심적인 업무들을 수행하고 있다. 그러한 관점에서 다수의 사람들이 보기에 미디어산업에서 일하고 있는 사람들이 다른 분야에서 일하는 사람들보다 아주 다른 타입이라고 말할 수 있는가? 이런 식으로 직원들을 바라보는 방법은 개인이 특정한 이념적인 성향을 가졌다고 보일 수 있다. 예를 들어, 우르셀(Ursell)은 사람들이 직원에 대해 생각하는 바를 네 가지 방식으로 분류했다. 경제적 자원으로서, 학대받는 노동자로서, 전문가로서, 담론 속에서 직업 관련 정체성을 부여 받은 사람으로서 보는 네 가지가 그것이다(Ursell, 2006: 167). 앞의 두 시선은 직원들을 거대한 산업 기계 속의 톱니바퀴로 볼 뿐이다. 세 번째 시선은 미디어 노동자들의 권위를 위해 그들의 자치권을 인정한다. 마지막 관점은 노동의 행위가 어떻게 사회적 요소들로부터(매우 찾아내기 힘든) 만들어지는지 보여 준다. 각각의 관점들은 산업군 내에서, 그리고 사회적으로 보다 더 보편적으로 미디어 노동자들이, 개인으로 혹은 그룹으로 가지고 있는 힘의 크기에 대해 각각 다르게 상정한다. 이렇게 일과 노동자에 대해 다양한 방식으로 생각하는 것은 미디어산업에서 실제로 일하고 있는 사람들은 그들의 활동을 이와 같은 방식으로 정의하진 않는다하더라도 미디어산업들, 그리고 미디어산업에서 일하고 있는 사람들이 이론화될 수 있다는 것을 보여 준다.

미디어산업에는 일이 결여되어 있다. 미디어산업에 대해서는 꽤 많은 이론들이 정립되어 있지만, 일에 대해서는 이론이건 경험적이건, 실제 업무를 행하는 사람들의 일과 활동에 대해서는 이론화되지 않고 있다. 당신은 미디어산업이 실제로 어떤지에 대한 것들보다 Work Foundation의 보고서와 같이 경제적 측면으로의 미디어산업에 대한 접근이나 혹은 미디어산업이 어때야만 하는지에 대한 일반적인 정의들을 내린 많은 자료들을 접하게 될 것이다. 미디어산업이 종종 이야기되는 지침 부분은 역사적인 부분, 특히 영화의 역사에 대해 잘 정립되어 있다(Bordwell and Thompson, 2003; Sedgwick and Pokorny, 2004). TV의 역사(Jacops, 2000; Crisell, 2002)와 인기 있는 음악 역사(Friedlander and Miller, 2006; Cateforis, 2007)에 대해서는 이 분야들이 현재 확장하고 있긴 하지만 아직까지는 별 작업이 없다. 영국에 비해서 미국이 미디어 노동자들과 관련한 분석이 더 많다는 것이 주목할 만하다. 예를 들면, TV노동자들과의 인터뷰들로부터 자료를 수집하여 탐구한 연구(Gitlin, 1983; Kubey, 2004)와 같은 것이 그러하다. 영국에서 실시된 이러한 연구들은 주로 저널리즘적인 실제 일과 뉴스 룸들(Cottle, 1995a, 1995b, 2003)에 눈에 띄게 초점이 맞추어져 있다. 따라서 당신은 아마 왜 특히 내부의 일들이 매우 생각해 볼 만한 비판의 대상이 되기도 하는데도 미디어 연구가 내부의 일들에 대해서 설명하는 일을 이렇게 소홀히 했는지 궁금할 것이다.

읽기 자료 소개

위에 명시한 대로, 우리는 '문화산업'과 '미디어산업'을 분명하게 구분할 필요가 있다. 이에 따라 우리는 이 글이 『문화산업(*The Cultural Industries*)』에서 나왔다는 것을 알아야 한다. 그래야 단지 미디어에만 한정하여 연구를 진행하는 것을 막을 수 있기 때문이다. 이에 따르면 이 두 가지 산업은 이론적으로는 다루는 분야가 크게는 같다. 그래서 데이비드 헤스몬드할지(David Hesmondhalgh)가 '문화 텍스트'와 같이 당신이 미디어적인 연구가 아니라고 주장할 만한 것에 대해 논하지만, 그 논의는 그가 그것에 대해서 무엇을 말하는 것인지 알아내는 측면에서 중요하다. 그리고 그러한 논의들은 미디어에 대해 논의하는 것과 상관이 있다.

책의 서두에서 헤스몬드할지는 책의 목적을 "어떻게 그리고 왜 문화적 상품이 1980년대 초반 이후로 변화하였는지"에 있다고 밝혔다(p. xiii). 이를 알아보기 위해서 그는 소유권의 문제, 정책, 실제 업무 상황, 새로운 기술, 그리고 세계화에 대해서 살펴보았다. 제공된 많은 자료들은 경험적으로 뒷받침될 수 있는 것들이고, 이 책은 많은 표와 참조, 통계적 수치를 포함하고 있다. 이러한 자료들은 어쩌면 이 책의 이론적 성질을 떨어뜨리고, 온전히 문화산업에 대한 자료 중심적인 접근만 강조하는 느낌을 줄 수도 있다. 그러나 헤스몬드할지는 변화들에 대해 단순히 나열한 차트를 이용하는 것이 아니고, 결과와 원인의 발전, 그리고 그들 간의 이론적인 상관관계에 대해서 분석한다. 그리하여, 당신은 이 책의 많은 부분들을 이해하기 쉬워질 것이다. 부분적으로는 문장이 쉽게 써 있다는 사실도 있지만, 이것이 '실제 세계'의 현상들을 반복적으로 보여 주어 미리 알고 있을 수도 있는 논쟁들에 대해 충분한 뒷받침 자료들을 제공해 주기 때문일 수도 있다. 이러한 특징은 이론적 논점들을 쉽게 놓치고 지나갈 수 있는 문제를 만들기도 한다. 어쩌면 그 문제는 조금 강제적으로 이론을 받아들이도록 하는 복잡하고 어려운 스타일로 써진 이론가의 글 때문 일수도 있다. 그리고 끊임없이 독자들로 하여금 이해를 강요한다. 따라서 헤스몬드할지의 심플한 스타일은 미디어 연구들의 논점에 대해 많은 아이디어와 논쟁점들을 제공하는 대신에 읽는 사람으로 하여금 미디어 연구에 대해 아주 직선적으로 생각할 수 있도록 해 준다. 그 말인즉, 독자들이 의식적으로 이 자료들에 대해 비판적인 태도를 취해야 한다는 것을 뜻한다. 비록 어떠한 논의가 첫눈에는 꽤 쉬워 보이더라도 말이다.

헤스몬드할지의 논의의 핵심에는 '변화/지속성'에 대한 분석이 있다(p. 3). 그리고 그 둘의 관계도 수반한다. 이 책이 수많은 변화들을 다루고 있기는 하지만, 반복적으로 지속성이라는 속성에 대해서도 언급한다. 사실, 지속성이란 문화산업에서 아주 중요한 요소이다. 이는 우리가 생각하기보다 별로 변화가 없는 것들이 취하는 지속성을 의미한다. 이 글은 헤스몬드할지의 두 번째 버전 책(2007)에 실린 글이다. 초본은 2002년에 나왔다. 초본과 비교해 버전이 달라지면서 바뀐 것은 5년 동안의 반응에 대해 분석했다는 것이다. 이 책에서 그는 지속성을 강조했고, 책의 서문은 드와이트 아이젠하워(Dwight D. Eisnehower)가 써준 글이었다. "모든 것들이 그것들이 예전에 그러했던 것들보다 마치 지금과 같다." 이것이 새 밴드, 새 영화, 새 기술들에 대하여 흥분감을 주기는 하지만, 헤스몬드할지는 문화산업 전반을 아우르는 맥락 부분에서는 이들은 사실 크게 변한 것이 없다고 지적한다. 독자들은 이것이 의미하는 것에 대해 궁금해할 수도 있다. 예를 들어,

많은 사회들이 대부분의 문화가 현재 새롭고 다르고 흥분된다는 것에 합의하면, 그러한 것들이 명시적으로 나타나는 것은 어디인가? 왜 문화산업이 지속성을 유지하려고 하고, 동시에 변화를 꿈꾼다고 말하는가? 변화와 지속을 일으키는 요인들은 무엇인가? 예술·문화·경제 또는 구조적인 요인들인가? 그리고 이 장의 가장 첫 질문으로 돌아가 보자. 이러한 사실들은 당신이 혹시 미래에 가지게 될 직종에 영향을 어떻게 끼치는가?

Reading 1

데이비드 헤스몬드할지(David Hesmondhalgh)

문화산업

왜 문화산업이 문제가 되는가?

문화산업은 텍스트를 만들고 유통시킨다

다른 타입의 생산물과 달리 문화산업은 상품을 만드는 것, 그리고 순환시키는 것과 관련이 있다. 즉, 텍스트는 이 세상을 이해하는 데에 영향을 끼치는 것이다. 자연 그대로의 상태와 바로 이 영향력에 대한 논의들은 '미디어 리서치에서의 중요 사항들의 우선순위'(Coner, 2000: 376)에서 실행한 조사(survey)에 잘 포함되어 있다. 이러한 논의가 시사하는 바는, 복잡하고, 이미 협상되었고, 종종 돌려 말하고, 자연 그대로의 미디어 효과에 대한 것도 있지만, 역시 미디어는 '효과'를 가지고 있다는 점에서는 의심의 여지가 없다. 우리는 정보적 텍스트에 영향을 받는다. 신문이나 뉴스 방송 프로그램, 다큐멘터리, 학술적 책 등이 그것이다. 그러나 우리는 또한 엔터테인먼트에 의해 영향을 받기도 한다. 영화, TV시리즈, 만화, 음악, 비디오, 게임들은 반복적으로 세상에 대해 표현하여 마치 보도자료와 같이 느껴지곤 한다. 중요한 것은 그것들이 우리가 내적으로 사생활적으로 공공적으로 우리의 판타지와 감정과 정체성을 이끌어내는 데에 결정적인 영향을 끼친다는 것이다. 그것들은 우리가 누구인지, 남자/여자로 산다는 것이 어떠해야 하는지, 아프리카인이나 아랍인은 어떤 삶을 꾸리는지, 캐나다 사람이나 뉴요커는 어떻게 살아야 하는지, 정상인지 게이인지, 삶의 여러 측면들에 대해 이해하는 틀을 만들어주는 데에 기여한다. 이러한 이유 때문에 문화산업의 상품들은 그냥 시간 보내기라고 생각하기에는 그 의미가 더 크다. 단순한 시간 보내기는 삶에 방향전환을 제공해 주지 못한다. 같은 맥락에서 순전히 우리가 텍스트를 경험하는 데에 쓴 시간들은 우리가 약간 산만하게 받아들인다고 해도 우리의 삶에 문화산업이 막대한 영향을 끼치는 커다란 요소 그 자체라고 할 수 있다.

Note

[구조]

데이비드 헤스몬드할지는 문화산업의 중요성을 강조하면서 시작한다. 그렇게 함으로써 그는 그가 쓰고 있는 것의 중요성을 법적으로 정당화시킬 수 있다. 당신은 그가 문화산업이 다른 산업들보다 우리들에게 훨씬 많이 영향을 끼친다고 주장한 것에 동의하는가? 당신 주장의 근거는 무엇인가?

[내용]

당신은 많은 사람들이 그냥 단순히 미디어를 소비하는 데에 시간을 보내고 있다며 한탄하는 뉴스 기사들을 많이 보았을 것이다. 그리고 헤스몬드할지도 이러한 전제를 받아들인다. 당신은 이러한 주장의 근거를 알고 있는가? 이 책의 '17장 미디어효과론'를 보고 이 전제와 주장들이 미디어 연구 전체에서 얼마나 어떻게 중점에 있는 이슈인지 알아보자.

[문체]

'의심의 여지가 없다'라는 말이 논리적인가? 당신은 어떤 에세이들에서라도 이런 표현을 쓰도록 허용되었는가?

[문맥]

우리의 공적인 삶 측면과 사적인 부분에 관한 관계에 대한 논의들은 미디어, 그리고 문화 연구에서 핵심적인 사항이다. 이러한 분석들에 대하여 어빙 고프만(Goffman, 1969/1959)과 같은 사람들은 우리가 사회에서 어떤 역할을 '수행'하는가에 관한 것이라는 주장도 있었다. 다른 주장들은 우리가 '감시사회'(Lyon, 1994, 2001; Lace, 2005)에 살고 있다는 것도 있다. 즉, 우리는 우리가 공적 영역에 있을 때는 타인의 시선을 신경 쓰고, 따라서 우리가 사적인 영역이라고 여기는 부분을 중요시한다는 것이다. 그의 이 관계에 대한 분석을 연관시켜 보면, 헤스몬드할지는 이에 따라 그의 작업을 많은 사람들이 현재 사는 방식들에 대한 특정한 사항들에 대한 맥락으로 규정하고 있음을 알 수 있다.

Reading 2

그래서 문화산업을 공부하는 것은 어떻게 텍스트들이 이루어져 있고, 어떻게 텍스트들이 오늘날 사회에서 핵심적인 역할을 수행하는지 이해하는 것에 도움을 준다. 중요한 것은, 우리가 소비하는 많은 텍스트들이 대기업들에 의해 유통된다는 점이다. 이 대기업들의 최종 목표는 이윤 창출이다. 그들은 전반적으로 그들의 비즈니스에 도움이 될 일들만 한다. 이것은 핵심적인 이슈를 상기시킨다. 문화산업은 궁극적으로 정치인들, 비즈니스 하는 사람들, 기업가들의 주머니를 불리는 데에만 기여하는가?

Note

[문맥]

데이비드 헤스몬드할지가 바로 현재의 사회들에 대해서 분석한 것이라고 인정한 것에 주목하자. 중요한 포인트는 오늘날의 문화산업이 과거와는 다르다는 것이다. 이것은 '지속성과 변화' 측면이기도 하다. 매우 먼 과거로까지 정보들이 확장되어 나열되어 있는 분야에서 '현재' 상태에 대해 분석하는 것이 중요한가?

[문체]

헤스몬드할지가 한 문단마다 질문을 던진다는 것에 주목하자. 그리고 그것에는 대답을 하며 넘어가도록 하자. 그의 질문을 쪼개고 두 문단을 넘나들면서 대답을 함으로써, 그는 마지막쯤에 그의 전반적인 가정을 이끌어낸다. 미디어산업이 결국 단순하게는 돈을 벌고 싶어 한다는 것이다. 그래서 헤스몬드할지는 우리가 이 문제에 대해 뉘앙스적 측면까지 엄격하게 봐야 한다고 주장한다.

Reading 3

우리가 이 문제에 대해 아주 중요한 질문에 대해 단순하게 대답하는 것을 꺼린다는 것이 중요하다. 이 책 전반에 걸쳐 나는 문화산업과 그들이 복잡하고 애매하고 엄선된 텍스트들을 던진다는 것에 대해서 주장한다. 우리가 지금 살고 있는 사회에서 문화산업이란 하나의 큰 비즈니스이고, 문화산업 회사들은 그들과 이해관계를 함께하는 정치인들의 이윤 창출을 위해 상황을 조장하는 경향이 있다. 상황이란 언제나 새로운 상품들의 수요가 된다. 법적인 제제를 최소화함으로써 경제를 안정시키고 노동자들의 근로의욕을 고취시키는 것이다. 그러나 오늘날 사회는 많은 텍스트들이 문화산업에 의해 생산되고 퍼트려진다. 그러한 상황에 단순히 의존하지 않는다. 시시때때로 그들은 그들의 청중들이 자본주의적 이익과 남녀에 관한 차별적 생각들에 대해서 연관하여 생각하길 바라지 않는다.

Note

[구조]

여기서 데이비드 헤스몬드할지는 나머지 책 부분에서 그가 어떤 식으로 주장을 펼쳐나갈지 확실히 한다. 명확한 글쓰기는 보통 읽는 사람들에게 좋은 가이드를 제공해 준다.

[문맥]

여기는 미디어와 정치의 연관성에 대해서도 설명되어 있다. 이 연관성은 많은 앞으로의 미디어 연구에 중요한 부분으로서 다시 등장할 것이다.

[내용]

이 부분은 책의 주요 논점이라는 점에서 중요하다. 헤스몬드할지는 문화산업의 활동들에 모순이 있다고 주장하며 이는 그가 지나치게 단순화한 것이 아니다.

Reading 4

만약 그렇다면, 그런 일들은 왜 발생하는가? 부분적으로, 이것은 단순한 경제적 이유이다. 문화산업 기업들이 서로 경쟁해야 하고, 현재의 보통 상태를 유지하여 비즈니스를 꾸려나가야 한다. 그리하여 그들이 청중을 만족시키고, 충격을 받아들이게 하는 데에 앞서나갈 수 있는 것이다. 이것은 또한 사회적 그리고 문화적 요소들이, 우리가 예술이나 엔터테인먼트에 대해 기대하는, 많은 사회들에 녹아 있기 때문이기도 하다. 이것들은 이 책의 두 번째 중요한 논쟁점을 이끌어낸다. 그리고 학문적으로, 공적 논의들에서 배제되었던 주제를 다시 상기시킨다.

Note

[문체]

데이비드 헤스몬드할지가 그의 주장이 틀릴지도 모른다고 시인한 것은 이상하게 보일 수도 있다. 아마 이것은 그가 아직 확실한 주장을 하기에는 부족하지만, 대충의 가이드라인을 그리고 싶은 중요한 부분이기 때문일 것이다. 그리고 증거 자료들이 이후 장(Chapter)들에서 등장할 것이다.

Reading 5

문화산업은 창의성을 조정, 유통시킨다.

Note

[구조]

여기서 보듯이 이 책은 굉장히 작은 섹션들로 나뉘어 있다. 이것은 전반적인 사항을 탐독하는 데에 도움을 준다. 그러나 당신은 어쩌면 특정 부분과 그 주장의 복잡성에 대해 생각해 보고 싶을 수도 있다.

Reading 6

문화산업은 근본적으로 특정 노동을 관리하고 판매하는 일에 관심이 있다. 르네상스 이후로, 그리고 특히 19세기 낭만주의 움직임 이후로 문화를 인간 창조성의 가장 고귀한 측면으로 인식하는 경향이 널리 퍼졌다. 사회주의자들이나 마르크시스트들은 이러한 예술 노동들이 다른 노동들과 다를 게 없다고 주장했다. 둘 다 결국 물건이나 경험을 생산한다는 것이다(Wolff, 1993, Chapter 1, 이 논의에 대해 탁월한 요약을 제공한다). 이러한 관점은 역으로 무엇이 예술가들을 다른 것들과 분리시켜 주는지 생각해 볼 수 있게 한다. 물론 예술이라는 인간 창의력의 영역은 뭔가 다른 게 있긴 하다. 이야기·노래·그림·시·농담 등등을 창조해 내는 것은 기술 양상과 관련 없이 어떤 종류의 특별한 타입의 창의력을 수반한다. 이는 유희·정보·교화를 위해 심볼을 이용하는 것과 관련이 있다. '예술'이라는 천재들과 똑똑한 사람들을 부르는 단어 대신 나는 좀 더 무거운 **'상징 창조성'**[1]이라는 단어를 쓰고 싶다. 그리고 '예술가'라는 단어 대신 **'상징 창조자'**라고 하고 싶다. 특히 이야기, 노래, 그림 등등을 번역하고, 재작업하는 사람들을 말이다.[2]

Note

[문맥]

여기 역사적 맥락이 제시되어 있다. 우리는 지금 특정 분야의 일들은 더 많은 기술과 재능이 필요하다는 것이 명백하다고 짚고 넘어가고 있고, 따라서 예술적인 작업이라고 불리고 있다는 것도 제시했고, 최근 사회들의 발견들과 관련이 있다. 사실 '문화적 산업'과 다른 산업을 구별하는 것은 우리가 '예술가'가 다른 사람들과 어떤 다른 일을 하는 것이라고 가정할 때만 의미가 있다. 너는 아마 왜 우리가 지금 특정 노동형태를 다른 것과 비교하고 있는지, 어떤 계층 분화와 결과가 일어날지 궁금할 것이다.

[문제]

만약 데이비드 헤스몬드할지가 상징 창조성이 무거운 용어라는 데에 동의했다면, (상징 창조자도 마찬가지로) 그럼 왜 그 용어를 쓰는가? '예술', '예술가'라는 단어를 쓰는 게 무슨 문제가 있는가? 왜 '예술'이란 단어를 이렇게 인용하듯 쓰는가?

---

1) 나는 이 용어를 윌리스(Willis, 1990)로부터 빌려왔다. 그러나 그는 이 용어를 소비자로서의 젊은이들의 창조성에 대해 설명하는데 썼고, 나는 산업 상징 창조성에 초점을 맞췄다는 점이 다르다.

2) 내가 이 용어를 쓸 때는, 저널리스트와 또 다른 사람들은 정보 기반의 문화산업의 상징 창조자들일 수 있다. 저널리즘 연구는 저널리스트라는 상징적 창조자들을 오랫동안 가지고 있어 왔다.

그의 각주에 따르면, 헤스몬드할지는 이 표현을 윌리스(Willis)로부터 빌려왔지만, 다른 의미로 쓰고 있다. 왜 그러는가? 이렇게 평소에 쓰기 어려운 이상한 단어들을 쓰려고 고집하는 것은 학술적 글쓰기에서 흔한 일이다. 왜 그런가? 당신은 이에 대해 어떻게 반응할 것인가? 특정 단어가 특정 맥락에서 쓰이도록 당신은 강제로 해 본 적이 있는가?

Reading 7

상징 창조자들은 그들의 일의 탁월함에 너무 집착했기 때문에 문화산업에 대해 생각할 때 배제되곤 했다. 최근 미디어/문화 연구에서는 상징 창조자로서 활약하는 청중들에 대하여 강조하는 형식을 취해 왔다. 그러나 1990년대에는 이 영역의 많은 작가들이 상징 창조자들을 그림으로 몰아냈다(Born, 1993a, 1993b; McRobbie, 1998; Toynbee, 2000). 그리하여 상징 창조자들은 텍스트를 만드는 작업에서 중요한 위치에 있다. 정의상 텍스트는 그들 없이는 존재할 수도 없다. 물론 그들이 그들의 일을 하면서 산업 논리에 따라 생산하고 분배하고 마케팅하고 보수를 받고 하지만 말이다. 이것은 우리가 모든 음악가·작가·영화감독들을 낭만적으로만 바라봐야 한다는 뜻은 아니다. 궁극적으로 상징 창조자들로부터 내가 알고 싶은 것은 상징적 창조성이 사람들의 삶을 풍요롭게 할 수 있는지에 관한 것이다. 때때론 이것이 그렇지 않다 해도 말이다.

Note

[문맥]

데이비드 헤스몬드할지가 지적한 대로 많은 미디어 연구들은 미디어 노동자들을 예술가라고 했기 때문에 밀려났다. 이것은 영화학에서 말하는 '영화감독'이 사실은 결국 영화의 '작가'와 다름없다고 주장하는 사람들에 의해 발전된 이야기이다(Grant, 2008). 나아가 스튜어트 홀(Stuart Hall)의 '코드화/독해 모형(Encoding/Decoding Model)'과 같은 연구는 독자들이 작가만큼이나 텍스트에 창조성을 더한다고 주장한다(Stuart Hall, 1980c. 이 책의 11장을 보라). 이러한 시도는 사람들이 무엇을 하고, 특히 민족주의적 일들을 할 때('26장 수용자 이론' 참조), 그리고 어떻게 미디어 연구가 계층 간의 알력을 해체하였는지 보여 준다. 그 계층 간의 힘은 헤스몬드할지가 '상징 창조자'들이라고 말한 사람들의 돈 되는 활동들로부터 피할 수 없이 도출되는 결과이기도 한다. 결국 이것은 문화산업이 비참할 만큼 저급하게 연구되어 왔고, 특히 영화 산업의 자세한 업무들에 의해서 그렇게 되어 왔다는 것을 의미한다. 헤스몬드할지가 앞으로도 지적하지만, 몇몇은 제대로 된 연구를 시작했다.

[내용]

이 주장이 많은 수용자 미디어 연구들을 반박하고 있다는 사실에 주목하라. 너는 이것이 참이라고 생각하는가?

[문체]

헤스몬드할지가 '낭만적인' 연구가 수행되는 것을 두려워한다는 것에 주목하자. 이것은 짐작하건대 영화 연구에서 많이 발생할 것이고, '예술가'라는 단어를 쓰는 것이 그러한 두려운 상황을 고양시킬 것이다.

Reading 8

다른 전통적인 연구들은 특히 상징 창조자들이 가지고 있는 재능에 집중하였다. 당시에는 작가나 음악가들이 수용자들에게 미치는 영향에 대해서는 별 언급이 없었다. 그러한 연구들은 서구 문명에 대한 경건하고 자기만족적인 연구들이었다(Clark, 1969). 레이몬드 윌리엄스(Raymond Williams, 1981)와 피에르 부르디외(Pierre Bourdieu, 1996)의 연구는 상징 창조자들의 역사에 대해 더 잘 이해할 수 있는 단초를 제공한다. 어떤 창의성이 인간사에 영구적으로 남아 영향을 끼쳤는지 분석한 것이다. 그러나 이것은 사실 사회마다, 형식마다 관리와 순환 정도가 다 다르다. 예를 들어 유럽에서는 19세기 상징 창조자들에 대한 후원이 시장에서 이루어졌다. 이것이 문화산업이 촉발된 포인트이다. 20세기 초반에는 그러한 시장 기관이 새롭고 복잡한 형태를 띠기 시작했다. 문화산업에 대한 변화들에 대해 연구하는 것은 우리로 하여금 얼마나 상징 창조자들이 우리 삶에서 조직화되고 순환되었는지 알 수 있다.

Note

[내용]

당신은 당신의 교육의 대부분은 이런 식으로 진행되어 왔다는 것을 깨달았을 것이다. 만약 당신이 셰익스피어를 학교에서 배운다면, 그가 작업한 내용을 디테일하게 공부하는 것 대신에 그의 작품을 보고 그것들이 왜 '좋은지' 배우는 식으로 진행되었을 것이다. 대부분의 동시대적 잡지에서는 많은 사람들이 작업해둔 작품들의 사회적·문화적·산업적인 요소들을 상세히 알아보기보단 음악·영화·문학·연극 그리고 다른 문화적인 요소들이 '좋은지' 혹은 '나쁜지'를 구분하는 데에만 힘쓴다.

[문맥]

조직과 유통에 대한 문제들은 중요하다. 산업은 정해진 방법으로 제품을 유통시키는 조직체 그 이상도 이하도 아니다. 현재 이 제품을 순환시키는 방법이 이전에 쭉 해 오던 방식과는 다르다는 사실은 현 사회 전체에 논쟁을 일으키고 있다.

레이몬드 윌리엄스는 이 책의 '20장 문화주의 이론'에서 다루어진다.

Reading 9

다시 나는 분명히 여기에 **근본적으로** 문화산업이라는 것이 가지고 있는 양면적인 성질에 대해 강조해야겠다. 문화산업이 조직화되고 상징 창조자들이 순환하는 것은 극심한 불평등과 부정의를 의미한다(계급 간, 성별 간, 민족 간 등). 이는 현대 자본주의사회에서 볼 수 있다. 문화산업에도 엄청난 불평등이 있다. 이런 것들에 대한 접근은 변변치 않은 것으로 받아들여졌고 많은 사람들은 삶을 영위하는 데에 대해서만 텍스트를 만들어냈다. 성공보다 실패가 흔한 건 당연하다. 이러한 텍스트를 만들어내는 것은 다른 어떤 것보다 힘들고, 조직의 존재와 다른 시도를 하는 텍스트들을 교차하여 정보를 끄집어내는 일도 매우 힘들다.

Note

[구조]

데이비드 헤스몬드할지가 어떻게 그의 주장들을 계속해서 반복하고 강조하는지 한 번 눈여겨보자. 당신은 이것이 효과가 있다고 생각하는가, 아니면 그저 단순 반복이라 생각하는가?

[문맥]

이 문제는 아주 중요한 사안이다, 왜냐하면 헤스몬드할지는 문화산업 내의 권력구조들과 사회 내의 권력구조들 사이를 좀 더 일반적으로 엮으려 하기 때문이다. 대다수의 사람들에게 전파되는 문화적 요소들을 생산하는 역할이 다수의 구성원들이 아닌 소수의 사람들에게 있다는 사실은 자본주의의 핵심 개념을 상징한다고 볼 수 있다. 불평 등의 개념은 미디어 연구들에서 핵심이며, 당신은 이 개념들을 계속해서 마주하게 될 것이다.

이 소수들만이 문화산업을 생산한다는 움직임은 아도르노와 호르크하이머(Adorno and Horkheimer, 1972/1947)에 의해 더 자세히 설명된다.

Reading 10

몇 몇 종류의 텍스트들은 다른 것들보다 훨씬 더 쉽게 구할 수 있다. 이는 문화산업 지평의 암울한 면모들이다. 왜냐하면, 원초적이고 독특한 상징적 창의성은 구하기 힘들고, 문화산업에서는 이를 절대 컨트롤 하지 못하기 때문이다. 소유자 또는 경영자들은 역사적으로 그 상징을 만들어낸 사람에게 다른 산업들에 있는 동등한 지위의 노동자들이나 대다수의 노동자들에게 보다 훨씬 더 많은 **자율성**(자기결정권)을 양보한다. 역설적으로, 이 자유는 최후엔 제한적이고 일시적인 자유가 되어 버리며 제약의 형태로 나타난다. 예를 들면 겨우 간신히 가치 있음을 유지한다거나 돈을 적게 받는 직업이 되면서 말이다.

Note

[문맥]

왜 이런 정보들을 얻는 데 힘이 들까?

[내용]

'자율성'이 여기서 중요하다. 당신은 과거에 비해 많은 노동자들이 자율성을 가진다는 데에 동의하는가? 데이비드 헤스몬드할지는 이런 자유는 제한되어 있다고 인식한다, 그렇다면 자유는 어떤 범위까지 허용되는 것인가? 또한 헤스몬드할지가 어떤 식으로 자유가 제한의 형태로 나타날 수 있다고 주장하는지 알아보자.

Reading 11

문화산업은 또 다른 어려움에 직면하게 된다. 그들은 상징을 만들어내는 사람들이 집필한 텍스트에 대한 독자를 찾아야만 한다. 이는 보통 한 작품에 있어서 가능한 한 많은 독자들을 찾아내야 한다는 것은 아니다. 다른 그룹의 사람들은 각기 다른 취향을 가지기 마련이다, 따라서 대부분의 문화산업 기업들은 그 취향에 맞는 독자들에게 적절한 방법들로 텍스트를 전하고, 독자들에게 그 텍스트들의 존재여부를 알리기 위해 텍스트들을 독자들에게 매치시키려 노력한다. 우리가 이렇게 보았듯, 이는 리스크가 큰 비즈니스다. 많은 텍스트들은 실패한다. 심지어 성공할 것이라 기대를 했던 기업들까지도 실패한다. 이 과정들은 문화산업 기업들이 텍스트의 생산보다 이들의 **유통**에 더 타이트하게 신경을 계속해서 써야 한다는 결론이 내려진다.

상징적 창조성의 중요성은 이 책의 주된 포커스가 문화산업의 변화 및 지속의 패턴, 혹은 반대로 이 문화산업들로부터 생산된 텍스트들이 어떤 변화 및 지속을 하는지 또는 독자들이 이 텍스트들을 어떻게 이해하는지에 있다는 사실을 설명하는 데 도움을 준다. 하지만 내가 이제 서야 확실히 하는 점은 내가 문화산업의 생산 구조에만 관심이 있는 것은 아니라는 것이다. 내재해 있는 나의 진정한 관심사는 텍스트와 관련되어 있는 생산 구조이다. 하지만 모든 작가들의 시간과 에너지는 제한되어 있기 때문에 텍스트 그 자체에만 신경을 쓰기보다는 텍스트의 산업 구조에도 자신들의 정신을 집중할 필요가 있다.

Note

[문맥]

우리가 대부분 문화산업은 항상 많은 대중들의 관심을 얻으려고 노력한다고 여기는 데 반해 데이비드 헤스몬드할지는 이에 대해 다르게 주장한다.

예를 들어 Channel 4와 같은 방송은 많은 대중보다 특정 시청자들을 대상으로 해 살아남았다. 이는 광고주들에게도 어떤 종류의 사람들이 그들의 광고를 보고 싶어하는지 알려준다 (Brown, 2007). 당신은 산업이 이익을 추구하는 것은 맞지만, 꼭 '많은' 대중들에게 다가가는 것만이 이를 이루기 위한 최고의 방법이 아니라는 점을 알아야 할 필요가 있다.

[내용]

이전에 헤스몬드할지는 '생산'과 '유통'에 대해 대략적인 틀을 잡았었다. 여기서 그는 유통이 문화산업에서 가장 중요한 것이라 주장했다. 이는 당신이 가정하는 것과 반대일 수 있다. 특히 많은 문화 활동을 제공하는 이들이 그들 앞에 놓인 제한들에 대해 한탄하는 것을 보고 더욱 그럴 수 있다. 그렇다면 산업들은 어떤 식으로 그들의 유통을 제한하려 하는가, 그리고 그들의 활동에 있어서 이는 왜 중요한가?

[구조]

여기서 헤스몬드할지는 그가 어디에 흥미가 있는지 계속해서 말하고 있다. 하지만 또한 그가 작업하는 데 있어 어떤 일을 하지 않을 것인지도 말해 주고 있다. 그는 텍스트 또는 독자에 초점을 맞추지 않을 것이다. 텍스트들과 독자들에 초점을 맞춘 대다수의 미디어 이론들이 산업의 연구에 손상을 주었다는 사실은 당신에게 이 헤스몬드할지의 입장을 뒷받침하는 가정들에 대해 무언가 얘기해 줄 것이다.

[문체]

책의 몇몇 부분이 볼드체 또는 이탤릭체로 쓰인 것은 어떤 도움을 주는가?

Reading 12

문화산업은 경제적·사회적·문화적 변화의 요인이다.

Note

[문체]

대부분의 글들을 읽으면서 당신은 제목, 그리고 소제목들이 복잡하고, 많은 말장난들과 많은 하위 조항들을 사용한 이론적인 글쓰기라는 것을 느꼈을 것이다. 헤스몬드할지가 글을 쓰는 방식은 훨씬 더 '평범하다'. 당신은 이에 대해 어떻게 생각하는가?

Reading 13

문화산업의 변화와 지속을 조사하는 세 번째이자 마지막 이유는 그들이 대부분의 경제적인 면에서 점점 더 중요한 요소들이 되어 가고 있기 때문이다. 이 중요성을 측정하는 것은 매우 힘들고 여기엔 어떻게 해야 가장 잘 측정할 수 있는지에 대해 때때로는 유용하지만 가끔은 지루하기도 한 논쟁거리들이 있다. 대부분은 우리가 문화산업을 어떻게 정의 내리는지에 의존한다. 이에 대해선 서론 뒷부분에서 더 이야기 된다. 어찌되었건 문화 생산에 있어 경제적인 역할은 점점 증가하고 있다고 보는 것이 맞는 것 같다. 하지만 몇 몇의 해설자들 또는 정책입안자들이 주장하는 만큼 그리 빨리 증가하고 있는 것은 아니다.

Note

[문맥]

당신은 자료를 읽으면서 부와 경제에 대한 언급들을 많이 보지 못했을 것이다. 데이비드 헤스몬드할지는 산업에 대해 조사하면서 이런 측면들에 대해 볼 필요가 있다는 것을 이해했다. 하지만 경제는 더욱 더 일반적으로 미디어 연구에 있어서 중요하다. 왜냐하면 돈은 확실하게 권력과 연결되기 때문이다. 실제로 많은 작가들이 권력에 대해 논할 때 그들의 마음속에 가장 먼저 생각되는 것은 경제적 권력이다. 그들이 실제로 그렇다고 말은 하지 않더라 하더라도, 어쩌면 미디어 연구는 의식적으로 경제를 거의 바라보지 않는지도 모른다. 왜냐하면 헤스몬드할지가 말했듯이 이는 '지루하기 때문이다'.

[구조]

왜 헤스몬드할지는 '문화산업'이 문제라는 것을 인식하고도 이를 정의하는 것을 이리도 미루었을까?

Reading 14

문화산업이 더 많은 부와 고용을 제공한다는 것은, 물론 그 자체만으로도 의미가 있지만, 이는 또한 문화·사회·경제와의 관련성을 우리가 어떻게 이해하고 있는지 의미를 가지고 있다. 지난 30년 동안 있었던 이 관계들에 대한 대부분의 많은 주요 논쟁들은 우리가 소위 부르는 변화의 이론에 대한 것이었다. 우리는 '지식'에 대해 이전보다 더 큰 강조를 둔 것을 기반 삼아 산업사회에서 포스트 산업 또는 정보사회로 넘어왔는가? 이는 1960~70년대에 다니엘 벨(Daneil Bell, 1974)이 다른 이들과 함께한 연구로부터 시작되었고, 마누엘 카스텔(Manuel Castells, 1989, 1996)과 같은 작가들에 의해 1980~90년대까지 이어졌다. 우리 사회가 '모던'이라도 불리던 시대에서 의미와 개념의 해체가 아주 강조되는 '포스트모던'의 시대로 넘어오는 데에 덧없음, 연약함 그리고 끈임 없는 변화의 증가가 영향을 미쳤는가?(Harvey, 1989; Lyotart, 1984) 이에 대한 한 논쟁에서 몇 몇의 분석가들은(대표적으로 Castells, 1996; Lash and Urry, 1994) 상징적 창조성 그리고/또는 정보가 사회적·경제적 삶에 있어 점점 더 중심의 역할을 하게 되었다고 주장했다. 다른 이들은 문화산업 자체가 다른 산업, 특히 경제 부문과 점점 더 비슷해져 가며 그들만의 독특함을 잃어갔다고 주장했다.

Note

[문맥]

이 장의 서론 부분에 언급된 『작업의 기초 보고서(*The Work Foundation Report*)』(2007)는 문화산업의 성장에 대한 주장을 다루고 있다. 데이비드 헤스몬드할지가 언급했듯, 사회·문화·권력과 관련해 더 넓은 의미로 보지 않고 이것만을 집중적으로 다루는 것은 흥미롭지 않다.

[내용]

여기서 우리는 우리가 지금 살고 있는 사회를 어떻게 정의할 것인가에 대해 고민하고 있다. 이는 헤스몬드할지가 정의를 내리진 않았지만, '동시대'라는 단어를 어떻게 썼는지 다시 생각해 보게 한다. 이 단락에서 그는 대부분의 사람들이 사회가 바뀌었다는 것에는 동의한다고 말한다. 하지만 어떻게 바뀌었고, 언제 바뀌었고, 그리고 어떤 변화들이 아직까지 일어나고 있는지를 규정하는 것은 매우 힘들다. 실제로 사회는 항상 끈임 없이 변화해 왔고, 어쩌면 이 변화를 과거가 아닌 지금에서야 인식했다는 것은 과장일 수도 있다.

[문체]

다른 책들과는 달리 헤스몬드할지는 여기서 많은 다른 작가들을 언급한다는 점에 주목하라. 또한 그가 그들의 의견을 특정 논리를 설명하는 데 쓰지 않는다는 점에도 주목하라. 그는 노골적으로 그의 생각을 드러내는가, 또는 이 논쟁에 그의 글을 끼워 맞추는가?

Reading 15

1990년대 후반에 인터넷과 World Wide Web의 발흥은 이 논쟁을 가열시켰다. 학문적 연구가 기업 브랜드 이름과 같은 실체가 없는 자산에 의미를 두는 비즈니스와 투자 분석가들에 의해 공명되었다(Wolf, 1999, popularising version 참고). 브랜드 이름은 그 제품의 이름과 로고에 들어간 많은 양의 작업들의 결과 그리고 그들이 어떻게 나타나며, 유통이 되는가에 그 가치가 결정된다. 디즈니와 같은 문화산업 기업은 그들의 브랜드 이름으로 발전해 나가는데 너무나 숙련되어 있기 때문에(모든 영화, 모든 스타, 모든 책들이 브랜드와 관련이 있다는 점) 종종 나이키, 조금 더 전통적으로는 코카콜라와 같은 기업들과 이름을 나란히 한 적이 있다.

Note

[문맥]

인터넷과 관련된 내용은 당신이 당신의 연구에서 마주하게 될 다른 대다수의 이론들보다 데이비드 헤스몬드할지의 연구를 좀 더 최근 맥락에 가져다 놓는다. 『웹 연구』(Gauntlett, 2004)와 같은 미디어 연구에 있어서의 논쟁들은 접근에 관한 것 외에도(이를 너무 강조하지 않는 것이 중요하긴 하지만) 많은 질문을 불러왔다. 이 이론이 만들어지는 데 있어서의 역사적인 맥락을 인식하는 것은 중요하지만, 이는 이론이 단순히 시기가 지났다고 해서 자동적으로 관련이 없거나 틀렸다는 것을 의미하는 것은 아니다.

[내용]

다시 한 번 브랜드는 동시대적인 관심사이다. 왜냐하면 이는 주로 글로벌자본주의를 나타내는 것으로 여겨지기 때문이다(Klein, 2000; Haig, 2006). 하지만 브랜드는 항상 존재해 왔다는 의견도 있다. 모차르트는 브랜드가 아니었나. 셰익스피어는 브랜드가 아니었나. 예수는 브랜드가 아니었나?

Reading 16

하지만 브랜드는 폭풍같이 밀려오는 현대사회에서의 정보·문화·지식의 중요성을 보여주는 한 부분일 뿐이었다. 이 시대에는 미래에 우리가 물질적인 사회와 같은 곳에서 벗어나 지식의 사회인 '더 가벼운 공기' 속에 살게 되는 것을 얘기하는 '무중력 상태의 세계'(Coyle, 1999)에 관한 끊임없이 많은 책들이 쏟아져 나왔다. 이와 밀접하게 관련해서 '새로운 경제'(Henwood, 2003. 이에 관한 비평을 보려면 참고)에 관한 엄청난 집중이 특히 미국에서 모아졌다. 이 '새로운 경제'는 전통적인 비즈니스의 호황과 불황의 사이클이 지속적인 성장으로 대체되어지는 것을 말한다. 커뮤니케이션 기술, 브랜딩, 정보, 문화는 이 새로운 형태의 핵심이다. 2000년대 초반 이런 개념들은 새로운 콘셉트들과 합쳐졌고 이 책과 직접적인 관련이 있다. 이는 '창조적인 경제'라고 불린다(Howkins, 2001).[3)]

Note

[내용]

'정보, 문화, 지식' 사이의 상호작용은 '정보사회'에 관한 논쟁에서 찾아볼 수 있다(Webster, 2006; '22장 정보사회론' 참조).

3) 코스코(Mosco, 2004)는 컴퓨터와 가상공간에 관한 특별하고 가치 있는 다양한 분석을 통해 경제적·사회적 미래사회에 대한 '신화적(mythical)' 사고를 제시하고 있다.

Reading 17

2000~2001년 사이 '닷컴 버블'이라 불리는 것이 터진 후 이런 개념들이 싹 다 사라졌다고 생각하는 것은 옳지 못하다. 유명한 책에 쓰인 언어가 세기가 바뀔 때에는 지금과 같이 세련되지는 않았겠지만, 사람들이 많이 읽고 영향력 있는 ≪와이어드(*Wired*)≫와 ≪뉴스위크(*Newsweek*)≫지와 같은 잡지에 우리가 지금 살고 있는 정보·지식·문화의 사회에 대한 개념들의 새로운 형태들이 계속해서 등장했다. ≪*Newsweek*≫를 예로 들면 2006년 버전의 매년도의 스페셜 소개란에 다음에 올 해를 '지식의 혁명'이라 이름 지었다. 이는 새로운 마술 같은 단어인 '창조성'에 대한 많은 논의를 담았다(Florida, 2002, 2005 참고). 학문 해설자들은 그동안에 창조성은 "다음 세기의 사회적·경제적 변화를 몰고 올 것"이라고 주장했다(Hartley, 2005: 1). 만약 문화산업들이 정보 또는 지식 사회로의 브랜드, 사인과 의미, 창조성에 기반하는 경제 사회로의 변화라고 여겨지는 것에 중심을 차지하고 있다면, 이 변화에 대한 논쟁에 있어서 산업에 대한 구조적 그리고 역사적으로의 분석이 이리도 이루어지지 않았다는 것은 놀랄 만하다. 이런 종류의 분석은 다양한 개념들과 그리고 지속성을 부정해 가며 변화를 과장하지는 않았는지 빛을 비추어보는 데 도움을 준다.

Note

[문맥]

'닷컴 버블'에 대한 더 많은 정보가 궁금하다면 말스틴(Malmsten, 2001)과 셀란-존네스(Cellan-Jones, 2003)를 참고.

[내용]

데이비드 헤스몬드할지가 언론인들과 학자들 사이 논쟁을 일으킨 것에 주목하라. 많은 학자들은 언론인들이 최근 문화적 변화들의 중요성을 너무 과장해서 보고했다고 주장하며, 그리고 미디어 연구의 불평등성을 책임지는 데 실패했다는 것은 중요하다고 주장한다. 언론과 학계의 차이를 구분하는 것은 중요하다. 그리고 사람들이 하나의 분야에서 다른 분야로 이동하는 것은 흔치 않다. 왜 그럴까?

[구조]

이 시점에서 헤스몬드할지가 왜 이런 논쟁들의 대체적인 윤곽을 드러냈는지, 그리고 이것이 어떤 식으로 이 책과 연관이 있는지도 확실해진다. 사실상 그는 그가 제시한 동시대 사회에 관한 다양한 시각들에 의해 생긴 의문점들을 답하는 데 도움이 되기 위해 그의 분석을 주장해 왔다. 당신은 이 글이 얼마나 조심스럽게 쓰였는지 알 것이다. 이는 당신이 읽어온 것들에 비해 훨씬 덜 공격적일 것이다. 어쩌면 이는 개방 대학(Open University)을 위해 헤스몬드할지가 일한 결과일지도 모른다.

읽기 자료 살펴보기

이 장은 우리에게 학위를 마친 후 미디어산업에서 일하고 싶은지 아닌지를 질문을 하면서 시작했다. 이를 다 읽고 난 뒤 당신의 시각이 바뀌었는지 비추어보는 것은 의미가 있을 것 같다. 이제 영화·TV·음악산업에서 일하는 것이 더, 또는 덜 매력적이어 보이나? 책에서 다뤄진 이슈들이 미디어산업에 적용되지 않는다고 생각하나? 미디어산업과 다른 전문 분야들과의 차이가 어떤 식으로든 조금이라도 좁혀졌는가?

당신은 아마 이 단원은 다른 단원들에 비해 읽기가 '쉬웠다'는 것을 깨달을 것이다. 이런 식의 글 쓰는 스타일은 어떤 이득 또는 문제점들을 가지고 있을까? 이 책에서 다른 작가들이 말하고자 하는 것에 비해 데이비드 헤스몬드할지(David Hesmondhalgh)가 전하고자 하는 것들이 더 쉽게 다가왔는가? 왜 헤스몬드할지는 이런 글쓰기 스타일을 택했을까? 어쩌면 더 중요한 것은, 만약 헤스몬드할지가 할 수만 있다면, 왜 모든 미디어 이론들은 이런 스타일로 쓰이지 않은 것일까? 당신은 이런 너무나 간단한 글 쓰는 스타일로 인해 어떤 것을 잃었다고 생각하나? 이런 질문들에 대해 생각하는 것은 당신이 에세이 그리고 당신의 학문과 관련해 해야 하는 일들에 대해 어떻게 써야 할지 결정을 내리는 데 도움을 줄 것이다.

헤스몬드할지가 말한 중요한 토픽들 중 하나는 지속과 변화에 관한 것이다. 그는 계속해서 산업사회 이전 과거와 현 사회는 어느 정도 다르겠지만, 더 최근의 변화들은 그것들이 가정되는 것들에 비해 종종 덜 중요하다. 많은 사람들이 인터넷이 민주화된 미디어이고, 다양한 채널의 방송들은 더 이상 많은 대중들을 의미하지 않으며, 영화산업의 수익 감퇴는 아무나 영화를 만들 수 있다는 것을 의미한다고 주장할 때, 헤스몬드할지는 이런 변화들에 대해 회의적이었다. 당신은 미디어산업 어디에서 지속과 변화의 면들을 찾을 수 있나? 그들이 만드는 결과물은 어떤가? 그들은 넓은 의미에서 과거의 것들과 비슷한가, 혹은 다른가? 미래에는 어떤 변화들이 있을 것이라 예상하나? 이 지속성과 변화는 어떤 영향을 줄 것인가? 여기서 당신은 권력에 대한 문제를 생각하고 싶어질 것이다.

권력에 있어서 이 장은 이 책의 다른 장들과 어떤 관련이 있는가? 정치적 경제에 관한 논쟁은 미디어의 소유권에 대해 분석하며, 이는 헤스몬드할지가 창조적 산업에 있어서 경제적인 요소들을 분석한 것과 확실한 연관성을 가진다. 비슷하게도 공공적인 면과 관련해 이 단원은 미디어산업이 특정한 종류의 공공 가치를 제공해야만 한다고 주장하며, 따라서 특정한 방법으로 조직화하고 제한해야 한다고 주장한다. 이 다음에 나오는 텍스트와 독자들에 관한 두 단원들은 미디어 커뮤니케이션과 관련된 세 명의 플레이어의 입장과 관련해서 읽을 수 있다. 실제로 생산·텍스트·독자, 이 세 가지에 관한 미디어 연구의 논쟁과 상호작용을 분석하는 것은 가장 도드라진다. 이 책의 대다수 다른 내용들에 비해 헤스몬드할지의 글은 덜 이론적이어 보일 수 있지만, 그가 미디어산업의 맥락에서 그의 이론들을 중재하는 적절한 정보들을 활용해 가며 그의 연구를 맞추어 보여 주었다는 것은 확실하다. 다른 단원들의 글과 이 글을 연관시켜 읽는 것은 전체적인 주제를 이해하는 힘을 키우는 데 아주 중요하다.

마지막으로 당신은 다른 방법으로 미디어 이론이 이론화될 수 있는 방법들을 생각해 보고 싶어질 것이다. 앞에서도 언급했듯이 그 산업 자체만의 연구는 놀랍게도 거의 없다. 조금 바뀌고 있을지는 모르겠지만 말이다. 만약 당신이 미디어산업에 대해 연구하기를 원한다면, 당신은 어떻게 할 것인가? 중요한 질문들은 무엇인가? 개개인이 무엇을 하는지 아는 것은 중요한가, 아니면 대신에 당신은 전체적인 단계에서 연구를 진행해야 할까? 더 중요한 것은 산업에 대한 질문들이 어떻게 미디어 연구, 그리고 미디어 이론들과 전반적으로 연관이 있는가? 그리고 이들은 권력·계층·이론·명성과 같은 것들과 어떤 관계를 가지는가?

주요 용어

예술과 예술가('art' and 'artist'); 자율성(autonomy); 브랜드(brands); 자본주의(capitalism); 동시대 사회(contemporary society); 창의성(creativity); 생산의 과정(systems of production); 인터넷 관련 분야가 성장하면서 산업국가의 주식시장이 지분 가격의 급속한 상승을 본 1995년부터 2000년에 걸친 거품 경제 현상(dot-com bubble);
정보사회(information societies); 노동(labour); 탈근대화 사회(post-industrial societies);
생산과 유통(production and circulation); 텍스트 또는 책(texts);
상징적 창조성과 상징을 만드는 창조자들(symbolic creativity and 'symbol creators')

주요 학자

Daniel Bell; Manuel Castells; Pierre Bourdieu; Diane Coyle; Richchard Florida;

John Hartley; Doug Henwood; John Howkins; Scott Lash; Charles Leadbetter; Jean-Francois Lyotard; Jean G. Padioleau; John Urry; Raymond Williams; Paul Willis; Michael J. Wolf

권장도서

Gitlin, T.(1983), *Inside Prime Time*, New York: Pantheon Books.

미국 TV산업의 세밀한 정리로 저자에 의해 진행된 작업자들의 광범위한 인터뷰를 다룬 핵심 저서이다.

Hesmondhalgh, D.(ed.)(2006), *Media Production*, Maidenhead: Open University Press.

미디어 소유구조, 조직구조, 미디어 종사자들에 관한 내용과 자율규제에 관한 이슈, 미디어와 사회 간의 연관성을 종합한 책이다.

Work Foundation(2007), *The Staying Ahead: The economic performance of the UK's creative industries*, London: The Work Foundation.

영국 경제에서 창의적인 산업의 역할에 대하여 다양한 사례, 표, 그리고 국제 간의 비교등에 관한 자료를 담고 있다. 이에관한 자료는 다음 링크에서 확인 가능하다: (http://www.theworkfoundation.com/products/publications/azpublications/creativeindustries.aspx)

25장

텍스트 관련 이론

Barthes, R.(1977/1967), "The death of the author(저자의 죽음)", *in Image Music Text*(이미지, 음악, 텍스트), translated by Heath, S., London: Fontana, pp. 142~148.

텍스트 관련 이론 입문

〈로미오와 줄리엣(*Romeo and Juliet*)〉의 저자는 누구인가? 답은 '셰익스피어(William Shakespeare)'다. 몇 개의 셰익스피어의 희곡은 다른 사람(Hope and Holston, 1992)이 썼지만, 여전히 일반적으로 인정된 답은 셰익스피어이다. 어떠한 연극에서의 저자가 되는 것은 무엇을 의미하는가? 셰익스피어는 스크립트를 썼을지는 몰라도, 당신이 〈로미오와 줄리엣〉을 극장에서 봤을 때 그 저자인 것인가? 누구 혹은 무엇이 당신이 가진 경험을 가장 많이 창출하는 것일까? 셰익스피어는 감독·무대감독·연극배우·건물, 그 자체에서 이 모든 것들이 상당히 많이 기여한다. 만약 그들이 그렇지 않았다면 각각의 공연들이 같기 때문에 이것은 계속되는 무의미한 재공연일 것이다.

영화 〈로미오와 줄리엣〉을 봤을 땐 어떠한가? 특히 그 영화의 배경이 셰익스피어가 상상할 수 없었던 때와 장소로 바뀌었을 때 감독은 저자일까? 레오나르도 디카프리오(Leonardo DiCaprio)와 클레어 데인즈(Claire Danes) 이 두 배우의 기여는 어떠한가? 그 영화는 음악을 많이 썼는데 그렇다면 그 작곡가들도 저자일까? 영화 엔딩 크레딧에 나오는 제작 참여자로 셰익스피어와 크레이그 피어스(Craig pearce)와 바즈 루어만(Baz Lurhmann)만을 스크립터라고 실었는데, 이것이 이 영화가 셰익스피어 영화가 아니라고 의미하는 것일까?

다른 연극의 필름 버전들은 어떠한가?

예를 들어 연극을 영화화한 조지 쿠코(Goerge Cukor, 1936)와 프랑코 제피렐리(Franco Zeffirelli, 1968)가 감독한 영화들은 어떠한가? 〈웨스트 사이드 스토리(West Side Story)〉(1961)나 〈하이스쿨 뮤지컬(High School Musical)〉(2006)과 같은 〈로미오와 줄리엣〉에 영감 받아 만들어진 영화들은 어떠한가? 그리고 셰익스피어의 연극이 아더 부르크(Arthur Brooke)의 시 「로미오와 줄리엣의 비극적인 역사」의 각색이라는 것을 감안하면(이 시는 Matteo Bandello가 쓴 이탈리아의 이야기 'Guiletta e Romeo'의 번역본이자 각색본이며 또한 이 이탈리아 이야기는 먼 옛날로 거슬러 올라가는 젊은이들의 금지된 사랑 이야기들에 기초한다), 왜 우리는 셰익스피어를 이 모든 이야기들의 원조 저자라고 생각하는 것일까? 대체로 너무 많은 사람들이 창작 단계에 연루되어 있고 모든 사람들이 일종의 기여를 하기 때문에 이러한 질문들은 어떠한 미디어텍스트를 쓰는 사람이 누구인지를 말하는 것이 얼마나 어려운 것인가를 보여 준다.

이 모든 과정 속에서, 누가 텍스트를 창작하는 가를 결정하는 관점으로 보면 누군가가 뒤쳐져 있다는 것을 알 수 있는데 그 것은 우리들(독자)이다. 영화, TV프로그램, 노래의 한 부분, 신문은 직면하기 전에는 어떠한 대상으로서만 존재한다. 그러나 그것들에게서 우리가 해석하는 능력을 가진 것을 상기해 내기만 하면 그제서야 그 글들은 의미가 생기는 것이다. 신문을 읽기 전에 그것은 단지 색깔이 입혀져 있는 마크가 있는 펄프에 지나지 않는다. 일단 우리가 이것이 쓰여져 있는 그리고 이야기들이 언급하는 언어에 대한 지식을 생각해 생각 해 낸다면, 이것은 의미를 가지기 시작한다. 마찬가지로 영화는 독자가 그 전의 영화관에서의 경험에서 발전시켜 온 그들의 기술을 사용하면서 영화 속의 이미지와 사운드를 해설하기 전까지는 단지 그것들은 빛의 움직임일 뿐이다. 텍스트가 어떻게 의미를 만드는 가에 대한 생각 속에서 관객들이 어떻게 작용하는 가와 그것들이 말이 되게 하기 위해 그들이 사용하는 장치들을 파악하는 것은 중요하다. 이러한 생각의 방식은 텍스트와 독자와의 관계를 중요하고 방대한 것으로 단정 짓고 우리가 대체로 속하는 텍스트의 분석의 대부분과 달리 이러한 생각의 방식은 '저자'라는 개념을 다루기 어렵거나 더 중요하게는 관계없는 것으로 본다.

그리고 이것이 그 경우라면 왜 관객들은 문화적 해석에 대해 드물게 공부를 하는 것일까? 학교에서 문학을 공부할 때 선생님이 당신이 읽었던 책이나 시에 대한 여러 다른 사람들의 다양한 대답에 관심이 있는 동안 그것이 최고 혹은 진실인 의미를 찾는 것에 목적을 둔 세분화된 분석의 선구자인 것은 꽤나 그럴 듯하다. 어떤 의미에서는 문화의 감상에 대해 자주 배워 왔을 것이다. 올바른 방법으로 문화를 감상하기 위해서는 우리는 해석의 기술이나 어떤 종류의 독서를 달성하는 것을 돕는 배경(흐름)을 배워왔다. 중요하게 우리가 하는 것은 대다수의 사람들이 그것을 잘못 읽는다고 제안한다—혹은, 적어도 그들이 그것들을 완전히 감상하는 능력을 지니지 않음을 시사한다—. 그리고 우리들에게 '올바르게' 하는 방법을 알려 줄 수 있는 한정된 숫자의 비평가와 전문가가 있음을 시사한다.

미디어 연구들은 이러한 것들의 사회의 권력과의 밀접한 관계 때문에 이러한 견해에 관심이 있다. 즉 미디어 연구들은 사회계급들이 유지되는 곳에서의 하나의 방법은 전문가들이 텍스트들의 올바른 뜻을 통제하는 문화를 통해서 존재한다는 것과 어떠한 그림이나 책, 영화에 대한 이해들의 대다수는 잘못되었다는 것에 대해 논쟁을 벌인다. 그 경우가 "언어의 통제가 세계를 통제한다"(Klinkowitz, 1988: 63)이다. 이것은 텍스트의 의미는 저자에 의해 놓여진 것이고, 그것의 의도가 무엇인지를 세상에 밝히는 읽은 비평가들의 일이라는 견해와 관련된다. 이것은 우리가 영화에 대한 연구는 감독을 저자(자작 각본을 연출하는 영화감독)로서 토론하는 데 많은 시간을 보내는 것과 마찬가지로 우리가 책이나 연극에 대해 공부할 때 저자에 대해서도 공부하는 이유이다(Grant, 2008).

그러므로 텍스트의 특성에 대해 조사할 때 미디어 연구는 텍스트와 저자와 독자의 관계에 대해 알아보려 노력한다. 독자와 저자, 둘 다 그들이 사물에 대해 이해하는 방법에 영향을 미치는 사회적이고 역사적인 배경 속에서 일을 한다고 간주되어지기 때문에 이러한 접근법에서는 배경은 중요하다고 볼 수 있다. 얼마 전의 미디어 텍스트들을—예를 들어 초기 영화들이나 찰스 디킨스(Charles Dickens) 책과 같은—아마도 현재 이해하기 힘든 이유 중의 하나는 우리는 다른 배경 속에 살기 때문이며 그러므로 그것들은 우리가 접하게 되는 문화의 어떤 양식에 대한 제각기 다른 기대를 가져온다는 것이다. 마찬가지로, 스웨덴어를 이해하지 못한다면 스웨덴의 문학이나 영화를 이해가 전혀 안 될 것이다. (또는 매우 조금 이해할 수 있을 것이다.) 어떠한 외국의 언어를 배운다는 것은 어떠한 것을 이해하는 데 있어 필요한 배경을 제공하면서 의미 있는 방식으로 텍스트를 해독할 수 있게 도와주는 어떠한 코드와 구조를 배우는 과정이다.

그러나 이러한 배경에 대한 견해는 일단 언어를 파악하면 올바른 읽는 방식 또한 얻게 됨을 시사하는 것은 아니다. 각기 다른 사람들이 다른 방식으로 텍스트를 읽는 것은 명백하다. 비슷한 성장환경에서 자라왔다고 할지라도 당신의 친구는 당신이 싫어하는 음악이나 TV프로그램을 좋아할지도 모른다. 그러므로 배경이 어떠한 중요한 요소인 반면에 이것은 오직 하나의 요소만은 아니며 모두가 같은 의미로 다가오는 것을 완전하게 보장해 주지 않을지라도 미디어에 대해 이해하기 위해 우리가 의존하는 수단들 중에 하나이다. 효과적으로 의사소통하기 위해서 미디어 제작자들은 그러한 관습과 예측에 의지하고 영화포스터들은 어떻게 영화산업이 그들의 영화가 어떠한 방향으로 분류되어지기를 원하는지에 대한 신호를 보내는 것을 시도하는 가를 명백하게 보여준다. 호러 영화 포스터들이 말하는 것은 로맨틱 코미디 영화의 포스터들과 꽤나 다르다. 그렇다면 모든 미디어들에게 꼭 필요한 관습과 배경은 존재한다.

이것이 말하고자 하는 것은 "모든 것들은 구조 때문에 작용하기 때문에 모든 의사소통의 양상은 인위적이다"이다(Thody and Course, 1999: 16). 즉 언어는 '자연적'이지 않다는 것이다. 이것은 사회에 의해 만들어졌어야 했다. 우리가 자라나면서 우리는 언어를 배워야만 했었는데 이것은 너무나도 중요해서 부모님들이 그들의 자녀들에게 제일먼저 가르쳐야만 하는 것 중의 하나처럼 보였다. 그러나 여기서의 언어는 영화의 언어, 사진의 언어, 소리의 언어, 기타 다른 언어, 곧 우리 주변의 미디어를 이해하기 위해서 우리가 배워야 하는 모든 구조들을 뜻하기 때문에 '영어'보다 더 많은 것을 의미한다. 외국영화는—아마 어떠한 의상이나 편집기술 혹은 배우를 우리가 익숙한 것과 다른 방식으로 사용할지 모르는—우리가 익숙한 영화적 언어가 자연적이거나 피할 수 없는 것이 아니라 우리의 사회에서 생겨난 것임을 보여 준다. 어떠한 의사소통의 한 형태를 입증하는 구조를 조사함으로써 사회와 문화를 측정하는 시도를 '구조주의'라고 부른다. 이러한 접근법은 사회는 자연적이거나 피할 수 없는 것이 아니며 오히려 학습되어야만 하지만 너무 뿌리가 깊어 일반적이고 자연적인 것처럼 나타나는 일련의 구조들을 결합시킨다고 가정한다. TV프로그램이나 영화와 같은 것들에 대한 조사는 그러한 구조들을 발굴하는 하나의 방법일 수 있으며 그렇게 함으로써 사회가 작동하는 데에 빛을 밝힌다. 그러면, 구조주의는 사실은 누가 〈로미오와 줄리엣〉을 '썼는가'에 대해서는 관여하지 않는다. 이것은 오히려 그 연극이 '이해'가 되는 방법이나 이것이 해석하기 위해서 의존하는—그리고 우리, 독자들이 의존하는—구조들에 대해 관심이 있을 뿐이다. 그리하여 사회와 문화의 관계와 어떠한 주제에 대한 테마를 계속하여 되풀이 되는 사회적 힘에 대한 함축들(숨겨진 의미)에 대해 생각하는 하나의 방식을 제공하기 때문에 이러한 접근법은 미디어 연구들에 있어 매우 유용한 것이다.

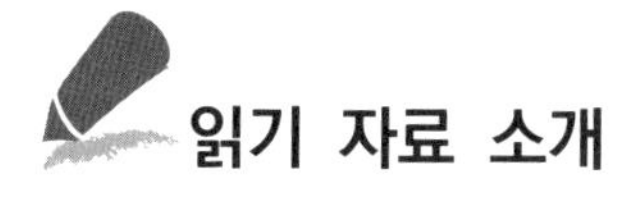

읽기 자료 소개

이번 읽을거리는 20세기의 '주역의 프랑스 지식인이었던'(Culler, 1983: 1) 롤랑 바르트(Roland Barthes, 1916~80)에 의해 쓰였다. 그는 비평가였고 철학자였으며 사회 이론가였다. 그리고 그의 작품은 비록 미디어 연구에서 바로 두각을 나타내지는 않았지만 후에 미디어를 분석하는 많은 이들에 의해 지지되었다. 바르트는 소설과 사진, 그리고 유명한 문화나 영화, TV에 대해 썼지만, 그의 연구에 대한 관점이 중요한 것이 아니라 오히려 주요한 것들에 대해 정보를 얻은 것은 그가 사용했던 접근법이었다. 그리고 이것은 레슬링, 음식, 차, 세제, Greta Garbo의 얼굴과 같은 것들을 연구한 기사들의 컬렉션인 그의 책 『신화(*Mythologies*)』(1957)에서 잘 나타났다. 이것들이 관련이 없어 보이는 반면에 바르트의 의도는 "신문·예술·상식 속의 '자연스러움'은 비록 우리가 그곳에 살고 있을지라도 의심할 여지없이 역사에 의해 결정된 현실로 끊임없이 가장한다"는 사실을 시험하는 것이다. '역사'에 있어서 그는 단지 '과거'를 의미하지는 않는다. 그가 의미한 것은 '우리가 살고 있는 특정한 시간과 장소'이다. 즉, 세상의 사물들은 '자연스럽게' 보이기 위해 만들어지지만 오히려 너무 인공적이며 이러한 인공은 우리에게 말이 되는 문화적 배경에 의지한다. 바르트는 세계에 '신화'에 대해 이러한 '상식'이라고 불렀다. 바르트가 그의 커리어를 통해 일련의 접근법들을 사용하는 동안, 어떠한 것들의 자연스러움에 대한 물음의 대답은 되풀이되면서 뚜렷해지는 그의 연구의 한 양상에서 볼 수 있다.

바르트는 종종 구조주의자로 분류되지만 후기 구조주의자로서 나타날 수도 있다. 후기 구조주의란 실로 본문 해석의 핵심인 근본적인 구조가 존재하는 것은 사실이지만, 해석하는 데 있어 중요하고도 흥미로운 점은 구조 그 자체가 아니라 개별의 독자들이 다양하고 복잡하며 개성 있는 방법으로 글을 이해하고 그러한 구조를 사용하는 방법이라고 시사하는 구조주의에 대한 대응이라고 할 수 있다(그리하여 그 이름이 생겨났다). 이것의 논쟁점은 많은 독서법 중에서 공통점이 있을 법함에도 불구하고 모두가 구조를 다르게 해석하고 사용하기 때문에 그러한 구조들이 무엇인지 항상 알기는 불가능하다는 것이다. 그러므로 바르트의 연구가 구조주의로부터 시작되었다 할지라도 그는 '독서의 유희와 독자'의 각자 개성을 가지고 읽을 권리(Culler, 1983: 2)에 대해 흥미를 가지고 있었기 때문에 신구조주의자의 사상으로 향한 변화를 도왔다. 실로 이 논문은 "내부

속에서 구조주의에서 신구조주의로의 변화라는 관점에서 과도기임은 발견될 수 있다"(Aleen, 2003: 74)라고 얘기될 수 있을 것이다.

'저자의 죽음'이 처음 출간되었을 때 이는 대단히 많은 논쟁을 야기했다. 이것은 그들의 모든 연구가 의미 없음을 시사하며 대다수의 비평가들과 학자들이 몇 세기 동안 사용해 왔던 수단의 기초를 위태롭게 했기 때문이다. 게다가 이것은 바르트가 '지식의 중심부의 관리자로서의 특권이 주어진 지위를 보존하면서 대학 조직의 관심을 다루는 듯한 학문적인 비판'을 보았기 때문에 그들의 연구를 실행하면서 비평가들과 학자들은 조직적으로 권력의 차이를 지지하는 어떠한 프로세스를 이용한다고 주장했다(Ribiere, 2002: 29). 바르트는 소위 '전문가'라는 오직 몇몇의 사람들만이 문화에 대해 어떤 것을 말할 수 있는 권리와 권한을 가졌다고 말함으로써 방대한 양의 사람들이 원했던 즐거움, 기술, 판단들은 쓸모없게 되고 그러므로 그것들은 어떠한 종류의 논쟁에서도 사라졌다고 주장했다. '전문가들'을 심문하면서 바르트는 어떠한 사회가 생성되는 것의 총체적인 시스템에 대해 캐물었고 어떤 것에 대해 명확히 '아는' 우리의 능력에 대해 의구심을 가졌다. 그리고 이것은 '본질적으로 인습 타파적인 연구'였다(Burke, 1998: 26).

'저자의 죽음'은 원래 ≪아스펜(*Aspen*)≫이라고 하는 예술문화 정기간행물에 실렸었다. 가장 일반적으로 쓰이는 버전은 바르트의 글들의 문집인 『이미지, 음악, 텍스트(*Image Music Text*)』(1977)의 것이다. 즉, 그 책의 장들은 따로 쓰여졌지만 후에 다 같이 모아지기만 했다는 것이다. 『미톨로지(*Mythologies*)』와 같이 그 책은 사진·음악·성경과 이야기로 된 해석의 잡동사니 주머니를 커버로 했다. 이러한 절충법은 이 자체로 놀랄 법한데, 왜냐하면 이것은 전통적인 주제 차별화를 승인하는 것을 거부하고 어떠한 해석적인 접근법은 어느 것 혹은 모든 것을 심문하는데 사용될 수 있다는 견해를 지지하기 때문이다.

곧, 읽으려는 것이 프랑스어에서 번역 되었다는 것을 아는 것은 중요하다. 언어 간의 다름 때문에 번역문들은 즉시 문제를 일으킨다. 어떤 한 사람이 어떤 글을 어떠한 방식으로 번역했을지 몰라도 다른 사람은 다른 방법으로 하기 때문이다. 번역가들은 글자 하나하나를 해석하는 방법이나 텍스트의 '영혼'을 표현하는 것 혹은 둘 중에 조금씩 차용하는 것 중에 무엇이 가장 나은지 결정해야 한다(Steiner, 1992; Will, 1993). 구조주의자에게 있어 번역은 누군가가 하나의 언어적인 구조 모음을 다른 모음으로 글을 옮기려고 시도하는 것이기 때문에 그 자체로 흥미로운 과정이다. 이 글이 우리가 접하지 못했을 법한 많은 저자들을 지칭하고 문체가 꽤나 간접적이며 시적이기 때문에 아마

이 글이 꽤나 어렵다고 느낄지 모른다. 얼마나 그것을 원하는지 간에 이것들을 해석하기를 북돋아주는 것처럼 보인다. 프랑스 학술적 글들은 영국과는 다른 예상들과 기준을 가지고 있다는 것을 염두 해 두어야 한다. 즉 그것들은 다른 구조를 가지고 있다. "두 언어 사이에서 이론적 문맥의 사실상의 부분적 일치는 없다(지금까지도?)"라고 『이미지, 음악, 텍스트』의 번역본에서 언급하였다. 그러므로 여기서 찾을 수 있는 글의 종류는 일들을 더 어렵게 만드는 신중한 시도는 아니라는 것이다. 이것은 차라리 번역의 과정으로 인해 야기된 문제에 의해 혼합된, 바르트가 그 속에서 글을 쓰고 있었던 배경의 결과라는 것이다.

이 간접적인 언어의 사용은 학술적인 기사의 제목보다는 오히려 신문헤드라인과 같이 들리는 제목에 의해 설명되어 있다. 이것은 무엇이 다가올지에 준비할 수 있도록 충분한 도움은 되지 않을 것이다. 어떤 저자가 어떻게 죽을 것인가? 사실 바르트는 어떤 특정한 저자의 죽음에 대해서는 이야기하지 않는다. 그는, 특히 그 저자가 텍스트의 '실제'와 '사실'의 의미를 조종하고 있음을 암시하기 위해 사용됐을 때, 오히려 저자의 관념에 대한 죽음에 대해 찬성한다. 즉 그는 저자의 관념이 이미 죽었다고 말하기보다는 죽어야 한다고 말하기 때문에 이것은 그가 제안하는 주장인 것이다. 바르트가 1967년도에 이렇게 탄원한 것은 아무 의미가 없으며 여전히 미디어와 문화가 가르쳐지고 생각했던 최초의 방식은 저자와의 관계에 남아 있다. 바르트는 '저자'가 죽기를 원했을지도 모른다, 하지만 그 혹은 그녀는 여전히 잘 살아 있다.

Reading 1

롤랑 바르트(R. Barthes)

저자의 죽음

여자로 변장된 카스트라토에 대해 설명하면서 사라신 발자크(Sarrasin Balzac) 이야기에서는 이런 문장을 썼다. "그녀는 그녀의 갑작스러운 공포와 비이성적인 변덕, 본능적인 걱정들과 성급한 용기, 불평들, 그리고 유쾌한 감각과 함께 그녀 자체로 여자이다." 누가 말하는 것인가? 이와 같이. 여자 속에 숨겨진 카스트라토에 대해 모르는 채로 남아 있으려고 하는 이야기 속의 그 영웅인가? 발자크는 여성에 대한 철학에 대한 그의 개인적인 경험으로 무장한 개인인가? 발자크는 '문학적' 견해를 여성성에 공언하는 작가인가? 이것은 전우주의 지혜인가? 로맨틱한 심리학인가? 우리는 글쓰기는 모든 목소리와 모든 기초의 관점의 파괴라는 좋은 이유 때문에 절대 알지 못한다. 글쓰기는 중심부의 글쓰기의 동일성이 시작됨과 함께 중립적이고 복합적이며 우리의 주제가 살짝 담겨 있는 주관적인 공간이고 모든 동일성이 사라지는 부정이다.

Note

[내용]

여기의 '실제세계'와 이것을 포착하거나 반영한 텍스트의 차이는 분명하게 만들어졌다. 롤랑 바르트의 '이야기하는' 것에 대한 개념은 사실들이 말해진 것이든 쓰여진 것이든 존재한다는 것을 시사한다. 그러나 그것들이 텍스트의 부분이 된 순간부터는 현실과는 달리 정적이고 변하지 않게 된다. 즉, 예를 들면 '웃음'의 활동이 글자 '웃음'으로 글자화되었을 때 이것은 구체적 대상을 지칭하게 되지만 실세계와는 분리가 된다. 마찬가지로 당신이 친구들에게 휴가 사진을 보여 줄 때 너는 그들에게 '실제 세계'를 보여 주는 것이 아니며 그러한 사진은 곧 당신이 기억하는 현실을 대신하게 될 것이다. 이야기하는 것에 대해 이야기를 하는 것에 있어, 바르트는 그러한 중요한 이야기들이 말해지는 방법을 보여 준다.

[문체]

당신은 아마도 이곳에서 바르트의 글자 '현대'의 사용이 어떤 때를 의미하는지 궁금해 할 것이다.

Reading 2

의심의 여지없이 이것은 항상 그러한 방식이었다. 사실이 이미 실제를 기반으로 직접적·자동적으로 꾸미는 것에 대한 관점과 함께 이야기되지 않는 한, 바꿔 말하면 상징 그 자체의 매우 일상적인 것들의 외부보다도 어떤 기능의 최종적인 외부에 대해서 꾸미는 것에 이야기되지 않는 한, 이러한 분리는 일어나고, 목소리는 그것의 근원을 잃고, 작가는 그 자신의 죽음으로 들어서고, 글쓰기는 시작된다. 그러나 이러한 현상의 지각은 다양해져 왔다.

민족지학의 사회에서 서술에 대한 책임은 한 사람에 의해 맡아지는 것이 아니라 중재자, 무당 혹은 관계자의 그의 '천재성' 때문은 아니지만 충분히 존경받을 수 있는 '퍼포먼스'—서술코드의 지배—에 의해 행해진다. 작가가 영국의 경험주의의 중세시대로부터 프랑스의 이성주의로부터 종교개혁의 개인적인 믿음으로부터 부상한 현대적인 인물상이자 현재까지의 사회의 산물임에 있어서는, 고상하게 말하자면 '인간' 개개인의 특권을 발견했다.

Note

[문맥]

롤랑 바르트는 텍스트 한 장의 분석부터 착수했다. 이 예시의 사용은 독자에게 그의 주장 '속으로' 가는 길을 제공하며, 현실세계에서의 그의 사상의 기초를 세우기 위해 보여질 수 있다. 그러나 그가 지칭하는 것은 당신이 들어보지도 못한 작가의 읽어보지 못했던 소설일 가능성이 크다. 작가에게 있어 누군가에게 의미가 있는 예시를 고르는 것은 항상 어렵지만(정말 이는 이 읽을거리의 관점들 중 하나이다), 너는 바르트가 가정하는 어떤 독자들이 이것을 읽는지 생각하고 싶을 것이다. 왜 그는 무수히 많은 것들 중 이 예를 골랐을 것일까?

[문체]

바르트는 그의 인용구를 참조하지 않는다. 당신이라면 당신의 에세이에 그렇게 하는 것을 허락하겠는가? 또한 이것은 이해되기 힘들 수 있는 감상적이고 복잡한 글이다. 너는 이 읽을거리를 통하여 그러한 문단을 찾을 것이다. 그러한 어려움을 다루는 좋은 책략은 문장에 대해서 지금 걱정하지 말고 읽기를 계속하고 다음에 다시 그 부분으로 돌아오는 것이다. 왜냐하면 그 뒤의 부분이 너를 그 부분에 대해 이해하는 것을 도울 수 있을지도 모르기 때문이다.

[내용]

당신이 문학에 대해 공부를 했었다면 작가와 텍스트가 채택하는 '목소리'에 대해 상의했을 것이다. 비록 이것이 시간을 들일 가치가 있는 질문임에도 불구하고 미디어 연구에 의해서는 덜 연구된 부분이다. 당신이 TV를 보고 있을 때 어디에 위치해 있는가? 보통 당신에게는 등장인물 중 아무와도 매치가 되지 않는 관점이 주어지기 마련인데 그렇다면 당신은 정확히 어디서부터 보고 있는 것일까? '인물 발자크'와 '작가 발자크' 사이를 바르트가 구분한 방법 역시 메모해라. 그 둘의 차이점은 무엇인가?

Reading 3

문학에서 이것이 '작가'의 어떠한 '인물'에게 있어 가장 중요한 것과 결부되어 온 자본가적 이데올로기의 절정과 줄거리 그리고 실증주의여야 한다는 것은 꽤나 논리적이다. 작가는 일기들과 자서전을 통해 그들의 연구와 인물과 하나가 되기를 갈망하는 사람들의 편지에서의 의식과 같이 작가는 여전히 문학의 역사나 글쓴이의 전기나 인터뷰, 잡지에서 여전히 영향력이 있다. 보들레르(Baudelaire)의 작품은 보들레르 그 사람의 실패작이라는 것과 반 고흐(Van Gogh)의 광기와 차이코프스키(Tchaikovsky)의 악독함을 말하는 데 있어서 비판들은 여전히 가장 많은 부분을 차지하는 반면에, 일반적인 문화에서 보여질 수 있는 문학의 이미지는 근본적으로 그 작가와 인물과 그의 삶과 취향, 그리고 열정을 중심으로 한다.어떠한 작품의 설명은, 마치 그것들이 결국엔 그 허구의 많게 혹은 적게 분명한 이야기의 비유나 한 사람의 목소리, 그리고 우리들 속에서 '한정되는' 작가를 통해 항상 존재하는 것 인양 항상 그것을 만든 사람에게서 찾을 수 있다.

Note

[문맥]

특히 유럽인들의 사고 방식에서 어떻게 동시대의 세상을 과거의 맥락에 넣을 수 있는지 보아라. 중요하게도 이것은 우리가 이야기를 하는 방식과 어떻게 우리가 일상에 대해 생각하는 방식이 중립적이지도 평범하지 않다는 것을 말해 주고, 이러한 방식이 언제나 존재하지 않는다는 것을 말해 준다. 그것들은 사회 역사와 사고방식의 결과물이다. 비록 지금 우리에게는 '분명하게' 보일지라도 말이다. 롤랑 바르트가 지적했듯이 많은 사회에서 우리가 그렇듯이—그것에 대해 비슷한 개념을 갖고 있더라도—작가에 대해 생각하지 않는다. 이런 작가에 대한 집착은 세계적인 것은 아니다.

[문체]

바르트는 매우 구체적으로 '통합'이라는 단어를 여기서 사용한다. 그는 그가 비판했던 분석 도구들이 작가와 텍스트 사이에서 그들이 서로를 설명한다는 사실을 논했다. 비슷하게 우리는 그들의 텍스트 안에서 작가가 어떤 것을 '말하려' 했다는 것을 추정한다. 책·영화·TV프로그램이 발전할수록 작가의 인격, 인생, 그리고 정신의 확장이 매우 빈번하게 일어난다. 중요한 것은 텍스트와 작가를 '통합'하는 방법을 통해 이 관계를 **이해할 수** 있어야 한다는 것이다. '**설명**'의 경우에는 말을 사용하는 데 주의를 기울여야 한다. 이 단어는 종종 작가의 지식을 통해 '설명'된 텍스트가 참된 의미, 진짜라는 분석을 하게 된다. 확실히 당신은 이 방법을 당신의 연구에서 발견했을 수도 있다. 당신은 '설명하는 것'이 우리 문화에서 매우 중요하게 보인다고 생각할 수 있다. 왜 그것들을 즐기거나 이해하는 걸로는 충분하지 않을까?

Reading 4

저자의 영향력은 여전히 강하게 남았음에도 불구하고(새로운 비판은 이것을 강화하는 것에 지나치지 않는다), 몇몇의 어떠한 작가는 이를 약화시키기 위해 말하지 않고 오래 전부터 시도해 왔다. 프랑스에서 말라르메(Mallarme, 1842~98)는 그때까지는 그때까지 주인으로 여겨졌던 사람을 언어 그 자체로 대체할 필요성을 모든 측면에서 인지하고 예견한 의심할 여지가 없는 첫 사람이다. 우리에게도 그러하듯이, 말라르메에게는 저자가 아닌 언어가 말한다. 글을 쓴다는 것은 전제가 되는 비인간성을 통해(사실주의 소설가의 거세된 객관성과 절대 혼동되지 않아야 한다), 언어만이 행동하고, '행위하고', '내'가 아닌 지점으로 귀결된다. 발레리(Valery, 1871~1945)는 에고(Ego)의 심리학에 의해 방해받으며, 말라르메의 이론을 의식적으로 희석시켰다. 하지만 고전주의를 좋아한 그는 웅변술의 교훈들에 이끌렸고, 질문을 만들고, 저자를 조롱하는 것을 멈추지 않았다. 그는 언어학을 그의 행위가 가지는 '위험한' 성격으로 강조하였고, 문학이 필수적으로 가지는 구어적 상황들을 선호하였다. 또한 발레리는 자신이 영향을 끼친 자신의 산문 작품들을 통해 작가적 내면성에 의지하는 모든 것들이 순수한 미신으로 여겼다.

Note

[문맥]

신비평은 1920년대부터 1960년대 미국과 영국에서 유행했던 문학비평의 하나이다. 이것은 작가의 의도나 작가와 관련된 어떠한 지식도 보지 않고 텍스트를 읽는 것을 말한다. 이것은 텍스트가 많은 의미를 가지고 있고 따라서 보기에 따라서는 롤랑 바르트의 말에 도움이 된다고 볼 수 있다. 하지만 신비평은 종종 의미를 만드는 과정에서 독자의 역할을 무시하여 그 과정에서 작가가 중요한 사람임을 드러낸다.

운동과 관련된 비평가로는 크린스 브룩스(Cleanth Brooks, 1906~94), 존 크로 랜섬(John Crowe Ransom, 1888~1974), 그리고 로버트 펜 워렌(Robert Penn Warren, 1905~89)이 있다. 잔코비치(Jancovich, 1993)와 융(Young, 1976)도 있다.

[내용]

말라르메는 아마 뒷장의 발레리만큼이나 알려지지 않은 작가일 것이다. 말라르메는 독자들에게 언어만큼이나 다양한 읽기를 가능하게 하는 소리를 사용하는 시로 유명했다. 발레리는 말라르메와 작업을 같이 하는 사람으로 시인이자 수필가 그리고 철학자였다. 그들을 참조해서 바르트는 특정 철학적, 그리고 문학적 전통에서 그의 논의를 확립하고 있다.

앤더슨(Anderson, 2000), 와인버그(Weinberg, 1966), 그리고 윌리엄스(Williams, 2004)를 보아라.

바르트가 적었다시피 말라르메는 독자들이 저자보다 글에 더 관심을 갖게 만들기 위해서 그 자신을 그의 글에서 자신을 몰개성화하도록 노력했다. 많은 TV가 이것을 수행한다. 예를 들면 당신은 드라마의 작가가 누구인지 알 것 같지 않다. 그 프로그램을 누가 만들었는지에 관심을 거의 기울이지 않고 그 프로그램 자체를 즐길 것이다. 여기 문화체계가 있다는 것을 알 수 있는데, '상위' 문화의 다수는 '저술되었음'을 알 수 있고 반면에 드라마가 '하위' 문화로 보이는 이유 중의 하나가 텍스트를 설명해 주는 명확한 저자의 부재라고 할 수 있다.

Reading 5

마르셀 프루스트(Marcel Proust, 1871~1922)는 분석이라 불리던 분명한 심리학적 특성에도 불구하고, 극도로 미묘하게 저자와 저자의 등장인물 사이의 관계를 명백하게 흐리는 일을 고민했다. 이야기를 하는 서술자를 보고 느끼는 주체도 아니고, 글을 쓰는 주체도 아닌, 글을 쓰려고 하는 사람으로 만듦으로써(소설의 어린 남자—하지만, 이 남자는 실은 몇 살이고, 누구인가?—는 글쓰기를 원하지만 쓸 수 없다. 글을 쓰는 것이 가능해지자 마침내 소설은 끝이 난다), 프루스트는 모던한 글쓰기의 서사시를 제공한다.

과격한 반전에 의해 종종 그렇게 되었듯이 그의 인생을 소설 속에 놓는 대신에 프루스트는 그의 인생 자체를 자신의 책이 모델이 되는 작품으로 만든다. 이를 통해 찰러스(Charlus) 남작이 모스테큐(Montesquiou)를 모방하지 않았으며, 모스테큐는 찰러스에서 나온 이차적 파편 그 이상에는 못 미친다는 것이 우리에게 명백해진다.

Note

[내용]

프랑스 문학 그 이상! 마르셀 프루스트는 그의 소설 『잃어버린 시간을 찾아서(*A la recherché du temps perdu*)』(1913~27)로 유명하다. 다시 우리는 롤랑 바르트가 추정했던 그가 글을 쓰려고 했던 청중의 종류에 대해 궁금할 수 있다. 프루스트는 20세기의 가장 위대한 작품으로 보이는 그의 소설로 인해 매우 중요하다. 이것은 시간, 정체성 그리고 기억의 실험물이다. 이 문단 뒤에서 바르트에 의해 언급될 찰러스는 흔히 프랑스의 시인이자 소설가인 몽테스키외(Robert de Montesquiou, 1855~1921)의 실제 삶을 기초로 두고 있다고 추정된다. 찰러스와 몽테스키외의 관계를 통해 바르트는 최소한 부분적으로 전자를 통해 후자를 이해하는 것을 말한다. '픽션'이 '사실'에 영향을 미치는 것을 말한다. 이것은 찰러스가 콩테스키외의 진짜 묘사인지 아닌지를 궁금해 하는 것이 무의미하다는 것을 의미한다. 왜냐하면 둘 모두 서로에게 영향을 주기 때문이다. 이것은 분명 전기나 자서전 같은 것들에 큰 영향을 준다. 바르트가 사용한 예들이 그가 말하는 것을 이해하는데 당신에게 어려움을 줄 수 있지만, 당신에게 더 많은 의미를 줄 수 있는 예로 그의 생각들이 영향을 줄 수 있다는 것은 매우 중요하다. 그것은 단순히 바르트가 프랑스 소설가들에 관해서 적고, 그의 생각이 오직 그런 사람들과 관련이 있다는 것을 의미하는 것은 아니다. 이론을 사용하면, 당신은 그의 생각이 다른 분야에 얼마나 잘 적용되는지를 알 수 있다.

Reading 6

끝으로 근대성에서 멀리 가지 않는다면 초현실주의는 언어를 최상의 장소에 가져다 놓는 것은 불가능해졌더라도(언어는 시스템이며, 움직임이 존재하는 목적이고 낭만적이며, 직접적으로 기호 체계를 전복하는 것, 그것 자체는 상당히 허상적이다. 기호 체계는 파괴될 수 없으며, 단지 속이는 것뿐이다), 저자의 이미지를 신성하지 않도록 기여했다. 이는 의미의 기대들에 대한 의외의 실망감(유명한 초현실주의자 '정신적 충격')을 끊임없이 권하며, 머리는 '자동 기술'을 인지하지 못하도록, 가능하면 빨리 글 쓰는 작업을 손에 맡기며, 몇몇 사람들이 함께 글 쓰는 법과 경험들을 받아들이면서 이루어졌다.

Note

[내용]

흔히 미술과 관련 있다고 하는 초현실주의는 1920년대 유럽에서 퍼져나간 문화운동이다. 그것은 보통 갈등을 이끈 이데올로기에 대한 예술가의 응답으로, 1차 세계대전의 반응으로 볼 수 있다. 초현실주의의 중심적인 생각은 비이성적이고 혼돈을 표현하려는 시도를 한다는 것이다. 그래서 예술가들은 예술기교를 발휘하는 이성적인 작업 과정을 하지 않는 창의적인 방법을 개발하였다. 이것은 사회를 뒤엎는 문제를 유발하는 무정치적이고 무도덕적인 것들을 시도하였다. 그렇게 함으로써 초현실주의는 많은 사회에서 많은 문제를 일으켰다. 그리고 이것은 문학·음악·미술, 그리고 여러 분야에서 혁명적인 새로운 방법들을 불러냈다. 이것은 20세기 역사에서 가장 영향력 있는 예술문화운동의 하나이다. 이것은 롤랑 바르트의 '저자의 죽음'이라는 개념에 매우 잘 부합한다. 단락 뒤에 바르트는 '자동 기술'을 언급하는데, 저자들은 그들이 글을 다 쓰기 전에 그들이 무엇을 썼는지 알지 못한다. 그러한 글쓰기에서는 저자들의 의도를 묻거나 저자의 전기를 통해 글을 분석하는 것이 터무니없는 일이다.

물론 아이러니하게도 앙드레 브르통(Andre Breton, 1896~1966)과 마르셀 뒤샹(Marcel Duchamp, 1887~1968)과 같은 초현실주의 예술가들이 운동 속에서의 그들의 중요성으로 인해 그들의 비범한 천재성을 칭찬받는다. 이것은 그들의 의도와는 정반대이고 우리 사회에서의 저자에 대한 맹목적인 숭배를 보여 준다.

초현실주의에 대해 더 알고 싶다면 호핀스(Hopkins, 2003)와 리차드슨(Richardson, 2006)을 보도록 하라.

Reading 7

문학 자체를 떠나서(이러한 구분이 사실은 타당하지 않고 있다), 언어학은 최근에 대담자로 가득할 필요도 없이 발음의 전체가 텅 빈 과정이라는 것을 보여 주는 귀중한 분석틀과 함께 저자의 파괴를 제공했다. 저자는 언어학적으로 글 쓰는 예시 이상은 결코 아니다. 나는 나라고 말하는 때만 제외하면 존재하지 않는다. 언어는 '대상'은 알지만 '사람'을 알지 못한다. 이러한 대상은 이것을 정의하는 바로 그 발음의 빈 외부공간에서 언어를 '함께 묶여' 충족된다. 충족된다는 것은, 다시 말해 내용물을 비어 버린다는 것이다.

Note

[문맥]

롤랑 바르트는 '타당하지 않은' 문화 형태 간의 차이를 보았다. 당신은 미디어 이론이 다른 형태로부터 차용된다는 것을 볼 수 있을 것이다. 그리고 심지어 바르트는 반복적으로 문학을 보았고 이것은 그의 주장이 글을 분석하는 데 도움을 준다는 것을 알려주진 않는다.

[내용]

'최신'이라고 바르트가 언급했던 언어적 접근들은 구조주의자들의 것으로, 작가를 고려하지 않고 모든 대화에서 기본 법칙을 찾아내려한 것이다. 바르트는 이런 기본 구조들의 표현들보다 감독·제작자·배우와 같은 글쓴이가 더 낫지 않다고 주장했다. 따라서 이런 구조들은 명백히 다른 어떤 텍스트의 새로움이나 차이점들보다 중요하다고 했다. 그런 면에서 저자에 대한 분석 없이 의미를 드러내는 말의 분석은 필요하다.

Reading 8

저자를 제거한다는 것은(누군가는 이 지점에서 브레히트가 말한 틀림없는 '거리두기'에 관해 이야기할 수 있다. 저자는 문화적 단계의 가장 마지막 지점에서 작은 조각상처럼 사라진다) 단순히 역사적 사실이거나 글쓰기의 행위가 아니다. 모던한 텍스트로 완전히 변한다. (또는 다음의 것과 같은 것이다. 텍스트가 앞으로 모든 수준에서 작가가 부재하는 방식으로 만들어지고 읽혀진다.) 일시적인 소유는 다르다.

Note

[내용]

베르톨트 브레히트(Bertolt Brecht, 1898~1956)는 청중들에게 연극에서 논의될 생각을 얻을 기회를 적게 제공하여 생기는 많은 공연장의 문제를 발견하는 중요한 각본가이자 감독이었다. 그는 논의들이 사실이라면 논의들을 공부하는 것을 기뻐했고 청중들이 그 논의들을 받아들이는 것 이상의 무언가를 더 하기를 원했다. 그는 감정적으로보다는 이지적으로 청중들을 사로잡는 것을 시도하는 '서사연극'이라고 부르는 것을 발전시켰다. 그렇게 하기 위해서 그는 많은 극장의 관습을 타파했고, 그들의 생각을 보여 주기 위한 극들을 만들었다. 예를 들어 배우들이 청중들에게 직접적으로 말을 하도록 하거나, 그들에게 무대지시를 알게 했다. 청중들을 비판적으로 그리고 관계를 맺기 위해 장려하는 시도에서, 롤랑 바르트는 희극이 청중들은 그것을 목격하고 그것에 놀라워해야 하는 '예술작품'으로 되는 것을 거부했다. 그래서 그는 저자/창조자의 역할을 경시했고 그의 극장을 청중들이 의미를 창조하고 논의하고, 그들의 주위를 둘러싼 세상을 보는 장소로 바라지 않았다. 브레히트(Brecht, 2001)와 스타이안(Styan, 1981)을 참고해라.

Reading 9

믿음 안에서 저자는 항상 그의 책들의 과거로 상상된다. 자동적으로 책과 저자는 이전과 이후로 나뉘는 하나의 경계선상에 선다. 저자는 책을 길러낸다고 생각된다. 다시 말하자면 저자는 책 이전에 존재하고, 생각하고, 고민하고, 책을 위해 살아간다. 이러한 사실은 작품보다 먼저 존재하는 저자의 관계가 아버지와 아들의 관계라고 할 수 있다.

Note

[내용]

여기 롤랑 바르트가 저자와 책의 관계에 대해 논의한 것이 있다. 그는 "우리가 흔히 저자가 책 **이전**에 존재했고, 책은 저자의 과거의 결과라고 생각한다"고 주장한다. 또한 "책은 아버지와 같은 저자의 자식이다"라고 말한다.

이것은 그가 이 읽기를 통해 비판하고자 했던 개념이다.

[문체]

'믿는 때'를 적어라. 우리가 해석하는 방식은 우리의 믿음에 영향을 받는다는 바르트가 아무것도 아닌 단락을 이용해라. '믿음'은 마치 '이론'과 같아 보인다. 그것은 당신이 이해한 각각의 이론이 사람이 적은 단순한 신념이라는 것이다. 그리고 당신이 확인한 것이 당신의 믿음을 더 일반적이라고 말해 줄 것이다.

Reading 10

완전히 반대로 모던한 스크립터는 텍스트와 함께 탄생하며, 글 쓰는 행위를 앞서거나 추월하도록 준비된 방법이 없다. 그는 술어로써 책과 함께 주체가 되지 않는다. 발음의 순간과는 다른 어떠한 시간도 존재하지 않는다. 모든 텍스트는 영원히 여기서 지금 쓰여진다. 사실은(또는 사실에 따르는 것은) 글 쓰는 것이 더 이상(고전에서 말하듯) 기록, 메모, 표현이나 묘사가 아니라는 것이다. 오히려 옥스퍼드 철학에 의하면 언어학은(오로지 일인칭 시점과 현재 시제에 따르는) 행위적이며 드문 구어적 형식을 의미한다. 여기서 발음이란—나는 왕임을 선포한다라거나 나는 고대의 시를 노래한다와 같이—발음되는 행위 그 자체 이외의 다른 내용을 담고 있지 않다. (다른 조건 또한 가지고 있지 않다.)

Note

[구조]

여기와 〈Reading 3의 Note〉에서 롤랑 바르트가 이 두 접근을 대조한 것처럼 비교해 보아라. 그가 **여기와 지금**에 대해 말했을 때 그는 누군가가 텍스트를 읽을 때 오직 텍스트의 의미가 존재한다고 언급했다. 당신이 이해하는 책을 읽을 때 당신은 바르트가 '발음'이라고 부른 것을 수행할 수 있다. 동시에 당신이 저자를 '읽을 때', 당신은 아마도 텍스트의 내용으로부터 그들에 대해 추정하거나 텍스트가 저자의 전형적임이라고 생각할 수 있다. '여기와 지금'은 그것을 반영하는 그 순간 그대로의 의미를 반영하기에 매우 중요하다. 예를 들어 당신이 아이를 갈망하는 어른으로서 영화를 볼 때, 당신은 유치하고 좋지 않고 걱정스러운 것을 그것의 메시지로부터 찾으려고 할 것이다. 왜냐하면 우리는 바뀌고, 우리의 삶도 바뀌고, 우리를 둘러싼 것도 바뀌기에, 우리가 텍스트를 마주치는 매순간 우리는 조금씩 다르게 텍스트를 읽는다. 당신은 한 가지 방식으로 생각하는 영화 혹은 TV프로그램을 보지만 이제는 다르게 생각해라. 사실 우리의 삶을 통해서 우리가 다양한 방식으로 텍스트를 읽는다는 사실은 그것들이 수정되고, 정의되는 의미를 보여 준다. 그래서 우리가 다루는 모든 것은 우리가 만드는 '여기와 지금'을 읽는 것이다. 당신은 이것에 대해 확신하는가?

[문체]

바르트가 어떻게 대화의 주제를 '사실'에서 한낱 적혀 있는 '그것의 흐름'대로 서술을 옮겨갔는지를 보자. 글은 그의 이전 논쟁에 그의 서술이 얼마나 의지하는지를 보여 준다. 그리고 생각의 선을 독자가 따라갈 수 있도록 돕는 논거를 형성하는 데 효과적인 방법이라는 것이다.

[내용]

여기서 바르트는 글쓰기가 한낱 기록이나 사건을 표현하는 것이 아니라고 한다. 그것은 대신에 제공된 도구로 언어적 구조를 그림으로의 의미를 창조하는 행위(그는 '행위적'이라고 부르는)이다. 꼭 저자가 그런 구조들이나 도구를 그리는 것처럼, 독자들 또한 그러하다. (이것은 책에 있는 스튜어트 홀의 '코드화/해독 모델'(Hall, 1980c)과 비슷하다.) 이것이 어떻게 미디어와 연관이 있을까? 종종 카메라의 기술적 능력 때문에, 사진이 '실제' 세상을 담을 수 있는 것처럼 여겨진다. 하지만 우리는 사진을 이해하기 위해 여전히 구조를 그릴 수 있다. 말하자면 신문의 스포츠란의 축구팀 사진은 만약 우리가 축구를 알고, 신문의 뒤편에 스포츠란이 있다는 것을 알고, 경기가 묘사된 것을 이해할 수 있을 만큼 충분히 게임 룰을 알고 있다면 '이해'시킬 수 있다. 왜냐하면 이런 구조들이 우리가 생각하기에 자연스럽고, 평범하여 매우 흔한 것이라고 생각하기 때문이다. 여기서의 주장은 그들이 그렇지 않다는 것, 그리고 그들의 작용을 생각함으로써 우리가 우리 문화와 사회에 대해 많은 것을 배울 수 있다.

Reading 11

저자를 묻으면서 현대의 스크립터는 이 손은 그의 생각 혹은 열정에 비해 너무나 당연하게도 느리며, 필요성에 의해 그는 반드시 이 지연됨을 강조해야만 하고, 막연히 그의 형식을 '광을 내는' 그의 전임자의 감상적인 의견에 따라 더 이상 믿을 수 없다. 대조적으로 그에게는 어떤 목소리로부터 차단되는 비문이 순수한 제스처에 의해 탄생한(그리고 표현이 아니라), 기원 없이 들판을 더듬으면서, 혹은, 결국, 언어 그 자체보다 다른 기원이 없다. 언어는 쉴틈 없이 모든 기원에 질문을 던진다.

Note

[문체]

여기 언어 사용에 있어 몹시 사려 깊은 방식이 있다. '감상적인 것'은 더 일찍이고, 문자 그대로의 감각을 의미하는 것과 같다. 즉, 감정과 함께 한다. 어떻게 '저자'가 스크립터로 대체되는 것처럼 '글쓰기'는 '서명'에 의해 대체되어지는지 분석해 보자. 우리는 또한 어떻게 비유적인 언어가 사용되었는지 본다. 단지 서두의 제목이 어떤 자가 실제로 어떻게 죽었는지를 제시하지 않는 것처럼, 그래서 묻혀 버린 작가는 문자 그대로의 감각을 의미하지는 않는다. 문자와 상징적인 언어의 작용은 때때로 어려운 이론을 만들 수 있다. 특히 더 희귀한 글쓰기 방식을 지닌 영국의 독자들에게 말이다.

[문맥]

이것은 중요한 생각이다. 그 언어가 우리가 종종 생각 없이 사용하는 견고한 시스템이다. 그러나 이 견고한 시스템은 문화적·사회적 요소의 범위에 의존한다. 언어의 투명성을 비판함에서 바르트는 우리는 전체로서 사회를 조립하는 방법에 대해 질문을 던진다고 언급했다. 예를 들어 다른 나라들은 다른 언어를 가진다. 왜 그러한가? 또한 언어는 시간에 걸쳐 변한다. 또다시 이것이 우리에게 무엇을 말해 주는가?

Reading 12

우리는 텍스트가 하나의 '신화적'인 의미를 배포하는 글자의 배열이 아니라는 것을 안다(저자: 신의 '메시지'). 그러나 글쓰기의 다양함, 그들 고유성의 부재, 조화와 충돌이라는 다분화한 공간으로 다양한 의미를 갖는다. 텍스트는 문화의 수많은 중심으로부터 그려진 인용의 조직이다.

Note

[구조]

이것은 지금까지의 논쟁에 중요한 요약이다.

Reading 13

부바르(Bouvard)와 페퀴셰(Pecuchet)처럼 이 영원한 복사자들은 한 번에 우스꽝스럽고 숭고하고 심오함이 정확하게 암시하는 글쓰기의 진실, 작가는 언제나 앞이지만 결코 고유한 것이 아닌 제스처를 모방한다. 그의 유일한 힘은 글쓰기를 섞는 것이고, 같은 방식으로 그 중 하나는 두지 않겠다며, 하나부터 다른 것들을 세는 것이다.

Note

[문체]

프랑스 문학에 대해 더 많은 언급들이 있다. 너는 독서의 감각을 찾기 위해 부바르와 페퀴셰가 누구인지 알 필요가 없다는 사실을 안다.

[내용]

롤랑 바르트는 작가가 결코 고유할 수 없다고 주장했다. 왜냐하면 그들이 언제나 그들에게 이용 가능한 언어도구만을 이용하기 때문이다. 당신은 동의하는가? 이 점이 모든 미디어에 동일한 것인가?

Reading 14

저자를 계승하며 스크립터는 더 이상 그의 안에서 열정과 유머와 느낌들과 인상들을 참지 못한다. 그러나 차라리 계속되는 글쓰기에서 이끌어낸 광대한 사전을 참는다. 삶은 결코 책을 모방하는 것보다 그 이상을 해낼 수 없다. 그리고 책 그 자체는 단지 신호의 조직이고, 잃어버린 모방이고, 궁극적으로 유예된 모방이다.

Note

[내용]

삶은 책을 모방하는 것보다 더 할 일이 없는가? 또한 이것을 통해 롤랑 바르트는 무엇을 말하고자 했는가? 그는 이것을 글자 그대로 의미하거나 미묘한 의도가 있는가? 만약 당신은 우리가 어떠한 것에 대해 이야기하는 방법에 대해 생각한다면, 그리고 우리의 삶을 암기한다면(일기장에, 블로그에, 사진에), 너는 그가 무얼 얻었는지 볼 수 있다.

Reading 15

예전 저자는 제거되었고, 텍스트 해독에 대한 소유권 주장은 꽤 하찮은 것이 되어 버렸다. 저자에게 텍스트를 주는 것은 텍스트에 제한을 부과하는 것이고, 마지막 기의와 함께 제공하는 것이고, 글쓰기를 잃는 것이다. 이러한 개념은 비평에 매우 적합하며, 후에는 저자(혹은 본질: 사회·역사·영혼·자유)를 발견하는 중요한 작업 그 자체를 작업 아래로 할당한다. 저자가 발견될 때, 텍스트는 '설명되어진다'. 비평가의 승리다. 그러므로 사실에 있어서 놀라움은 없다. 역사적으로, 작가의 지배는 또한 비평가의 지배였다. 글쓰기의 다양화에서 모든 것은 '풀렸고' 해독된 것은 없었다. 구조물은 동행되었고, 모든 점에서 그리고 모든 단계에서 (마치 스타킹의 가는 실처럼) '운영된다'. 글쓰기의 공간은 정렬되었고 관통되지 않았다. 글쓰기는 의미를 체계적으로 면제하면서 끊임없이 의미를 제외하기 위해 의미를 준다. 정확히 이 방식의 문학에서(지금 글쓰기라고 말하는 것보다 더 좋았었던) 비밀, 궁극적 의미를 할당하는 것을 거부함으로써 텍스트에(텍스트로서 세계에) 반이론적 행위이라 불리는 것을 자유롭게 한다. 반이론적 행위는 의미를 결정하는 것을 거절하고, 결국 신과 법칙, 이유, 과학, 법을 거부하는 것이다.

Note

[내용]

롤랑 바르트는 비평가가 승리하지 못하리라고 결정했던 것 같다. 참으로 텍스트가 명백하고 진실한 의미가 없다는 제안은 비평가가 관계가 없다는 것을 보답한다. 그것은 왜 많은 사람들이 이 접근에 대해 주장하는지. 만약 당신이 이에 대한 모든 것을 동의한다면, 그리고 진정한 의미는 없다고 생각한다면, 교육의 요점은 무엇인가?

[문체]

또 다시 여기서 언어를 분석하자. **해결하다**와 **해독하다**는 무슨 차이인가? 후에 왜 바르트는 '문학'보다 '**쓰기**'란 단어를 쓰는 것이 좋다고 말했을까? 당신은 여기서 왜 언어의 정확성이 중요한지 알 수 있다. 특히 만약 당신이 미묘하지만 중요한 차이점을 신호하길 원한다면.

[구조]

문장 시작은 '글쓰기의 다양성에서…' 많은 콤마들과 두 개의 세미콜론과 하나의 콜론으로 혼란스럽게 구조화되어 있다. 바르트는 이것을 더욱 도움이 될 수 있도록 설계했는가?

[문맥]

이것은 얼마나 이런 종류의 이론과 더 넓은 사회적·문화적 화제 사이에서의 관계가 어떠한지 보여 준다. 만약 우리가 텍스트가 명확하고 이론의 여지가 없는 의미를 담고 있다고 인정한다면, 우리가 의존할 수 있는 진실은 없다. 이것은 과학과 법과 같은 것들이 어떠한 것으로도 해석될 여지를 열어두고 있다는 점을 의미한다. 그리고 이것은 사례다. 재판관과 학자들이 어떻게 특정 분야에서 법을 적용할 것인지 논쟁하고, 종종 정적이고 명백한 언어로 의도된 것을 동의하지 않는다. 유사하게 신학자들은 성경의 의미에 대해 수세기 동안 논쟁한다. 다른 성스러운 텍스트처럼. 그러나 진실이 많은 사람들을 위협하는, 특히 힘에서 그들을, 그들의 위치가 그들이 더 알고 있는 취임에 의존하여, 우리에게 세상이 어떻게 움직이는지 말할 수 있는 것은 없다. 바르트는 이것이 진정 혁명적인 것이라고 말한다. 그래서 어떻게 우리가 혁명을 갖지 못했는지에 대해서는?

Reading 16

우리를 발자크 문장으로 돌아오도록 하자. 아무도 어떤 '사람'도 이것을 말하지 않았다. 이것의 원천, 이것이 목소리는 읽어지는 글쓰기의 진실한 장소가 아니다. 저자—매우 정확한—사례는 이것이 명백하도록 도울 것이다.

Note

[구조]

여기 롤랑 바르트가 그의 첫 번째 사례로 돌아왔다. 이것은 그의 주장을 구조화하는 깔끔한 방식이다. 그리고 우리가 독서의 끝으로 오고 있는 독자에 대한 신호다.

Reading 17

여기 최근 연구(J. P. Vernant[1])는 그리스 비극의 모호한 천성을 증명했다. 이 텍스트는 각자 캐릭터들이 일방적으로 이해하는 이중 의미를 지닌 단어들로 짜여져 있다. (이 영구적인 오해는 '비극적이다'.) 그러나 이중성의 각 언어들을 이해하고 그의 정면에서 말하는 캐릭터의 귀먹음을 듣는 사람—독자(혹은 여기서는 청취자)가 정확하게 되는—들이 있다.

Note

[내용]

이것은 청중이 텍스트에 의해 위치가 정해지는 방법에 대한 중요한 요점이다. 롤랑 바르트는 비극에서 청중은 캐릭터의 어떠한 것에서 무엇에 대해 알고 있다고 자주 언급했다.

예를 들면 똑같은 것은 종종 드라마에서 진실이다. 이것은 우리가 텍스트의 현실 안에서 불가능한 위치를 점유하고 있다는 것을 의미한다. 그러나 명백히 텍스트가 구조화되는 방법의 결말이다.

1) 예를 들면 Jean-Pierre Vernant(with Pierre Vidal-Naquet), *Mythe et tragédie en Grèce ancienne*, Paris, 1972. 특히 pp. 19~40, pp. 99~131를 보기 바란다.

Reading 18

따라서 글쓰기의 완전한 존재가 드러났다. 텍스트는 다중적 글쓰기로 만들어지고, 많은 문화로 그려지고 대화, 패러디, 논쟁의 상호관계 안으로 진입한다. 그러나 다중성이 집중되는 장소가 있다. 그리고 그 장소는 독자다. 지금까지 말한 것처럼 저자가 아니다. 독자는 잃어버린 것 없이 새겨지는 글쓰기를 마무리하는 인용구로 가득 찬 공간이다. 텍스트의 통일성은 이것의 기원에 기대는 것이 아니고 이것의 목적지에 기대고 있다.

Note

[내용]

이 섹션은 주요 생각들을 요약했다. 당신이 볼 수 있듯이, 롤랑 바르트는 독자가 저자의 탓으로 돌리는 모든 활동들을 수행한다고 주장했다.

Reading 19

그러나 이 목적지는 더 이상 개인적이지 않다. 독자는 역사·전기문·심리학 없이 그는 단순히 텍스트가 구성하는가 모든 분야를 다같이 가져가는 사람이다. 이것이 왜 휴머니즘이라는 새 글쓰기가 독자의 권리 승리를 비판하는 것에 대한 이유다. 고전의 비평은 결코 독자에게 어떠한 관심도 기울이지 않았다. 이것을 위해서. 작가는 단지 문학 속에서 사람이었다. 우리는 지금 우리 스스로가 더 이상 어리석어지지 않도록 시작하고 있다. 파괴 혹은 흡연자, 무시와 같은 것에 찬성하는 좋은 사회의 거만한 반관용구적으로 상호비난을 통해서 우리는, 이것의 글쓰기 이것의 미래를 주는 것을 안다. 신화를 뒤집어 버리는 데 필요하다. 독자의 탄생은 반드시 저자의 죽음의 비용에서 이뤄진다.

Note

[내용]

여기서 롤랑 바르트가 '추적'이라고 언급한 것은 무엇인가?

[문맥]

이것에 대해 생각해 보자. 당신은 얼마나 자주 당신의 연구에서 독자의 분석을 가로질러서 오는가? 이 책의 '26장 수용자 이론'을 보아라. 그곳에 이엔 앙(Ien Ang, 1991)이 독자들은 오로지 보통 덩어리들로서 어떠한 것에 이야기를 한다고 주장한다. 우리가 얼마나 많은 사람들이 프로그램을 보았는지 말하고 있을 때, 예를 들면 혹은 박스오피스에서, 개인 청중의 활동은 거의 논의되지 않았다. 그리고 대신에 우리는 반복적으로 개인 저자의 활동에 대해 말했다. 당신은 왜 많은 주제들이 반복적으로 '보통 사람'의 대다수의 활동에 무관심했는지 생각하길 원했다.

[문체]

이것은 명백히 꽤 화가 나는 글쓰기다. 한 사회를 '거만하다'고 부르는 것은 중립적 용어가 아니다. 또한 '뒤집어엎기'는 바르트가 일찍이 언급한 '혁명'의 흥미로운 정당함을 갖는다.

[구조]

바르트는 미래를 상상함으로써 끝냈다. 그 미래는 그가 추천한 변화로 예측되었다. 이러한 점에서 이것은 비판적 분석이다. 이 분석은 단지 어떻게 그러한지를 시험하는 것이 아니다. 그러나 또한 그들이 어떻게 될지를 제시한다. 그는 '비용'이 들 것을 인정했다. 누구를 위한 비용인가? 당신은 어떻게 생각하는가?

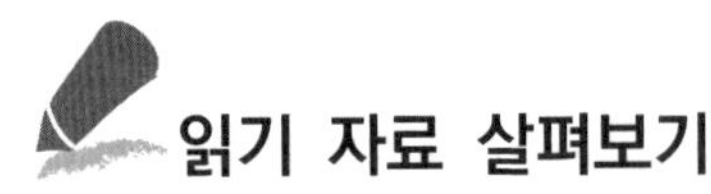

읽기 자료 살펴보기

이 장을 시작하면서 밝혔듯이, 당신은 이것이 어려운 독해라는 사실을 깨달았을 것이다. 실제 내용물과 주장보다 언어의 사용과 사례의 선택 때문에, 이것이 어려운 읽기라는 사실을 인정하고 이것에 일맥상통함은 다시 읽기와 사유하기를 요구한다. 기사의 일하는 지식을 소유하는 것은 필요하다. 즉 당신은 주장을 이해하기 위해 모든 것을 읽을 필요는 없다. 그리고 효과적으로 요약하고 적용할 수 있다. 이것을 편안히 느낄 수 있는 많은 양의 독서에 대한 인식을 개발하는 것은 중요한 기술이다. 너무 어렵고 무관할 것만 같은 과거의 자료는 건너뛸 정도로 충분히 중요하다. 이것을 명심하는 것은 사려 깊은 독서를 관계하는 일을 회피하는 변명이 아니다.

모든 독서처럼, 당신은 당신이 생각하는 것이 무엇이든 관계가 없고 적용 가능하다. 롤랑 바르트는 다른 세기에 다른 나라에서 보았다. 당신은 그의 작업이 얼마나 가치 있는 것인지 알고 있는가. 그가 한탄한 학술산업의 결과에 대해 생각해 보자. 당신은 어떻게 당신이 배웠는지를 반영함으로써 할 수 있다. 당신은 저자를 통해서 문화에 대해 배웠고, 양자택일의 양에서 취한 텍스트에 대한 읽기가 확장한 것을 배웠는가? 힘을 고려하는 것은 미디어 연구에서 핵심 아이디어이자, 당신이 힘에 관련된 고려들을 어떻게 볼 것인가? 학생과 선생 사이의 관계는 힘의 하나인가? 그리고 만약 우리가 바르트가 칠판에서 논했던 것을 취하고 그가 개탄했던 계급에 따른 교육구조를 분해한다면, 무엇으로 대체가 될 것인가? 만약 저자가 죽었다면 우리는 어떻게 교육을 받을 수 있는 것인가?

당신은 텍스트가 의미를 포함하지 않는다는 점에 동의하는가, 하지만 그 텍스트가 대신에 단지 독자가 이해하는 인공물이라는 사실에 동의하는가? 만약 이런 경우라면, 그것은 우리가 영화를 보고 인종차별주의자 혹은 성차별주의자라고 결코 이야기할 수 없다는 사실을 의미한다. 왜냐하면 영화는 아무 것도 담고 있지 않기 때문이다. 우리는 단지 어떤 사람들이 이러한 방법으로 읽었다고 이것을 읽었다고 말할 수 있을 것이다. 그리고 그들은 그러한 사회구조를 그리고 있다고 말할 수 있을 것이다. 이것은 텔레비전에 분수령과 같은 것이나 혹은 텍스트가 더 늙은 사람에게 제한적인 의미를 갖는다고 가정하는 영화의 평가시스템에 중요한 영향을 끼친다. 당신이 어떤 공격적인 것을 발견했다면, 당신은 기꺼이 당신 때문이라기보다 텍스트 안에서 '숙고된' 어떤 것 때문이라는 생각을 받아들일 수 있는가?

결국 당신이 고민해야 할 아이러니가 있다. 바르트는 우리는 저자를 고려하지 않는다고 말했다. 그러나 그는 그 자신이 저자다. 참으로 그에 대해 써진 책이라는 사실과 한 사람으로서의 그와 그가 썼던 것 사이의 연관성을 추적하는 사실은 바르트가 그가 비판하는 방식에서 정확하게 저자로서 자리 잡고 있는 바르트 그 자신을 보여 준다. 그리고 바르트가 실망했던 것처럼, 그의 책은 그들 위에 그의 이름을 표시하고 있다. 유사하게 그가 계급에 따른 교육구조를 비판한 반면, 그는 그가 이름을 가르쳤던 프랑스 단과대학에서 매우 존경을 받는 교수로서 은퇴할 때까지 삶을 대학에서 일하는 것에 바쳤다. 이는 그가 안으로부터의 체계에 맞췄다고 주장할 수 있다. 그가 설교한 것을 그가 실천하지 않는 것으로 볼 수 있다. 저자에 관한 추종은 죽지 않았다. 이 책은 저자들을 주변에서 거대하게 건설되었다. 그래서 만약 당신이 바르트의 생각들을 확신했다면, 아무 것도 바뀌지 않는 사실들을 어떻게 설명할 것인가?

주요 용어

경험주의(empiricism); 신(新)비평주의(new criticism); 낙관주의(positivism); 이성주의(rationalism); 초현실주의(surrealism)

주요 학자

Bertolt Brecht; Marcel Proust; Jean-Pierre Vernant

권장도서

Barthes, Roland(1973/1957), *Mythologies*, translated by Annette Lavers, London: Paladin.

롤랑 바르트의 핵심 연구들 중 하나이다. 그가 연구한 많은 일일 주제에 관련된—레슬링, 광고, 비누—그들이 의지하고 있는 복잡한 의사소통 변환을 보여 주기 위해.

Burke, Sean(1998), *The Death and Return of the Author: Criticism and Subjectivity in Barthes, Foucault, and Derrida*, 2nd edition, Edinburgh: Edinburgh University Press.

'저자의 죽음'에 대한 문학뿐 아니라 미디어와 문화 이론의 배경에서 일어나는 복잡한 논쟁.

Ribiere, Mireille(2002), *Barthes: A beginner's guide*, London: Hodder & Stoughton

바르트의 생각과 저작에 대한 그의 핵심용어의 실험을 비롯한 차후 이론에 대한 그의 연구의 영향을 설명하고 있는 유용한 개요.

26장

수용자 이론

Ang, I.(1991), "Audience-as-market and audience-as-public(시장형 수용자와 공적 수용자)", in *Desperately Seeking the Audience*(수용자의 이해), London: Routledge, pp. 26~32.

수용자 이론 입문

미디어 프로듀서들은 얼마나 많은 사람들이 그들의 상품을 보고, 구매하고, 즐기는지 알고 싶어 한다. 매주 국내에서 가장 많은 수익을 거둔 상위 10개 영화들의 리스트가 다수의 신문과 잡지에 게재 된다. 서점들은 가장 많이 팔린 책들을 진열하고 종종 픽션이나 자서전과 같은 다양한 범주들로 그것을 분류 한다. Radio 1은 일요일 오후의 대부분을 'the top 40'을 집계하는 데 헌신한다. 어떠한 차트에서든 '넘버원'이 되는 것은 큰 포상이다. 그것은 많은 사람들이 당신의 상품을 좋아한다는 이유일 뿐만 아니라, 지속된 홍보로 제품을 공중의 시선 속에 들게 하는 방법이 될 수 있기 때문이다. 이러한 방식으로 (제품을 소비하는 사람들의 숫자를 합산하는 방식에 의해) 수용자를 측정하는 것은 명백하고 간단하며, 수용자들이 어떻게 행동하는지를 알 수 있는 가장 단순한 방법으로 여겨진다.

그런데 그러한 데이터는 우리에게 정확하게 무엇을 진정으로 말하고 있을까? 수용자에 대한 이러한 접근은 양적인 것으로 수량에 초점을 맞추고 있다. 따라서 세상이 어떻게 움직이고 세상 사람들이 무엇을 하는지에 대한 것만을 제시하는 집계와 수치에 의존한다. 이러한 정보는 수용자들이 좋아하는 것과 싫어하는 것에 대한 통찰력을 주고, 그러한 통찰력이 방송 사업자들이 출시할 미래의 상품에 영향을 줄 수 있기 때문에 주로 미디어 프로듀서들에게 이용되기는 한다. 또 그러한 데이터들은 일반 대중 내부의 소집단들이 어떠한 상품을 제공받은 후 이에 대한 의견을 제시하도록 요청받는, 즉, 표적 집단의 그것과 결합되기도 한다. 그러나 이러한 접근의 모든 것들은 우리에게 수용자들이 실제로 무엇을 하는지에 대한 극히 일부만을 이야기할 뿐이다.

예를 들면, 한 노래가 Radio 1의 음악 차트에서 높은 순위를 차지하는 동안, 우리는 누가 해당 음악을 그 자신을 위해 구입할지 혹은 선물로 구입할지를 알 수 없으며, 그 노래가 그들에게 어떤 특별한 의미를 지니고 있는지, 그들이 몇 번이나 그 음악을 재생할지, 누가 그것을 언제 재생할지 등등의 것들에 대해서도 전혀 알 수 없다. 그 차트는 단지 누군가가 무엇인가를 구매하였는지를 말해 줄 뿐이다. 그리고 이것이 미디어산업에서 중요한 데이터이지만, 수용자들에 대한 이러한 접근의 결과들과 수용자들의 행동에 대해 우리가 생각할 수 있는 더 나은 방법들이 있는지 없는지에 관한 많은 의문들은 계속해서 미디어 이론가들에 의해 제기되어 오고 있는 실정이다.

수용자들의 행태에 대한 이러한 양적 접근은 대중들을 소비자 이상으로는 보지 않는다. 그것은 시청률은 단지 우리가 무엇인가를 구매할 경우에만 우리를 측정한다는 것을 의미한다. 현대 사회의 소비지상적이고 자본지상적인 본질을 비판하는 많은 사람들에게 있어서 수용자를 고려하는 이러한 방식은 문제로 여겨진다. 이는 그것이 우리의 미디어와 문화의 관계는 단지 구매행위에만 근간을 둔 것임을 의미하기 때문이다. 우리는 900만 명의 사람들이 〈Coronation Street〉(ITV, 1960~)의 지난밤 에피소드를 시청했다는 것을 알 수도 있는 반면에, 이것이 또 어떤 개인적으로 그 프로그램을 시청한 경험으로써의 측면은 아니라고 말할 수도 있다. 이는 단지 집에서 혼자 앉아 있는 수용자로서, 우리가 역시 같은 프로그램을 시청하고 있는 국가 전역의 대중 집단에 대해서는 완전히 무지각하며, 그리고 그 대신에 수용자가 된다는 것은 가공되지 않은 시청률의 제시보다 매우 더 지역적이고 개인적이며 국지적인 활동에 다름 아니라는 말이 된다. '수용자'라는 용어는 수백만의 개인들이 함께하는 것이고, 수백만의 상이하고 다양한 활동들을 수행하는 것이며, 그들이 완전히 같은 유형으로 보고, 그들을 무엇인가를 소비하는 대중 그 이상은 아니라는 것으로 축소한다는 점을 강조 한다. 즉 수용자들은 '다양한 상상의 산물'이라는 것이다(Hartley, 2002a: 60).

그래서 미디어 연구는 수용자들을 다수의 상이한 방법으로 고려해 보는 것을 시도한다. 그 접근은 종종 다양한 미디어를 소비하기 시작하는 일련의 요인들을 탐사하며, 훨씬 더 작은 규모의 수용자 활동 측정을 시도하는 것에 집중하기도 한다. 그리고 그것이 "문화의 전반적인 기술(description)을 만들어 내게 된다"(Seiter, 1999: 10). 예를 들면 대부분의 신-수용자 조사(Boyd-Barrett and Newbold, 1995: 498~553)는 광범위한 민족지학적(ethnographic) 접근을 선택하였는데, 이는 조사자들이 일상생활의 맥락 속에서 미디어 소비를 시도하고 위치시키기 위해, 평범한 환경 속에 있는 사람들의 소규모 그룹들에 대한 장기적 조사를 수행하였다는 것을 의미한다. 이것은 몰리가 그랬던 것처럼(Morley, 1980), 어떤 미디어가 한 개인에게 의미가 있는지와 그 매일의 일상 속에 미디어를 어떻게 보는지를 보기 위해 해당 가족들과 몇 달 동안 함께 생활하는 것을 의미 하는 것이다. 중요한 것은, 이러한 접근은 흥미의 유일한 가치로서의 구매 활동을 파악하지 못했다. 그러한 연구는 사람들이 미디어와 함께 무엇을 하는지를 측정하고, 그러므로 가공되지 않은 시청률들이 제시하는 것보다 개인적인 수용자 구성원들이 훨씬 더 적극적이고 비판적이며 분별적이라고 주장한다.

이러한 종류의 조사들은 질적이라고 일컬어지고, 맥락·사건·과정, 그리고 사람들의 매일의 활동에 대한 복잡성에 흥미를 둔다(양적·질적 연구방법론에 대한 보고의 개략적인 설명은 Schrøder et al., 2003: 26~43을 살필 것). 또 중요한 것은 이것이 미디어와 사람들 사이의 관계에 대한 질문을 제기한다는 것이다. 앞서 언급한 것처럼 순위에 대한 의존은 수용자 활동이 사회 내에서 사람들이 수행하는 것으로 보이는 역할의 결과인, 상업적인 것에 불과하다는 것을 사람들에게 제시하는 것이다. 많은 미디어 연구 이론가들은 수용자가 소비자에 불과하다는 생각을 싫어하며, 그 대신에 미디어를 민주주의 사회가 기능하게 만드는 방법 중 중요한 일부로서 바라본다. 그러한 접근을 통해 그들은 '공론장(public sphere)'의 측면을 끌어내고 있는 중이다('16장 공론장' 참조). 그런데 수치화 이외의 방법으로 수용자 활동을 조사하는 것이 단지 사람들이 행하는 다양한 일들에 대한 발견만을 시도하는 것만은 아니다. 그것은 또한 공중과 미디어 사이의 관계에 대해 질문하는 것을 시도하며, 또 그것이 구매 및 판매활동에만 단독으로 초점이 맞추어져서는 안 되는 것으로 볼 수 있다는 점을 주장한다. 이에 수용자를 조사하는 가장 훌륭한 방법을 고려하는 것은, 우리 매일의 일상 속에서 미디어가 소비자·시민·수용자·공중으로서 수행하는 사회적 역할에 대해 생각하는 것의 중요한 일부라고 할 수 있게 된다.

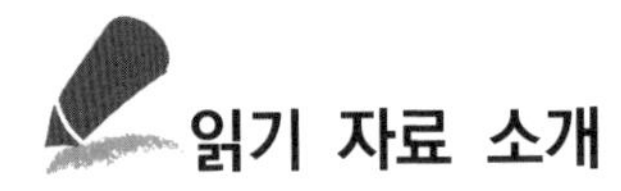

읽기 자료 소개

수용자들이 어떻게 정의될 수 있는지에 대한 토론은 이 강론의 제목에 의해 제시된다. 수용자는 '시장'인가? 아니면 '공중'인가? 이 강론은 이엔 앙(Ien Ang)의 책 『악착같이 시청자 잡기(*Desperately Seeking the Audience*)』(국내 번역서명: 『방송 수용자의 이해』, 1991)의 한 부분으로부터 발췌되었다. 그것의 제목은 '방송 수용자는 무엇인가'에 대한 작업을 수행하는 것, 그리고 그들이 수행하는 작업이 많은 사람들이 '간절히 필요로 하는' 무엇이라는 것을 제시하고 있다. 앙에 의하면 상이한 집단과 기관들이 미디어를 소비하는 사람들을 정의하는 다양한 방법들은 우리에게 그들이 속하는 체계, 그리고 그들이 수용자 행태에 관련한 흥미를 가지는 방법을 말해 준다. 이러한 의미에서 수용자를 측정하는 것은 중립적인 행동이 아니다. 왜냐하면 당신은 당신이 무엇에 관심이 있는지, 그리고 무엇에 관심이 없는지를 결정해야만 하기 때문이다.

이 장은 앙의 책 내용 중에서 '수용자 정복하기(Conquering the audience)'라고 불리는 섹션으로부터 발췌되었다. 이는 수용자 활동을 측정하는 중요한 도구로 시청률을 특히 중시하는 측면에서, 수용자는 '정복되고' 또 소비자 그 이상은 아닌 것으로 축소되어 버린다는 앙의 주장을 개략적으로 서술한다. 이러한 개념은 주로 당신이 무엇인가를 시청하거나 구매하기를 원하는 미디어산업계 전체의 직설적인 표현으로 보일 수 있고, 또 상대적으로 당신이 행하는 다른 것들에 대해서는 염려하지 않는 것처럼 보이게 될 수도 있다. 이후 앙은 그녀의 저서에서 이러한 상업적 측면을 너무 철저하게 따르지 않는 곳들을 논의하게 된다. 이는 곧 그녀가 소비는 아니라 예컨대 즐거움과 같은 것, 그리고 그들의 방송이 수행하는 사회적 역할 등의 요인에 어느 정도 관심이 있는 유럽의 공공서비스 방송을 조사했다는 것이다. 그러나 이러한 기관들이 주로 대중으로서의 공중에만 관심이 있고, 대중을 구성하는 각각의 개인에 대해서는 여전히 덜 주목한다는 점을 놓쳐선 안 된다.

그러한 기관들이 대중으로서의 사람들에게 관심이 있기 때문으로, 그들은 대중을 단수형(수용자)의 성격을 지니고 있는 용어로 승인 하였다. 그런데 당신은 이 장에서 해당 용어가 대개 복수형(수용자들)으로 대신 되어져 온 것을 이미 알아차렸을지도 모른다. 이러한 언어적 구별은 중요한데, 실제로 미디어 연구는 종종 '수용자'보다는 '수용자들'의 형태로 그들을 거론하곤 한다. 복수형의 사용은 수용자들의 다수성을 강조하고, 종종 연구자들이 각 개인들이 동질성을 유지하는 정도와 그들의 미디어 소비 사이에서의 차이점에 얼마나 흥미를 가지는지를 보여 준다. 그러므로 복수형을 사용하는 것은 특정 개인들에 대해 여전히 중요한 질문들을 물을 수 있다는 것을 의미하기 때문에 연구방법론에 대한 함의를 지니고 있게 되는 것이다. 그러나 복수형은 또한 정치적 취지를 지니고 있다. 왜냐하면 그 용어는 수백만의 사람들을 구별이 불가능한 대중으로 합치려고 하지 않고, 그 대신 개인의 활동을 수용자 권력의 직설적 표출로 보기 때문이다. 당신은 '수용자'와 '수용자들'이라는 용어를 사용할 때 신중할 필요가 있다. 왜냐하면 그들은 다른 의미를 가지고 있기 때문이고, 그들은 당신이 접하게 될 다수의 자료들에서 종종 굉장히 특유한 방식으로 사용되기 때문이기도 하다.

이것은 앙이 그녀의 책을 개략적으로 "TV 시청자들에 대한 민족지학적 이해의 한층 더 나아간 발전의 장려를 목표로 하는 것"(Ang, 1991: x)이라 설명할 때 그녀가 복수형을 사용하는 것에서 나타난다. 그 책은 미디어 연구가 수용자에 대한 새로운 접근의 전체적인 범주를 개발하고 있던 당시에 집필되었었고, 앙은 그러한 개발의 중요한 부분을 담당하고 있었다.

사실 앙의 가장 유명한 초창기 연구는 『댈러스 시청: 소프 오페라와 멜로 드라마틱한 상상(*Watching Dallas: Soap Opera and The Melodramatic Imagination*)』(1985)이었는데, 그 연구에서 그녀는 미국의 인기 있는 연속극인 〈댈러스(Dallas)〉를 시청하고 반응하는 방식에 관련하여 수많은 여성들을 인터뷰했다. 이러한 연구는 "사람들의 일상 속 한 부분으로서 미디어 사용에 초점을 두고, 주요한 방법론적 도구로서 그들의 정보원과 나누는 일상적 상호작용에 대한 조사자의 관찰에 지원하는" 연구 형태인 민족지학적 전통에 적합했다(Schrøder et al., 2003: 58). 그러므로 앙의 수용자에 대한 이론적인 논의는 그녀가 수행해 온 실증적인 연구에 연관된 것으로 보여질 수 있었다. 이것은 이론과 실제 사이의 상호작용을 유용하게 기술한다.

강독을 준비하면서, 먼저 당신은 아마 수용자로서 당신 스스로를 생각해 보는 것을 원했을 것이다. 당신이 영화를 보기 위해 선택을 할 때, 혹은 CD를 구매할 때, 아니면 텔레비전 프로그램을 시청할 때 어떠한 요인들은 당신이 그 결정을 내리도록 이끌었는가? 어떻게 미디어가 당신의 삶에 적합하게 되었고, 무엇이 그것을 위해 사용되었는가? 당신의 미디어 소비는 주로 오락에 기반을 두고 있는가? 아니면 스스로 당신 주변의 세상에 대한 정보를 주기 위해 사용하는가? 누가 당신과 함께 미디어를 소비하며, 어떠한 기쁨을 그러한 사회적 활동에서 얻는가? 때때로 미디어의 사용에 주목하는 것은 굉장히 어려울 수 있는데, 왜냐하면 그것은 무척 평범하고, 일상적인 활동이기 때문이다. 왜 미디어 일기를 쓰는 것을 시도하지 않는가? 그로 인해 당신이 모든 형태의 미디어를 접근할 때마다 매번 아무 것도 남지 못하는 것이 없게 하는가? 그러한 연구가 수행될 때, 사람들은 종종 우리가 알아채지 못하는 그러한 활동들이 사실은 얼마나 '평범'한지를 보여 주면서, 자신들의 삶이 미디어와 얼마나 교차되는지에 대한 정도에 의해 놀라게 된다.

당신은 미디어와 상호작용하는 데 있어 각양각색의 방식이 있다는 것을 알게 될 것이고, 그것을 다양하게 사용하게 된다는 것은 희망적인 일이다. 이것이 사실이라면, 당신은 당신이 행하는 것과 미디어가 당신에게 무슨 의미인지에 대해 시청률이(여전히 수용자들을 측정하는 데 있어 주요한 방법) 말하는 것을 얼마나 고려할 것인가? 아마도 더욱 고려해 보아야 할 점은 (특히 이것이 앙의 연구 배경에서 동기가 되기 때문에) 시청률이 수용자의 행태를 측정하는 데 있어 지배적인 방법이라는 것은 중요하다는 것일까?

Reading 1

이엔 앙(Ien Ang)

사장형 수용자와 공적 수용자

지금까지 나는 상업적 관점에서 텔레비전 운용제도를 별 문제없는 것으로 기술했다. 그러나 물론 모든 TV 방송이 항상 상업적 원칙의 토대 위에 있는 것만은 아니다.

미국은 가장 완전하게 성숙한 상업적 시스템의 본 고장인 반면, 서유럽의 국가들은 영국의 BBC나 이탈리아의 RAI, 네덜란드의 '계주화(pillarized)' 시스템과 같은 국가 통제와 재정지원제도들에 의해 구현된다. 공공서비스 방송 체계의 범위에 있어 역사적인 토대를 지니고 있기도 하다(Kuhn, 1985의 예를 참고). 이 두 시스템 모두 방송이라는 의사소통 중심의 틀 위에서 확립되었으나, 재정적 측면에서 차이점이 있을 뿐만 아니라 방송의 문화적 그리고 정치적 목적에 대한 가정에 관련해서는 상이하다. 그리고 이러한 차이는 각각의 시스템이 (방송)제도와 수용자 사이의 관계를 어떻게 정의하는가와 관련하여, 그 선호에 대한 현저한 구분이 불가분하게 연결되어 있다. 다시 말하면, 모든 방송제도는 어떠한 정의에 의해 수용자를 정복되어야 할 객체로서 생각해야만 하는 것은 맞지만, 두 시스템에서 그러한 정복의 의미, 의도, 혹은 취지는 같은 방식으로 해석되지 않는다.

Note

[구조]

'지금까지'라는 말과 함께 글이 시작하는 것으로 보아 이는 책에 있는 한 장이라는 것, 그리고 그 일련의 주요 논점들이 이미 앞 장에서 개략적으로 설명되었음은 명백하다. 이는 곧 이전의 자료들이 이 지점까지 이르기 위해 어떠한 참고들이 있었을 것이라는 것을 의미한다. 이것은 우리가 반드시 되짚어봐야 하고, 또 무엇이 앞서 다루어졌는지 살펴보아야 할 것을 의미하는 반면, 종종 우리가 도출해낼 수 있는 어떠한 이해들을 바라보기 위한, 그 자연스러운 맥락에서 벗어난 가치 있는 Reading이기도 하다. 만약 당신이 이해의 문제에 봉착한다면, 아마도 선행 자료들을 찾아보기를 마음먹어야 할 것이다.

[내용]

지금 이엔 앙은 다른 종류의 방송시스템 사이에서 어떠한 구별을 만들어냈다. 이 책의 '24장 미디어 생산 관련 이론'에서 보여 주었던 대로 미디어시스템이 체계화될 수 있는 다양한 방법들이 있고, 이런 것들은 대개 사회적·정치적 요인에 상응한다. 이엔 앙은 공공서비스 방송을 언급한다. 이것이 당신에게 있어 익숙한 용어인 반면 실제로는 굉장히 복잡한 개념이기 때문에, 어떠한 확정적인 정의 없이 상이한 국가에서 상이한 방법으로 받아들여지는 그 개념을 좀 더 깊이 탐구해 볼 가치가 있다.

[문맥]

여기서 이엔 앙은 방송제도의 구조와 그들에 의해 수용자들이 다루어지는 방법 사이에서 접점을 만들어냈다. 그러나 그녀는 또한 우리가 공공방송제도와 상업적 시스템 사이의 차이에 대해 과장해서는 안 된다는 것을 신중히 언급한다. 여기에서 그녀의 주장은 수용자들을 이해하기 위해서는 방송제도가 구축된 방법을 조사해 볼 필요가 있다는 것을 분명히 한다.

[문체]

왜 이엔 앙은 수용자를 '정복될 대상'이라고 부르는가? 누구에 의해서, 어떠한 방법에 의해서 그리고 무슨 목적에 의해서 정복되는가? 당신은 '정복된'이라는 말이 그녀의 설명 과정을 기술하는 데 최적의 단어라고 생각하는가?

Reading 2

상업적 시스템의 기반이 되는 실증주의 철학은 어떠한 문제를 해결하는 데 있어 가장 손쉬운 방법의 하나인데, 왜냐하면 그것의 공리(axiom)들은 단순하고 간결하기 때문이다. 상업 텔레비전은 일련의 수준에서 특징지어질 수 있지만, 그 최소한의 형태를 견지하며 두 가지의 원칙, 즉 이윤을 위한 프로그램의 제작과 광고를 싣기 위한 TV채널의 이용에 토대를 두고 있다. 따라서 궁극적으로 이 시스템의 추진력은 전적으로 경제적 사안에 다름없는 것이다. 그것은 주로 수익 창출에 대한 경제적 고민과 연결되어 있다. 제이 블럼러가 관찰해 온 바(Jay Blumler, 1986: 1)에 의하면, "[미국 상업 TV의] 개인적 방송사업자는 아마도 커뮤니케이션 탁월성, 'TV에 대한 애정', 사회적 목적이나 순수한 창작 자율성의 열망에 의해 감명을 받을 것이다. 그러나 결국엔, 그러한 목표들은 다른 무엇보다 중요한 이윤 극대화의 목표에 종속되어질 것이 틀림없다".

Note

[문맥]

상업적 방송이 '단순하고 간결'한가? 우리가 상업적 방송에 영향을 미치는 재정적 압박을 인정할 필요가 있기는 하지만, 이것들이 이 사안에 대한 유일한 고려 요인들인가? 무엇보다도 이것은 프로그램을 제작하기 위해서는 역시 돈이 필요한, 비상업적인 공공서비스 방송에 영향을 미치는 압박과는 어떻게 다른가?

[문체]

이엔 앙은 이 부분에서 상업 방송에서의 경제적 압박의 요점을 개략적으로 설명하는 반면, 상업시스템을 규탄하고 비난하지 않는 신중한 자세를 취한다는 점을 주목한다.

Reading 3

원칙적으로 상업 방송의 운용은 비교적 단순하다. 대개 프로그램들은 각 프로그램들 사이나 프로그램 중간의 일정 부분에서 광고를 내기 위한 목적으로, 상업 텔레비전 네트워크와 방송국에 의하여 전송된다. 제품을 광고로 판매하는 광고주들은 그들의 메시지를 유포하기 위해 획득한 방송시간에 대한 대가로 방송사업자에게 무척 많은 비용을 지불한다. 그 시스템은 자본주의 시장경제의 법칙에 따라 작동하고, 그 결과 가장 유명한 프로그램에 속한 광고 시간이 일반적으로 가장 비싸다.

한 예로 1985년 가을, 가장 많은 시청자들을 끌어 모은 것으로 측정된 미국인의 황금시간대 프로그램인 NBC의 〈코스비 가족(The Cosby Show)〉의 32회의 광고 가격은 $270,000로 매겨졌었다(Jay Blumler, 1986: 5).

Note

[문맥]

아마도 이엔 앙은 여기서 당연한 것을 말하고 있는 듯하다. 짐작하건대 우리들 대부분은 상업광고가 어떻게 운용되는지를 알고 있다. 그런 점에서 이 단락은 당신에게 새로운 무엇인가에 대해 말하고 있는 것은 아니다. 그것은 그녀의 주장을 나중에 거론될 수 있는 합의된 맥락 안으로 위치시킨다.

Reading 4

수용자 극대화가 상업 텔레비전의 가장 중요한 법칙이 되어 가고 있던 정확한 원인은 경제적인 이유이기 때문이다. 이것은 앞선 요인과 조화를 이루어, 수용자 조사를 통해 시청률을 도출해 내는 것이 상업 텔레비전의 제도적 틀 안에서 전적으로 중대한 보조 산업이 된 이유이기도 하다. 건조하고 기술적인 측면에서 시청률에 대해 있는 그대로 밝혀진 사실은, 시청률이 시스템의 경제적 기능에 대해 없어서는 안 될 존재인 텔레비전 방송 수용자들에 대한 지식을 제공한다는 것이다. 좋은 시청률의 결과들은 광고주와 수용자 사이의 효과적인 의사소통에 관한 합의된 기표이고, 이에 광고 네트워크들은 기민하고 매력적인 편성을 통해 그와 같은 좋은 시청률 결과의 달성을 반드시 시도해야만 한다. 그것은 그들의 수용자를 극대화하는 것이다. CBS의 국장인 아놀드 베커(Arnold Becker)는 토드 기틀린(Tod Gitlin)에게 말했다(Ang, 1983: 31). “난 문화에는 관심이 없습니다. 또 난 친사회적 가치에도 관심이 없어요. 나는 오직 하나의 관심만 있을 뿐 입니다. 그건 사람들이 프로그램 시청을 하는가 안 하는가에 관한 것이지요. 그것이 좋은 것에 대한 나의 정의이고, 또 나쁜 것에 대한 정의이기도 합니다.”

Note

[문맥]

‘수용자 극대화’가 상업 텔레비전의 주요 요인인가? 단지 많은 사람들에게 도달하기 위해서가 아니라 광고주들이 적절한 부류의 사람들에게 도달할 수 있도록 대가를 지불하는 틈새 수용자는 어떠한가? 예를 들어 Channel 4의 지불(remit)을 보자.

[문체]

이엔 앙이 아놀드 베커를 예로 드는 토드 기틀린을 인용하고 있다는 것을 주목하자. 우리는 이러한 인용으로 이끈 선택의 과정에 대하여 생각해야만 한다. 앙은 기틀린의 저서 중 특정한 한 부분을 선택했고, 기틀린은 베커와의 인터뷰 중 특별히 한 부분을 선택했다. 우리가 여기서 생략된 부분이 무엇이었을지에 대해 질문하는 것을 원했을지도 모른다.

[내용]

당신은 베커가 진정으로 이 말을 믿는다고 생각하는가? 그리고 동 산업에 종사하는 다른 사람들은 어떻게 의견을 나타내는가?

Reading 5

이제 텔레비전 프로그램은 수용자를 극대화하기 위한 상업 텔레비전의 지속적 과제를 수행하는 데 있어 주요한 도구이다. 닉 브라운(Nick Browne)이 언급한 바에 따르면, "방송 네트워크는 기본적으로 수용자와 광고자의 상호작용을 개념화해 가는 과정의 연속이다"라고 했다(Browne, 1984: 178). 최대한의 시청률을 확보해야 한다는 목표를 편성된 프로그램에 대한 구체적인 결정으로 바꾸는 과정은 방송 네트워크의 핵심 임무이다. 네트워크 관리자들은 이 난해하고 복잡한 일상 활동의 조정방안들을 찾기 위해, 질서 있고 관리가능한 선을 따르는 과정을 되풀이한다.

Note

[내용]

당신은 이엔 앙의 '개념화'라는 의미가 무엇인지에 대해 충분히 이해하는 것을 확실하게 할 필요가 있다. 여기의 핵심은 이엔 앙이 이 과정에 대해서 이야기하고 있다는 것이다. 특정한 방법으로 작동하고 특정한 결과를 갖고 있는 과정에 대한 생각은 미디어 연구의 중요한 개념이다.

Reading 6

시청률은 이 과정 안에서 중심적인 역할을 수행하지만, 그 역할은 대단히 양면적인 것이다. 한편으로는 관리자들이 의사소통이 얼마나 성공적이었는지를 파악할 수 있지만 ('feedback'이라고 불리는 것), 다른 한편으로는 성공 혹은 실패의 정확한 원인에 대해 아무 것도 모르거나 적어도 크나큰 의문을 남기게 한다. 이는 시청률이 누가 어떤 프로그램을 보는지에 대한 일반화된 정보를 제공할지라도, 결국 사람들에게 그 프로그램을 보게 만드는 원인이 무엇인지라는 질문에 대해 아무 단서도 잡지 못할 것이다. 그리하여 시청률을 사용하여 미래의 성공이나 실패를 예측하는 것은 매우 어려운 일이 되고 만다 (Pekurny, 1982).

Note

[내용]

이 단락에서 이엔 앙은 수용자 측정 기술의 문제점을 언급한다. 게다가 그녀의 글 대부분은 시청률 측정이 축적할 수 있는 제한된 데이터에 대해 이야기해 오고 있다. 시청률 측정을 통해 어떠한 종류의 것을 발견할 수 없는가? 어떠한 것들이 발견되지 못할 수 있다는 사실은 왜 중요한가? 그리고 그러한 것들이 발견될 수 있음에 따라서 어떻게 시스템은 개선될 수 있는가?

Reading 7

그럼에도 불구하고 상업 텔레비전의 정치경제학에 있어서 방송 수용자 측정은 필수적인 지식 생산 수단이다. 상업시스템 안에서 방송 수용자 정복의 강행은 수용자들을 시장으로서 자리매김하게끔 하는 것의 결과로 발생한다. 방송 수용자는 잠재적 소비자인 이유가 두 가지가 있다. TV 프로그램 그 자체를 시청하는 소비자인 것만이 아니라, 그 프로그램을 통해 광고가 이루어지는 상품의 소비자이기도 하다는 것이다(McQuail, 1987: 220~221). 이 맥락에서 필수 요소인 것은 시장의 크기에 대한 지식이고, 이것은 정확하게 '시청률'과 '점유율' 등의 의미로 알려져 있다.

Note

[문맥]

이 책의 '15장 정치경제학' 참조.

[내용]

이제 이 장의 제목에서 반영된 새로운 핵심 개념으로 넘어갈 것이다. (다른 많은 사람들과 마찬가지로) 이엔 앙은 상업적 시스템이 오직 '시장'으로서의 수용자에만 관심이 있을 뿐이라고 주장한다. 그것은 일반 대중집단은 결국 판매될 수 있는 아무 것도 아닌 상품일 뿐이라고 의미한다. 이러한 주장에서 우리의 즐거움, 혹은 특정 프로그램을 시청하는 이유는 우리가 단지 그것을 시청하기 위해 시청하는 것일 뿐이라서 그리 중요하지 않다. 이엔 앙은 이러한 방식으로 생각하는 사람들이 상업적 시스템이 필연한 결과라고 주장한다고 말하며, 이후 이것을 수용자에 대한 다른 방식의 생각들과 대조한다.

Reading 8

그러나 시장의 규모를 측정하는 것은 수용자 측정 기술이 끊임없이 발전해 오는 것이 증명 되듯 까다롭고 문제가 될 수 있는 일이다. 1980년대 당시, 수용자를 측정하는 데 사용되었던 기술들의 발전이 가속화되었고, 그것은 미국 텔레비전 산업에서 극심한 논쟁을 야기한 선진적이고 값비싼 측정 도구였던, 이른바 'TV 시청률 조사장치(피플미터)'의 도입과 함께 일시적인 정점에 도달하였었다. 이는 상업 텔레비전의 관점에서 인식론적이고 정치적인 문제라고 할 수 있는 지식과 권력에 대한 이슈가 얼마나 복잡하게 연관되어 있는지를 보여 준다. 이러한 논쟁은 2부에서 광범위하게 기술될 것이다.

Note

[내용]

여기서 중요한 점은 누가 무엇을 시청하는지를 알기 위해서는 기술이 반드시 사용되어야 한다는 것이다. 그리고 그 결과는 해당 기술만큼만 훌륭할 것이다. 중요한 것은 이엔 앙이 'TV시청률 조사장치(피플미터)'의 논의에 관해 언급했듯이 이러한 기술이 변화한다는 것이다. 방송 네트워크들이 수용자를 측정하는 회사들에게 대가를 지불할 경우, 그러한 방송 네트워크들은 되도록 그들의 시청자 규모가 거대하다는 것을 보여 줄 수 있는 결과를 기대한다. 수용자들에게 선보이게 될 더 새롭고, 더 나은 기술들은 실질적으로 이전의 아이디어보다 더 적다. 사실 수용자들이 측정될 수 있는 훨씬 더 많은 방법들이 있는데, 그들은 모두 제한적이다. 그래서 이 단락의 말미에서 앙이 언급한 바와 같이 어떠한 기술이 사용되어야만 하는가에 대한 논의의 결과는 매우 중요하고, 당연히 방송사업자들은 오직 그들에게 가장 도움이 될 수 있는 정보에만 돈을 지불하기를 열망하는 것이다.

[문체]

왜 앙은 TV시청률 조사장치(피플미터)를 '이른바(so-called)'라고 불렀을까?

Reading 9

공공서비스 방송의 철학에서는 방송 사용자에게 전적으로 다른 지위를 부여한다. 물론 엄밀한 의미의 '공공서비스'의 개념은 다양한 국가적 맥락에서 다양한 방식으로 해석 및 구체화될 수 있고 또 그렇게 되어 오고 있으며, 정치사회적·이데올로기적인 기반과 제도적 구조, 역사적 독특함 속에서 분명해진다.

그러나 그러한 특이점에도 불구하고 고전적 의미에서 공공서비스 방송제도들은 윌리엄스가 명명했듯이(Williams, 1976: 131) '가부장(paternal system)'적이다. 윌리엄스가 설명한 가부장제는 "양심과 함께하는 권위적인 시스템이다. 다시 말해서, 단순한 권력 유지 이상의 가치와 목적을 가졌다는 것이다".

이 철학에서 방송-수용자 관계는 주로 문화적이고 이데올로기적인 용어로 정의된다. "가부장제는 가치·습관·취향을 전달하며, 그러한 것들은 소수에 의한 통치를 스스로 정당화한다. 그리고 그것이 전체 사람들에게 확산되기를 바란다."(Williams, 1976)

따라서 앤서니 스미스(Anthony Smith)가 언급한 '공중 봉사'는 "(수용자에게) 개인적 취향의 미개척지에 맞서길 강요하는 것"을 의미한다(Kumar, 1986: 59). 공공서비스 방송의 초창기 사례가 그러했던 것처럼, 이러한 이상(ideal)이 문화 엘리트주의의 보수적 형태와 연관되었다는 것을 반드시 언급할 필요는 없다. 우리가 3부에서 좀 더 자세하게 살펴보게 되겠지만, 현대의 공공서비스 방송은 수년에 걸쳐 양질의 폭넓고 다양한 프로그램을 제공해야 할 의무를 강조하는, 훨씬 더 절충적인 개념을 발전시켰다(Blumler et al., 1986; Manschot, 1988). 그럼에도 불구하고 수용자에 대한 공공서비스기관과의 관계는 본질적으로 경제적 이윤 추구가 아닌, 널리 확산된 문화적·사회적 책임으로 특징지어진 채 남아 있다. 그리고 그것은 "수용자에게 그들이 원하는 것을 주어라"라는 태평스러운 상업적 격언과 단연코 대비된다.

Note

[문맥]

이제 상업적인 방송에서 공공서비스를 알아보자. 이엔 앙은 이러한 용어가 의미하는 것은 어려운 것이라고 인정했다. 특히 여러 번에 걸쳐 용어의 의미를 다르게 설명한 나라들에게는 더욱 어려울 것이다. 난해하고 시간 소모가 큰 담론을 긍정적으로 만드는 어려움을 극복하기 위해 이엔 앙은 윌리엄스(Williams)의 말을 차용해 정의했다. 논쟁의 모든 면을 다루기 위해 대부분의 작가들은 이미 언급한 누군가에 대해 다루는 것을 피한다. 미디어 연구의 주요 인물인 윌리엄스('20장 문화주의 이론' 참조)를 언급하면서 이엔 앙은 그의 권위도 가져왔으며, 이를 통해 우리가 윌리엄스의 표현을 가치 있다고 생각할 것이라 추측했다. 그러나 윌리엄스의 관점이 공공서비스 방송에 대해 요약한 것에 문제는 없는가? 이엔 앙이 언급한 '고전적 의미'는 무슨 뜻인가? 또한 논의를 벗어나는 것은 무엇인가?

[내용]

만약 이엔 앙이 이전에 언급한 '가부장'시스템이 상업적 시스템과 어떻게 다른지 불확실하다면, 뒤로 돌아가서 다시 확인해 보라.

[문체]

사람들을 표현한 단어들을 주의해서 보고('수용자', '공중'), 이러한 단어들이 이전에 '소비자'로 표현했던 것과 어떻게 다른지 살펴보자. 이 단어들 사이의 차이점은 무엇이며, 이러한 단어를 선택하는 이유는 무엇인가

[구조]

섹션 1과 같이, 여기서 이엔 앙은 이 강론에는 포함되어 있지 않은 그녀의 책 한 부분을 언급한다. 그 부분은 그녀가 언급한 3부를 읽어보아야 하는지에 대한 걱정 없이 그녀의 주장을 이해를 할 수 있을 경우 살펴볼 가치가 있다.

Reading 10

그 결과 수용자의 차별적인 자리매김이 중요하게 되었다. 공영방송에서는 시장으로서의 수용자가 아니라 공중으로서의 수용자가 주요 관심이 된다(McQuail, 1989: 219~220). 공적 수용자는 소비자로 구성된 것이 아니다. 오히려 오락적인 부분만큼이나 계몽되고, 교육 받고, 정보를 알고 있는 시민들이 되어야만 한다. 이는 수용자의 민주적 권리와 의무를 수행할 수 있도록 만든다. (요컨대 위의 것들이 '제공되어야' 한다는 것이다.) 그러한 맥락에서 방송은 (미국의) 상업 텔레비전의 소비자 쾌락주의와는 아무런 관련이 없으며, 매우 위엄하고 진지한 사업이 된다. 따라서 대부분의 공공서비스 사업자로 설립된 유럽의 공영방송에서 유명한 오락 프로그램과 같은 것들은 덜 중요한 프로그램 범주로 치부된다(Ang, 1985a; 1985b 참조).

Note

[구조]

이엔 앙은 그녀 논쟁의 요점인 수용자에 대한 두 개의 정의를 장의 표제로 언급했다.

[문체]

왜 '제공되어야'인가? 왜 '미국의'는 괄호 안에 있는가?

[문맥]

이 부분에서 다른 종류의 편성과 그 편성들이 여러 방송시스템에 의해 어떻게 보이는지에 대한 요점이 있다. 이에 우리는 방송시스템 이면의 철학과 수용자를 위해 생산된 프로그램의 종류 사이의 연결점을 볼 수 있다. 이것이 이엔 앙이 이전에 논한 하나의 '과정'이다.

Reading 11

두 수용자 패러다임의 차이는 대중매체의 두 가지 이론 모델로 설명할 수 있다. 공적 수용자 개념은 좀 더 고전적이라서 전달 모델(transmission model)에 적합하다. 전달 모델은 다른 사람에게 메시지를 전송 또는 전달하는 것이라 정의한다. 이 모델은 수용자의 개념을 '메시지 수신자'로 여기며, 전체적으로 '강요된 의미의 전달'을 암시하고 있다(McQuail, 1987: 43~44: Carey, 1989). 반면에 시장형 수용자 개념에서는 의미의 의도적인 전달은 부차적인 중요성을 갖는다. 맥퀘일이 언급했듯이(McQuail, 1987: 45), "모든 시장의 본질은 상품과 재화를 공급하여 잠재적인 소비자의 관심을 이끌고 유지하는 것이다". 즉 맥퀘일의 커뮤니케이션 주목 모델(attention model)은 단순히 주목을 유도하고 획득하는 것만이 중요하다는 것을 의미한다. 이 모델에 따르면 커뮤니케이션은 질이나 영향과 상관없이 수용자로부터 가능한 빨리 실제적인 관심이 모아지면 효과적인 것으로 여겨진다. 이것이 상업방송제도를 뒷받침하는 커뮤니케이션 모델이다. 그러나 공공서비스 방송의 제도적 관점에서 그것은 명백히 부족하고 부적당한 형태와 다름 아니다. 이들은 커뮤니케이션의 목적과 주목이 연결이 될 때 주목이 진정한 의미를 가진다고 여기기 때문이다.

Note

[내용]

이엔 앙은 그녀가 설명한 매스커뮤니케이션 모델을 이론적으로 인정한다. 이는 그것들의 결론을 뒷받침하기에 실증적인 증거가 부족하다는 것을 나타낸다. 커뮤니케이션 모델을 이론적으로 인정한 것이, 이 주장이 틀렸음을 입증하는 것처럼 보일 수 있다. 그렇지만 증거에 근거를 두는 것이 꼭 필요하지만은 않다는 것과, 이론은 그 자체로 중요한 것이라는 것을 기억해야 한다. 몇몇 이론들은 증거를 얻기 매우 힘들 수 있지만, 이는 여전히 가장 유용한 사고 방식이다.

[문체]

어떠한 모델이 다른 모델보다 '더 고전적이다'는 것은 무엇을 의미하는가? '고전적이다'는 의미는 누구에 의해서 정의되는가?

[문맥]

이엔 앙은 맥퀘일의 커뮤니케이션 모델을 가져왔다. 맥퀘일은 이 분야의 주요 사상가이다 (McQuail, 2002, 2005). 그러나 그가 단지 중요한 인물이라는 점만이 그에 대한 가치의 이유가 되는 것은 아니다. 이는 우리가 그가 제안한 이론들을 비판적으로 수용하지 않는다는 것을 의미한다.

Reading 12

시장형 수용자와 공적 수용자는 두 개의 대안적인 수용자 형태로서, 텔레비전 방송제도인 상업방송과 공공서비스 방송에 각각 연결된다. 이 두 가지 구성은 구체적인 제도 안에서 수용자에 대해 지식 생산의 구조 패러다임을 제공한다. 즉, 미국의 상업 텔레비전의 맥락에서 수용자는 궁극적으로 획득해야 할 시장이라는 개념의 어휘로 설명된다. 반면에 유럽의 공공서비스제도에서, 혹은 수용자를 공적 수용자로 여기는 지역에서는 수용자는 방송국이 책임감을 가지고 봉사해야 할 유지·강화의 대상이라고 설명한다.

Note

[구조]

이 부분은 이엔 앙의 논의 중에서 특히 의미 있는 요약이다. 앞선 내용에서 분명하게 이해하지 못한 내용이 있다면, 이 요약을 통해 이해할 수 있을 것이다. 그리고 다시 조금 더 어려움을 발견하게 될 것이다. 많은 수의 책에서 주장이 가장 분명하게 표현된 부분 꼭 도입부분이나 결론 부분은 아니라는 점을 명심해라.

[문맥]

다시 한 번 이엔 앙은 미국과 유럽의 방송을 구별한다. 어떻게 이것을 납득할까? 무엇이 이것을 배제시키는가? 만약 그 차이가 그녀가 주장한 만큼 구체적이지 않다고 생각한다면, 왜 이엔 앙은 그 구분을 해낼 수 있다고 고집했을까?

Reading 13

상업적 텔레비전은 시장형 수용자 패러다임을 지지하는 고도의 지식 생산 기관으로서 수용자 측정의 도구를 스스로 갖추고 있다. 그러나 공적 수용자 패러다임은 이를 증명하는 간단한 도구조차도 없다. 이는 그다지 놀라운 것이 아니다. 의미 있는 메시지를 수용자에게 전달하는 목적을 가진 공영 방송은 측정을 통해 수용자의 수를 집계하는 것보다 훨씬 더 복잡하고 다차원적이며 질적인 담론이 필요하다. 따라서 공영서비스제도는 상업제도보다 그들과 수용자와의 관계에 대한 정보를 얻기가 훨씬 어렵다. 성공과 실패는 실재적이기보다는 규범적인 문제이다. 때문에 수용자의 규모를 아는 것만으로는 공공서비스 텔레비전의 커뮤니케이션 노력이 성공인지 실패인지의 여부를 충분히 측정할 수 없게 된다.

Note

[문맥]

여기서 요약된 것은 공공서비스 방송이 그들의 수용자를 이해하는 데 문제점들이 있다는 것이다. 왜냐하면 정확하게는 대부분 방송사들은 숫자 그 자체에 대해 관심이 있는 것은 아니기 때문이다. 대신에 이러한 방송사들은 그들이 생산해낸 것을 통해 수용자들이 무엇을 하는지에 대해 알고자 한다. 만약 당신이 BBC가 그들의 독자들에 대해 다룬 기사를 본다고 하면(웹사이트에서 볼 수 있다), 그것은 BBC가 그들의 수용자들을 어떻게 바라보는지의 방법에 관해 무엇을 말하고 있겠는가?

[문체]

'규범적인 것'과 '실재적인 것'의 차이는 무엇인가?

Reading 14

유럽 내부의 탈규제와 민영화 정책의 결과로 나타난 서부 유럽 텔레비전 환경의 변화는 공영 방송의 공적 수용자 패러다임의 위기와 밀접한 연관성이 있다. 유럽 공중파에서 상업 텔레비전의 급증으로, 공적 수용자의 개념은 점점 압박을 받았다. 몇몇 관찰자들은, 유럽의 공공서비스 방송도 미국과 거의 비슷한 정도의 마케팅 사고가 스며들고 있다고 말했다(예를 들면 Gitlin, 1983; Garnham, 1983; Richeri, 1958; Burgelman, 1986). 이러한 경향은 명백하다. 공중서비스 방송들도 시청률에 관심이 있다는 것, 즉 '수용자 극대화' 및 상업적인 시스템과 비슷한 관심사들을 고려하게 되었다는 점은 분명하다는 것이다. 그들은 자신의 성과를 평가하기 위해서 아직 완벽하진 않는 주목 모델을 채택하였고, 결국 공적 수용자는 점점 시장형 수용자로 변모하고 있다.

Note

[문맥]

이엔 앙은 여기에서 최근의 유럽 방송 역사에 대해서 다뤘으며, 수용자들이 보이는 방법에 어떻게 영향을 미쳤는지를 설명했다. 그녀는 비록 지금까지 벌어진 일에 대해 유감을 나타내기도 하지만, 실증적인 증거를 가져왔다. 여기서 우리는 왜 이엔 앙이 이러한 문제에 대해 글을 써야겠다고 느끼는지 알 수 있다. 왜냐하면 이 문제들은 보다 안 좋은 방향으로 변화하고 있기 때문이다.

[문체]

이러한 경향은 정말로 '명백'한가? 아니면 과장되었는가?

Reading 15

이러한 패러다임 변화의 과정은 기계적으로 이루어지는 것이 아니다. 반면에 3부에서 분명히 하겠지만, 공공서비스 방송 조직 자체에서는 많은 긴장과 어려움을 겪고 있는 것이다. 긴장과 어려움은 수용자 관계의 특수함에 대하여 새롭게 받아들일 수 있는 사고의 필요성과 관련이 있다. 한 마디로, 그들은 두 개의 대조되는 수용자 패러다임을 조화롭게 해야 할 필요가 있다는 것이다. 전형적인 유럽 공공서비스 이상을 실현하는 영국 BBC와 네덜란드 VARA를 통해 어떻게 담론의 재건이 이루어져 왔는지를 설명할 것이다.

Note

[구조]

이 부분 없이 이엔 앙의 논리를 이해할 수 있을지 없을지는 생각해 볼 만하다.

[내용]

누구에게 '받아들일'만 한가?

[문체]

대담하고도 분명한 문장의 의도를 주목하라. 모든 작가들이 그들이 무엇을 말하고자 하는지 그리고 왜 그러한지에 대해 말해 주지 않는다. 그러나 이 부분은 차이점을 준비하도록 돕는다. 이것은 이론적인 담론에서 구체적인 예시로의, 혹은 더욱 경험적인 분석으로의 이동이다. 당신은 아마도 왜 이엔 앙이 이러한 변화가 필요했는지에 대해 궁금해할지도 모른다. 혹은 왜 이론적인 수준을 고수하지 않았는지를 알고 싶어할 것이다.

Reading 16

공중서비스 방송의 가치와 우월성을 옹호하는 것에 관해 BBC는 독보적인 국제적 영향력과 권위를 갖는다. 이는 몽트뢰(Montreux)와 이탈리아상(-賞, Prix Italia)과 같은 영국 텔레비전 페스티발에서 가장 많은 상을 받았다는 사실을 보면 알 수 있다(Blumler et al., 1986). VARA는 국제적으로 덜 알려진 기관이지만, 그 독특한 사회민주주의의 뿌리 때문에 매우 흥미로운 사례이다(Ang, 1987). 두 공영 조직들은 방송을 통해 '공중에게 봉사하는' 길고 오래된 전통이기 때문에 자부심을 가졌지만, 두 조직 사이의 차이는 뚜렷하다. BBC의 초대 사장인 존 리스(John Reith)에 의하면, BBC의 이데올로기적 기원은 수용자를 '위로부터' 개혁되어야 하는 존재로 보는 '권위적인 가부장주의'이다. 반면 VARA의 역사는 사회적인 민주주의의 철학에 기반을 두며 '아래로부터' 문화적 향상이 오는 '대중적 가부장주의'에 기초해 있다.

Note

[구조]

방송사들은 세계적으로 알려져 있다. 세계의 많은 나라에서 BBC가 높이 평가되고 잘 알려진 방송사라는 것은 당신도 알고 있을 것이다. 이엔 앙은 VARA와 비교함으로써 공공서비스 방송이 기능할 수 있는 다른 방법들을 입증하고자 했다. 이런 '비교와 대조' 접근은 이러한 논쟁을 하는 주된 방법이다.

[내용]

'권위적인 가부장제'와 '대중적 가부장제'의 차이는 무엇인가? 왜 BBC와 VARA는 그들의 의무를 수행함에 있어서 다른 접근방법을 사용했을까?

Reading 17

이러한 근본적인 기원에서의 차이에도 불구하고, 두 조직은 비슷한 길에 따라 발전해 왔다. 두 조직의 역사는 어떻게 공공서비스제도를 설립하는지와 같은 문제, 또는 텔레비전 시청자와의 규범적으로 정의된 관계를 유지하는 방법에 대한 불확실성의 증가 등으로 나타난다. 이는 두 조직 내에서 이루어지는 연구와 수용자 측정을 통해 얻는 수용자 지식에 대한 의존의 증가를 나타낸다. 다시 말해서 조직 내에서의 지식의 형태는 점점 덜 규범적이게 되고 실증적인 정보가 증가하게 되었다는 것이다. 그러나 이것은 수용자를 오로지 시장으로 여기는 것을 의미하지는 않는다. 오히려 이것은 오래된 공공서비스와 시장 사고를 혼합한다. 즉, 과거에 당연시 되었던 공영제도의 권위가 상업적 경쟁으로 인해 약화되면서 수용자 조사 연구는 더 나은 서비스를 제공하는 데 도움이 될 것이라는 사실을 가정한다는 것이다.

Note

[구조]

여기에서 다시 '비교와 대조' 접근방법을 사용했다. 그러나 이엔 앙은 두 개의 방송사를 대조하기보다는 과거와 현재의 그들의 수용자 접근 방식을 비교했다. 이를 통해 증가하는 상업방송 맥락 속에서의 변화를 설명했다.

[내용]

'규범적' 접근과 '실증적' 접근의 차이는 무엇인가?

Reading 18

이러한 발전은 상업 방송과 공영 방송의 철학적 가정이 다르다는 것을 보여 주는 반면, 두 시스템 간에 근본적인 공통점이 있다는 것을 말해 주기도 한다. 공통점은 두 제도가 수용자를 정복 대상으로서 보는 도구적 관점을 가지고 있다는 것이다. 기본적인 의도가 의미 있는 메시지의 전달이든, 관심을 얻어내는 것이든, 수용자는 두 경우에서 다 일방적인 커뮤니케이션 과정의 끝인 수신자의 위치에 놓인다. 즉, '텔레비전 수용자'를 통제되어야 할 대상의 범주로 바라보는 제도적 관점을 가진 두 시스템에서 다 수용자는 '위로부터' 혹은 '밖(외부)으로부터' 놓인다.

Note

[구조]

마지막 장을 향해감으로써 이엔 앙은 지금까지 윤곽을 드러낸 그녀의 논쟁 및 예시들을 한 데 모았다. '공통점'에 대한 그녀의 인식은 그녀가 연구해 온 소재에서 순환하는 특징이 있는 일종의 신호로서의 방법이다. 그리고 이러한 결론에서 요약 접근은 흔한 기법이다. 그것은 실제로 당신 논문의 결론 구조로 사용될 수 있는 방법 중 하나인 것이다.

[내용]

앞과 같이 이엔 앙은 '정복하다'는 단어를 사용했다. 그녀가 이전에 이 단어를 사용했을 때보다 당신의 이해도가 높아졌는가?

Reading 19

공적 수용자 패러다임과 시장형 수용자 패러다임은 오직 상대적으로 상충된다. 맥퀘일(McQuail, 1987: 221)에 따르면, "우리는 우리 스스로를 절대로 시장의 부속물로 생각하지 않는다. 오히려 우리는 타인에 의해 시장의 범주 안에 놓아지거나 목표 집단의 일부로 인식된다고 생각한다". 비슷한 맥락에서 사람들은 텔레비전을 볼 때, 그들 스스로를 제도적으로 정의된 공중으로 인식한다고는 생각하지 않는다. 다르게 말하자면 시장을 생성하기 위해 소비자가 발견되는 것이 아니라 오히려 만들어져야 하며, 시민들은 자연스럽게 형성되는 것이 아니라 제도 자체에 의해서 생산되고 만들어지고 발명되고 구성되어야 한다.

Note

[구조]

대체로 이엔 앙이 그녀의 논리대로 '수용자'를 두 개의 개념으로 나누어 설명한 반면, 여기에서는 그들의 공통점을 말했다. 그녀는 수용자를 얻는 것이 그들 스스로 요구되는 것이 아니라, 방송국을 위해 반드시 필요한 과정으로 정의했다. 수용자를 수식하는 다양한 단어를 주의해서 보도록 하자.

[내용]

소비자가 "발견되는 것이 아니라 만들어져야 한다"는 말이 어떤 의미인가? 그리고 이것은 어떻게 일반 시민과 같은가?

Reading 20

수용자가 상업방송과 공영방송에서 모두 소비자로 정의되든지 혹은 시민으로 정의되든지에 상관없이, 방송은 그들의 구체적인 목적과 관심에 따라 수용자를 정복하기 위한 노력을 멈추지 않을 것이다. 이는 제도적인 관점으로부터 나온 일반적인 지식의 담론 메커니즘으로 다시 돌아온다. 이는 명백한 주체/객체의 대조와 대상화된 단일 '텔레비전 수용자'의 구조에 기초해 있다. 이제 이 구조의 인식론적이고 존재론적인 과정과 결과를 살펴보도록 하자.

Note

[구조]

이엔 앙은 다음 장에 어떠한 내용이 올 것인지에 대해 말하며 글을 마치고 있다. 이 책의 다른 부분에서 언급했듯이, 이 논의는 분명히 더 큰 전체의 일부분일 뿐이다.

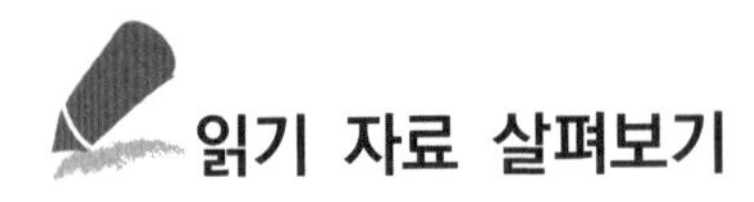

읽기 자료 살펴보기

이론적인 구조로 수용자를 생각하는 것은 처음엔 어려울 수도 있지만 앙은 그것이 왜, 어떻게 되어야만 하는지를 보여 줬다. 그러나 그녀는 주로 BBC와 VARA 두 가지 예시만을 보여 줬다. 따라서 다른 채널과 방송사들은 어떻게 그녀의 연구를 적용해야 할지 생각해 보길 바란다. 또한 그녀의 이론이 영화나 광고, 라디오와 같은 다른 활동과는 어떻게 연관이 있는지도 아울러 고려해 보았으면 좋겠다.

또한 이는 책의 한 부분이기 때문에, 같은 책 안에서 또 다른 무엇이 나올 수 있을지 생각해 볼 필요가 있다. 그리고 이 책의 확장을 위해서가 아니라 빈 공간을 채우기 위해 읽어야 한다고 느낄 수도 있겠지만, 이 부분만을 활용해 핵심 내용을 얻는 것도 중요하다. 만약 더 많은 양의 글이 주어진다고 해도, 당신은 이것만으로도 충분하다고 생각할 것이다.

이 글은 분명히 이 책의 또 다른 부분들과 관련이 있다. 실제로 그러한 예를 찾아보자면, 이 강론은 방송국이 주로 수용자를 소비자라 하는 것을 '정치경제학' 관점에서 논의하였다. 민족지학적 접근의 수용자 연구자들은 '문화적 이론'과는 거리가 멀다. 월터 리프만(Walter Lippmann)의 연구에 의해 입증된, 몇 십 년 동안 연구되어 온 수용자들, 즉 '효과'의 측면에서 수용자들을 탐구하는 주요한 방법 등이 있다. 수용자는 미디어 이론의 중심에 놓여야 한다. 왜냐하면 미디어 활동으로부터 비롯된 사회적 결과들이 가정되지 않는다면, 그 분야는 매우 쓸모없어지기 때문이다.

그러므로 미디어 수용자들을 거론할 때는 주의를 기울여야 한다. 예를 들어 신문은 종종 텔레비전 프로그램의 시청률을 보도하며, 이것으로 그들이 성공했는지 혹은 실패했는지를 알 수 있게 한다. 만약 이러한 보도를 발견한다면, 그 보도는 일반 대중, 개인 수용자, 공중, 시민그룹, 기타 집단 중 어떠한 종류의 수용자를 대상으로 했을지 추측해 보자. 그리고 사람들이 언제, 어떻게 수용자에 대해 이야기하는지도 주목해 보자. 그들을 용어로 잘 정의하지 않더라도 어떤 의미가 있을 것인지 추측할 것이다. 왜냐하면 이것은 '상식'이기 때문이다. 당신이 얼마나 이러한 수용자의 형태에 적합한지, 그리고 당신의 생활에 있어서 그 정의를 완벽하게 알고 있는지 아닌지에 대해 생각해 보라. 이러한 방식으로 생각하는 것은 왜 앙과 같은 사람들이 수용자의 활동을 파악하는 것이 대단히 중요한 것이라고 주장하는지를 이해하는 것에 도움이 될 것이다.

주요 용어

공공서비스 방송(public service broadcasting); 텍스트화(textualizing);
정치경제학(political economy)

주요 학자

Jay Blumler; Todd Gitlin; Denis McQuail; Raymond Williams

권장도서

Gillespie, Marie(ed.)(2005), *Media Audiences*, Maidenhead: Open University Press.

이 장과 관련된 많은 주요 연구로부터 발췌한 초록들에 더하여 수용자에 대한 이론적 논쟁들의 개요를 서술하는 에세이들을 모은 교과서.

Long, P. and Wall, T.(2009), *Media Studies: Text, production and context*, Harlow: Longman.

이 장에서 제기된 많은 논쟁들의 상세한 설명들을 맥락적으로 이해하는 데 있어서 이 개론서는 제일 좋은 첫걸음이 된다.

Schrøder, K., Drotner, K., Kline, S. and Murray, C.(2003), *Researching Audiences*, London: Arnold.

수용자를 향한 광범위한 접근들의 개론서. 수용자들이 어떻게 연구되어야만 하는가와 관련한 논쟁들에 더하여 많은 방법론들을 다루고 있다.

27장

제작자로서 수용자 이론

Shirky, C.(2008), *Here Comes Everybody: How change happens when people come together*(끌리고 쏠리고 들끓다: 새로운 사회와 대중의 탄생), London: Penguin, pp. 55~66.

제작자로서 수용자 이론 입문

페이스북에는 4억 명 이상의 능동적 이용자들이 매달 페이스북에 30억 개의 사진을 업데이트하며, 일반 이용자들은 하루에 한 시간 정도 페이스북에 접속한다(Website Monitoring, 2010 참조). 트위터 가입자는 1억 6백만 명에 달하고, 이들은 매일 5천 5백만 개의 트윗을 보내고, 매일 6억 개의 문의가 트위터의 검색 엔진에 등록된다(Business Hub, 2010). 8년 동안의 방송량과 맞먹는 콘텐츠들이 유튜브에서는 하루 만에 업로드되며(이는 유튜브가 전통적인 텔레비전 네트워크에 비해 훨씬 많은 영상을 '방송한다'는 것을 의미한다), 2010년에만 7,000억 건 이상의 조회수를 기록했다(Youtube, 2011). 10년 전에는 이러한 사이트들이 없었다는 것을 고려하면 이들의 성장은 놀랄 만하며, 사람과 미디어의 관계가 단순히 미디어의 생산물을 소비하던 관객에서 그들이 직접 콘텐츠를 만드는, 능동적인 제작자이자 배급자로 변화했다는 증거로 볼 수 있을 것이다. 이 장의 읽을거리에서 알아보고자 하는 내용은 오늘날의 수용자들이 더 이상 수동적인 수용자가 아니라 미디어의 생산자라는 것이다.

실제로 도입부—'콘텍스트 미디어 이론'—에서는 세 개 장(場)에 걸쳐 생산·텍스트·수용자에 관해 다루고 있다. 미디어 연구는 위의 세 영역으로 나누어 분석하는 경우가 많으며, 각 영역을 탐색하기 위해 서로 다른 방법론적 접근이 개발되어 왔다. 이는 생산에 관여하는 사람들과 미디어 소비에 관여하는 사람들이 다르다는 가정 때문이다. 즉 수백만 명의 사람들이 영화를 보고 신문을 읽고, 음악을 듣는 반면에 그보다 훨씬 적은 수의 사람들이 미디어의 실제 제작에 참여하고 있다는 것이다. 미디어 연구가 반복적으로 제시해 온 주된 비판 중 하나는 「문화산업(The Culture Industry)」('9장 프랑크푸르트학파' 참조)이 문화 생산을 단순히 상업적 활동으로 치부하였으며, 우리는 돈을 주고 그것을 살 뿐이라고 전제했다는 점이다. 이 주장에 따르면 우리는 더 이상 생산자가 아니지만 문화를 생산하는 것은 개인으로서, 그리고 공동체의 일원으로서의 우리 자신을 표현하기 위한 방법 중 하나이기 때문에 중요한 활동이다.

인터넷이나 다른 형태의 뉴미디어 개발은 현재의 생산자-소비자 관계를 뒤집을 잠재력을 가진 것으로 여겨져 왔다. 이 잠재력은 누구나 문화를 만들고 배급할 수 있으며 더 많은 목소리를 낼 수 있는 공론장('16장 공론장' 참조)을 개방하고 누구에게나 자신이 살고 있는 사회에 참여할 수 있는 권한을 부여할 수 있는 힘이다.

이것은 특히 '웹 2.0'과 관련되어 있다. 이제는 매우 흔한 용어로서 "이용자 제작 콘텐츠와 웹사이트의 확산을 의미하는데, 특히 정보의 공유와 소셜 네트워킹을 위한 체제이자 웹 블로그처럼 자아를 표현하거나 비디오와 오디오 공유를 위한 플랫폼으로 만들어진 것을 말한다"(Hands, 2011: 79). 이 장의 초반 통계 자료가 보여 주듯이, 웹 2.0 사이트는 분명 대중적이며, 이전에는 불가능했던 활동들을 가능케 한다. 문제는 웹 2.0이 사람들이 사는 방식에 어느 정도의 변화를 일으키는지, 그리고 이러한 양식에서 파생된 급진적인 가능성들이 결실을 맺었는지의 여부이다.

이러한 가능성에 대한 예시는 2008년 버락 오바마가 당선되었던 당시의 미국 대통령 선거에서 찾을 수 있는데, 이 선거는 첫 번째 '인터넷 선거'라는 별명을 얻게 되었고 오바마는 「첫 번째 인터넷 대통령(iPresident)」(Simmons, 2009)으로 불리게 되었다. 이는 오바마의 선거캠프가 소셜 미디어를 사용해서 선거 메시지를 전파하고 캠페인에 필요한 모든 작업을 도와줄 자원 봉사자들을 조직화했기 때문이다.

마찬가지로 2011년 북아메리카와 중동에서 있었던 '아랍의 봄' 시위도 트위터 등 소셜 미디어에 의존했는데, 이는 소셜 미디어를 통해 사람들이 이러한 시위를 조직할 뿐만 아니라, '전통적인' 미디어에 비해 참여자가 보고할 수 있는 행사 정보를 퍼트릴 수 있었기 때문이다(Williamson, 2011). 아랍의 봄에서 중요한 것은 그것이 여러 지역에서 발생된 사건이었다는 것이며, 이것은 서로 다른 사람들을 한데 모을 뿐만 아니라 국가 기반의 '전통적인' 미디어를 넘어선다는 점에서 국경을 초월한 뉴미디어의 능력이다. 군중의 중요성에 대한 생각은 뉴미디어가 사회적·상업적·정치적 함의를 가지고 있기 때문에 사람들을 한데 모으는 것이 뉴미디어의 가장 중요한 역할 중 하나라고 주장하는 분석에서 찾을 수 있다(Botzman and Rogers, 2011; Howe, 2009; Papacharissi,

2010; Surowiecki, 2004).

그러나 일부 사람들은 뉴미디어의 급진적인 가능성을 순진하게 축하하거나 뉴미디어가 주는 생산자로서의 파워에 흥분하기 쉽다고 주장한다. 예를 들어 『인터넷 환상(*The Net Delusion*)』(2011)에서 모로조프는 이미 권력을 가진 사람들에게는 인터넷이 기업이나 정부가 시민의 활동을 추적하고 선전을 퍼트릴 수 있기 때문에 훨씬 더 유용하게 쓰일 수 있으며, 인터넷 자체는 그것이 애초에 전복하고자 했던 구조만큼이나 상업화되고 사업 운영이 되었다고 주장한다. 따라서 모조로프는 인터넷의 '사이버 유토피아주의'의 가능성에 지속적인 흥미를 보인다(p. xiv). 이와 유사하게, '정보 격차(digital divide)'에 대한 우려도 제기되어 왔다(James, 2003; Norris, 2001; O'Hara and Stevens, 2006). 이는 뉴미디어에의 접근성이 평등하지 않다는 것이다. 인터넷이 종종 '무료'로 여겨지지만 사실은 금전적으로 제약이 있는 기술(컴퓨터·노트북·스마트폰)을 필요로 하며, 이것은 가장 가난한 지역의 사람들이 자신에게 더 나은 삶을 가져다 줄 것이라는 이러한 미디어들에 접근조차 할 수 없다는 것을 의미한다. 또한 인터넷에서 지배적인 언어인 영어(Internet World Stats, 2010)는 다른 나라 언어의 영향력을 감소시키며, 안타깝게도 기술적인 격차를 더욱 심화한다. 이러한 점에서, 뉴미디어는 단순히 '전자 식민주의'의 다음 단계나 다름없는 게 아닐까(McPhail, 1981)?

그래서 당신은 뉴미디어를 어떻게 사용하는가? 당신은 페이스북 계정을 가지고 있거나, 트위터로 이야기하거나, 영상을 만들어 유튜브에 올리거나, 음악을 만들어서 마이스페이스에 게시하는가? 만약 이러한 활동들을 한다면 왜 하는가? 당신은 그것들이 앞서 설명한 급진적 가능성을 가지고 있다고 생각하는가? 당신은 이러한 활동들을 함으로써 힘이 생겼다고 느끼는가?

그렇지 않다면 그 이유는 무엇인가? 당신은 프라이버시와 같은 이슈들(Levmore and Nussbaum, 2010)을 걱정하는가? 인터넷이 없는 세상은 상상하기 어려울 것이다. 인터넷이 (한때) 얼마나 신기술이었는지를 기억하는 것은 어렵다.

다음을 시도해 보라.

일주일 간 인터넷이나 다른 형태의 소셜미디어 없이 살기.

무엇이 어렵고, 어떠한 방식에서 당신의 삶이 더 나아졌는가? 그리고 뉴미디어의 사회적·정치적 가능성에 대한 주장을 유념해 보았을 때 일주일 동안 인터넷 없이 사는 것은 당신이 당신 주변의 세상에 더 관여하게 하는가, 덜 관여하게 하는가?

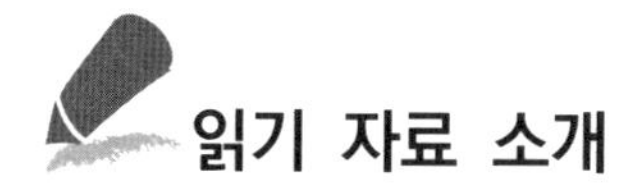

읽기 자료 소개

이 지문은 클레이 서키(Clay Shirky)의 저서 『끌리고 쏠리고 들끓다: 새로운 사회와 대중의 탄생(*Here Comes Everybody: How change happens when people come together*)』의 'Everyone is a media outlet' 장의 도입부이다. 책 표지 그림의 안내문에서 서키의 목적은 '사람들이 그들 주위에 무슨 일이 일어나고 있는지, 그리고 더 나은 사회 활동을 지원하는 도구를 설계 할 수 있는지를 이해하도록 도우면서 사회적 도구의 교차점과 사회생활을 묘사하기 위해서'라고 밝히고 있다. 그렇다면 이 책이 사람들이 그들이 소비하고 사용하는 미디어와 얽혀 있는 삶을 살아가는 방식을 살펴보면서, 미디어와 기술을 사회적 맥락에 위치시키려고 한다는 사실은 분명하다. 그럼에도 불구하고 서키는 그 이상으로, 목적은 모두에게 행복한 삶을 가져다 줄 수 있는 생산적인 사회를 가능하게 할 수 있도록 이러한 기술을 어떻게 사용할 수 있고, 더 나은 방식으로 설계할 수 있는지를 생각하기 위한 것으로 보인다. 이러한 관점에서 이 책은 일종의 메니페스토로 볼 수 있을 것이며, 현 상황을 조명하고 개선방안을 제시할 것이다. 따라서 많은 미디어 이론과 마찬가지로, 이 책도 현 상황에 대해 비판적이며, 앞으로 어떻게 나아질 것인지 해결책과 제안점을 언급한다.

그러나 『끌리고 쏠리고 들끓다(*Here Comes Everybody*)』는 이 책에서 언급되었거나 일반적인 연구에서 소개되는 미디어 이론들과는 차이가 있다. 시작하기에 앞서 이 책은 많은 미디어 이론보다 더 넓은 독자층을 염두에 두고 쓰여졌다. 서키는 수다를 떠는 듯한 문체로 그의 주장을 뒷받침할 다양한 개인적인 일화들을 끄집어낸다(이 장은 서키의 삼촌 이야기로 시작한다). 더욱이 서키는 일부 경험적인 증거들을 참고 문헌과 함께 제공하는 반면, 분석의 많은 부분들은 그러한 데이터를 제공하지 않으며, 대신에 미디어 사용의 일반적인 상식 및 서키가 포함시킨 그러한 일화들로부터 비롯된다.

당신이 이런 식으로 에세이를 써낸다면 한 소리를 들을 수도 있다. 그렇다면 여기서는 왜 이것이 용인되는가? 그 이유는 이 책의 독자가 매우 다양하기 때문이다. 서키는 사업가, 국회의원, 일반 대중들에게 닿고자 목표했고, 그래서 그가 목표하는 다수의 독자들에게 소급할 수 있는 방식으로 커뮤니케이션 하는 것이다. 당신이 책을 읽을 때, 당신은 아마도 이러한 접근의 장단점을 반추하고 싶을 것이다. 이러한 스타일이 독서를 더 쉽게 만드는가? 만약 그렇다면 이 작문 스타일을 채택함으로써 잃는 것은 없는가?

당신은 서키의 다른 글을 읽어봄으로써 이 책의 소재들을 더 넓은 맥락에 놓을 수 있다. 그의 책 『잉여 인지: 초연결시대 창의와 관용(*Cognitive Surplus: Creativity and Generosity in a Connected Age*)』(2010)은 20세기의 후반의 기술이 대부분의 사람들을 수동적으로 만듦으로써 많은 기술과 재능을 낭비했다고 주장한다. 대신에 인터넷을 비롯하여 더욱 새로워진 기술은 사람들을 더 창조적이게 할 뿐 아니라, 사람들이 함께 모여서 사회적 연대가 가미된 협력 작업을 장려한다.

서키의 웹사이트에서 짧은 글들을 볼 수 있다.

www.shirky.com/writings/

그의 글은 기술·제도·글로벌화·경제학에 대한 논쟁거리를 포함한다. 서키는 과거와 현재를 분석해서 정부·기업·공동체에게 어떻게 신기술이 일상생활의 많은 측면에서 급진적인 가능성을 제공할 것인지를 예측하고 있다.

다시 말하자면 이 예측 목표는 당신이 다른 미디어 이론에서 볼 가능성이 없는 것이며, 긍정적인 논조도 아니다. 진짜로 서키와 다른 저자들이 미디어와 기술에 대해 토론할 수 있는, 잠재적인 수용자들이 많이 있다는 점을 보여 준 것을 고려하면, 당신은 왜 다수의 미디어 이론이 대중을 포함시키는 것에 실패했는지 궁금할 것이다. 당신은 이 책의 저자들이 서키로부터 독자의 범위를 확대하는 법을 배울 것이라고 보는가?

마지막으로 이 장의 제목에 대해 생각해 보는 것은 의미가 있을 것이다. "모두가 미디어 아웃렛이다." 언뜻 이상한 주장 같다. 어떻게 내가, 또는 당신이, 미디어 아웃렛일 수 있는가? 그것은 우리가 미디어 아웃렛을 수천 권의 책, 영화, TV 프로그램, 광고를 만들어내는 대기업이나 다름없이 생각했던 것과 같다. 서키가 도전하고 싶은 지점이 바로 이 전제이다. 그러나 그의 시제 사용에 또한 주목하라. 모두가 미디어 아웃렛이 될 수 있는 것이 아니라, 모두가 이미 그러하다는 것이다. 이 제안은 우리가 이미 미디어를 생산하고 있으며, 특정한 사회적·기술적 구조의 재조직을 통해 우리는 보다 생산적인 방식으로 우리가 하는 것들을 퍼트릴 수 있다는 말이다. 그러나 당신은 미디어 아웃렛으로 불리는 것에 대해 어떻게 생각하는가? 당신은 당신이 미디어 아웃렛이라고 생각하는가, 아니면 그러한 척 하는가?

그나저나 당신은 서키의 책 제목 『끌리고 쏠리고 들끓다(*Here Comes Everybody*)』가 어디서 비롯된 것인지 알고 있는가?

Reading 1

클레이 서키(C. Shirky)

누구나 미디어 아울렛이다

우리의 사회적 도구는 공개적 의사표현을 가로막던 낡은 장애물을 제거하며, 이를 통해 대중 미디어의 특징이던 병목현상을 제거한다. 그 결과 과거 미디어 전문가들의 전유물이었던 작업들에서 '대중의 아마추어화' 현상이 나타나게 되었다.

Note

[구조]

클레이 서키는 앞으로의 내용을 간략하게 설명하는 것으로 이 장을 시작한다. 요점은 그의 주장에 앞서, 당신이 앞으로 읽을 내용에 관해 준비할 수 있다는 것이다. 이것이 얼마나 유용한가? 이것은 당신이 클레이 서키의 주장하는 내용에 동의할 수 있도록 준비하는 것일 것이다.

Reading 2

나의 삼촌 하워드는 소도시 신문사 사장으로, 미주리 주 리치몬드(인구 5,000명)에서 지역 신문을 발행했다. 이 신문사는 우리 할아버지가 설립해 대물림해 온 사업체였다. 삼촌은 글 쓰는 재주를 물려받은 것이다. ≪USA 투데이≫가 주목을 받자 삼촌이 소리를 고래고래 지르며 화를 내던 모습이 아직도 기억난다. ≪USA 투데이≫를 '종이 TV'라고 깎아내리고 미국 문화의 우매화를 보여 주는 또 하나의 증거라며 높이 쳐들던 모습이 인상적이었다. 그러나 삼촌은 그러면서도 컬러 인쇄와 전국 배급을 내세운 ≪USA 투데이≫가 어떤 도전을 하려는 것인지 잘 알고 있었다. ≪리치몬드 데일리 뉴스≫와 ≪USA 투데이≫가 같은 업종인 만큼 비록 규모와 내용은 서로 달랐지만 ≪USA 투데이≫가 무엇을 노리고 있는지 바로 알아차렸던 것이다.

Note

[문체]

클레이 서키는 그의 삼촌 하워드(Howard)에 관한 이야기를 분석에 이용하고 있다. 당신은 그의 글 쓰는 스타일이 기존에 보아왔던 다른 연구들과는 다르다는 것을 알 수 있을 것이다. 이것을 찾아내는 것이 얼마나 유용할까? 클레이 서키의 가족에 관해 이야기를 듣는 것이 도움을 줄 것인가? 그리고 우리가 이 스토리를 찾는 것이 무엇을 의미하는 것인가? 우리는 이것을 이용해 주요 쟁점에 관해 더욱 일반적으로, 아니면 잘못 이해할 것인가?

[문맥]

이 이야기가 목표로 하는 것은 미디어 변화가 역사적으로 그리고 사회적 맥락에서 어떻게 논의되는가에 관한 것이다. 이 이야기는 사람들이 항상 미디어 변화에 대해 논의했던 것과 새로운 뉴미디어가 기존의 미디어에 어떤 영향을 미칠지에 관해 언제나 걱정했던 것을 명확하게 해 주는 데에 목적이 있다. 이러한 현상에 관해 어떠한 현재의 예를 생각할 수 있고, 또한 이것은 클레이 서키의 삼촌 하워드가 가지고 있었던 생각과 어떻게 다른가?

[내용]

'우매화(Dumbing down)'의 의미가 무엇일까? 이 표현을 들어본 적이 있는가? 당신은 미디어가 우매하다고 생각하는가? 만약 그렇다면 모든 형식의 미디어에 적용된다고 보는가? 아니면 여기에도 분명 'Dumbing up'의 증거가 있다고 보는가? 또한 문화가 단순화되었다면 왜 이러한 것이 중요한가?

Reading 3

삼촌의 머리에서는 그 걱정이 떠나지 않았지만 뚜껑을 열고 보니 ≪USA 투데이≫는 구세대 신문업계 사람들이 두려워하던 위협에는 전혀 미치지 못하는 것으로 드러났다. 다른 신문들로부터 어느 정도 시장 점유율을 빼앗아가긴 했지만, 업계를 뒤흔들 정도는 아니었다. 진짜 충격은 눈에는 잘 보이지 않지만 아주 중대한 변화가 일어나고 있었다는 점이다. 이 변화는 ≪USA 투데이≫ 탄생 당시 이미 속도가 붙고 있었다. '리치몬드 데일리 뉴스'를 비롯하여 크고 작은 모든 신문들에 가해진 가장 큰 위협은 다른 신문들과의 경쟁이 아니라, 전반적인 정보 환경의 급격한 변화였다. 4색 인쇄기를 만들어 24시간 돌린다는 얘기는 쉽게 이해할 수 있는 내용이었다. 그러나 종이를 통해 뉴스를 전달한다는 개념 자체가 쓸모없게 될지 모른다는 생각, 그 육중하고 시끄러운 윤전기가 내연기관 시대의 증기기관과 같은 신세가 될지 모른다는 생각은 거의 이해가 불가능했다. 하워드 삼촌은 누군가 삼촌이 하는 일을 더 잘하게 되는 상황에 대해서는 가정해 볼 수 있었다. 하지만 누군가 삼촌이 하는 일을 쓸모없는 구시대의 유물로 만들어 버리는 상황은 상상할 수 없었다.

Note

[내용]

클레이 서키는 사람들이 미디어 변화에 관해 우려하는 동안 그들은 종종 어떤 변화가 중요한지에 관해 잘못 생각하고 있다고 했다. 이러한 관점에서 우리에게 영향을 끼치는 것은 우리가 예상하지 못하는 것이고, 또한 우리는 전혀 위협이 되지 않음에도 불구하고 걱정하느라 시간을 보낸다. 이것은 사회적·기술적·문화적 변화를 예측하고, 이러한 변화에 따라 앞으로 우리가 나아가야 할 방향을 주장하는 사람들—미래학자와 같은—에게 영향을 미친다. 지금은 사람들이 과거에 "뉴스가 신문 이외의 다른 매체들을 통해서 전달되는 것이 불가능하다"고 생각한 이유를 이해하기 어렵다. 이러한 사실은 변화를 예측하는 것이 얼마나 어려운 일인지를 나타낸다. 즉, 모든 것들이 변화했는가? 하워드가 언급했던 것처럼, 여전히 육중하고 시끄러운 윤전기를 통해서 신문이 제작되는가?

Reading 4

신문업계의 많은 사람들, ≪USA 투데이≫가 벌인 것과 같은 경쟁의 결과를 걱정하던 바로 그 사람들은 인터넷이 초래할 변화의 깊이와 폭을 간과했다. 전문가의 시야를 가진 사람들에게는 어떻게 전문적으로 생산되지 않은 것이 자신들에게 영향을 미칠 수 있을지 이해하기란 어려운 일이다. 더구나 인터넷은 신문도 아니고, 사업체도 심지어 조직도 아니기 때문이다. 신문업계에는 일종의 자아도취적 편견이 있었다. 유일하게 심각하게 여긴 위협은 신문이든 TV든 라디오든 다른 전문 언론 창구가 전부였다. 그들은 이런 편견 때문에 아마추어들이 자기들 '힘으로 자료를 생산해 내기 시작하자, 마치 잘못된 것에 맞서 방어하는 식의 태도를 취했다. 이베이나 크레이그리스트 같은 웹사이트가 구인란, 광고란, 부동산면 등 신문들의 생계 수단인 광고 수익을 쏙 빼 가고, 블로그가 밤 셈 고양이 같은 사람들에게 전 세계를 대상으로 한 공짜 출판을 가능하게 하고 있는데도, 각국의 신문사 경영진들은 그 변화를 이해하는 데 느렸고, 대응에는 훨씬 더 느렸다. 어떻게 이런 일이 가능했을까? 신문업계는 자신들이 맞이한 그토록 명백하고 엄중한 도전을 어떻게 모르고 넘어갈 수 있었을까? 그 답은 하워드가 ≪USA 투데이≫에 집착하면서 생긴 부작용에 있으며, 전문가들이 자기 직업에 대해 내리는 자기 정의(때로는 자기기만)와도 관련이 있다.

Note

[내용]

클레이 서키의 여러 주요한 이론 중 하나인 '전문가'에 대한 개념을 이 장에서 소개한다. 클레이 서키는 이 용어의 의미와 문화적 가치에 대해 논의를 제기한다. 그러나 그 전에 우리는 이 용어와 그에 대한 당신의 생각을 검토할 필요가 있다. 어떤 직종들을 '전문가'라고 볼 수 있을까? 이 용어는 긍정적 또는 부정적인 의미를 함축하고 있는가? 당신에게 이 용어는 또 어떤 의미가 있을까? 그리고 최근 미디어 발전은 이 용어의 가치를 어떻게 변화하게 만들고 있는가? 클레이 서키가 비교한 '전문가'와 '비전문가'의 차이에 주목하자. 다시 한 번 이는 당신에게 어떤 의미일까?

[문체]

클레이 서키는 특정한 누군가가 아닌 '많은 사람들'이 얼마나 많이, 이 주장에 동의하는지를 언급하고 있다. 당신은 이 주장에 동의하는가? 그가 세부적인 내용을 제공하지 않아도 상관없는가?

[구조]

클레이 서키는 이 단원에서 많은 중요한 질문들을 던졌다. 그리고 그 질문에 대한 답은 이후의 단원에서 제시하고 있다. 이 질문들이 그가 제시한 사례 연구에서 논리적으로 어떻게 나타났는지 주목하자. 구체적인 예(그의 삼촌 하워드)를 통해 독자들의 관심을 불쾌 하게 만들 수 있는지, 그런 문제를 어떻게 보여 줄 수 있는지, 어떻게 질문으로서 표현할 수 있는지, 클레이 서키가 알아낸 분석을 어떻게 정의하는지에 대한 생각들이 이 단원에서 명확하게 제시되었다. 어쩌면 당신이 쓰는 글에서 이 포맷을 이용할 수도 있을 것이다.

Reading 5

전문직은 일종의 전문 지식을 요구하는 어려운 문제를 풀기 위해 존재한다. 경주용 자동차 운전에는 특수 훈련이 요구된다. 즉, 카레이서들은 전문가들이다. 하지만 일반 자동차는 특정 분야 전문가만 몰 수 있는 게 아니다. 왜냐하면 대부분의 성인이 약간의 훈련만 받으면 될 정도로 쉬운 일이기 때문이다. 대부분의 전문직은 계속 관리를 해야 하는 희소 자원이 있기 때문에 존재한다. 도서관 사서는 서가에 있는 책을 정리하는 일을 맡고, 신문사 간부들은 1면에 어떤 기사를 올릴지 결정하는 일을 맡는 식이다. 모두 자원 자체가 희소하기 때문에 전문직 계층이 필요한 경우들이다. 즉, 도서관은 얼마 없는데 이용자는 많고, 채널은 얼마 없는데 시청자는 많다. 이 경우 전문가는 수문장 역할을 하게 된다. 정보·오락·통신, 또는 기타 한시적 재화를 접할 기회를 제공하는 동시에 제어하는 역할도 하는 것이다.

Note

[구조]

'전문가'에 대한 클레이 서키의 정의가 여기 제시되어 있다. 이 정의가 다른 저자들에 의해 쓰이거나, 이 단어를 사용하도록 하는 명백한 뒷받침을 제시하지는 않는다. 이것은 그 용어에 대해 일반적으로 알고 있는 상식적인 이해를 간단히 보여 준다. 이것에 만족하는가?

[문맥]

클레이 서키는 많은 글을 통해 '전문가'에 대한 개념을 언급해 왔다. 우리는 아마 이 개념에 대해 관심을 가지게 될 것이다. 왜냐하면 많은 미디어 이론들이 이것에 집중하고 있기 때문이다. 클레이 서키는 미디어 전문성에 대한 개념을 도서관 사서나 카레이서와 같은 다른 분야와의 비교를 통해 보여 주었다. 그런 면에서 그는 그의 생각을 우리가 보통 접하는 미디어 연구보다 더 큰 맥락에 놓고 보았다. 즉, 미디어에 대한 어떤 특별하고 구체적인 생각들을 절대적으로 거부한 것이다. 당신은 이것에 동의하는가? 다른 분야와는 다르게 미디어 전문성에는 무언가 특별한 것이 있다고 생각하는가? 미디어 전문성과 다른 분야의 그것 간의 관계에 대해 생각해 보는 것은 당신에게 얼마나 도움이 되는가?

[내용]

클레이 서키는 '전문가 계층'을 '게이트 키퍼'라고 보았다. 미디어에서 주로 그런 일을 하고 있는 이들이 게이트 키퍼라는 견해는 매우 일반적이다. 이것은 미디어가 우리에게 도달하기 위해서는 소수의 몇몇을 거쳐야만 한다는 것이다. 영화는 많은 제작사 경영진들의 동의가 이루어져야 하고, 그것이 만들어지면 영화 배급사에서 일하는 사람들의 동의가 있을 때 비로소 극장에까지 도달할 수 있다. 각각의 극장들이 게이트 키퍼로서 기능하기도 하기 때문이다. 인터넷이 지닌 우수한 장점 중 하나는 게이트 키퍼가 아예 없거나 매우 적으며, 누구나 그들이 원하는 것을 알리고 다룰 수 있다는 것이다. 이것은 정말 사실일까? 뉴미디어에는 정말 게이트 키퍼가 없을까? 미디어콘텐츠의 규제에 대한 법률은 정말 없을까? 우리는 인터넷 제공자들에게 인터넷 사용을 위해 인증해야 할 필요가 없을까? 인터넷시대에 우리는 게이트 키퍼에 대해서 어떻게 생각해야 할까?

Reading 6

어떤 일에 전문직이라는 딱지를 붙인다는 것은 그 일이 어떤 면에서 단순 일자리와 다른지 규정하는 것과 같다.

신문의 경우 전문가로서 어떤 행동을 취해야 하는지는, 상업적인 목표뿐만 아니라, 신문의 정의, 인력 관리 및 경영 방법, 훌륭한 언론의 구성요소 등에 관한 추가 규범들에 의해 방향이 정해진다. 그리고 이 규범들을 지키게 만드는 것은 고객이 아니라, 같은 업종에 있는 다른 전문가들이다.

어떤 전문직이든 중요한 것은 그 전문가들끼리의 관계이며, 일단 전문직 안에 들어가면 일반 대중에 대한 서비스는 그 전문가들의 행동 방향에 부분적인 영향만 미칠 뿐이다.

권위 있는 저서로 평가 받는 『관료주의』에서 저자인 UCLA의 사회학자 제임스 Q. 윌슨(James Q. Wilson)은 이렇게 말한 바 있다. "전문가는 준거집단으로부터 중요한 직업적 보상을 받는 사람으로, 정식으로 전문교육을 받고 그룹이 정한 품행 규범을 받아들인 사람들로 국한된다." 꽤나 어려운 말이지만, 두 가지 핵심 개념은 신문발행인(기자·변호사·회계사도 마찬가지)들에게도 적용된다. 즉 전문가는 일을 배우는 방식에서 대다수 일반인과 차별화되며, 일을 어떻게 할 것인가에 대해서는 고객들의 평가 못지않게, 혹은 그 이상으로, 동료 전문가들의 평가에 신경을 쓴다는 것이다.

Note

[내용]

클레이 서키는 전문직에 대한 몇 가지 기준을 제시했다. 기준에 대한 탐구는 미디어 연구와 문화 연구의 주요 목적이 되어 왔다. 왜냐하면 그들은 몇 가지 기준들이 자연적이지 않고 필연적이며, 대신에 체제의 권력을 보여 주거나 유지한다고 여겼기 때문이다. 즉, 저널리즘의 기준은 다른 사람들이 무시하는 동안 그것을 알리거나 사람들이 성공적인 저널리스트가 되는 것을 뜻한다. 클레이 서키는 이 기준들이 다른 저널리스트들로부터 유지되었다고 주장한다. 즉, 저널리즘은 이 기준들을 유지하는 데 가장 많은 투자를 했으며, 그러므로 변화에 저항한다. 뉴미디어—탐구에 있어 클레이 서키가 관심 있어 한 아마추어—는 이 기준들을 때때로 무시하거나 거부하는 경향을 보이기도 했다. 예를 들어 그 이유 중 하나는 인터넷이 혁신적으로 여겨진다는 것에 있다. 그러나 이런 기준들을 유지하는 몇 가지 가치가 있지 않을까? 그러한 기준이 없다면 저널리즘은 유용할까? 당신은 이 기준들을 비판하고 거부하는 것에 대해 논쟁할 수 있는가? 혹은 그것을 유지하는 어떠한 방법을 알고 있는가?

[문맥]

당신은 전문가들이 그들의 독자나 소비자들보다 그들의 동료들을 표현하는 것에 더 관심 있어 한다는 데 동의하는가? 또한 당신은 그들 전문가들이 이 주장에 동의할 것이라고 생각하는가? 우리는 전문가들에 대해서 어떻게 일반적으로 생각할 수 있을까?

[문체]

클레이 서키는 전문가를 '그녀(her)'라고 지칭했다. 미디어 이론들은 얼마 동안 사람들이 사용하는, 'he'나 'him'과 같은 성차별적 남성 언어를 사용함으로써 여성들을 무시하는 것에 대해 고전해 왔다. 몇몇의 저자들은 'him/her'라고 쓰기도 했지만, 많은 사람들은 이것이 추한 타협점이라고 여겼다. 클레이 서키와 같은 많은 이들은 단순히 'him'을 'her'로 바꾸었다. 이것 역시 남성을 무시하는 것이라고 논쟁이 되기도 했지만, 그것은 매일 마주하는 여성에 대한 성차별적 언어에 비하면 아주 작은 문제에 불과했다.

Reading 7

전문가들은 자기 직업을 통해 전문가로서의 자신들의 세계를 이해하게 되며, 같은 직업을 가진 다른 전문가들이 만들어 낸 렌즈를 통해 세상을 본다. 기자들에게 퓰리처상 수상은 다른 전문가들로부터 인정을 받는다는 데 의미가 있다는 얘기다.

Note

[문맥]

퓰리처상과 같이 다양한 수상자들은 동종 분야에서 결정되는데 이것은 수상이 동료들의 인정을 뜻한다는 것이다. 전문가들은 왜 이런 포맷을 유지하고 있는 걸까? 대중들이 수상자를 고르면 안 되는가? 대중들이 전문가에게 상을 수여하는 것은 있는가?

Reading 8

전문가의 평가가 내부적으로 일관성을 유지한다는 것은 대체로 좋은 일이다. 실제로 우리는 전문가의 교육과 능력 수준이 높기만 바라는 게 아니라, 그 수준이 동종업계 다른 전문가들에 의해 정해지고 지켜지길 원한다. 이렇듯 전문성이 획득되는 구조는 전문성의 정의와 밀접하게 연관되어 있다. 그러나 전문가로서의 시각이 단점이 될 때도 있다. 자신들의 직업 구조에 생긴 커다란 변화를 이해하지 못하도록 눈이 가려진 경우이다. 물론 단체로 눈이 가려져 있다고 해도, 이때 가장 큰 타격을 받을 수 있는 사람은 바로 전문가들 자신이다. 특히 도서관 사서나 텔레비전 프로그램 편성자처럼 희소성 때문에 생긴 업종인 경우, 그 희소성이 사라졌을 때 그것을 가장 늦게 깨닫는 사람도 바로 그 전문가들 자신이다. 이들은 자신이 경쟁에 직면해 있음을 깨닫는 순간, 퇴출을 앞두고 있음을 알게 되곤 한다.

Note

[내용]

클레이 서키는 '희소성'이라는 개념을 여러 분야와 전문가들의 일에서 매우 중요하게 여겼다. 몇 가지 상품들은 희소성이라는 개념에 입각해 만들어진다. 왜냐하면 모든 사람들이 그것을 만들 기술과 자원이 있는 것은 아니기 때문이다. 도서관 사서나 TV 프로그래머에 관한 클레이 서키의 예시는 이를 보여 준다. 하지만 이것은 또한 영화나 음악계에도 적용 가능하다. 그런 분야는 대체로 작품을 제작하기 위해 많은 투자를 필요로 하고, 재능에 있어서는 매우 제한적이므로 모든 이가 노래를 잘 부르거나 연기를 잘하지는 않는다. 희소성이 있는 시장이 이 분야에는 존재하기 때문이다. 유명한 헐리웃 배우들은 어마어마한 출연료를 요구한다. 왜냐하면 관객을 사로잡는 그들의 능력은 영화계가 기꺼이 돈을 지불할 만큼의 희소 상품이기 때문이다. 하지만 이것은 진실일까? 이것은 우리가 예상한 것보다 훨씬 덜 희소한가? 알려지지 않은 전문가들의 세계는 제한적 자원이 잘 이용될 수 있는 것을 보장하기보다 희소성을 유지하는 방법이 될 수 있을까? 미디어의 새로운 형태는 희소하다고 예상되었던 재능이 사실, 훨씬 더 풍부하다는 것을 보여 줄 수 있을까?

Reading 9

어떤 전문직 종사자든, 특히 그 직업이 없던 시절이 어땠는지 기억하는 사람이 아무도 없을 정도로 생긴 지 오래된 전문직에 종사하는 사람일수록, 특정 문제에 대한 임시적인 해결책을 심오한 진리로 여기는 경향이 있다.

오늘날의 신문과 미디어 전반이 바로 이에 해당한다. 최근 미디어업계는 통신비용 급감으로 가장 큰 타격을 입고 있다. 과거에는 말과 영상, 소리를 생산자에서 소비자로 전달하는 데 어려움이 따랐고, 대부분의 미디어 업체들은 인쇄기를 돌리든지 음반을 제작하든지 이 전달의 문제를 비싼 비용을 들여 복잡하게 관리했다. 미디어 업체들은 고객들이 이 문제를 극복하는 데 도움을 주는 대가로 상당한 지배력을 행사하고, 그들의 호주머니에서 지속적으로 꽤나 많은 수익을 뽑아가게 되었다. 따라서 경제 논리상 대부분의 미디어 업체들에게는 이러한 구조가 그대로 보전되도록 하는 것이 필수 과제였다. 그러나 이제는 생산·복제·배급의 어려움이 크게 줄어들었다.

그 결과 미디어의 지배력은 과거처럼 완전히 전문가들의 수중에만 있다고는 할 수 없게 되었다.

Note

[문맥]

클레이 서키는 미디어산업이 종사하는 기술적 맥락을 특히 중시했다. 그리고 이것을 그들을 뒷받침해 주는 비즈니스 모델의 주된 동기로 보았다. 이것은 음악계를 사례로 들 수 있는데, 음악이 오직 음반과 카세트, 그리고 CD를 통해서만 전해지고, 그것을 통해 작품을 만드는 것은 소수의 회사만이 돈과 자원을 갖는 매우 값비싼 사업이라는 것이다. 개인들이 그들 자신의 LP를 만들거나 제작하는 것은 매우 불가능했다. 하지만 디지털 음반시장은 이들의 비용을 없애게 만들었고, 현재는 비교적 매우 적은 돈으로 모두가 그들의 음악을 온라인에 올릴 수 있게 되었다. 이 맥락은 매우 중요하다. 왜냐하면 우리는 자주 글에 주목하고, TV 프로그램의 특징이나 영화의 의미를 추측하기 때문이다. 이 분석은 미디어가 어떻게 미디어산업의 많은 전문가들을 걱정하게 만들도록 하는 하나의 발전이기 때문에, 사실 미디어가 배급이라고 생각하는 것에 있어 매우 중요한 부분을 재검토할 수도 있다는 것을 보여 준다. 더구나 누군가 자신이 만든 것을 퍼트릴 수 있다면, '게이트 키퍼'들이 언급한 바와 같이 그것은 쓸모없어지게 된다. 유통 문제에 대한 탐구는 우리에게 미디어가 어떻게 기능하는지 이해하는 것의 가장 특별한 방법인가?

[문체]

클레이 서키는 이 글에 그의 많은 주장에 대한 증거를 제공하지 않았다는 것을 다시금 알 필요가 있다. 그는 미디어 전문가들이 무엇을 하는지 어떻게 알았는가? 그의 논쟁에 대해 생각해 보면, 우리가 구체적인 증거를 제시하는지는 상관이 있는가?

[내용]

클레이 서키는 명확하게 미디어산업이 상업적 압박에 부응하고 있다고 인식했다. 그러나 그는 모든 미디어가 상업적이며, '상업적 실행 가능성'이 주요한 동기요인이라고 보았다. 그러나 여기에 제시된 논쟁들은 공적으로 운영되는, BBC와 같은 미디어에 어떻게 적용되는가? 진부화에 대한 우려 또한 같은 것인가?

Reading 10

무제한으로 완벽하게 복제할 수 있다는 것은 굉장한 능력이다. 그런데 이제는 컴퓨터를 가진 사람 모두가 그러한 능력을 갖고 있는 셈이다. 말과 영상을 배포하는 디지털 도구들은 신문이라는 매체가 그저 임시 해결책에 불과했음을 보여 주는 한편, 과거 신문들이 지키고 있던 일관된 짜임새를 파괴하고 있다. 그 결과 이제는 모든 기사가 그 자체로 하나의 섹션을 이루게 되었다. 그날의 뉴스를 어떤 방법을 통해 사회에 알릴 것이냐는 시대를 불문하고 항상 중요한 문제다. 신문은 과거 이 문제에 대해 상당히 좋은 해결책이 되어 주었다. 그러나 임시 해결책이 모두 그렇듯, 이는 신문 외에 다른 어떤 대안들이 있느냐에 좌우되는 문제였다. 텔레비전과 라디오는 분명 신문을 둘러싼 환경을 바꿔 놓았다. 다행스러운 것은 웹이 등장하기 전까지만 해도 인쇄 매체가 문자 부문을 독점하고 있었다는 사실이다. 그런데 웹은 〈USA 투데이〉와 달리 낡은 환경에 새로운 경쟁자를 들여온 게 아니었다. 아예 새로운 환경을 창조한 것이다.

Note

[내용]

이 장에서 신문은 온라인과 같이 일관되지 않은 새로운 방식과 더불어 '일관된 짜임새'라고 표현되었다. 신문과 서적들이 당신에게 무언가를 이끌어내도록 요구하지만, 온라인 매체는 당신의 컴퓨터 내의 가상공간에 존재한다. 그렇다면 온라인 매체는 덜 일관적인가? 랩탑은 일관적 짜임새가 있지 않은가? 신문과 랩탑 중 어느 것이 버스에서 휴대하기 좋은가? 온라인 매체가 인쇄매체와 같은 제작에 관한 일관적인 측면을 요구하지 않는 것이 사실이지만, 이러한 케이스가 일관적 짜임새 없이도 매체에 접근할 수 있다는 것은 확실히 아니다.

[문맥]

클레이 서키의 주요 질문 중 하나는 이 장에서 사회가 그날의 뉴스를 알려야만 한다는 것을 제시했다. 이것은 미디어의 사회적 역할과 민주주의적 뉴스의 가치에 대한 공통적인 가설이다. 물론 몇몇의 사람들은 이것이 미디어를 이용하는 것에는 별로 중요하지 않다고 생각한다. 또한 우리는 뉴스가 더 이상 유익하지 않다는 이유로 간단히 사라지지는 않는다고 여긴다. 당신은 이것을 하나의 문제라고 볼 수 있는가?

Reading 11

오랜 세월 동안 신문은 안정된 모습을 유지해 왔다. 그러나 신문의 여러 내용들 간에는 사실 논리적 관계가 전혀 없다. 이라크 소식이며, 프로야구 경기 결과며, 신발부터 부동산까지 각종 광고 등이 한 묶음 속에 같이 들어가 있다. 발행인은 이러한 잡다한 정보를 한데 묶는다. 그리고 종이를 사고, 잉크를 묻혀 배급한다. 한 마디로 신문이란 이익을 남길 수 있는 인쇄물 덩어리인 셈이다. 그렇다면 이런 사실도 알 수 있다. 신문에 실리지 않은 내용이 있다면 그건 인쇄해서 배달해 봐야 이익이 남지 않는 내용이라는 사실이다. 그런데 국제 뉴스에 별자리 운세와 피자집 광고를 끼워 넣는 식의 신문과 독자 간의 구시대 합의는 이제 종말을 고했다. 인터넷이 제시하는 미래상은 출판에서 대중의 아마추어화가 일어나 "이런 걸 왜 출판하지?"에서 "왜 안 되는데?"로의 전환이 이뤄지는 시대다.

Note

[내용]

클레이 서키는 신문의 여러 내용들 간에는 논리적 관계가 없다고 말한다. 그렇다면 그는 어떤 논리적 가설들이 가치 있다고 여겼는가? 신문이 취해야만 하는 사회적 역할에 대해 고려해 보자. 왜 독자들은 클레이 서키가 언급한 범위 내의 주제들 안에서 접근하려고 할까? 만약 모든 정보가 논리적 섹션에 분할되어 있다면 문제가 생길까? 이는 민주주의와 시민들에게 도움이 되는가?

[문맥]

화제를 전환해 클레이 서키는 마지막 문장이 퍼트리는 것의 거대한 암시라고 말한다. 공표해야 할 가치를 증명해야 하기보다 우리는 특별한 이유 없이도 모든 것을 알릴 수 있다. 알려져서는 안 되는 것은 무엇 때문에 그런가? 모든 것이 알려진다면 (사회, 그리고 개인에게) 어떤 일이 생겨날까?

[문체]

클레이 서키는 이 장에서 '인터넷이 제시하는 미래상'에 대한 예견을 제시했다. 이전에 그가 언급했던 미래 사람들의 궁핍함에 대한 예측을 다시 상기해 보자. 왜 우리는 그를 믿어야만 하는가? 당신은 이 예측에 동의하는가?

Reading 12

조직의 두 가지 기본 과제, 즉 자원을 획득하고 그 자원을 사용해 어떤 목표나 의제를 추구하는 일은, 그 목표가 영혼을 구원하는 일이든 비누를 파는 일이든 모든 조직에 조직의 딜레마라는 족쇄를 채운다. 대중의 아마추어화는 기존 미디어에 다음과 같은 문제를 제기한다. "복제 및 유통 비용이 사라지면 어떻게 되나? 출판이 일반 유저들도 직접 할 수 있는 일이 되면서 더 이상 특별할 게 없는 일이 되면 어떻게 되나?" 그 답은 이미 나오기 시작했다.

Note

[문맥]

다시 한 번 클레이 서키는 미디어산업이 비누 제조와 같은 다른 산업에서 동일하게 작동하는 유기적 맥락에 주목했다. 즉, 이 맥락은 당신이 직면하는 미디어산업보다 훨씬 광범위하다. 이러한 유사성에 주목하는 것이 당신에게 도움이 되는가? 그것은 미디어에 대한 당신의 생각에 어떤 특별한 영향을 주는가?

[구조]

클레이 서키는 이 섹션의 마지막으로 갈수록 여러 가지 질문들을 이끌어낸다. 그리고 책의 다음 섹션이 그것에 대한 답을 줄 것이라는 암시로 끝을 맺고 있다. 이러한 구조는 논쟁의 중요한 부분을 요약하거나 다음에 무엇이 등장할지에 대한 신호를 얻는 데 도움을 준다.

[문체]

클레이 서키가 마지막 문장에서 언급한 'we'는 누구인가? 당신은 그에 포함되는가?

Reading 13

웹블로그와 매스 비전문화(아마추어화)

2002년 재선 직후 미시시피 주의 상원의원으로 당시 원내총무였던 트렌트 로트는 스트롬 서몬드의 100세 생일 축하 파티에서 연설을 했다. 당시는 사우스캐롤라이나 주 공화당 상원의원이었던 서몬드가 오랜 세월 동안 정치활동을 하다 은퇴한 지 얼마 안 된 때였는데, 서몬드는 1948년 노골적인 인종차별주의 강령을 내세우며 대통령 선거에 출마한 전력을 갖고 있는 인물이었다. 로트는 이 생일 축하 파티에서 50년 전 서몬드의 대통령 선거운동을 돌이켜보며 이를 높이 평가했다. 그리고 미시시피 주가 그를 지지했던 일을 회고하며 이렇게 말했다. "우리 주에 대해 이런 말씀을 드리고 싶습니다. 스트롬 서몬드 의원께서 대통령에 출마했을 때 우리는 그 분에게 표를 던졌습니다. 우리는 이를 자랑스럽게 생각합니다. 만약 전국이 우리의 뒤를 따랐다면, 그동안 우리를 괴롭혀 온 온갖 골치 아픈 문제들은 아마 겪지 않았을 겁니다." 로트는 이 발언 때문에 부시 대통령과 좌파+우파 정치인 및 모든 언론으로부터 호된 비난을 받았고, 결국 2주 뒤 차기 의회에서 원내총무를 맡지 않겠다고 발표했다.

Note

[구조]

이전과 같이 클레이 서키는 이 섹션을 한 가지 예시를 들어 시작하고 있다. 그는 이 문제가 왜 일어났는지에 대한 발단이나 이것이 그의 논쟁과 얼마나 연관되어 있는지는 언급하지 않고 있다.

[문체]

이 이야기에 관한 참조나 근원은 없다. 이것이 중요한가?

[문맥]

이 사례 연구는 정치에 관한 것이다. 그것이 정치에 관한 내용이란 것은 그것이 더 많이 논쟁이 되는데 영향을 주는가? 이 사건의 중요성에 대한 추정을 클레이 서키가 여기서 다루고 있는가?

Reading 14

이 사건은 언론의 부정적 보도가 한 정치인의 인생을 바꿔 버리는 전형적인 이야기로 끝날 수도 있었다. 그런데 문제는 언론이 처음에는 이 사건을 보도하지 않았다는 점이다. 언론은 이 사건을 그냥 지나칠 뻔했다. 언론이 고의로 무시했다거나 적극적으로 보도를 자제했다는 얘기는 아니다. 전국 단위 언론사에서 온 몇몇 기자들이 로트의 연설을 듣긴 했지만, 그가 한 말이 표준적인 뉴스 형태에 맞지 않았을 뿐이었다. 서몬드의 생일은 정치적 행사가 아닌 건강 관련 소식으로 취재된 거였고, 그날 행사의 실제 내용은 비교적 중요하지 않다는 결론이 사전에 내려진 상태였다. 이런 경우 우리는 흔히 다음과 같이 생각할 수 있다. 오늘 중요하지 않은 뉴스는 무엇인가 달라지는 게 없는 한 내일도 중요하지 않다는 것이다. 서몬드의 생일 파티는 목요일 밤에 열렸고, 금요일 언론은 로트의 발언을 거의 보도하지 않았다. 금요일에 그에 관한 기사를 쓰지 않았으니, 토요일에도 쓸 이유가 없었다. 금요일에도 쓸 내용이 없었으니, 토요일에는 그보다 더 없을 것이기 때문이었다.

Note

[내용]

클레이 서키가 언급한 '표준적인 뉴스 형태'의 의미가 무엇이라고 보는가? 이 이야기의 내용에 관해서뿐만 아니라, 클레이 서키가 언급한 연대별 맥락에 대해서도 생각해 보자. '표준적 형태'는 어디에서 온 것이며, 그가 이전에 탐구한 전문성에 대한 개념과 어떻게 연관되어 있는가? 클레이 서키는 이 '형태'에 대해서 긍정적 혹은 부정적으로 보고 있는가? 당신은 이것이 좋은 것이라 여기는가?

Reading 15

로트의 발언이 중요한 사건이라고 생각한 얼마 안 되는 기자 중 하나인 윌리엄 오키프는 당시의 딜레마를 이렇게 설명한다. 방송국에서는 로트의 발언과 함께 내보낼 수 있는 '반응'이 있어야 했다. 그런데 아직 뉴스가 따끈따끈한 상태라 할 수 있을 당일 저녁에는 '카메라에 잡힌 반응이 없었다'고 한다. 그리고 '뉴스에는 수명이 있는데 24시간이 지나고 그 다음날 밤쯤 되면 이미 한물간 얘기가 되어 버린다'는 것이다. 친구에게 편지를 받았는데 바로 답장하지 못했다면 나중에 답장을 쓸 때는 더 일찍 보내지 않은 데 대해 사과할 수밖에 없다. 바로 그와 유사한 상황이다.

Note

[문체]

클레이 서키는 ≪워싱턴 포스트≫에서 오키프의 업적에 대해 왜 언급했을까? 클레이 서키가 연구한 분야에서 그가 일했기 때문일까? 당신이 생각하기에 클레이 서키가 포스트에서의 그의 지위에 대해 인지하지 않았다면, 오키프는 당신에게 독자로서 가치가 있는 이야기를 했다고 보는가? 클레이 서키는 액면 그대로 오키프의 화제에 대한 생각을 받아들인 것으로 보인다. 이것은 적절한가? 만약 오키프가 클레이 서키의 생각에 대해 동의하지 않는 어떤 말을 했다면 클레이 서키는 오키프의 의견을 받아들였을 거라고 보는가? 클레이 서키는 적절한 증거를 사용했다고 보는가?

[내용]

당신은 뉴스의 수명에 대해 들어본 적 있는가? 이것은 의제를 왔다갔다하는 뉴스 내용에 리듬이 있고, 또한 뉴스 내용은 보다 두드러지기 위한 어떠한 조건과 요소를 요구한다고 말한다. 뉴스 이야기는 반응의 부족으로 인해 더 이상 커지지 않는다고 이 장에서 언급하고 있다. 또한 모든 뉴스 이야기에 몇 가지 종류의 분쟁은 필요하다고도 말한다. 이런 내용은 주류 미디어를 통해 보고된 뉴스 이야기의 실패는 아니라는 것이다. 왜냐하면 사건은 중요하지 않았고, 좋은 내용을 함께 넣기 위해 저널리스트들이 찾는 모든 요소는 아니기 때문이다. 뉴스에서 다뤄지거나 다뤄지지 않는 내용에는 어떤 결과들이 있는가?

Reading 16

한물 간 뉴스는 새로운 각도로 접근하지 않은 한 다시는 거들떠보지 않는 법이다. 자가억제는 이 한물 간 뉴스가 다시 되살아나게 한다. 언론이 아니라 진보 및 보수 성향의 블로거들이 로트 사건의 생명력을 이어간 것이다. 이들이 인종차별 정책에 대해 갖고 있는 각별한 기억은 시시한 생일 하례 따위와는 비교가 되지 않았다. 이 블로거들은 특종이니 뉴스거리니, 뉴스의 수명 같은 걸 염두에 두고 활동하는 사람들이 아니었다. 로트의 발언이 있었던 그 주말, 독자가 수백만에 달하는 블로그들은 그의 발언을 게재하고, 이에 대한 사설을 올리고, 더 깊이 파헤치기 시작했다. 이 사설 중에는 인스타펀디트의 글렌 레이놀즈처럼 박학다식한 보수파 목소리도 포함되어 있었다. 그는 이렇게 평했다. "로트의 말대로, 서몬드가 1948년 선거에서 이겼다면 지금 미국이 더 잘 사는 나라가 됐을 거라는 얘기는 무엇을 뜻하는 것일까? 일단 그것은 로트가 공화당 원내총무 자격이 없다는 증거다. 그리고 이것은 거스 홀(끈질기게 대선마다 출마하던 공산당 후보)이 당선되지 않은 것을 아쉬워하는 것만큼이나 사악하고 정신 나간 생각이다."

Note

[문제]

클레이 서키가 제시한 '자가 억제'에 대해 어떻게 생각하는가? 이것은 행동의 활동적이고 우연적인 부분인가? 클레이 서키는 이것을 긍정과 부정 중 어떤 관점에서 보고 있는가?

[내용]

이 장에는 보도와 사설의 차이에 대한 묘사가 소개되었다. 뉴스 보도가 어떤 일이 발생했는지 간단히 전하는 것과 관련 있다면, 사설은 그 사건에 코멘트를 다는 것이다. 이 두 가지의 차이는 전자가 보다 객관적이라면 후자는 훨씬 주관적이라는 것이다. 뉴스보도와 사설에 대한 논쟁은 저널리즘과 미디어 규제에 대한 논의를 고수한다. 예를 들어 영국 뉴스방송사들은 공평성에 대한 규칙에 얽매였고, 관점의 범위가 항상 동등하도록 요구받았다. 미국과 같은 다른 나라에서는 그러한 규제들이 반드시 필요하게 적용되지 않는다. 뉴스 네트워크는 특정한 의제를 따르거나 지지할 수 있다. 객관적 뉴스의 결과에 대한 우려가 있음에도 불구하고, 몇몇의 사람들이 모든 뉴스가 객관적이고, 주관적 뉴스가 불가능한 목표로서 무의미하다고 주장하는 것을 인정할 가치가 있다. 그러나 이것은 많은 사람들이 보도와 사설이 어쩔 수 없이 다른 기능을 하는 것처럼, 그리고 그렇게 보여야만 한다고 느끼게 만든다. 이에 대해 어떻게 생각하는가? 뉴스보도는 객관적이어야만 하는가? 만약 그렇다면, 어떻게 그것을 보장할 수 있는가? 왜 뉴스가 주관적이면 안 되는가?

[구조]

그의 주장에 따르면, 글렌 레이놀드스(Glenn Reynolds)가 박학다식한 것이 왜 클레이 서키에게 중요한가? 클레이 서키가 미디어의 아마추어화 중 가장 흥미로운 점의 하나가 종래와는 다른 의견들이 표현된다는 것이라고 주장하는 것을 고려할 때, 그는 왜 누군가가 박학다식한 것에 관심을 갖는 것인가?

Reading 17

로트(Lott)에게 더 큰 타격을 준 것은 이보다 더 깊이 파헤치고 들어가는 사람들이 생기기 시작했다는 사실이다. 처음 사건이 알려진 뒤, 남부 연합국시절에 대한 향수를 주제로 관련 자료 데이터베이스를 갖고 있던 에드 세베스타(Sebesta)란 사람이 로트에 관한 정보를 찾아 블로거들에게 연락을 한 것이다. 그 정보 중에는 1980년대 초 신남부 분리주의 성향의 잡지 ≪서던 파르티잔≫에 실린 인터뷰 내용도 있었다. 단순한 생일 파티 소식으로 시작된 이야기가 이제 수십 년 되풀이되어 온 패턴, 즉 일반 국민 앞에서 하는 말과 지지자들 앞에서 하는 말이 서로 다른 또 한 명의 정치인 이야기로 비춰지기 시작한 것이다.

Note

[내용]

여기서 주의할 점은 클레이 서키의 주장은 비전통적인 미디어의 가치인 반면, 로트에 대한 비평으로 활용된 에드 세베스타의 증거들은 잡지와 같은 확실한 전통적 미디어이다. 이는 뉴미디어가 구미디어를 대체하는 것이 아니라 보완한다는 둘 사이의 상호작용을 암시한다.

Reading 18

제1장에서 본 이바나(Ivanna)의 휴대폰 분실 사건과 마찬가지로 세베스타의 이 데이터베이스 사건도 개인의 노력과 그룹의 관심 간의 관계를 보여 준다.

에반 구트만(Evan Guttman)이 전문지식을 가진 독자들 덕을 봤듯이, 로트에 대해 글을 올린 블로거들은 미국의 인종차별주의 역사, 특히 로트가 이를 찬양한 전력에 관해 해박한 지식을 가진 세베스타의 도움을 받았다. 여기서 특히 중요한 사실은 블로거들이 세베스타를 찾아 나설 필요 없이 세베스타가 그들을 찾아냈다는 점이다.

지금처럼 조율해 주는 도구가 없던 시절에는 세베스타처럼 본업도 아닌데 정치에 푹 빠져 사는 사람이나 블로거 같은 아마추어 평론가들이 그런 정보로 뭔가를 하기란 불가능했다. 더군다나 자신들이 공동의 관심사를 갖고 있다는 사실을 알아내는 일은 더욱 요원했을 것이다.

그러나 이제는 비슷한 생각을 가진 사람들을 찾는 데 드는 비용이 줄었다. 더욱 중요한 사실은 이제 그런 일에 전문가가 필요 없게 되었다는 점이다.

Note

[구조]

여기서 클레이 서키는 그가 이용하고 있는 예들과 그의 이전 책 내용 사이에 연결고리를 만든다. 그 방법으로 균일한 주장이 제시되고, 예들은 얘기되어지는 것들에 대해 일관된 증거들을 제시한다. 이 링크는 또한 독자들이 작품의 긴 조각을 연결지을 수 있도록 돕는다.

[문체]

'본업도 아닌데 정치에 푹 빠져 사는 사람(part-time politics junkie)'이란 무엇을 의미하는가? '중독자'라는 용어가 관습적으로는 부정적인 뜻을 내포하지만 여기에서는 무엇을 함축하는가? 또한, '우리의 현재 세대(our current generation)'가 무엇을 의미하는가? '우리'에 포함되는 사람은 누구이고, '현재'라는 것은 정확히 어느 때를 말하는 것인가?

[내용]

이 단락의 끝에서 두 가지 중요한 요점이 만들어진다. 새로운 기술들이 이전에는 쉽게 소통할 수 없었던 사람들을 모은 것과, 이러한 사람들이 전문적이라고 인식되지 않음에도 이들이 수행하는 활동은 '전문적인' 활동과 유사하다는 것이 그 두 가지 포인트이다. 아마 당신은 클레이 서키가 첫 번째 결과를 더 중요시한다고 생각할 것이다. 여기에서 말하는 첫 번째 결과란 새로운 기술이 사람들을 공통의 목적을 향해 같이 일할 수 있게 함으로써 사회적이고 정치적인 중요한 결과들을 가져왔다는 것이다. 하지만 클레이 서키는 '비전문화'를 더 가치 있게 바라본다. 왜 그런 것일까? 이에 동의하는가?

Reading 19

블로그들로 인해 특히 자유주의적 성향의 공화당원들 사이에서 이 사건에 관한 관심이 수그러들지 않자, 로트는 결국 입장을 발표하지 않을 수 없었다. 운명의 순간은 연설 후 5일 만에 찾아왔다. 그는 이전에 자신이 한 발언에 대해 '잘못된 어휘 선택'이었다며 형식적인 사과문을 발표했다. 물론 이 발표문은 분명 사태를 조용히 마무리하고 넘어가려는 데 목적이 있었다. 로트의 사과는 비교적 신속했지만, 그는 언론 보도를 둘러싼 역학관계가 달라졌다는 사실을 깨닫지 못하고 있었다. 그가 일단 사과문을 발표하자 언론 창구들은 여기에 문제가 된 연설을 자료 화면으로 곁들여 뉴스로 내보낼 수 있었다. 처음에 문제가 됐던 발언을 보도한 주류 언론 창구는 세 곳뿐이었지만, 사과 발표 당일에는 10여 곳에서 사과문 발표 소식을 보도했으며, 그 다음 날에는 스물한 곳에서 보도했다. 기존의 뉴스 수명이란 게 이번 경우에는 통하지 않았다. '보도할 가치가 없는 사건' 사건이 순식간에 '속보'로 탈바꿈한 것이다.

Note

[문체]

클레이 서키는 전통적인 미디어가 비전문적인 블로거들 사이에서만 다뤄지던 것을 이야깃거리로 택한 사실을 중요하게 바라보며, 이를 블로거들의 영향력의 증거로 제시한다. 이러한 사실은 그가 새로운 형태의 미디어가 파워를 가진다고 생각한다고 볼 수 있기 때문이다. 그러나 두 가지 사실에 주목해야 한다.

첫째, 서키가 뉴미디어의 영향력에 대해 명시적으로 말하고 있지 않기 때문에 우리 스스로 이러한 가정을 해야 한다. 둘째, 뉴미디어의 영향력에 대해 가정을 할 때 우리(그리고 서키)는 무엇이 중요하고 중요하지 않은 뉴스인지 결정하는 결정권을 구미디어가 지니고 있음을 받아들여야 한다. 이는 블로거들이 어떤 이야기에 대해 오랜 시간 동안 많은 세부 사항을 다루더라도 그것이 중요한 의미를 가진다는 증거는 전통적 미디어가 그 이야기를 다루기 때문이라고 볼 수 있는 것이다. 그런 점에서 얼마나 변화가 있는가?

[내용]

"전통적인 뉴스 주기는 이 상황에 적용이 되지 않는다"라는 말은 옳다고 볼 수 있는가? 블로거들의 행동으로 인해, 전통적인 뉴스 미디어들이 제보하기에 필요한 모든 요소를 갖춘 사례라고 볼 수 없는가? 그래서 무엇이 새로운 것인가?

Reading 20

얼마 전까지만 해도 뉴스에는 두 가지 다른 의미가 있었는데, 하나는 '뉴스 가치가 있는 사건'이고, 다른 하나는 '언론이 보도한 사건'이었다. 그런 환경에서는 뉴스거리를 찾는 일이 전문가의 몫이었다. 언론 창구(이 말 자체도 정보를 출판할 능력이 있는 조직이 희소함을 입증한다)의 자세는 "어떤 공은 볼이고 어떤 공은 스트라이크다. 내가 판정을 내리기 전엔 그 공은 아무 것도 아니다"라고 했다는 어느 야구 심판과 비슷했다. 이 시스템에 대해서는 지금까지 늘 불평이 끊이지 않았다.

언론 보도 중 어떤 소식은 뉴스로서의 가치가 없고(정치인이 무슨 행사 가서 기념 테이프 자르는 얘기) 정작 가치가 있는 소식(자기가 관심 있는 애완동물 얘기)은 아예 보도가 안 되거나 충분히 다뤄지지 않았다는 이유 때문이다.

그런 불만에도 불구하고 뉴스로서의 가치와 출판 사이의 기본적인 연결 고리가 유지됐던 이유는 달리 대안이 없어 보였기 때문이다. 이제부터는 기존 언론의 입김 없이도 뉴스가 곧장 대중의 의식을 깨고 들어갈 수 있게 된 것이다. 그리고 반대로 특정 이야기가 다른 수단을 통해 대중의 의식 속에 전달되었다는 이유로, 언론 매체가 이를 뒤늦게 보도하는 상황도 가능해졌다.

Note

[문체]

이 단락은 지금까지 주장을 요약한 것으로, 클레이 서키가 중요하다고 보았던 위에서 설명한 사례 연구방법의 차이를 보여 준다. 그러므로 독자에게 우리가 어디에 있는지, 왜 중요한지, 이 분석의 의미는 무엇인지에 대한 중요한 역할을 충족할 수 있다.

클레이 서키의 '출처가 의심스러운 심판'은 이 주장에서 어떤 역할을 하는가? 당신은 그것이 포함됨으로써 더 확신하는가? 당신은 이것이 너의 에세이 중 하나에서 사용할 만한 글쓰기 방법 중 하나라고 생각하는가?

누가 '불평'했는지는 구체적으로 언급되지는 않는다. 당신은 누가 불평했다고 생각하는가, 그리고 왜 클레이 서키는 이것을 명료하게 밝히지 않았을까?

클레이 서키는 '여기에 당신의 애완동물에 관한 이슈(pet issue)를 넣어라'라고 제안했다. 그러므로 당신은 어떤 이야기가 충분치 않게 쓰여졌다고 생각하는가? 왜 그렇게 생각하는가? 그리고 클레이 서키가 제안한 것처럼, 뉴미디어가 변화를 도울 수 있을까?

[내용]

당신은 '링크가 망가졌다'는 것에 대하여 확신하는가? 클레이 서키는 뉴미디어가 대중의 합의에서 자리를 잡았기 때문에 전통적 뉴스 미디어가 이야기를 다룬다고 주장했다. 그러나 이 주장에 근거가 있는가? 로트(Lott)의 예에서 보았듯이 블로거의 행동에 의해 동기를 받는다고 할지라고, 전통적인 뉴스 미디어의 이야기의 범위가 아닐 수 있다. 링크가 지금과 단순히 다른가 아니면 망가졌는가?

Reading 21

이런 변화에는 몇 가지 원인이 있다. 언론이 로트의 발언을 생일 파티 소식쯤으로 취급하기로 한 것만 봐도 알 수 있듯이, 느슨한 조율을 통해 스스로 출판을 하고 있는 아마추어들에게는 세상사에 대한 전문가적 해석 방식이 통하지 않는다. 로트가 인종차별적 정치를 찬양했다는 소식을 보도하지 않기로 한 결정은 언론이 획일화된 시야를 가질 가능성이 있음을 보여 준다. 같은 전문직 계급에 속한 몇몇의 편집장들끼리 주요 뉴스를 결정할 수 있는 세상에서는 대중이 관심을 가질 만한 정보라도 보도되지 않을 수 있다. 이는 어떤 음모 때문이 아니라 편집장들이 전문가로서 갖고 있는 편견 때문이다. 서로가 비슷한 도전에 처하고 그런 도전에 대해 비슷한 도구를 사용하다 보니 빚어진 결과다. 언론과 출판에서 일어나고 있는 대중의 아마추어화는 이렇듯 언론 창구가 소수에 불과했을 때 불가피했던 한계들을 제거하고 있다.

Note

[문맥]

클레이 서키는 모든 편집자들은 같은 '전문적인 계층'에 속해 있고 이것은 때때로 미디어의 의견(특히 뉴미디어)에서 영원히 존재한다고 주장했다. 영국의 많은 편집자들과 저널리스트들은 옥스브릿지(Oxbridge) 출신이고, 이것은 그들이 평범한 사람들이 어떤 삶을 사는지 이해하지 못하는 특정한 시각이 있다는 것을 말한다. 게다가 만약 이러한 편집자들 이 현재의 사회시스템에서 성공한 경우 그들은 비판을 하기 싫어할 것이다. 왜냐하면 그들은 아마도 많은 사람들이 겪는 사회적 원인의 문제들을 접해 보지 않았을 것이기 때문이다.

당신은 미디어에 대해서 공부할 때 계층에 대한 다양한 생각을 여러 차례에 걸쳐서 하게 될 것이고, 이것은 이 분야에서 주요한 관심사 중 하나이다. 그러나 당신은 이게 문제가 된다고 생각하는가?

[내용]

'음모'와 '전문적인 편견'의 차이점은 무엇인가? 이들의 어떠한 차이의 결과나 차이가 단순히 원인인가? '대중의 아마추어화'라고 말해지는 것에 대하여 납득이 가는가? 이러한 산출물의 총류는 얼마나 큰가?

Reading 22

많은 미디어 회사들은 인터넷에 늘고 있는 '셀프 출판' 콘텐츠를 조사하면서 각 창구가 〈뉴욕타임즈〉 같은 기성 매체보다 신뢰도가 떨어진다는 사실을 간파해 냈다. 그러나 이들이 간과한 점이 한 가지 있었다. 출판이 식은 죽 먹기처럼 쉽다는 것은 곧 그런 매체가 더 많아짐을 의미한다는 사실이다. 똑같은 생각이 수십, 수백 곳에서 출판되면 소수 전문매체가 내리는 판결보다 더 큰 목소리를 갖게 되는 효과를 낼 수 있다(그렇다고 어떤 생각을 단순히 반복만 한다고 해서 그게 옳은 생각이 된다는 얘기는 아니다. 아마추어 출판에서는 사실 관계를 정확히 하기 위한 논쟁이 기존 미디어에서보다 훨씬 더 중요한 역할을 한다). 이는 언론 조직이 어느 한 종류에서 다른 종류로 바뀌는 정도의 변화가 아니라, 뉴스의 개념 자체가 바뀌는 변화다. 조직의 특권이던 뉴스가 정식 조직, 비공식 집단, 개인이 한데 섞여 있는 커뮤니케이션 환경의 일부로 바뀌고 있는 것이다.

Note

[내용]

이 단락의 끝 부분은 클레이 서키의 주요한 주장을 보여 준다. 그것은 뉴스가 변한다는 것이 아니고, 뉴스의 산출에 관여하는 사람들의 수와 종류가 변한다는 것이고, 이것은 어떠한 종류의 뉴스가 우리에게 전달되고 어떻게 되는지에 대한 중요한 결과가 될 수 있다. 그렇다면 이전의 '게이트 키핑' 모델보다는 뉴스 공급자들의 범위 사이에서 대화가 있다. '선전'이라는 단어는 여기서 중요하며, 이것은 이것이 한때 특정한 사람만이 좌파이거나 무엇이 뉴스이고 아닌지를 결정하는 능력이 있다고 추정되었지만, 지금은 이러한 선전은 소멸되었다. 만약 우리가 어떤 것이 뉴스인지 모든 것을 결정할 수 있다면, 이것은 확실하게 민주주의를 위해 더 생산적인 것인가? 클레이 서키가 쓴 것처럼 이것은 '뉴스의 정의'가 변한다는 것을 의미한다. 사실 이것은 이러한 생태계의 종류에서 전혀 다른 카테고리의 뉴스로 생각하는 것인가?

[문체]

어떻게 여기선 '생태계'라는 단어를 사용했을까? 여기선 어떤 종류의 비유가 사용되었고, '생태계' 같은 단어는 주로 자연과 연관되어 있다는 것을 명심하고 있는가?

[문맥]

클레이 서키가 언급한 모든 예는 미국인인 것을 명심하라. 이 책의 도입 부분에서 보여 주었듯이, 뉴미디어의 민주적 가능성은 다른 나라들에 비해 미국에서 더 효과적일 것이라고 몇몇 사람들에 의해 주장되어 왔다. 그렇다면 당신은 어떻게 이러한 분석을 다른 지역이나 커뮤니티에 적용 가능할 것이라고 생각하는가? 이 이론은 다른 맥락이 적용 가능한가?

로트에 대해 글을 쓰는 블로거들이나 인도양 쓰나미 사진을 찍는 사람들을 신종 기자로 여기고 싶은 생각도 들 수 있다. 신종 기자라는 딱지가 매력적인 개념인 건 분명하다. 그러나 문제는 대중의 아마추어화라는 말 자체가 모순이라는 사실이다. 전문가 계급이란 말에는 전문화된 기능과 최소한의 검증된 능력, 구성원이 소수라는 사실이 함축되어 있는데, 정치 블로그, 사진 공유, 기타 수많은 셀프 출판 도구들은 그 조건에 전혀 맞지 않기 때문이다. 출판의 주체를 소수 전문가 계급으로 보면 개인 블로그는 대안적인 출판 공간으로서의 역할만 하는 게 아니라, 그 자체가 하나의 대안적 출판 형태로 부상하고 있다. 전문 운전사가 아니라도 운전을 할 수 있듯이 전문 출판업체가 아니라도 출판을 할 수 있게 됐다는 얘기다. 대중의 아마추어화는 표현 능력이 급격히 확산되면서 생긴 결과다. 이를 가장 확실하게 보여 주는 선례가 있다. 근대 세계를 열어 준 사건, 바로 500년 전 있었던 인쇄기의 보급이다.

Note

[내용]

클레이 서키는 여기서 뉴미디어 사용자가 단순히 대체되거나 전통적인 미디어 전문가에 의해 이러한 직업이 복제된다는 논쟁을 확실히 거부한다. 대신에 그는 여기서 어떠한 새롭거나 다른 것이 어떻게 되어 가는지에 대해 논쟁을 하고 싶어 하고, 이것은 정의들을 만드는 데 맞지 않는다. 이러한 논쟁은 소수만이 전문가가 될 수 있다는 가정에 달려 있고, 대부분이 활동에 참여하게 되면 직업을 정의할 수 없게 된다. 당신은 이러한 것에 대해 얼마나 확신이 있는가? 대다수는 전문가가 될 수 없는가? 사실 블로그에서 담론의 기준과 실행이 받아드려지지 않고, 블로거는 전문가가 하는 것과 같은 방식으로 그들의 동료들에 의해서 접근과 유효성이 없는가? 그러면 무엇이 다른가?

[문체]

'표현 능력'이 무엇을 뜻하고, '급진적'이 어떻게 퍼졌는가?

[구조]

이 부분의 끝은 뉴미디어의 500년 전의 선례에 대한 논쟁이 어떻게 향했는지에 대해 가리키고 있다.

다음 부분에서는 클레이 서키의 이러한 역사에 대한 개요가 있고, 어떻게 뉴미디어가 몇 세기 동안 진행되어 온 논쟁 중 하나로 나왔는지를 보여 준다.

당신은 어떤 사람이 이러한 분석을 역사와 함께 시작하여 서술하고, 요즘 시대의 맥락에서 분석하는 것을 상상할 수 있다. 그 대신 클레이 서키는 왜 반대했을까? 그의 주장의 구조에서 볼 때, 그의 주장에서 역사가 무슨 역할을 했으며, 만약 그가 처음에 개요를 하지 않았다면 무엇이 끝나지 않았을까?

읽기 자료 살펴보기

전반에 걸쳐 언급한 바와 같이, 이 글은 일화적 증거들을 제시하지 않고 조금의 참고와 자료들만을 포함한다. 정말, 이 책의 대부분의 장과는 달리, 이 장은 '언급된 핵심 작가'에서 단 한 사람만을 제시한다. 따라서 이러한 구체적 증거 부족에 대해 자신의 견해는 어떠한지 우선적으로 생각해 보는 것이 좋다. 클레이 서키(Clay Shirky)의 주장이 당신에게 어느 정도의 설득력을 가지는지.

자료를 요구하는 것은 쉬운데, 많은 각주와 방대한 참고문헌은 클레이 서키의 경우에 무엇을 더했는가? 실로 그러한 자료의 부족에 의해 더해진 것이 있는가? 몇몇 경우에, 그것은 마치 글이 좀 더 자유로운 것처럼 느껴지지 않으며, 자료와 참고에 의존하여 이론화하는 것을 얻을 수 없지 않은가? 그리고 가능성과 예측을 표현할 수 있다. 다른 사람들이 쓸 수 없는 글의 종류는 무엇이고 또한 그 반대는 무엇인가? 그리고 당신이 그렇게 표현하기 원하는 것을 맞출 수 있는 그런 스타일이 있는가? 당신은 또한 그의 논쟁이 다른 문맥에서도 잘 적용될 수 있다는 것에 대한 여부에 따라 클레이 서키가 쓴 명확한 문맥에 대해 반영하기를 원할지도 모른다. 책의 초점이 미국이라는 것은 명백하다. 그리고 반복적으로 전체의 모든 예시가 이러한 문맥을 나타낸다. 그러나 어느 정도까지가 어떻게 뉴미디어가 다른 부분에서도 잘 적용하는 것에 대해 생각하는 것을 위한 유용한 문맥인가? 우선 미국의 미디어의 역사는 개인소유 및 영리를 반복적인 규범으로 간주되는 것 중 하나이다. 이것은 미국에서 공적으로 자금화된 미디어가 없다고 진술하는 것도 아니고 다른 나라가 사적이나 상업적인 미디어를 가졌다고 진술하는 것도 아니다. 그러나 그 예로 어떻게 클레이 서키의 주장이 비상업적인 문맥에서 적용되는가? 예를 들어 클레이 서키가 봤을 때 신문에서 직면한 문제는 어떻게 뉴미디어에서 이익을 창출하는가이다. 그러나 만약 이익이 기본이 아니거나 심지어 필요한 동기 부여가 아닌 경우는 어떠한가? 예를 들어, 만약 공영방송이 민족 국가의 시민의 연방으로서의 기능을 의미한다면, 공영방송은 클레이 서키가 본 뉴미디어의 시설처럼 공동적인 작업이 이미 일어나지 않았을까? 예를 들어 영국적 문맥에서, 뉴미디어가 BBC와 같은 기관에 어떻게 영향을 미쳤는가?

클레이 서키의 핵심 주장 중 하나는 뉴미디어가 아마추어화의 폭발에 따르고, 지금처럼 더 넓어진 사회에서는 공공 분야가 진보적 움직임에서 필요하다. 그러나 당신은 이러한 아마추어화가 일어난다고 생각하는가? 사실, 기존 미디어의 전문적이지 않은 것은 단순히 새로운 것으로 대체되었는가? 예를 들어 프레드릭 레비(Frederic Levy)의 책 15분간의 명성(2008)은 어떻게 이것과 같은 사람과의 인터뷰를 유투브에서 만들고 업로드 하는지에 대해 조언을 준다. 레비는 이러한 전문가 중 한 명이 아닌가? 이러한 사람들이 만들고 업로드하는 비디오는 어떤 의미에서 전문화의 발전이라고 할 수 없는가? 만약 그렇지 않다면 왜 레비는 그들의 인터뷰를 괴롭혔을까? 이것은 기존 미디어 구조의 전문적 역할을 성취하는 것 같지 않은 많은 사람들이 뉴미디어로 성공하는 경우를 확실히 말한다. 그러나 이것은 시스템이 변했다는 것이 아니라 사람이 변했다는 것을 말한다. 만약 전문화가 거부되는 게 좋은 것이라면, 우리는 클레이 서키의 위치에서 무엇을 만들 수 있는가? 그는 전문적인가? 물론 기존과 새로운 미디어시스템 사이의 유사성 인정은 뉴미디어가 가져온 발전에 대해 반박을 할 필요가 없다. 그러나 이러한 상황이 일어나고, 클레이 서키가 서술한 대중 아마추어화의 의문의 확장에 대해 신중하게 생각해 볼 가치가 있다.

아마도 이 Reading의 가장 단순한 반영의 한 가지 방법은 당신이 당신의 생활에 뉴미디어가 어떻게 영향을 끼치는지 생각해 보는 것이다. 만약 당신이 페이스북, 유투브나 블로그에서 비디오를 올리거나, 위키에 참여할 때, 클레이 서키의 방식으로 커뮤니티의 한 부분이 된 것 같은 느낌이 들게 만드는 것에 동의하는가? 당신이 이러한 행동을 하게 되는 동기는 무엇인가? 그리고 만약 당신이 이러한 행동을 하지 않는다면, 왜 그런 것인가? 예를 들어 왜 당신(아니면 다른 사람들이)이 커뮤니티의 한 부분이 되는 것의 사적이거나 저작권과 같은 논쟁에 관심이 없는 것이 이유가 있는가? 아마도 더 중요한 생각은, 클레이 서키(그리고 이 장의 도입 부분에서 언급한 다른 작가들)가 본 것처럼 뉴미디어의 커뮤니티 구축의 측면에서의 가치이다. 왜냐하면 이것은 커뮤니티와 사회의 다른 공식화를 따르고, 따라서 우리가 매일 사는 방식이 변할 수 있는 가능성을 가지게 되기 때문이다. 그러나 당신도 이와 같이 느끼는가? 누군가의 페이스북 담벼락에 포스팅을 하는 것이 사회 정치적인 행동인가? 당신의 온라인 행동이 당신이 생각한 것처럼 바뀌는지, 또는 어떻게 당신이 행동하는지, 또는 어떻게 당신이 당신 주위의 세상을 보는가? 뉴미디어는 정치적인가?

주요 용어

전문적인(professional); 아마추어(amateur); 게이트키퍼(gatekeeper); 루루(lulu); 뉴스 순환(news cycle); 블로거(blogger); 전문가 집단(professional class)

주요 학자

James Q. Wilson

권장도서

Berners-Lee, T.(1999), *Weaving the Web: The past, present and future of the world wide web by its inventor*, London: Orion Business.

이 책은 웹 개발자의 창의력의 비젼, 사회적 동참으로 인한 지속적인 도구, 협업 그리고 중요한 협업과 무비용성에 관한 기술이다.

Castells, M.(2001), *The Internet Galaxy: Reflections on the internet, business, and society*, Oxford: Oxford University Press.

어떻게 인터넷이 비즈니스·사회·정치·문화를 바꾸어 놓았는가, 글로벌한 시각과 실증적인 데이터로 설명한 책이다.

Gauntlett, D.(2011), *Making is Connecting: The social meaning of creativity, from DIY and knitting to YouTube and Web 2.0*, Cambridge: Polity.

뉴미디어는 사람들이 무엇인가 만드는데 새로운 시대를 열고, 최근 토의와 수세기 오래된 하나 사이에서 평행적인 결과를 도출하는 유용한 역사적 맥락을 논쟁하는 전체적인 창의성을 정리하고 있는 책이다.

A

Adonis, A, and Pollard, S.(1997), *A Class Act: The Myth of Britain's classless society*, London: Hamish Hamilton

Adorno, T, and Horkheimer, M.(1972/1947), *Dialectic of Enlightenment*, New York: Herder & Herder.

Akass, K. and McCabe, J.(eds.)(2004), *Reading Sex and the City*, London: IB Tauris.

Allan, S.(1999), *News Culture*, Buckingham: Open University Press.

Allen, G.(2003), *Roland Barthes*, London: Routledge.

Anderson, K.(2000), *Paul Valery and the Voice of Desire*, Oxford: Legenda.

Anderson, N.(1923), *The Hobo*, Chicago: University of Chicago Press.

Ang, I.(1985), *Watching 'Dallas': Soap opera and the melodramatic Imagination*, London: Methuen.

Ang, I.(1991), *Desperately Seeking the Audience*, London: Routledge.

Ang, I.(1996), *Living Room Wars: Rethinking media audiences for an postmodern world*, London: Routledge.

Arendt, H.(1958), *The Human Condition*, Chicago: University of Chicago Press.

Aristotle(1996[c. 335 BC]), *Poetics*, translated by Heath, M., London: Penguin.

Armstrong, R.(2005), *Understanding Realism*, London: British Film Institute.

Arnold, M.(1869), *Culture and Anarchy: An essay in political and social criticism*, London: Smith & Elder.

Asgill, J.(1712), *An Essay for the Press*, London: A. Baldwin.

B

Bagdikian, B. H.(1992), *The Media Monopoly*, 4th edition, Boston: Beacon Press.

Bakir, V. and Barlow, D. M.(2007), *Communication in the Age of Suspicion: Trust*

and the media, Basingstoke: Palgrave Macmillan.
Barker, C.(2008), *Cultural Studies: Theory and practice*, 3rd edition, London: Sage.
Barker, M. and Peley, J.(eds.)(1997), *Ill Effect: The media/violence debate*, London: Routledge.
Barry, P.(2002), *Beginning Theory: An introduction to literary and cultural theory*, Manchester: Manchester University Press.
Barthes, R.(1973/1957), *Mythologies*, translated by Lavers, A., London: Paladin.
Barthes, R.(1977/1967), *Image Music Text*, translated by Heath, S., London: Fontana.
Barthes, R.(2006/1967), *The Language of Fashion*, translated by Stafford, A., Oxford: Berg.
Baudrillard, J.(1994/1981), *Simulacra and Simulation*, translated by Glaser, S. F., Ann Arbor: University of Michigan Press.
Baudrillard, J.(1995/1991), *The Gulf War Did Not Take Place*, translated by Patton, P., Sydney: Power.
Bauamn, Z.(2001), *The Individualized Society*, Cambrigde: Polity Press.
Bell, D.(1973), *The Coming of Post-Indusrial Socitey*, Harmondsworth: Penguin.
Benjamin, W.(1970), *Illuminations*, translated by Zohn, H., London: Cape.
Bennett, T.(1995), "Popular Culture and 'the Turn to Gramsci'", in *Approaches to Media: A reader*, Boyd-Barrett, O. and Newbold, C.(eds.), London: Arnold.
Bentham, J.(1820~21), *On the Liberty of the Press and Public Discussion*, W. Hone: London.
Berelson, B., Lazarsfeld, P. F. and McPhee, W. N.(1954), *Voting: A study of opinion of formation in a presidential campaign*, Chicago: University of Chicago Press.
Beynon, W. J.(2002), *Masculinities and Culture*, Maidenhead: Open University Press.
Bignell, J.(2000), *Postmodern Media Culture*, Edinburgh: Edinburgh University Press.
Blondheim, M.(2003), "Harold Adams Innis and his bias of communication", in *Canonic Texts in Media Research*, Katz, E., Peters, J. D., Liebes, T. and Orloff, A.(eds.), Cambridge: Polity Press.
Bordwell, D. and Thompson, K.(2003), *Film History: An introduction*, 2nd edition,

New York: McGraw-Hill.

Boyd-Barrett, O.(1995a), "Conceptualising the 'public sphere'", in *Approaches to Media: A reader*, Boyd-Barrett, O. and Newbold, C.(eds.), London: Arnold.

Boyd-Barrett, O.(1995b), "Early theories in media research", in *Approaches to Media: A reader*, Boyd-Barrett, O. and Newbold, C.(eds.), London: Arnold.

Boyd-Barrett, O.(1995c), "The political economy approach", in *Approaches to Media: A reader*, Boyd-Barrett, O. and Newbold, C.(eds.), London: Arnold.

Boyd-Barrett, O.(1995d), "The analysis of media occupations and professions", in *Approaches to Media: A reader*, Boyd-Barrett, O. and Newbold, C.(eds.), London: Arnold.

Boyd-Barrett, O. and Newbold, C.(eds.)(1995), *Approaches to Media: A reader*, London: Arnold.

Braham, P. and Janes, L.(2002), *Social Differences and Divisions*, Oxford: Blackwell.

Brecht, B.(2001), *Brecht on Theatre: The development of an aesthetic*, translated by Willett, J., London: Methuen.

Briggs, A. and Burke, P.(2002), *A Social History of the Media: From Gutenberg to the Internet*, Cambridge: Polity Press.

Bromley, M. and O' Malley, D.(eds.)(1997), *A Journalism Reader*, London: Routledge.

Brown, M.(2007), *A Licence to be Different: The story of Channel 4*, London: British Film Institute.

Brunsdon, C. and Morley, D.(1978), *Everyday Television: Nationwide*, London: British Film Institute.

Bryson, L.(ed.)(1948), *The Communication of Ideas*, New York: Harper & Brothers.

Buckingham, D.(1993), *Children Talking Television: The Making of Television Literacy*, London: Falmer Press.

Buckingham, D.(2007), *Beyond Technology: Children's Learning in the Age of Digital Culture*, Cambridge: Polity Press.

Bukatman, S.(1993), *Terminal Identity: The Virtual Subject in Postmodern Science Fiction*, London: Duke University Press.

Bullock, A. and Stallybrass, O.(1977), *The Fontana Dictionary of Modern Thought*,

London: Fontana.

Bulmer, M.(1984), *The Chicago School of Sociology*, Chicago: University of Chicago Press.

Burke, S.(1998), *The Death and Return of the Author Criticism and subjectivity in Barthes, Foucault and Derrida*, 2nd edition, Edinburgh: Edinburgh University Press.

Burton, G.(2005), *Media and Society: Critical perspective*, Maidenhead: Open University Press.

Busher, L.(1846/1614), "Religions peace: or, a plea for liberty of conscience", in *Tracts on Liberty of Conscience and Persecution, 1614-1661*, Underhill, E.B.(eds.), London: J. Haddon.

Butler, J.(1990), *Gender Trouble: Feminism and the Subversion of Identity*, London: Routledge.

Byerly, C. M.(2004), "Feminist intervention in newsrooms", in *Women and Media: International Perspective*, Ross, K. and Byerly, C. M.(eds.), Oxford: Blackwell.

C

Cantril, H., Gaudet, H. and Herzog, H.(1940), *The Invasion from Mars*, Princeton: Princeton University Press.

Carey, J.(1975), "Canadian communication theory: extensions and interpretations of Harold Innis", in *Studies in Canadian Communications*, Robinson, G. J. and Theall, D. F.(eds.), Montreal: McGill University.

Carey, J. W.(1989), *Communication as Culture*, Boston: Unwin Hyman.

Carey, J. W.(1996), "The Chicago school and mass communication research", in *American Communication Research: The remembered history*, Dennis, E. E. and Wartella, E.(eds.), New Jersey: Lawrence Erlbaum.

Carter, C., and Steiner, L.(eds.)(2004), *Critical Readings: Media and gender*, Maidenhead: Open University Press.

Castells, M.(1996), *The Rise of the Network Society*, Oxford: Blackwell.

Cateforis, T.(ed.)(2007), *The Rock History Reader*, New York: Routledge.

Cater, D.(1996), "Addressing public policy", in *American Communication Research: The remembered history*, Dennis, E. E. and Wartella, E.(ed.), New Jersey: Lawrence Erlbaum.

Cavan, R. S.(1928), *Suicide*, Chicago: University of Chicago Press.

Cavanagh, A.(2007), Sociology in the Age of the Internet, Maidenhead: Open University Press.

Cellan-Jones, R.(2003), *Dot. Bomb: The Strange Death of Dot.Com Britain*, London: Aurum.

Chambers, E. and Northedge, A.(1997), *The Arts Good Study Guide*, Milton Kwynes: Open University Press.

Childs, P.(2007), *Modernism*, 2nd edition, London: Routledge.

Chomsky, N.(1982), *Towards a New Cold War*, New York: Pantheon.

Chomsky, N.(1987), *The Chomsky Reader*, New York: Pantheon.

Chomsky, N.(1991), *Deterring Democracy*, London: Verso.

Chomsky, N.(2002), *On Nature and Language*, Cambridge: Canbridge University Press.

Clarke, T.(1997), "Woman in journalism", in *A Journalism Reader*, Bromley, M. and O' Malley, T.(eds.), London: Routledge.

Cole, E. and Henderson Daniel, J.(eds.)(2005), *Featuring Females: Feminist anayses of media*, Washington: American Psychological Association.

Collins, J.(1992), "Television and postmodernism", in *Channels of Discourse, Reassembled: Television and contemporary criticism*, Allen, R. C.(ed.), London: Routledge.

Cottle, S.(1995a), "Producer-driven television", *Media, Culture and Society* 17(1), pp. 159~166.

Cottle, S.(1995b), "The production of news formats: determinants of mediated public contestation", *Media, Culture and Society* 17(2), pp. 275~291.

Cottle, S.(ed.)(2003), *Media Organization and Production*, London: Sage.

Cressy, P. G.(1932), *The Taxi-Dance Hall*, Chicago: University of Chicago Press.

Crisell, A.(2002), *An Introductory History of British Broadcasting*, 2nd edition, London:

Routledge.

Critcher, C.(1979), "Sociology, cultural studies and the post-war working class", in *Working Class Culture*, Clarke, J., Critcher, C., and Johnson, R.(eds.), London: Hutchinson.

Culler, J.(1983), *Barthes: A very short introduction*, Oxford: Oxford University Press.

Curran, J.(1996), "Mass media and democracy revisited", in *Mass Media and Society*, 2nd edition, Curran, J. and Gurevitch, M.(eds.), London: Arnold.

Curran, J.(1997a), "Politics of the media", in *Power and Responsibility: The press and broadcasting in Britain*, 5th edition, Curran, J. and Seaton, J.(eds.), London: Routledge.

Curran, J.(1997b), "Press history", in *Power and Responsibility: The press and broadcasting in Britain*, 5th edition, Curran, J. and Seaton, J.(eds.), London: Routledge.

Curran, J.(1997c), "Theories of the media", in *Power and Responsibility: The press and broadcasting in Britain*, 5th edition, Curran, J. and Seaton, J.(eds.), London: Routledge.

Curran, J.(2000), "Rethinking media and democracy", in *Mass Media and Society*, 3rd edition, Curran, J. and Gurevitch, M.(eds.), London: Arnold.

Curran, J.(2005), "Mediations of democracy", in *Mass Media and Society*, 4th edition, Curran, J. and Gurevitch, M.(eds.), London: Arnold.

Curran, J. and Park, M.(2000), *De-Westernizing Media Studies*, London: Routledge.

Curran, J. and Seaton, J.(eds.)(1997), *Power and Responsibility: The press and broadcasting in Britain*, 5th edition, London: Routledge.

Curran, J., Gurevitch, M. and Wollacott, J.(1977), *Mass Communication and Society*, London: Arnold.

Curran, J., Gurevitch, M. and Wollacott, J.(1995), "The study of the media: theoretical approaches", in *Approaches to Media: A reader*, Boyd-Barrett, O. and Newbold, C.(eds.), London: Arnold.

D

Dahlgren, P.(ed.)(1991), *Communication and Citizenship: Journalism and the public sphere in the new media age*, London: Routledge.

de Bruin, Marjan and Ross, K.(eds.)(2004), *Gerder and Newsroom Cultures: Identities at work*, Cresskill: Hampton.

de Tocqueville, Alexis(2000/1835~40), *Democracy in America*, translated by Mansfield, H. and Winthrop, D., Chicago: University of Chicago Press.

Dennis, E. E. and Wartella, E.(eds.)(1996), *American Communication Research: The remembered history*, New Jersey: Lawrence Erlbaum.

Devereux, E.(2007), *Understanding the Media*, 2nd edition, London: Sage.

Docherty, D., Morrison, D. and Tracey, M.(1993), "Scholarship as silence", in *Defining Media Studies*, Levy, M. and Gurevitch, M.(eds.), Oxford: Oxford University Press.

Downing, J.(1995), "Alternative media and the Boston Tea Party", in *Questioing the Media*, 2nd edition, Downing, J., Mohammadi, A. and Sreberny-Mohammadi, A.(eds.), London: Sage.

Doy, G.(2004), *Picturing the self: Changing views of the subject in visual culture*, London: IB Tauris.

Ducatel, K., Webster, J. and Herrmann, W.(eds.)(2000), *The Information Society in Europe: Work and life in an age of globalization*, Lanham: Rowman & Littlefield.

Duff, D.(ed.)(2000), *Modern Genre Theory*, Harlow: Pearson.

Duke, C. and Layer, G.(eds.)(2005), *Widening Participation: Which way forward for English higher education?*, Leicester: National Institute of Adult Continuing Education.

During, S.(2005), *Cultural Studies: A critical introduction*, London: Routledge.

Dworkin, D. L.(1993), 'Cultural studies and the crisis in British radical thought', in *Views Beyond the Border Country: Raymond Williams and cultural politics*, Dworkin, D. I. and Roman, L. G.(eds.), New York: Routledge.

Dworkin, D. L. and Roman, L. G.(eds.)(1993), *Views Beyond the Border Country: Raymond Williams and cultural politics*, New York: Routledge.

E

Eco, U. and Sebeok, T. A.(eds.)(1984), *The Sign of Three: Dupin, Holmes, Pierce*, Bloomington: Indiana University Press.

Engels, F.(1993/1845), *The Condition of the Working Class on England in 1844*, translated by Mclellan, D., Oxford: Oxford University Press.

Enzensberger, H. M.(1972), *Constituents of a Theory of the Media*, Harmondsworth: Penguin.

European Commission(2006), *'Making Work Pay'-Debates from a Gender Perspective: A comparative review of some recent policy reforms in thirty European countries*, Luxembourg: Office for the Official Publications of the European Communities.

F

Fairbairn, G. J. and Fairbairn, S. A.(2001), *Reading at University: A guide for Students*, Buckingham: Open University Press.

Fiske, J.(1989a), *Understanding Popular Culture*, London: Unwin Hyman.

Fiske, J.(1989b), *Reading the Popular*, London: Unwin Hyman.

Flew, Terry(2005), *New Media: An introduction*, 2nd edition, Oxford: Oxford University Press.

Florida, R.(2005), *Critics and the Creative Class*, New York: Routledge.

Franklin, B.(2004), *Packaging Politics: Political communications in Britain's media democracy*, 2nd edition, London: Arnold.

Fraser, N.(1992), "Rethinking the public sphere: a contribution to the critique of actually existing democracy", in *Habermas and the Public Sphere*, Calhoun, C.(ed.) Cambridge: MIT Press.

Frazier, E. F.(1931), *The Negro Family in Chicago*, Chicago: University of Chicago Press.

Friedan, B.(1963), *The Feminine Mystique*, Harmondsworth: Penguin.

Friedlander, P. with Miller, P.(2006), *Rock and Roll: A social history*, Boulder, CO: Westview Press.

Frow, J.(2006), *Genre*, London: Routledge.

G

Garnham, N.(1979), "Editorial", *Media Culture and Society* 1(2), pp. 119~121.

Garnham, N.(1986), "The media and the public sphere", *Intermedia* 14(1), pp. 28~33.

Garnham, N.(1990), *Capitalism and Communication: Global culture and the economics of information*, London: Sage.

Gauntlett, D.(2002), *Media, Gender and Identity: An introduction*, London: Routledge.

Gautnlett, D.(ed.)(2004), *Web Studies*, 2nd edition, London: Arnold.

Gautnlett, D.(2005), "Ten things wrong with the media "effects" model", *Theory.org.uk: the Media Theory Site*, 〈www.theory.org.uk/tenthigs.htm〉.

Gibson, M.(2007), *Culture and Power. A history of cultural studies*, Oxford: Berg.

Giddens, A.(1990), *The Consequences of Modernity*, Cambridge: Polity Press.

Giddens, A.(2007), *Europe in the Global Age*, Cambridge: Polity Press.

Gilbert, S. M. and Gubar, S.(1979), *The Madwoman in the Attic: The woman writer and the nineteenth-century literary imagination*, London: Yale University Press.

Gill, R.(2007), *Gender and the Media*, Cambridge: Polity Press.

Gitlin, T.(1983), *Inside Prime Time*, New York: Pantheon Books.

Gitlin, T.(1995), "Media sociology: the dominant paradigm", in *Approaches to Media: A reader*, Boyd-Barrett, O. and Newbold, C.(eds.), London: Arnold.

Gitlin, T.(2002), "Media sociology: the dominant paradigm", in *McQuail's Reader in Mass Communication Theory*, McQuail, D.(ed.), London: Sage.

Godfrey, D.(1986), "Foreword", in *Empire and Communication*, Innis H. A.(ed.) Victoria Press Porcepic.

Goffman, E.(1969/1959), *The Presentation of Self in Everyday Life*, London: Allen Lane.

Golding, P. and Murdock, G.(2000), "Culture, communications and political economy", in *Mass Media and Society*, 3rd edition, Curran, J. and Gurevitch, M.(eds.), London: Arnold.

Goodwin, W.(1976/1798), *Enquiry Concerning Political Justice*, Harmondsworth: Penguin.

Grant, B. K.(ed.)(2008), *Auteurs and Authorship: A film reader*, Oxford: Blackwell.

Greer, G.(1970), *The Female Eunuch*, London: MacGibbon & Kee.

Greer, G.(2000), *The Whole Woman*, London: Transworld.

Greiman, A. J.(1983/1966), *Structural Semantics*, translated by McDowell, D., Schleifer, R. and Velie, A., Lincoln: Nebraska University Press.

Guilbert, G.(2002), *Madonna as Postmodern Myth: How one star's self-construction rewrites sex, gender, Hollywood and the American dream*, Jefferson: McFarland.

Guy, A., Green, E. and Banim, M.(eds.)(2001), *Through the Wardrobe: Women's relationships with their clothes*, Oxford: Berg.

H

Habermas, J.(1989/1962), *The Structural Transformation of the Public Sphere: An inquiry into a category of bourgeois society*, Cambridge: Polity Press.

Habermas, J.(1974/1964), "The public sphere: an encyclopedia article", *New German Critique* 3(1), pp. 49~55.

Haig, M.(2006), *Brand Royalty: How the world's top 100 brands thrive and survive*, London: Kogan Page.

Hall, S.(1980a), "Cultural studies: two paradigms", *Media, Culture and Society* 2(1), pp. 57~72.

Hall, S.(1980b), "Cultural studies and the centre: some problematic and problems", in *Culture, Media, Language: Working papers in cultural studies, 1972~79*, Hall, S., Hobson, D., Lowe, A. and Willis, P.(eds.), London: Hutchinson.

Hall, S.(1980c), "Encoding/Decoding", in *Culture, Media, Language: Working papers in cultural studies, 1972~79*, Hall, S., Hobson, D., Lowe, A. and Willis, P.(eds.), London: Hutchinson.

Hall, S.(1984), *The Idea of the Modern State*, Milton Keynes: Open University Press.

Hall, S.(ed.)(1997), *Representations: Cultural representations and signifying practices*, London: Sage.

Hall, S. and du Gay, P.(eds.)(1996), *Questions of cultural Identity,* London: Sage.

Hall, S., Hobson, D., Lowe, A. and Willis, P.(eds.)(1980), *Culture, Media, Language: Working papers in cultural studies, 1972~79*, London: Hutchinson.

Halloran, J. D.(1995), "The context of mass communication research", in *Approaches to Media: A reader*, Boyd-Barrett, O. and Newbold, C.(eds.), London: Arnold.

Hamelink, C. J.(1995), "Information imbalance across the globe", in *Questioning the media: A critical introduction*, 2nd edition, Downing, J., Mohammadi, A. and Sreberny-Mohammadi, A.(eds.), London: Sage.

Handelman, D.(2003), "Towards the virtual encounter: Horton's and Wohl's "mass communication and para-social interaction"", in *Canonic Texts in Media Research*, Katz, E., Peters, J.D., Liebes, T. and Orloff, A.(eds.), Cambridge: Polity Press.

Hardt, H.(1995), "On ignoring history: mass communication research and the critique of history", in *Approaches to Media: A reader*, Boyd-Barrett, O. and Newbold, C.(eds.), London: British Film Institute.

Hartley, J.(2002a), "The constructed viewer", in *Television Studies*, Miller, T.(ed.), London: British Film Institute.

Hartley, J.(2002b), *Communication, Cultural and Media Studies: The key concepts*, 3rd edition, London: Rutledge.

Hartley, J.(2005), *Creative Industries*, London: Blackwell.

Harvey, D.(1986), *The Condition of Postmodernity*, Oxford: Blackwell

Harvey, L.(1987), *Myths of the Chicago School of Sociology*, Aldershot: Avebury.

Hawkes, T.(2003), *Structuralism and Semiotics*, 2nd edition, London: Routledge.

Hayner, N. S.(1936), *Hotel Life*, Chapel Hill: University of North Carolina Press.

Hebdige, D.(1979), *Subculture: The meaning of style*, London: Methuen.

Hebdige, D.(1982), "Towards a cartography of taste 1935~1962", in *Popular Culture: Past and present*, Waites, B., Bennett, T., and Martin G.(eds.), London: Routledge.

Held, D.(1980), *Introduction to Critical Theory: Horkheimer to Habermas*, Cambridge: Polity Press.

Henning, M.(2006), *Museums, Media and Cultural Theory*, Maidenhead: Open University Press.

Herman, E. S.(1981), *Corporate Control, Corporate Power*, London: Macmillan.

Herman, E. S.(1982), *The Real Terror Network: Terrorism in fact and propaganda*, Boston: South End Press.

Herman, E. S.(1995a), "Media in the US political economy", in *Questioning the Media: A critical introduction*, 2nd edition, Downing, J., Mohammadi, A. and Sreberny-Mohammadi, A.(eds.), London: Sage.

Herman, E. S.(1995b), *Triumph of the Market: Essays on politics, economics and the media*, Boston: South End Press.

Herman, E. S.(2002), "The propaganda model: a retrospective", in *McQuail's Reader in Mass Communication Theory*, MrQuail, D.(ed.), London: Sage.

Herman, E. S. and Chomsky, N.(1994/1988), *Manufacturing Consent: The political economy of the mass media*, New York: Pantheon.

Hesmondhalgh, D.(2002), *The Cultural Industries*, London: Sage.

Hesmondhalgh, D.(2005), "The production of media entertainment", in *Mass Media and Society*, 4th edition, Curran, J. and Gurevitch, M.(eds.), London: Hodder Aronld.

Hesmondhalgh, D.(ed.)(2006), *Media Production*, maidenhead: Open University Press.

Hesmondhalgh, D.(2007), *The Cultural Industries*, 2nd edition, London: Sage.

Higgins, J.(ed.)(2001), *The Raymond Williams Reader*, London: Blackwell.

Hjarvard, S.(1993), "Pan-European television news: towards a European political public sphere", in *National Identity and Europe*, Drummond, P., Paterson, R. and Willis, J.(eds.), London: British Film Institute.

Hobson, D.(1982), *Crossroads: The drama of a soap opera*, London: Methuen.

Hoggart, R.(1958), *The Uses of Literacy: Aspects of working class life*, London: Pelican.

Hope, W. and Holston, K.(1992), *The Shakespeare Controversy: An analysis of the claimants to authorship, and their champions and detractors*, Jefferson: McFarland.

Hopkins, D.(2003), *Dada and Surrealism: A very short introduction*, Oxford: Oxford University Press.

Horkheimer, M. and Adorno, T. W.(2002/1944), Dia*lectic of Enlightenment:*

Philosophical fragments, translated by Jephcott, E., Stanford: Stanford University Press.

Horton, D. and Wohl, R.(1956), "Mass communication and para-social interaction: observations on intimacy at a distance", *Psychiatry* 19(3), pp. 215~29.

Hughes, E.(1969), "Robert E. Park", in *The Founding Fathers of Social Science,* Raison, T.(ed.), Harmondsworth: Penguin.

Huxley, A.(1958), *Brave New World Revisited*, London: Chatto& Windus.

I

Innis, H. A.(1964), *Political Economy in the Modern State*, Toronto: Ryerson Press.

Innis, H. A.(1951), *The Bias of Communication*, Toronto: University of Toronto Press.

Innis, H. A.(1971/1923), *A History of the Canadian Pacific Railway*, Toronto: University of Toronto Press.

Innis, H. A.(1972/1950), *Empire and communications*, Toronto: University of Toronto Press.

Innis, H. A.(1978/1940), *The Cod Fisheries: The history of an international economy*, Toronto: University of Toronto Press.

Innis, H. A.(1984/1930), *The Fur Trade in Canada: An introduction to Canadian economic history*, Toronto: University of Toronto Press.

J

Jacobs, J.(2000), *The Intimate Screen: Early British television drama*, Oxford University Press.

Jameson, F.(1991), *Postmodernism, or, the Cultural Logic of Late Capitalism*, London: Verso.

Jancovich, M.(1993), *The Cultural Politics of the New Criticism*, Cambridge: Cambridge University Press.

Jankowski, N. and Prehn, O.(2002), *Community Media in the Information Age: Perspectives and practice*, Cresskill: Hampton Press.

Janowitz, M.(1967), "Introduction", in *The City,* Park, R. E., Burgess, E. W. and McKenzie, R. D.(eds.), Chicago: University of Chicago Press.

Jefferys, K.(2007), *Politics and the People: A history of British Democracy since 1918,* London: Atlantic.

Jenkins, H.(2007), *The Wow Climax: Tracing the emotional impact of popular culture*, New York: New York University Press.

Johnson, C. S.(1922), *The Negro in Chicago: A study of race relations*, New York: Urban League.

Jones, P.(2004), *Raymond Williams's Sociology of Culture: A critical reconstruction*, Basingstoke: Palgrave.

K

Katz, E.(1996), "Diffusion research at Columbia", in *American Communication Research Remembered*, Dennis, E. E. and Wartella, E.(eds.), New Jersey: Lawrence Erlbaum.

Katz, E. and Dayan, D.(2003), "The audience is a crowd, the crowd is a public latter-day thoughts on Lang and Lang's "McArthur Day in Chicago"", in *Canonic Texts in Media Research*, Katz, E., Peter, J. D., Liebes, T. and Orloff, A.(eds.), Cambridge: Polity Press.

Katz, E., Peters, J. D., Liebes, T. and Orloff, A.(eds.)(2003), *Canonic Texts in Media Research*, Cambridge: Polity Press.

Keane, J.(1991), *The Media and Democracy*, Cambridge: Polity Press.

Keane, J.(1995), "Democracy and media: without foundation", in *Approaches to Media: A reader*, Boyd-Barrett, O. and Newbold, C.(eds.), London: Arnold.

Kermode, F.(1967), *The Sense of an Ending: Studies in the theory of fiction*, Oxford: Oxford University Press.

King, G.(2005), *The Spectacle of the Real: From Hollywood to reality TV and beyond*, Bristol: Intellect.

Klapper, J.(1960), *The Effects of Mass Communication*, Glencoe: Free Press.

Klein, N.(2000), *No Logo: No space, no choice, no jobs*, London: Flamingo.

Klinkowitz, J.(1988), *Rosenberg/Barthes/Hassan: The postmodern habit of thought*, Athens: University of Georgia Press.

Knight, S.(1980), *Form and Ideology in Crime Fiction*, London: Macmillan.

Kroker, A.(1984), *Technology and the Canadian Mind: Innis/McLuhan/Grant*, New York: St. Martin's Press.

Kubey, R.(2004), *Creating Television: Conversations with the people behind 50 years of American TV*, Mahwah & London: Lawrence Erlbaum.

L

Lacan, J.(2006/1953~64), *Ecrits*, translated by Fink, B., London: W. W. Norton.

Lace, S.(2005), *The Class Consumer: Life in a surveillance society*, Bristol: Policy.

Lang, K. and Lang, G. E.(1953), "The unique perspective of television and its effects: a pilot study", *American Sociological Review* 18(1), pp. 3~12.

Lash, S.(2002), *Critique of Information*, London: Sage.

Lasswell, H. D.(1927), *Propaganda Techniques in the World War*, New York: Peter Smith.

Lasswell, H. D.(1930), *Psychopathology and Politics*, Chicago: University of Chicago Press.

Lasswell, H. D.(1948), "The structure and function of communication in society", in *The Communication of Ideas*, Bryson, L.(ed.), New York: Institute for Religious and Social Studies.

Laughey, D.(2007), *Key Themes in Media Theory*, Maidenhead: Open University Press.

Lazarsfeld, P. F., and Katz, E.(1955), *Personal Influence: The part played by people in the flow of mass communication*, Glencoe: Free Press.

Lazarsfeld, P. F., and Merton, R. K.(1948), "Mass communication, popular taste and organized social action", in *The Communication of Ideas*, Bryson, L.(ed.), New York: Harper & Brothers.

Lazarsfeld, P. F., Berelson, B. and Gaudet, H.(1944), *The People's Choice: How the voter makes up his mind in a presidential campaign*, New York: Columbia

University Press.
Leavis, F. R.(1930), *Mass Civilisation and Minority Culture*, Cambridge: Minority Press.
Leavis, F. R.(1932a), *How to Teach Reading: A primer for Ezra Pound*, Cambridge: Minority Press.
Leavis, F. R.(1932b), *New Bearings in English Poetry: A study of the contemporary situation*, London: Chatto & Windus.
Leavis, F. R.(1933), *For Continuity*, Cambridge: Minority Press.
Leavis, F. R.(1948), *The Great Tradition: George Eliot, Henry James, Joseph Conrad*, London: Chatto & Windus.
Leavis, F. R.(1975), *The Living Principle: 'English' as a discipline of thought*, London: Chatto & Windus.
Leavis, F. R. and Thompson D.(1933), *Culture and Environment: The training of critical awareness*, London: Chatto & Windus.
Lebowitz, M. A.(1992), *Beyond Capital: Marx's political economy of the working class*, London: Macmillan.
Lechte, J.(1994), *Fifty Key Contemporary Thinkers*, London: Routledge.
Lévi-Strauss, C.(1963/1958), *Structural Anthropology*, translated by Jacobson C., and Schoepf, B. G., New York: Basic Books.
Lewis, G. and Slade, C.(1994), *Critical Communication*, Sydney: Prentice Hall.
Lewis, J.(2008), *Cultural Studies: The basics*, 2nd edition, London: Sage.
Lewis, P.(2007), *The Cambridge Introduction to Modernism*, Cambridge: Cambridge University Press.
Lichtenberg, J.(2002), "Foundations and limits of freedom of the press", in *McQuail's Reader in Mass Communication Theory*, McQuail, D.(ed.), London: Sage.
Liebes, T.(2003), "Herzog's "On borrowed experience": its place in the debate over the active audience", in *Canonic Texts in Media Research*, Katz, E., Peter, J. D., Liebes, T. and Orloff, A.(eds.), Cambridge: Polity Press.
Lippmann, W.(1913), *A Preface to Politics*, New York: Mitchell Kennerley.
Lippmann, W.(1914), *Drift and Mastery*, New York: Mitchell Kennerley.

Lippmann, W.(1925), *The Phantom Public*, New York: Harcourt.
Lippmann, W.(1929), *A Preface to Morals*, New York: Macmillan.
Lippmann, W.(1937), *The Good Society*, Boston: Little, Brown.
Lippmann, W.(1943), *U.S. Foreign Policy: Shield of the republic*, Boston: Little, Brown.
Lippmann, W.(1947), *The Cold War*, London: Hamish Hamilton.
Lippmann, W.(1955), *Essays in the Public Philosophy*, Boston: Little, Brown.
Lippmann, W.(1965/1922), *Public Opinion, Glencoe*, NY: Free Press.
Lippmann, W. and Merz, C.(1920), "A test of the news", *The New Republic*, 4 August.
Livingstone, S.(2002), *Young People and New Media: Childhood and the changing media environment*, London: Sage.
Locke, J.(2006/1689), *Epistola de Tolerantia ad Clarissimum Virum*, Oxford: Clarendon.
Löhr, P. and Meyer, M.(eds.)(1999), *Children, Television and the New Media*, Luton: University of Luton Press.
Long, P. and Wall, T.(2009), *Media Studies: Text, production and context*, Harlow. Longman.
Lynd, R. S. and Lynd, H. M.(1929), *Middletown: A study in American culture*, London: Constable.
Lyon, D.(1994), *The Electronic Eye: The rise of the surveillance society*, Cambridge: Polity Press.
Lyon, D.(2001), *Surveillance Society: Monitoring everyday life*, Buckingham: Open University Press.
Lyotard, J.(1979), *The Postmodern Condition: A report on knowledge*, Manchester: Manchester University Press.

M

McCullagh, C.(2002), *Media Power: A sociological introduction*, Basingstoke: Palgrave.
Macdonald, S.(2006), *A Companion to Museum Studies*, Oxford: Blackwell

McGuigan, J.(1996), *Culture and the Public Sphere*, London: Routledge.
McKillop, I.(1995), *F. R. Leavis: A life in criticism*, London: Penguin.
MacKinnon, K.(2003), *Representing Men: Maleness and masculinity in the media*, London: Arnold.
McLuhan, M.(1951a), "Introduction", in *The Bias of Communication*, Innis, H. A.(ed.), Toronto: University of Toronto Press.
McLuhan, M.(1951b), *The Mechanical Bride: Folklore of industrial man*, New York: Vanguard Press.
McLuhan. M.(1962), *The Gutenberg Galaxy: The making of typographic man*, Toronto: University of Toronto Press.
McLuhan, M.(1964), *Understanding Media: The extensions of man*, New York: McGraw-Hill.
McLuhan, M.(1970a), *Culture is Our Business*, New York: McGraw-Hill.
McLuhan, M.(1970b), *From Cliché to Archetype*, New York: Viking Press.
McLuhan, M. and Fiore, Q.(1967), *The Medium is die Message: An inventory of effects*, New York: Bantam Books.
McNair, B.(1998), *The Sociology of Journalism*, London: Arnold.
McQuail, D.(1977), "The influence and effects of mass media", in *Mass Communication and Society*, Curran, J., Gurevitch, M and Woollocott, J.(eds.), London: Arnold.
McQuail. D.(ed.)(2002), *McQuail's Reader in Mass Communication Theory*, London: Sage.
McQuail, D.(2005), *McQuail's Mass Communication Theory*, 5th edition, London: Sage.
MacRae, D. G.(1969), "Karl Marx", in *The Founding Fathers of Social Science*, Raison, T.(ed.), Harmondsworth: Penguin.
McRobbie. A.(1982/1978), *'Jackie': An ideology of adolescent femininity*, Birmingham: Centre for Contemporary Cultural Studies.
Maker, J. and Lenier, M.(1996), *Academic Reading with Active Critical Thinking*, Belmont: Wadsworth.

Malmsten. E.(2001), *Boo Hoo: A dot.com story from concept to catastrophe*, London: Random House.

Manoff R. and Schudson, M.(1986), *Reading the News*, New York: Pantheon.

Marsh, D., Richards, D. and Smith, M. J.(2001), *Changing Patterns of Governance in the United Kingdom: Reinventing Whitehall?*, Basingstoke: Palgrave.

Marshall, G.(1998), *Oxford Dictionary of Sociology*, 2nd edition, Oxford: Oxford University Press.

Marx, K.(1970/1846), *The German Ideology*, London: Lawrence & Wishart.

Marx, K.(1970/1859), *A Contribution to the Critique of Political Economy*, New York: International Publishers.

Marx, K.(1980/1858), *The Grandrisse*, London: Macmillan.

Marx. K.(1992/1867), *Capital/Das Kapital*, Harmondsworth: Penguin.

Marx, K. and Engels, F.(2004/1848), *The Communist Manifesto*, London: Penguin.

Melody, W. H.(1981), *'Introduction', in Culture, Communication, and Dependency: The tradition of H. A. Innis*, Melody, W. H., Salter. L. and Heyer, P.(eds.), New Jersey: Ablex.

Merton, R.(1946), *Mass Persuasion: The social psychology of a war bond drive*, New York: Harper & Brothers.

Merton, R.(1949a), "Patterns of influence: a study of interpersonal influence and communications behaviour in a local community", in *Communications Research*, Lazarsfeld, P. F. and Stanton F.(eds.), New York: Harper and Brothers.

Merton, R.(1949b), *Social Theory and Social Structure*, *Glencoe:* Free Press.

Merton, R. and Lazarsfeld, P. F.(1943), "Studies in radio and film propaganda", *Transactions of the New York Academy of Sciences* 6(1), pp. 58~78.

Messenger Davies, M.(1997), *Fake, Fact and Fantasy: Children's interpretations of television reality*, Mahwah: Lawrence Erlbaum.

Meyrowitz, J.(1985), *No Sense of Place: The impact of electronic media on social behaviour*, Oxford: Oxford University Press.

Meyrowitz, J.(2002), "Media and behaviour: a missing link", in *McQuail's Reader in Mass Communication Theory*, McQuail, D.(ed.), London: Sage.

Meyrowtz, J.(2003), "Canonic anti-text: Marshall Mcluhan's *Understanding Media*", in *Canonic Text in Media Research*, Katz, E., Peters, J. D., Liebes, T. and Orloff, A.(eds.), Cambridge: Polity Press.

Miege, B.(1979), "The cultural commodity", *Media, Culture and Society* 1(3), pp. 297~311.

Miege, B.(1987), "The logics at work in the new cultural industries", *Media, Culture and Society* 9(3), pp. 273~289.

Miege, B.(1989), *The Capitalization of Cultural Production*, New York: International General.

Miliband, R.(1961), *Parliamentary Socialism: A study of the politics of labour*, London: Allen & Unwin.

Miliband, R.(1973), *The State in Capitalist Society: The analysis of the western system of power*, London: Quartet Books.

Miliband, R.(1977), *Marxism and Politics*, Oxford: Oxford University Press.

Miliband, R.(1982), *Capitalist Democracy in Britain*, Oxford University Press.

Miliband, R.(1994), *Socialism for a Sceptical Age*, Cambridge: Polity Press.

Mill, J.(1967/1811), "Liberty of the press", in *Essays on Government, Jurisprudence, Liberty of the Press and Law of Nations*, New York: Kelley.

Mill, J. S.(1848), *The Principles of Political Economy: With some of their applications to social philosophy*, London: Longmans.

Mill, J. S.(1859), *On Liberty*, London: Longmans.

Mill, J. S.(1863), *Utilitarianism*, London: Longmans.

Mill, J. S.(1869), *The Subjection of Women*, London: Longmans.

Mill, J. S.(1873), *Autobiography of John Stuart Mill*, London: Longmans.

Mill, J. S.(1874), *Three Essays on Religion*, London: Longmans.

Mill, J. S.(1997/1859), "Of the liberty of thought and discussion", in *A Journalism Reader*, Bromley, M. and O'Malley, T.(eds.), London: Routedge.

Mills, C. W.(1951), *White Collar: The American middle classes*, New York: Oxford University Press.

Mills, C. W.(1956), *The Power Elite*, London: Oxford University Press.

Mills, C. W.(1959), *The Sociological Imagination*, London: Oxford University Press.

Mills, C. W.(1967), *Sociology and pragmatism: The higher learning in America*, New York: Oxford University Press.

Milton, J.(1644), *Areopagitica: A speech for the liberty of unlicensed printing to the Parliament of England*, London: s. n.

Morley, D.(1980), *The 'Nationwide' Audience: Structure and decoding*, London: British Film Institute.

Mosco, V.(1996), *The Political Economy of Communication*, London: Sage.

Mosley, I.(ed.)(2000), *Dumbing Down: Culture, politics and the mass media*, Thorverton: Imprint Academic.

Mowrer, E. R.(1927), *Family disorganization: An introduction to sociological analysis*, Chicago: University of Chicago Press.

Mulhern, F.(1981), *The Moment of 'Scrutiny'*, London: Verso.

Mulvey, L.(2000/1975), "Visual pleasure and narrative cinema", in *Feminism and film*, Kaplan, E. Ann(eds.), Oxford: Oxford University Press.

Munt, S.(ed.)(2000), *Cultural studies and the Working Class: Subject to change*, London: Cassell.

Murdock, G., and Golding, P.(1973), "For a political economy of mass communications", *in The Socialist Register*, Miliband, R. and Saville, J.(eds.), London: The Merlin Press.

Murdock, G., and Golding, P.(1977), "Capitalism, communication and class relations", *in Mass Communication and society*, Cureran, J., Gurevitch, M. and Woollacott, J.(eds.), Lodon: Arnold.

Murdock, G. and Golding, P.(2005), "Culture, communications and political economy", in *Mass Media and Society*, 4th edition, Curran, J. and Gurevitch, M.(eds.), London: Hodder Arnold.

N

Naylor, R., Smith, J. and McKnight, A.(2002), *Sheer Class? The extent and sources of variation in the UK graduate earnings premium*, London: Centre for Analysis for Social Exclusion.

Neale, S.(1980), *Genre*, London: British Film Institute.

Newbold, C.(1995a), "Approaches to cultural hegemony within cultural studies", in Approaches to Media: A reader, Boyd-Barrett, O. and Newbold, C.(eds.), London: Arnold.

Newbold, C.(1995b), "The media effects tradition", in *Approaches to Media: A reader*, Boyd-Barrett, O. and Newbold, C.(eds.), London: Arnold.

Newman, M.(2002), *Ralph Miliband and the Politics of the New Left*, London: Merlin Press.

Noerr, G. S.(2002), "Editor's afterword", in *Dialectic of Enlightenment: Philosophical fragments*, Horkheimer, M. and Adorno, T. W.(eds.), Stanford University Press.

Norris, P.(2001), *Digital Divide: Civic engagement, information poverty and the internet*, Cambridge: Cambridge University press.

O

O'Connor, A.(1989), *Raymond Williams: Writing, culture, politics*, Oxford: Basil Blackwell.

P

Packard, V.(1957), *The Hidden Persuaders*, London: Longman Green.

Paine, T.(1791~92), *Rights of man*, London: J. S. Jordan.

Park, R. E.(1922), *The Immigrant Press and Its Control*, New York: Harper.

Park, R. E.(1967a), "The city: suggestions for the investigation of human behavior in the urban environment", in *The City*, Park, R. E., Burgess, E. W. and McKenzie, R. D.(eds.), Chicago: University of Chicago Press.

Park, R. E.(1967b), "The natural history of the newspaper", in *The city*, Park, R. E., Burgess, E. W. and McKenzie, R. D.(eds.), Chicago: University of Chicago

Press.

Park, R. E. and Burgess, E. W.(1921), *Introduction to the Science of sociology*, Chicago: University of Chicago Press.

Park, R. E. and Miller, H. A.(1921), *Old World Traits Transplanted*, New York: Harper & Brothers.

Park, R. E., Burgess, E. W. and Mckenzie, R. D.(eds.)(1967/1925), *The City*, Chicago: University of Chicago Press.

Peirce, C. S.(1982), *The Writing of Charles S. Peirce: A chronological edition*, Bloomington: Indiana University Press.

Peters, J. D.(1993), "Distrust of representation: Habermas on the public sphere", *Media, Culture and Society* 15(4), pp. 541~571.

Peters, J. D.(2003), "The subtlety of Horkheimer and Adorno: reading "The cultural industry"", in *Canonic Texts in Media Research*, Katz, E., Peter, J. D., Liebes, T. and Orloff, A.(eds.), Cambridge: Polity Press.

Peterson, T.(1996), "The press as a social institution", in *American Communication Research: The remembered history*, Dennis, E. E. and Wartella, E.(eds.), New Jersey: Lawrence Erlbaum.

Pickering, M.(2001), *Stereotyping: The politics of representation*, Basingstoke: Palgrave.

Pinkney, T.(1991), *Raymond Williams*, Bridgend: Seren.

Poole, R.(1989), "Public spheres", in *Australian Communication and the Public Sphere*, Wilson, H.(ed.), Melbourne: Macmillan.

Postman, N.(1985), *Amusing Ourselves to Death: Public discourse in the age of show business*, New York: Penguin.

Presdee, M.(2000), *Cultural Criminology and the Carnival of Crime*, London: Routledge.

Priestly, J.(1768), *An Essay on the First Principles of Government; and on the Nature of Political, Civil and Religious Liberty*, London: J. Dodsley.

Proctor, J.(2004), *Stuart Hall*, London: Routledge.

Propp, Vladimir(1968/1928), *Morphology of the Folktale*, translated by Scott, L., Austin: University of Texas Press.

Q

Quattrocchi, A. and Nairn, T.(1998), *The Beginning of the End: France, May 1968, what happened, why it happened*, London: Verso.

R

Reames, K. L.(2007), *Women and Race in Contemporary US Writing: From Faulkner to Morrison*, New York: Palgrave.

Reckless, W. C.(1933), *Vice in Chicago*, Chicago: University of Chicago Press.

Redley, M.(2007), "Some origins of the problem of trust: propaganda in the First World War", in *Communication in the Age of Suspicion: Trust and the media*, Bakir, V. and Barlow D. M.(eds.), Basingstoke: Palgrave Macmillan.

Reid, I.(1998), *Class in Britain*, Cambridge: Polity.

Rex, J.(1969), "Friedrich Engels", in *The Founding Fathers of Social Science*, Raison, T.(eds.), Harmondsworth: Penguin.

Ribiére, M.(2002), *Barthes: A beginner's guide*, London: Hodder & Stoughton.

Richards, I. A.(1924), *Principles of Literary Criticism*, London: Kegan Paul.

Richards, I. A.(1926), *Science and Poetry*, London: Kegan Paul.

Richardson, M.(2006), *Surrealism and Cinema*, Oxford: Berg.

Robinson, G. J.(1996), "Constructing a historiography for North Amercan communication studies", in *American Communication Research: The remembered history*, Dennis, E. E. and Wartella, E.(eds.), New Jersey: Lawrence Erlbaum.

Rojek, C.(2003), *Stuart Hall*, Cambridge: Polity Press.

Rosenberg, S. W.(2002), *The Not So Common Sense: Differences in how people judge social and political life*, London: Yale University Press.

Rothenbuhler, E. W.(2003), "Community and pluralism in Wirth's "Consensus and mass communication"", in *Canonic Texts in Media Research*, Katz, E., Peter, J, D., Liebes, T. and Orloff, A.(eds.), Cambridge: Polity Press.

Ryan, A.(1969), "John Stuart Mill", in *The Founding Fathers of Social Science*, Raison, T.(ed.), Harmondsworth: Pelican Press.

S

Salih, S.(2002), *Judith Butler*, London: Routledge.

Scannell, P.(2003), "Benjamin contextualized: On "The work of art in the age of mechanical production"", in *Canonic Texts in Media Research,* Katz, E., Peter, J. D., Liebes, T. and Orloff, A.(eds.), Cambridge: Polity Press.

Scannell, P.(2007), *Media and Communication*, London: Sage.

Schiller, H. L.(1998), "Striving for communications dominance: a half-century review", in *Electronic Empires: Global media and local resistance*, Thussu, D.(ed.), London: Arnold.

Schramm, W.(ed.)(1949), *Mass communications*, Urbana : University of Illinois Press.

Schramm, W.(1996), "The master teachers", in *American Communication Research: The remembered history*, Dennis, E. E. and Wartella, E.(eds.), New Jersey: Lawrence Erlbaum.

Schrøder, K., Drotner, K., Kline, S. and Murray, C.(2003), *Researching Audiences*, London: Arnold.

Seaton, J.(1997), "The sociology of the mass media", in *Power without Responsibility: The press and broadcasting in Britain*, 5th edition, Curran, J. and Seaton, J.(eds.), London: Routledge.

Sedgwick, J. and Pokorny, M.(2004), *An Economic History of Film*, London: Routledge.

Seiter, E.(1999), *Television and New Media Audiences*, Oxford: Oxford University Press.

Sills, D. L.(1996), "Stanton, Lazarsfeld, and Merton: pioneers in communication research", in *American Communication Research Remembered*, Dennis, E. E. and Wartella, E.(eds.), NewJersey: Lawrence Erlbaum.

Simonson, P. and Weimann, G.(2003), "Critical research at Columbia: Lazarsfeld's and Merton's 'Mass communication, popular taste, and organized social action'", in *Canonic Text in Media Research*, Katz, E., Peter, J. D., Liebes, T. and Orloff, A.(eds.), Cambridge: Polity Press.

Sinclair, U.(1920), *The Brass Check: A study of American journalism*, Chicago: University of Illinois Press.

Skeggs, B.(2004), *Class, Self, Cultural*, London: Routledge.

Smith, B. L., Lasswell, H. D. and Casey, R. D.(1935), *Propaganda and Promotional Activities: An annotated bibliography*, Princeton: Princeton: University Press.

Smith, B. L., Lasswell, H. D. and Casey, R. D.(1946), *Propaganda, Communication, and Public Opinion: A comprehensive reference guide*, Princeton: Princeton: University Press.

Smith, C.(1998), *Creative Britain*, London: Faber & Faber.

Smith, M. R. and Marx, L.(1994), *Dose Technology Drive History? The dilemma of technological determinism*, London: MIT Press.

Sparks, C.(2001), "The internet and the global public sphere", in *Mediated politics: Communication in the future of democracy*, Bennett, W. L. and Entman, R. M.(eds.), Cambridge: Cambridge University Press.

Stamps, J.(1995), *Unthinking Modernity: Innis, McLuhan, and the Frankfurt School*, Montreal: McGill-Queen's University Press.

Steiner, G.(1992), *After babel: Aspects of language and translation*, 2nd edition, Oxford: Oxford University Press.

Stevenson, N.(2002), *Understanding Media Cultures*, 2nd edition, London: Sage.

Stoltzfus, B.(1964), *Robbe- Grillet and the New French Novel*, Carbondale: Southern Illinois University Press.

Storey, J.(2006), *Cultural Theory and Popular Culture: A reader*, 3rd edition, Harlow: Pearson.

Stratton, J. and Ang, I.(1996), "On the impossibility of a global cultural studies: "British" cultural studies in an "international" frame", in *Stuart Hall: Critical dialogues in cultural studies*, Morley, D. and Chen, K.(eds.), London: routledge.

Styan, J. L.(1981), *Modern Drama in Theory and Practice, Volume 3: Expressionism and epic theatre*, Cambridge: Cambridge University Press.

T

Tasker, Y. and Negra, D.(2007), *Interrogating Postfeminism: Gender and the politics of popular culture*, London: Duck University Press.

Theall, D. F.(1975), "Communication theory and the national culture: the socio-aesthetic dimensions of communication study", in *Studies in Canadian Communication, Robinson*, G. J. and Theall, D. F.(eds.), Montreal: McGill University.

The Work Work Foundation(2007), *Staying Ahead: The economic performance of the UK's creative industries*, London: The Work Foundation.

Thody, P. and Course, A.(1999), *Introducing Barthes*, Cambridge: Icon.

Thomas, W. I.(1918~20), *The Polish Peasant in Europe and America*, Chicago: University of Chicago Press.

Thompson, J. B.(1994), "Social theory and the media", in *Communication Theory Today*, Cowley, D. and Mitchell, D.(eds.), Cambridge: Polity Press.

Thornham, S.(2007), *Women, Feminism and Media*, Edinburgh: Edinburgh University Press.

Thrasher, F. M.(1927), *The Gang*, Chicago: University of Chicago Press.

Thussu, D.(2006), *International Communication: Continuity and Change*, 2nd edition, London: Arnold.

Thwaites, T.(2007), *Reading Freud: Psychoanalysis and cultural theory*, London: Sage.

Tindal, M.(1704), *Reasons Against Restraining the Press*, London: s. n.

Todorov, T.(1977/1971), *The poetics of Prose*, translated by Howard, R., Oxford: Blackwell.

Todorov, T.(1990/1978), *Genres in Discourse*, translated by Porter, C., Cambridge: Cambridge University Press.

Todorov, T.(1999/1984), *The Conquest of America: The Question of the Other*, translated by Howard, R., Norma: University of Oklahoma Press.

Todorov, T.(2003/2000), *Hope and Memory: Lessons from the Twentieth Century*, translated by Bellos, D., London: Atlantic Books.

Toffler, A.(1980), *The Third Wave*, New York: Bantam Books.

Turner, G.(1996), *British Cultural Studies: An Introduction*, 2nd edition, London: Routledge.

Turner, G.(2003), *British Cultural Studies: An introduction*, 2nd edition, London:

Routledge.

U

Ursell, G.(2006), "Working in the media", in *Media Production*, Hesmondhalgh, David(ed.), Maidenhead: Open University Press.

V

van Dijk, J. A. G. M.(2005), *The deepening Divide: Inequality in the information society*, Thousand Oaks: Sage.

van Dijk, J. A. G. M.(2006), *The Network Society: Social aspects of new media*, 2nd edition, London: sage.

van Evra, J.(2004), *Television and Child Development*, 3rd edition, Mahwah: LawrenceErlbuam.

van Zoonen, L.(1994), *Feminist Media Studies*, London: Sage.

Verstraeten, H.(1996), "The media and the transformation of the public sphere", *European Journal of Communication* 11(3), pp. 347~370.

W

Wallas, G.(1921), *Our Social Heritage*, New Haven: Yale University Press.

Walters, M.(2005), *Feminism: A very short introduction*, Oxford: Oxford University Press.

Walwyn, W.(1644), *The Compassionate Samaritane*, London: s. n.

Wartella, E.(1996), "The history remembered", in *American Communication Research: The remembered history*, Dennis, E. E. and Wartella, E.(eds.), New Jersey: Lawrence Erlbaum.

Watson, J. and Hill, A.(2000), *A dictionary of Communication and Media Studies*, London: Arnold.

Wayne, M.(2003), *Marxism and Media Studies: Key concepts and contemporary trend*, London: Pluto Press.

Webster, F.(2002), *Theories of the Information Society*, 2nd edition, London: Routledge.

Webster, F.(2006), *Theories of the Information Society*, 3rd edition, London: Routledge.

Webster, F., Blom, R., Karvonen, E., Melin, H., Nordenstreng, K. and Puoskari, Ensio(eds.)(2004), *The Information Society Reader,* London: Routledge.

Weinberg, B.(1966), *Limits of Symbolism: Studies of five modern French poets*, Chicago: University of Chicago Press.

Wertham, Frederic(1954), *Seduction of the Innocent: The influence of comic books on today's youth*, New York: Reinhart.

Westwood, S.(2002), *Power and the Social*, London: Routledge.

Wiggershaus, R.(1994), *The Frankfurt School: Its history, theories and political significance*. Cambridge: Polity Press.

Will, F.(1993), *Translation Theory and Practice: Reassembling the tower*, Lampeter: Edwin Mellen Press.

Williams, H.(2004), *Mallarme's Ideas in Language*, Oxford: Lang.

Williams, K.(1998), *Get Me A Murder A Day!: A history of mass communication in Britain*, London: Arnold.

Williams, K.(2003), *Understanding Media Theory*, London: Arnold.

Williams, R.(1958), *Culture and Society 1780~1950*, London: Chatto & Windus.

Williams, R.(1961), *The Long Revolution*, Orchard Park: Broadview Press.

Williams, R.(1983/1976), *Keywords: A vocabulary of culture and society*, London: fontana.

Williams, R.(1989), *What I Came to Say*, London: Hutchinson Radius.

Williams, R.(2001), "Culture is Ordinary", Higgins, J.(ed.), *The Raymond Williams Reader*, Oxford: Blackwell.

Willis, P.(1977), *Learning to Labour: How working class kids get working class jobs*, Farnborough: Saxon House.

Winn, M.(1985), *The Plug-In Drug: Television, children, and the family*, revised edition, New York: Penguin.

Winston, B.(1995), "How are the media born and developed?", in *Questioning the Media*, 2nd edition, Downing, J., Mohammadi, A. and Sreberny-Mohammadi, A.(eds.), London: Sage.

Wirth, L.(1928), *The Ghetto*, Chicago: University of Chicago Press.

Wirth, L.(1948), "Consensus and mass communication", *American Sociological Review* 13(1), pp. 1~15.

Wollstonecraft, M.(1792), *Vindication of the Rights of Woman*, London: Johnson.

Woodhams, S.(2001), *History in the Making: Raymond Williams, Edward Thompsom and radical intellectuals, 1936~56*, London: Merlin.

Wordsworth, W. and Coleridge, S. T.(1798), *Lyrical Ballads*, London: J. & A. Arch.

Worsley, P.(1982), *Marx and Marxism*, London: Tavistock.

Y

Young, T. D.(ed.)(1976), *The New Criticism and After*, Charlottesville: University Press of New Virginia.

Z

Zorbaugh, H. W.(1929), *The Gold Coast and the Slum: A sociological study of Chicago's Near North side*, Chicago: University of Chicago Press.

지은이와 옮긴이 소개

지은이 ▬ 브렛 밀스(Brett Mills), 데이비드 M. 발로우(David M. Barlow)

브렛 밀스(Brett Mills)는 이스트 앵글리아대학(University of East Anglia) 영화 텔레비전학과의 교수이며 개방대학(Open University)의 부 튜더이다. 그는 『텔레비전 시트콤』(BFI, 2005)와 『시트콤 텔레비전 장르』(EUP, 2009)를 저술하였으며, 팔그레브스의 어뎁테이션 시리즈의 부편집자이다.

데이비드 M. 발로우(David M. Barlow)는 영국의 글레모르간대학교(University of Glamorgan)의 카디프 창의문화산업학부의 미디어문화와 커뮤니케이션 교수이자, 군소국가 미디어문화연구소 소장이다. 그는 『웨일즈의 미디어: 군소국가의 목소리』(UWP, 2005)를 필립 미첼과 팀오말리와 공저를 하였으며, 비안 바커와는 『의문의 시대 커뮤니케이션: 신뢰와 미디어』(Palgrave Macmillan, 2007)를 공저했다.

옮긴이 ▬ 권상희

성균관대학교 신문방송학과 교수로 재직하고 있다. 커뮤니케이션 통계분석론, 사이버커뮤니케이션, 텔레커뮤니케이션, 커뮤니케이션 이론을 주로 연구하고 있다. 서울대학교 언론정보학과에서 학사, 캘리포니아 주립대 Radio-Television-Film학과에서 석사, 남일리노이대에서 Mass Communication & Media Arts로 박사를 마쳤다. (주)삼성전자 홍보실과 아칸사스 주립대 신문방송학과에 조교수로 재직했으며, 캠브리지대에서 방문교수를 했다.

skweon@skku.edu.

PUBLISHER'S ACKNOWLEDGEMENTS

The publishers would like to thank David Barlow and Brett Mills for their skill, enthusiasm and invention in putting together this new kind of text-they've been a pleasure to work with.

The publishers and authors would also like to thank the following for their incisive and helpful comments on the draft manuscript, all of which have helped make this a better book:

Andrew Wills, University of Salford
Sharif Mowabocus, University of Sussex
Like Tredinnick, London Metropolitan University

We are grateful to the following for permission to reproduce copyright material:

Text
Extract 4. from A journalism Reader, Routledge(M. Bromley and T. O'Malley, 1997) 22~26, Reproduced by permission of Taylor and Francis Books UK; Extract 6. from *Dialectic of Enlightenment: Philosophical fragments*, Stanford University Press(M. Horkheimer and T. W. Adorno, 2002) 94~98, translated by E. Jephcott, copyright ⓒ 1994 by Social Studies Association, NY. New edition: ⓒ S. Fisher Verlag GmbH, Frankfurt am Main, 1969; English trans. ⓒ 2002 Board of Trustees of Leland Stanford Jr. University; Extract 9. from *The Power Elite*, Oxford University Press(C. Wright Mills, 1956) 298~324, By permission of Oxford University Press; Extract 10. from *The Bias of Communication*, University of Toronto Press(H. A. Innis, 1951) 33~60, Reprinted with permission of the publisher; Extract 11. form *Culture, Media, Language: Working papers in cultural studies 1972~79 by S. Hall*, Hutchinson(S. Hall, D. Hobson, A. Lowe and P. Willis(eds.), 1980), Reproduced by permission of Taylor and Francis Books, UK; Extract 12. from *Questioning the Media: A critical introduction*, Sage Publishers(J. Downing, A. Mohammadi and A. Sreberny-Mohammadi, 1995), Reprinted

by permission of SAGE Publications, Inc.; permission conveted through Copyright Clearance Center Inc.; Extract 13. from The public sphere: An encyclopedia article, *New German Critique*, 3(1), 49~55(J. Habermas, 1974), Reprinted by permission of the publisher, Cuke University Press, www.dukepress.edu; Extract 14. from Theory.org.uk: the Media Theory Site, www.theory.org.uk/tenthings.html, Reproduced with permission of Professor David Gauntlett; Extract 15. from *Genres in Discourse*, Cambridge University Press(T. Todorev, 1990), 27~38, translated by C. Porter, © Cambridge University Press, 1990, reprinted with permission; Extranct 16. from *Feminist Media Studies*, Sage Publishers(L. van Zoonen, 1994), 11~18, 21~28, Reproduced by permission of SAGE Publications, London, Los Angeles, New Delhi and Singapore; Extract 17. from *The Long Revolution*, Broadview Press(R. Williams, 1961) 55~70, Reproduced by permission of The Estate of Raymond Williams; Extract 18. from *Convergence Culture: Where old and new media collide*, New York University Press(H. Jenkins, 2006), 2~10, Reproduced by permission of New York University Press; Extract 19. from *Simulacra and Simulation*, University of Michigan Press(J. Baudrillard, 1994), 79~86, translated by S. F. Glaser, Reprinted with permission of the University of Michigan Press; Extract 20. from *Theories of the Information society*, 2nd, Routledge(F. Webster, 2002), 8~21, Reproduced by permission of TAylor and Francis Books UK; Extranct 21. from *The Cultural Industries*, 2nd Ed., Sage Publishers(D. Hesmondhalgh, 2007), Reproduced by permission of SAGE Publications, London, Los Angeles, New Delhi and Singapore; Extract 22. from *Image Music Texts*, Fontana(R. Barthes, 1977), 142~148, translated by S. Heath; Extract 23. from *Desperately Seeking the Audience*, Routledge(I. Ang, 1991), 26~32, Reproduced by permission of Taylor and Francis Books UK; Extract 24. from *Here Comes Everybody: How change happens when people com together*, Allen Lane(C. Shircky, 2008), 55~66; Extract A. from *The City*, University of Chicago Press(R. E. Park, E. W. Burgess and R. D. McKenzie, 1967); Extract B. from *The State in Capitalist Society: The analysis of the western system of power*, Quartet Books(R. Miliband, 1973)

In some instances we have been unable to trace th owners of copyright material, and we would appreciate any information that would enable us to do so.